정부 예산과 재정관리
Government Budgeting and Financial Management in Practice:
Logics to Make Sense of Ambiguity

도서출판 윤성사 263

정부 예산과 재정관리
Government Budgeting and Financial Management in Practice:
Logics to Make Sense of Ambiguity

제1판 제1쇄　2025년 6월 5일

지 은 이	Gerald J. Miller
옮 긴 이	신무섭·주상현
펴 낸 이	정재훈
꾸 민 이	(주)디자인뜰

펴 낸 곳	도서출판 윤성사
주　　소	우-04317 서울특별시 용산구 효창원로 64길 10 백오빌딩 지하 1층
전　　화	대표번호_02)313-3814 / 영업부_02)313-3813 / 팩스_02)313-3812
전자우편	yspublish@daum.net
등　　록	2017. 1. 23

ISBN　979-11-93058-67-1　(93350)
값 30,000원

ⓒ 신무섭·주상현, 2025

Government Budgeting and Financial Management in Practice:
Logics to Make Sense of Ambiguity

ⓒ 2012 Gerald J. Miller
All Rights Reserved
An authorised translation from the English language edition published by Routledge,
a member of the Taylor & Francis Group LLC
Korean translation copyright by Yoonseong Publishing Company ⓒ 2025

옮긴이와의 협의에 따라 인지를 생략합니다.

이 책은 도서출판 윤성사가 원저작권자와 정식 저작권 계약에 의해 출판한 책으로서 이 책의 전부 또는 일부 내용을 재사용하려면 반드시 사전에 저작권자와 도서출판 윤성사의 동의를 받아야 합니다.

잘못 만들어진 책은 구입하신 서점에서 교환 가능합니다.

정부 예산과 재정관리

Government Budgeting and Financial Management in Practice
Logics to Make Sense of Ambiguity

Gerald J. Miller 지음
신무섭 · 주상현 옮김

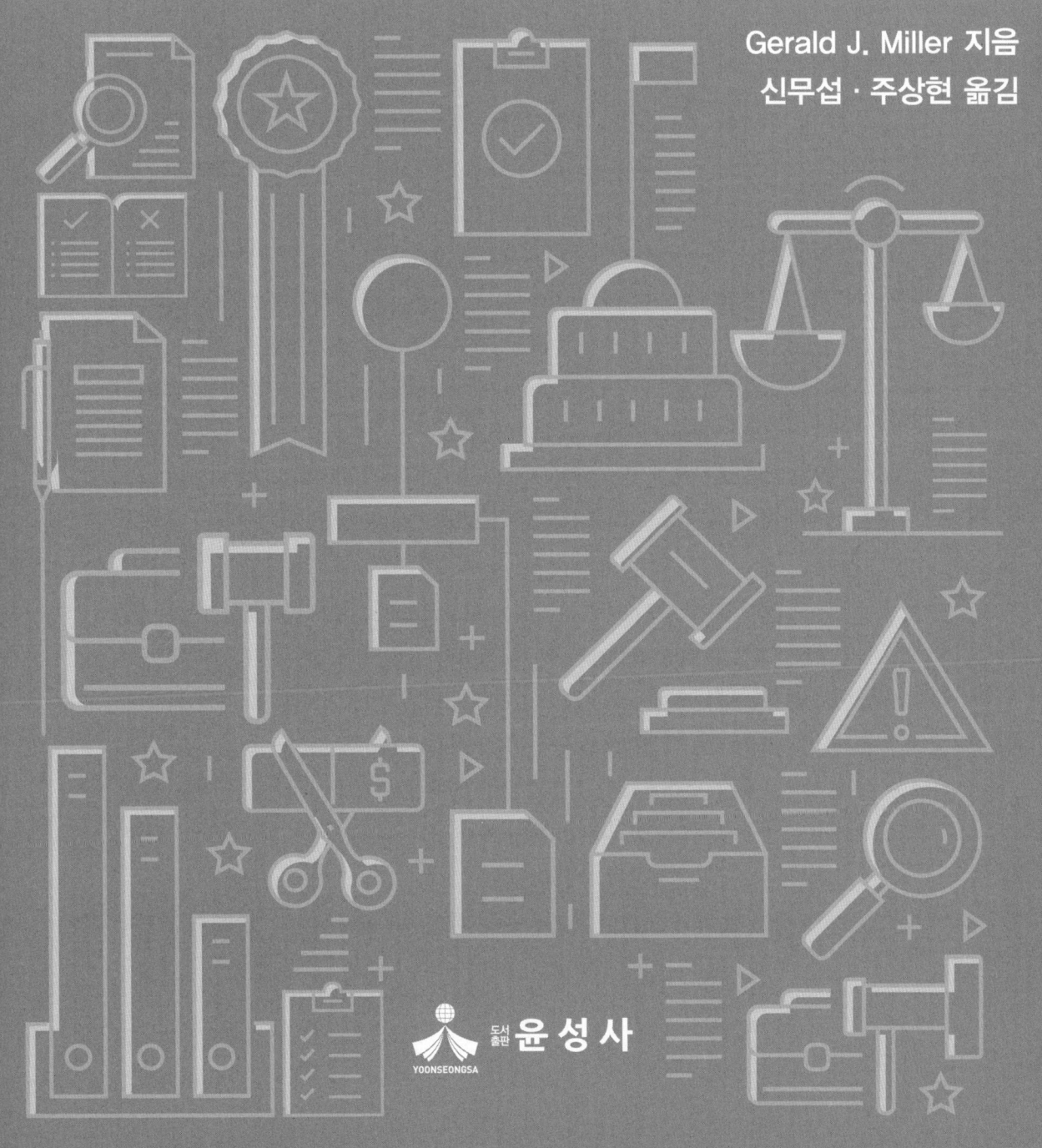

옮긴이의 글

A　　T　R　A　N　S　L　A　T

이 책은 Gerald J. Miller의 『Government Budgeting and Financial Management in Practice: Logics to Make Sense of Ambiguity』(2012)를 번역한 것이다.

밀러 교수는 학부에서는 경제학을 공부했고, 대학원 석사 과정에서는 행정학을 공부했다. 그리고 University of Georgia에서 정치학 박사 학위(1979)를 취득했다. 그는 1979년 켄사스대학교 정치학과 교수로 경력을 시작해 2008년부터 애리조나주립대학교 School of Public Affairs의 교수로 근무하다가 2017년 은퇴했다. 그는 Bob Golembiewsky, Jack Rabin, Bartley Hildreth 등과 함께 연구하고 많은 저작과 논문을 남겼다. 그리고 그는 미국행정학회로부터 1995년에는 Laverne Burchfield Award를, 2011년에는 Aaron Wildavsky Award를 수상했다.

밀러 교수는 1991에 『Government Financial Management Theory』를 발간했다. 그가 2012년에 발간한 이 책도 이전 책과 궤를 같이한다. 정부 예산운영이나 재정관리를 모호성 모형으로 설명해 보려는 점에서 그러하다. 객관적 진리는 부정되며 진리는 사회적으로 구성된다고 본다. 목적에 대한 합의가 없고 목적을 달성하기 위한 수단에 대한 합의가 없는 상황에서 결정을 할 때에는 해석을 통해서 모호성이 사라진다고 본다. 그래서 예산담당자나 재정관이 하는 일은 해석이라고 본다. 즉, 실천이 해석이고 이론이다.

1991년 책과 2012년 책의 차이는 후자에서 예산관이나 재정관이 모호성에 직면해 해석을 할 때, 나름의 논리를 사용하는데, 그 논리가 '절약하기', '대응하기', '민주화하기'라는 점을 명확히 한 것이다. 이에 따라 모호성은 계산, 협상, 학습을 통해서 해소되며 예산관이나 재정관은 효율성 논리, 대리인 논리, 청지기 논리를 적용하고 해석한다.

    이 책의 제1장부터 제4장까지는 모호성을 이해하는 틀을 소개한 이론 부분이며, 제5장부터 제10장까지는 이론을 적용한 것이다. 제1장을 읽어 보면 이론의 개요와 책의 개요를 알 수 있다. 제3장을 읽으면 이론의 요지를 파악할 수 있다.

    이 책은 예산관과 재정관이 언제 어떠한 방법으로 해석을 해서 예산을 운영하고 재정관리를 하는지 묘사한 것이다. 실천이 해석이고 이론이라고 본다.

2025년 5월

신무섭 · 주상현

머리말

저자는 정부 예산운영, 재정, 재정관리 등의 기본 발상에 대해 질문을 받았을 때[1] 이런 분야의 실천과 연구를 지배하려고 고군분투하는 상이한 여러 학문 분야와 사상 계보를 설명했다. 대학 석사학위 과정에서 핵심 과정을 통과했다는 것을 보이기 위해서 학생들에게 우리가 요구해야 하는 핵심 능력을 석사학위 인증위원회가 요청했을 때, 이런 사실이 다시 생각났다. 다양한 분야 다양한 사상 계보를 원용해서 핵심 능력을 설명했는데, 이것은 정부 재정관 인증을 제도화하기 위해 노력했을 때와 마찬가지였다(Hildreth, 1998).

정부 예산운영, 재정, 재정관리 등을 다루기 위한 기본 가정이 어디서 나왔는지 이 질문에 답을 하는데 여러 준거 틀과 논리들이 동원됐다. 거기에는 정부와 시장 간 관계에 대한 정치적 논쟁이 있다. 또한 미국 연방정부, 주정부, 지방정부가 노령 인구에게 한 약속을 이행하기 위해 재정지원을 어떻게 해야 하는지에 대한 정치적 논쟁도 있다. 저자를 비롯해 여러 분야의 연구자와 동료들은 정부 예산운영, 재정, 재정관리에 대한 연구와 실천에 상당한 관심을 가지고 있다. 예산운영과 재정에 대한 이런 논쟁이 지속되고 있다.

우리가 정부 예산운영, 재정, 재정관리 등을 연구하거나 각종 기법을 실천할 때 어떤 기본적인 발상이 연구와 실천을 지배할까? 아직까지 이렇다 할 명백한 승자는 없다. 이 분야는 다학문적이어야 하는데 아직 그렇지 못하다.

하나의 학문 연구 분야로서 정부 재정관리를 하나의 전문분야로 규정해

---

[1] 누구나 읽기 쉽도록 이 책에서 다음의 단어들은 서로 차용하기로 한다. 즉, 정부 예산운영(government budgeting), 공공 예산운영(publiuc budgeting), 재정(public finance), 재정관리(finance management), 공공 재정관리(public finance management), 정부 재정관리(governemt finance management), 그리고 이러한 업무를 수행하는 사람들을 나타내는 여러 단어들을 서로 차용한다.

야 한다는 발상은 이치를 모르는 어수룩한 소리다. 그러나 연구자와 실천가 사이에 어느 정도 합의가 있고, 이 책의 출발점을 이룰 만한 합의가 있다. 이 분야를 이해하는데 도움이 되는 연구자 쪽에서 유래한 세 가지 발상을 생각해 보자.

첫째, 사이먼(1947)이 행정행태에서 시작한 많은 연구 전통이 있다. 대략적으로 살펴 보면, 사이먼은 사람은 상황을 어떤 방법으로 규정을 하고 어떻게 행동할지 최선의 방법을 선정한다고 주장했다. 문제는 상황의 정의에, 즉 어떤 의미에서 가치 전제에 있다. 따라서 우리가 가치 전제를 통제할 수 있다면, 즉 상황을 정의할 수 있다면, 우리는 결정을 통제할 수 있다(March & Simon, 1958). 많은 실무자들이 지지하는 규범적 접근방법에 따르면, 실무자들이 많은 시간을 투자하는 것이 가치 전제를 통제하려는 경쟁이라는 것이 분명하다(Miller, Rabin, & Hildreth, 1987).

둘째, 전통적 그러나 그렇게 전통적이라고 할 수 없는 재정관리 연구들은 방향을 제시하는 정도보다는 기술을 보여 주는 정도가 적은 데, 즉 이 연구들은 조직 구성원이 아는 것의 대부분은 이야기와 서사, 상징, 맥락적 실제, 은유, 언어 등에서 연유한다는 발상을 제시한다. 예산을 정당화하는 것은 이야기와 서사이며, 최고 집행자가 작성한 단일 결정, 총체적 서류로서 '예산'은 상징이며, 부채 관리 네트워크는 맥락적 실재이며, 특히 '효율성'은 은유이고, 서로 경쟁하는 용도 사이에 희소 자원을 배분하는 근거로서 실적(merit), 욕구(need), 권리(rights) 등은 언어이다. 이것의 많은 부분은 의미의 사후적 구성을 통해서 이뤄진 것이다(Miller, 1991).

셋째, 재정관리에서 취해야 할 조치가 취해졌을 때 이러한 개념들을 함께 엮어 주는 접착제는 해석이라는 발상이다. 저자에게 해석이란 표상된 의미로서 "객관적인 사건의 즉각적인 이해"를 의미한다(Berger & Luckman, 1966). 해석을 통해서 사람들은 사회 구조 속에서 이해를 수정하는 방법으로, 그리고 결과적으로 이해를 내면화하는 방법으로 행동한다. 내면화는 사회적 환경에서 발생하며, 그리고 이 사회적 환경에서 내면화된 것을 유지하기 위해서 근거 구조(plausibility structures)가 출현한다.[2]

공공 예산운영과 재정관리의 실천적인 측면은 연구자들이 시간과 돈을 투자할 만큼 충분히 중요한 것이 무엇인가를 분별하는데 영향을 준다. 이 책의 제3장 그리고 이 책을 전반적으로 받치고 있는 개념화는 실천(practice)이 이론이라는 발상을 보여 줄 것이다.

좋은 정부 그리고 좋은 정부 개혁 운동의 일부인 예산관리는 정치적 권리를 주장하는 사람들과 심지어 미국 연방정부, 주정부 등 모든 정부 수준에 존재하는 신자유주의자들로부터 비판을 받아 왔다. 좋은 정부를 비판하는 사람들은 정부를 사회 문제를 해결하는 해결자가 아니라 문제로 보고 있다. 그들은 큰 정부 시대와 큰 정부와 궤를 같이 하는 좋은 정부 시대를 끝내는 것이 필요하다고 느낀다. 한편, 집행부 예산이 특수 이익을 무시할 때 정치적 좌파도 좋은 정부를 비판한다. 우파의 정반대 방향에 자리한 좌파는 직접 지출하는 보장적 지출, 조세지출과 비관습적인 지출을 창안했다. 비관습적 지출은 대출, 대출보증, 보험, 그리고 재해 구제에서부터 기업 파산에 이르는 많은 문제들을 해결하기 위해 목표가 좁게 규정된 보증 등을 통해서 이뤄진다.

좋은 정부는 행정학 저자들이 행정이론에서 기대했던 바의 대중적 관심

---

2) [역주] 근거 구조에 대해서는 P. L. 버거 & T. 루크만(박충선 옮김, 1989), 『지식형성의 사회학』, 서울: 기린원, 207쪽을 참고.

정부 예산과 재정관리
Government Budgeting and Financial Management in Practice:
Logics to Make Sense of Ambiguity

을 끈 적이 없다. 학계 이론가들은 좋은 정부의 정통이론(orthodoxy)을 사회경제적 불평등에 눈을 감는 정치적으로 경솔한 격언들이며, 노예의 길을 능률적으로 열어주는 격언들이라고 본다. 좋은 정부 주창자들은 그들의 주장을 관념적인 것이 아닌, 상식적인 것으로 설명하는데 점점 더 많은 곤란을 느끼고 있다.

그러면 정부 예산운영, 재정, 재정관리에 대해서 어떤 기준을 따를 때 좋은 정부라 할 수 있나? 여기서는 일반적으로 이해되고 있는 행정학에 대한 정통적 접근법으로 좋은 정부를 논해 보기로 한다. 그러면 합리적 의사결정과 잘 어울리는 재정학으로 정통 공공 재정관리이론을 논하게 된다. 질문은 이것이다. 공공 재정관리와 재정학의 정통이론은 사회이론의 현실주의(realism)에 대응되는 확연히 구별되는 절대적 이론인가?

현실주의는 구성주의(constructivism)와 대비될 수 있다. 우리는 세계가 작동하는 방식과 다르게 현실을 구성할 수 없다. 그러나 사회적 세계에서 전통, 기대, 사회화, 심지어 권력 등에 의해서 우리가 받아들일 수 있는 현실 그리고 사실상 현실이 되는 현실이 사회적으로 구성된다. 현실의 사회적 구성은 물리적 세계의 현상만큼이나 현실적일 수 있고 합리적으로 작동할 수 있다.

사회적 구성으로서, 좋은 정부에는 두 측면, 인간주의적 측면과 정치적 측면이 있다. 이 측면들이 좋은 정부 주창자들 사이에 회자되고 있다. 즉, 공공 재정관리에 대한 지배적인 이론이 존재한다. 좋은 정부의 구성적 요소는 –좋은 정부는 공공 재정관리의 절대적 이론도 현실적 이론도 아니다– (갈등보다는 협력을 추구하는) 이상적인 인간 본성과 (당파적 상호조절을 하고 입법과정과 성부 운영을 교착상태에 빠뜨리는 여러 이익집단과의 갈등 또는 친적극적 정부 사회운동과 반적극적 정부 사회운동 집단 간 갈등이 노정되는) 정치의 이상적 측면에 기초를 두고 있다.

사회적 구성은 유연하고 유용하다. 사회적 구성은 마음의 변화, 준거 틀의 변화를 따라간다. 현실주의보다 현실의 사회적 구성이 공공 재정관리 도구의 맥락과 적용에 대한 추상적 발상을 기술할 수 있다. 이 책에서는 공공 재정관리 연구에서 사회적 구성의 중요성을 논의할 것이다. 우리는 현실주의는 현실적이기보다 너무 피상적이라고 주장한다.

재정관리에서 벌어지는 전투, 그리고 재정 문제가 중요한 관심사인 조직에서 벌어지는 전투는 복잡한 사건들에 대한 해석에 대한 전투이다. 재정관리자들은 자신들이 해석에 종사하며 결국은 중요한 가정의 결정에 우위를 점하는데 종사하고 있다. 재정관리 측면에서 공공 예산운영에 적용한 것을 검토해 보자(Schick, 1988: 64-65). 자원 요구자와 배분자가 만나는 과정은 특정 분야에 대한 재정 문제와 해결 방법이 해석되는 과정이다. 그리고 이 해석 과정에서 주제에 대한 간접적인 의사소통, 참여, 담론 및 선택에 관한 적합한 모형 등이 이해된다. 궁극적으로 그 과정은 영향을 주며 또한 효율성, 형평성, 절약(parsimony) 등과 같은 가치 전제에 의해서 형성되기도 한다.

이 책은 오늘날 정부 예산운영, 재정, 그리고 재정관리의 중요한 가정을 이해하기 위한 추진 동력으로서 다음의 질문을 이용하고자 한다. 재정관리를 해야 한다는 중요한 가정은 어디서 왔나? 이 책은 이러한 가정의 원천으로서 여러 분야를 천착할 것이다. 예를 들면, 재정정책, 관습적 예산운영과 비관습적 예산운영, 의사결정의 시민 참여, 직접 민주주의, 부채 관리 네트워크(debt management networks), 세금 혜택에 관련한 세입 결정 등의 분야가 그것이다. 전체적이든 혹은 부분적이든, 이러한 분야를 천착하면 정부 재정 세계에 대한 구성에 이르는 어떤 것을 말할 수 있게 될 것이다. 이 책에서 기술된 정부 재정 활동에 종사하는 사람들을 안내하는 중요한 가정들은 많은 사람들이 선호하고 받아들인 단일한 합리체계와 종종 다를 것이다.

이 책은 여러 동료들과의 합작으로 탄생한 것이기 때문에 어느 동료보다 나(Jerry Miller)[3]는 먼저 이 책의 저자들에게 머리 숙여 감사드리기를 원한다. Lyn Evers, Iryna Illiash, Jonathan B, Justice, Jaeduck Keum, Donijo Robbins 등이 공동 저자들이다. 조금 더 돌이키면, Bob Golembiewski가 있다. 나는 그로 인해서 조직이론, 행태, 특히 발전에 푹 빠졌고(세례를 받았고?), 그리고 그런 배경이 이 책을 받치고 있다. 그래서 세례를 받은 것이라 말할 수 있다. 유명을 달리한 고(古) Jack Rabin은, 항상 최신의 이론으로 무장하고 항상 최신 재정이론에 의문을 품었던 그는 나에게 행정학 석사과정과 공공 예산운영 연구실에서 정부 예산운영, 재정, 재정관리 등을 소개해 줬다. Jack Rabin 역시 Golembiewski 연구실 출신인데, 그의 소집단 의사결정론은 이 책에서 주제를 보는 나의 방법에 심대한 영향을 미쳤다. 나는 내가 당연한 것으로 여겼던 모든 것을 정당화 하는데 그에게 의지했다. 그런 점에서 나는 그와 그 능력을 그리워한다. 나는 이 책 전반에 그 정당화가 보이기를 희망한다. 끝으로 나는 내 친구와 공동 저자에게 감사한다. Bart Hildreth는 모두를 위해서 새로운 발상을 했고 연구의 질을 향상시켰다. 이 책은 Bart가 노력한 바와 같은 정신으로 쓰여졌다.

---

3) [역주] Jerry Miller는 Gerald J. Miller의 약칭이다.

집필진

린 에버스(Lyn Evers)
Piscataway, New Jersey

금재덕(Jaeduk Keum)
Department of Public Administration
College of Public Affairs and Econmics
University of Seoul, Seoul, South Korea

아리나 일리아쉬(Iryna Illiash)
School of Public Affairs and
　Administration
Rutgers University
Newark, New Jersey

제럴드 밀러(Gerald J. Miller)
School of Public Affairs
Arizona State University
Phoenix, Arizona

요나단 저스티스(Johathan B. Justice)
School of Public Policy and
　Administration
University of Delaware
Newark, Delaware

도니조 로빈스(Donijo Robibins)
School of Public, Nonprofit, and
　Health Administration
Grand Valley State University
Grand Rapids, Michigan

일러두기

정부 예산과 재정관리
Government Budgeting and Financial Management in Practice:
Logics to Make Sense of Ambiguity

1. 본문의 절과 일련 번호는 각 장의 소제목과 글자체 크기를 기준으로 역자가 붙인 것이다.
2. 본문에 가끔 보이는 ( )와 [ ] 안에 기술한 문장은 저자의 것이고, 〈 〉 안의 문장은 역자가 부연 설명한 것이다.
3. 저자가 이탤릭체로 강조한 용어와 문장은 사체(斜體, 이탤릭체)로 표시했다.
4. 제10장 제목, "경매 경쟁과 경제발전을 위한 세제 혜택"은 "Auctioning off the farm with tax incentives for economic development"를 번역한 것이다. 문자대로 하면 "모든 것을 경매할 때 경제 발전을 위한 세제 혜택을 준다"가 될 것이다. 본문을 읽어 보면 지자체들이 기업을 유치하기 위해서 손해를 보면서까지 경매에 또는 입찰에 참여한다는 것이다. 이런 내용을 감안해서 제목을 붙였다.
5. 독자의 이해를 돕기 위해서 한글 옆에 영어를 부기(附記)한 경우가 많이 있다. 특히 다음 영어 단어에 대해서는 맥락을 감안해 한글로 번역했으나 혼돈이 있을 수 있으니 해석에 주의를 요한다.
   - comprehensive budget(통합예산)
   - desert(자격)
   - efficiency(능률성, 효율성)
   - incentive(유인, 유인책, 장려금, 장려책, 혜택)
   - mandate(명령, 법정 위임사업, 법정 보조사업)
   - merit(실적)
   - saving(저축, 절약, 잉여)
   - target(목적, 지출한도)
   - unified budget(통합예산)

본문에서 desert는 공적에 의해서 당연히 보상을 받아야 할 자격이 있다는 뜻으로 merit와 관계가 있는 것으로 보였다. mandate에는 entitlement가 포함되며, 요점은 미국 의회에서 세출위의 심사를 받지 않는다는 것이다.

목차

옮긴이의 글 / 6

머리말 / 8

일러두기 / 15

| 제1장 | 공적 자금에 대한 사회적으로 구성된 결정 · · · · · · · · · · · · · · · · 25

제1절 사회적으로 협상된 과정으로서 재정관리 / 26
제2절 정부 예산운영, 재정, 재정관리의 연구 / 28
   1. 모호성 이론 / 29
   2. 사회적 구성이론 / 30
제3절 이 책의 구성 / 32

| 제2장 | 정부 예산운영과 재정개혁의 역사 · · · · · · · · · · · · · · · · · 35

제1절 정부 예산운영과 재정의 규범적 발달 / 37
   1. 능률성을 강조한 시민 운동 / 37
   2. 적극적 정부 운동 / 39
   3. 분석적 운동 / 40
   4. 공급 중시 경제학 / 42
     1) 민영화 운동 / 42
     2) 감축 관리 / 43
제2절 세 단계에서 연합의 수렴과 발산 / 44
   1. 발산의 원천으로서 책임성의 체계 / 45
   2. 발산의 장기적 지속적 효과 / 47
제3절 계속적인 그러나 단편적인 투쟁 / 49
   1. 개혁 노력의 성질 / 51
제4절 정치의 우경화와 관련된 발전 / 55
   1. 직접 민주주의, 시민 참여 그리고 발의와 주민투표 / 58
   2. 하향적 예산운영 / 59
   3. 민간재의 시장 배분 / 59
   4. 공공재의 정부 아닌, 시장 배분 / 60
   5. 속이 빈 국가 / 60
   6. 권리에 기초한 예산운영에서 역행적 운동 / 61
제5절 요약 / 62

| 제3장 | 정부 예산운영과 재정의 실천은 해석이다 · · · · · · · · · · · · · · · · · 65

제1절 실천가가 정부 예산운영, 재정, 그리고 재정관리를 규정한다 / 66
   1. 경제적 효율성과 재정적 통제 / 66
   2. 선출된 지도자에 대한 충성과 대응성 / 67
   3. 참여, 청지기(stewardship), 그리고 직접 민주주의 / 68
   4. 실천가가 궁극적으로 하는 일 / 69
제2절 재정관의 업무에 대한 이론 / 71
제3절 해석이란 무엇인가? / 72
제4절 연구들 / 79
   1. 현금 투자 / 80
   2. 정보체계 / 82
   3. 세입예측 / 86
     1) 순차 / 89
     2) 기관직 편의 / 90
제5절 결론: 해석으로서 실천 요약 / 92

| 제4장 | 재정에서 재정정책 영향 · · · 96

제1절 서론 / 96
   1. 재정정책 도구들 / 100
   2. 조세와 배분정책 / 100
     1) 형평과 과세표준 / 104
     2) 수평적 형평성 / 105
     3) 수직적 형평성 / 105
     4) 중립성 / 112
   3. 지출과 배분정책 / 114
   4. 지출과 안정화 / 117
제2절 재정정책 영향 / 121
   1. 귀착 / 126
   2. 일과 여가 / 133
   3. 저축 / 138
   4. 투자 / 143
   5. 포트폴리오 선택 / 144
   6. 위험 감수 / 146
   7. 혁신과 생산성 / 147
제3절 요약과 토론 / 148

| 제5장 | 지출한도, 장려책, 그리고 성과와 함께하는 관습적 예산운영 · · · · · · · · 159

제1절 성과에 기초한 개혁을 향한 운동 / 163

제2절 장려책, 증명, 그리고 지출한도 간
　　　상호관계 / 165
제3절 연구 / 171
제4절 연구 발견 / 172
　　　1. 초점집단 / 172
　　　2. 워싱턴 주정부 사례 / 173
　　　3. 미국 시예산관에 대한 서베이 / 176
제5절 논의와 결론 / 180

| 제6장 | 비관습적인 지출을 위한
예산운영 ················ 187

제1절 예산 문제 / 189
　　　1. 통제에 대한 보수주의자의 해석: 피통치
　　　　 자를 통제하는 대신 통치자를 통제 / 190
　　　2. 통제에 대한 진보주의자의 해석: 사회
　　　　 에 대한 간섭 / 192
　　　3. 오늘날 통제의 해석: 비관습적 지출에
　　　　 대한 비용 통제 / 192
제2절 통제 해석하기: 대체가능한 정책
　　　도구의 문제 / 194
　　　1. 상쇄 기준 / 194
　　　2. 기준의 문제 / 195

제3절 예산운영 해석: 사회적 구성
　　　접근방법 / 199
　　　1. 정책 설계와 사회적 구성 / 200
　　　2. 적합한 그리고 부적합한 목표 대상 /
　　　　 202
제4절 상쇄 기준, 가난한 사람, 그리고
　　　복지정책 / 204
　　　1. 사례연구: 근로소득세공제와 부양자녀
　　　　 가 있는 가정에 대한 보조 / 210
제5절 우리가 나타나길 갈구하는 맥락,
　　　우리가 만든 맥락, 우리가 사회적으로 구
　　　성한 맥락 / 223

| 제7장 | 예산운영 구조와
시민 참여 ················ 226

제1절 구조 / 230
　　　1. 이슈 / 230
　　　2. 공중(publics) / 234
　　　3. 시민 참여의 방법 / 237
　　　4. 예산편성자 그들 자신 / 239
제2절 예산과정의 작동 방법 / 242
제3절 무엇이 시민 참여에 도움이

되나? / 247
제4절 예산운영을 위한 참여 설계 / 248
  1. 종종 협상 불가한 전체로서 지역사회의 이익 문제 / 248
  2. 지식의 부족과 전문지식의 문제 / 252
  3. 예산운영에서의 암시적 가정 문제 / 254
제5절 토론과 요약 / 256

| 제8장 | 세수 레짐 변화와 조세저항 · · · · · · · · · · · · · · · · · · · 259

제1절 분석적 근거와 일반적 배경 / 261
  1. 조세저항은 무엇인가? / 261
  2. 조세저항의 일반적인 예측 요인 / 262
  1) 재정 명료성과 재정 환상 / 263
  2) 재정정책 변화와 정치: 세대 변화 설명 / 264
  3) 재정정책 변화와 정치: 점진주의와 비점증주의 변화 / 265
  4) 재정정책 변화와 정치: 주기석 변화 / 266
  3. 구체적 분석 단위로서 조세저항과 연구 / 267
  1) 조세저항의 구체적 예측 요인: 사건 문헌 / 267
  2) 조세저항의 구체적 예측 요인: 주 중심 변수들 / 269
  3) 조세저항의 구체적 예측 요인: 서베이 연구 / 272
  4. 개인 수준과 집합 수준의 조세저항 예측 변수를 연계한 연구 / 272
  5. 조세저항 예측 변수에 대한 요약과 논의 / 276
제2절 성과예산 지수와 조세저항 / 279
  1. 정부의 명시적 가격 / 280
  2. 암시적 정부의 가격 / 281
  3. 정부 의사결정의 개방성 / 282
  4. 재정 통제에 내재된 장려책 / 284
제3절 연구 문제의 요약 / 285
제4절 연구 질문에 대해 대답하기 / 286
제5절 발견 사항 / 286
제6절 논의와 결과의 해석 / 301
제7절 후기 / 303

| 제9장 | 부채 관리 네트워크 · · · · · · 307

제1절 채권 판매 과정과 참여자 / 309
   1. 과정 / 310
   2. 참여자들 / 311
   3. 해석 / 311
   4. 공개 / 312

제2절 부채 관리 네트워크와 관련한 사건과 기존 지식 / 313
   1. 펜실베이니아주 협의 채권거래 논쟁 / 313
   2. 관리 연구 문헌 / 315
   3. 행동에 관한 연구 문헌 / 316
   4. 실제 실천에서 얻은 지식 / 317
   5. 풍부한 연계와 상대적인 부 / 320
   6. 풍부한 연계와 인센티브 / 320
   7. 요약 / 320

제3절 안정적인 팀과 불안정한 팀을 시뮬레이션하기 / 321

제4절 부채 네트워크와 실천에서 규범적 모호성 / 324

| 제10장 | 경매 경쟁과 경제발전을 위한 세제 혜택 · · · · · · · · · · · · · · · · · 330

제1절 인센티브의 거시적 목표 / 331
제2절 인센티브의 미시적 목표 / 333
제3절 연구 문제 / 337
   1. 경매 / 339
   2. 연구 질문 / 342

제4절 실험 / 342
제5절 데이터와 발견 사항 / 348
   1. 첫 번째 변형: 한 기업에 대한 과도한 연속적인 경쟁, 입찰 승리는 정의되지 않음 / 349
   2. 두 번째 변형: 한 경쟁에서 가장 많은 기업 유치 / 352
   3. 세 번째 변형: 한 경쟁에서 가장 많은 돈을 획득 / 353

제6절 논의 / 356
제7절 요약 / 362

| 제11장 | 요약 · · · · · · · · · · · · · · · 365

제1절 거대한 논쟁 / 367
   1. 실천가들은 현실을 어떻게 다루나 / 368
   2. 담론, 논리, 그리고 정치적 현실 / 369

제2절 실천과 논리를 설명하는 응용연구들 / 370

제3절 어떤 논리가 언제 사용되는가? / 376

제4절 연구자들 사이에서 이 연구의 위치 / 377

제5절 개혁의 역사와 정치적 우경화 / 379

참고 문헌 / 381

찾아보기 / 410

정부 예산과 재정관리

Government Budgeting and Financial Management in Practice
Logics to Make Sense of Ambiguity

정부 예산과 재정관리
Government Budgeting and Financial Management in Practice:
Logics to Make Sense of Ambiguity

제1장
공적 자금에 대한 사회적으로 구성된 결정

Government Budgeting and Financial Management in Practice:
Logics to Make Sense of Ambiguity

정부 재정관리자가 하는 일이 곧 정부 예산운영론이고, 재정학이고, 재정관리론인가?[1] 우리는 여기서 실천(practice)이 이론이라는 사실을 논증한다.

모든 분야에서 실천은 목적과 수단, 선호와 결과, 역할과 행태 등에 대한 기대들의 집합에 기초한 논리를 따른다. 실천자는 재정공학자 혹은 회계사가 수행하는 것인 과학기술(technology)로부터 논리를 도출할 수도 있다. 논리는 이론과 연구로부터 나올 수도 있다. 즉, 좋은 정부, 공급 위주 및 케인즈 경제학, 재정정책 분석론, 조세체계 설계론 등으로부터 논리가 도출될 수도 있다.

더욱 중요한 것은, 실천자들의 결정을 좌우하는 논리는 정부 예산운영, 재정, 재정관리 등의 연구에서 중요한 가정과 기본 발상이 될 수 있을 것이라는 사실이다. 잘 정리된 논리,

---

[1] 모든 것을 읽기 쉽게 하기 위해서 우리는 government budgeting, public finance, financial management(정부 예산운영(론), 재정(학), 그리고 재정관리[론])와 같은 용어들, 또는 이와 관련된 용어들을 이 책에서는 서로 바꿔가며 사용할 것이다.

가정, 발상 등은 연구에서 검증(verification)과 확인(validation)을 할 수 있는 이론이 된다.

재정관리자는 다른 모든 관리자가 하듯이 많은 행동을 한다. 재정관리자는 결정이 도달하려는 목적에 대한 의견 불일치에서 발생하는 모호성을 축소하려고 노력한다. 관리자들은 또한 그들이 선택한 결정의 불확실한 결과를 계산하고 최소화하려고 한다. 관리자들은 중요한 외부 이해당사자의 요구 혹은 환경의 요구를 조직 내부의 능력 및 이해와 '조정하면서' 행동한다.

모든 관리자들이 그렇듯 재정관리자는 동일한 궁극적 목적을 달성하기를 희망하며, [조직 전반에서] 진정한 전체 목표가 식별될 수 있는 범위 내에서 그 목표는 아마 조직의 생존일 것이다(Caplan, 1966: 418). 또 다른 중요한 목표는 의사결정에서 관리자 역할의 정당성을 개발하고 유지하는 것이다.

재정관리자가 모호성을 다루는 것이 전략적 중요성을 가지기는 하나, 그것은 조직에서 항상 중심적인 위치를 차지하는 것은 아니다. 대부분의 모든 정부 부처에서의 궁극적인 목적은 재정적인 것이 아니지만 여전히 목적 달성에는 재정자원(financial resources)이 필요하다. 재원의 획득과 배분이 중요하기 때문에 재정관리자는 조직 생활에 중요한, 심지어 중추적인 행위자가 된다.

정부 예산운영, 재정, 재정관리 등의 전략적 중요성은 항상 존재하는 데, 다만 재원 배분시 희소성이 없거나 재원 사용에 대한 인지된 불확실성이 없을 때는 감소한다. 그러나 예측할 수 있는 능력이 적으면 적을수록, 미리 예상할 수 없는 의존성이 커지고, 그리고 그것들을 관리하는 재정기능이 더욱 더 중요해진다.

제1절
사회적으로 협상된 과정으로서 재정관리

공공 조직에서 재정의 중요성이 점점 부각되는 상황에서, 관찰자가 과정에서 재정관리자로서 취하는 절차와 위치의 '의미'를 알 수 있을 때 그 관찰자는 정부 조직의 미래를 예측할 수 있을 것이다. 관찰자가 민간 조직의 사건의 경로를 예측할 수 없다면 그 이유는 마찬가지로, 그 관찰자가 관리자가 취하는 절차와 위치의 의미를 알 수 없기 때문이다. 공공 부문과 민간 부문의 예측불가능성(unpredicability)은 맥락적이고 협상이 이뤄진다는 것 그리고 사회적으로 구성되는 행정 현실에서 비롯되는 것이다(Astley, 1985). 다른 관리 과정 이상도 이하도 아닌 재정관리는 어떤 규범적 제1의 원칙으로부터 연역된 질서정연한 과정이 아니라 많은 사람들이 관여해서 구성한 하나의 협상된 현실이다.

잰 폴리 오로즈는 오하이오 주에서 사용된 환불체계(chargeback system)에 대해 이야기를 한 바 있다(Jan Foley Orosz, 2001). 야생 생물과 수상 선박 놀이 같은 사업은 전용 기금(dedicated fund, 專用基金)을 받아 운영되며, 중앙 서비스 비용을 부담한다. 이 사업에 소요되는 경비에는 물품 구입 비용부터 직무기술력을 갖춘 직원 인건비까지 포함된다. 이 환불체계를 통해서 자유롭게 일반 기금 자금을 주지사의 계획을 바탕으로 재정적으로 지원하는 데 사용할 수 있다. 기술적 합리성의 승리이며 건전한 회계 원칙의 적용 사례인 환불체계는 시민이 특정 용도에 투표한 사업을 지원할 수 있도록 주지사가 자금을 재조정한다는 상징과 서사가 됐다. "부처관리에 대한 사회적으로 구성된 세계에 있어서 '환불'은 그 생명이 끝났다"(Foley Orosz, 2001: 127). 야생 생물과 수상 선박 놀이 관계자와 주지사 예산실 직원은 그들이 수행하는 바를 의미 있게 만드는 세계를 사회적으로 구성했다. 문제는 그들이 서로 경쟁하는 현실을 여러 개 만들었다는 것이다.

요약하면, 모든 참여자의 견해가 균형을 이룰 수 있을 때 예산은 엄청난 도구이다. 하나의 예산이 된다는 것은 하나의 중요한 문제인데 이에 대해서 모든 참여자들이 정보로, 논쟁으로, 그리고 결정으로 발언권을 가진다. 참여자가 정보를 가지고 있든 아니든, 참여자가 논쟁을 하든 안 하든, 그리고 참여자가 결정을 하든 안 하든 그러하다. 예산의 작성(formulation)은 일반적으로 고도로 체계적으로 구조화돼 있다. 생각과 발상이 예산 항목이 되기 전에 그것들은 엄밀한 검사과정을 받아 살아남아야 한다. 즉, 새로운 예산은 사회적으로 협상된 합의의 산물로 나타난다(Astley, 1985: 499).

우리는 이와 동일한 방법으로 정부 예산운영, 재정, 그리고 재정관리 모두를 볼 수 있다. 즉, 객관적 진리란 존재하지 않는다. 진리가 물리학 또는 생물학에 있고 그것이 관리에 기초가 될 수 있다는 그런 진리는 없다. 오로지 치열한 정치적 투쟁을 통해서 형성된 사회적으로 구성된 진리만이 있을 뿐이다. 따라서 재정관리에 대한 사회적으로 구성된 모형은 제도적 그리고 문화적 맥락에 따라 고유하다는 결론에 이른다. 이 모형은 개인들의 상호작용으로부터 생성된다. 이 모형은 우리들에게 조직이 재정관리 과학기술(technology)을 사용해 재정관리 전문가들을 지도하고 의사결정을 내리는 구체적인 방법에 대해서 알려준다.

제2절
정부 예산운영, 재정, 재정관리의 연구

이 책의 주요 목적은 우리가 재정관리에 대한 연구를 할 수 있는 새로운 길을 탐구하는 것이다. 이 새로운 길은 다중 합리성의 존재를 인정하게 되는 동기가 되는 모호성에 집중한다. 여기서 모든 합리성은 조직 구성원이 사회적으로 구성한 것이다.

모호성 혹은 사회적 구성이론에 따르면, 정부 예산운영, 재정, 재정관리 등의 세계가 작동하는 방법에 대해서 많은 정통적 이론(stories)이 주장하는 조직 합의(organization consensus)에 대한 가정은 문제가 있다. 합의는 가정이라기보다는 언제, 왜 합의가 이루어지고 또는 안 이루어지냐는 연구의 대상이다. 합리적 행동은 연구의 초점이 된다. 왜냐하면 연구를 하면 관리자를 비롯해 누구도 행동을 하기 전까지는 의도가 무엇인지 알 수 없을 것이라는 논쟁에 이르기 때문이다. 합리적 모형에서는 사람들이 사고과정에 질서를 강요할 수 있다고 보는 데, 즉 행동과 결정을 합리화하려고 하지만 선견지명이라는 것은 흔한 자원이 아니다.

그러므로, 사람을 더 합리적으로 행동하도록 돕고 만드는 일은 하나의 이념(ideology)이다. 이 이념은 사람들을 사회적 과정을 통해서 자유로웠다면 준수하지 않을 추상적 도구, 개념, 혹은 가치를 강요한다. 사람을 더 합리적으로 행동하도록 하는 것은 사회적 현상에 대한 절대주의자 관점(absolutist view)이다. 재정관리에 종사하는 많은 사람들이 절대적 원리의 존재에 대해서 이의를 제기하고 있다.

관리, 조직, 인간 그리고 재정관리에 대한 대안적 사고 방법은, 현실(reality)과 그것의 절대적 원리-조직에 존재하는 이념을, 조직내 사람들이 그들의 관계로부터 형성되는 모든 것으로 보는 것이다. 결정을 조직화하는 방법은 권위주의적인 계층제부터 느슨하게 연결된 체계까지 다양하다. 조직 구성원이 선택하는 행동 경로는 공동의 노력으로 성공하고자 노력할 때 조직원이 직면하는 현실적 한계, 다른 말로 날 사실(brute facts)로부터 나오듯이 종종 조직원이 세계에 투사한 생각에서 나온다. 현실주의적 한계에 대한 인정과 투사, 이 양자는 모호성에서 불확실성 그리고 확실성까지 포함하는 조건 아래 존재한다.

교훈은? 정부 예산운영, 재정, 재정관리에 관한 연구 질문은 모호한 환경에서 무엇이 일어나는지에 관한 것이다. 특히 사고와 행동을 구조화하는데 도움이 될 것으로 기대되는 현상들이 무질서하게 무작위성을 향해나갈 때 그러하다. 모호성은 종종 목적에 대한 의견 불일치의 결과이다. 이러한 모호성이 존재하는 조건 하의 생활을 연구할 때에는 공공 재정관리이론과 실천에서 선호 혹은 가치를 무시하기 보다는 오히려 고려해야 한다.

모호성 때문에 재정관리에 대한 대안적 사고가 필요하다. 모호성 방법에 따를 때, 누구든지 의식적인 행동, 사려 깊은 행동, 의도적인 행동이라는 전제 없이도 공공 재정 의사결정을 기술할 수 있다. 모호한 선호, 모호한 목적, 모호한 결과 등에 직면하면, 누구든지 개인이나 집단의 검증가능한 '최선의 이익'이 존재하지 않는다고 논증할 수 있다. 오히려 보통 상황에서 개인에 의해서 이뤄진 결정은 상대적으로 되는대로 무작위적이고 예측하기 힘들다. 이렇게 무작위적이고 예측할 수 없는 결정에 어떤 의미를 부여할 수 있는 것은, 사후적 합리화를 통해서이거나 조직의 상급자가 문제와 상황을 정의해 준 것을 마치 자기 것인 양 전제로 사용하는 방법을 통해서 가능하다(Simon, 1947).

1 모호성 이론

합리모형 또는 합의모형(consensus model)에 대한 이 대안은 두 개의 서로 다른 분야에서 나왔다. 첫 번째, 모호성 이론은 목적과 수단의 비연계성에 초점을 둬 어떤 결정이든지 결정 노력에 본질적으로 모호성을 전제한다. 마치와 올슨은 다음과 같이 설명한다(March & Olsen, 1976):

> 의도(intention)가 사람의 행동을 정확하게 통제할 수 없다. 참여(participation)도 결정 상황 혹은 개인적 선호의 성질로 볼 때 안정적으로 보장되는 그런 것이 아니다. 결과(outcome)는 과정의 직접적인 귀결이 아니다. 환경적 반응(environmental response)은 항상 조직 행동에서 원인이 생긴 것이 아니다. 신념(belief)도 항상 경험의 결과가 아니다(March & Olsen, 1976: 21).

무엇이 목적인지 모르는 상황, 서로 모순되는 목적이 존재하는 상황 또는 해결방법을 모르는 상황, 해결방법이 있기는 하지만 서로 모순이 되는 상황, 여기에 시시각각 결정자의 참여 수준이 변하는 상황에서는, 마치와 올슨에 따르면 결정에 어려움이 있다고 한다. 왜냐하면 결정자들이 결정을 할 때까지 그들의 선호를 알지 못하기 때문이다. 와이크는 그 이유를 다음과 같이 설명했다(Weick, 1980: 19). "내가 말한 것을 내가 알 때까지 내가 생각한 것을 어떻게 알 수 있나?"

2 사회적 구성이론

대안의 두 번째 원천은 현실의 사회적 구성에 초점을 두는 분야, 의미의 상대성을 강조하는 사상 분야에서 왔다(Berge & Luckmann, 1966; Goffman, 1961, 1974). 이 분야에서 조직은 본질적·일시적으로 존재하는 것부터 영속적으로 존재하는 사회적 집합체인데, 이런 조직은 조직 구성원이 하는 일에 의미를 부여하는 공통의 세계관을 구현한다고 주장한다. 이 견해는 혹은 '현실의 해석'은 각 조직원들이 상호작용을 통해서 정통성을 형성하고 획득한다고 본다. 다시 말하면, 모든 조직원이 공유하는 객관적인 현실이 존재한다는 관념이 있기 때문에 해석이 존재한다고 본다.

이 책에서 우리가 주장하는 대안적 발상은 해석에 의해서 모호성이 제거된다는 것이다. 즉, 상이한 그리고 구성된 현실의 개수가 많으면 많을수록, 조직 간에 그리고 조직 내에 존재하는 불확실성이 더욱 더 크다는 것이다. 관리의 실천 차원에서 보면, 불확실성이 크면 클수록, 사업예산운영, 발생주의회계, 입법부의 사후적 감사 등 관리(管理)의 처방책이 실제 문제해결에 도움이 못 될 가능성이 더욱 커질 것이다. 예산, 회계, 감사체계가 무엇을 의미하는지 혹은 의미해야 하는지에 대해서 합의가 없는 경우, 재정관리자는 현실의 각각의 관점에 느슨하게 연계된 절차를 이용한다(Weick, 1976).

결과적으로, 조직 혹은 정부와 같은 여러 집합적인 이해를 가진 개인이 모인 집단에서 견해 차이가 크면 클수록, 사건과 의미를 형성하는 사람이라는 측면으로 본 임의성(任意性)의 영향은 더 커지고 그리고 협력적 방법으로 이해하고 행동하기 위해서 구성원이 필요로 하는 해석의 양도 더욱 더 많아진다(Weick, 1979). 그래서 재정관리자의 관심은 무작위성 속에서 문을 지키는 역할을 발견하는 것이다. 예를 들면, 한 조직에서는 재정관리자가 여러 경쟁하는 주창자들 사이에 심판일 수도 있고 또 다른 조직에서는 강한 압력을 받으면서 공금의 수호자일 수도 있으며 또 다른 조직에서는 지나간 결정을 가장 잘 제도화해 기억하는 기관일 수도 있다.

또한 여러 상이한 조직의 구성원은 예산과 같은 재정관리의 도구에 대해 여러 상이한 의미를 개발할 수도 있다. 그런 의미 가운데 우리는 예산을 분석적 연습, 초점 없는 의례, 혹은 어디선가 만들어진 명령에 대한 충족이라고 할 수도 있다. 이 모든 경우에, 역할 집합과 공유된 의미는 맥락적이고, 따라서 그것들을 협상하고 구성했던 특정한 행위자들에게 속해 있는 것처럼 독특하다.

연구를 위한 도구로서 정부 예산, 재정, 그리고 재정관리를 보는 대안적 방법의 중요성은 우리가 생각하는 방식을 마련해 주는 시각에 있다. 생성된 패러다임, 즉 모호성 혹은 사회적 구성에 입각해서 정통 혹은 지배적인 접근방법과 대조되는 방법으로 현실을 기술하고 혹은 행태를 예측할 수 있다.

재정 의사결정에 대한 모든 다른 견해는 그 설명력을 위해서 조직 목적과 과학기술에 대한 상대적으로 큰 합의에 의존한다. 많은 학술지(學術誌)에서 존재하는 혹은 아마도 존재하는 현상을 설명하는 많은 논문들을 발간해 왔다. 전부는 아닐지라도 많은 설명들이 의견 조사, 즉 하나의 구성에 의존한다. 더욱 중요한 것은 질문자의 구성이 전부는 아닐지라도 많은 조사의 응답자의 구성과 다르다는 것이다. 이런 합의 조건이 많은 조직에 존재하지 않는다. 특히 공공 혹은 정부 조직에 존재하지 않으며, 이 대안적 접근방법은 이유와 방법을 묻는다. 또 이 대안적 접근방법은 집단적 행동을 가능케 하는 상호주관적으로 결정된 기본 전제를 찾으려 노력한다.

합의를 가정하는 해석적 개념들 사이의 두 번째 다른 점은 각 개념이 의도에 대해서 가지고 있는 가정이다. 정부 예산운영과 재정에 대한 정통 연구는 당연히 한 길만 따랐다. 즉, 재정, 정치경제, 그리고 예산집행은 합리적 행위자란 개념을 따랐다.

사이먼의 제한된 합리성(Simon, 1947)이란 개념에 기초한 발상에 따르면 불확실성이 지배적이고 순수한 합리적인 행위자는 존재하기 힘들다는 것을 알 수 있다. 즉, 개인은 어떤 주어진 경로의 결과를 확실히 알 수 없다. 다만 합리적인 허용 범위 내에서 예측할 수 있을 정도로 정보를 충분히 이용할 수 있을 때에는 행동 경로가 선택된다. 관리 의사결정의 합리성은 만족할 만한 대안을 찾는데 드는 비용과 편익에 의해서 제한을 받는다. 그럼에도 불구하고, 그러한 결정의 합리적 효과가 자주 발생하든 아니든 목표지향적인 의도는 존재한다.

관리의 기초로서 "인간을 합리적으로 만들기"는 하나의 이념이라고 일단의 다른 학자들이 주장했다(Pfeffer, 1981). 게다가 일부 학자들은 이념은 개인을 악용한다고 말하곤 했다. 의도된 합리성의 효과는 조직 활동의 중요한 방법에 대해 구성원 간의 합의를 암시하는 것이다. 합의를 얻는 것이 도구적으로 중요하긴 하지만, 행동에 합의를 요한다고 가정하는 것은 조직 생활에 대한 기초를 무의미하게 만들고, 너무나 깨끗하게 조직 개념을 개인 사이의 조직적 관계와 연계시키는 경향이 있고, 결과적으로 개인을 추상적인 개념에 복속시킨다(McSwain, 1987: 37). 조직은 관계, 무의식적인 의미, 이들로부터 발전된 해석 등의 중요한 구성요소에 의존한다는 주장이 있다(White & McSwain, 1983; Weick, 1979). 관계는 유순하게 관리될 수도 있거나(Barnard, 1938: 168-169), 해로운 방법으로 관리될 수도 있다(Milgram, 1964). 조직화된 생활의 모든 면이 조직의 실제로 중요한 요소(관계, 무의식적 의미…)를 가면으로 가릴 수 있는 것은 아니다. 실제로는 "느슨하게 연계된 체계"와 같은 면들이 관계를 유지시킬 뿐만 아니라 촉진시킨다(Weick, 1976).

확실성을 가정하지 않는 발상을 생각해 보자. 이제 확실성부터 모호성까지 조건의 범위를 가정해 보자. 연구자들은 특히 합의가 무작위성 쪽으로 이동할 때, 이런 여건 변화 모두에서 나타나는 행동에 관한 기술과 설명을 비교한다. 이런 것은 알만한 가치가 있고, 이런 탐구는 재미있고 유익할 것이다. 특히 탐구가 집합적 노력 속에서의 인간 관계에 영향을 미칠 때 그러하다. 모호성은 종종 목적에 대한 의견 불일치의 결과이기 때문에 이러한 조건 하에서의 생활을 연구하는 것은 정부 예산운영, 재정, 그리고 재정관리에서 선호 혹은 가치를 경시하기보다 오히려 중시하는 것이다.

제3절
이 책의 구성

이 책의 중요한 발상은 모호성과 해석이다. 해석을 통해 불명확한 선호, 목적, 목표 등은 불확실성으로 심지어 합의로 전환된다. 우리는 재정관은 중요한 해석가라고 주장한다. 재정관의 해석에 내포된 것은 여러 논리 가운데 하나를 선택하는 것이다. 이들 논리는 과학기술,

학습된 행태 유형, 그리고 심지어 이론과 연구에서 나온다. 이 책에서 우리가 탐구하는 질문은 어떤 논리에 의해서 언제 어떤 해석이 이뤄지는가 하는 것이다.

이 책은 이 장에서 논의된 정부 예산운영과 재정에 대한 대안적 연구 방법을 제시한다. 이러한 접근법은 카터 및 레이건 정부 축소 시대(Carter-Reagan antigovernment era)에 출현했다. 이때는 진보적 개혁 시대의 기본 전제가 민주당과 공화당 모두에 의해서 처음으로 의심을 받았다. 제2장에서는 현재까지의 재정개혁 역사를 기술할 것이다.

제2장에서 기술된 이해당사자들의 연합은 연구에 제일 큰 영향을 미쳤다. 이 영향은 정부 예산운영과 재정에 그리고 특히 선정된 주제, 사용된 방법, 제시된 설명, 문제에 대한 해결 등에 지속적인 영향을 미치고 있다. 제2장의 역사는 이 책을 관통하는 개념 틀을 보여 주며, 이 개념 틀은 실천이 이론이라는 제3장 논증으로 이어준다고 보는 게 적절하다. 실천자들은 실천이 무엇인지 규정한다. 실천은 절약하기, 대응하기, 민주화하기 등의 정의(定義) 혹은 논리이다. 논리는 정부 예산운영 및 재정을 개념화하는 역할을 한다. 해석적 논증의 실천은 간단하다. 실천에서는 공공 조직에서 직면하는 문제로부터 나온 추진력과 방향을 전부는 아니지만 대부분 다루고, 문제 정의는 재정관이 보는 렌즈와 재정관이 적용하는 논리에 의해 좌우된다.

실천이 해석이라고 우리가 제시했던 이후의 모든 장이 이론 논증이지만, 이 책의 응용 부분은 절약에 관한 연구 검토로 시작한다. 비판적 검토는 어떤 것이 재정정책에 영향을 미칠 수 있고 영향을 미치는지 결정하기 위해서 공공 재정 연구의 경로를 따를 것이다.

예산운영을 다룬 제5장, 제6장에서는 대응성 및 대리인의 논리를 설명한다. 제5장 관습적 예산운영에서는 정치지도자에 대한 대응성을 다룬다. 제6장 비관습적인 예산운영에서는 문화적 대응성과 가치 대응성을 다룬다.

제7장과 제8장에 걸친 시민 참여와 세입 레짐(revenue regime)에서는 민주화 논리가 취하는 두 개의 다른 형식을 다룬다. 첫 번째 형식은 포괄적인데, 왜냐하면 모든 시민은 전통적인 정부 예산운영과 재정 결정 과정에 참여하도록 요구받았기 때문이다. 두 번째 형식에는 주로 세금 제한과 연계된 계획(initiative), 국민투표 혹은 직접민주주의 노력이 포함되는 데, 이 형식은 민주화의 반란 형식이다.

그 다음 두 장에서 우리는 논리의 조합과 그것이 제시하는 바를 보여 주기 위해서 설명의 범위를 확대한다. 제9장 부채관리 네트워크(networks)에서 부채 판매에서 이자 비용을 절약하는 논리를 설명한다. 우리는 이 논리를 이 장에서 제시한 사례연구에서 발견된 대응 논리와 대조한다. 논리 조합은 분명히 혼성물이어서 우리는 그 혼성물을 기회의 이용에 매우 가까운 어떤 것으로 기술한다. 즉, 부채 네트워크 구성원들은 각각이 다른 구성원에게 제공한 기회를 이용한다.

제10장 경제개발을 위한 세제 혜택(tax incentives)에서 우리는 이 세제 혜택을 절약 조치와 일단의 재정정책으로 검토한다. 여기서 절약 조치와 재정정책은 특정 지역이 유치하려 노력하는 영리회사의 필요에 대한 대응을 의미한다. 즉, 세제 혜택 조치는 경제 문제에 대해서 무엇인가 할 수 있다는 것을 보여 줄 필요가 있는 정치지도자에 대한 대응 일뿐만 아니라 일자리를 필요로 하는 시민에 대한 대응이다. 우리는 절약과 대응성을 추구하는 조치가 실제로는 정부 간 경쟁에서 기업을 이용하는 방법으로 귀결될 수 있다는 점을 보여 줄 자료를 제시한다. 경쟁에서 이긴 정부는 사실 영리 기업의 저주를 받는 것이나 다름없다. 왜냐하면, 정치지도자들은 유치에 필요한 것보다 더 많이 기업에 지출했고 또 기업은 지역이 받을 편익보다 더 많은 비용을 물릴 것이기 때문이다.

여기서 확인된 대안적 연구 방법은 우리가 재정관리의 중요한 국면을 설명할 수 있는 도구가 된다. 우리는 이 대안적 방법을 공공 조직에서 발생하는 사건과 문제를 다루는 방법으로 서로 경쟁하는 여러 정치 행위자들의 이념 성향에서 발생하는 사건과 문제를 다루는 방법으로 보기는 하지만, 또한 우리는 이 대안적 방법을 진리에 이르는 하나의 길로 본다. 우리는 골렘비에프스키(Golembiewski, 1977: 218-219)와 같이, 연구와 실천에 초점을 맞출 수 있는 통일된 시각(uniform perspective)에 대한 충분한 합의가 존재하지 않은 분야에서, 중복적이고 서로 경쟁하는 은유의 가치를 인정해야 한다. 경쟁은 다양성을 고려하고, 경쟁은 사상(思想) 발전의 초기 단계에 존재하는 창의성을 기반으로 한다.

제2장
정부 예산운영과 재정개혁의 역사

Government Budgeting and Financial Management in Practice:
Logics to Make Sense of Ambiguity

　20세기 내내 현대사를 관통해서 근본적으로 차이가 있지만 피할 수 없는 요청들에 의해서 정부 예산운영과 재정이 형성됐다. 그 근본적인 차이, 그리고 각각의 차이를 향한 지속적인 변화는 비정부적인 경제적 조직에서 요청하는 바와 극명한 대조를 이룬다.

　먼저 시장의 회사를 생각해 보자. 시장 주도형 조직은 업무를 통합한다. 관리자는 주주에 대한 조직의 가치를 극대화하기 위해서 세 가지 문제를 해결하도록 노력해야 한다. 그것은 투자 결정(편익이 미래에 실현될 것이라는 투자 제안에 대한 자본의 배분), 재정지원 결정(자본구조를 결정하는), 배당 결정(주주에게 현금으로 지불되는 수익 양을 결정하는) 세 가지이다(Van Horne, 1986).

　시장의 회사가 가치를 최대화하는 것과 대조적으로, 정부 재정관리를 둘러싸고 있는 환경, 목적, 그리고 과학기술은 불확실성을 특징으로 하고 있다. 정부의 재정과 관련된 일을 관리하는 인사들의 업무에는 재화의 지출과 절약이 모두 포함된다. 전혀 다른 이해집단이 지출과 절약, 또는 그 하나에 영향을 미치려 노력한 적이 가끔 있었다. 연합한 이해집단이 종종 전혀 다른 이유에서 정부에서 개혁을 추진하는데 공통의 근거를 가지고 있는 것은 참으로 반어적이다.

"왜 그런가"라는 질문에 답을 하기란 참으로 어렵다. 공공 부문에서 예산, 수입, 부채 관리 등 성질이 다른 정부 재정 활동들이 *어떻게* 함께 발전하였는지를 아는 것은, 이해관계집단이 앞으로 등장할 규범을 창안하는데 *왜* 합의했는지를 이해하는 것보다 쉽다. 질문은 여전히 남는다. 즉, 규범적으로 볼 때, 무엇에 의해서 정부 재정 활동이 추진되는가?

이 장에서는 개혁 논의(episodes)를 추적한다. 개혁 논의는 이해집단 연합이 모든 재정 활동이 지향하는 방향으로, 그 한 방향으로 이론(異論)없이 실천할 때 발생한다. 이 장의 첫 절에서는 정부 재정에 영향을 준 개혁 논의를, 초기 진보적 운동시대부터 공급 위주 경제학에 기초한 정치의 우경화의 시작까지 다섯 단계로 나눠 기술한다. 이 장의 두 번째 부문에서는 능률, 형평, 절약 등이 각각 지배하던 주요 세 단계로 개혁 논의를 구분한다. 이 장의 마지막 부문에서는 개혁 연합 집단들 사이의 전투가 정부 재정 실천, 이론의 형성, 연구 수행 등을 의기소침하게 만들고 또 심대한 영향을 준 것을 논증한다.

이 장의 중요성은 통일성이 있고 규범적인 개념이 다양한 정부 재정 활동에 자리한다는 것은 어렵다는 것이다. 정부 재정 활동 분야는 계속 성장하고 있고 (이 방법으로 하라는) 실천 지침을 형성하는 발상은 여러 다른 관점, 심지어는 모순되는 관점에서 나온다.

예를 들면, 금고 운영에서 모순되는 가치에 의해서 여유 현금 투자 정책의 방향이 정해진다. 수탁자 가치(fiduciary value)에 의해서 재정관은 손해 위험을 감수하면서 여유 공금을 투자해서는 안 된다.[1] 이 가치는 투기 위험에서 비롯된 것인데 투기 위험은 시간이 지남에 따라 민간 부문과 공공 부문의 상호작용을 약화시켰다(Myers, 1970; Nash, 1979; Dewey, 1930; Hammond, 1970; Bolles, 1869).

여타 다른 가치에 따르면 조언은 그 반대가 된다. 기회비용과 비슷한 화폐의 시간 가치 개념에 따르면[2] 여유 자금을 투자하지 않는 것은 돈의 가치를 잃는 방법이다. 정부 예산운영과 재정에 대한 연구는 진전이 있었으며, 가끔 기본 가치를 재정립해서 단일한 사상으로 제시됨

---

[1] 이 준수사항은 금고 보관 체계에서 온 것으로(Advisory Commission on Intergovernmental Relations, 1961), 이것은 공금을 안전하게 지키는 신중함에 의해서 자금을 보유한 은행이 파산할까 두려워 보유한 돈을 회전시키지 않을 수도 있다는 것을 의미한다.

[2] 돈의 시간 가치는 특정 합계의 가치가 현재에서 최고이고 그리고 현재 사용 이전 것은 이자로 가격이 매겨져야 한다는 것을 의미한다. 기회비용 계산은 돈의 사용이 다른 사용과 비교되고 그들 사이의 차이는 선택되지 않은 비용 혹은 기회비용이라고 정의된다.

으로써 인정을 받았다. 그러나 왜 이 연구들은 사상이나 가치, 재정립 혹은 정립에 관심을 두었나? 정치지도자, 정부행정가, 많은 시민 등이 정부재정에 관한 연구자와 선생의 작업에 우려를 표명했다. 통합적인 개념이 없어서 논쟁이 일어났다(Kioko et al., 2010; Rubin, 1988). 이러한 논쟁은 다음을 시사한다. 합의가 부족해서 발생한 문제에 대해 해결책을 처방할 때 선경지명이 부족한 결과를 초래할 수 있다. 합의가 부족함으로써 다음과 같은 문제가 발생할 수 있다. 즉, 연구 노력이 지엽적이고 분산되고, 정부를 괴롭히는 재정 문제를 연구해야 한다는 이해가 지체되고, 공공서비스 분야 훈련 사업에 대한 학생 지원이 불충분하고, 그동안 행정학 분야가 연구 수행에서 보여 준 오래된 전통에서 그 노력이 낭비가 될 수도 있다.

이 장에서는 규범적 문제가 정치적 투쟁보다는 문제가 아니라는 것을 논증한다. 이 분야는 상이한 규범적 그리고 이념적인 연합들 사이에 불편하게 그 모습을 나타낼 것이다.

제1절
정부 예산운영과 재정의 규범적 발달

우리는 먼저 재정 활동 연구의 역사를 비판적으로 살펴본다. 우리는 이것을 초기 '개혁 정부' 운동에서부터 보수적 경제학자들에 의해서 지원된 현재 운동까지 사고(思考)의 발달을 기본적인 여섯 단계로 기술한다.

1 능률성을 강조한 시민 운동

진보적 운동으로 인해서, 전미 시정개혁연맹(National Municipal League)과 뉴욕시정연구회(New York Bureau of Municipal Research)를 통해서, 예산이라는 발상, 그리고 재정관리의 모든 측면을 하나로 통합해야 한다는 발상이 나왔다. 왈도(Waldo, 1948, 32-33)에 따르면,

[진보주의자들]은 과학의 매력과 약속에 민감했다. 그들은 과학적 방법으로서 사

실의 발견을 신뢰했고 인간 문제 해결 방법으로서 사실의 발견을 신뢰했다. 그들은 새로운 적극적 정부의 개념을 받아들이며 주장했다. 그들은 계획된 사회, 관리된 사회라는 발상에 경도됐다. [그들은] 기업 조직과 절차를 공공 업무에도 적용가능한 것으로 이해했다. 그들은 "능률성이란 발상"의 열렬한 지지자였다. [시]민 의식과 투쟁 정신, 능률성, '쓸모 있는' 교육, 이런 것들이 능률성을 강조하는 시민 운동의 핵심이었다.

이 운동에는 세 개 집단이, 즉 보통 진보주의자들이라고 불리는 적극적 정부 지지자들, 정부 연구회 전문가들 및 분석가들, 그리고 사기업 집단들이 관여했다. 기업가들에게 개방성은 세금 인상을 확인하는 한 방법이었다. 이 운동[3]은 교양 있는 시민들이 품목별예산, 경쟁입찰, 재정감사보고서 등의 정부 예산 및 재정 절차를 쉽게 이해함으로써 정보를 얻을 수 있어서 "혐오스러운 정치인들"의 조치를 견제할 수 있다는 원칙을 만들었다. 정부의 개방성은 그것을 통해서 행동이 촉발될 수도 있는 기초적인 수단이 됐다. 능률성은 성과 기준을 제공함으로써 정부에서 사용된 과정에 대한 '과학적인' 검사 기준이 됐다.

개방성은 많은 개혁 지지를 이끌어내고, 개혁을 지지하는 집단의 연합을 이끌어내는 위대한 통합 원리(unifying principle)가 되었다. 그 연합들은 능률성을 추구하는 개혁을 집행하였는데 이들은 각각 다른 목적을 가지고 있었다. 그렇지만 개방적인 정부가 문제로 제기될 때만은 상이한 목표들이 서로 하나가 됐다. 그 외에 다른 때에는 대사업가들은 세금 인하를 주장했고, 연구 집단은 "적합한 제도와 전문 인력"이 '좋은' 정부를 기약할 수 있다는 세속적인 개념을 발전시켰다(Waldo, 1948: 23). 적극적 정부 지지자들은 도로와 학교에 대한 수요가 증가한 결과로 필요하게 된 서비스를 제공하는데 정부 기관을 이용하고자 했다.

절제된 과세, 책임 있는 절차, 경제 및 사회 발전에서 정부의 리더십 등은 초창기 본래의 연합 구성원들의 기본 입장이었다. 이후 정부예산과 재정을 통합하는 후기 발전은 절약, 능

---

3) 아드리안(Adrian, 1987)은 이 정치적 연합 논의를 지지하면서 진보주의자 이외 모든 집단을 "도시 보수주의자"로 부른다. 쉬슬(Schiesl, 1977)과 엘킨(Elkin, 1987)은 political machine을 지지하는 세력에 또는 political machine을 반대하는 세력에 힘을 실어 주면서 연합의 구성을 설명하는데 더욱 보수적인 정치학 노선을 택한다.
[역주] 여기서 political machine은 일인 혹은 소수에 의해 지배되는 권위적인 정당 조직으로서 주민이 필요로 하는 서비스를 제공해 주는 대신에 그들로부터 표를 받아 자당 후보가 공직을 차지하게 하는데 기계적 능률성과 예측성을 보였다. 그리고 이 책에서 efficiency는 능률성 혹은 효율성으로 번역됐다.

률, 형평, 이 세 가지 목적을 재정의한데서 비롯됐다. 정부의 규모가 변화함에 따라 연합체는 분열됐다.

　책임성을 확보하기 위해서 정부행정을 절차화하려는 능률성을 중시하는 정부 운동의 결과에 의해서 이런 목적을 위한 조직의 폭넓은 제도화가 초래됐다. 개방성을 강조함으로써 제도화 운동이 추진력을 얻게 됐다. 1921년에 제정된「예산회계법(The Budget and Accounting Act of 1921)」은 주요 성과였다. 그 법에 의해서 예산국과 회계검사원이 설치됐고, 이 두 기관은 통합예산(unified budget)의 발간을 통해서 정부를 감시할 수 있는 길을 열었다. 모든 예산 항목을 하나의 문서에 담아야 한다는 통합성(unification)과 개방성에 의해서 집행부를 투명하게 볼 수 있게 됐다. 모든 결정들이 한 기관장의 책임 하에서 공공의 감시에 놓이게 되었기 때문에 모두 그 결정을 따라야 했다. 더 나아가서 이런 결정의 집행은 예산회계법 조항의 반을 차지하는 세출 회계검사에 대한 조항을 통해서 검토될 수 있었다.

　원래의 연합 구성원 가운데 다소 완만하게나마 다른 길을 걸은 구성원들도 있었다. 연구자들은 예산국과 회계검사원을 분석을 중요하게 취급하는 기관으로 간주했다. 개방성이 높아짐으로써 정부 결정에 대한 신뢰가 상당히 증가했고, 정부에 대한 신뢰가 증가함으로써 적극적 정부의 지지자들이 주장하는 정부 활동에 대한 형평성이 강조됐다. 이상하게도 사기업 집단들과 절약을 강조하는 일부 집단은 1921년 바로 전에 소득세가 개정됐을 때 그에 대해 거센 반대를 하지 않았고, 능률성을 강조하는 시민 운동의 결과로 기업 운영방식이 적절하고 고품질의 재정관리를 위한 표준으로 인정됐는데 이에 대한 자신의 기여 몫을 주장하지 않았다.

❷ 적극적 정부 운동

　부정부패 폭로자들이 1921년의「예산회계법」을 제정하자는 운동을 이끌었다면 적극적 정부 지지자들은 뉴딜 재건사업(New Deal)을 이끌었다고 주장할 수 있을 것이다. 대공항이라는 경제 붕괴로 인해서 그 영향을 완화하는 방법으로서 정부의 조치가 필요했다. 핵심 단어는 형평성(equity)이었다. 이것은 분석으로 미화됐다.

　사실, 브라운로우위원회(Brownlow Committee)가 초창기 예산국의 비능률성을 비판할 때 그 강조점은 예산 집행에 대한 지시와 통제가 아니라 예산 편성에 있었다(President's

Committee on Administrative Management, 1937: 15-24). 루즈벨트의 진보적 사고에 따르면, 경제성장과 지배구조(governance)가 서로 갈등을 일으키고 있는데, 이 절박한 문제에 대한 해결 방법을 찾는데 통제는 부차적 문제였다.

적극적 정부 운동의 한 파벌이 그 운동의 다른 파벌과 대화할 때 이들은 브라운로우위원회의 보고서를 읽었을지도 모른다. 그 위원회는 자신들도 모르게 적극적 정부 운동의 노력이 분산되어 소멸되는 것을 보았다. 통합 예산(comprehensive budget)에 대한 통제와 중앙의 지시라는 발상에 점점 관심이 줄어들자 그 운동은 다양성의 장점을 이용할 수 없었다. "계획된 그리고 관리된 사회라는 발상에 가까운 새로운 적극적 정부의 개념"(Waldo, 1948: 32)이라는 이상이 실현되려면 새로운 정통이론이 개발돼야 했다. 그 이론은 한 집행부 아래서 재정관리를 통합하는 것이다. 이 집행부는 권력을 효과적으로 사용하기 위해서 중앙집권적 권력, 명확한 명령체계, 충분한 기획, 지휘, 회계책임 확보 기재를 가지고 있어야 한다. 그러나 결과는? 적극적 정부 유형에서 형평성은 규모가 크지만 규율이 잘 확립된 정부를 가진 계획되고 관리되는 사회에 존재하는 것이다.

3 분석적 운동

연방정부에서 계획예산제도(PPBS)를 제도화한 존슨 대통령 이후 재정시스템은 여러 문제를 분석하는데 유용했다.

이 운동은 진보 시대 초기 문헌에서 나온 능률성을 강조하는 사조, 즉 정부를 통해 공공 문제를 해결하는데 과학적 탐구의 규칙을 적용하려 노력한 운동이라고 일반적으로 언급되는 사조의 후기 판(版)이었다.

실질적으로 계획예산제도 개혁에 의해서 자원 배분을 받치고 있는 기본 가정이 형평성 있는 배분에서 최적화로 변화였다. 또한 이것에 의해서 사업의 분석, 목적 설정, 목적과 사업의 합리적 추구 등이 이뤄졌다. 이러한 연구의 조직화가 처음으로 발상의 기초가 됐다. 관리의 중요한 모든 측면에는 운영 원칙이 있다. 즉, 그 원칙들을 발견하려면 엄격한 연구를 해야 했다.

본래의 계획예산제도 개혁은 카터(Carter) 대통령이 주택도시개발부(HUD)의 재정관리역량공유사업(FMCSP)을 지원함으로써 후에 새롭게 추진됐다. 이 사업의 주요 결과물 가운데 중요한 의미를 가진 것은 분석 장치였다. 특히, 재정 추세 모니터링 체제(Groves, Godsey & Shulman, 1981), 생산성 측정 계획(Epstein, 1984), 통합적 재정 체제를 위한 제안(Grossman & Hayes, 1981) 등이 중요한 의미를 가진 것이었다.

역량강화 운동(Capacity Building)은 닉슨(Nixon) 대통령 1기 행정부에서 일어났고, 포드(Ford) 행정부에서도 계속됐다. 지방정부를 강화하려는 보수적인 공화당 대통령의 노력은 세 가지 노력을 통해 나타났다. 첫 번째 노력은 지방 및 주 정부와 세수를 공여하는 것(revenue sharing)이었다. 연방정부가 세수 징수 역량이 커지면 커질수록 이와 연계해서 지방정부가 서비스를 전달하고 연방 국내 정책을 집행하는 역량도 그만큼 커졌다(혹자는 더 향상됐다고 말한다). 세수 공여를 지지하는 집단은 이렇게 논한다. 즉, 지방의 문제는 지역에 있다. 그리고 주 및 지방정부는 지방 문제에 매우 가까이 접하고 그것을 잘 해결할 수 있는 능력도 있다.

두 번째 노력은 주 및 지방정부 수준에서 기획을 강화하려는 닉슨 행정부의 노력을 통해서 촉진됐다. 지역, 권역, 도시 등의 토지 이용 계획 활동을 지원하던 주택도시개발부(HUD) 사업은 이러한 단위들과 이런 단위가 속한 정부의 관리 능력을 향상시켜야 한다는 새로운 권한을 가졌다. 이에 더해서 연방 보조금을 위한 평가와 공고(公告) 체계(review and notification system)는 지방정부의 기획과 발전 노력을 조정하는 데 도움이 됐다.

세 번째 역량 강화 노력은 닉슨 대통령 후반기와 포드 대통령 시기에 나타났고, 이것은 정부간 관리, 특히 정책 관리 사이의 관계(지도력), 자원관리(조직 유지, 적응, 환경 제약에 순응), 그리고 사업 관리(생산성과 수혜자 욕구와 정책 방향에 대한 대응성)에 관심을 뒀다. 역량 구축의 성질에 대한 가장 명확한 설명에 의하면(Executive Summary, 1975) 역량 강화는 제약을 위한 도구였다. 즉, 연방 지출과 징세 제약을 위한 도구로서 연방 수준이 아닌 지방, 주 정부 등 기타 정부 수준에서의 역량과 자원 구축에 의해서 주도됐다.

분석가기 지배하던 시기가 오늘날에도 시사하는 바가 있다. 특히 민영화와 더불어 역량 강화를 평가하는데 시사하는 바가 있다. 카터 대통령과 레이건 대통령의 선거 공약의 핵심은 의회와 워싱턴의 행정상의 연계를 중단할 필요가 있다는 것이었다. 즉, 역량 강화는 능률을 중시하는 시민운동을 가능하게 했고 뉴딜 사회기반시설을 구축했던 적극적 정부-부서 운동 연합(the positive government-bureau movement alliance)을 해체시키는 방법이었다. 진보운동에서 분석가들을 떼어냄으로써 역량 강화 운동은 은연 중에 민영화로 이어졌다.

4 공급 중시 경제학

공급 중시 경제학(Supply-Side Economics)은 조세 구조의 진정한 개혁을 수반하는 과감한 세금 삭감(Roberts, 1984)의 필요성과 정부재정의 최고 덕목으로 거의 단일 강령으로 절약 필요성을 설명함으로써 환심을 샀다. 세금 삭감은 세율과 세수 결과가 곡선(curvilinear) 관계라는 여러 견해에 따라 정당성을 얻었다. 즉, 세율과 세수는 어떤 점까지는 같이 증가하지만 그 점을 지나면 세율이 증가해도 총 세수 증가는 차츰 감소한다는 것이다.

공급 중시 경제학자들은 두 가지 요인으로 인해 세금 삭감과 소득에 대한 고정 세율이 세수 개선 효과가 있을 것이라고 주장한다. 첫째, 이익(profits)이 벌칙이 아니라 보상으로 여겨질 때 세율은 경제적 생산에 더욱 중립적 효과를 미치고 제조업과 서비스 생산량이 더욱 확대된다. 둘째, 케네디 행정부 초기 세금 삭감에서 볼 수 있듯이 낮은 세율은 그 자체로 경제적 생산을 촉진할 수 있다.

경제적 생산이 증가할 때 그 부산물인 정부 세수가 증가하는지 그 시점이 분명하지 않았다. 이 관계의 적기성이 불분명하여 민영화는 결국 공급 중시 경제학과 연계되는 결과를 초래했다. 1981년, 1986년, 2001년, 2003년의 세금 삭감은 정부 지출의 상응하는 삭감 없이 연방정부 세수의 엄청난 부족을 초래했다. 적자는 지출을 더 삭감하고 부채 증가를 축소하고 그리고 다른 정부 기능을 민영화하라는 거센 압력이 됐다.

1) 민영화 운동

정부 부문으로부터 사적 재화의 생산을 되찾자는 지적 운동은 공적 자금 중심 경제 정책을 지지하는 주장이 됐다.[4] 보수적인 정치와 경제 사상에 의존하기는 하지만(Schumpenter, 1942; Hayek, 1944; Buchanan & Tullock, 1962), 민영화는 사바스에 의해서 대중화 됐다

---

4) 민간재는 시장의 실패와 부적합성(noneappropriability)의 맥락에서 정의되며 *민간재*란 용어는 정부 혹은 민간기업 또는 양자에 의해서 생산되고 판매되는 재화를 가리킨다. 시장실패는 재화의 제공자가 그 서비스의 판매로부터 얻은 이익 모두를 받지 못하는 능력 부족에서 발생하기 때문에 "시장의 성공"은 재화를 구매하지 않은 사람을 그 사용에서 제외시키고 그리고 재화를 구매한 사람과 구매하지 않은 사람이 똑같이 그것을 이용하지 못하도록 방지하는 노력을 할 수 있는 능력이나 적합성의 예이다. 민간재가 실제로 무엇이고 누가 그것을 제공해야 하는가는 상당히 많은 고찰이 필요한 주제인데 월프의 고찰은 가장 잘 균형잡힌 분석의 하나이다(Wolf, 1988).

(Savas, 1982). 정부는 자기만족적인 기회주의자들의 온상(Savas, 1982: 1)이라는 민영화 지지자들의 반발은 정부 재정관리에 자리를 차지하고 있는 지배 연합에 기업적 이해집단이 최고의 영향력을 행사할 수 있게 된 것을 표현한 것이다.

그런 영향력이 1970년대 세금 반발의 근원이었다. 그러나 민영화는 또한 오랫동안 적극적 정부 지지자들에 의해서 지배되어 왔던 재화와 용역의 생산에 대한 새로운 사고를 나타내었다. 예를 들어, 도로와 다리를 다른 소비재처럼 사용하고 가격을 책정하고 사유재산처럼 자금을 조달할 수 없을까 등의 유료재(toll goods)에 대한 재고와 관련된 제안이 많았다.[5] 깨끗한 공기와 같은 공유재(common pool resources)는 환경오염을 발생시키는 집단 간에 오염량을 배분해주고, 환경오염에 대한 한도를 정하고, 한도보다 더 많이 환경오염을 발생시킨 회사는 한도보다 적게 발생시킨 회사와 거래를 허용함으로써 규제될 수 있을까(USEPA, 20120)? 또 다른 제안은 제조업자들에게 환경오염 물질을 계속 생산할 수 있는 권한을 주는데 그 권한에 대해서 가장 높은 요금을 납부할 의향이 있는 제조업자에게 준다는 것이다(Hershey, 1989). 관리자가 교정(敎正)과 같은 서비스를 외부에 용역을 줌으로써 지출을 검토할 수 있는 방법을 모색할 때 공공재도 특별 조사를 받을 수 있다.

마지막으로, 미국 증권거래위원회(SEC)와 식품의약청(FDA)을 대표적인 예로 들 수 있는 연방정부 규제 기관들은 자생력을 갖추기 위해 수수료(fee) 도입을 검토하기 시작했다. 한 분야 또는 다른 분야의 허가에 대한 업계의 수요와 행정 및 규제 노력의 '공급'을 일치시키는 방식으로 규제 대상 산업에 수수료가 부과될 수 있을 것이다.

더 나아가, 규제 예산이란 발상이 등장했다(Crandall, 1978: 93-94). 그 예산에 의해서 규제 비용이 제시되고, 제한되며, 그리고 배정될 수 있었다. 정형적인 예산 지출과 같이, 규제 예산에는 회사들이 규제 요건을 충족시키기 위해 부담하는 측정가능한 비용이 포함될 수도 있었다.

2) 감축 관리

조세 반발, 조세 개혁, 그리고 예산 적자에 대한 분석가들의 대응은, 집행 및 사업구조 면

---

5) [역주] 유료재는 toll goods를 번역한 것으로 club goods라고도 한다. 이것은 소비에서 배제시킬 수는 있지만 소비에 경합이 없는 재화를 뜻한다. 공유재(common pool goods)는 소비에서 배제시키기는 어렵지만 소비에 경합이 있는 재화를 뜻한다. 유료재의 한 예는 케이블 티브이며, 공유재의 한 예는 양어장이다.

에서 관리된 감축이라는 개념인, 감축 관리였다.6) 이런 사고 계열이 믿는 바는 공공 조직의 질서 있는 축소를 결정하는데 계층제 변수가 힘이 강하다는 것이다(Levin, 1980; Dunsire & Hood, 2010). 계층제가 존재하지 않는 곳에서는 이익집단의 저항이 질서를 파괴하고 이익집단이 지배하는 정책 분야에서 자신들의 배분 형태를 유지하려고 서로 경쟁하면서 적응을 한다고 주장되기도 한다(Rubin, 1985). 경기 침체와 여타 위기에 의해 발생한 재정정책과 정부 예산운영과 재정 문제로 인해서 감축관리와 민영화에 대한 강조가 새롭게 더해졌다(Miller & Svara, 2009).

제2절
세 단계에서 연합의 수렴과 발산

계속적인 운동을 통해 정부 예산운영과 재정에 대한 새로운 생각을 불어넣었던 지도자들은 한 가지 중요한 신념을 공유했다. 그것은 정부 재정운영에서 개방성은 각각 그 자신들의 관점에 기여한다는 것이었다. 그들의 관점은 능률성, 형평성 그리고 절약이었다. 이러한 관점은 상당히 다른 것이었다. 즉, 진보주의자는 적극적 정부를 원했고 사기업 집단은 낮은 세금을 원했으며 연구자는 분석을 원했다(그리고 부정부패 감시자들은 부정을 처벌하기를 원했다). 그러나 개방성을 추구하기 위해 형성된 연합체는 정부의 예산운영과 재정의 기본 자금 흐름이 관찰되고 평가될 수 있는 절차와 관행이 돼야 한다고 믿었다. 그러나 무엇이 관찰가능하고 평가 가능한지는 여전히 숙제로 남아 있었다.

개방성은 개혁 연합의 구성원들 사이에서 통화와 같은 것으로 여겨졌다. 개방성으로 인해서 연합의 모든 구성원이 정치적 세력으로 간주된 것들에 반대해 단결할 수 있었다. 이러한 정치세력은 지방정부와 종종 주 정부를 통제하고 그리고 그들 자신도 정치적 우두머리에 의

---

6) 감축 관리에 대한 많은 문헌은 거의 10년 동안 공공 재정관리의 사고(思考)를 이용했다. 감축관리에 대한 사고의 명확한 원천은 사이먼부터 시작됐다(Simon, 1962). 감축관리에 대한 더 많은 문헌에 관해서는 레빈(Levine, 1980)과 맥캐퍼리(McCaffrey, 1981)를 보시오.

해서 통제되는 정치적 집단(clubs)으로 폭넓게 알려졌었다.

개방성은 개혁 연합 구성원 몇 명이 자신의 신념을 실현할 수 있을 때까지 도달하기 어려운 높은 고원이었다. 적극적 정부 지지자들은 이상적인 정치적 참여 수준보다는 낮았지만, 형평성을 결정하고 또 차별의 결과를 되돌리기 위해서 형평성을 측정할 수 있는 측정치들과 여타 자료를 가져야 했다. 이러한 측정치와 필요한 자료를 얻을 수 있는 유일한 방법은 개방성이었다. 분석가들은 능률성을 결정하기 위해서 개방성을 확보해야 했다. 기업 이해관계자들은 절약에 대한 위협이나 불공평하게 부과된 세금의 출처를 밝히기 위해 개방성을 확보해야 했다(마지막으로 부정부패 감시자들은 불량배를 적발하기 위해서 개방성을 가져야 했다).

개방성은 그 자체가 책임성이 아니었다. 개방성은 업무에 대한 책임 시스템을 만들기 위해 필요한 기초였다. 책임성은 신념이자 충족되어야 할 비전(vision)이었다. 반면에 개방성은 과학기술과 관리(管理)를 활용해 비전을 달성하기 위한 하나의 방법이었다.

1 발산의 원천으로서 책임성의 체계

개혁 연합 구성원들은 다른 신념을 가지고 다른 관리 체계를 주창했고, 다른 과학기술을 발전시켰다. 따라서 이 모든 것은 다른 책임 체계를 암묵적으로 보여 주는 것이었다. 부정부패 감시자들을 연합의 모든 구성원 중 가장 중요한 것으로 간주한다면, 때때로 서로 중복되는 다음과 같은 세 개의 책임 집단 및 체계를 생각할 수 있다. 적극적 정부 유형-서비스 확대를 위한 더 큰 정부, 분석적 연구 유형-능률적인 정부 우선, 친 기업 유형-민간 기업의 투자에 대한 보상을 주기 위한 낮은 세금 등이 그것이다. 다음 〈표 2-1〉과 각 체계의 묘사를 참고해 보자.

집단 구성원 간에 책임성(accountability) 전제에는 차이가 있다. 적극적 그리고 친기업적 집단은 조직 외부의 욕구를 조직이 하는 일에 대해 우선적 통제를 가하려는 것으로 보려는 경향이 있었다. 즉, 그들은 책무성(responsibility)을 형평성 측면으로 봤다. 수혜자나 납세자에 대한 대응성(responsiveness)이 책무성에 대한 필요성보다 더 중시되는 경향이 있었다. 특히 능률성 계산이 전제되고 분석가가 지지한, 그리고 비용 절감 논리를 전제로 하고 기업적 이해집단이 지지한 책무성에 대한 필요성보다 대응성이 중시되는 경향이 있었다.

⟨표 2-1⟩ 정부 재정관리에 있어서 개혁 연합 구성원이 시사하는 책임성 체계 비교

	집단		
	적극적 정부	분석적 연구	친 기업적
책임성 전제	형평성	능률성	절약
과학기술	한계성	생산성	화폐화된 효용성
조직 이론	협상적	계층제적	민영화
신념 체계	영역이 확대되는 정부	영역이 고정된 정부	영역이 축소되는 정부

출처: Waldo, D., *The Administrative State: A Study of the Political Theory of American Public Administration*, The Ronald Press, New York, 1848; Schiesl, M. J., *The Politics of Efficiency: Municipal Administration and Reform in America, 1800-1920*, Univsity of California Press, Berkeley, 1977.

과학기술 또한 달랐다. 적극적 정부 지지 집단은 사업을 다른 사업과 비교하는 경향이 있었다. 이때 이들은 가장 훌륭한 사업을 한계 수익률이 다른 사업들보다 높을 때 가장 훌륭한 사업이라고 정의했다. 과학기술로서 능률성을 알기 위해서는 최소 손해를 보장하는 노력으로서 물질적 투입과 산출의 계산이 필요했다. 일반적으로 친 기업적 집단은 노력의 가치를 금전적 효용을 기준으로 결정했고 시간에 따른 가치의 손실을 할인(discount)하여, 선호된 노력의 가치가 대체적 노력의 가치보다 크다고 판단했다.

연합 구성원은 관리 문제에 대한 접근방식과 조직 이론이 달랐다. 적극적 정부 지지 집단 유형은 조직의 목적과 방법이 협상을 통해서 달성될 수 있는 협력의 문제가 되기를 원했다(Golembiewsky, 1977). 분석적 연구 집단 유형은, 브라운로우위원회(Brownlow Committee)부터 시작된 계층제를 지향하는 경향이 있었다(Gulick & Urwick, 1937). 친기업적 이해집단 유형은 이전에는 정부가 생산했던 대부분의 서비스를 민간 부문이 제공해 주는 방식을 선호했다(Wolf, 1988).

끝으로, 세 개 개혁 연합 집단 유형의 신념체계가 각각 달랐다. 적극적 정부 유형은 공공서비스 수요에 직접적으로 비례해서 정부의 영향력의 범위가 증대하는 정부라 정의됐다. 반면, 친기업적 유형은 사업 기회 증대와 세금 감소를 위해서 정부 영역의 축소에 관심을 뒀다. 그러나 분석적 연구 유형은 정부의 영역에 관계없이 능률성 문제를 강조하면서 정부 규모 문제에 대해서 길게 이야기하는 경향이 있었다.

❷ 발산의 장기적 지속적 효과

초기 개혁 연합 구성원 사이에는 유사점과 차이점이 있었는데 이것은 정부 재정관리에 대한 사고에 매우 큰 영향을 미쳤다. 책임성에 대한 세가지 초기 버전(version) −형평성, 능률성, 절약−은 현재의 개혁에서도 과학기술에 대한 원천으로서, 정부 예산운영 및 재정관리에 관한 다양한 관점으로서, 재정관리자들이 주장하는 인지 유형(cognitive styles)으로서, 각 분야가 따르는 정부 조직 이론으로서, 여전히 경쟁적으로 이용되고 있다. 정부 예산운영 및 재정 이론의 진술은 어느 지점에서든 혼합물, 더 정확하게는 현재에 가장 크게 영향을 미친 본래의 사고 원천을 보여 주는 점수표이다. 따라서 정부 재정관리 분야 이론을 뒷받침하는 있는 안정적인 신념 구조, 즉 사회에서 정부 재정의 역할이 무엇인지 혹은 정부에서 정부 예산 및 재정의 역할이 무엇인지에 대한 합의가 존재하지 않는다. 정치적 연합은 진화하고 있으며 서로 다른 신념이 영향을 주고 있다.

〈표 2-2〉에 비교해서 제시되고 있는 정부 예산운영 및 재정 분야에서 아직도 경합하고 있는 기본 신념을 검토해 보자.

〈표 2-2〉 정부 재정관리에 있어서 초기 개혁 노력에서 도출된 이론 비교

	이론		
	싸이버네틱스	다원주의	공공선택론
책임 전제	능률성	형평성	절약(parsimony)
창안자	분석가들	적극적 정부*	친 기업
과학기술	생산성	한계성	화폐로 전환된 효용
조직 이론	계층제	협상	민영화
신념체계	고정된 영역으로서 정부	확대되는 영역으로서 정부	축소되는 영역으로서 정부
문화	계층적	평등주의적	개인주의적

출처: Waldo, D., *The Administrative State: A Study of the Political Theory of American Public Administration*, The Ronald Press, New York, 1848; Schiesl, M. J., *The Politics of Efficiency: Municipal Administration and Reform in America, 1800-1920*, Univsity of California Press, Berkeley, 1977; Wildavsky, A. *Budgeting: A Comparative Theory of Budgetary Processes*, 2nd rev. ed., Transaction Books, Piscataway, NJ, 1986.

*[역주] 원서에는 실증주의자들로 되어 있으나 저자의 확인을 거쳐 적극적 정부로 바로 잡음.

첫 번째 신념체계는 중앙집권적인 기획과 통제에서 도출된 것이다. 이것은 사이버네틱스에 기반을 두고 있으며 회계 이론에서 정교화된 것이다(Key, 1940; Simon, 1947; Beer, 1959; Smithies, 1955; Comproller General of the United Staes, 1985).

두 번째 접근방법과 신념체계가 예산이론에 요약돼 있으며, 이것은 확실히 다원적인 관리 정향을 가진다. 이 접근방법은 개방체계 논리에서 파생됐으며 조직 의사결정이론에서 매우 정교하게 발전했다(Churchman, 1968; von Bertanffly, 1968; Johnson, Kast & Rosenweig, 1963; Lindblom, 1965; Cyert & March, 1963; Cohen, March & Olsen, 1972).

세 번째 접근방법은 경제학에 기반하는 데, 이것은 공공선택이론을 통해서 규범적 장치로 사고에 영향을 미치고 있다(Buchanan, 1987; Borchering, 1977). 이 접근방법의 영향은 연구방법, 특히 실증적 방법론(Friedman, 1953)과 비용편익분석과 같은 분석적 과학기술로 확장된다(Kaldo, 1939; Hicks, 1940). 여러 가지 경쟁적인 접근 방식이 있다. 그러나 각 접근법은 서로 다른 분야에서 강점이 있다. 회계와 통제이론의 대부분은 기술적 적용이 가능하며 특히 자료를 특성화하고 분류하는 능력에 있어서 기술적 응용성이 높다. 회계이론은 모호하게 하향적 관리구조를 시사하고 더욱 모호하게는 집단 간 구분(계층, 신분)의 유지에 기반한 문화와 신념체계를 시사한다.

예산이론(budgeting theory)은 관리적 성격이 매우 강하다. 이것은 부처와 중앙예산기관과 협상, 즉 중앙집권적 재량, 통제 혹은 조정의 정도에 따라 다른 수준의 주도성과 정보의 상향적 흐름의 일종인 협상을 시사한다. 예산이론은 대체 한계율에 기반한 기술을 제시하지만 자세히 설명하지는 않는다. 즉, 각 청구자의 점증적 요구는 모든 과거의 요구보다는 다른 청구자의 요구와 비교될 수 있다. 이것은 또한 평등주의 신념체계를 시사한다. 왜냐하면 주도의 각각의 원천이 차별, 특히 정치적 참여를 제한하는 차별이 있기는 하지만 대충 볼 때 평등하게 정당하기 때문이다. 경제적 분석은 관리(管理)에 대해서 할 말이 없지만 생산성 분석과 측정을 정량화하는데 암시를 줄 수 있다. 이 접근방법에 의해서 이루어진 중요한 기여는 정부 조치를 위한 작은 영역 혹은 영역 축소에서 공공선택이론에 의해서 표현된 신념이다. 친기업 문화는 친시장 주창자들에 의해 지지된 것과 비슷할 것이다. 그것은 행동에 있어서 집단주의적이기보다 개인주의적인 고도로 분권화된 의사결정이다.

제3절
계속적인 그러나 단편적인 투쟁

세 종류의 접근방법은 오늘날에도 발산하는 견해로서 계속되고 있다. 지배하려는 투쟁, 즉 정부 예산운영과 재정이 무엇이어야 하는가를 결정하려는 투쟁이 계속되고 있다.

투쟁은 정치적 지배를 위한 것일 수 있다. 예산운영 문헌에서 한 그룹의 학자들은 투쟁에 관심을 보였는데 이들은 다른 방식으로 그것을 본다(Schick, 1966; Hyde, 1978; Rubin, 1988). 오히려, 그들은 누적적으로 이루어진 조용히 전개되고 있는 분석방법의 승계를 제시한다. 예를 들어, 쉬크의 견해는 예산운영에서 관리에 초점을 둔 단계에서는 통제를 강조하며, 동시에 관리 초점은 통제 강조가 생산한 자료 수집을 요구한다. 통제와 관리를 뒤이어 계획이 강조된다. 이때 예산결정에 미래지향적 차원이 더해지고 통제와 관리에 필요한 도구는 폐기되지 않는다. 그러니 "조용히 전개되고 있는 승계(gently unfolding succession)"라는 개념은 진정한 거대한 투쟁(a truly titanic struggle), 재정관리와 같은 거대한 크기의 행정분야에 적합한 투쟁을 못 보게 가릴 수도 있다. 여기서 지식 습득에 두 가지 서로 상반되는 설명이 있다. 이 주제는 분석할 가치가 있다.

특정 개혁이 지지를 얻는 길을 기술하는 방법으로서 다음의 모형을 참고해 보자. 버첼 외(Burchell et al., 1980)는, 그리고 더 근본적으로 톰슨과 투덴(Thompson & Tuden, 1959)은 두 개의 기본 질문에 대한 대답을 바탕으로 합의와 의견불일치의 상이한 변형을 매트릭스로 제시한다. 첫째, 이해관계자들은 채택된 과학기술에 의해서 달성될 수도 있는 목적에 대해 합의하는가? 예를 들면, 이해관계자들은 개방성을 통해 달성됐으면 하는 목적에 대해 합의하는가? 둘째, 이해관계자들은 주어진 목적을 달성하는데 어떤 수단이 가장 적합하다는 것에 대해 합의하는가? 즉, 이해관계자들은 어떤 수단이 형평성, 능률성, 절약 등을 달성하는데 가장 적합할 수 있다는데 합의하는가?

각 질문에 답함으로써 우리는 다음 〈표 2-3〉에 그려진 칸(cell)들을 볼 수 있다. 이 표는 각 칸 별로 특정 개혁으로 해석될 수 있고 예시될 수 있다. 즉, 첫째 칸(cell 1)은 수단과 목적에 대한 합의를 말해 준다. 완전한 합의의 경우는 현대 재정관리를 창안했던 초기 개혁 연합의 행동을 해석함으로써 가장 훌륭하게 예시할 수 있다. 즉, 주어진 목적(회계책임)을 달성하기 위한 수단(재정관리에서 개방성)에 대한 합의가 존재했다.

두 번째 칸(cell 2)은 목적에 대해서는 합의하고 수단에 대해서는 의견이 불일치하는 경우를 보여 준다. 가장 기억하기 좋은 사례는 1937년과 1938년에 행정관리에 관한 대통령위원회(the President's Committee on Administrative Management)와 브루킹스연구소(the Brookings Institution) 간에 발생한 갈등이다. 브루킹스연구소는 면밀한 분석의 타당성과 재조직을 위한 재조직, 즉 활동을 기능 별로 분류할 것을 주장했다(U.S. Senate Committee Investigating Executive Agencies, 1937). 대통령위원회는 예산국을 새롭게 설치되는 대통령행정실(Executive Office of the President)로 이전하는 것을 통해서 예산운영에 대한 지시를 부여하는 것과 같은, 대통령의 관리 문제 해결의 가치를 주장했다.

〈표 2-3〉 사이버네틱스, 다원주의, 공공선택론 이해관계자들의 선호와 신념

		목적에 대한 선호	
		합 의	의견불일치
수단에 대한 신념	합의	1	3
	의견불일치	2	4

출처: Burchell, S. et al., *Accounting, Organizations and Society*, 5: 14, 1980; Thompson, J.D., and A. Tuden, in *Comparative Studies in Administration*, ed J.D. Thompson, P.B. Hammond, R.W. Hawkes, B.H. Junker, and A.Tuden, University of Pittsburgh, PA: 195-216, 1959.

똑같은 일들이 시정부에 대한 미국 인구조사국(Bureau of Census) 모형에서 펼쳐졌다(Fox, 1977; MacDonald, 1988). 인구조사국장은 시정부 활동에 공통적으로 보이는 기능을 창안했다. 그 기능은 지방정부로부터 받은 자료를 서로 비교할 수 있는 방법으로 보고하는 수단이 됐다. 그러나 최종 산출물은 자료 분류를 위한 기초일 뿐만 아니라 부처를 조직하기 위한 그리고 지방정부에 필요한 초기 직업을 개발하기 위한 기초였다.

두 번째 칸(cell 2)의 거울 상(像)이 세 번째 칸(cell 3)이다. 이는 수단에는 동의하지만 목적에 대해서는 의견이 일치하지 않는 경우이다. 아마 그것의 가장 좋은 사례는 존슨(Johnson) 행정부에서 계획예산제도를 사용한 것이다(Rabin, 1975; Schick, 1973; Wildavsky, 1966; Novick, 1968). 존슨 대통령은 (오랜 기간 동일 분야에서 성공으로 알려진 운영연구(O.R.)와 함께) 무기체제에 대한 극대화 선택 방법으로써 계획예산제도가 국방부에서 잘 작동되는 것으로

이해해서 다른 부처에 확대하도록 명령을 내렸는데 결과가 좋지 않았다. 쉬크는 다음과 같이 주장했다. 즉, "분석은 변화 촉진제가 될 수 있는 것이었다. 즉, 분석은 예산운영에 기여함으로써 예산운영을 바꿀 수 있었다(Schick, 1973: 416)." 계획예산제도가 실제로 수행한 것은 의사결정을 간소화하고 집권화 하는 (목적에 대한 반대로서) 수단이었다(Wildavsky, 1966: 306; Golembiewski, 1989).

앞에서 살펴본 모든 사례에서, 의식적이든 우연이든 수단이 목적을 결정했다. 윌다브스키는 다음과 같이 주장했다. "체제분석의 (가장 특출난 특성은 아닐지라도) 특출난 특성은 목적이 알려지지 않았거나 변할 수 있다는 것이다(Wildavsky, 1966: 300)." 그는 자기 주장을 보강하기 위해서 히치의 말을 인용했다. "물론 우리는 잠정적인 목적으로 시작을 할 것이다. 그러나 우리는 우리가 연구하는 체제와 관련 체제에 대해서 알게 되면서 목적을 수정하거나 변경할 수 있다는 것을 예상해야 한다(Hitch, 1960: 19)."

네 번째 칸(cell 4)은 수단 또는 목적, 어느 것에도 합의가 존재하지 않은 경우이다. 이것 역시 의견불일치를 해소하는 방법을 보여 준다. 즉, 첫째 칸은 목적 또는 수단에 의견불일치가 존재할 때 여러 생각을 해보면 결국은 해결방법이 있다는 것을 암시한다. 사람들은 그것이 무엇이든지 의견불일치를 해결함으로써 합의를 이루기를 기대한다. 네 번째 칸(cell 4)은 현상을 완전히 재정의하거나 재해석함으로써 (목적과 수단에 대한 의견불일치가 있는) 격렬한 갈등을 해결할 수 있다고 제안한다. 사실, 네 번째 칸(cell 4)은 생각을 계속하면 결국은 도달하게 될 해결방법일 수도 있다. 모호한 상황에서는 수단 혹은 목적에 대한 합의가 어렵기 때문에, 결과에 이해관계가 있는 집단들은 합의를 도출하기 위해서 종종 사후에, 사건과 맥락을 재해석할 수도 있다.

1 개혁 노력의 성질

〈표 2-3〉과 같은 모형은 온전한 전체로서 모든 개혁 노력을 분류하거나 지식이 얻어지는 방법에 대한 발상을 분류하는데 도움이 되기도 한다. 앞에서 지적했듯이, 쉬크(Schick, 1966)와 학자들(Hyde, 1978; Lyden & Miller, 1978)이 이러한 노력을 전임자들이 이룬 개혁의 장점에 기반한 발전의 "조용히 전개되고 있는 승계"라 묘사했다. 본 필자는 개혁 노력을 그 효과가 누적적이기보다 비연속적인 거대한 투쟁으로 묘사했다. 여전히 다른 견해가 있다.

어떤 견해가 가장 타당성이 높을까? 견해들은 어떤 차이가 있을까?

〈표 2-3〉에 있는 각 칸을 참고해 보자. 첫째 칸(cell 1)은 변화가 없는 입장을 반영한다. 이 입장은 일반적으로 다음과 같은 사람들로부터 지지를 받는다. 이들은 장기간의 개혁 기간 동안 절차나 정책이 생존했다면 그것들이 처음부터 끝까지 안정된 상태에서 생존한 경우를 말한다. 종종 연구자들은 미세한 부분만 손보면 되는 체계를 철저히 조사해 예산운영과 조세 개혁 입법을 실패하기 쉬운 노력(failure-prone efforts)으로 해석하려고 시도해 왔다 (Wildavsky, 1961; Wildavsky and Hammond, 1965). 이러한 연구는 또한 정부의 예산운영과 재정에 대한 상이한 견해들이 어떻게 쉽게 공존할 수 있는지 보여 주기 위해서 조직 및 회계 이론의 좀 더 일반적인 사고와 개혁을 연관시켰다. 예를 들어서, 예산운영에 있어서 통제, 관리, 그리고 기획을 강조하는 경향은 서로 상반되는 관계가 아니라 보완 관계이다. 각각은 조직의 다른 수준에 기여한다(Parsons, 1960; Thompson, 1967; Anthony, 1965).

〈표 2-3〉의 둘째 칸(cell 2)은 수단에 대해서는 의견불일치가 있고 목적에 대해서는 합의가 있는 경우를 보여 준다. 둘째 칸은 개혁에 대한 선형 개념을 반영한다. 사건들이 발생하면, 특히 본래의 개혁자들에 의해 예견되지 못했던 사건이 발생하면, 본래의 개혁은 "기존의 유형"이 되고 정통 사고와 그것의 인기 없는 결과를 공격하는 것이 유리하다고 생각하는 새로운 개혁가들에게는 표적이 된다. 이 경우, 약탈과 남용으로부터 공공 금고를 보호하는 것은 물론 정부의 목적을 충분히 재정지원하는 것과 같은, 지속적인 문제에 대한 재정 전문가들 사이의 사고를 지배하려는 투쟁으로 인해 지속적인 문제에 대한 잠정적 해결책이 나온다. 이런 긴장을 해소하는 개혁은 지지를 얻고 시행될 수 있으며 결과를 예견할 수 있으나 결과를 예견하지 못하는 더 중요한 경우도 있다고 이 해석에서는 주장한다. 그러한 예견하지 못한 결과는 취약점을 보여 주며 그것들은 상대에게 공격할 수 있는 기회를 준다, 예를 들어서, 예산에 대한 초기 사고는 예산을 품목별로 제시하는 것이 돈이 무엇을 위해서 어떻게 지출되는지에 대해서 생각이 없던 대중에게 정보를 제공해 줄 수 있다고 제시했다. 개방성은 통제 기능에 기여했다. 그러나 품목 명세가 길어지자 문제가 발생했다. 복잡한 품목으로 구성된 긴 명세서는 적을 때 보다 더 숨길 곳이 많았다. 사실, 후버위원회(Hoover Commissions)는 품목별 예산을 통해서 많은 통제보다는 적은 통제가 이뤄졌다고 느꼈다 (Gross, 1969).

〈표 2-3〉의 세 번째 칸(cell 3)은 수단에 대해서는 합의 그리고 목적에 대해서는 의견불일치가 있는 경우이다. 이런 상황, 즉 일단의 수단을 통해서 목적을 규정하려는 경우가 공

공 재정관리에서 발생했다. 즉, 예산운영 분야와 부채 관리와 관련된 전략적 기획 운동 분야에서 계획예산제도(PPBS)와 영기준예산제도(ZBB) 노력에서 나타났다. 특히 계획예산제도 운영에서 수단을 통해서 달성할 수 있는 목적을 찾는 목적의 승계(succession of ends)가 명확히 나타났다. 분석, 특히 운영연구(OR)방법이 수단으로 많이 사용됐는데 이 수단은 제2차 세계대전 때부터 신임을 얻었고 이러한 현상은 분석을 신봉하는 분석가 집단을 성장시키는데 이르렀다. 그런데 이들 분석가 집단은 폭격, 전략무기, 무기 원가분석, 예산운영 등의 수단을 통해 달성할 수 있는 목적을 찾았다. 영기준예산 역시 한 맥락(텍사스 인스트루먼트 Texas Instrument)에서는 혁신을 수행하는 문제였지만 다른 맥락(조지아 주정부와 미국 정부)에서는 혁신을 적용하는 문제였다. 전자에서는 혁신에 관심을 뒀지만 후자에서는 절약에 관심을 뒀다(Pyhrr, 1977). 전략적 기획 운동 부문에서도, 많은 것들이 풋옵션, 콜옵션 등과 같은 국고 및 현금관리의 여러 수단이 최적화에 기여할 것이란 초기의 목적 인식에 의해서 정해졌다(Miller, 1991: 152-160). 어느 경우든, 수단은 애지중지 각광을 받고 목적은 부수적이었다. 대개 수단에 따라 목적이 정해졌을 것이다. 대개 이것이 허용됐다.

개혁에 대한 이러한 견해는 인기 있는 역사가가 역사의 순환이라고 부른 것을 시사한다(Schleginger, 1986). 즉, 한 이익집단 무리들이나 다른 이익집단 무리들이 이용하기 쉬울 때 그런 이슈는 변하고 기회는 나타난다. 전문가 집단은 개발되고 정교화된 과학기술을 획득하는 것보다 그것을 적용하는데 더 많은 기득권을 가지고 있다. 지배권이 한 이익집단에서 다른 이익집단으로 이동을 하며 왔다갔다 하기도 한다. 따라서 세 번째 칸(cell 3)은 공공 재정관리 분야의 개혁 혹은 변화에 대한 비선형적인 견해와 비슷하다. 어떤 한 집단이 사태 해결에 대한 체계적 방법을 알고 있다고 주장하는 것이 유리하다고 판단하자 상황이 변하고 기회가 나타난다(Kaufman, 1956, fn. 11; Ferguson and Rogers, 1986).

네 번째 칸(cell 4)은 목적과 수단 모두에 대해 의견불일치가 존재하는 것을 암시하는 전혀 다른 방향을 보여 준다. 윌다브스키의 문화 이론의 논리를 가장 잘 따르는 것으로, 이 입장은 선호가 문화에서 나오듯이 "사람들로 하여금 그들이 원하는 것을 얻게 하는"(Wildavsky, 1986: 5) 수단도 문화에서 나온다는 것을 지지한다. 문화가 다르면 선호와 그것을 달성하려는 수단 또한 다르다는 것을 의미한다.

윌다브스키는 두 방법으로 문화 간 차이(variations)를 본다. 사람들이 동일시하는 집단 혹은 사람들이 소속된 집단은 어느 정도 강한 경계를 가지고 있다. 이 집단은 구성원의 행동에 대해서 어느 정도 강한 처분을 할 수 있다. 그래서 목적과 수단에 대한 의견 차이(네 번째 칸, cell 4)는 관련자들에 의해서 기본적인 각각의 선호로 규정된다. 그런데 각각의 선호는 "제도 지지와 제도 반대를 통해서 형성된 내생적인 것이다"(Wildavsky, 1986: 5).

재정관에게 모호성은 미국과 같은 혼합 문화에서는 흔한 일이다. 여러 주, 지역, 심지어 기관들이 단일 문화를 말하지만, 윌다브스키가 사용한 애매하지만 신중하게 추상화된 범주에 의하면 단일 문화는 없다.

중요한 칸인, 두 번째 칸(cell 2)은 목적이 수단을 찾고 있고, 세 번째 칸(cell 3)은 수단이 목적을 찾고 있다. 이들 칸 사이의 차이는 또한 각각 다른 변동 이론과 각각 다른 정치 이론을 암시한다. 목적을 찾고 있는 세 번째 칸(cell 3)은 변동에 관한 쿤의 개념을 시사한다 (Kuhn, 1970). 즉, 생각(수단)은 더 좋은 어떤 것이 수반될 때까지 작동을 한다. 수단이 목적을 찾고 있는 세 번째 칸(cell 3)은 행정 원칙을 둘러싼 세력들 사이에 발생한 카프만의 전투와 비슷하다(Kaufman, 1956). 각 이해관계자들은 중립적 능력, 집행 지도력, 대의 등 어느 세력에 속하든 관계없이 그들은 내심 정치 세계를 지배하려고 한다. 이때 통제를 어떻게 전개해야 할 것인가에 대해 전투가 존재한다. 정치 이론 역시 칸(cell)에 따라 변한다. 수단을 찾는 두 번째 칸(cell 2)의 경우, 전문가로 이루어진 위원회는 과학적 방법에서 하듯이 허위 판명에 의해서 적합한 수단이 결정되는 (엘리트 정치)를 필요로 한다. 목적을 찾는 세 번째 칸(cell 3)의 경우에는 집단 가운데 우세한 조합이 통제를 행사할 수 있는 타협을 필요로 한다.

두 번째 칸(cell 2)과 세 번째 칸(cell 3) 사이의 유사성도 또한 주목할 만하다. 두 번째 칸(cell 2)에서는 현재의 개혁으로는 해결은 커녕 이해도 못하는 이상한 일들이 일어난다. 세 번째 칸(cell 3)에서는 역기능을 일으키는 사건이 일어난다. 양자 모두에서 개혁의 통제를 넘어서는 사건들이 중요한 영향을 미친다.

두 번째로, 두 이론 모두 해석적 면모가 있다. 즉, 두 번째(cell 2)와 세 번째 칸(cell 3)에는 무엇이 개혁의 필요성을 야기했는지, 그리고 왜 개혁이 필요한지에 대해서 모호성이 존재한다. 그 결과 초래된 이상성 혹은 역기능으로 인해서 여러 설명이 경쟁을 하게 됐다.

조용히 승계가 전개될 수 있다는 가능성은 참으로 가혹한 것이다. 쉬크는 가치가 순조롭게 누적적으로 발전한다고 암시했지만(Schick 1966), 재정체계 개혁을 둘러싸고 사건의 논리나 증거만으로는 그런 것 같지 않다. 개혁은 지식이 조금씩 계속 쌓이는 누적성을 거의 나타내지 않는다. 왜냐하면 개혁은 이상한 사건에 의해서 종종 공격을 받기 때문이다. 최근에는 기득권자들이 이용할 수 있는 기회를 사건들이 조성해 주었기 때문에 개혁이 발생하기도 했다(세 번째 칸, cell 3). 개혁은 과거를 합리화하고 현재를 재해석함으로써 모든 행위자들이 직면한 전체 그림을 바꾸는 기회를 제공하기도 한다(네 번째 칸, cell 4). 사실 준거 틀 전체가 바뀌면 어떤 기득권 세력도 동일한 방법으로 세상을 볼 수 없고, 이상한 사건도 참으로 이상하다 혹은 아니다라고 말할 수 없고, 정상 상태(steady-state)의 정치는 더 이상 존재하지 않게 된다. 이것은 거대한 투쟁(a titanic struggle)의 길로 이끄는 개혁의 마지막 유형이다.

이 거대한 투쟁은 개인들이 사용하는 전제 전체를 바꾸는 투쟁 못지 않은 투쟁이다. 이 투쟁은 테일러가 '변명' 혹은 "가치 체계를 만드는 표준과 규칙"에 대한 것이다(Taylor, 1961: 129). 가치 체계간 경쟁은 최고로 날카롭고 우리가 아는 바에 대한 시사점은 더 심오하다. 사건의 논리를 따라가면 전문가들이 서로 상냥하게 평화롭게 길을 내주기보다 투쟁을 할 수 밖에 없다는 것을 이해할 수 있을 것이다. 전문가들의 규범은 그 존재의 모든 이유가 의문이 들 정도로 서로 충돌한다. 직장, 생활, 심지어 자기 자신에 대한 개념에 대한 위협이 도사리고 있다. 사건 자체가 변화에는 갈등이 수반할 것이라는 것을 암시하며 이런 견해가 새로운 것이 아니다. 몰스타인 막스는 1937년 브라운로우위원회(Brownlow Committee)만큼이나 오래전 일어난 투쟁을 치열하게 묘사했다. 이때 브라운로우위원회는 정통 브루킹연구소 군중과 반정부적인 시정연구회(BMR)의 뉴욕시 군중 사이에서 갈등을 겪고 있었다(Marx, 1957). 카프만은 제2차 후버위원회에서 발생한 많은 유사한 이념적 투쟁을 기술했다(Kaufman, 1956). 미국 회계검사원(GAO)과 관리예산처(OMB)의 발전을 비교한 모셔(Mosher, 1984)와 회계검사원(GAO)에 대해 연구한 워커(Walker, 1986)의 연구에 따르면, 관리예산처와 회계검사원이 발전할 때, 견해의 승계가 점진적으로 일어난 것이 아니라 힘의 공백기와 같은 상황에서 일어난 것을 믿게 된다.

사건의 논리와 사건 자체를 살펴보면 정부 예산운영과 재정을 뒷받침하고 있는 전제를 지배하려는 투쟁이 거대한 투쟁이라는 생각을 지지하게 된다.

제4절
정치의 우경화와 관련된 발전

1978년 캘리포니아 주민발의 제13조(California's Proposition 13)부터 1992년 콜로라도 납

세자 권리장전(Colorado's Taxpayer Bill of Right)을 거치는 시기는 미국에서 지방 정부 예산운영과 재정에 관한 이론과 실무의 변화에 대한 서사를 만들어냈다. "정부는 우리 문제에 대한 해법이 아니다. 오히려 정부가 문제다"란 레이건 대통령(President Reagan)의 발상과 "정부의 시대는 끝났다"는 클린턴 대통령(President Clinton)의 발상으로 인해서 거의 모든 사람들이 "착한 정부가 좋다"는 견해, 특히 재정관리 분야에서 이 견해를 지지한 뉴딜(New Deal), 패어딜(Fair Deal), 뉴프런티어(New Frontier), 위대한 사회(Great Society) 시대의 종언을 믿게 됐다. 이 견해에 따르면, "공공 기관의 업무와 업적은 편익으로 간주됐기 때문에 예산운영의 과업은 편익 달성을 위한 재정 및 조직 자원을 효과적으로 통제하는 것으로 재정의 됐다(Schick, 1966). 핵커와 피어슨은 1990년대 부시 대통령이 새로운 조세를 만들지도 않고 기존 세율을 인상하지도 않겠다는 약속을 어기고 단행한 세금 인상7)은 미국 연방정부의 재정정책, 실천, 그리고 이론에 대해 말해지는 이야기를 변화시킨 분수령과 같은 사건이었다고 주장한다(Hacker & Pierson, 2007, 2010).

변화의 실체가 변화의 형식보다 덜 중요할 수 있을 것이다. 여러분은 서사와 이야기하기(storytelling)가 변화를 어떻게 촉진시키는지 아니면 어떻게 지체시키는지 물을 것이다. 서사와 이야기하기는 재정적 레짐(fiscal regime) 변화에 어떻게 적합하였나?

매우 중요한 사건들로 인해서 과세와 지출에 대한 새로운 사회적 구성(social construction)이 이뤄졌다. 핵커와 피어슨이 그것을 기술했듯이(Hacker & Pierson, 2007), 정치에서 분수령은 다음과 같은 사건들이다. 즉, 공급 중시 경제학 서사의 패권, 미국 공화당 내 경제 지도자의 배반, 조세 삭감 지향 연구기관의 부상(浮上), 의회에서 더 많은 안정 의석을 확보하려는 노력, 하원의원 선거구에서 정당 경쟁의 약화 등이 그것이다.

사회적 구성은 공급 지향적 경제학자들이 사용하는 주장을 따랐다. 즉, 보장적 지출(entitlements)이 지출을 유발시키듯이 조세 정치는 정부의 재원을 고갈시킨다. "정교하게 조작된 수사(修辭)와 정책 제시"(Hacker & Pierson, 2007, 2010: 279)를 통해서 시행된 조세지출(tax expenditures) 및 정책 설계, '권리', 재난, 혹은 "대마불사(大馬不死)에 기반한 경직성 직접 지출(uncontrollable direct)과 비관습적 지출(unconventional expenditures)"은 구조적 적자를 발생시킨다.

조세 삭감과 권리는 모두 기초적이지만 논쟁적인 개념으로부터 나온 사회적 구성인데 그

---

7) Budget Enforcement Act는 Omnibus Reconciliation Act의 일부이다.

까닭은 우리가 이런 개념들을 민주주의, 정의, 그리고 자유에서 찾을 수 있기 때문이다. 정말 그런가? 현실주의(realism)는 "상대를 설득시킬 수 있는 거대한 정치적 이슈와 관련하여 합리적인 논거"(Grafstein, 1988: 9)가 있다고 주장한다. 또한 조세 삭감 혹은 권리에 기초한 지출을 위한 개념적 기초와 논거와 같은 구성(constructions)을 개념들로부터 연역하는데, 우리 모두는 그것을 연역할 수 있는 개념이 있다고 현실주의는 주장한다. 그렇지 않다면, "정치적 그리고 사회적 가치를 공유하지 않는다면, 민주주의, 정의, 자유에 대한 구체적인 논의는 기껏해야 무관심을 나타내는 몸짓으로 끝나거나"(Grafstein, 1988: 9) 또는 포컬트(Faucault)가 논증하듯이 권력의 사용으로 끝날 것이다. 만약 현실주의가 틀린다면, 즉 기본적이지만 논쟁적인 개념들에 대한 합의가 없다면 어떻게 될까? 조세 삭감자의 세계와 권리옹호론자의 세계가 어떠한 기초적인 세계관도 공유하지 않는 순수한 사회적 구성이라면 어떻게 될까? 정부 예산운영과 재정 문제는 어떻게 해결될 수 있나? 적자가 지속가능하지 않다면 어떤 일이 일어날 것인가? 예산을 지속가능하게 만드는 부담을 누가 지어야 할 것인가? 혹은 누가 부담을 지지 않아야 할 것인가?

카터 대통령과 레이건 대통령이 벌린 작은 정부 운동(antigovernment campaigns) 이래 적극적인, 활동적인 정부는 "해결방법이라기보다 문제의 일부"라는 전제가 대세가 됐다. 큰 정부(적극적) 정부의 시대가 끝났다는 관찰과 더불어, 정부가 해결방법이라기보다 문제의 일부라는 전제는 정부 예산운영과 재정에 실질적인 영향을 미쳤고, 민영화 중요성, 공급 중시 경제, 감축관리, 공공선택 등을 고무시켰다. 적극적 정부를 종식시키려는 운동의 일부로서 직접 민주주의 운동이 퍼졌다. 이 운동에 재정과 정책 분야에서 여러 형태의 시민 참여가 포함된다. 직접적 민주주의 운동에는 정부의 규모를 통제하기 위한 그리고 재정문제, 조세 문제, 예산삭감 배분 등을 다루는 입법적 절차를 통제하기 위한 주민투표 통과 운동이 포함된다. 국가정치의 우경화는 1970년대 후반 오일 위기로 인해 기세를 올렸다. 오일 위기로 인해서 경제 불안정, 과학기술의 혁신과 변화, 제조업 일자리의 감소와 서비스 일자리 증대, 미국 남부 및 남서부(선벨트, sunbelt) 지역에서 무노조 기업의 증대 등을 유발시켰다. 우경화에는 반조세 정책(antitax policy)과 시장 배분 양자가 포함된다. 시장 배분은 과거에는 정부가 생산했던 민간재, 유료재(toll goods), 공유재(common pool goods)를 시장을 통해서 배분하는 것을 뜻한다. 우경화는 좀 더 통합적인 예산운영(comprehensive budgeting)을 위한 제안은 물론 여러 형식으로 하향적 예산운영을 초래했다. 여기서 통합적인 예산운영에는 직접적이고 관습적인 지출은 물론 여러 형태의 비관습적인 지출과 조세지출을 포함한다. 또한 우경화에 의해서 공공재(public goods)의 배분이 정부가 아닌 시장에 의해서 이루어지게 됐다. 정부 예산운영과 재정에서 직면한 이슈들은 전제의 기본적인 변화를 반영한 것이었다. 네 개 이슈만 택해서 어떻게 전제가 변해서 새로운 준거 틀을 따를 수밖에 없었는지 다음에서 살펴본다.

1 직접 민주주의, 시민 참여 그리고 발의와 주민투표

직접 민주주의에는 긍정적 혹은 부정적 영향을 미치기 위해 사용되는 기술들이 포함된다. 왜냐하면 두 가지 기술 모두 정부 예산운영과 재정에 영향을 주기 때문이다. 긍정적 참여 경우, 시민 참여 노력은 린든 비 존슨(Lyndon B. Johnson) 대통령이 빈곤과의 전쟁 사업에 의해서 지원된 지역사회 개발 사업에서 "최대한 실행할 수 있는 참여(maximum feasible participation)"를 격려하면서 시작됐다. 그때부터 누가 결정 권한을 가지는 지에 대한 논란이 따라다녔지만, 시민 참여는 세계적 운동으로 성장했고, 특히 미국 지방정부 수준에서 시민 참여 노력에 영향을 미쳤다(Participatory Budget Project, 2010).

부정적 영향의 경우, 우경화 기간 동안 일련의 발의(initiatives)와 주민 투표에 의해서 정부 지도자들에게 조세 제한, 예산 제한, 그리고 재정정책 의사결정 제한이 부여됐다. 1978년 캘리포니아 주민 발의 제13조(Proposition 13)는 조세 제한 주민투표로 가장 잘 알려진 것이다. 그 발의는 재산의 평가 가치는 (소유권의 변동 혹은 신축을 통해서) 취득될 때 가치에 2%보다 높지 않은 혹은 인플레이션율보다 높지 않은 평가 변동가를 합산하는 조항을 뒀다.

예산 제한 주민투표로 가장 잘 알려진 것은 1992년 콜로라도 주 납세자 권리 장전(Taxpayer Bill of Rights: TABOR) 헌법 개정이다. 이 납세자 권리장전은 정부와 교육구에 의한 모든 조세 인상을 유권자가 투표에서 승인한 경우로 제한했다. 현행 세율로 징수한 세입도 인플레이션율과 인구 증가율을 초과하는 징세분은 유권자가 지출을 승인한 경우가 아니면 반납되도록 했다. 2005년 주민투표에서 콜로라도주 유권자는 이후의 효력을 수정한 수정안과 함께 2010년까지 1992년 납세자 권리 장전(TABOR)의 유예를 승인했다.

재정정책 의사결정에 대한 광범위한 제한 조치, 비하적 표현으로 '투표함 예산운영'이라고 불리는 조치가 몇몇 주에서 투표에 부쳐졌다. 이 조치는 증세나 혹은 세입 중립(revenue neutral)을 위배한, 즉 세입 총액이 증가하는 방법으로 세입 체계를 설계한 경우에 그 승인에 입법부의 절대 다수표(supermajority vote)를 요구했다. 주민투표를 통과한 발의에 의해서 특정 목적에 지출이 이뤄졌고 이는 지출예산이 증대되는 원인이 됐다. 끝으로, 유권자는 주민투표에 의해서 승인된 지출 조치에 대해서는 그에 상응하는 전용(專用) 수입 흐름이 정해져야 하고 지출은 그 흐름 금액을 초과하지 못한다는 조치를 승인했다.

2 하향적 예산운영

중립적 행위자와 재정적 보수주의자가 새롭게 연합을 함으로써 민영화 운동이 등장했다. 중립적 행위자는 쉬크가 말했듯이(Schick, 1986) 하향적, 즉 근자의 부처 주도 이익집단 자유주의(Wildavsky, 1964)와 1980년대의 더 이념적이고 도발적 정치를 지향하는 우경화(Ferguson & Rogers, 1986)와의 균형을 유지시키는 방법으로서 하향적 예산운영을 추구하려는 데 열중이었다. 재정적 보수주의자들은 집행기관의 지도부를 맡고 있었다. 즉, 이들은 대통령직을 차지해 누가 통치할 것인가에 대한 투쟁에 대해서, 재정 문제가 의지의 주요 시험이 되고, 한 편 혹은 다른 편에게 교착 상태를 위협하는 기회를 제공할 수 있고, 정부 기구들을 정지시킬 수 있는 투쟁에 대해서 주도권을 가지고 있었다. 어떤 경우든지, 집행부 예산운영(executive branch budgeting)은 더 이상 행정기관, 의회 세출 소위원회, 그리고 이익집단 연합으로 이뤄진 상향적 예산운영체계를 받치고 있는 기초(base)와 공정한 몫(fair share)에만 의존하지 않았다. 하향적 예산운영으로 인해서 대통령은 의회 지도자들과 계속해서 충돌했다. 영미권과 스칸디나비아 세계에 넓게 퍼진 하향적 예산운영 노력은 "기업가적 예산운영"으로 발전했다. 지도자들은 예산에서 총세입과 총세출에 대한 통제를 다루고 자세한 구체적인 설계, 계획, 통제는 중립적 행위자에게 위임했다.

3 민간재의 시장 배분

갈등의 등장에서 적극적 정부 지지자들이 상실한 것은 규제정책 형성의 수단으로서, 그리고 재배분의 기여자로서는 물론 할당의 수단으로서 다원주의에 대한 신념의 상실이었다. 민영화(privatization, 사유화)는 그 신봉자에게는 하나의 수단이다. 이것에 의해서 정부 사업에 의해서 제공된 사적 이익들이 시장에 의해서 배분(allocation)될 수 있는 실제적, 사적, 개별적 권리가 될 수 있다.

소농의 경우를 예를 들면(Linowes, 1988: 248-249), 그들은 정부 사업을 통해 공적으로 제공되고 보조금이 주어지는 관개수를 이용할 수 있도록 허가받았다. 이들 소농들은 그 허가권이 인근 도시의 것보다 비쌀 때도 그 허가권을 이전하거나 판매할 수 없었다. 농부에게 그 허가권을 이전하거나 판매할 수 있도록 허용함으로써 허가권을 민영화하면, 시장이 물을 가장 많이 그리고 가장 좋은 방법으로 사용할 수 있게 하는 결정을 할 수 있을 것이다.

4 공공재의 정부 아닌, 시장 배분

정부재정이 정부 예산운영과 재정에 관한 새로운 시각에서 역할을 해야 하는가 아니면 시장이 공공재까지도 배분해야 할 것인가? 재정적 보수주의자와 중립적 행위자의 새로운 연합이 주장하는 바는 기업과 유사하게 정부 재정관리를 하는 것을 열렬히 주창하는 것은 물론 산업 및 부채 시장 규제와 같은 집합재(collective goods)를 배분할 때 의사결정의 가정된 기초로서 개인주의를 직접 적용하는 것이다. 예를 들어서, 미국 관리예산처가 관여한 문제에서, 부처가 규제 규칙을 제정하는 과정에서 관리예산처는 그 규제 규칙의 수량과 유형을 검토하는데 비용편익분석을 흔하게 사용했고 '규제 예산'을 작성하는 점까지 이르렀다(Stockman, 1968: 103). 비용편익분석은 개인주의에 편향된 것인데(Meier, 1982) 이 분석은 규제 규칙 제정의 공공재적 측면을 무시하고 민영화를 통해서 규제를 사적 이익, 시장 배분 이익으로 재해석했다.

5 속이 빈 국가

민영화와 공공재의 시장배분의 순 효과는 "속이 빈 국가(hollow state)"이다. 밀워드와 프로번에 따르면(Milward & Provan, 2000: 359), 적어도 " 국가도 시장도 아닌 제3 부분이 사회적 서비스를 전달하는 것이 점점 많아지면서, 그것도 국가의 이름으로 일반적으로 전달되면서 정부는 계약 관리 책임을 점점 많이 지게 됐으나 직접 서비스를 점점 적게 전달하게 됐다. 그러나 이렇게 제3 부문에 의해서 서비스를 제공하는 방법이 많이 사용되면서 국가의 기능이 축소되고 국가의 정통성(legitimacy)이 위협받게 됐다. 서비스 제공의 외주화와 연관해서 속 빈 국가는 조세지출의 사용과 효과를 또한 감내해야 했다. 세금부과의 감소를 초래하는 조세지출은 개인과 조직 납세자에게 특정 정책목적을 추구하도록 권장하는 유인책으로 사용됐다.

새로운 사고의 변화된 초점은 또한 도시정부 채무 시장에도 영향을 줬다. 의회가 경제발전 목적을 위해서 주 및 지방정부에 의해서 사용되는 조세 면제 시장을 억제할 때, 경쟁적인 시장은, 과세 채무 증서에 의존하는 것을 통해, 주 및 지방정부의 자본투자와 산업기반시설 개선에 안내자로 사용됐다. 마지막으로 현금관리를 함으로써 규제와 부채의 이용이 촉진됐다. 그리고 현금관리에 있어서 현금관리자들은 수탁자에 대한 책무 측면에서 전문가적 능력을 규정하도록 덜 촉구 받았고, 위험과 이윤에 따라 결정이 좌우되는 기업 원리 측면에서 전문가적 능력을 규정하도록 더 많이 촉구 받았다(Miller, 1987).

6 권리에 기초한 예산운영에서 역행적 운동

끝으로 일종의 반대운동으로서, 법원은 재정 명령(fiscal mandates)을 첨부함으로써 개인이 권리를 가지고 있다고 주장하기 시작했다. 이들 권리, 종종 교도소, 정신병원, 학교 등에서 정한 기준의 문제인데, 이들 권리는 개인의 권리로 보이며, 법원은 이 권리를 확보하기 위해서 필요한 자금을 지출하도록 하는 명령을 통해서 그 시행에 주도권을 사용했다(Harriman & Straussman, 1983).

새롭게 대두되고 있는 갈등은 재정적 보수주의자들은 다양한 민영화 사업을 통해서 사적 이익을 시장에 내놓으려고 한 반면 법원은 소위 이익집단 자유주의라는 것을 시행하려는 데서 발생했다(Linowes, 1988; Reich, 1964, 1965, 1966). 법원은 명목상 대표되지 않는 편에 따라 활동하기 때문에 법원은 방해가 된다. 재정정책과 정부예산 운영과 재정은 폭넓게 규정된 공공재와 소득 재분배의 제공과 동떨어진 조치를 시행할 운명으로 보이는 냉정함을 보였다. 이런 사고는 정부가 문제 해결자가 아니라 정부가 문제의 일부라는 전제라는 생각을 강화해주며 그런 전제의 집행을 이끄는데 기여했다.

우경화는 미국에서 공화당과 민주당에 영향을 미쳤다. 이것은 정책결정과 특히 정부 예산 운영과 재정에 신자유주의 헤게모니를 촉진시켰다. 린덜트는 그 결말이 미국(과 경제가 고도로 발전한 나라들)에서 광범위한 좀 더 넓은 과세표준에 좀 더 낮은 세율이 적용되는 조세체계(broader-based, flatter-rate tax system)였다는 것을 발견했다. 조세체계는 누진 구조였고 지출은 소득 계급에 따라 재배분 됐다. 그럼에도 불구하고, 소득 불평등은 더욱 커졌다. 마지막으로, 명목 행정비용과 규제비용은 감소했다.

우경화 기간 동안 공사부문에 걸쳐 발전한 것을 포괄적으로 요약한다면, 데이비스는 그것을 개개인의 포트폴리오의 가치를 극대화하는 것이 영원한 목표인 투자사회를 창조하는 것으로 묘사했다(Davis, 2009). 그는 개인과 그들의 투자 −집과 401k 은퇴 계획− 이들의 "친구, 가족, 이웃" 등과 함께 −이들의 사회자본− 이들 개인은 경제 및 사회 포트폴리오를 위해 주식을 팔고 사는 투자가와 같다고 말했다(Davis, 2009: 236). 데이비스는 정부와 모든 다른 기관이 시장에 의해서 관리된다고 말했다. 즉, 정부와 모든 기관은 부를 극대화하고 시장 유인에 반응하도록 조건 지워졌다.

정부 예산운영과 재정 세계에서 은유들은 개혁가들이 정의했던 적극적 정부의 거부를 의미했고 그리고 기업 주도적은 아니지만 친기업 정부 의사결정 규범의 지배를 의미했다.

제5절
요약

여러 상이한 관점이 미국 연방, 주, 지방 정치·행정 체계의 각 지점에 존재한다. 그리고 이런 관점은 영속적인 관료제를 통제하는 내각제 정부와 달리 선거와 입법부의 불신임 투표를 통해 조정하기가 쉽지 않고 종합적으로 조정하기도 어렵다. 영향력의 분포가, 혹은 목적 수단 연계의 결정과 같은 것이 대단히 무작위적이다. 문제 해결은 결과적으로 단편적이다. 문제 하나하나에 기초해서, 문제가 정의되는 방법과 문제해결을 위해서 사용되는 조직과 관리 지식을 포함한 과학기술이 무엇인가, 그 문제 정의 방법과 사용되는 기술 사이의 연계는 대단히 맥락적이다.

대국적으로 말하면, 문제와 문제해결방법은 서로서로 무작위적으로 연계돼 있다(Cohen & March, 1986). 어떻게 우리는 단편적이고 분절된 체계로부터 의미를 이해하고 얻는가? 우리는 모호성 이론에 따라서 의미를 구성한다. 그 후, 우리는 그것을 의미 있게 만들기 위해 정보를 합리화한다. 우리는 문제를 정의한 후 해결책을 정하기 전에 이전 상황을 해석한다. 문제해결 자체의 파편적 성격 때문에 종종 우리는 과거와 연속성을 제공하는 방법으로 그리고 관계의 무작위성을 무시하고 사실만을 따라가며 그것을 이해한다.

그래서 모호한 상황에서 정부 예산운영과 재정의 역할은 해석하는 것이고 그리고 이 해석에 기초해서 행동하는 것이다. 정부 예산운영과 재정은 언어의 저장소이고 예산운영과 세입 추계가 조정되는 과정의 저장소이고, 정통성이 수립되는 네트워크의 저장소이며, 범주화 장치의 저장소이다. 언어, 조정 장치, 정통성 수여 구조, 범주화의 수단은 의미 구성의 도구들이다. 정부 예산운영과 재정 이론가들에게 그들의 일이라는 것은 이들 도구들이 사용된 방법을 이해하는 것이고, 그들이 봉사하는 사람을 위한 방법, 맥락, 그리고 표현(representation)을 연구하는 것이다.

최근의 사고는 형평과 능률에 대한 절약의 승리를 보여 준다. 정부 예산운영과 재정이 심각한 연구의 주제가 된 이래 세 가지 가치가 통제에 대해 경쟁했다. "정부는 문제의 일부이며 해결책이 아니라"는 말이 너무나 생생하게 포착됐기 때문에, 승리란 생각을 안내하는 전제의 통제를 통해 의미를 재구성하는 것이다. 이론 형성에 대한 시사점은 경제학 및 시장 애호가들에 의한 정부 예산운영과 재정의 포획이 *아니었다*. 의미 형성의 토대 위에서 정부 예산운영과 재정을 세우는 것이 시급했다.

부처 운동 분석가들의 후계자들에게 이론의 문제는 대부분 답이 주어지지 않았다. 진보시대(Progressive era) 동안 분석가들은 브라운로우위원회(Brownlow Committee) 시대 관리 분야의 사고를 이끌었다고 생각됐던 이론을 사용했다[8]. 그 정점에 정통 이론이 자리했고 엄밀하고 연역적인 논리에 기초했다.

정부 성장 기간 동안, 후계자들은 점증주의자였다. 다원주의 정치 이론과 불가피하게 연계된 까닭에 점증주의는 이익집단 사이의 주고 받기(give-and-take)에 기초한 정책 선택의

---

8) [역주] 미국에서 진보시대(Progressive era)는 1890년대부터 1920년대, 사회적 정치적 개혁이 추진되던 시대이다. 브라운로우위원회(Brownlow Committee)는 1937년 설치된 대통령위원회로서 그 권고안은 1939년 정부조직개편법에 기초가 됐다. 즉, 대통령부를 신설하고 거기에 예산국을 설치하는 등 대통령의 행정에 대한 권한을 강화했다.

"보이지 않는 손"에 의해서 계층제 권력과 집행부 지도력의 가면을 벗기는데 기여했다. 그러나 점증주의가 시장 행태의 개인주의적 이론과 유사해서, 공익에 의해서 사익이 추구되는 토대에서 정부 성장의 비용이 증대함으로써 이에 대한 시장 세력이 반발하는 반혁명 사태가 발생했다.

현재는 다른 두 방향으로 정통이론과 점증주의 접근방법에 도전하는 대안적 견해가 발전하고 있다. 첫째, 모호성 이론(Cohen, March, & Olsen, 1972)은 계획/통제 이론도 다원주의 이론도 기술(技術), 관리 이론, 그리고 제도적 가치 구조(Selznick, 1957; Parsons, 1960), 이 세 가지 충족 요건을 갖춘 완전한 분석적 접근방법으로서 자격을 갖춘 개념적 구조가 될 수 없다는 생각을 반영하고 있다.

두 번째로, 사회구성론자들(Berger & Luckmann, 1966)은 제도적 수준 접근방법이 비록 작은 과제가 아니긴 하지만 가능하다고 주장한다. 분석의 제도적 수준의 정교화, 즉 신념 구조와 가치 수준의 정교화는 개념구조에 기초하고, 이 정교화로부터 우리는 특정한 정부 재정 체계에서 기술(技術)들을 추론할 수 있는데, 이것들은 이 책의 나머지 부분에서 다룰 과제이다.

정부 예산운영과 재정의 실천은 해석이다[1]

Government Budgeting and Financial Management in Practice:
Logics to Make Sense of Ambiguity

공공 정책결정에서 목적과 수단의 연계는 분석, 흥정, 학습 혹은 해석을 통해 만들어 질수 있다. 재정은 그 연계가 이뤄지는 방법에 영향을 미친다. 왜냐하면 모든 정책은 돈에 의존하기 때문이다. 돈은 항상 부족하다. 부족하고 필요하니 다음의 질문이 생긴다. 즉, 그 활동이 그 돈 가치가 있는가? 부족하고 필요한 것이 많아서, 재정은 궁극적인 우발상황으로 설정되고, 정책결정자들은 전문지식과 실용적 조언을 위해 재정관에게 의존하게 되고, 그리고 재정관들은 분석, 흥정, 학습 혹은 해석을 더 많이 하게 된다.[1]

재정관은 렌즈를 사용해서 문제를 본다. 그 렌즈는 시간에 따라서 고도로 발전하고 단단해진 것이다. 렌즈의 일부분은 재정관리 규범에서 온 것이다. 규범은 재정관리를 규정하는 전문적 지식의 사용을 지시한다. 그러나 렌즈의 다른 부분은 재정관이 그들의 업무를 규정

---

[1] 이 장은 다음의 논문을 각색한 것이다. Practice as interpretation in public financial management, by Gerald J. Miller, Jonathan B. Justice, and Iryna Illiash, in Aman Kahn and Bartley Hildreth, eds., *Financial Management in the Public Sector*, 89–114. Westport, CT: Praeger, 2004. ABC-CLIO, LLC의 허가를 받아 사용함.

하는 방법으로부터 나온다. 이 장에서는 재정관이 재무관리를 어떻게 규정하고 실행하는지, 재정관이 모호한 현상을 어떻게 해석하는지, 재정관이 목적, 수단, 우선순위를 지배하는 세상을 어떻게 다루는지 등에 대해서 재정관이 말하는 바에 의존해서 전문지식의 적용에 대해서 탐구할 것이다.

제1절
실천가가 정부 예산운영, 재정, 그리고 재정관리를 규정한다

두 개의 주요 자료가 재정관리를 규정하는 데 도움이 된다. 하나는 재정관리자를 위해 마련해 둔 규정집이다(Lehan, 1991). 다른 하나는 재정관리자가 초점 집단이나 서베이에서 취하는 견해이다(Miller & Evers, 2002; Alexander, 1999; Miller, 1998). 이런 자료에서 우리는 재정관리에 관한 세 개의 정의를 알 수 있다.

1 경제적 효율성과 재정적 통제

최적화 논리는 재정관이 이용하는 훈련 자료에서 통념으로 보인다. 레한은 재정관이 최적화해야 할 자금의 유용성, 돈의 비용, 돈의 생산성 등 세 개의 주요 이슈를 제시했다(Lehan, 1991: 35). 유용성은 유동성으로 정의할 수도 있다. 유동성 유지는 "관할청의 신용 평판, 연체된 외상매출금 환입, 세금 전략, 청구 주기, 지출 절차, 기한이 지난 외상 매출금, 대출수익의 투자, 현금 잔고 등에 초점을 둔다. 유동성은 재정관리의 필수 선행조건이다"(Lehan, 1991: 35). 금전적 비용은 비용의 절감을 시사하고, 그것은 정부 업무 비용 절감은 물론 차용 자금에 대한 이자 비용 절감을 포함할 것이다. 금전적 생산성 증대는 "정부의 다양한 목적에 자금을 배정함으로써 얻을 수 있는 순편익(Lehan, 1991: 35)"의 증대로 일반적으로 가능하다.

유동성, 비용, 투자 등의 목적을 달성하기 위해서는 결과(outcomes)를 극대화하기 위한 행동을 자주 볼 수 있어야 한다. 다른 말로, 이러한 목적은 엄격한 효율성 검사를 필요로 한다. 효율성은 또한 상대적인 검사를 통해 이뤄지기도 한다. 행정적 효율성은 전통적으로 주어진 양의 성과를 최소 비용으로 수행하는 것이거나 주어진 자원으로 최대 성과를 내는 것에 달려 있다(Thompson, 1967: 86).

상대적 의미에서, 효율성은 경제적 측면보다 관리적 측면을 강조하는 의미로 사용되고 있다. 재정관리의 목적을 정의하는 방법으로서, 관리적 발상은 다음을 매우 강하게 강조한다. "최소 투입으로 최대 산출의 추구", "관리과학이라는 도구와 기술에 대한 신뢰와 그것을 문제 해결에 이용하는 능력", 그리고 "조직을 위해서만이 아니라 전체 사회(society as a whole)를 위해 최대의 선을 달성하기 위해서 도덕적 행위자로서 행동하는데 필요한 관리자의 기술과 지식에 대한 신념"을 매우 강조한다(Edwards, 2001: 4).

관리적 입장에서 재정실은 공공영역에서 독립적으로 운영할 수 있는 정당성을 가진 기관이다. 이 기관의 최우선적 가치는 토론을 위한 정책 대안을 만들 의지와 능력을 갖춘 중립적 능력이며 이것은 관리주의(managerialism)와 경제적 가치가 결합한 개념이다.

초점 집단 토론에서, 최고재정관은 대부분의 시간을 합의한 우선사항을 달성하기 위해 도구적으로 행동해야 한다는데 동의했다(Miller and Evers, 2002). 나머지 시간에 재정관은 공공을 위해 청지기 혹은 수탁자로서 행동을 해야 한다. 한 최고재정관은 그 목적을 "시민들이 원할 때 시민에게 주기 위해서, 필요한 만큼 적은 도움을 납세자로부터 받아 있는 힘을 다하기"로 정의함으로써 잘 설명했다. 한 최고재정관은 선택과 현실에 대한 라틴 격언을 말했다. 즉, 네가 이미 가진 것을 경제적으로 사용함으로써 얻는 이익만큼 확실한 것은 없다고 말했다.

2 선출된 지도자에 대한 충성과 대응성

재정관리가 기여해야 할 세 가지 목적에 대해서 지방정부 최고재정관(CFO)은 충성 목적에 지대한 지지를 나타냈다. 즉, 훌륭한 재정관은 우선해야 할 일들에 기여하고 그것을 지지해야 한다.

이 지지에 대한 이유는 이들 응답자를 고려할 때 이해하기 어렵지 않다. 여러 번 어떤 최고재정관은 다음과 같이 말했다. 최고재정관은 그들의 업무가 선출된 공직자에게 조언하고 대안을 제시하는 것이라고 했다. 즉, "선출된 공직자가 원하는 것을 수행하는데 필요한 것을 그들에게 제공하는 것"이다. 응답에 답한 최고재정관은 어떤 것을 하고 싶어 꽂힌 정치가를 최고재정관은 막을 수 없다고 설명했다. 최소한의 재정적 손해를 보면서 그것을 어떻게 할 수 있는지 선출된 지도자에게 조언하는 것이 할 수 있는 최선이다. 궁극적으로, 조언이 채택되고, 전문적 조언과 훌륭한 판단이 인정되고 하려면 최고재정관은 선출된 지도자들 사이에서 이런 전문성에 대해서 신뢰를 쌓아야만 한다.

공화제 정부를 지지하려면 정치적 논리를 따라야 한다. 그 논리는 윌다브스키에 의해서 생생하게 기술된 오늘날 도처에서 볼 수 있는 예산 전략과 매우 일치한다(Wildavsky, 1964: 74-84). 윌다브스키는 예산 요구 주창자는 도처에서 그들의 예산 요구를 검토하는 공직자 사이에 신뢰를 형성하려고 노력한다고 말했다. 그것은 예산 정치와 관련이 있는 전략이지만, 신뢰를 형성하는 것은 전문가로서 재정관의 역할을 중요시하는 것이고 재정관이 알고 있는 현실에 정치가들을 익숙하게 훈련시키는 것이다. 신뢰를 형성함으로써, 규범적인 기초는 도구주의, 중립적 능력, 그리고 보통 정의되는 전문지식을 넘어서 부분적으로 때론 공손하게 때론 참고인으로서 또 때론 군림하듯이 영향을 주고 받는 상호작용적 영향력 형식으로 변한다.

3 참여, 청지기(stewardship), 그리고 직접 민주주의

최고재정관은 재정관리의 세 번째 목적인 더 좋은 민주주의를 진작하기 위한 방법으로서 시민 참여를 거부하지 않았다. 결국, 그들은 시민이 원하는 것을 주는 것에 동의했다. 알렉산더의 조사 응답자와 같기도 하지만 다르기도 한 최고관리자들은(Alexander, 1999) 참여를 이룬 방법에 대해서 상당한 의문을 가졌다. 다음 장에서 이에 대해서 탐구할 것이다. 최고재정 관리자는 *시민들이 제시한 말보다* 상당히 폭 넓게 성공적인 참여를 정의했다. 즉, 참여는 조직에 있는 중요한 이해관계자, 납세자, 급료를 받는 피고용인, 채권 시장의 여러 당사자, 혹은 조달 체계에서의 판매자 등을 포함해야 한다. 최고재정관은 또한 참여에 필요한 첫 번째 조치, 즉 재정정보와 과정을 납세자, 시민, 피고용인, 선출된 공무원, 투자자, 판매자 등에게 명확하고 이해하기 쉬운 것으로 만드는 것에 대해서 지적했다.

그러나 초점집단 토론에서, 최고재정관은 이해당사자의 참여는 종종 정치에 그 뿌리를 두고 있다고 주장했다. 그들은 다음과 같이 물었다. 즉, 정치선동가는 난처하게 만들기 위해서 관리들이 사건들에 대해서 가지고 있는 미약한 통제력을 이용하려는 것인지 아니면 정치적 경쟁자가 선출된 지도자를 물리치기 위해서 맥락에서 벗어난 재정적 거래를 하는 것인지? 정치적 경쟁자는 위협적인 존재일 뿐만 아니라 납세자들과 채권시장 전문가들은 중요한 문제에 대한 지렛대를 가지고 있어 이들 세 집단은 때때로 서로 사이가 좋지 않다.

최고재정관은 예산운영이 자주 많은 집단을 제외시킨 채 폐쇄적 체제로 운영된다고 설명했다. 예산관은 지역사회의 목적을 좀 더 확실히 하고 그것을 달성하기 위한 더욱 단호한 노력을 하기 위해서 외부로부터의 결정을 의식적으로 무시할 수 있다. 여러 법률적, 재정적 기관들이 요청하는 채권, 조세, 기타 재정정책 문제, 증세 문제, 그리고 예산 공개와 재정 보고 등에 대한 주민투표의 경우에는 최고재정관은 문제해결을 위해서 참여 확대와 함께 공중에게 널리 알린다는 것을 인정했다.

문서가 주장하는 것과 관리자가 보고하는 것은 맥락에 의존한다. 맥락은 효율성을 훌륭한 결정의 절대적 혹은 상대적 측정방법으로 여기는 재정관의 생각을 지배하는 도구적 발상 −유동성 유지, 비용 절감, 생산성 증진− 과 관련된 차원을 포함할 것이다. 수석 보좌관 및 집행관으로서 최고재정관은 납세자, 민간사업자, 투자가 등과 같은 지역 지도자와 이해당사자들을 위한 행동을 고려할 때 대리인(agency) 차원과 맞닥뜨릴 것이다. 재정관은 조언을 할 때 선례, 일관성, 그리고 예측가능성을 강조할 때가 많고, 그 외에는 경험을 이슈와 문제들과 연관시킨다. 또한 법률의 필요성과 공정 경쟁 의식으로서 차원은 다양한 이해들, 적법한 절차, 창조적 참여, 발언권이 없는 이를 위한 형평성 등을 조화시키는 것과 관련이 있을 것이다.

4 실천가가 궁극적으로 하는 일

공공 재정관리에 대한 많은 정의 가운데 어떤 정의가 살아남을까 묻는 것은 말이 되는가? 우리가 이해한 바로는 재정관리자는 논이 관련된 결정을 나누며 돈을 통해서 이들은 정부조직의 일에 심대한 영향을 준다. 분석가들은 모든 최고재정관들이 동일한 방법으로 세상을 보는 것은 아니라고 말한다.

최고재정관 사이에도 차이가 있는데, 많은 주 및 지방정부를 비교할 때 최고재정관이 소지한 재량권이 각각 다르기 때문이다. 많은 최고재정관들은 일상적인 운영을 담당하는 기초적이고 핵심적 수준의 책임을 가지고 있다. 일부 최고재정관은 정책 지향적인 역할을 가지고 있고 최고집행관에게 조언할 수 있는 고위 수준 보좌관이 되었을 수도 있다. 또한 일부 최고재정관은 특히 시 및 주 재정관은 선출된 집행관일 수도 있다. 이런 차이는 더마이어와 윌로비(Thurmaier & Willoughby, 2001)와 루빈(Rubin, 1998)의 예산실 연구에서 명확하게 나타났다. 이들 연구에서 예산실 관리들의 구조와 기대가 크게 차이가 났다. 이러한 차이는 이 장 뒤에 나오는 현금 투자에 대한 사례와 연구에서도 명확하다. 시간과 장소의 차이로 인해서 예산운영과 재정관리에 대해 상황이론이 형성될 수 있을 것이다. 그런 차이는 법률적 구조적 처벌, 정치 이념, 전문성의 발전 수준 등으로부터 발생할 수도 있다. 그러나 차이란 항상 있는 것이다.

다른 전략적 견해는 최고재정관은 정당성, 기능주의 그리고 독립성을 중요하게 생각해야 한다고 주장한다. 맥카퍼리와 존스는 여러 예산관과 직원은 충분히 유용하지 않지만 다른 직원은 너무 유용하다고 주장했다(McCaffery & Jones, 2001: 62-65). 충분히 유용하지 않지만, 예산실은 절약에 기여하는 전체 정부 기관의 일부로서 존재할 수 있을 것이다. 그러한 여건에서 예산실은 절약을 위한 또 다른 목소리가 되기에는 유용하지 않을 수도 있다. 어떤 경우에는, 예산관과 재정관 모두는 무엇이 작용할 것이고 무엇이 작용하지 않을 것인지에 대한 자신의 견해를 가지고 있는 정부기관 관리자 혹은 외부 자문관들이고, 관리적 전문지식을 가진 사람들도 이들을 능가하지는 못하더라도 적어도 같은 정도의 전문지식을 가지고 있는데, 예산관이 관리적 전문지식을 가진 사람들에 반대해 조직이나 헌법적 권력에 관한 비실용적이고 경직적인 이론을 논하는데 충분한 믿음을 주지 못할 수도 있어 이런 면에서 훨씬 덜 유용할 수도 있다(McCaffery & Jones, 2001: 65). 맥카퍼리와 존스는 예산관이 너무나 유용하고 그들의 업무에 능숙해서 재정적 가치를 억누르는 것을 허용하면서까지 "일반 참모 보좌역에 빠져드는 경향이 있거나 혹은 지나치게 정치적으로 보이는 역할이나 정치적 참모에게 속하는 것으로 보이는 역할에 빠져드는 경향"이 있는 예를 들었다(Ibid). 어떤 재정관이 세입 예측을 지배하는 경우가 이 장 뒤에 나오는데 이 사례는 재정의 효율성 정의에 관한 매우 유용한 견해와 오용을 보여준다.

충분히 유용하지 않은, 즉 지나치게 유용한 주장의 결과는 무엇인가? 재정관은 그들의 정당성, 기능주의, 그리고 독립성을 지키기 위해서 쓸모없는 존재 혹은 지나치게 유용한 존재가 되는 것을 피하는 방법을 알아야 한다.

성공은 적성을 아는 데 있다. 재정관리자는 효율성, 대리인(agency), 청지기(stewardship) 등이 암시하는 바와 같이 적절하게 행동해야 할 필요(need)를 해석할 수 있다. 해석은 문제가 구체화되는 맥락에서 나타난다. 맥락은 때마다 다르다. 맥락은 재정관리자의 문제와 해결책과 관련된 위기에 대한 개방성은 물론 정치와 준거집단에 대한 개방성을 반영한다(Schneider & Ingram, 1997: 36-38; Thompson, 1967: 84-98).

그러나 구조와 전략 뒤에 있는 기본 동기는 이러하다. 즉, 재정실의 제도적 권력을 보위하는 것이다. 재정관리이론을 형성하려는 노력은 전문화, 제도화, 그리고 제도 생존 전제에 토대하고 있는데 그 까닭은 이 모든 것이 제도를 보편적인 것으로 이해하는데 토대를 두고 있기 때문이다(Scoot, 2000; Merton, 1936, 1957; Selznick, 1957; Silverman, 1971; Zucker, 1991; Berger & Luckermann, 1966). 재정실이 쓸모없는 존재 혹은 과도하게 유용한 존재가 되지 않고 계속 가치 있는 존재가 되는 방법을 찾는다는 것은 적합성이 없는 듯하다. 왜냐하면 학식이 많은 사람조차 재정적 가치가 전혀 없는 정부 결정의 결과를 알지 못하기 때문이다. 만약 재정실의 영향력이 이슈라면 우리는 그 영향력이 효율성, 정치적 주인(대리인, agency), 혹은 공공(참여, 청지기, 직접 민주주의)에 기여하는지 그 여부를 탐구할 수 있다.

제2절
재정관의 업무에 대한 이론

공공 재정관리의 의미 있는 내용을 탐구하기 위해서 의사결정이 재정관리자가 하는 일을 대부분 망라할 수 있다고 가정해 우리는 결정을 분석 단위로 사용한다. 의사결정으로 분석을 하는 견해는 오랜 전통을 가지고 있다. 일반적으로 의사결정은 "행정의 핵심이며, [모든 행정]은 의사결정에 의존하고 의사결정과 얽혀 있고 의사결정을 위해 존재한다"(McCamy, 1947 : 41; Simon, 1947). 상당히 많은 연구 노력에 의해서 의사결정과 결과에 대한 징통적 설명, 지배적 설명, 그리고 대안적 설명이 이뤄졌다(Miller, 1991; Wildavsky, 1964; Jones, Sulkin, & Larsen, 2003; Kant, 1992; Smith, 1991; Schneider & Ingram, 1997; Martinez-Vazques, 2001; Miller, Hildreth, & Rabin, 2001; Forrester & Adams, 1997; Buchanan,

1977).

 기존 이론을 섭렵해서 충분히 광범위한 이론적 관점을 세우려면 결정과 결정이 일어나는 사회적 현실과의 연계를 탐구해야 한다. 이런 접근방법에는 해석이 포함된다. 마틴이 지적했듯이(Martin, 2002: 261) "올바른 결정, 건전한 결정을 구성하는 것은 항상 해석적 작업이다. 해석은 상당히 많은 차원을 다루어야 하며… 각 차원에 대해서 해석적 선택이 이뤄져야 한다." 이 장에서 채택한 이론적 견해를 통해서 우리는 재정관리자가 결정에 도달하는 데 있어 현실을 어떻게 이해하는지 탐구할 것이다. 또 우리는 관리자가 의사결정을 위한 가능성을 어떻게 인지하는지 그리고 수많은 차원에 대해서 관리자가 해석적 결정을 어떻게 인지하는지 알아볼 것이다.

제3절
해석이란 무엇인가?

 해석에 대한 한 관점은 현실(reality)의 구성과 관계가 있는 일련의 연구로부터 나왔다. 즉, 재정관리자의 세계에 대부분은 존재하는 데, 그 이유는 재정관리자가 그것이 존재하기를 원하고 또 재정관리자가 세계를 언급하거나 혹은 이해하는 형식으로 세계가 관습적으로 존재하기 때문이다. 제도적 지도자와 동맹관계인 모든 재정관리자는 그들의 세계에서 사실들을 바꾸길 원할 때 그것에 대한 변화를 사회적으로 협상을 할 수 있었다. 예를 들어서, 적자와 조세를 검토해 보자. 불균형 예산은 안전한 재정정책인가? 위험한 재정정책인가? 아니면 무모한 재정정책인가? 조세 인상은 경제적 효율성을 훼손하는가? 아니면 경제적 형평성을 촉진하는가?

 이와 같은 견해는 분석 철학에서 왔다. 시어가 다음과 같이 말했다(Searle, 1995). "현실적 세계의 일부 그리고 그 세계에서 객관적인 사실이 존재하는데 이것은 인간의 동의에 의해 사실이 된 것이다. 어떤 의미에서 우리가 그것들이 존재한다고 믿기 때문에, 그 때문에 존재하는 것들이 있다." 시어는 그 예로 돈, 재산, 정부, 그리고 결혼을 든다. 언뜻 보면 이 네 개의 개념은 그것들이 우리 각각에 존재한다는 의미에서 대단히 객관적이다. 그는 네 개 개념 모두가 "너 혹은 나의 선호, 평가, 또는 도덕적 태도의 문제가 아니라는 의미에서 '객관적' 사실"이지만 한편으로는 네 개 개념은 인간 행동, 특히 제도를 통한 인간 행동에 의해서 변경될 수 있다고 설명한다. 우리가 더 선호한다면 화폐보다 다른 수단이 교환을 위해서 사용될 수도 있다. 재산은 규약에 의해서 개인을 위해서 존재하는 것으로 정의될 수 있지만 그렇지 않을 수도 있다. 만약 재산이 개인적 용도를 위해서 존재하지 않는다면 그것은 더 이상 재산으로서 존재하지 않는다. 정부는 개인들 사이에서 등장한 사회적 계약으로 존재하고, 그리고 그 계약이 문서화될 때, 피치자(被治者)의 특별한 권한으로 계약을 변경할 수 있다는 것 또는 계약을 폐기할 수 있다는 것을 문서화할 수도 있다. 결혼은 여러 형식으로 존재한다. 시민 행동으로서, 종교적 행동으로서, 가족을 탄생시키고 발전시키는 인간 성장 행동으로서 혹은 단순하게 동거하기 위한 동의로서 여러 다른 태도에 기초한 다양한 형식의 결혼이 존재한다. 이런 형식의 결혼은 어떤 것이든 인간 행동에 의해서 변경될 수 있다. 시어는 인간의 동의에 의해 존재하는 사실을 제도적 사실이라고 불렀다.

그는 제도적 사실과 '날 사실(brute facts)'을 대조했다. 그는 날 사실로 "에베레스트 산에는 눈이 있고 정상 부근에 얼음이 있다"와 "산소 분자에는 전자 한 개가 있다"를 예로 들었는데 이 두 사실은 인간의 의견과 전혀 관계가 없다.

제도적 사실은 날 사실과 대비된다. "왜냐하면 제도적 사실은 그것이 존재하기 위해서는 인간의 제도가 필요하기 때문이다." 시어는 날 사실조차도 그 존재의 일부는 인간의 인지와 말에 의존한다는 것을 알고 있었다. 과학적 연구가 일어나야 하고 연구 결과가 보고되고 인용되며 수용되어야 한다. 우리가 날 사실을 완전히 알지 못할 때 혹은 날 사실이 무엇인지 정확히 말할 수 없을 때조차 날 사실은 존재한다. 그는 "물론 날 사실을 서술하기 위해서는 우리는 언어라는 제도가 필요하다. 그러나 서술된 날 사실은 날 사실에 대한 서술과는 구별할 필요가 있다."

인간이 동의하고 제도적 사실을 받아들일수록, 인간은 인간 행동의 기회와 결과의 구조를 현실로 인지한다. 인간 사이에 완전한 합의가 존재하는 것으로 보이는 분야에서 우리는 '공유된 주관성' 혹은 공유된 해석을 가질 수 있다(Saaty, 1980: 15). 사티는 다음과 같이 주장했다. "그러나 우리는 경험을 해석하는데 객관적이려고 노력을 하지만 우리의 이해는 내우 주관적으로 인식되고 추상화된다… 해석에서 공유된 주관성은 실제로는 우리가 객관성이라고 하는 것이다. 그래서 우리가 형성한 (사회적 구성)은 우리 자신의 정의에 의하면 객관적이다. 왜냐하면 사회적 구성은 우리의 집단적 경험과 관계가 있기 때문이다"(Saaty, 1980: 15).

재정관들이 알고 있는 세계의 재정은 그들의 집단적 전문가 견해로부터, 조직에서 이뤄진 사회적 상호작용을 통해 발전한 의견으로부터, 그리고 재정관이 경험을 통해 축적해 온 이로운 발상으로부터 혜택을 받도록 구성됐다.

골렘비에프스키는 해석과 사회적 구성에 대해서 단도직입적으로 주장했다(Golembiewski, 1999: 14-17). 그는 "현실이 '먼 저기'에 존재하지 않는다고 주장하는 그런 이론가들과 뜻을 같이 했다. 즉, 현실은 우리 각각에 의해서 규정(enacted)된다(혹은 사회적으로 구성된다). 그리고 현실은 불특정한 방법으로 규정된다. 다만 그 방법은 규정에 관여한 적절한 사람들 거의 모두가 더 이상 개별 규정을 하지 않을 때까지 그 개별 규정들(enactments)로 어떤 식으로든지 현실이 구성되게 하는 방식이다." 그는 "행태를 억제하고, 유발하는 많은 것이 사회적 동의에 의해서 존재하기" 때문에 적어도 어떤 의미에서 현실의 사회적 구성이 적용될 수 있다고 주장했다. 그는 셰리프의 자기동태 실험을 예로 들고(Sherif, 1935) 다음을 상기시켰다(Sherif, 1935: 14).

> 어두운 방에서 밝은 빛의 점은 움직이는 듯 보였다. 그 점이 움직이는 거리에 대해서 그 밝은 빛을 본 집단들 사이에 합의가 종종 형성됐다. 그리고 그 빛을 본 개인들이 후에 혼자서 그 빛을 보려고 돌아올 때 그 합의는 지속됐다.

극적이기는 하지만 이 셰리프 실험은 약점이 있고 골렘비에프스키는 현실의 사회적 구성은 '확실한 한계'가 있다고 지적했다. 그는 다음과 같이 언급했다(Golembiewski, 1999: 14). "당신 마음대로 규정하는 것, 예를 들어서 7층 창문에서 밖으로 나가는 것은 낙천적인 결과를 가져올 것 같지 않다." 그는 또 사회적 구성이 인간 행동에 좌우되기 때문에 그것은 변화하기가 매우 어려울 거라고 주장했다. 그는 노예제도를 견고한 사회적 구성의 좋은 예로 들었다.

골렘비에프스키는 사회적으로 구성된 현실의 근원을 권력이라고 봤다. 그는 다음과 같이 언급했다. "우리는 … 아마도 가장 중요한 어떤 현실이 규정됐을 때 … 평등하지 않았다. 실제로 일부 권력자들이 우리 다수에 대해서 대개 현실을 규정(enact)할 수 있었을 것이다(Golembiewski, 1999: 14)."

권력자가 현실을 규정할 수 있다는 그의 주장은 재정관리자에게 잠재적인 중요성을 가진다. 경제 및 관리 논리에 따를 때, 재정관리자의 분석과 지도자에 대한 권고안은 경제이론에 의한 그리고 자본주의적인 미국에서 그 이론에 대한 사회적 합의에 의한 제약 속에서 정당성을 가진다. 정치적 논리에 따를 때, 재정관리자들이 상급자들 사이에서 신뢰를 얻으려 하는 행동은 권력이 강한 힘센 지도자에게, 진실이라고 재정관리자가 믿거나 혹은 해석한, 진실을 말하는데 기여하는 경우가 종종 있을 것이다. 청지기(stewardship) 논리에 따를 때, 채권 시장 전문가들은 정해진 비용에 대출을 극대화하기 원하고, 납세자들은 새로운 조세와 조세 인상을 반대하고, 고객과 거래처는 능률적이고 다양한 서비스를 원하는데, 이런 서로 다른 이해당사자에게 공통적이고 수단-목적 연계가 균형이 이뤄지도록 재정관리자는 자원 사용을 안내할 것이다.

재정의 산물과 도구, 즉 정부 예산, 부채 구조, 수입 레짐(regime) 변화는 물론 현금 투자, 정보체계와 수입 예측도 사회적으로 협상된 것들이다(Astley, 1985: 499). 다시 말해서, 관리에 입각한 최선의 방법, 객관적 진실은 없다. 즉, 날 사실도 거의 없다.

이 장에서는 재정결정자들은 전략적으로, 상징적으로, 의례적으로, 그리고 수사적으로 그들의 조직이 당면한 매우 중요한 문제, 즉 자원 제약에 대처함으로써 조직을 위한 현실을 창조하기 위해 많은 것을 한다는 것을 논증하고자 한다. 당면 문제에 대처함으로써 재정에는 특별한 언어 사용을 시행할 수 있는 그리고 독특한 방법으로 행동을 정당화할 수 있는 권리 혹은 정당성, 그리고 영향력이 생긴다. 그 언어에서 재정관리는 일반적인 은유가 되며, 이 속에서 대리인(agency), 싱크탱크(think tank), 자문회사, 대학 등의 전문가 집단(pool)에 의존하는 선출된 지도자를 통해, 정치적 조직체가 선정한 최고 혹은 최선의 목적에 부족한 수입으로 자금을 지원한다. 재정관리자는 재원이 임시변통적인 현실을 만들고, 재정이 재원을 주도하고 용처 사이에 재원을 배분하는 중요한 행위자가 되는 현실을 만듦으로써 재정관리자는 공공 조직에 많은 제도적 사실을 제공한다.

재정관 혹은 여타 관리들이 '합리적 행위자'라는 주장에 대해서 "인간의 동기와 행동 양식에 상당한 다양성이 존재한다는 것을 고려해야 이론이 유용하다고 주장하는 올센의 논박이 있다는 것을 우리는 알고 있다(Olsen, 2003: 2). 계산된 기대 효용과 유인 구조에 의해서는 물론 습관, 감정, 강제, 내면화된 규칙과 원리의 해석에서도 행동은 유발된다. 인간의 성격은 각각 다르고 변화하기 쉽다. 그것은 보편적이지도 고정적이지도 않다." 올센처럼 많은 연구자의 작업가설은 "재정관은 해석한다"로 특징 지워질 수도 있을 것이다. 재정관의 세계는 그가 대상, 사람, 그리고 대상과 사람 간의 상호작용을 보는 관습적인 방법을 가지고 있다. 관습과 규범조차도 해석으로부터 온다. 이 해석은, 재정관이 영향을 주는 사람과 재정관에게 영향을 주는 사람 사이에 합의가 이뤄질수록, 사실에 대해 더욱더 생생한 의미를 가진다.

반세기 이상 이론가들은 다음과 같이 논증했다. 즉, 중요한 상황을 해석하는 상황, 관리자가 발견한 현상에 의미(meaning) 혹은 감각(sense)을 부여하는 상황, 그리고 문제, 해결책, 사람이 무작위 방법으로 만날 때 관리자가 발견한 현상을 해석하는 상황에서 관리자는 주요 역할을 한다고 그들은 논증했다. 여기서 재정관의 해석은 특히 정부 조직이 직면하는 중요한 재정 상황을 통제하는 데 있어 현상들이 작용할 수 있는 방법으로 현상들을 배당하기 위해 행동한다. 재정관은 계산, 학습, 협상, 혹은 재해석이 필요한 현상을 해석할 수 있다(〈표 2-3〉 참조). 재정관이 결정한 것은 목적에 합의하는 정도에 그리고 합의된 목적을 달성하는데 가장 합리적으로 적합한 과학기술에 합의하는 정도에 달려있다(Miller, 1991: 59-61; Burchell et al., 1980; Thompson & Tuden, 1959). 재정관은 특별한 방법으로 현상을 정의함으로써 현상을 다루는 방법을 지시한다. 단순한 해석 체계가 [그림 3-1]에 보인다.

[그림 3-1]에 약술된 단순한 과정이 재무관에게 신용과 정당성을 부여한다. 발생한 모호한 사건들에 의해서 해석 주기 혹은 조직에 대한 이해 주기가 시작된다. 날 사실(brute facts)과 제도적 사실은 도움이 되지만 많은 모호성이 남아있다. 그래서 재정관리자는 그들 네트워크의 견해를 이용해 해석한다. 그 네트워크에는 재정관리자와 가깝게 일하는 다른 사람들도 포함되고, 특정 네트워크가 선정되기도 하는데, 이 선정은 재정관리자가 모호한 상황에 알맞은 것으로 감지한 규범에 달려 있다. 즉, 절약하기, 정치지도자들 사이에 신뢰 형성하기, 혹은 몇몇 이해당사자 혹은 광범위한 이해당사자 달래기, 즉 민심 수습하기 등이 규범에 따라 특정 네트워크가 선정되기도 한다.

예를 들면, 경제 문제에 대한 자유(liberty 혹은 freedom)는 재정관 사이에 공명이 있다. 그러나 자유는 논쟁의 여지가 있는 개념이다. 어떤 사람은 경제적 자유는 "기껏해야 정부에 의해서 보장되는 비정치적 자유이다"라고 주장한다(Grafstein, 1988: 2). 다른 경쟁적 주장은 "진정한 경제적 자유는 경제적 대안들의 범위와 구조에 대한 통제를 포함한다"라고 한다(Grafstein, 1988: 21). 경제적 자유는 정치적 자유의 일부인가 아니면 그 반대인가? 다시 말해서, 활동적이고 적극적인 정부는 경제를 관리해야 하나 아니면 전부는 아니지만 대부분의 사회적 관계, 정치적 관계를 포함해서, 사회적 관계는 시장에 의해서 관리되어야 하나?

경쟁자들이 경제 문제에 대한 자유의 개념에 대해 논란을 벌이고 있는 동안 교착상태를 방지하기 위해서 재정관은 매일 크고 작은 문제를 결정해야 한다. 우리의 주장은 이것이다.

즉, 재정관은 활동적인 정부로서 현상을 해석하는 것도 아니고 혹은 시장에 의해서 관리되는 현상으로 해석하는 것도 아니다. 이들은 세상을 이해하는데 도움이 되는 최적화, 대리인(agency), 청지기(stewardship) 같은 논리로서 현상을 해석한다. 적합한 논리를 적용함으로써 재정관은 문제들을 계산, 협상, 혹은 학습으로 환원할 수 있다.

자유가 경제 문제에서 논쟁의 여지가 있는 개념이라는 의미에서, 우리는 미연방 조세체계를 개선하는 문제, 즉 자유의 의미에 대한 경쟁자들의 주장 한가운데 있는 것을 개선하는 문

목적, 수단, 목적 수단 연계 등이 불분명한 모호성이 유력한 권력 중심으로부터 제약이 거의 없이 도처에 만연하다.
▼
해석에 의해서 모호성이 이해된다.
▼
재정관리자는 전문가로서 모호성을 해석한다.
▼
재정관리자는 그들의 효율성, 대리인, 청지기 논리가 제공하는 여과기를 통해서 알거나 감지한 것으로부터 해석을 구성한다.
▼
해석에 의해서 모호한 현상은 재정관이 계산, 협상, 혹은 학습으로 다룰 수 있는 범주로 보내진다.
▼
재정관리자는 서사, 신화, 상징, 의례 등이 포함된 논증을 통해서 해석을 소통한다.
▼
재정관리자는 다른 사람들이 재정관리자에게 하기를 기대하는 작업을, 예를 들면 지출과 그에 대한 자금 조달에 대한 의사결정, 그리고 그런 결정에서 해석을 합리화하는, 작업을 통해서 재정관리자의 해석을 시행한다.

[그림 3-1] 재정관에 의한 해석에 대한 한 모델

제를 고려할 수 있다. 따라서, 재정관은 계산에 대해 문제를 재정의하고, 더욱 능률적이고 더욱 형평적인 체계를 발전시키면서 최적화 논리를 사용할 수도 있을 것이다. 능률적이고 형평적인 조세체계 개선방안은 몇 세기 동안 존재했고, 상이한 해결방안에 대해서 열띤 논쟁이 매일 있었다. 그래서 결정에 해결방안이 부족하지 않았다. 결정에 부족한 것은 문제의 정의이다. 계산을 통해서 효율성과 형평성을 최적화하는 것은 재정관이 사용할 수 있는 접근방법이다. 서사(narratives)는 다음과 같이 말해준다. 즉, 사람들이 인상된 세금 고지액을 충당하지 못하는 벌이를 할 때 어떻게 일을 그만두는지 그리고 사람들이 훌륭한 세무사를 고용해서 혹은 영향력이 있는 의원에게 돈을 기부하는 저질 세무사를 고용해서 어떻게 사람들이 세금 감면을 받는지 말해준다. 이야기꾼은 조세 징수 수입이 그것이 감소하기 시작하는 어떤 세율까지는 증가할 것이라고 말한다. 중간보다 높거나 혹은 낮은 세율에서 조세 징수 수입은 실제로 더 적다. 상징은 고정 세율로서 등장한다. 이 조세체계는 일을 자발적으로 그만두는 것을 방지하고 수평적 형평성을 유지하기 위해서 충분히 넓은 과세표준은 물론 이전 조세체계와 동일한 세수를 징수하기 충분한 세율을 정한 해결방법으로 재설계한 것이다. 의례가 등장한다.

즉, 조세체계를 연구한 전문가가 그들이 더욱 능률적이고 더욱 공정한 체계에 대한 해결방법, 예를 들면 고정 세율을 발견했다고 설명한다. 전문가는 의원에게 그 해결방법을 보고한다. 그러면 의원은 고정 세율 조세를 검토해서 그것이 국가에 좋은지 아닌지 결정을 한다. 그리고 최종 결말은 재정관이 고정 세율 조세를 도입하는 것이다.

최적화 논리와 계산 의사결정 전략에 의해서, 경제적 자유에 모호성과 경쟁을, 형평성을 감소시키지 않은 채 효율성을 증대시키면서 고정 세율 해결방안이 효율성과 형평성을 최적화하는지 여부에 대한 결정으로 변화했다. 만약 해결방법이 이런 조건 아래서 효율성과 형평성을 적정화하였다고 계산이 보여주었다면, 재정관은 해결방법을 받아들일 수 있는 것으로 기대했을 것이다. 수락 가능성 혹은 무관심은 경기 침체의 원인, 촉진책이 표적으로 하는 문제, 그리고 이러한 조건 하에서 경제 성장을 가져오는 최적의 수단에 대한 합의가 없더라도, 경기침체 동안 경제 촉진 지출에 대한 정치적 흥정을 촉진시켰을 것이다. 끝으로 많은 사람들이 지역사회 발전 예산과 기획에 대한 시민 참여를 통한 학습을 받아들일 것이다. 왜냐하면 경쟁자들이 발전의 목적, 지역사회 발전의 현재 수준, 현 발전 문제의 성질과 엄중성 그리고 발전을 위해서 추구해야 할 사업에 대해 종종 논쟁을 하기 때문이다. 지역사회 발전 사례에 있어서, 시민 참여 및 학습은 정치적 경쟁자들 사이의 흥정보다 더 잘 작동을 하고 지역 사회 재산을 토지 수용 절차로 최적화하는 계산보다도 훨씬 더 잘 작동한다.

재정관리자의 준거 틀에 의해서 해석은 명료하게 이해될 수 있는 데, 이때 사용되는 다양한 방법에 따라 해석 그 자체가 달라진다. 방법에는 선례, 경험, 일반 공공 감정, 정치적 역사, 지역사회 분위기 및 문화 등을 투사하기와 단순히 주장을 강요하기가 포함된다. 재정관리자는 다음과 같은 것을 투사할 수 있다. 즉, 민중의 규범, 정치가의 규범, 전문가의 규범, 시행착오, 선례, 관습, 습관, 그리고 경험의 의미(March, 1994), 조세 반란과 같은 일반 감정(Lowery & Sigelman, 1981), 재정 개인주의 혹은 재정 사회주의(Lexington: The Age of Fiscal Socialism, 2000), 지배적인 재정환상(Downs, 1959-1960; Buchanan, 1977) 혹은 지역사회의 사회계약에 대한 제1의 개념(Wildavsky, 2001), 정치사 주기에서 특정 시점(Phillips, 1990), 훌륭한 정책논증(Meyers, 1994: 159-189), 전문지식에 대한 존경 정도(Schneider & Ingram, 1997, 158-159), 그리고 사람들이 위험한 결정을 하기 위해서 혹은 거부하기 위해서 가지고 있는 재량에 대한 감정(Miller, 1991: 158-160; Thompson & Jones, 1986) 등을 투사할 수 있다.

일단 해석이 선정되면 그것은 서사(narratives) 혹은 원전(texts), 의례로 발전하고 이것들은 상징을 불러일으키고 상징을 조작하며 그리고 궁극적으로 신화로 발전한다(Miller, 1991; Czarniawska & Gafliardi, 2003; Roe, 1994). 재정관리자는 과세와 지출과 관련된 업무에서 해석을 시행하는 실질적인 권위를 가진 기관이다. 재정관리자가 종종 해석을 합리화하거나 혹은 안정된 해석을 변경하는 이정표가 되는 사건을 솜씨 있게 잘 다루기 때문이다. 이 둘 모두는 미래에 변경된 해석에 힘을 주는 새로운 균형을 창조한다(Jones, Sulkin & Larsen, 2003: 151-169; Jordan, 2003: 345-346, 358-360).

제4절
연구들

이 절에서 세 개의 연구가 소개되는데 이것들은 필자가 이 장 처음에 제안한 세 개의 정의를 사용하는 방법을 기술한다. 이 세 개의 정의는 효율성 논리(efficiency logic), 재정관이 정치지도자에게 "정치지도자가 원하는 것을 획득하는 데 필요한 것"을 준다는 대리인 논리(agency logic), 그리고 재정관은 "시민의 요구에 대응적이고" 그리고 시민의 요구를 예측하고 "납세자로부터 필요한 것보다 도움을 적게 받고 시민에게 원하는 것을 주기 위해서" 시민의 이익을 위해서 모든 가능한 것을 하는 청지기 논리(stewardship logic)를 반영한다.

제1절에서 현금 투자 연구는 위험을 감수하는 것처럼 외견상 보이는 것이 위험 그 자체보다 더 위험하다는 방식으로 재정관에 의해서 틀이 짜진 활동의 규범과 한계를 기술한다. 그 다음 정보체계 연구는 재정관이 이 체계가 결정에 기능상 기여가 매우 적다고 언급한 상징적이고 신호적인(signaling) 용도를 보여준다. 수입 예측에 관한 세 번째 사례는 불확실한 수입 흐름과 모호한 경제 및 정치 현상과 연계된 문제들에 의해서 어떻게 재정관이 결정을 순차적으로 하거나 또는 순차적으로 할 수밖에 없고 그렇게 함으로써 사회적으로 현실을 구성하는지 그 방법을 보여준다.

1 현금 투자

이 연구는 현금관리 실천, 특히 투자가 포함된 현금관리 실천을 연구했다. 공공 관리자의 현금 투자 실천으로 파생상품의 초기 형태인 선물과 옵션의 수용 가능성을 연구했다(Miller, 1991). 연구는 두 수준에서 수용성에 대한 논쟁이 나타나는 것을 발견했다. 이념적 수준에서, 재정 혁신의 수용성은 기법(예, 현금 투자) 자체의 잠재적 생산성만큼이나 정부가 사회에서 차지하는 역할과 규모에도 달려있다. 필요한 일만 겨우 하는 정부는 이 혁신을 부적합한 것으로 간주할 수도 있다. 모든 것을 하는 정부는 재정 혁신은 물론 재정관리를 필요로 하지 않을 수도 있다. 왜냐하면 이 정부는 부족한 것이 없기 때문이다. 이 중간에서 대부분의 재정관리자는 위험과 손해의 언어가 그들의 선택을 통제한다는 것을 안다. 도구적 수준에서, 공공 부분에서 위험은 그것이 이용될 때 그것은 이익을 가져오는 기회가 아니다. 오히려 위험은 불상사의 가능성이고 높은 우선순위가 주어져 있는 회피 혹은 예방해야 하는 것이다. 사실, 행정 이론에서 위험은 윤리적 함축성을 가지는 것으로 그 중 가장 전통적인 것으로 위험 감수는 정치 조직에 대한 수탁자 관계를 위반하는 것으로 간주하는 것이다. 연구에서 재정관리자는 현금 투자의 목적과 파생상품의 이용에 대한 순위에 대해서 질문을 받았다(Miller, 1991: 165). 순위에 따르면 직원들은 자본의 보전을 제일 중요하게 생각했다. 이 첫 번째 목적이 유의미한 의미에서, 다른 여타의 목적과 모든 투자 그리고 투자 위험에 대한 준거 틀이 됐다. 테스키와 카네만이 제안했듯이 대부분의 개인과, 이 연구의 경우에 공공 현금 투자 관리자는 손해 혐오자이다(Tversky & Kahneman, 2000). 오하이오 투자관들을 대상으로 한 실험에서 맥큐는 이런 전망 이론의 예측력을 확인했다(McCue, 2000). 이 연구 결과는 데니손의 서베이(Denison, 2002)와 맽선, 핵바르트, 램지에 의해 수행된 비교연구(Mattson, Hackbart & Ramsey, 1990)와 동일했다.

캘리포니아 오렌지 카운티 투자 손실 사례는 일회성 사례로 판명됐으나 널리 논의된 사례이고 여기 기술된 현금 투자에 대한 위험 혐오 접근법을 지지하는 사례이다. 채프만은 다른 주요 카운티 인구 중심지와 비교할 때 오렌지 카운티가 1990년 초기의 투자 소득에 크게 의존했다고 기술했다. 이런 결과에 기여한 것은 명확한 기업가적 전략이었고 위험을 감수하고 투자하려는 의향이었다(Chapman, 1996: 26-30). 기업가적 전략과 투자 소득에 크게 의존함으로써 1994년 말경에 수십 억 달러의 손실을 초래했고 오렌지 카운티는 법원에 파산 보호 신청을 하였다.

이 사례에서 채프만이 얻은 교훈은 모호한 현금 투자 목적이 수익을 극대화하는 것으로 해결될 때 불확실성이 증대한다는 것을 알려주었다. 이기적인 민간 자금 보좌관들에 의존하는 경우 확실성이 증대되지 않을지도 모른다.

불확실성을 증대시키는 교훈은 공공 기업가적 전략에 다른 유사한 교훈을 준다. 채프만은 다음과 같이 결론을 지었다.

> 공공 부문에서 기업가정신은 민간 부문에서의 기업가정신과는 다르다. 민간이든 공공이든 어느 것도 실패할 여유가 없지만 공적 결과는 공공 기업가에게는 대단히 심각할 수 있다. 공공 기업가는 큰 손해를 볼 수 있는 기회를 활용하도록 허용되지 않는다. 공공 기업가는 실패를 초래할 수 있는 기회를 이용하는 것이 억제돼야 하는 것이다. 오렌지 카운티는 이 교훈을 등한시했다(Chapman, 1996: 31).

공적 결과에는 이해당사자의 대응과 실패를 극복하기 위한 소지가 포함된다. 공개적으로 창피를 주는 조치가 오렌지 카운티에 있었는데 이 사례는 기업가적인 공공 재무관에 대한 경고로 작용을 한다.

❷ 정보체계

미국 관리예산처(OMB)는 1969년 10월 회람(Circular) A-95라 불리는 일련의 지침들과 그 의도들의 실제 용도를 연구한 연구서를 발간했다.[2] 이 지침들은 보조금 제안에 자금이 배분되기 전에 보조금 제안 정보를 배분하는 청산소(clearinghouses)를 통해서 정부의 모든 수준에 있는 부서가 보조금 검토를 받아야 하는 과정을 만들었다. 이 검토(review)는 제안된 사업이 기존의 사업과 그리고 미래를 위해 계획된 사업과 일관성이 있는지에 대한 검사와 논평으로 구성된다. 더구나 Circular A-95는 9개 연방 각료 부처와 5개 독립 부서 하에 재정 지원되는 사업에 적용된다.

그 후에, 1970년 6월에 관리예산처가 다른 회람 A-98를 발간했고, 이것은 회람 A-95를 넘어서는 것이었다. 회람 A-98은, 자금 지원에 대한 연방 부서 결정의 적용을 본래 검토했던 보조금 지원자 그리고 카운티 및 주부서 모두에게 알릴 것을 연방부서에게 처음으로 요구했다. 그래서 회람 A-95와 A-98는 완전한 보조금 정보 체계를 설계했다. 회람 A-95는 그것이 가지고 있는 체계적 검토에 의해서 정부의 하위 수준에 있는 부서가 수행한 바와 계획한 바에 기초해 그 부서들의 보조 요청을 평가하고 조정하도록 허용했다. 설명했듯이, 회람 A-98은 한 발자국 더 나아가 부서들에게 그들이 검토한 제안의 상태에 대해서 계속 보고하도록 요청했다.

회람 A-95/A-98 보조금 정보 체제는, '메세지'의 순환적 흐름이기 때문에, 그것은 정부의 의사전달과 통제의 예이며, 사이버네틱스 모형으로 잘 이해될 수도 있을 것이다. A-95/A-98 검토 및 고지 체제의 중심 목적은 정부의 모든 수준의 부서들 사이의 국내 발전 사업의 정책결정과 행정을 조정하는 것이었다.[3] 조정 개념은 의회에 의해서 발표됐고 관리예산처에 의해서 실시됐다. 그리고 이 모든 것은, 연방정부 부서만이 아니라 보조금 결정 주기에 있는 주와 지방부서까지 포함된, 보조금 신청을 위한 *의사전달* 체제의 형식을 취했다. 의사전달 체제를 통한 정부간 보조금 조정의 주제는 그 법률적 배경에서부터 법률과 규정의 실

---

[2] 회보의 전체 명칭은 연방 보조 사업에 대한 평가, 비판 및 조정(Evaluation, Review, and Coordination of Federal Assistance Programs and Projects)이다.

[3] 사업(programs)에는 다음 분야들에 대한 개방형 토지 사업(projects) 혹은 기획 그리고 건설 사업들(projects)이 포함되었다. 분야는 병원, 공항, 도서관, 물 공급 및 배분 시설, 하수 시설, 쓰레기 처리 작업, 고속도로, 교통 시설, 법집행 시설, 물 개발과 토지 보존 사업(projects) 등이다. 주거 시설은 1971년에 추가됐다.

제적 적용에 까지 추적될 수도 있을 것이다.

A-95/A-98 체제는 다음과 같은 점에서 사이버네틱스 체제와 유사하다. A-95/A-98 체제는 보조금에 대한 정보의 흐름으로써 만이 아니라 정부 부서의 계획과 사업의 목적이 잘 충족될 수 있도록 보조금 신청을 통제함으로써 계획과 사업을 (안정적으로) 조정해 줘서 자기 규제적 장치로서 연구된다는 점에서 그러하다.

사업 고지와 검토 체제(PNRS)에 대한 연구로부터 얻은 증거는 그 단점을 보여준다. 첫째, 새 계획을 비교할 수 있는 불충분한 영역 전체 계획이 존재해 보조금 신청을 판단하기 위해서 혹은 판단하지 않기 위해서 무작위적으로 선정한 기준을 사용할 수 있는 유인을 제공하였다. 둘째, 청산소 활동에 바치는 관심이든 시간이든 돈이든 직원의 헌신, 직원의 자원이 적어서 참여자들이 검토 과정에 들어가느냐 아니냐가 무작위적으로 선정되기도 했다. 끝으로 연방 보조금 출처에는 관심이 없거나 혹은 그것은 관리예산처(OMB)에 의해 결정을 위해서 청산소 논평에 포함시키지도 않았고 다른 문제해결 무작위 선정과정을 마련해 뒀다.

연구 증거는 여타 다른 정보 사용 연구로부터 얻은 증거와 관계가 있다(Feldman & March, 1981: 174, fn.1).

> ① 개인과 조직에 의해 수집되고 소통된 많은 정보는 결정 적합성이 없다. ② 한 결정을 정당화하기 위해 사용된 많은 정보는 그 결정이 이뤄진 후 혹은 실질적으로 이뤄진 후 수집되고 해석된다. ③ 정보로 요청돼 수집된 많은 정보는 결정을 위해 정보가 요청됐던 그 결정을 하는데 고려되지 않는다. ④ 처음 결정이 고려됐던 때에 이용 가능한 정보과 관계없이 더 많은 정보가 요청된다. ⑤ 이용 가능한 정도가 무시되면서 한편으로는 결정을 하기에 충분한 정보를 조직이 가지고 있지 않다는 불평이 나온다. ⑥ 결정하기로 정해진 결정에 대한 결정과정에서 제공되는 정보의 적합성은 그 결정과정에 제공되는 정보에 대한 집착보다 덜 중요시된다.

위 연구의 발견점은, 사업 고지와 검토 체제(PNRS) 과정에서의 결정 결과는 그 과정에서 수집된 정보와 반드시 관계가 있지 않다는 사실을 시사한다. 그러면 왜 정보, 참여사, 그리고 결정은 그렇게 단절돼 있는 것인가? 첫째, 청산소가 의사결정자가 필요로 한다는 관점에서 수집한 정보를 억제하거나 혹은 정렬하기 위한 직접적인 유인을 가지고 있지 않다. 청산소는 의사결정자 자신이나 혹은 이들이 봉사하는 정부에 의해서 대금이 지불되는데, 정보수집을 위해서이지 정보 이용을 보장하기 위해서가 아니다. 더군다나, 청산소에 대한 비판은 사건에 대해서 알았던 것을 과대평가하는 사람들로부터, 즉 그들이 기대하지 않았던 바에 의해서 놀라고 그리고 실제로 많은 정보를 사용하지 않았던 사람들로부터 나오는 것 같았다. 그들이 아는 바를 과소평가하는 사람들과 그들이 사용할 수 있는 정보보다 더 많은 정보를 가진 사람들로부터는 비판이 적게 나왔다.

둘째, 지역사회 발전이 가져올 정확한 모습을 알지 못할 때 의사결정자는 청산소가 최선의 대안으로 그들을 안내하기 위해서 제공한 정보를 사용할 수 없었다. 청산소가 의사결정자에게 상대적으로 시대에 뒤떨어진 개발 형식과 목적에 대해서 최선의 방법을 말해줬지만 경제 변화로 인해서 우선 의사결정자는 새로운 도시 및 교외 개발 형식과 목적을 심사숙고 해야만 했다. 대안적 해답이 아니라 물어야 할 질문이 필요했다.

셋째, 청산소 과정에 있는 참여자가 제공하는 정보는 종종 한 가지 이상에 참여하고 있는 참여자가 제공하는 정보보다 전략적 중요성을 더 가진다. 지역사회가 다른 지역사회와 경쟁을 할 때, 그 결과로 한 지역사회가 다른 지역사회의 사업을 좋지 않게 검토함으로써 이익갈등이 종종 명확했다. 신뢰가 없어 정보는 가치가 떨어졌고 그것 때문에 모든 정보는 믿을 수 없게 됐다.

그럼에도 불구하고 끝으로, 사업 고지와 검토 체제(PNRS)가 합리적 결정 과정의 실체에 집착하지 않는다고 해도, 청산소 과정은 특히 합리적 결정 과정에 대한 상징적 관심에 대한 정당성을 가지고 있었다. 정부에서, 정당성은 명백히 합리적 방법으로 이뤄진 결정에, 즉 적절한 절차에 대한 오랜 규범과 일치해 이뤄진 결정에 부여됐다(Olsen, 1970; March & Sevon, 1984; March & Weissinger-Baylon, 1986). 청산소 절차에 의해서 실제로 좋은 결정이 또는 더 훌륭한 결정이 이루어졌든 혹은 그 절차가 의사결정과 관계가 있었든, 청산소 과정에 의해서 참여자들은 보조금 결정과 때때로 심지어 발전 계획과 그것들과 관련이 있는 결정의 적합성을 믿게 됐고 또 청산소와 청산소의 발전에 대해서 지지하게 됐다.

사업 고지와 검토 체제(PNRS) 과정을 분석할 때, 그것은 문제, 해결책, 참여자, 선택 기회 등이 여러 조합으로 서로 결합 되는 쓰레기통(garbage can)을 닮았다. 네 요소 각각의 흐름은 그 체계와 독립적이고 외생적 요소였다.

쓰레기통 결정 과정은 코엔, 마치, 그리고 올슨에 따르면, 하나의 해석 체제로 귀결된다(Cohen, March & Olsen, 1972). 사업 고지와 검토 체제(PNRS)에서 해결된 많은 문제는 문제와 해결방법이 무작위적으로 연계되기 때문에 기존 준거 틀을 정교화하지 않고 결과에 대해 거의 결론이 안 날 수도 있다. 명확한 결과가 부족하기 때문에, 정부간 관계에 대한 자문위원회(ACIR)와 같은 기관들은 더 많은 연방 자금을 요청했고(ACIR, 1977) 정부 관할 부서가 PNRS에 대해서 일반적인 만족을 가지고 있다고 보고했다.

사이버네틱스에 의존하는 체제와 실제 사람들이 사는 그 나머지 세상에 의존하는 체제의 중요한 차이점은 의사결정자가 힘겹게 다루는 모호성의 정도이다. 사이버네틱스에서는 알아야 할 질문이 필요하고 조직 구성원 사이에 널리 공유돼야 할 목적이 필요하다.

이런 확실성 혹은 동의 정도가 실제로 존재하는 경우는 드물다. 대부분의 경우는 연방주의자 체제인데, 이 체제에서는 연방이 재원을 지원하는 부서가 지역사회 개발에 대해서 더 많은 구체적인 생각을 가지고 있고, 그리고 지방정부는 사이버네틱스 체제에서 더 많은 연방정부 재원을 찾는 데 혈안이 되어있다. 재정 지원 해결방법과 문제와는 아무런 관계도 없을 수 있는 결정 구조에 세 종류의 다른 참여자를 결합시키는 것이, 참여자의 일부 혹은 전부가 그것들을 이해하기 때문에, 우리가 조직화된 무정부 상태로 알고 있는 것을 촉발한다.

그런 체제는 진보를 창조하기 위한 상징적 조치에 의존한다. 사업 고지와 검토 체제(PNRS)라는 것을 창안하는 것이 의사결정자에게 직접적이고 기술적인 적합성이 없을 수도 있다. 과정이 가지고 있는 기술적 적합성이라는 것은 그것이 무엇이든 간에, 문제, 해결방법, 참여자 등에 무작위적으로 각각 연결될 수 있다. 무작위로 연결됨으로써 어떤 문제는 해결되고 어떤 해결방법은 이용되고 어떤 참여자는 그들이 결과를 창조했다고 느낀다.

그러나 결정이 이뤄진 후에, 사업 고지와 검토 체제(PNRS)는 결정을 정당화하고 혹은 합리화하는 데 대단히 중요하다. 결정이 어떤 방법으로 이뤄지든 간에 이미 정해진 결정을 사실로 만들기 위해서 의사결정자는 엄청난 양의 정보를 가지고 있다.

또한 과정을 거치면서, 의사결정자는 행동에 대한 정당성을 얻는다. 경쟁하는 대안들이 목적에 기여한다는 측면에서 서로에 대해서 비교 검토되는 의사결정 과정이 많은 유권자에 의해서 좋은 의사결정 과정이라고 폭넓게 믿어지는 바를 의사결정자가 따를 때, 의사결정자는 결정을 수행할 사람은 물론 그 결과와 함께 살아야 할 사람이 느낄 애착과 헌신을 위한 잠재력을 창조한다.

❸ 세입예측

정부에서 세입예측은 한 집단만이 담당하는 특권이 전혀 아니다. 입법부와 집행부가 예측을 할 때, 실제로 집단 간의 노력으로 발생하는 바를 묘사할 수 있다(Kamler, Mowery, & Su, 1987). 그런 노력은 연방정부 집행부 내 여러 사무실(Pierce, 1971)에서 그리고 여러 지방정부 수준에서는 재무부 내 여러 상이한 활동에서도 요청된다(Meltsner, 1971).

예측업무를 담당하는 모든 사람에게 공통적인 것은 불확실성과 모호성이다. 경제적 기초-과세표준-세입의 원인-결과 관계는 불확실성을 불러일으키는 것으로써 그 관계에 관한 명확한 정의는 거의 없다. 우리가 (안정적인 세입을 넘어서) 발생하기를 원하는 바에 대한 합의를 하면 모호성이 발생되는 경우는 거의 없다. 그래서 예측은 종종 판단이며 특히 예측자의 현실에 대한 사회적 구성에 의해서 영향을 받는다. 예측과정과 세입예측을 이해하기 위해서는 원인-결과(cause-effect) 관계와 바람직한 결과(outcomes)를 구성하기 위해서 서로 상호작용하는 요소들에 관한 성찰이 요청된다. 모든 다른 조직적 활동 및 판단적 활동과 마찬가지로 예측 활동에 있어서도 행위자들 간 상호작용은 모두가 안정을 원한다고 상정한다. 즉, 모든 참여자는 행태에 대해서 안정적 기대를 거래하는 방법으로 행태를 주고받고 한정한다.

현실 구성을 오로지 사회적 상호작용의 경제로서만 설명하는 것은 불완전하다. 마치와 올센은 시장은 편의(偏倚, bias)에 중심을 두고 있다고 제안했다(March & Olsen, 1989: 62).

> 성과가 열망을 충족시키지 못할 때 기관들이 새로운 해결방법을 찾는다는 상당한 증거가 있는 듯이 보이지만, 문제보다는 해결방법에 의해서 변화가 종종 추진되는 것처럼 보인다. 인과관계와 과학기술이 모호할 때 특정한 해결방법을 채택하려는 동기가 특정한 문제를 해결하려는 동기만큼이나 강한 것 같고 그래서 변화는 문제에 초점을 두는 것보다 해결방법에 초점을 두는 것에 의해서 더 쉽게 도입될 수 있다. 해결방법과 기회가 이전에는 유의미하지 않고 눈에 안 띄었던 문제나 선호를 인식하도록 자극한다.

판단을 하는 모든 당사자들은 속으로 해결방법을 가지고 있다고 우리는 상정한다. 집단적 선택 상황에서 판단은 한 당사자가 다른 당사자에게 선호하는 해결방법이 당면한 문제와 연계되어 있다는 확신을 줄 수 있는지 그 여부에 달려있다. 당사자가 순차적 주의(sequential attention)의 중요성을 깨달을 때 그 당사자가 선호하는 해결방법에 대한 논증이 더 쉬울 수 있다. 판단을 하려는 당사자들은 시간이 제한돼 있고 주어진 판단 요청에 그 시간의 공정한 몫 이상을 할애하려는 의지도 제한돼 있다. 이 시간 제약 문제를 깨닫고 있는 당사자들은 주어진 해결방법에 집중할 것인지 아니면 집중하지 아니할 것인지를 결정할 수 있을 것이다. 사람들의 책략은 주어진 해결방법으로 잘 해결할 수 있는 문제의 측면에 집중하는 것일지 모른다. 그렇지 않다면, 선호하는 해결방법으로 문제를 해결할 수 있도록 문제를 정의하는데 사람들의 시간을 사용하는 것이 가장 좋을 수도 있다. 브룬손은 다음과 같이 주장했다(Brunsson, 1989). 순차적 주의 때문에 분명히 일관성이 없어 보이는 목적들을 가진 사람들 사이에서 연합이 유지되는 것이 가능하다고 주장했다.

일관성이 없는 목적을 가진 사람들이 순차적 주의 때문에 연합을 형성하는 그런 술책은 많은 주의 합의적 예측 단위(Sun & Lynch, 2008), 특히 주지사-하원-상원 합의적 예측 과정으로 설명할 수 있다(klay & Vonasek, 2008). 더 좋은 예로, 기록문서가 있기에 삼두마차는 그 술책을 생생히 보여준다. 삼두마차는 1960년대 연방 집행부 예측 집단인데 이것은 미국 재무성, 대통령 경제자문위원회, 관리예산처의 대표들로 구성됐다.

피어스의 연구에 의하면, 예산과 경제 문제에 대한 선호하는 해결방법이 삼두마차 구성원들의 기여를 뒷받침하고 그래서 예측에 영향을 준다(Piece, 1971). 정책분석에서 계량경제 모형을 사용하듯이, 삼두마차 구성원들은 계량경제 모형을 통해 정책 해결방안을 찾았는데, 이때 이 모형에 적용하는 가정이 다양했다. 그래서 정책의 형식을 갖춘 해결방법이 종종 삼두마차의 예측을 주도했다. 삼두마차의 구성원들은 또한 그들 나름의 독특한 편의(偏倚, bias)를 가지고 있었다. 피어스에 따르면, "재무성 기술관료들은 실업 혹은 성장보다 물가 수준 안정에 높은 우선순위를 두는 경향이 있고" 반면에 경제자문위원회는 보통 완전고용과 경제 확대에 상당한 강조점을 둔다. 관리예산처는 대통령의 규범에 대한 책임이 있다. 즉, 어떤 예산 행위도 경기 침체 혹은 경기 후퇴를 초래해서는 안 된다. 적어도 선거가 있는 연도에는 안 된다. 그리고 어떤 예측도 자기 충족적 예언을 위한 조건을 만들어서는 안 된다(Piece, 1971: 49).

연구자들에 따르면 삼두마차에 의해서 사용된 절차는 순차적 주의(sequential attention)였다(Kettl, 1986; Greider, 1987; Pierce, 1971). 첫째, 재무성은 세입을 예측한다. 그러면 관리예산처가 지출을 예측한다. 마지막으로 경제자문위원회가 경제 전망을 예측한다. 능숙하게 과학기술과 전문지식을 잘 다룸으로써, 삼두마차 구성원들은 세입과 지출 예측을 합리적인 방법으로 결합하고 경제 변동을 예측하는데 이용될 수 있도록 가정과 판단을 할 수 있을 것이다.

편의(bias)의 인식, 그리고 차이가 유용할 수도 있다는 이해는 판단(judgement making)에 대한 많은 연구에서 강조되고 있다(Wright & Anton, 1987). 즉, 차이를 알게 되면 다른 사람의 견해와 가정에 대해 건강한 회의를 품게 되고 그 가정과 견해를 공개하게 된다(Golembiewski & Miller, 1981). 클레이(Klay, 1983, 1985)와 아셔(Ascher, 1978)가 한 연구는 그런 차이를 공개하는 것이 예측에 있어서 철 지난 핵심 가정이나 혹은 '가정 장애물(assumption drag)'에 지나치게 의존하는 것을 완화시켜 예측의 정확도를 증진시킨다고 시사했다. 다른 예측자들의 차이를 활용하도록 예측자들을 구조화하는 것은 다른 예측자들의 작업을 믿지 않는 예측자들을 단순히 추가하는 것에 의존하지 않을 것이다. 다른 방법으로 예측을 더 잘하도록 미묘하게 도우려면(nudging forecast) 주의가 더 요구되지만 실질적으로 더 많은 혜택을 얻을 수 있다.

순차적 주의 요소는 예측 관행(forecasting practice)을 개선하거나 혹은 변화시키는데 대단한 잠재력을 가지고 있다. 주의의 순서를 다르게 함으로써 주의를 통제하기를 원하는 사람들로 하여금 중요한 문제에 주의를 집중하도록 할 수 있다. 크레신의 지방정부 예산결정에 관한 연구(Crecine, 1969)와 멜스너의 지방정부 세입 추계와 세율 결정에 관한 연구(Meltsner, 1971)가 그런 경우의 사례로 보인다.

일단의 잠재적 역할은 이런 모형들로부터 나타났다. 개인들은 이상화된 과정의 일부분에 대한 책임을 상정하고 책임을 진다. 기록 보관자나 자료운영자는 지난 연도에 대한 평균 변화율을 알 수 있다. 여러 다른 관련자들은 미래에 평균 변화율이 달라질 수 있다는 이유를 결정하고, 다른 것을 제안할 수도 있다. 마음 속으로 상정한 잠재적 사건으로 더 높아진 변화율을 제안할 수도 있다. 또 다른 조심성이 많은 간부는 두 값을 평균을 내서 소수점 이하를 버리는 방법은 추천할 수도 있다.

예측에서도 이러한 모형이 쉽게 적용될 수 있다. 어떤 사람들은 예측을 대부분 계산 작업이라고 가정을 할 수도 있다. 하지만 예측이 계산으로 완전하게 할 수 없다면 우리는 예측이 계산과 해석을 결합한 것이 될 것이라고 기대할 것이며 계량적, 질적, 순차적 방법 등 모든 방법을 사용할 것이다.

예측이 계산과 해석을 결합한 것이라고 보는 후자가 추측으로서 더 합리적이라면 흥미 있는 질문이 떠오른다. 첫째, 누구의 해석에 따라 예측을 해나가야 하나? 서로 다른 해석들이 있는 경우에, 한 예측 집단은 어떻게 한 종류의 해석을 택하거나 아니면 어떻게 여러 해석 전부를 조정할까? 둘째, 예측 과정에는 내생적 편의가 있는가? 그런 내생적 편의는 어떤 사람의 정치적 이익이라는 측면에서 높은 수치를 향하나? 아니면 낮은 수치를 향하나?

이런 연구 질문은 누가 가정을 지배하며 누가 예측을 안내하나에 관해 묻는다. 두 종류의 서로 경쟁하는 설명이 합의를 이끌어내는 것 같다. 즉, 순차와 제도적 편의가 그것이다.

1) 순차

순차(sequence)적 주의를 중시하는 학자들(sequential attention partisans)은 구조라는 측면에서 가정 규칙들을 설명한다(Hammond, 1986; Plott, 1976). 순차적 주의는 입법부와 관료제의 계층제 연구에 관한 의제 연구 모두에서 지지를 받는다. 첫째, 의제는 무엇이 먼저 검토돼야 하는지 그리고 입법적 작업 회기를 통해서 어떠해야 하는지를 지시한다. 플롯은 결정과정의 의제를 모형으로 만들고 의제가 어떻게 어떤 한 방법으로 결정을 강요할 수도 있는지 보여줬다(Plot, 1976). 예를 들면, 세 가지의 서로 다른 선호 순위가 존재할 때 각각의 가능한 의제가 다른 결과를 초래한다. 의제를 통제하는 그 누구든 결과를 통제할 수 있다.

둘째, 선호가 알려지지 않은 더 모호한 상황에서 의제 전략은 여전히 중요성을 가질 수 있다. 마치와 올슨은(March & Olsen,1976), 예를 들어서, 전술적으로 의제를 올리는 데 있어서 실질적 가치를 논했다. 투자 위원회 회의보다 대학 자체 연구와 예산 심의 회의 같이, 다른 의제보다 이 의제를 올리는 것이 다른 의제로부터 골치 아픈 이슈를 제거할 수 있고 그래서 읽음 끝낼 수 있다. 나아가서 그들은 다음과 같이 지적했다. 즉, 논란이 되는 항목 맨 앞에 회의 의제를 올리는 것이 더 심각한 다른 이슈의 승인을 얻는데 실제로 유리할 수 있다. 또한 의제에 있어서 후에 덜 취약한 위치를 점할 수 있다. 그런 선두 의제올림으로 인해서 모든 정파들이 해결방법, 문제, 다른 여러 이슈를 쏟아 넣는 쓰레기통이 가능해진다.

이런 논증은 패짓에 의해서 관료제 연구(Padgett, 1980)에서도 계속됐다. 그는 다음을 보여줬다. 구조적 전략들과 같은 여러 의제들을 통해서 부하들의 주의 규칙들을 변경함으로써 최고집행관이 요구하는 긴밀한 통제와 조사의 양을 실질적으로 축소했고 주의를 순차 지움으로써 최고집행관이 가진 분명한 정보를 더 많이 증대시킬 수 있었다.

2) 기관적 편의

두 번째, 역할 편의 설명은 예측(Wildavsky, 1964; Schick, 1988)이 타협의 필요에 의해서 모든 극단적 입장이 완화됨으로써 근본적으로 보수적이라고 주장한다. 이 견해는 예측 결과에 이해가 걸려있는 기관들은 조직간 대결이나 혹은 협력적 모험에서 전략적으로 중요한 방법으로 '투표'할 것을 대표자에게 강요해야 한다고 주장한다. 초기 입장을 극단적으로 하지 않으면 이런 기관들은 그 이후의 결정이나 타협이 기관들의 관점에 포함되지 않는다는 것을 알고 있다.

연구들이 삼두마차 같은 모의실험으로 순차 대안과 대조해서 기관적 편의(institutional bias) 대안을 탐구했다(Miller, 1991: 208-228). 이 연구들은 이상적 역할과 선호를 변화율이 평균, 더 높음, 더 낮음 등으로 모의실험을 했다.

이 모의실험은 예측을 안내하는 안정적 기대 혹은 기대되는 안정성 외 공통의 선호는 없는 것으로 가정했다. 오히려 역할이 수행되고 예측은 이런 역할을 통해서 실제로 발생된 숫자들에 의존한다.

또한 이 모의실험은 3개의 다른 문제를 가정했다. 첫째, 예측은 계산보다 협상의 결과이다. 둘째, 예측 과정의 성질들은 한계와 중간 지대에 대한 협상을 포함한다. 셋째, 이 협상은 예측과정의 결과를 안내하고 지시한다.

우리는 예측에 대해 순차적 주의 혹은 기관적 편의 중 어느 하나를 제거하기 위해서 예측자들 사이에 세 개의 관계를 모의실험 했다.

첫째, 우리는 의제를 통제하는 사람이면 그가 누구든 순차적 주의 입장에 따라서 결과에 대해서 더 큰 발언권을 가진다고 기대할 수 있을 것이다.

둘째, 이전 연구들은 의제 설정자의 중립성에 초점을 뒀다. 만약 우리가 모든 파당들이 그들 집단 가운데 하나를 제일 중립적이라고 생각하고 그 중립적이라고 생각되는 파당이 중립적 입장에서 단지 토론을 개최하는 방법으로서 집단에 대해 의장으로 사회를 본다면 우리는 의제설정이란 발상을 버릴 수도 있을 것이다. 대신에 의장의 예측이 몇 개 변수의 임의적인 값에 의존한고 가정한다면, 우리는 다른 파당들의 예측보다 의장의 예측에 가장 가까운 최종 예측이 과정에 임의적으로 영향을 미칠 것이라고 추론할 수 있을 것이다. 이러한 관점은 여전히 순차적 주의를 지지한다.

피어스(Pierce, 1971)의 세 번째 발견은 극단적 입장의 효과를 설명하고 기관적 편의 입장을 닮았다. 초기 입장이 극단적일수록 그 입장은 결과에 영향을 미칠 가능성이 더욱더 커진다.

　따라서 우리 연구는 합의적 세입 예측 집단에서 두 종류의 서로 경쟁하는 입장을 검토했다. 순차적 주의 요소는 의제를 통제하는 사람이 누구이든 결과를 통제한다는 견해를 나냈다. 기관적 편의 관점은 극단적 예측에 기여하는 중요한 편의의 표현은 정복을 통해서가 아니라 집단 노력으로 완화된다는 개념을 지지했다. 이 연구는 순차적 주의가 합의적 세입 추계에 대한 가장 강력하고 가장 방어 가능한 설명이라는 것을 제시했다. 연구 설계에서 두 개 조건 모두에서 의장이 결과를 지배했다. 의장과 편의의 관계는 약한 듯 보였다. 왜냐하면 의장은 극단적인 입장을 취하지 않을 가능성이 컸기 때문이다. 그러나 의장은 초기 입장을 준비함으로써 결과를 얻을 수 있다.

　우리의 연구는 예측자들의 주의를 순서 지우는 것이 추계에 큰 영향을 줄 수 있다는 사실을 제시하는 다른 연구들을 확인했다. 멜스너에 의한 연구(Meltsner, 1971)는 특히 이런 견해를 논증했다. 지방정부 세입 체계에 대한 멜스너의 연구는 의사결정을 위한 구조가 예측에 적용되고, 순차적 주의 활동(크고 작은 '다른' 세입원에 대한 순차적 주의 활동)과 이런 순차적 주의 활동 내에서 이루어지는 조치들의 계층을 밝힌다는 발상을 지지했다.

　행태에 관한 순차적 주의 설명은 행정학이나 정책결정 분야의 의제 설정 기능과 궤를 같이 한다. 마치와 올슨에 의해서 연구가 시작된 조직적 무정부 상태와 의사결정의 쓰레기통 모형에 대한 연구들(March & Olsen, 1986)이 발표된 이후의 문헌은 의제설정과 의제설정이 결정 결과에 미친 영향(Kingdon, 1984)을 강조했다. 연구의 발견점은 명확하다. 목적이 모호하고 수단이 불확실할 때, 의제설정이 불안정한 문제들을 해결한다. 의제는 또한 세입 예측에 내재하는 불안정한 선호와 추계를 해결한다. 예측은 큰 영향을 미치며 심지어 때때로 예산운영과 정책결정에 관한 다른 활동도 진작시킨다. 예측에 대한 목적 혹은 선호가 존재하며 이것들은 예측 협상에 영향을 주지만, 의제 또한 세입 예측 협상에 영향을 준다.

제5절
결론: 해석으로서 실천 요약

재정 이슈는 정책 심의 때 크게 부각된다. 지도자들은 도움을 얻고자 재정관들의 제도화된 전문지식을 쳐다본다. 재정관들은 모호한 현상을 해석하기 위해서 효율성(efficiency), 대리인(agency), 청지기(stewardship) 등 세 종류의 재정 가치를 실천한다. 이 세 종류의 가치는 목적과 수단 그리고 정책 목적과 설계를 연계해 주는 목적과 수단 연계에 대한 해석을 나타낸다. 이 장의 논증은 다음을 주장한다. 제도적 생존을 위한 이해관계에 의해서 재정관들

〈표 3-1〉 사례 연구의 발견과 해석적 모형 설명

모형 설명 \ 사례 연구	현금 투자 사례	PNR 체계 사례	합의적 세입 예측 사례
모호성	보험 혹은 투기 혹은 손해에 대한 투자 보호	누가 어떤 개발 사업을 위해서 연방, 주, 지방정부의 재정지원을 받을까? 어떻게 사업이 다른 조직의 토지 이용 계획 및 사업과 어울릴까?	정부는 장래 어떤 수입을 징수할 것인가? 정부의 세입 추정량은 얼마나 정확하며 얼마나 믿을 만 하고, 얼마나 유용한가?
해석	손해 방지	무작위로, 몇몇 보조금(해결방법)은 해결할 문제를 발견하고, 몇몇 개발 문제는 해결방법을 발견하며, 몇몇 선택 기회는 문제들을 해결방법과 연계한다.	현재 재정정책 혹은 미래 재정정책으로 경제성장 혹은 지체, 혹은 나타날 수 있는 재정정책의 역동성, 정부가 징수할 수 있을 것 같은 수입
해석자	전문 지식과 수탁자의 역할에 기초한 재정관들	모든 수준 정부의 기획자들, 부동산 개발자들, 연방정부 보조금 교부자들, 서로 지원해 줄 돈이 있는 주 및 지방정부 지도자, 지원 할 사업을 가지고 있는 여타 정부 지도자들	합의를 본 예측 기관들의 추정자들
해석이 구성된 방법	전문가 규범, 위험 회피 성향	문제들, 해결방법들, 개인들, 그리고 선택 기회들을 무작위적으로 짝짓기	결정과 의제설정에 대한 순차적 주의
해석이 의사소통된 방법	일반 공중의 돈을 가지고 도박을 한다는 서사	사업들과 그 사업 지원 보조금에 대한 결정들에 대한 정당성과 정당화에 대한 서사	추정치의 정확성과 추정치에 따른 경제적 사회적 변동에 관한 수용된 시나리오에 대한 서사
해석이 이루어진 방법	투자 정책	개발사업에 대한 보조금, 장기 토지 이용 계획들과 이 계획을 집행하는데 필요한 사업에 대한 합의	주 및 지방 수준에서 지출 한계, 연방정부의 적자와 부채 규모

은 모호한 사건들을 목적, 수단 혹은 그 둘 모두에 대해서 어느 정도 합의가 존재하는 범주들로 밀어 넣거나 전환한다. 만약 전환이 목적과 수단에 관한 객관적인 관점을 창조하는데 성공한다면 재정관들은 문제에 대한 해답을 투박하게 아마 계산할 수도 있을 것이다. 만약 전환이 합의를 얻는데 성공하지 못했다면 그 결과는 협상이나 혹은 학습을 아마도 요청했을 것이다.

재정정책 모호성에 관한 세 개의 연구는 이 장에서 해석 현상을 잘 보여줬다. 〈표 3-1〉은 각 사례의 고유한 속성을 나타내고 있다.

모호성은 현금 투자 사례에 존재했다. 왜냐하면 파생상품에 대한 공공투자가 언제 보험이 되는지, 좀 더 도박이 되는지에 대해서 아는 사람이 거의 없기 때문이다. 그 연구는 재정관들이 목적과 수단에 대해 합의를 한다고 결론을 내렸다. 목적은 위험을 택하지 않고 납세자 돈을 투자로 잃지 않은 것인 듯 보였다. 수단은 현금을 단순히 금고에 넣어두는 것보다 많이 벌면서도 위험은 거의 없는 투자였다. 이 사례는 무슨 투자를 어떤 이유로 하는가에 대한 모호성은 위험을 취하지 않는다는 접근방법으로 해결된다는 결론에 도달했다. 이 전략은 대개 (국민에 대한) 책임감에 기초한 것이고 또한 때때로 정치적 주인이 위험을 혐오하는 것에 대한 반응이다. 상대적으로 위험 회피 투자(the risk-free investments)가 여전히 전혀 투자를 안 하는 것보다는 더 많은 이윤을 가져다준다. 위험 회피 투자 전략을 사용함으로써 현금 투자 딜레마에 대해서 최적화 혹은 계산 해결방법을 사용할 수 있게 되고 또 이 전략으로 재정관이 해석을 통해 모호성 문제를 계산적 문제로 전환하는 것을 설명할 수 있다.

정보체계 연구는 사이버네틱스 체계를 닮은 A-95/A-98 사업 고지 및 평가 체계(PNRS)에 대한 계획적인 설계를 설명했다. 정보, 청산소, 그리고 정보를 전달하는 의사전달 통로에 대해서 수많은 입구가 있어서 연방, 주, 지방정부의 관리들은 토지 이용계획, 사업 보조 응모, 개발 제안 사업계획 등에 접근할 수 있다. 의사결정 지점(decision points)에서 평가자들은 반응투입(feedback)을 할 수 있고 제안된 노력을 과거 및 미래의 노력과 조정할 수 있다.

그러나 체계가 사용될 때에는, 체계는 문제들, 해결방법들, 결정기회들이 무작위적인 방법으로 서로서로 연결된 결정흐름들, 즉 하나의 조직화된 무정부 상태라고 알려진 체계를 닮았다. 모호성은 도처에 만연했다. 즉, 결징 흐름에 있는 모든 사업들이 결정흐름에 있는 계획들과 일치하는지 그 여부를 아무도 알 수 없었다. 이 체계 정보 청산소를 통해 활동하는 재정 및 여타 공무원들은 일정한 결정구조 안에서 업무를 수행하였는데 이 결정구조가 제공하는 서로 연결된 해결방법들은 PNRS가 발견한 용도가 아니었다. 재정 및 여타 공무원들은 의사전달과 협력에 진보가 있다는 상징으로서 PNRS에 의존했다. 이들은 보조금 지원 사업들에 대해 협상하는 의사결정자들에게 정보를 제공하는 체계로 PNRS에 의존하지 않았고, 하물며 한 부처 지도자에게 사업의 운명을 결정하거나 지역사회에 대한 관점을 부여할 수 있는 유일한 권한을 부여하는 체계로 PNRS에 의존하지 않았다.

재정 및 여타 공무원들은 PNRS를 결정이 이루어진 후 합리화 혹은 정당화 장치로서 사용했다. PNRS은 이미 이루어진 결정에 대한 정당성을 주장하기 위한 실질적인 정보를 제공했다. 마치 결정이 철저한 계산에 따른 것이고 그래서 합리적인 것처럼, 적절한 목적과 수단에 대한 모호성은 사실에 따라서 합리화될 수 있을 것이다. 정당성은 진보, 질서정연한 지역 및 지역사회 개발 등에 대한 서사(narratives), 지혜로서 합리성에 관한 신화(myth), 그리고 사이버네틱스 명령 및 통제 체계에 의해서 상징화된 기능성(functionality)과 함께 증가했다.

세입 예측 연구에서 추정은 처음에는 계산의 문제로 보였다. 이 연구는 세입 추정이 정치적 결정 협상과 공통적인 많은 국면이 있다는 것을 보여주었다. 그러나 그것은 진실로 또 다른 모호한 결정 상황이라는 것을 보여줬다. 추정치가 일련의 다음 결정에 영향을 미치고 추정이 자기 충족적 예언이 될 수 있는 가능성이 있는 상황에서, 추정이 낙관적이어야 하는지 혹은 아니어야 하는지에 대해서 합의가 없다. 또한 셀 수 없이 수많은 역동적인 사회경제적 요소들 간의 상호작용은 물론 운동의 속도와 방향에 대한 불확실성이 존재한다.

합의적 예측 기관(consensus forecasting unit)의 추계자들이 사회와 경제의 사회경제적 복잡성의 전부가 아닌 일부를 묘사하는 모형에 의지할 때 추계자들은 자신들이 편애하는 모형을 아마 선택할 것이다. 이 연구에 보고된 수입 추계 모의실험은 합의가 이뤄진 예측 집단이라고 할지라도 예측과정이 경쟁과 의제설정을 모형으로 하는 것이 얼마나 취약한 것인지 보여줬다.

모의실험(simulation)으로부터 얻은 발견은 추계자의 주의를 순차 지움으로써 모호성이 계산으로 전환될 수 있음을 보여줬다. 선택의 순차적 경로-모의실험에서 의장과 의제를 정할 수 있는 추계자는 특정한 결과를 보장하기 위해서 서로 쌍〈의장과 의제〉을 이루는 기준에 입각해 경쟁하는 사회경제적 모형 추정치 가운데 어느 모형추정치를 선정할지 그것을 결정할 수 있는 능력을 가지고 있었다. 재정관이 문제와 해결방법들에 대해서 순차적 주의를 함으로써 모호성은 계산이 됐다.

이들 연구들에서 우리가 발견한 제도적 그리고 해석적 의미를 요약할 때, 모호한 일들을 관리가능한 일들로 전환하는 재정관의 행태는 합리적이었다. 돈 혹은 지식을 어떻게 얻고 사용하는지 등 중요한 우발적 상황을 통제하기 위해서 재정관들은 약삭빠른 제안을 하거나 신중한 행동을 했다. 그들은 효율성을 촉진했고(세입 예측), 재원을 관리하는데 있어서는 일반 공중의 기대에 순응했고(현금 투자), 보다 많은 정보가 더욱 좋은 결정에 어떻게 이르게 하는지 그 방법을 보여줘야 했지만, 기획 문제에 대해서 흥정 해결방법을 정당화하기 위해서 정보가 필요한 지도자들에 반응했다(정보체계). 재정관들은 모호한 상황에서는 여러 종류의 다양한 해석이 가능하다는 사실을 인지했기 때문에 그들은 전문지식을 지렛대로 사용할 수 있었고 합의를 이루어낼 수 있었고 주관적인 것들을 객관적인 것들로 전환할 수 있었다. 재정관들이 실천한 것은 해석이다.

제4장

재정에서 재정정책 영향[1]

Government Budgeting and Financial Management in Practice:
Logics to Make Sense of Ambiguity

제1절
서론

재정정책은 재정관들이 모호한 현상들을 해석하기 위하여 사용하는 최적화 논리를 담고 있다. 재정정책 영향에 대한 연구는 재정관들이 수행하는 업무를 지배하는 유동성, 원가, 투자 등의 관심사를 넘어서 최적화 논리를 다룬다. 재정정책을 통해서 유인책(incentives)이 만들어지고 부담과 편익이 배분되고 효과가 발생된다. 정책결정자들은 의도에 의해서 결과가 형성되기를 희망한다. 최선책 혹은 차선책을 마음에 두면서 이 연구는 재정정책들의 기원과

---

[1] 이 장은 다음 자료를 ABC-CLIO, LLC.의 허가를 받아 수정 게재한 것이다. Government fiscal policy impacts, in Donijo Robbins, ed. *Handbook of Public Sector Economics*, 425-521. Boca Ratom, FL: Taylor & Francis, .

의도, 지도자들이 그것들에 적용하기 위해 선택한 도구들, 그리고 일곱 개 정책 영향들에서 발견되는 정책 결과를 탐구한다. 일곱 개 분야는 귀착, 일과 여가, 저축과 소비, 투자, 포트폴리오 선택, 위험 감수, 그리고 쇄신과 생산성의 관계이다. 우리는 친(親) 적극적 정부 혹은 친 기업 정부가 진보 혹은 거대한 괴물 리바이어던(leviathan)을 초래할 수 있다는 이유에서 정부의 경제에 대한 간여로서, 즉 자유의 제한 및 확대로서 재정정책을 본다.

재정정책 설계에는 정책이 미치는 영향이 있다. 재정정책 연구는 관습적인 그리고 비관습적인 조세 및 지출 입법에서 발생한 많은 변화가 경제의 모든 수준에 있는 사람들에게 강제를 가할 수 있다는 것을 보여 준다(Keynes, 1964; Blinder & Solow, 1974; Auerbach, 2003). 이 연구에서는 재정정책 설계의 기대한 영향이나 기대하지 않은 영향(impacts)이 연구의 발견 사항을 지배했는지 여부를 또한 묻는다.

의도를 구현하기 위한 적합한 설계와 도구를 마련하기 위해서, 의사결정자들은 분석이 필요하고 분석가들은 방법이 필요하다. 분석은 대안적 정책들이 가져오는 가능한 효과(effects)와 결과(outcomes)를 예측하는데 도움이 된다. 머스그레이브가 설명하듯이 실증적 연구방법들에서는 분석이 강화된다. 이들은 "만약 … 라면, 그러면 …"라는 것에 기초한 고전경제학적 접근방법에서 재정정책 분석의 범위와 방법을 다음과 같이 기술한다.

> 만약 법인 이윤세 혹은 판매세의 가치(merit)를 판단하려면, 사람들은 누가 최종 부담을 부담할 것인지 알아야 하는데 그 대답은 결국 민간 부문이 그런 조세의 부여에 대해서 어떻게 반응하는지에 달려있다… [이런 대답은] 예측을 다루는 경제 분석의 유형으로부터 온 것이다. 이때 분석은 기업들과 소비자들이 경제 변동에 어떻게 반응하는지 그리고 그런 예측을 경험적으로 검증하는 경험적 분석에 기초한 것이다 (Musgrave & Musgrave, 1984: 4).

이런 논평은 정책의 귀착과 정책들의 개인, 기업, 정부, 경제 등에 대한 영향을 예측하는 분석에도 적용된다.

경제분석가, 정치과학자, 그리고 행정가는 선통적 분석적 재징 업무가 복잡한 것이라고 알고 있다. 화폐정책 설계가 재정정책이 가져올 효과를 중립화, 완화, 혹은 강화하기 위해서 존재하기 때문에 재정정책은 경제 기획자의 열망에 영향을 미치지 못할 수도 있을지도 모르겠다. 더 나아가 단기적 영향과 장기적 영향이 어쩌면 다를 수도 있다. 또한 정책 목표

(targets)는 설계를 받아들이는 단계에서부터 상당히 변화한다. 효율성 목표는 공정성을 증진시키고자 하는 의도와 경쟁을 할 수도 있다. 특히 전통적 분석적 재정 업무에 투자 위험과 이득뿐만 아니라 저축, 소비, 일과 여가까지 포함시킬 때 분석가들과 정책결정자들은 정책 목표와 영향간의 상쇄관계(trade-offs)에 직면하게 된다. 정책들은 규범적 성향을 설명해야 하고, 분석가들은 여러 상쇄관계의 결과들을 예측해야 하고 차선의 정책 설계와 도구들을 선정해서 알려줘야 한다. 분석가들은 규범적 타협, 경쟁 기관들, 정책설계의 왜곡, 정책 도구에 대한 이해 미흡, 집행 미숙 등이 얼마나 정책 의도를 훼손시킬 수 있는지 그 가능성을 고려해야 하며, 분석은 정교하게 이뤄져야 한다.

분석에서, 지도자들과 그들이 영향을 미치는 미심쩍어하고 회의적이고 납득시키기 어려운 사람들이, 왜 재정정책들을 원하는지에 대한 질문이 제기된다. 그리퍼는 재정정책들은 집행부와 입법부의 목표들을 공식화한 것이라고 주장한다(Griefer, 2000). 그런 공식화에 의해서 재정정책들은 지도자들의 경제, 조세, 부채, 예산 등에 관한 정책들을 결정하고 이것들을 일반 공중, 기업 기획자, 투자가, 시장분석가, 신용보증인, 중앙은행가 등에 표현하기 위한 하나의 방법을 설정한다. 재정정책들은 문제와 해결방법에 대한 하나의 체제분석이 출현한 것을 확실히 보여 준다. 재정정책들은 지침을 제공하고 다른 정책들이 가지고 있는 기대를 안정시키는데 도움이 된다. 그런 지침과 기대는 원하는 산출(outcomes)과 결과(results)를 명시함으로써 그리고 산출과 결과에 의해서 모든 집행자들이 심판을 받을 수 있음으로써 정책의 적절한 그리고 재빠른 집행을 확보하는데 도움이 된다. 끝으로, 재정정책들은 성과 증거와 성과 부족에 대한 표준을 설정하고 주의를 집중하고 그리고 저축, 투자, 소비, 경제성장, 고용, 물가 수준 안정, 쇄신 등과 같은 중요한 행태에 영향을 미치기 위해서 의원, 정부 집행관, 기업 관리자와 집행자, 시장 참여자, 중앙 은행가 등에게 정책결정자들에 의한 시도, 성공, 그리고 실패의 감각(sense)을 제공한다.

지도자들이 어떠한 정책을 추구하든 미국의 각 정부들과 공공기관들은 특유한 방법으로 수많은 책임을 감당할 부담을 배정한다. 연방정부는 주로 소득과 급여에 세금을 부과한다. 주정부는 소비세(판매세, 소비세, 총수입세, gross receipts tax)와 소득세는 물론 정부간 수입보조금(intergovernment revenues)에도 의존한다. 모든 지방정부는 상당한 비율의 수입을 다른 정부로부터 받지만 대개 재산세를 징수하고 지방정부가 제공한 용역에 대한 사용료 혹은 요금을 징수한다. 사실 징수된 재산세의 가장 많은 비중은 학교 교구로 보내지며, 그 다음이 도시정부, 타운십(township) 정부, 카운티(counties) 등이다. 주와 도시 정부들도 모두 용역에 대한 요금 혹은 사용료의 상당 비중을 받는다. 소비세는 주로 주정부로 간다. 소득세, 부동산 및 증여세, 그리고 급여세는 실질적으로 연방정부로 흘러간다.

정부의 책임 또한 다양하다. 연방정부는 개인에게 지불(이전)되는 형태로 사회적 서비스와 소득 유지(income maintenance)를 위한 주요 공급자이다. 주정부 또한 사회적 서비스와 소득 유지를 제공하지만 학교 교육구가 그렇듯이 교육 서비스에 대한 주요 소비자이기도 하다. 카운티 정부들은 얼마간의 교육 서비스를 제공하지만 이들 정부의 지출은 사회적 서비스와 소득 유지와 관련이 있을 가능성이 훨씬 크다. 카운티와 도시-타운십 정부 양자 모두 법원과 교도소와 같은 공공 안전과 사법활동 관리에 상당한 자금을 지출한다.

정부의 규모도 상당히 차이가 난다. 연방정부는 미국 정부들이 수령한 모든 조세 수입의 약 43%를 징수한다. 이 비율은 독일, 스위스 그리고 일본을 제외한 경제협력과 개발을 위한 조직(OECD)의 모든 가맹국가보다 작다(OECD, 2009). 연방정부의 징수 그 다음 비율로 미국 주정부에서 징수한다. 주정부는 징수된 세금의 1/4을 넘게 차지하며, 지방정부들은 1/6을 차지한다.

정부 규모는 정부 지출 및 수입을 경제총산출(total output), 즉 국내총생산(GDP)과 비교해서도 나타난다. OECD(2009)에서는 경제가 매우 발전한 국가들을 비교한 자료를 발간한다. OECD의 데이터베이스는 미국 정부들이 대략 미국 GDP의 1/3을 징수하고 지출한 것을 보여 준다. 그 비율은 지난 십 년간 상대적이지만 일정하게 유지하고 있다. 이에 비해서 유럽 국가들의 총 지출과 수입(이 GDP에서 차지하는 비율)은 40%가 넘어 유럽 국가가 미국 정부들보다 높았다.

부담이 무엇에 배정되든, 책임이 무엇에 맡겨지든, 혹은 다른 거대 국가 경제와 비교한 지출과 수입의 규모가 무엇이든, 재정정책은 미국에서 상당한 영향을 미쳐왔다. 정부 지도자들이 행태에 영향을 미칠 때 이용한 도구에는 지출, 징세, 차입, 차입보증, 보험, 규제 등이 포함된다. 이러한 도구들이 관련한 활동의 범위 혹은 크기만을 쳐다본다면, 은유적인 표현인 연방, 주, 지방정부의 결정의 '영향 범위'는 미국의 GDP와 대개 동일하다(Miller, 2005: 432).

추정에는 큰 영향이 반영된다. 그래서 아무리 잘 나듬어진 추측이라도 주의해서 봐야 한다. 많은 연구자들이 여기서 소개한 방법과 대조적인 방법으로 정부 규모 문제를 접근해 왔다(Auerbach, 2004; Bozeman, 1987; Taylor, 1983). 추정에는 중복 계산, 정책 도구 없이도 이미 발생한 혹은 발생할 수도 있는 사실적 혹은 비사실적 추정에 대한 비현실적 가정 그리고 국내총생산(GDP)과 어설픈 비교가 포함될 수도 있다. 그러나 정부 규모가 위에서 살펴본 경제규모가 큰 국가간 비교에서 사용된 국내총생산의 백분비로 본 총정부지출 혹은 총정부수입과 같다고 할 때, 재정정책이 가지고 있는 실제적 영향은 묘사된 규모를 넘어선다. 그 영향의 주요한 성질들은 정부와 민간 조직의 활동을 점점 더 창의적 방법으로 병합하는 '대개 숨겨진', '복잡한' 네트워크이다(Light, 1999, 2003; Salamon, 2002: vii). 새로운 형태의 거버넌스 하에서 재정정책가의 의도와 정책의 영향은 그 관계가 매우 복잡하고 어쩌면 매우 미약할 수도 있다.

그러나 정부 지도자들은 개인, 집단, 조직, 그리고 기업들에게 많은 것을 하도록 설득한다. 이러한 정부 활동은 비정부 행위자들이 설득되어 하기를 원하는 바를 하도록 비정부 행위자들에게 영향을 미칠 수도 있다. 정책 도구는 이미 계획된 행위자들에게 보조금을 지급하는 것일 수 있다. 그런 경우에, 정책 도구는 위험 축소, 쇄신 억제, 그리고 부적절한 내로남불식의 보상과 처벌에 영향을 미칠 수도 있다. 정책 도구와 관련한 이슈는 피치자들의 통제 혹은 영향보다 통치의 통제에 관한 이슈가 된다. 이 이슈는 이 장 끝에서 논의하겠다.

1 재정정책 도구들

상이한 정책 도구가 많지만 여기서는 세 종류의 기본 정책 도구에 집중해서 비판적으로 검토한다. 재정학 문헌들은 조세에 상당한 관심을 보이고 여기서도 그것을 강조한다. 지출과 부채는 공공경제학에서 상당 양의 규범적 분석을 촉진해 왔으나 이런 도구들은 조세보다는 덜 중요하다. 그래서 여기서도 비판적 검토는 지출과 부채에 대해선 덜 강조한다.

2 조세와 배분정책

공공경제학자들이 조세에 대해서 이야기할 때 그들은 조세를 정액세(인두세, 일괄세), 소비세, 그리고 수입세(收入稅, means taxes)로 개념화한다. 이런 이름이 생소하게 들릴 수 있지만 이해할 만한 것이고 현존하는 형태를 보여 준다는 것이다. 정액세는 대개 개개인에게 부과되는 세금이며 때때로 아닌 경우도 있기는 하지만 대개 소득이나 다른 의미 있는 범주로 등급화된다. 소비세는 구매된 특정 항목에 부과되며 판매세(sales taxes)로 알려진 것이 대표적이다. 판매세는 그 범위가 대단히 다양하다고 할 수 있다. 판매세는 구매한 모든 재화와 용역에 적용된다는 의미에서 과세 대상이 일반적이고 광범위한(예: 부가가치세) 극단적 범위를 차지하기도 하지만 한편으로 연료, 전동기 장비, 담배, 술, 귀중품에 특별히 부과되는 과세대상이 아주 적은 극단적 범위를 차지하기도 한다. 수입세 명칭이 제시하는 바, 소득을 얻기 위한 수단이며 그것은 법인 소득, 혹은 임금으로서 개인소득, 비임금으로서 개인소득, 자본소득, 혹은 이런 모든 세원으로부터 얻은 소득의 형태로 징세될 수 있다. 이 수입세 과세 표준은 투자 수익을 제외한 모든 소득(incomes), 고용인이 지불하는 모든 임금(wages), 주택에 대한 재산세 혹은 죽은 날 지불하는 상속세와 같이 세금이 부과되는 날에 소지한 재산(wealth)과 자산(assets)에 따라서 다양할 수 있다.

조세는 배분정책(distribution polcy)의 주요 형식이다. 정부가 재화와 용역을 제공하는 부담을 지는데 이 부담의 배분을 조세가 진다고 볼 때 특히 그러하다. 지출과 부채 측면에 대한 배분 정책에 여러 다른 국면이 있지만 배분에 관한 조세정책 차이(variation)는 의사결정자들이 가지고 있는 지대한 관심사가 되고 있다.

정부 활동을 위해 지출될 세입의 증대 뒤에는 규범적 논리가 있다. 미이크셀은 정통 공공경제학 접근법을 "비형평적이고 비효율적인 수입 장치의 회피"로서 서술한다(Mikesell, 1978: 513). 그가 무엇을 뜻한 것인가? 첫째, 지출을 위한 토대와 징세를 위한 토대는 이론적으로 그리고 실무적으로 별개이다. 둘째, 징세 결정은 몇몇 기준들, 특히 형평성과 효율성의 낙관적인 조합에 기초한다.

조세체계를 위한 모든 기준들은 아담 스미스(Adam Smith, 1776)가 생각했던 사상에 뿌리를 두고 있고 훌륭한 정부는 어떤 요소를 갖추고 있는지 이에 대한 질문과 대면한 모든 정책 결정자의 경험으로부터 발전하고 있다. 스미스는 형평성과 효율성을 역설하지만 그 또한 조세행정과 행정가의 정부 및 납세자와의 관계에 적용할 세 가지 기본 기준을 제시한다. 충분성, 징수용이성, 그리고 투명성이 그것이다. 이 세 기준에 대해서는 형평성과 효율성을 더 자세히 논한 뒤에서 이어서 알아본다.

첫째, 조세는 예산운영에서 결정된 정부 사업들에 자금 지원을 하기에 충분해야 한다. 만약 조세가 정치에 참여하는 모든 사람들이 무관심을 느끼는 범위에 속하는 세율에서 충분한 세입을 조성하지 못하면 그 조세는 정부와 납세자 양자 모두에게 귀찮은 존재일 뿐이다. 특히 명목적 설명이 납세자의 실제 행태와 다르기 때문에 충분성의 개념은 복잡한 의미를 지닌다. 명목적으로는 세금은 세율이 높아질수록 많이 거둘 수 있다. 그러나 실제로는 납세자는 많은 세금을 납부하는 것을 피하도록 그의 행동을 바꿈으로써 높은 세율에 반응할 수도 있다. 현실적으로 생각해서 우리가 지출과 세입 관계가 무척 복잡하다는 것을 안다면 지출이 수입의 증대를 촉진한다는 견해는 충분성 또한 조장한다. 고수요 관할구역(high-needs jurisdiction)이 높은 수요를 충족 시킬만한 수입을 걷을 수 없는 경제적 기반과 조세 기반을 가질 수도 있다. 이 기반들은 지출만큼 빨리 성장하지 못하기 때문에 고수요 관할구역은 경제 및 조세 기반이 지출보다 더 빨리 성장하는 관할 구역보다 더 큰 세입 충분성 문제를 가진다. 고수요 관할구역이 선택한 조세는 충분한 세입을 걷는 데 심각한 문제를 가질 수도 있고, 그리고 정책결정자들 사이에, 그리고 개인, 가계 그리고 기업 사이의 실질적이고 상이한 반작용을 불러일으킬 수도 있다. 더 빨리 경제 확대를 촉진시키기 위해서 다른 장소에서 그리고 다른 방법으로 세입을 찾아볼 수도 있는데 이때에는 지방이나 외국 납세자에게 공유할 혹은 인상해 줄 유인책을 마련해야 한다. 이렇게 해도 고수요 관할구역이 수입 충분성을 충족시킬 수 있을지는 매우 확실치 않다.

둘째, 정부 조세 징수자들이 효율적인 방법으로 그들의 업무를 할 수 있어야 한다. 스미스가 말했듯이 "모든 조세는 나라의 국고로 가져오는 것 이상으로 가능한 한 사람들의 주머니에서 꺼낼 수 없고 빼낼 수 없도록 고안돼야 한다(Smith, 1776: 655)." 효율성은 또한 징세 비용이 사회에 경제적 이득을 그리고 정책 결정자에게 정치적 이득을 주지 않아야 한다는 것을 암시한다.

셋째, 세입체계는 투명성을 갖춰야 한다. 민주주의 국가에서 조세, 아마 모든 정책들은 그것들이 무엇을 의도하는지, 그것들이 채택되는 과정, 그것들의 관리, 그것들이 순응을 요구하는 바, 지불해야할 납세액, 그것들이 주려는 영향 등에 대해서 이해하기 쉬워야 한다(Finkelstein, 2000: 1-9). 이런 것의 장점은 명료성 혹은 단순성으로 요약될 수도 있다(Institute on Taxation and Economc Policy, 2004). 명료성이나 단순성이 결여된 세입체계를 마주한 납세자들은 정책결정자의 동기에 관한 하나의 사실로서 과세권을 파괴하려 할 것이다. 혼란스럽고 분노한 납세자들은 그 세입체계가 이 체계에 영향을 주기 위해서 편파성과 부패를 통해 결정된 체계로 볼 것이다. 투명성이 없으면, 실제로 징수된 세금액과 그것이 사용되는 지출액에 대해서 충분히 이해할 수 없는 상황이나 또는 전면적인 재정환상을 초래할 수 있다(Buchanan, 1970, 1977; Downs, 1960; Goetz, 1977).

조세체계를 평가하기 위한 다른 두 개 기준은 정부 정책결정에 있어서 규범과 실제 행태 사이, 형평과 효율 사이 그리고 배분(allocation)과 분배(distribution) 사이의 갈등을 발생시킨다. 첫째, 재정정책의 기본적인 규범은 형평성이다. 즉, 시민은 정부의 지출, 재화, 용역, 제도 등을 부담해야 한다. 이에 대해서 아담 스미스는 다음과 같이 말했다(Adam Smith, 1776, 654). "납세자들 각각의 능력에 비례해서 부담해야 한다. 즉, 국가의 보호 하에서 납세자들이 각각 향유하는 수입에 비례해서 부담해야 한다." 형평성 혹은 비례성이 무엇을 의미하는 지에 대해서 다른 견해가 존재하기 때문에 스미스는 몇 가지 비례성을 암시했을지도 모르겠다. 지불능력(ability-to-pay, 혹은 평등주의) 규범과 수혜(benefits received, 혹은 공리주의) 규범 양자 모두는 조세체계를 판단하는데 합리적인 것으로서 받아드려지고 있다. 정책결정자들은 역진적인 재정정책 특히 역진적인 조세체계를 회피한다. 조세체계에서 형평성의 정도가 다른 것을 비교한 것이 〈표 4-1〉이다.

〈표 4-1〉 세 개의 다른 체계 하의 조세 형평성

구분	역진체계		비례체계		누진체계	
납세자소득 ($)	순납세액 ($)	실효세율 (%)	순납세액 ($)	실효세율 (%)	순납세액 ($)	실효세율 (%)
20,000	3,000	15.0	2,000	10.0	1,000	5.0
40,000	3,000	7.5	4,000	10.0	3,000	7.5
60,000	3,000	5.0	6,000	10.0	9,000	15.0

분석가는 〈표 4-1〉에 나타난 세 명의 납세자의 실효세율을 비교함으로써 조세체계의 형평성을 밝힐 수도 있다. 역진체계에서는 실효세율은 소득이 증가할수록 감소한다. 이것은 세 소득 집단 가운데 가장 부자가 소득의 가장 적은 비율을 납세하는 상황이다. 역진적 체계는 일반적으로 불공평하다고 비판을 받는 데, 관점이 변할 때, 특히 분석가에서 납세자로 관점이 변할 때 어느 정도 지지를 받기도 한다. 일반적으로 분석가는, 가난한 사람은 부자보다 혜택을 적게 보면서 혜택을 위해 지불하는 부담도 적게 지노록 시각이 부어되는, 정부 재정정책의 부담과 혜택의 관계를 규정하는 것으로 공평(fairness)을 볼 수도 있다. 그러나 우리가 납세자가 그들의 마지막 소득에 어떻게 가치를 두는지 그 한계효용을 고려한다면 우리는 가장 부유한 납세자가 항상 가장 가난한 납세자보다 마지막 소득 달러에 많은 가치를 두거

나 혹은 모든 사람이 마지막 소득 달러에 동일한 가치를 두거나 혹은 가난한 사람이 부자보다 마지막 소득 달러에 더 많은 가치를 두는 경우가 있음을 알 수 있다. 이렇게 되면 각각의 경우가 상이한 조세체계 혹은 재정체계를 정당화할 수 있을 것이다.

가장 공평한 조세부담 분포를 결정하기 위한 규칙이 여러 근거를 기초로 많이 제안됐으나 합의를 이룬 것은 없다. 더구나 조심스런 생각에서 순수한 기대를 막거나 혹은 한 집단이 다른 집단을 부당하게 이용하고 있기는 하지만 아직 이런 규칙을 제공한 전문가들도 서로 합의를 보지 못하고 있다(Buchanan, 1970: 102-104). 그 규칙은 소득, 소비, 재산 등 부담 결정의 기초를 구체화하는데, 그리고 지불 능력이라는 부담의 분포 혹은 혜택의 분포를 위한 원칙을 구체화 하는데 달려있다.

1) 형평과 과세표준

부담을 결정하는 기준은 동일한 상황에 있는 개인들은 동일하게 취급되고(수평적 형평성 원리) 더 많은 자원을 가지고 있는 개인들은 달리 취급되고 더 많은 부담을 진다(수직적 형평성 원리)는 형평성 발상에 따라야 한다. 이렇게 기준을 종합적으로 정의함으로써 다른 사람과 습관이 다른 개인도 부담 결정에서 동일한 대우를 받아야 한다. 지불능력에 대한 가장 종합적인 측정수단은 소득이나 소비일 수도 있다. 머스그레이브 부부가 주장했듯이, 일정기간에 대해 혹은 평생에 대해 징세를 한다고 볼 때, 소득에 저축으로 발생한 이자가 포함된다고 정의될 때 소득은 한번 이상 징세될 수도 있다(Musgrave & Musgrave, 1984: 234-236). 따라서 소비세가 공평성 논쟁에서 일반적으로 승자가 될 수 있지만 복잡성, 효율성, 그리고 충분성까지 관련된 어려움이 많은 문제를 제기해 이것이 조세체계 설계자의 관심을 소득세로 돌려 놓기도 한다(Musgrave & Musgrave, 1984: 236-237). 그럼에도 불구하고 많은 사람들이 소비세와 소득 과세표준에서 저축을 제외한 소득세를 동일한 것으로 주장한다. 이자소득과 자본소득이 정의될 때 저축을 제외하면 소득세는 순전히 근로 소득에 대해서만 부과될 수 있을 것이다. 그런데 그런 정의는 근로소득이 비근로소득보다 우대되어야 한다는 전통적 신념에 위배될 수도 있다. 세금우대저축이 좀 더 공평한 세금 대안으로 부유세에 대한 전망을 높여 놓을 수도 있다. 조세정책의 하나로 그것을 반대하는 사람들은 부라는 것이 임금소득과 소비처럼 눈에 아주 잘 띄는 것이라는 사실을 모르는 체 한다. 더 나아가 그들은 부에는 증여, 유산, 횡재(우발적 소득) 혹은 재물운 등 확실한 불로소득이 포함되며 그래서 부유세가 소득세나 소비세에 대한 대중적인 대안이 된다고 말한다.

2) 수평적 형평성

수평적 형평성 문제는 분석이 다른 대체 세금으로 옮겨가고 개혁이 일어날 때 커진다. 조세체계 설계 목적은 여전히 동일하다. 즉, 동일한 것을 동일하게 취급한다. 머스그레이브 부부는 이 문제를 이렇게 기술한다(Musgrave & Musgrave, 1984: 238-239).

> 부를 소지하는 만족을 제외하는 것은 저축자를 편애하는 것이며 중립적이 아니다. 동일한 조건을 가진 사람들을 동일하게 취급하기 위해서 "효용을 소지하는데 대해서 세금을 추가적으로 징수하는 것은 필요할 것이다"… 이것은 소비세가 결점이 있는 것을 보여 주지만 그것 역시 소득세 세율을 개선할 것이다[왜냐하면 그것은 효용을 소지한 것에 징세를 한 것이기 때문이다].

머스그레이브 부부는 소비세와 소득세가 조세체계에서 수평적 형평성을 형성하는 데 서로 보완적이라고 제안한다.

충분성(adequacy), 징세가능성(collectability), 투명성에 대해 수평적 형평성에 무게를 두는 결정은 하기 힘들다. 조세정책은 머스그레이브 부부에 따르면 과학이기보다 예술이며, 조세정책에 의해서 절대적이 아니라 상대적으로 형평성에 접근할 수 있다.

3) 수직적 형평성

일단 조세정책 결정자가 수평적 형평성이라는 목적에 도달하기 위해서 소비, 소득, 부 등을 결합한 표준을 선택하면 그들은 수직적 형평성 문제에 직면한다. 수직적 형평성의 원칙은 다른 것을 다르게 취급하는 것이다. 수직적 형평성 분석가는, 부자가 가난한 사람보다 더 많이 세금을 납부하게 할 수 있을 때 개인들을 다르게 취급했다고 함으로써, 수식적으로 나른 개인들에게 지불 능력 원칙(the ability-to-pay principle)을 적용할 수 있다.

부담을 정의하는 규칙이 비례적 부담과 누진적 부담 사이에 다르며, 전체로서 누진적 징세 주장에 대한 논쟁이 "불안하기도 하다"(Blum & Kalven, 1953). 누진세에 대한 주장은 몇 가지 기초에 근거한다. 즉, 경제적 안정, 혜택, 희생, 경제적 불평등, 체감(degression) 등이 그것이다.

첫째, 누진세(특히 소득세의 경우)는 경제 안정(economic stability)에 기여한다. 소득세의 실효세율이 경제 활동이 상승하는 기간에는 상승한다. 경제가 성장하면 개인에게 더 많은 소득이 생기고 소득에 누진세율을 적용하면 경제부문에서 돈을 가져와 정부부문에 잉여를 초래함으로써 발생할 수 있는 인플레이션 성장을 억제할 수 있다. 성장이 감소하고 있는 경제에는 자극이 필요하기도 한데 이때 누진세율이 그 역할을 할 수 있다. 경기 하강이 발생하면 소득이 감소하고 누진세율에 따르면 소득 수준이 내려간 개인은 그만큼 낮은 세금을 낼 수 있다. 소득세가 감소하기는 하지만 정부는 돈을 꾸고 자동안정화조치를 작동시킬 뿐만 아니라 지출 수준을 유지하여 경기를 진작시킬 수 있다.

누진세율에 대한 두 번째 옹호 근거는 혜택 이론(benefit theories)에 있다. 혜택 발상은 두 가지 형태에서 나온다. 재산(property)에 대한 혜택과 개인의 안녕에 대한 혜택이 그것이다. 재산 의미에 있어서, 혜택 지지자들은 경찰, 소방, 군대와 같은 정부 서비스 없이는 재산을 소유한다는 것이 위험하다. 정부 서비스는 위험을 줄여주니 많은 재산을 가진 사람은 정부 자신의 재산을 가지지 않은 사람보다 서비스에 대해서 더 많은 금액을 지불해야 한다.

웰빙(well-being) 주장은 상당히 광범위한 데 이것은 정부의 존재로부터 대체로 웰빙이 나온다고 하는 발상에 기초한다. 웰빙은 소득과 부라는 측면에서 측정될 수 있을 것이다. 따라서 많은 양의 웰빙을 받는 사람은 소득이나 부에 대한 세금으로 웰빙에 대해서 납세를 해야 한다. 정부 서비스의 혜택이나 혹은 개인이 즐기는 웰빙에 대한 비례적 증가를 넘어서, 누진세율 지지자들은 혜택이 누진적으로 증가해서 혜택의 증가가 소득 혹은 부의 증가를 초과하며 혜택에 대해 납세하는 실효세율로 볼 때 혜택의 증가가 소득 혹은 부의 증가를 상당히 초과한다고 주장한다.

누진세율에 대한 세 번째 옹호 근거는 희생이론(sacrifice theory)이다. 이 견해에 따르면, 세금은 개인이 감수한 희생이며 의사결정자는 이 희생을 동일하게 배정해야 한다. 희생 논쟁은 네 가지 형식을 취한다. 균등한 희생, 비례적 희생(이 둘은 돈의 효용이 감소한다는 발상으로부터 왔다), 지불 능력, 지출 선호에서 사회적 차이 등이 그것이다.

균등한 희생(equal sacrifice)과 비례적 희생(proportionate sacrifice) 주장은 동일한 금액의 돈이라도 부자보다는 가난한 사람에게 더 가치가 있다는 의미에서 비롯한다. 다른 말로 하면 돈의 효용은 소득이 증가할수록 감소한다. 세금이 누진적이 아니라면, 세금에 의한 소득의 감소는 가난한 사람에게보다 부자에게는 문제가 아니 될 것이다. 소득이 비례적으로 감소하는 것은 균등한 희생과 같을 수 있으나 그러나 누진적 감소가 효용 감소와 더 밀접한 관계가 있다. 그래서 부유한 납세자는 가난한 납세자가 포기한 만큼의 동일한 소득의 효용을 포기한다. 브룸과 칼빈은 말했다. "[희생의 균등(equality)]은 각 개인들에게 요구되는 희생의 양, 즉 효용 단위의 상실이 균등한 것(*균등 희생*, *equal sacrifice*)을 의미하거나 또는 각 개인이 돈으로부터 얻을 수 있는 총효용의 균등한 백분비를 포기하도록 요구돼야 한다는 것을 의미한다(*비례적 희생*, *proportionate sacrifice*)"(Blum & Kalven, 1953: 41).

비례적 삭감과 누진적 삭감은 모두 누진세율에서 비롯한 것이다. 벤담(Bentham, 2000)과 밀(Mill, 1899)의 최소 희생이라는 발상과 소득의 효용은 한 사람의 효용을 그의 혹은 그녀의 경제적 사회적 경쟁자의 것과 비교할 때 알 수 있다는 피구의 주장(Pigou, 1928)은 누진세율을 지지한다. 이들 모두는 균등 희생 혹은 비례적 희생이 최소 희생과 같다고 주장한다. 벤담에 따르면, 법률은 총 만족의 최대량을, 즉 최대 다수의 최대 행복(the greatest good for the greatest number)을 강구해야 한다(Bentham, 2000). 밀은 정부는 납세자에게 "전체에게 최소 희생이 발생하는" 방식으로 부담을 주기를 요구한다(Mill, 1899: 308). 브룸과 켈빈에 따르면, 소득이 높은 사람으로부터 1 달러를 거두는 것이 소득이 낮은 사람으로부터 1 달러를 거두는 것보다 희생이 적은 예라고 할 수 있다. 만약 필요하다면 두 번째 달러를 거두는 것도 높은 소득을 가진 사람으로부터 거두는 것이 낮은 소득을 가진 사람으로부터 거두는 것보다 희생이 적다고 할 수 있다. 다만, 두 번째 달러를 거둔 후에도 높은 소득자가 다른 소득자보다 여전히 더 부유하다면 그러하다(Blum & Kalven, 1953). 피구는 논리적으로 다음과 같이 주장한다(Pigou, 1928). 정부는 절차에 따라 필요를 충족시킬 때까지 먼저 최고 소득의 최상부로부터 거둔다. 그리고 필요가 충족되지 않았다면 절차에 따라 상층부에서 그리고 중간부에서 계속 거둔다, 그리고 동시에 가장 가난한 사람에게 소득을 제공한다. 이런 절차는 최소 희생의 정의를 따른 것이다.

희생이론에 대조되는 것이 조세의 지불 능력 원칙이란 형식이다. 브룸과 켈빈은 지불 능력 원칙은 과세 표준에 대한 누진세 구조는 물론 과세 표준의 논리적 일관성으로 이어진다고 주장한다. 예를 들면, 소득세는 가장 빈번히 "납세자가 세금을 납부할 수 있는 능력을 가장 잘 검토할 수 있는 검사 도구"라 할 수 있다(Blum & Kalven, 1953: 34). 세율의 누진적 구조에 대해서, 브룸과 켈빈은 누진적 납세 능력의 용도는 납세 능력이 소득보다 더 빨리 증가한다는 것을 의미한다고 주장한다. 그들은 옹호자로서 셀리그만을 인용한다(Seligman,

1908: 291-292).

> [부자]는 더 많이 가질수록 그에게는 더 많이 얻는 것이 더 쉬워진다… 그래서 … 생산 능력은 재산이나 소득보다 더 빨리 [증가한다]. 조세부담능력의 이런 요소 때문에 비례세율 이상의 것을 [고려해야 한다].

따라서 셀리그만은 강조점을 희생으로부터 부가적 소득이나 부의 취득 용이성과 납세 대응력으로 이전시켰다. 홉선은 납세 능력은 소득을 생산하는데 드는 비용을 초과하는 잉여를 창조할 수 있는 개인의 능력 정도라고 정의한다(Hobson, 1919). 개인이 우월한 경제적 기회를 통해서 잉여를 얻을 수 있는 능력이 있었기 때문에 그 능력에 의해서 세금을 부담할 수 있는 능력도 공평한 것이다.

또 다른 희생이론의 변형이 있는데 이것은 지출과 관련된 규범에 기초해서 누진세를 옹호한다. 소득의 사용에 있어서, 몇몇 사람들은 생존 필요(survival needs)를 충족시키는 가구의 지출은 그 이상의 필요를 충족시키는 지출보다 사회 혹은 경제에서 더 중요하다고 주장한다. 이 희생이론은 생존 필요를 충족시키는데 필요한 돈을 초과하는 소득은 당연히 징세돼야 한다고 주장한다. 브럼과 캘빈은 채프만을 잉여지출세 지지자로 분류한다(Chapman, 1913). 채프만은 다음과 같이 주장했다(Chapman, 1913: 23).

> 사람이 가난할수록 그에게는 그의 소득에 대한 [징세가 그의 생활에서 사회적 가치를] 앗아갈 가능성이 더욱더 커진다… 사람이 부유할수록 [사회적 가치를] 증가시키지 않는다고 일반적으로 이해되는 사치를 희생해서 [세금을 납부할] 가능성이 더욱 더 커진다.

채프만의 발상은 최소희생이론과 납세능력이론 양자를 중요한 소비 대(vs.) 사소한 소비(important vs. trivial consumption)에 대한 징세에 영향을 미치는 공통의 규범으로 발전시킨다. 채프만의 발상이 누진소득세에 적용이 됐다고 함축적으로 말할 수 있지만 그것은 체감소득세율, 다시 말해서 점차적으로 세율이 감소되는 세율, 판매세 지출, 재산세 변형 등에 기초로 이용되기도 했다.

누진세에 대한 네 번째 옹호는, 조세체계는 언제나 부나 소득을 재분배해야 한다는 생각에서, 그 초점을 내부 조세체계 역동성에서 외부 조세체계 역동성으로 변화시킨다. 조세체계는 평등주의적이어야 한다는 신념은 누진세율 채택의 주요 이유가 된다. 브럼과 칼빈은 그렇게 해야 할 주요 이유를 인정할 수 없어서 누진세체계를 채택할 이유를 찾지 못한다. 그들은 다음과 같이 지적한다(Blum & Kalven, 1953: 71). "만약 사람들이 사회가 경제적 불평등을 축소해야 한다고 설득된다면 그것을 달성하기 위해서 누진세를 이용하는 것에 실질적인 문제가 없다." 그런데 실제로는 그들은 효율성이 그런 결과를 가져올 수 있다고 말한다(Blum & Kalven, 1953: 72). 만약 재정이 다른 어느 것이 아니라 재분배에 사용돼야 한다면 시장결정자는 가격을 통해서 상대적 가치를 결정하고 자원을 배정하고, 정부 결정자가 할 일을 남겨놓지 않고 그렇게 함으로써 개인에게 상대적으로 온전한 자유를 보호해 준다.

왜 경제적 불평등을 축소해야 하는가? 주요 이유는 최소 희생이론과 관련이 있다. 즉, 최대 경제적 복지는 부유한 사람이 그 소득의 일부를 희생할 때 그 상실로 인한 복지의 상실이, 이렇게 함으로써 가난한 사람이 얻는 복지보다 적도록 하는 조세체계가 구비될 때 가능하다. 다른 주요 이유는 경제적 정치적 안정과 관련이 있다. 논점은 재정정책이 경제를 안정시킬 수 있는 힘이 있는지 여부이다(Auerbach, 2002a). 정치적 안정이란 발상은 경제적 불평등은 민주적 숙의(熟議), 결정, 정치권력의 균형을 위협한다고 상정하고 그래서 부자는 한 번 이상 투표를 할 수 있다고 상정한다(Blum & Kalven, 1953: 77). 경제적 불평등은 상속, 사회적 위치, 그리고 부유한 사람이 도움을 받기 위해 고용할 수 있는 사람들의 전문가적 위신 및 전문지식과 같은 부와 관련된 힘과 얽혀 있다. 그러나 브럼과 칼빈은 정치적 안정에 더 위협이 되는 것은 경제적 기회와 보상의 정의(正義)가 결여된 데 있을 수 있다고 말한다(Blum & Kalven, 1953: 83). 경제적 기회 경우에 대해서 몇몇 소수의 평등주의자는 누진적 상속세보다 누진적 소득세를 주장한다. 평등주의자는 횡재〈우발적 소득〉를 축소하는 것〈징세하는 것은〉은 미래 세대가 누릴 경제적 문화적 기회의 상속에 직접적으로 영향을 준다고 주장하고 공리주의자도 찬성한다. 일하려는 유인, 저축 유인, 높은 생활 기준, 일반적인 웰빙, 긍정적인 자기존중, 이 모든 것은 평등주의와 공리주의에서 나온 것인데 이상하게도 이것들이 상속세를 인상하거나 혹은 인하하는데 두 집단 모두가 사용하는 논거의 일부가 된다. 보상의 정의(正義)의 경우에, 평등주의 이론가는 경제적 성취는 인간 성취의 전부가 아니라고 주장한다. 시장이 인간의 가치를 평가하는 시장의 최종성을 둔화시킬 어떤 방법이 있어서 경제적 성취와 기타 다른 성취를 균형 잡을 어떤 방법이 존재해야 한다. 누진적 조세체계는 시장의 최종성을 무디게 할 수 있을 것이며 기타 다른 성취를 인정할 수 있을 것이다. 다만 이것들은 조세지출보다 교육, 보건 의료와 같은 지출을 통해서 대개 이뤄질 수 있을 것이다.

세율에 대한 누진체계를 옹호하는 마지막 주요 이유는 도움이 되기는 하지만 이론적이지는 않다. 어떤 면에서, 체감적(degressive) 조세가 누진적 조세 및 비례적 조세 지지자의 목적에 어울리는 수단으로 떠오른다(Blum & Kalven, 1953: 94-100)[2]. 체감적 조세는 세율 규모가 천천히 증가하는 최소 소득에 대한 세금 면제를 의미한다. 예를 들어서, 모든 납세자에 대해서 과세표준에서 소득의 일정 양을 제외할 것이고 그리고 세율은 면세 이상에서 급격한 한계적 증가보다는 점증적 한계 증가로서 최소에서 최고 세율로 누진할 것이다. 누진적 조세체계와 체감적 조세체계에서 발견되는 점증적 세율의 주요 차이는 체감적 조세체계에서는 면세점에서 고정 세율(flat rate)까지 세율이 점증적으로 증가할 때 고정 곡선이 발견된다는 것이다. 면세 수준이 얼마가 될 것인가를 결정하는 의사결정의 단순성을 고려할 때 보수주의자, 즉 공리주의자와 자유주의자 양자는 체감세를 수용한다. 나아가서, 면세수준이 인하되지 않고 항상 인상된다고 상정해, 정부 세입의 증가가 요구될 때에는, 체감세율체계는 고정 세율과 면세 수준 이상에서의 점증체계를 인상하도록 상당한 압력을 가한다.

과세표준에 대해서 누진적 세율을 적용하는 것을 반대하는 사람들은 세금부담을 타인에게 전가하는 것을 허용하지 않으려 하는데 이들 또한 강한 논거를 가지고 있다. 이들 논거는 몇몇 지지 가정을 과감하게 묵살하고 대신 정치화된 조세정책 결정에 초점을 둔다. 정부 지출의 가치를 과감하게 묵살하면서, 뷰캐넌은 다음과 같이 단순하게 말한다. 즉, "공공지출은 민간 경제에 대해서 순 유출을 구성하는 것으로 간주된다"(Buchanan, 1970: 103-104). 그래서 그는 최소 희생 원칙으로 옮겨가서 효용의 개념, 특히 소득의 한계 효용 개념을 공격한다. 그는 경제 연구와 이론에서 개인 효용은 측정할 수 없고 개인 간 비교할 수 없고, 그러므로 최소 희생 원칙은 현실적이고 검증가능한 기초가 없다고 주장한다. 뷰캐넌은 최소 희생 이론가들은 "소득은 이 원칙을 완전히 충족시키기 위해서 징세에 의해서 삭감돼야 하고 그리고 세금고지서의 상당 부분은 고소득 계급에게 부여돼야 한다"고 말하는 것에 지나지 않는다고 거부한다.

뷰캐넌은 누진세가 좀 더 견고하게 설 수 있는 근거를 발견한다. 그 근거는 경제적 효율성

---

[2] [역주] 체감적 조세(degressive tax)와 역진적 조세(regressive tax)란 예를 들면, 과세 대상 소득이 증가하는데 따라 세율이 낮아지는 조세이다. 둘 사이의 차이는 역진적 조세는 소득에 따라 세율이 계속 감소하는데 반해 체감적 조세는 소득에 따라 세율이 낮아지지만 일정 점에서부터는 세율이 고정된다.

과 정치적 수용성이다. 그는 효율성에 대해서 다음과 같이 기술한다(Buchanan, 1970: 104).

> 만약 개인의 효용 함수라는 것이, 공공재의 한계적 평가가 소득 수준과 직접적으로 그리고 비비례적으로 관계가 있는 경향이 있는 그런 것이라면, 누진세 구조는 완전한 중립성을 위해서 요구되는 것이다… 조세구조가 어느 정도 준 영구적인 것으로 인정될 때, 그리고 개인 소득 수준에 대한 불확실성이 도입될 때, 누진세에 대한 약간 차이 나는 옹호가 나타난다. 이 지점에서, 개인은 소득의 한계 효용이 상대적으로 낮아질 때 그 기간 동안 지출을 집중하기 위해서 누진적 구조 하에서 세금을 내기로 결정할 수도 있을 것이다.

뷰캐넌은 누진적 조세 견해에는 중립적(부에 대한 반대가 아닌) 경제적 효율성 논쟁이 있으나 실질적 경제적 안정 근거가 있다고 말한다.

그러나 마침내 뷰캐넌은 누진세가 왜 존재해야 하는지 그 특정한 이유를 논한다. 그는 "누진세에 대한 [두 가지] 옹호가 사용되지 못한다 하더라도 누진세 구조가 널리 사용되는 것은 정치적 근거에서 설명될 수 있다고 말한다. 이 경우에, 누진성은 나머지 집단의 희생 하에서 한 집단의 이익이 확보되는 과정의 일부를 나타낸다"고 말한다(Buchanan, 1970: 104). 그는 누진세율 하에서 세금 부담을 견디어야 하는 집단과 이익을 보게 된 많은 집단 간 연속적인 정치적 투쟁을 예측한다.

소득을 균등화하는 깃에 토대를 두어 누진성을 지지하는 사례는 오랫동안 존속된 누진세의 근거일 수 있으며, 특히 소득의 일정 금액을 세금에서 면제하는 것의 근거일 수 있다. 브럼과 칼빈은 혜택, 희생, 능력, 경제적 안정 등에 기초한 누진세의 경우를 검토해 각각 그 성낭화가 부족한 깃을 알았다(Blum & Kalven, 1953). 그들은 "누진세가 경제적 불평등을 축소하는 한 수단으로 여겨질 때 누진성 사례는 강력한 호소력이 있다"(Blum & Kalven, 1953: 104). 그들은 더 나아가서, 누진세를 경제적 불평등의 축소와 관련시키는 데 있는 불편함의 상당 부분은 사회의 여러 다른 기본적인 제도는 그냥 그대로 둔 채 공정성을 얻으려는 주요 수단 혹은 유일한 수단으로서 세법을 사용하려는데 있다고 주장한다.

드로우는 불평등의 축소를 공공재라 주장하기 때문에, 그의 흥미를 끌었던 소득 불평등의 축소라는 발상은, 즉 더 나은 분배는 경제적 논쟁에서 선호되는 것으로 인식될 수 있다. 그는 정책이 소득의 초기 분배를 개선해서, 다른 모든 사람의 상태⟨효용⟩가 악화되지 않으면서 한 사람의 상태〈효용〉가 좋아지는, 즉 순 사회적 복지가 증가하는 파레토 적정을 달성할 수 있는지 그 여부를 묻는다(Thurow, 1974: 327). 그는 다른 사람의 소득이 한 개인에게 중요한 경우가 많아서 사람들은 자신의 소득을 재분배할 수도 있다고 주장한다. 그러나 그는 소득 배분 그 자체가 문제 있을 수도 있다고 주장한다.

> 소득 분포 그 자체 … 범죄 예방과 사회적 정치적 안정의 유지는 [소득 평등]에 좌우된다고 할 수 있다. 그렇지 않다면, 개인은 경제력이 특정한 방식으로 배분되는 사회에서 살기를 원할지도 모른다. 평등에 대해서 회화에 대한 취향과 아주 유사한 … 심미적 취향을 [가진 개인]도 있을 것이다.

드로우는 무엇이 효율적인가, 안정적인가, 또는 넓은 관용적인가보다 무엇이 아름다운가와 관련된 '생활 방식' 논쟁, 즉 철학적 관점에 문제를 제기한다.

드로우는 논쟁을 철학적 의미로 끌고 가면서, 그는 아름다움과 정의로움 사이의 관계를 성서의 그것으로 받아들였을지도 모른다. 만약에 그렇다면 이 관계는 정의로운 정치체계를 찬성하는 롤스(Rawls)의 주장을 고려하는 데에 이르게 된다(Thurow, 1974). 이 정치체계에서는 소득배분에 대한 '최소극대화' 기준(maximin criterion)[3]이 만연하며, 이 체계에서는 사회복지가 가장 가난한 개인의 복지가 증가하는 것 이상으로 증가하지 않는다(Thurow, 1974: 65).

형평성을 넘어서 조세체계의 효율성, 결국 전체 재정정책의 효율성이 우려된다. 효율성 원칙은 경제 왜곡의 불식 혹은 조세체계가 행태의 변화를 촉진하거나 억제하지 않는 경제적 효과 중립화에 있다.

4) 중립성

중립성이라고 하면 공공경제학자에게는 효율성을 암시한다. 사실상 모든 재정체계는 의도적이든 의도적이 아니든 특정한 방법으로 경제적 행위자들이 행동하도록 장려한다. 재정체계는 체계의 명목적 영향에 더해 과도한 부담 혹은 '체중 감량'을 부여한다. 예를 들어서,

---

[3] [역주] '최소극대화' 기준은 이익이 적은 것 중에 가장 큰 이익을 선정하는 것을 의미한다.

거의 모든 사람이 자신이 일해서 받은 소득에 대해서 세금을 납부한다. 체중 감량은 정부 서비스로부터 이익을 얻지 못하면서 소득세에 더해서 납부하는 부가적 상실을 시사한다.

어떻게 체중 감량이 일어나는가? 디워트, 로렌스, 그리고 톰슨은 이렇게 설명한다(Diewert, Lawrence & Thompson, 1998: 136).

> 노동 소득에 대한 징세를 생각해 보자. 이런 세금은 일하려는 유인에 반대로 영향을 준다. 그런 세금이 증가하면 일단의 사람들은 일하는 시간을 줄인다… 또 다른 사람들은 덜 열심히 일하거나 또는 할 수 있는 일을 더 많이 맡아 한다. 또 몇몇은 상대적으로 많은 비금전적 혜택을 주는 직업으로 이전한다. 요점은 세금이 없었으면 사람들은 다르게 일을 했을 것이라는 것이고, 즉 사람들이 납부해야 하는 세금 금액에 의해서만이 아니라 선호하는 일이나 여가로부터 사람들은 떠나게 함으로써 조세가 사람들의 상황을 악화시킨다는 것이다.

더 높은 세금에 직면한 납세자는 세금을 덜 낼 수 있을 때 그들이 할 수 있는 것으로 대체해서 반응한다. 납세자들은 그들이 한 일에 소득세가 더 높게 부과되면 그들은 적게 일하고 휴가를 가거나 결근을 한다. 그들은 덜 열심히 일하고 덜 생산한다. 그들은 징세당국이 추적할 수 없는 그림자 경제(shadow economy)에서 물물교환을 위해서 일한다. 그들은 일을 적게 하고 돈과 관계가 없는 혜택을 많이 주는 직업에서 일을 더 많이 한다. 그들은 남아 있는 재산의 일부를 조언자를 발견하고 그에게 돈을 줌으로써 납세의 빈틈(tax loopholes)을 찾는다. 요약하면, 납세자는 그들이 선호하는 노력을 선호하지 않는 노력으로 대체하고 이것은 이들의 '효용'을 감소시키고 어느 정도 자주 경제의 생산성을 감소시킨다(Goulder & Williams, 1999; Ballard & Fullerton, 1992; Hausman, 1981; Auerbach & Rosen, 1980). 행태가 변하고 과세되는 소득이 변하고 징수된 세입(revenue collections)은 예측치 밑으로 떨어지고, 그러면 세율이 인상돼야 하고 나선형 경기하강이 초래된다(Rosen, 1985: 276-177).

중립성과 대조적으로 다른 견해는 세금이 호의적인 경제적 효과를 가진다는 근거에서 간여를 주장한다. 즉, 시장 운영의 결과(outcome)는 민간 행태를 변화시키기 위한 세금우대조치를 사용함으로써 향상될 수 있다. 많은 정책결정자는 그들이 경제적 그리고 사회적 건전성을 초래하도록 재정체계를 의도적으로 설계할 수 있다고 주장한다. 예를 들면, 근로소득공제(EITC)는 가족 규모에 기초해서 가난한 사람에게 주는 현금 일시 지급 보조금을 대체할 중요한 유인책이 된다. 근로소득공제는 근로 소득과 급여 및 소득세가 징수되는 과세표준 금액의 차이를 나타내는 현금 보조이다. 모든 재정정책 도구를 동시에 발생시키려는 노력은 조세, 지출, 그리고 부채 체계가 서로 상치되는 목적으로 작동하지 않아야 한다는 것을 상정한다. 그런데 최소의 노력으로 효율성, 효과성, 혹은 형평성 목적을 달성할 수 있는 정책 도구 구성(configuration of policy tools)을 선정하는 문제는 분석적이거나 또는 실증적인 문제가 된다(Miller, 2001).

3 지출과 배분정책

재정정책은 모든 정부 정책의 중요한 부분과 구체적인 부분을 다루고, 자주 조세정책을 의미하기도 하지만 배분정책 요소도 존재한다. 엑스타인은 재정정책을 정부 정책결정자들이 추구하는 몇몇 단기적 문제들의 하나라고 정의했다(Eckstein, 1973: 97). 즉, "총구매력에 대한 정부의 영향, 불경기와 인플레이션과 싸우기 위한 예산의 사용은 완전 고용과 물가 수준 안정이라는 단기적 목적을 목표로 한 조세와 지출의 변화이다." 따라서 재정정책은 예산 배분과 재화와 용역의 제공을 민간 부문이 하느냐 아니면 공공 부문이 하느냐 그 여부에 대한 암묵적 선택을 흔히 의미한다.

상이한 정책들의 축약된 의미는 명확해야 한다. 많은 경제학자들은 좀 더 효율적이고 좀 더 적은 낭비에 관심을 둔 조세체계 설계를 향한 정책을 의미하기 위해서 배분(allocation)을 사용한다. *분배정책(distribution policies)*이란 많은 경제학자들은 더 나은 형평성을 달성하기 위한 노력으로 조세와 지출의 부담과 편익의 배분을 의미한다. 안정화 정책은 신용 확대 또는 축소, 인플레이션 또는 물가 수준 관리 그리고 궁극적으로 경제 성장과 완전고용을 목표로 한다. 또 다른 의미가 있다. *배분(allocation)*은 세금을 최고 최선의 용도로 사용할 수 있도록 재화와 용역의 생산을 민간 부문과 공공 부문에 할당하는 것(allocation)을 지칭한다. 문제를 단순화하기 위해서, 여기에서는 *배분(allocation)*을 재화와 용역에 대한 수요를 충족시키기 위해 민간 부문과 공공 부문 자원 관계에 관한 정치적 경제적 결정을 지칭하는 것으로 사용한다.

배분에 관한 혹은 정부 지출에 관한 경제적 논리는 자유방임적, 개인주의적 견해로부터 시작한다. 주민들이 재화 혹은 용역, 그것들이 무엇이든 간에 그것들을 원한다고 가정할 때,

주민들은 그것을 필요로 하고 어떤 사람들은 그것을 생산하려고 나선다. 그러나 이런 자발성에 의해서 주민이 필요로 하는 어떤 것이든 그것을 시장이 제공하는데 항상 이르게 할 수는 없다. 사회의 복지는 시장이 제공할 수 없는 재화 혹은 용역을 필요로 하고 그래서 시장실패가 발생한다.

시장에서 기업체들의 소유주들은 사용해도 고갈될 수 없는 상품이나 2인 이상이 공동으로 소비할 수 있는 상품을 제공하려 하지 않는다. 공공재에는 전염병 확산에 대응한 역학조사와 아마도 예방접종, 지방 수준에서의 소음공해와 길거리 범죄의 억제, 국가적 및 국제적 수준에서 대테러 노력이 포함될 수 있을 것이다. 어떤 전염성 있는 보건 상태와 대응책, 접종에 관한 지식의 사회적 이익은 이러한 조건을 다루기 위해 나타난 지식은 사용자의 수와 혼잡 없이 유용성이 실제로 증가한다. 더구나 세계적 대테러 노력은 이익을 보는 숫자가 많으면 많을수록 더욱 효율적으로 문제를 해결할 수 있을 것이고 한 수혜자의 이용이 다른 수혜자의 이용과 경쟁하지 않는 게 보통이다.

공공재에 대해 다른 관점에서 본다면, 가격 책정(pricing)이 어떤 재화가 상대적으로 공공재인가 아니면 민간재인가를 보여줄 수도 있다. 재화를 교환하기 위해서 가격을 부과하는 데 이것을 통해서 재화가 배분된다. 재화를 공공재로 만드는 문제는 사회가 사용을 억누르기 원하는 정도이거나 또는 잠재적 사용자에 대해서 어떤 토대에서 차별을 하려는 정도이다. 무소는 "어느 재화가 공공재인가 여부는 법률적 틀, 과학기술, 비용, 그리고 사회적 및 전문가적 규범에 좌우된다"고 주장한다(Musso, 1998: 352). 후자의 경우에, 규범이 공공재의 생산을 허용해야 한다는 당연한 감정(sense of deservingness)을 구성한다. 공공재를 생산하는 것이 마땅하다는 개인의 무리(pool)가 커질수록, 사회를 구성하는 소집단의 마땅함의 정도가 강할수록 그 재화는 공공정책의 문제로서 공적 제공이 될 가능성이 더욱 더 커진다.

사회는 두 가지 효율성 기준에 기초해서 결정을 함으로써 정부가 어떤 공공재 혹은 다른 재화를 책임을 져야하고 얼마나 생산되어야 하는지 효율적으로 결정할 수 있다. 첫째, 정부가 어떤 재화를 사용가능하게 할 것인지 그리고 그 양을 얼마로 할지에 관한 파레토 적정은 효율성 향상에 해당한다. 만약 "어떤 결정이 최소한 한 집단에게 손해를 입히지 않으면서 달성될 수 있는 최선이라면" 혹은 "만약 한 결정으로 한 개인이 더 나아지거나 더 나빠지지 않으면서 한 지역사회가 나아진다면" 그 지역사회는 효율적인 결정을 한 것이다. 이 원칙은 경제학자 빌프레도 파레토로부터 연유(緣由)했다. 그는 다음과 같이 기술했다(Vilfredo Pareto, 1906: 261).

우리는 한 집단의 구성원이 구성원 누구라도 이 위치에서 아주 조금 옮겨서 즐길 수 있는 최적(optimality)이 증가하거나 감소하는 방법을 찾을 수 없을 때, 이런 위치에 있을 때 최대 [최적적정(optimality) 혹은 그의 말] "ophelimity"를 즐길 수 있다고 말할 수 있다. 다시 말해서, 한 개인이 그 위치에서 조금만 떨어져 이동하면 필연적으로 그 개인이 즐길 수 있는 최적이 증가하는 효과가 있지만 다른 개인이 즐길 수 있는 최적은 감소하는 효과가 있고 이것은 몇몇에게는 동의를 받을 수 있지만 다른 이들에게 동의를 받을 수 없다.

전체 인구의 '최적'을 결정한다는 것은 말도 안 되게 어렵다. 이런 어려움 때문에 투표체계와 기본적 규약에 대해 절충(trade-offs)이 있기 마련이다(Buchanan & Tullock, 1962). 그래서 또 다른 기준이 파레토 기준을 대신해서 사용된다. 니콜라스 칼도(Nicholas Kaldo, 1939)와 존 힉스(John R. Hicks, 1940)라는 두 경제학자의 이름을 딴 기준이다. 파레토에 대해서 칼도-힉스 기준이 차이가 나는 것은, 정책에서나 정책 레짐(regime)에서 변화가 유익하다고 볼 수 있는 경우는 이익을 보는 사람이 손해를 보는 사람을 보상하고도 여전히 이익을 보는 경우라고 주장한 것이다. 이때 보상이 실제 이뤄질 필요는 없다. 왜냐하면 실제 보상이 이뤄지면 그것은 파레토 기준과 같아질 것이기 때문이다. 보상이 요구되지 않아서 칼도-힉스 기준은 비용편익분석의 주요 분석적 기초를 형성하는데, 밀러와 로빈스는 비용편익분석의 기술적 행정적 특성을 아주 길게 논했다(Miller & Robbins, 2004).

좋은 정부가 생산의 책임을 어느 정도 지어야 하는지 그것을 결정하는 것은 역시 의사결정자에게도 상당히 어려운 일이다. 그 생산량에 대한 대단히 많은 생각은 한계효용이라는 개념에서 나오는데 그 생각은 클라크(Clark, 1899), 마샬(Marshall, 1890), 그리고 윅스테드(Wicksteed, 1910)에서부터 피구(Pigou, 1928)까지 발전돼 온 개념에 기인한다. 피구에 기초해서, 루이스는 공공재의 수준과 유형을 구성하는 세 개의 결정요인을 확인했다. 첫째, 그는 상대적 가치의 계산에 찬성했다. 그는 다음과 같이 말한다. 즉, 더 많은 전함에 지출을 할지 아니면 가난한 사람에 대한 더 많은 구제에 지출할지 그 여부는 어떤 방식이든지 이 둘을 관계를 짓지 않으면 해결될 수 없다. 루이스는 그 관계를 어떤 것의 비용은 그 재원이 다른 목적으로 사용됐다면 실현됐을 그 금액인 기회비용으로 기술했다. 다시 말해서, 한 결정의 기회비용은 한 결정자가 특정한 결정을 하는데 직면한 실질적인 결과를 반영한다. 이 비용은 첫 번째 결정과 두 번째 결정의 결과 차이인 것이 보통이다.

둘째, 루이스는 결정자는 경계(margin, 차이 나는 부분)에서 가치나 비용을 비교하는 점증적 비교를 사용하도록 주장했다. 소비하는 양에 따라 가치가 감소하는 것을 알기에, 즉 "자동차 하나에 네 개 타이어는 필수이고 다섯 번째 타이어는 긴요하지는 않지만 있으면 편하다. 반면에 여섯 번째 타이어는 방해가 될 뿐이다"(Lewis, 2001: 44). 소비자와 결정자는 다섯 번째 타이어나 다른 타이어를 선택할 수 있지만 여섯 번째 타이어 대신에 다른 것을 선택할 수 있다. 정부의 경우에도 구호가 이뤄지는데 따라 구호를 필요로 하는 가난한 사람의 수효는 줄어들 것이다. 더 나아가, 어떤 점에서는 더 많은 무기를 제공하는 것이 그것을 사용할 사람의 능력을 고갈시킬 수 있다. 이 경계에서 의사결정자는 주어진 무기의 추가적 단위의 상대적 가치 혹은 어떤 유형의 구호의 추가적 단위의 상대적 가치를 평가할 수 있다.

셋째, 무엇보다 어려운 것인데 의사결정자는 지출의 대안적 목적의 상대적 효과성을 결정할 표준을 가지고 있다면 한계적 결정을 도울 수 있다. 정치지도자는 하급 집행관과 행정적 정책분석가가 상대적 가치를 정하고 점증적 비교를 하는데 참고하는 목표를 정한다. 정치지도자는 사건이 전개되는데 따라 이런 목표들을 변경한다.

4 지출과 안정화

지출에는 배분(allocation)의 의미는 물론 안정화(stabilization)의 의미도 있다. 예산을 통한 경제 성장의 안정화는 케인지안 이전(pre-Keynesian) 단계에서 케인지안 후기(post-Keynesian) 단계로 이동했고 이것은 케인즈가 4세대에 걸친 경제학자와 정책결정자에게 안정화에 대해서 지대한 영향을 미쳤다는 것을 시사한다. 머스그레이브에 따르면, 케인즈 이전 시대는 "공급이 그 자체의 수요를 창조하기 때문에"(Keynes, 1964: 18; James Mill, 1992; J. S. Mill, 1899, vol 1: 65-67 and vol. 2.; 75-82; 18; James Mills, 1992; J. S. Mill, 1899, vol 1: 65-67 and vol 1: 65-67 & vol 2: 75-82; Ricardo, 1951), 경제는 그 자체를 관리할 수 있을 것이다는 세이의 법칙(Say, 1855)에 의존했다(Musgrave, 1985: 44-45). 머스그레이브는 정부 부채를 국가 수입에 대한 부가적 수입이라고 보는 스튜어트의 발상을 지직하면서(J. D. Steuart, 1767 book 4, Part 2, Chaper 1-2 & Part 4, Chapter 8), 안정화에 대한 재정정책에 반대하기 시작한 세이(Say)를 반박했다. 심지어 세이 시대에도 말사스는 리카르도와 세이가 적어도 단기적으로 틀렸다고 논증하면서(MacLachlan, 1999) 소비를 손상시키는 지나

친 저축에 의해서 수반되는 고통에 대해서 논했다(Malthus, 1964).

    1930년대 실업 불경기는 케인즈 혁명(Keynes revolution)을 불러일으켰다. 공급이 그 자체의 수요를 창출하기보다 오히려 공급은 저축이 잘 될수록 축소할 수 있다. 실제로 저축의 공급은 위험-이익 상반되는 관계에서 이익에 대한 희망보다 종국적인 이익에 대한 희망 혹은 상실의 두려움으로 확장될 수 있다. 저축 증가는 유동성 함정을 만들 수 있다.

    케인즈 이론의 핵심 세 개 개념이 호황과 불황 사이 경기를 안정시키는데 있어서 재정정책의 힘을 형성했다(Keynes, 1964; Eckstein, 1973). 첫째, 재화와 용역에 대한 수요가 경기를 촉진시킨다. 총수요(total or aggregate demand), 하나의 거시 경제적 생각은 저축보다 소비 의욕을 북돋는다는 예산정책에 대한 반응이다. 둘째, 화폐가 경제를 통해 작동할 때 소비는 가법적 효과가 아니라 승수 효과(multiple effect)를 보일 수도 있다. 소비자가 지출을 한다. 소매상 점주는 종업원에게 봉급을 주고 이윤, 저축, 다른 사업에 대한 투자를 통해서 사업을 확대한다. 그리고 정부는 부가적 세수를 받는다. 승수(multiplier)가 전체 가법 효과를 반영하든지 아니면 사람들이나 조직이 그들이 벌어들인 소득의 전부는 아니라도 대부분을 소비하려는 경향을 반영하든지, 승수는 경제 성장을 자극하려는 성질이 있다. 셋째, 수 많은 경기 수축과 팽창은 예산정책에 존재하는 자동안정화장치로 인해서 극단적인 한계를 갖는 경우가 적다. 경기 수축기에 적자나 차입을 운영하는 재량권은 물론, 정책결정자는 공급의 기초인 자본설비가 낡아 교체됨에 따라 경기 수축이 끝난다는 것을 안다. 수요가 부정적에서 긍정적으로 바뀌면 자동적으로 지출 승수를 촉발시켜 경기수축은 확장으로 전환되고 일시 해고자들은 다시 고용되고 정부 적자는 흑자로 돌아서고 부채는 상환된다.

    케인즈의 본래 생각에서 형성된 두 개의 기본 발상에서 두 개의 주요 재정정책 개념이 나타났다. 소비, 저축, 순 수출 혹은 수입 그리고 정부지출의 합인 국민총생산(GNP)으로 경제를 측정하는 것이 국민소득과 생산 회계(NIPA)를 통해서 공식적인 절차(practice)가 됐다(Bureau of Economic Analysis, 1985). 재정정책과 거시경제학과 계량경제학이 서로 연결됐다. 또한 완전고용을 위한 예산운영이 재정정책의 재량적 요소로서 점점 더 많이 사용되게 되었다. 완전고용 국민총생산 혹은 경상, 명목, 완전고용 국민총생산간의 차이가 재정정책 장려책 혹은 재정정책 억제책이 메꿀 수 있는 격차로 작용했다. 성장 능력이 있는 경제는 성장을 보장하는 장려책이 필요했다. 그런 장려책에는 세금 삭감과 지출 증대 조합이 포함됐다. 경제가 완전고용국민총생산을 넘어서면 정책결정자는 경제성장을 위해 사용했던 장려책을 축소해야 했다. 장려책은 예산으로부터 나왔고 예산은 이미 예상되었던 자동안정화 장치의 효과에 정책결정자가 더 했던 재량적 결정으로부터 나왔다.

케인즈의 재정정책이 가진 문제들은 경제에 대한 정부의 간여를 지지하는 이들과 반대하는 이들 사이에서 논점이 됐다. 논쟁은 승수의 실제 효과(actual effects), 시차(time lags), 적자보전(deficit financing)을 둘러싸고 일어났다. 첫째, 모든 세금 변화는 각각 다르다. 영구적인 세금 변화는 일시적인 세금 변화보다 더 높은 승수효과를 가진다(Carroll, 2001). 고소득 개인과 2인 소득자 가구는 중간 및 하위 소득 개인과 1인 소득 가구가 세율변화에 대응하는 것과 다르게 대응한다(Goolsbee, 2000; Feldstein & Feenberg, 1995). 소비세와 법인소득세는 그 효과가 불확실하며 기간과 기간 사이에서 효과가 달라서 완전히 이해하기 위해서는 전가와 귀착에 대한 분석이 필요하다(Feldstein, 2002; Eckstein, 1973).

둘째, 시차는 경제 안정화에 대한 재정정책의 효과적인 적용을 내내 괴롭힌 문제이다. 정책분석가는 경기 수축이나 확대가 실제 일어난 후에 조금 지나서 인식을 한다. 인식한 후 조금 지나서 행동에 대한 결정이 이뤄진다. 전반적인 경기에 대한 영향은 결정이 이뤄지고 그 결정이 집행된 후 조금 지나서 나타나는 것이 확실하다(Eckstein, 1973). 정확한 예측, 엄밀한 경제모형에 입각한 동적인 예측으로 확실히 그런 지체를 줄일 수 있다(Altig et al., 2001; Auerbach, 1996, 2002a, 2002b, 2003; Auerbach & Kotlikoff, 1987). 그러나 예측에는 기교가 필요하고 동적 예측이 정치적 인정을 얻고 있기는 하지만 일부 유감을 사기도 했다(Barry, 2002; Lizza, 2003; Krugman, 2003; Stevenson, 2002).

셋째, 재정정책 안정화 조치에서 발생할 수도 있는 정부 예산적자는 파생적인 불안정(offsetting destabilization)을 야기할 수도 있다. 적자를 보전하기 위한 정부 차입은 자본시장에서 경쟁을 촉진시킬 수도 있고 이로 인해서 이자율이 상승하고 민간 부문의 투자를 축소시킬 수 있다. 펠스타인은 총수요와 이자율이 낮고 물가가 떨어지려는 경향이 있을 때 재량적 재정정책은 장기적 경기 수축에서만 건설적인 역할을 할 수 있다고 주장한다(Feldstein, 2002). 펠스타인은 바로 그런 지점 그때에만 정부 촉진책이 민간 지출 증대를 위한 유인책이 됨으로써 예산 적자의 증대 없이 그 효과가 있을 것이라고 말한다(Feldstein, 2002).

재량적 안정화 재정정책의 실행은 많은 은행가와 경제학자 사이에서 존중을 받지 못했다. 사실, 한 캔자스시티 연방준비은행 심포지엄에서 초대 연사의 대부분이 재량적 재정정책에 의문을 제기했다(2002). 연구자 사이에서 버클리 스토리라고 불려지는, 통화정책 당국에 의해서 이뤄진 결정에 대한 연구는 안정화가 재정정책가들보다 통화정책결정자들의 우선 목표로 되돌아 왔다고 그리고 실업보다도 인플레이션이 풀어야 할 주요 문제라고 제시한다(Sargent, 1999, 2002; DeLong, 1997). 케인즈주의식 안정화 재정정책 노력 기간에는 한 번의 경기침체, 세 개의 주요 전쟁, 방위에 대한 정부 지출이 많고 지속적인 전쟁 시기들, 인플레이션이 없는 장기간의 경제성장, 그리고 한 번의 중요한 오일쇼크가 있었다. 그 시기는 지독한 스테그플레이션으로 끝났고 그리고 종국에는 격심한 인플레이션으로 끝났다. 케인즈주의식 재정정책이 안정화를 지배한 긴 기간이 끝났을 때, 스테그플레이션이 있고 높은 인플레이션이 있었는데, 이것들로 인해서 통화정책 지도자들이 인플레이션과 싸우고 경제 긴축으로 인플레이션을 잡는 일을 맡게 됐다.

재정정책에서 통화정책으로 승계, 통화정책의 변화 그리고 통화정책의 성공으로 재정정책이 경기를 안정시킬 수 있는지 또 인플레이션 없이 경제성장을 촉진시킬 수 있는지 그 효과성에 대한 의문이 일어났다. 많은 이들이 재정정책은 무디고 예측할 수 없는 승수효과와 시차만 가지고 있다고 주장하고 있다. 안정화 재정정책가들은 적당한 이자 비용으로 민간 투자를 지원하기로 되어 있는 자금을 "아주 쉬운 통화정책"으로 적자-차입 결정을 재가하도록 통화정책결정자들에게 요구한다. 부정확한 도구와 영향이 재정정책을 망쳤다. 대부분의 기간 동안 정책결정자들은 재정정책을 잘못된 목표로 사용했다(Eckstein, 1973; Auerbach, 2002a, 144).

재량적 재정정책을 반대하는 이들은 대개 '재량'에 반대하지만 자동안정장치를 극구 칭찬한다(Auerbach, 2002: 120-127). 자동안정장치로서 재량적 재정정책을 선호하는 사람들은 20세기 마지막 20년 동안 대규모 경기대응적 재정정책의 효과를 제시하기 위해서 동일한 증거를 본다. 그들은 일시적 조세삭감과 진작책들이 적어도 사실상 영구 정책과 비교할 때 장기적 효과가 없다는 연구를 지적한다(Blinder, 2002; Friedman, 1948). 재정안정화정책을 지지하는 나머지 사람들은 재정정책이 정치지도자의 책임과 특히 기회를 반영하기 때문에 재정정책이 가지고 있는 경제안정에 대한 가치를 이해한다. 정치지도자는 욕망과 선거에 대한 책임을 가지고 있고 이것들 때문에 정치지도자들은 경제 문제를 정의하고 해결책을 마련하는데 주도권과 확실한 정당성을 가진다. 그 정당성은 아주 높고 정치지도자의 행동은 비교적 간접적으로 책임을 지는 통화정책결정자들이 취한 행동이 원한을 산 것보다 원한을 적게 산다. 경제 안정에 대한 재정정책의 역할은 책임성, 대표성, 정치적 대응성, 리더십, 전문지식 등의 균형에 달려 있는데 이 균형은 에너지와 활력의 모든 수준에서 의사결정자들에 의해서 옳은 것이라고 인식된 것이다(Kaufman, 1956).

지출은 응당 수많은 상이한 방법으로 이뤄진다. 즉, 관습적인, 비관습적인, 예산에 의한,

예산외, 믿을 만한 약속에 의한, 그렇게까지는 믿을 수 없는 약속 등에 의한 지출이 있다. 우리는 관습적인 지출을 정부부처와 새로운 사업을 하기 위한 기관들의 계속적인 운영을 위해 입법부에 요구한 예산요구액을 연관시킨다. 비관습적인 지출은 정부 공무원이나 정부 도급업자가 일하는 정부부처에 입법부가 허용한 직접지출의 사용을 통해서가 아니라 융자, 융자보증, 보험, 규제 등의 형태로 기업에 대한 유인 구조를 통해서 이뤄진다. 모든 비관습적인 지출 형식에 대해서 입법부가 정부 목적을 위해서 효과적인 사업을 수행할 수 있는 비정부적 조직을 선정한다. 끝으로, 입법부는 대상 집단에게 지출을 이전하도록 권한을 부여하고 입법부가 보장적 지출사업(entitlements)을 영구적인 세출로 정할 때 그 대상 집단에 믿을 만한 약속을 할 수 있다. 이때 영구적 세출이 변할 수 있는데 그것은 세출법 아닌 기초적인 수권법의 변경에 따른다.

분배(distribution), 배분(allocation), 안정(stabilization) 재정의 기능을 수행하려면 조세와 지출이라는 도구를 필요로 한다. 공정한 방법으로 부담을 분배하려면 중립성 및 효율적 분배, 배분, 혹은 안정을 훼손시킬 수도 있다. 무엇보다, 정치적으로 표현된 사회적 가치는 실증적 분석과 대립되는 경우도 있고 그래서 차선의 재정정책 설계와 도구를 선택할 수밖에 없는 경우도 있다.

제2절
재정정책 영향

정부 지도자는 경제 행태의 왜곡을 피하기 위해서, 경제적 거래에 관한 중립성을 증진시키기 위해서, 그리고 거시경제적 효율성을 달성하기 위해서 재정정책과 도구를 선택할 수 있다. 이런 선택을 시장 개입주의에 기운 것이라 할 수도 있다. 그 선택은 특정 경제 행태를 촉진할 수도 있고 누가 비용을 부담하고 누가 이익을 보면서 선호된 경제 변화에 이르게 되는지에 대해서 특정한 추측을 불러일으킬 수도 있다. 경제적 거래에 중립성을 지키자는 입장에 지지자가 있기도 하지만(Ventry, 2002: 45-52) 높은 세금에 보편적 지출을 지지하는 집단과 낮은 세금에 지출 절약을 지지하는 집단, 이 두 집단은 개입을 선호하는 정책을 경쟁적으로 제시한다(Lindert, 2004: 302-306). 선택에는 중립적인 조세와 좁게 정의된 공공재의 정부 제공(delivery)이 포함될 수도 있다. 또한 선택에는 누진소득세와 보편적인 정부 제공 혜택이 포함될 수도 있을 것이다. 끝으로, 선택에는 소비세와 좁게 대상이 정해지는, 단속이 심한, 소득이나 자산이 일정 수준 이하인 사람에게 혜택 자격이 주어지는 공공사업도 포함될 수 있을 것이다.

재정정책은 차선의 개입 접근방법을 선호하고 있다. 아담 스미스 논리의 일부인(Adam Smith, 1776), 제한된 정부, 경제 문제에 중립적인 정책, 정액세(lump-sum taxation) 등이 경제학자의 최우선 선택이지만, 이것은 골드샤이드(Goldscheid, 1958)와 슘페터가 새로운 '재정사회학'을 제시하고 주장함으로써(Schumpeter, 1954) 20세기 초기에 인기가 떨어졌다. 재정정책을 구체화하면서 두 경제학자는 정액세와 제한된 정부 형식의 중립성인 최우선 재정정책을 비판하였다. 이들 두 학자는 제일의 최선정책(first-best policy)은 정책결정자의 유권자들을 만족시키지 못했다고 지적했다.

스미스의 논리로부터 재정사회학으로 견해가 변화한 것은 제1차 세계대전 전(pre-World War I) 시기 세 개의 원인에 기인한다. 벨은 첫째 원인은 산업 시대에 자본축적을 장려하려는 정책결정자의 요구에서 구체화됐다고 제시했다. 둘째 이유는 새로 등장한 중산층(부르주아, bourgeois)인 소유욕이 많은 개인들을 "생활에 꼭 필요한 것은 아니지만 갖고 싶은 물품"으로 만족시킴으로써 사회적 조화를 촉진시켜야 한다는 정책결정자의 강한 욕구라고 벨은 말했다(Bell, 1974: 31). 세 번째 변화의 원인은 자본축적을 축소하지 않고 욕구 충족에 충당할 수입을 발견할 필요성에서 비롯됐다(Bell, 1974; O'Connor, 1973). 자본주의 사회에서 권력 중심과 개인 취향의 변화 이상의 변화가 필요할 때, 지도자들은 중립적인 정액세를 가지고는 변화 요구를 충족시킬 방법이나 정책을 발견할 수 없었을 것이다. 국가의 재정적 지원, 자본축적 장려, 소비자 계급 구성원의 만족 등은 중립성을 넘어서는 사고(思考)를 필요로 했다.

중립성, 충분성, 저축과 지출을 위한 장려, 이런 것들은 충족시키기에 어려운 조건들인데, 이런 것들은 공평성 규범과 또한 충돌했다. 납세자가 중립성 외에 이런 발상을 위배하려는 반작용으로 인해서 골드샤이드와 슘페터 시대에는 정부의 역할과 재정정책의 역할에 대한 재검토를 하기에 충분했다. 납세자의 재산 및 소득과 납세자가 정부 활동을 지원하기 위해서 제공할 책임지고 있는 세수(revenues) 사이의 관계인 분배정책에는 형평성이 요구된다. 조세 형평성의 원칙을 기술한 아담 스미스의 방법을 상기해 보자(Adam Smith, 1776: 654).

모든 국가의 국민은 각각의 능력에 비례해서, 다시 말해서, 국가의 보호 아래서 국민 각각이 즐긴 수입에 비례해서 정부의 지원에 기여해야 한다. 정부가 거대한 국가의 국민에게 지불한 비용은 거대한 재산의 공동 임차인들에 대한 관리 비용과 비슷하다. 이 임차인들은 임대 재산으로 얻은 이익에 비례해서 관리비를 충당할 책임이 있기 때문이다.

골드샤이드와 슘페터는 재정정책의 중립성으로 시대의 문제를 다루는데 실패했다고 말했다. 더구나 중립성은 공평하지도 않을 수도 있다. 고정세율, 정액세, 경제학자들이 중립적 조세로 생각하는 조세는 과세표준이 확대되고 소득, 재화와 용역, 자산 등의 수요와 공급이 대개 비탄력적으로 되면서 비례세가 된다. 그러나 비례세가 가능하더라도 능력, 책임, 쾌락 등에 대한 비례성이란 가능하지 않을 것이다.

중립적이고 비례적인 조세가 충분한 세입(revenues), 효과적인 장려책, 혹은 공평한 부담을 마련하는데 실패했다는 것을 역사는 보여 준다. 영국은 인두세에서 역사적 교훈을 보여 준다. 이 인두세는 14세기에 세 차례, 17세기에 한 차례, 그리고 20세기 후반에 한 번 더 징수됐다. 마지막 인두세는 마가렛 대처 수상에 의해서 시도됐는데 이것은 지방세수체계와 정부간 공식에 의한 이전(formula transfer)을 상식적으로 이해할 수 있게 하기 위한 시도였다(Butler, Adonis & Travers, 1994).

영국에서 중립적인 정액세는 악명이 높았다. 초기 인두세는 성인에 대해서 1인당 4펜스(종종 1쉴링)가 세율이었다(Oman, 1906; Dobson, 1970). 그런데 지방의 명사가 그에게 빚진 사람의 세금의 일부 혹은 전부를 납부해 주는 눈에 띄는 행동에 의해서 세율에 차이가 생겼다. 성인 인두세는 재산에 따른 누진성이 없었고 상당히 불공평하게 보였다(McKisack, 1959: 406-407). 세금 징수는 성인 인구 조사도 없이 이뤄졌다. 징수가 조사였고 세무공무원이 개인적 사정에 대해서 몇 가지 질문을 한 게 전부였다. 맥키색은 그것의 결말을, "1377년과 1381년 사이에 성인 인구 1/3 감소"를 나타낸 인두세 납부액(성인 인구조사수)의 '대규모 탈락'으로 기술했다(McKisack, 1959: 407).

기존의 주먹구구식 방법은 징수율을 높이려는 후속 노력으로 더 악화됐다. 맥키색(McKisack, 1959: 406-407)과 버틀러, 아도니스, 트라버스(Butler, Adonis, and Travers, 1994: 12)는 그들이 전형적이라고 부른 하나의 예를 보여 준다.

아동에 대해서 성인 연령에서 제외시키는 조치는 여자는 처녀인 경우에 제외시킨다는 원칙에 따라 작동됐다. 어떤 세금 징수자는 많은 사람들 앞에서 물리적 검사를 통해서 그것을 확인하기를 고집했다.

이렇게 사용된 방법에도 불구하고 세금 징수율이 형편없었다고 모든 연구자들은 기술한다. 연구자들은 1349년 흑사병 대재앙(Black Death) 뒤에 이른 인두세 체계는 1381년 농민반란에 기여했다고 주장한다. 흑사병 대재앙으로 노동 인구가 급격히 감소했고 임금이 상승했으며 고용자는 임금 소득자에게 세금을 강요하고자 했다. 잉글랜드의 대단히 인기 있는 인물이며 민중 영웅인 와트 타일러(Wat Tyler)가 반란을 일으켰다. 그는 그의 15세 된 딸이 세금 징수자가 사람들 앞에서 처녀인지를 확인하고자 그 확인 대상이 된 후 그 징수자를 죽였다. 이 짧지만 강렬한 반란에 기초한 와트 타일러의 신화는 토마스 페인(Thomas Pain)의 *인간의 권리*(Rights of Man)를 고취했고 프랑스 혁명을 수출한 것은 물론 잉글랜드에서 노예제를 종식시키는 노력에 영감을 줬다.

궁극적으로 반란과 와트 타일러 신화는 조세정책 변화가 시계추의 움직임과 얼마나 밀접하게 닮았는지 가르쳐 준다. 인두세를 징수하려는 잉글랜드의 후속적 노력은 1641년과 1987~1990년에 구체화됐다. 1641년에 인두세는 누진적이었지만 그러나 징수가 인구조사나 납세자 등록 없이 이뤄졌다. 그 설계자는 누진성 평가가 세금 속물주의에 따를 것이라고, 즉 스스로 높은 세율과 납세액을 통해서 사회적 지위를 기꺼이 드러내는 부자가 더 많을 것으로 생각했다. 그러나 1641년 세금은 기대를 벗어났다. 사람들이 자신의 지위를 낮게 평가했고 탈세하기 보다는 사회적 지위를 낮은 단계로 놓기 때문이다(Butler, Adonis & Travers, 1994: 13). 1987년에는 마가렛 대처 수상이 제안했고 의회가 스코틀랜드에 대한 인두세를 통과시켰다. 그녀와 보수당 당원은 또한 잉글랜드와 웨일즈에 대해 인두세를 제안해서 1987년 총선에서 승리했다. 영국 전체에 대한 인두세가 의회를 통과했는데 이때까지 살아있는 기억에서 가장 높은 투표율로 귀족원도 인두세를 압도적으로 승인했다(Butler, Adonis & Travers, 1994: 124). 이 세금으로 인해서 세금을 징수하는데 예상했던 것보다 지방정부가 상당히 더 많이 비용을 지출해야 했기 때문 지방정부는 재정 비상사태를 맞이했다. 인두세 징수가 이뤄진 후, 납세자들은 이 세금을 불공평한 것으로 봤고, 이 세금을 회피하려고 노력했으며 마침내 이것을 항의하기 위해서 폭동을 일으켰다(Butler, Adonis & Travers, 1994: 149-153). 인두세에 대한 반대로 인해서 보궐선거에서 보수당이 패배하게 됐고, 수상에 대한 당내 반대가 높아져 대처 수상이 사임하게 됐으며, 인두세를 폐지하게 됐다.

정액세로 인해서 그것을 법으로 밀어붙이던 영국 정책 지도자들은 처벌을 받는데 이르렀다. 폭넓은 규범으로 받아들여진, 가장 중립적인 세금으로 경제 왜곡을 피하려는 징세가 최적 조세정책으로 핵심적 지위(summary status)를 얻었다(Gentry, 1999). 만약 어떤 정액세가 일부 사람들이 말하듯이 경제 왜곡이 적은 조세라면 영국의 예는 주의를 요한다는 것을 보여 준다. 왜냐하면 조세가 경제적 효율성이 높을수록 형평성이 적어지기 때문이다. 세금이 형평성이 높으면 경제적 효율성은 낮아지고, 징수된 수입도 적어지며, 조세체계는 더욱 복잡해지고, 조세행정 비용이 증가한다. 수많은 요인들을 균형잡기 위해 지도자는 보통 차선 혹은 차차선을 택한다(Lipsey and Lancster, 1956-1957; Meade, 1955; Corlett and Haue, 1953-1954; Little, 1951; Ng, 1983; Greenwald and Stiglitz, 1986; Hoff, 1994; Hoff and Lyon, 1995; Bhagwati and Ramaswami, 1963). 샌드모는 효율적인 조세체계를 만들기 위해서 요청되는 복잡한 상쇄관계(trade-offs)를 보여 준다(Sandmo, 1985: 265).

> 만약 대안적인 조세체계가 민간 저축율의 차이를 초래할 수 있다면 저축율 결정은 고용과 인플레이션에 대한 단기적 효과, 성장률에 대한 중기적 효과, 그리고 자본 집중도에 대한 장기적 효과를 고려해야 한다. 이것들은 기본적으로 자원 배분의 효율성 문제이지만 그러나 분배정책도 관여된다. 저축을 장려하도록 설계된 조세정책은 '근로자'로부터 '자본가'로 그리고 현재 세대로부터 미래 세대로 소득을 이전시킬 수도 있을 것이다. 정책설계에서 고려해야 할 온갖 종류의 상쇄관계가 있다는 것은 분명하다.

조세 분석은 말할 것도 없이 일련의 어려운 문제를 제시한다. 영국의 경험으로부터 일반화하면 가장 중립적이고 가장 왜곡이 없는 세금은 가장 인기가 없을 수 있다. 중립성에 근거할 때 차선 및 차차선의 조세가 정치적 가치와 가능성 면에서는 더 좋은 조세가 될 수도 있다.

정책 지도자들이 정액세에서 또 다른 정액세로, 고정세로, 그리고 계속해서 누진세로 이전해야 할 때 정책 지도자들은 정부 운영을 위한 세입 증대를 넘어 몇 가지 결정을 해야 할 것이다. 정치 지도자들은 조세 중립성을 잃은 채 자신의 행동의 결과를 직면할 것이다. 그들이 선택한 차선의 결과라는 것은 아마 사회경제적 그리고 정치적 논쟁의 문제가 될 것이다.

차선의 대안을 선택하면 두 가지 다른 경로를 따르기 쉽다. 첫째 경로는 귀착의 문제로 나타나고 분석가가 재정정책의 부담을 누가 지고 이익을 누가 받는지 관심을 둘 때 해결책이 나온다. 정액세와 중립적 재정정책에 대한 차선의 대안에 영향을 미치는 두 번째 경로는 조세정책에 대한 행태적 반응(reaction)의 분석으로부터 나온다. 여기서 행태적 반응은 주로 노동, 저축, 투자, 포트폴리오 선정, 위험 감수(risk taking), 혁신과 생산성 등에서 발견된다. 귀착에 대한 논의 후에 이런 행태적 반응이 소개된다.

1 귀착

귀착에 대해서 간단히 언급함으로써 정부 재정정책결정에 대한 시장 반응에 대한 논의를 시작한다. 머스그레이브는 "개인 용도로 사용할 수 있는 실질 소득의 분배에서 특정 재정 도구에 의해 야기된 변화," 이것은 브레이크가 머스그레이브의 업적으로 인정하면서 사용한 정의인데(Break, 1974: 123) 이 변화에 관심을 집중시키는데 상당한 업적을 세웠다(Musgrave, 1953a, 1953b). 귀착 연구는 재정정책 설계에 순순히 따라오거나 혹은 재정정책으로 이익을 보도록 자격이 부여되는 납세자(명목적 귀착)에 대한 연구와 부담과 이익의 전가가 일어난 후 궁극적으로 부담을 지거나 아니면 이익을 받는 개인들(경제적 귀착)에 관한 연구로 구분된다(Mieszkowski, 1969; McIntyre et al., 2002).

또한 귀착 모형은 경제학자가 정책 도구가 지닌 영향을 연구하기 위해서 선정한 방법에 차이가 있다. 정적 귀착 모형은 좀 더 현실적인 동적 귀착 발상과 대조적으로 재정에 대한 이론과 실증적인 연구를 상당한 특징으로 기술한다. 정적 귀착(static incidence)은, 수표를 쓰는 사람에서 귀착의 결과로서 구매력과 소득이 감소한 개인에게 이전되는 세금 고지서상 첫 번째 전가를 말한다. 동적 귀착(dynamic incidence)은 세금, 소득, 그리고 행태의 변화율을 지칭한다. 여기서 행태란 세금과 소득의 변화에 민감한, 예를 들면, 저축, 투자, 소비, 노동공급 등을 말한다(Krzyaniak, 1972; Feldstein, 1974a, 1974b; Break, 1974). 힘써서 동적 귀착 모형으로 연구를 하면 현재 소득은 물론 평생 소득과 경제에 대한 현재의 효과와 여러 기간의 효과를 알 수 있고 개별적 반응과 집합적(aggregate) 반응을 알 수 있다.

재정도구 효과를 단일 세금 혹은 한 조세를 다른 조세로 대체하는 것으로 연구를 한정하면 그 분석은 인위적이다. 몇 개 조세, 지출, 부채 등의 동시적 변화를 연구해야 더욱 현실적 분석이 된다(Martinez-Vazquez, 2001). 그러나 그것은 현실에서는 도달할 수 없는 목표

일지도 모른다. 동적이면서 동시적인 효과에 기초한 정책처방은 조치를 취해야 하는 정책결정자의 이해와 동기를 충족시키기 어렵다. 예를 들어서, 소프는 정책결정자가 직면한 어려움을 아래와 같이 기술했다(Shoup, 1969: 14).

> 만약 달성해야 할 여덟 개 목표가 있다면 재정체계에 의해서 독특한 여덟 개 비율과 값을 가진 여덟 개 재정도구가 요구되는 것이 정상적이다. 만약 이러한 목표들의 한 개에서 값이 변해야 한다면, 예를 들어서, 다른 일곱 개 목표의 각각의 값은 변하지 않은 채 가처분 소득의 분배를 더욱 덜 불평등하게 만들고 싶다면, 재정도구의 모든 여덟 개의 값들은 변해야 하는 것이 정상이다. 목표값 하나가 변하면 여덟 개 목표값 전부가 변하게 된다.

동적 귀착과 동시적 효과는 연구 방향을 암시할 수도 있으나 그 정책 권고는 집행의 복잡성 때문에 정책결정자에게 한정된 매력을 줄 수도 있다.

귀착이 재정정책 도구들과 이것들의 개인이 모인 집단에 대한 영향을 지칭하지만 연구자와 정책결정자는 종종 좁은 초점을 가지고 있다. 연구자는 어떤 조세의 재정적 부담이 어느 만큼 인구의 최빈곤층과 최부유층에 떨어지는지 묻는다. 정책결정자는 기업별, 제조업과 노동간, 지리적 지역 혹은 주, 국내와 외국의 수혜자들에 대한 조세귀착에 대해서 묻는다. 세대 간 귀착에 대한 새로운 추정들이 지금은 존재한다(Auerbach, Kotlikoff & Leibfritz, 1999; Fullerton & Rogers, 1993; Korlikoff, 1992).

귀착 연구는 개인들이 궁극적으로 어떤 세금이든지 그 부담을 지게 된다는 점에서 시작됐다. 명목적으로는 기업이 세금을 내기 위해서 수표를 쓸 것이지만 그러나 전가가 발생한다. 세금으로 인해서 종국에는 개인의 소득이 감소된다. 가람보스와 쉬라이버는 다음과 같이 설명했다(Galambos and Schreiber, 1978: 115).

> 지방정부 공무원이 재산세율을 인상하려고 계획하고 있다고 가상하자. 누가 이 세금 인상의 부담을 질 것인가?… 아파트 소유자는 더 높은 임대료를 통해서 재산세 인상을 세든 사람에게 전가할 수도 있다. 마찬가지로, 민간 기업은 세금 인상분의 일부 혹은 전부를 높은 가격을 통해서 혹은 근로자에게 낮은 임금을 줌으로써 그 상품의 소비자에게 전가할 수도 있을 것이다… 궁극적으로 개인이든 가구든 모든

세금의 부담을 진다.

많은 연구자들이 특정 조세와 과세표준의 전가에 대해서 동의를 한다. 이들이 동의한 조세부담이 최종 부담자에게 전가되는 것이 〈표4-2〉에 보인다.

〈표 4-2〉 주요 지방세와 귀착

조세 형태	귀착의 전가 성질
판매세	- 소비자가 직접 지불하거나 높은 가격으로 소비자에게 전방 전가된다.
개인 소득세	소득 취득자가 세금을 납부한다.
재산세 - 소유자가 점유한 주택 - 대여자가 점유한 주택에 대한 재산세 - 비주거 부동산에 대한 재산세 증가	- 자본 혹은 재산의 모든 소유자a - 대여자 혹은 주인b - 소비자는 소유자가 그들(소비자)에게 전가한 높은 가격을 납부하거나 혹은 소유자가 전가를 하지 않으나 이윤 및 투자 수익률을 줄인다. 이것들은 시장의 경쟁 정도, 생산자가 다른 상품을 생산할 수 있도록 변경할 수 있는 능력, 소비자가 다른 상품을 살 수 있는 능력, 또는 소비자가 동일한 방법으로 세금이 징수되지 않는 다른 관할 구역에서 동일한 상품을 살 수 있는 능력에 좌우된다.

출처: Galambos, E.C., & Schreiber, A. F., *Making Sense out of Dollars: Economic Analysis for Local Government*, National League of Cities, Washington, D.C. 1978: 116; Aaron, H.J., *Who Pays the Property Tax?* Brookings, Washington, DC, 1975; Gaffney, M.M., in *Proceedings of the Sixty-Fourth Annual Conference on Taxation Sponored by the National Tax Association*, 1971: 408-426을 참고, http://www.schalkenbach.org/library/progressivet.pdf. 2004년 5월 8일 검색.

a. 주택의 소유자는 소유자가 점유한 주택의 경우에 또한 세입자이기도 하다. 소유자는 자산에 대해 포트폴리오를 가지고 있으나 부동산에 자본화된 세금이 있다는 것을 안다. 자본은 유동적이기 때문에, 낮은 지역과 비교할 때에, 높은 재산세가 임금과 토지 가치를 떨어뜨리듯이 높은 재산세는 세후 재산의 가치를 저하시킨다. 자본화는 자본의 모든 용도에 영향을 미치어 그것은 장래 투자에 이용할 수 있는 가용 자본 양을 축소시킨다.
b. 전부는 아니지만 많은 조세정책 분석가들은 재산세가 증가하면 그것을 임대인이 높은 임차료로 지불한다고 믿는다. 전부는 아니지만 많은 정책분석가들은 임대인들이 모든 관할구역에 공통이 되는 재산세 이상의 부분만 지불한다고 믿는다.

가람보즈와 쉬라이버는 조세 변화에 대한 반응을 불러일으키는 많은 요인을 지적한다(Galambos & Schreiber, 1978: 116). 그 요인에는 시장 가격 경쟁이 포함되는데 여기서는 가격 경쟁이 심할수록 높은 가격으로 세금이 전가될 가능성이 더욱 낮아진다. 또한 장기적 효과에는 대체 방법을 찾기도 포함된다. 즉, 생산자는 그들의 작업을 과세가 안 되는 상품으로 옮길 수 있고 소비자는 세금이 안 붙은 다른 유사상품을 찾을 수 있거나 혹은 동일한 상품을 다른 지역 과세를 안 하는 관할구역에서 살 수도 있다.

주와 연방정부의 폭넓은 맥락에서는 재정정책 도구가 소득과 가격 양자 혹은 소득의 원천과 사용 양자에 미친 영향이 귀착의 이유가 되기도 한다. 예를 들면, 소득으로부터 시공채 이자를 공제해 주는 것보다 (세금공제와 같은) 조세지출의 규모를 증대시켜 주는 것이 세후 소득을 아마도 증대시켜 줄 것이다. 세금공제는 최고 소득 계급만 이익을 보는 게 아니다. 왜냐하면 이 공제는 납세 의무가 있는 모든 소득계급에게 이익을 주기 때문이다. 세금공제로 인해서 중산층 가구는 가처분 소득의 증가분을 소비할 수도 또는 저축할 수도 있게 된다. 소비의 선택이 새 차를 사는 것이라면 차 가격은 단기적으로 오를 수도 있으나, 자동차 제조는 장기적으로 증가할 수도 있고 이것은 자동차 제조에 대한 자본 투자 증가 혹은 노동자 고용 증가를 초래할 수도 있다. 소득으로부터 시(市) 공채 이자를 공제해 주는 것보다 세금공제가 주나 지방정부가 직면하는 차입의 비용을 또한 축소할 수도 있다. 더 낮은 비용으로 인해 주 및 지방정부 지도자들은 자본 투자를 증가시키는데 확신을 가질 수도 있다. 증가된 투자로부터 얻은 결과로 인해 주 및 지방정부 공무원들은 일반적인 혹은 목표가 정해진 세금 환불, 세율 축소, 혹은 더욱 안정적인 재정체계 등을 통해서 주 및 지방 납세자에게 생산성 향상을 전가하는데 확신을 가질 수도 있다. 세금 환불과 세율 축소에 의해서 가계와 기업의 소득이 증가할 것이고 이것은 또 다른 단기적 가격 상승, 장기적 자본 투자, 그리고 고용 증대를 유발시킬 수도 있다.

 수요와 공급의 가격 탄력성은 누가 세금 부담을 하는지를 결정하는 주요 요인이 되는 경향이 있다. 탄성력이란 가격이 변하는데 따라 수요가 변하는 정도를 말한다. 마찬가지로 가격이 변할 때 공급자의 유인도 변한다. 궁극적으로, 탄력성이 적으면 적을수록 수요자 혹은 공급자는 세금 부담을 더욱 더 많이 진다.

 한 예로서 미국 자동차 시장을 들어보자. 자동차를 사는 사람과 파는 사람은 아마 붉은 메르세데스 벤츠의 가격에 민감할 것이다. 자동차 구입자와 판매자 모두는 붉은 메르세데스 벤츠의 가격이 인상될 때 대체품을 발견할 수 있다. 만약 세금 인상이 가격 인상을 촉발한다면 자동차 구입자와 판매자 모두는 시장에서 다른 색깔의 차를 발견하려 할 것이고 세금으로 인해서 붉은 메르세데스 벤츠에 대한 시장이 파괴됐다고 생각할 수 있다.

 모든 수입자와 모든 고가의 차를 다루는 시장과 비슷한 모든 색깔의 메르세데스 벤츠를 다루는 시장에서 사람들은 수요가 가격에 상대적으로 무감각하다는 것을 발견할 것이다. 자동차 구입자는 모든 메르세데스 벤츠 모델에 대한 세금을 흡수할 것이다.

 뉴욕시 맨해튼에서 어떤 종류의 차든지 다루는 시장에서 가격이 변할 때 일반적인 자동차

세 때문에 수요가 급격히 변할 수도 있다. 택시, 리무진, 전화차(phone cars), 버스, 작은 버스, 지하철 등이 대체 수단이 될 수도 있다. 맨해튼에서 자동차에 대해 징수된 세금으로 인해서 아마도 가격 상승을 강요받을 것이고 그리고 판매자가 세금 인상을 흡수할 가능성이 클 것이다. 그리고 택시부터 지하철까지 모든 형태의 교통 요금은 인상될 가능성이 크고 이것은 교통에 대한 대체 수단을 억제할 것이다.

끝으로, 자동차 시장은 미국에서 수요자와 공급자 모두에게 가격에 상대적으로 무감각하다. 자동차 자금 수급(car's financing)에 대해 대체 방법이 있다고 해도, 자동차 수요자와 공급자 양자가 새로운 세금을 분담할 것이다. 십중팔구 택시는 너무 인기가 없는 것이 인정돼 구입자와 판매자 양자가 세금을 축소할 노력을 조직할 것이다.

세금 징수에 의해서 유발된 효과의 장기간 순차에서 볼 때, 구입자와 판매자 혹은 수요자와 공급자는 세금에 따라 소득의 원천과 용도가 변하는 가계에서는 각각 다른 행동 조합을 형성한다. 붉은 메르세데스 벤츠의 경우에 소비자와 자동차 판매자 모두는 세금을 회피해서 그들의 소득이 다른 상품으로 가는 것, 아마 파란 메르세데스 벤츠를 사는 것을 선호할 것이다. 어느 누구의 소득원도 변하지 않는다. 메르세데스 벤츠의 경우에 소비자 가계의 소득을 축소함으로써 소비자가 세금을 흡수한다. 소득 창출자로서 그 소비자는 그 또는 그녀의 실질 구매력이 축소된 것을 알게 된다. 그 소비자는 적게 사고 혹은 그녀의 소득 사용도 변한다. 맨해튼에서 자동차 구매자와 판매자 경우에 그리고 일반 자동차 세금 경우에, 판매자와 구매자 모두의 소득 용처가 변한다. 즉, 구매자는 대체 교통 수단을 찾게 되고 판매자는 자동차 판매에 더해서 다른 것을 공급하려 한다. 자동차 구입자의 소득, 즉 노동은 변하지 않고 판매자의 소득, 즉 자본은 변한다. 자동차 판매 회사 투자가에 대한 수익률은 떨어지고 투자 자본은 수익률이 높은 곳으로 이동한다. 끝으로, 일반적으로 미국 자동차 시장에 있어서 소비자와 판매자 양자는 세금을 분담한다. 소비자는 소득 용처가 영향을 받는다고 생각하고 자동차 판매에 투자한 투자가도 소득 용처가 영향을 받는다고 생각한다. 자동차 공급자, 즉 자본 소유자는 그들의 소득 원천이 감소한다고 생각한다.

형평성의 경우에 붉은 메르세데스 벤츠부터 어떤 자동차에까지 모든 자동차에 대한 조세 귀착은 누진적 혹은 역진적일 수 있는 가능성이 있다. 그 붉은 메르세데스 벤츠는 중립적 효과를 가졌지만 그러나 어떤 색깔의 메르세데스 벤츠는 아마 높은 소득 집단으로 생각되는 특권층인 자동차 구매자 집단의 관심을 끌었고 이 경우 자동차세는 누진세가 된다. 만약 생산품이 메르세데스 벤츠가 아닌 소금이라면, 즉 사치품 대신 필수품이라면, 부유한 사람에 대해서 소금의 비용이 소득에서 차지하는 비율이 대단히 큰 최하위 소득 집단에 대한 세금은 특별히 떨어질 것이다. 맨해튼에서 자동차에 대한 세금은 노동보다 자본에 대해 더 많이 세금이 감소하는데, 자동차 구매자보다 판매자에 대한 세금이 아마도 누진적 조세 영향이 있을 것이다. 끝으로 미국 전체로 볼 때, 자동차 구입자가 자동차를 살 때 그들 소득의 일정 퍼센트를 사용한다면 자동차세는 비례적일 가능성이 있다.

귀착 연구에는 재정정책의 변화가 발생한 전후에 측정한 측정치가 사용된다. 연구 질문은 집단 간 소득의 분배적 변화와 관계가 있다. 분석은 재정체계가 더욱 더 역진적, 비례적, 혹은 누진적이 됐다고 결론을 낸다. 부담과 이익을 상쇄해서 순 효과를 산출할 수 있도록 계산을 할 수 있다면 모든 재정정책 도구의 조합도 동일한 방법으로 특징을 지울 수 있기는 하지만, 이 장 처음에 제시된 〈표 4-1〉의 설명은 조세에만 기초해서 이들 조세 체계를 구별했다. 귀착 분석에는 변화 전 귀착, 변화 후 귀착, 그리고 이 둘 사이 차이의 성질을 결정하기 위해서 분배를 측정하는 다양한 통계량이 사용된다. 여기에는 로렌즈 곡선(Lorens curve), 지니 계수(Gini coefficient), 슈즈 지수(Suits index), 새로운 가중치가 주어지는 아트킨슨 측정방법(Atkinson measures), 그리고 끝으로 복지 지배, 집중 곡선, 마르티네즈-바스케스(Martinez- Vazquez)가 조사하고 기술한 통계적 검정 등 다양한 측정방법이 포함된다(Martinez-Vazquez, 2001; Pechman, 1985: 5; Suits, 1977; Atkinson, 1983; Yitzhaki & Slemrod, 1991; Keiifer, 1984; Musgrave & Thin, 1948; Younger et al., 1999; Davidson & Duclos, 1997).

귀착을 그리기 위해서, 차등적 귀착이라고 불리는 접근방법을 따라서 자본소득세와 임금소득세의 관계를 검토해 보자. 생산 요소와 저축률에 대한 가정이 변할 때, 자본에 대한 세금을 임금에 대한 세금으로 대체하면 다른 결과가 나온다.

첫째, 노동 공급과 자본 공급은 각각 다른 수익률에 반응을 아니 할 수도 있고(탄력적이 아닐 수도 있고) 그리고 두 기초(자본과 노동)에 대한 수익률은 같을 수도 있다. 이 경우에, 임금세를 자본세로 바꾸면 부담이 자본으로 전가되고 그 외엔 아무런 변화도 없다.

둘째, 만약 노동 공급만이 수익률에 반응적이라면 다른 역학관계가 나타난다. 임금에 대한 세금을 낮추고 자본에 대한 세금을 높이면 임금률〈wage rate: 시간 당 혹은 산출 당 지물해야 되는 기본 임금〉이 높아지고, 많은 사람들이 일을 하려하고 그러면 많은 사람들이 임금률을 하향 조정한다. 임금률이 내려가면 자본에 대한 수익률은 세금에도 불구하고 올라간다. 낮은 임금률과 자본에 대한 높은 수익률은 피고용인이 자본에 대한 세금 부담을 분담할 것이란 것을 의미한다.

　장기적으로 전가는 노동으로부터 자본으로 세금이 이동하고 다시 반대로 이루어지고 나서 어떠한 실제 변동이 사라진다. 장기적으로 볼 때 변동의 실제 원천은 인구의 증가이다. 인구 증가와 함께 노동 공급도 증가하고 이것이 장기적 임금률을 정한다. 장기적 성장은 저축 습관과 임금 소득자와 자본 소유자의 관행이 변하지 않고 투자된 자본의 양에도 변화가 없다고 가정을 한다. 이 경우에 장기적으로 볼 때 결과는 무엇인가? 임금에서 자본으로 세금 대체는 노동으로부터 자본으로 세금 부담이 이전하는 것이다.

　수익률에 반응하는 투자소득(자본소득)의 공급에 대한 가정을 변경하면, 임금 노동세를 자본 소득세로 대체하는 것이 결과를 변화시킬 것이다. 경제의 장기적 양상은 자본 소득세와 함께 변한다. 임금률이 인구증가에 반응하지만, 노동자가 많을수록 임금이 낮아지지만, 자본 소득세 또한 자본의 공급을 감소시킬 것이다. 그럼 다시 자본에 대한 세금은 노동으로부터 얻은 임금이 조세부담의 일부를 분담하도록 전가된다.

　임금과 자본소득 양자가 수익률을 반영하는 또 다른 상황에서(양자가 탄력적인 상황에서), 임금세에서 자본세로의 전가는 피고용인이 전가로 전체 세금을 감면받기보다는 자본세 부담을 분담하는 이전의 상황을 반복하는 것이다. 임금이 그에 대한 세금 감면으로 상승하면 노동 공급이 증가하고 고용자의 노동자 수요는 감소한다. 자본소득세 증가에 의해서 순자본소득 혹은 세후 자본소득은 감소하게 된다. 투자가들은 세금을 내는 조직과 기구들에 자본 공급을 축소하지만 자본의 사용자들은 더 많이 요구하고 자본의 비용이 상승하게 된다. 그래서 임금은 감소하고 자본소득은 증가한다. 정책결정자, 임금소득자, 자본을 필요로 하는 기업, 그리고 투자가 사이에서 만들어진 복잡한 회전 때문에 노동은 소득세를 분담한다.

　끝으로 노동과 자본 양자가 반응하지 않는 상황, 즉 양자가 수익률에 비탄력적이거나 무감각한 상황을 고려해 보면 자본 형성 속도가 감소한다. 게다가, 자본소득에 대한 명목적 세금은 일반적으로 소득에 대한 세금이 되기 위해서, 즉 노동과 자본에 의해 분담되는 세금이 되기 위해서 전가된다. 전반적으로, 오랜 기간에 거쳐서 최소한 자본소득세 부담의 가장 많은 부분이 노동의 부담으로 전가된다. 그러나 정책 목적을 위해서 단기적 형태(version)가 더 말이 될 수 있다.

　어떤 다른 재정정책 도구가 귀착 효과가 있나? 조세지출과 관습적 지출을 생각해 보자. 이 둘은 부(負)의 조세이다. 전부는 아니지만 많은 조세지출은 주택구입자에 대한 대출 이자 공제와 임금의 일부로서 회사 직원에게 제공되는 보건 보험과 여타 관련 돌봄에 대한 법인소득 공제와 같이 광범위하게 자리잡고 있다. 이러한 조세지출은 중립적인 경제적 영향을 가질지도 모른다. 일부 경제학자들은 관습적 지출을 영향에 있어서 중립적이거나 가난한 사람에게 유리한 것(pro-poor)으로 분류한다(Martinez-Vazquez, 2001; Musgrave & Musgrave, 1989). 융자, 융자보증, 보험, 구매와 계약, 그리고 보조금은 영향이 불확실하고 대개 귀착에 대한 연구가 잘 안 되어 있다. 소득 이전은 정의상 가난한 사람을 위한 것이다. 부채는 세금이 유예되는데, 그렇지 않았으면 자본시장에서 높은 수요와 고정 공급 조건을 통해서 민간 부문에서 이용가능했을 투자자본을 축소시킴으로써 부채는 경제 성장을 감소시킬 수도 있다(Laubach, 2003; Federal Reserve Bank of St. Louis, 2004). 그러나 정부차입의 '구축효과'는 정부 정책결정자들이 정부 차입을 사용하기로 결정한 산업기반시설(infrastructure)과 여타 투자에 의해서 완전히 상쇄될 수도 있다.

국가의 비거주자 전체보다 주 및 지방의 비거주자가 일부 세금의 전부 혹은 일부를 더 많이 낸다. 비거주자가 사람이나 거래에 부과되는 세금을 낼 때 귀착 분석가는 세금 부담을 수출로서 기술한다. 조세 수출은 지역 세 부담을 축소시키고 놀랄 것도 없이 인기가 있다. 가람보즈와 쉬라이버가 제시한 예가 있다(Galambos & Schreiber, 1978: 116).

1. 호텔 방에 대한 방문자가 지불하는 세금
2. 교외 통근자가 지불하는 중앙 도시의 급여세
3. 상품 경제력이 약해서 높은 가격으로 세금을 전가할 수 없는 경우에, 지방 밖에 모든 상품을 판매하는 제조 공장에 부가되는 지방재산세

분석가들은 비거주자 재산세(소비자에게 전방 전가되는)의 수출되는 비율을 경제 기초 연구와 입지 지수 연구(location quotient studies)를 통해서 추정한다(Hildreth & Miller, 2002; Hayter, 1997; Galambos & Schreiber, 1978: 13-47).

❷ 일과 여가

정책은 여가보다 일에 대해서 보상을 강조할 수 있다. 선택이란 저 상품이나 생산물보다 이 상품이나 생산물을 더 좋아하는 결정과 관련이 있다. 장려책은 현재의 소비보다 미래 소

비를 더 좋아할 것이다. 조세 및 예산 정책은 토지 개량보다 토지를 선호할 수 있다. 다양한 재정정책은 혁신을 촉진하고 생산성을 향상시키기 위해서 위험한 투자를 장려할 수도 있을 것이다. 이러한 기본적인 선택이 재정정책의 영향으로 여기서 탐구될 것이다.

지도자들은 소득 평등보다 빠른 경제성장을 촉진하려 아마도 노력할 것이다. 게다가 한 사회는 정부를 필요로 하기 때문에 그 구성원은 어떤 방식으로든 그 정부에 값을 치러야만 한다. 따라서 모든 장려책 가운데 사회 구성원은 세금을 납부하거나 납부하지 않기를 선택해야만 한다. 세금을 납부하지 않는 경우에도 선호된 정부 조치에 대해서 대가를 치루긴 해야 한다. 여타 장려금이 세금 결정으로부터 흘러나오기도 하고 세금 결정과 별개로 있기도 한다. 조세 결정으로부터 여타 상쇄에 대한 결정이 지출 도구와 정책 가운데 동시적으로 나타난다. 재화 혹은 용역을 공공기관이 제공하면 이전 지출, 보조금, 그리고 계약이 아마 되거나 증가할 수도 있다. 융자기금, 융자보증, 보험사업 등이 활기를 띨 수도 있다. 그럼에도 불구하고 무슨 세금을 걷고 세금을 걷지 않음으로써 무엇에 지출하는지, 징세 없이 어디에 환불하는지 등과 관련된 조세 결정은 재정정책의 핵심을 차지한다.

상쇄(trade-off)를 고려하면 다른 분석적 접근이 필요하다. 샌드모는 요구되는 분석의 형식을 실증적 그리고 규범적으로 특징을 설명한다(Sandmo, 1985). 이 두 유형의 분석은 선호한 조세에 대한 납세자의 기대를 충족시키는 것은 물론 조세에 의해서 발생되는 왜곡을 최소화하도록 사용돼야 한다고 그는 말한다. 실증적 분석은, 예를 들면, 정책결정자가 지출세가 소득세보다 더 높은 혹은 더 낮은 저축 수준을 초래하는지 아닌지를 검토하는 분석이다. 규범적 분석은 기준에 대한 보다 근본적인 질문을 던진다. 샌드모는 지적한다. "우리가 사회적 복지 또는 효율성에 대한 규범적 기준을 소개할 때만 비로소 우리는 지출세의 소망성의 규범적 문제를 고려하기 시작할 수 있다"(Sandmo, 1985: 265). 만약에 저축, 투자, 포트폴리오 선택, 위험부담, 생산성, 혁신, 퇴직 후 충분한 소득, 안정적인 경기 확장 등과 같은 재정정책에 의해서 촉발된 납세자의 반응을 고려한다면, 분석가는 실증적 형태와 규범적 형태 양자를 모두 따라야 한다. 분석가는 먼저 실증적 혹은 경험적 연구 측면에서 그리고 여러 목적 측면에서 몇몇 조세를 비교하고 무엇이 형평성 있는 재정정책을 구성하는지 규범적인 질문으로 토론을 한정할 수도 있을 것이다.

효율성 측면에서만 본다면, 어떤 세금이 차선일까? 일정 요건을 충족시키는 납세의무자 각각에게 소득 등과 관계없이 일정액을 부과하는 정액세(a head, lump-sum, poll tax, 인두세, 정액세)를 기준점(reference point)으로 사용해서, 로젠(Rosen, 1985), 스티글리츠(Stiglitz,

2000), 브루스(Bruce, 2001), 블리더와 소로우(Blinder & Solow, 1974), 아론과 보스킨(Aaron & Boskin, 1980), 브래드포드(Bradford, 2000), 아론과 페크만(Aaron & Peckman, 1981), 머스그레이브와 머스그레이브(Musgrave & Musgrave, 1984), 엑스타인(Eckstein, 1973), 샌드모(Sandmo, 1985), 번하임(Bernheim, 2002), 포터바(Porterba, 2002). 하셋과 허버드(Hassett & Hubbard) 등이 구체화한 것의 효과와 논리에 대한 합의를 따라서, 경쟁하고 있는 목적들의 12개 조합에 대한 차선의 효과를 생각해 보자.

공공경제학자들은 정액세를 공공재를 재정지원 하는데 그리고 경제적 효율성을 유지하는데 기준점(benchmark)으로 모든 사람이 동일한 세금을 납부하는 정액세(lump-sum tax)를 고려하지만 그 세금은 형평성 문제를 야기한다. 모든 사람들이 동일 세금을 낸다. 그러면 경제적 왜곡이 안 나타난다. 그러나 형평성이 주요 문제가 되고 정액세(인두세, head tax)는 즉각적으로 그리고 때때로 납세자 행태에 심각한 변화를 불러일으킨다.

그럼에도 불구하고, 먼저 모든 상품에 과세하는 것과 일부 상품에 과세하는 것의 상쇄를 생각해 보자. 일부 상품에 과세하는 것과 비교할 때 모든 상품에 과세한 결과는 납세자의 소비 습관에 왜곡이 없다. 예외가 있는데 그것은 징세된 상품이 매우 필요해서 세금으로 비용이 얼마나 추가되는지 관계없이 동일 양을 구매해야 하는 상품에 대한 수요가 있는 경우이다.

〈표 4-3〉 노동(labor), 소비, 일(work)과 조세의 미래-정향 효과(Future-Orientedness Effects of Taxes)

집중	상쇄 관계			
	소비 −	일 −	노동 +	현재 지향 +
정책 도구	판매세	소득세	재산세	부채
	절약 +	여가 +	자본 −	미래지향 −
영향의 초점	은퇴, 투자	조기 은퇴 vs. 만년 은퇴	투자, 위험감수, 만년 은퇴	후에 세금이 높으면 지금 소비; 지금 세금이 높으면 지금 절약
대안적 정책 도구	균일세(Slemrod, 1997), 부가가치세(Slemrod, 1997), 또는 인두세(Butler, Adonis & Travers, 1994)	인두세	움직이지 못하는 것에 과세	누진소득세 또는 낮은 미래 수입 및 소득을 예상해 세금 유예

다음에서, 상품세와 그것이 소비와 저축 사이의 상쇄〈교환관계, trade-off〉에 미치는 영향을 생각해 보자. 만약 상품세가 부가된다면 그것에 의해서 물건은 더욱 비싸게 되지만 저축을 하면 세금을 내지 않아도 된다. 세금 측면에서 저축 선호는 현재로부터 미래로 소비를 지연시키는 것이고 이 저축 선호에 의해서 재정체계는 현재 소비에 대해 미래 소비를 장려하게 된다. 또한 상품세에 의해서 납세자는 부동산(또는 자본)과 같은 세금이 부과되지 않는 자산의 구매를 선호하게 된다.

상품세와 대조해서, 노동 임금에 대한 소득세를 생각해 보자. 임금에 대한 세금으로 발생한 소득에 대한 즉각적인 영향은 아마도 세금으로 감소된 부분을 충당하기 위하여 더 많은 소득을 얻기 위한 노동 시간의 증가일 것이다. 또 가능한 것으로 소득세의 영향은 여가나 세금이 붙지 않는 다른 종류의 노동으로 대체됨으로써 노동 시간이 축소될 수도 있다. 임금에만 소득세가 징세된다면 소득세는 저축과 부동산과 같은 비과세 자산의 축적, 이 양자에 유리하다. 저축과 재산 및 자본의 축적 모두는 지연된 소비에 대한 재정체계 선호와 그리고 현재 소비보다 미래 소비에 대한 선호를 시사한다. 그런 지연된 소비에는 아마 은퇴퇴직금도 포함될 수 있을 것이다.

끝으로, 납세자가 소비하는 상품이나 임금을 위해 행한 노동이 아니라 납세자가 소유한 모든 자산에 대한 세금인 부유세(wealth tax)를 생각해 보자. 부유세는 납세자의 집에 부가되는 재산세일 수도 있다. 이 경우에 재정체계는 재산의 축적보다 소비에 유리하고 자본에 대한 위험한 투자 대신에 위험회피 렌팅(risk-averse renting)에 유리하다. 토지에 대한 재산세 하나만 이야기하면 그것은 한 상품에 대한 소비세에 대응한다. 왜냐하면 그 가격이 얼마이든지 관계없이 수요가 결코 변하지 않을 것이기 때문이다. 토지가 한정된 양만 있기 때문에 토지세는 토지를 소유하고자 하는 결정에 영향을 미치지 않을 것이다. 즉, 토지세는 또한 어떤 경제적 결정에도 영향을 미치지 않을 것이다.

축적된 재산, 유산, 혹은 주식이나 채권으로부터 얻은 투자이익 등에 대한 세금인 재산세 혹은 자본세는 소비에는 물론 노동 소득세에도 유리하다. 투자가 어느 정도 새롭고, 상상하기 힘들고 그래서 아직 비과세인 재화 및 용역을 발명하기 위해서 위험한 노력을 하는데 대한 그런 투자가 아닌 한, 재산세 및 자본세는 투자에 불이익을 주는 것이다. 그런 경우에, 투자 포트폴리오에 대한 재산세 혹은 자본세는 위험감수와 혁신을 포함한 다른 종류의 투자 포트폴리오를 실제로 장려할지도 모른다. 재산세 및 자본세는 투자에 의존하고 있는 기업들 사이의 생산성을 해친다. 재산세 및 자본세는 미래 소비보다 현재 소비를 촉진한다.

가능한 조세 목표를 비교함으로써 기본적인 재정정책에서 최대 승자와 패자가 드러날 것이다. 조세 포트폴리오의 즉각적이고 중기적인 영향이 또한 나타난다. 비교를 위해서 〈표 4-4〉를 보라. 만약 〈표 4-4〉의 열과 행을 단순히 합하면 두 가지의 놀라운 현상이 나타날 것이다.

〈표 4-4〉 조세의 교차 기준 효과(Cross-Criteria Effects of Taxes)

~에 대한 조세 효과	~에 대한 조세			
	재산	판매/상품	소득/임금	확정 금액 (lump sum)
노동	+	+	−	+
자본	−	+	+	+
소비	+	−	+	+
저축	−	+	+	+
일	+	+	−	+
여가	+	+	+	+
현재	+	−	−	+
미래	−	+	+	+

* 표기: +는 장려, −는 비장려

심사자가 어떤 표적이든 세금을 부과하면 (다른 것을 위해서 어느 정도 일하거나 더 많이 일하기 위한) 여가가 최선의 대안으로 보인다. 납세자를 위한 전략은 "무엇이든 하지 말라"가 아니라 "징수관이 볼 수 있는 것은 어느 것도 하지 말라"일 것이다. 탈세, 국적이탈, 그리고 지하경제 거래는 실제 발생할 수 있는 것이기도 하다.

최선의 세금은 정액세〈인두세, 일괄세〉이다. 그러나 인두세의 영국의 예에서 단순한 정액세는 악취나는 형평성 검사로 실패하고, 조세 정책결정자는 나른 어떤 것을 하려 하고, 징액세를 재산, 소비, 혹은 소득에 대한 세금으로 만들기 위해서 어느 정도 정액세율을 조정한다. 나머지 세금 가운데 어느 것도 동일한 이유로 우수성을 얻지 못한다. 재산에 대한 과세는 임금 노동과 소비를 미루는 것보다 현재의 소비를 지지하며, 저축, 투자, 자본의 소유자를 약화시킨다. 소비세, 판매세, 혹은 상품세는 임금 노동자, 자본 소유자, 저축, 현재 소비보다 미래 소비에 유리하다. 현행 소득원을 제외시키지 않도록 단순하게 규정된 소득세 혹은 임금세는 미래 소비는 물론 임금 노동자, 이들의 저축과 일에 손해를 준다. 임금에 대한 세금은 자본의 소유자에게 그리고 현재 모두의 소비에 보상을 준다. 어떤 규범이 지배해야 할까 그리고 정책결정자는 재정정책 중립성과 어느 만큼 격차가 나는 것을 추구해야 할까? 정책을 위한 특정 목적은 규범의 서로 다른 조합을 이용하는 경향이 있다. 목적과 규범을 명확히 하는데 도움이 되고자, 다음의 절에서 저축, 투자, 포트폴리오 선택, 위험감수, 생산성, 확장 등에 관한 연구가 소개된다.

3 저축

조세정책 결정자는 저축을 장려하기를 의도할 수 있다. 한 개인의 저축하려는 노력은 가처분 소득에 따라 다르다. 소득이 높을수록 저축이 더 많다. 그러나 저축하려는 평균적 성향은, 가처분 소득이 높은 경우에 시사하듯이, 훨씬 더 기본적인 한계성향을 반영하지 않는다. 한계성향은 소득에 의해서 크게 변하지 않는다(Musgrave & Musgrave, 1989: 304). 이자율, 모두가 자발적으로 저축하고 싶은 금액, 인생 주기에서의 시점, 영구소득의 추정치 등이 저축하려는 한계성향에 영향을 준다(Modigliani & Brumberg, 1954; Friedman, 1957). 소득세를 납부한 후 저축자가 받을 수 있는 수익률에 의해 사람들은 저축하도록 아마 설득당할 것이다. 특히 사람들이 은퇴가 가까워지고 저축이 중요해지는 인생의 시점에 있을 때 그러하다(Tin, 2000).

저축 유인은 실증적 분석의 전통적 관점이 됐고, 실증적 분석은 규범적 분석적 논쟁의 결과를 이해하는데 도움이 된다(Sandmo, 1985; Boskin, 1988; Holcombe, 1998). 세율 인하나 어떤 조세의 폐지는, 모두 저축을 장려하지만, 이것은 노동소득이나 임금소득을 보고하는 사람들에게는 부담이 될 것이고 이자소득, 배당금, 그리고 자본 취득을 보고하는 사람들에게는 이익이 될 것이다. 세금은 현재 소비보다 은퇴 후 노후 소비를 장려할 것이다. 그러나 샌드모(Sandmo, 1985)와 스티글리츠(Stiglitz, 2000: 532-535)는 저축과 자본에 대한 세금 인하가 저축과 자본을 더욱 진작시키고 축적시킬 것이란 순진한 생각을 대단히 의심한다. 저축 유인 분석에 좀 더 정교한 기술적 정밀성이 있는 분석이 샌드모로부터 나오는데 그는 노동과 자본 양자, 이 모든 세금에 대한 세율이 시간에 따라 일정하다고 가정한다면 소득세는 정량세와 이자소득에 대한 특별세의 조합처럼 작용한다고 주장한다(Sandmo, 1985: 271). 소비에 대한 효과 분석은 간접세나 특별세는 현재의 소비든 미래의 소비든 소비에 대해서는 효과가 없고 그래서 간접세든 특별세든 노동소득에 대해 정량세를 징세하는 것과 같게 된다는 것을 보여 준다. 샌드모의 분석은 다음을 보여 준다. 즉, "시간에 따라 세율이 일정한 일반 간접세는 노동 소득 하나에 대한 조세와 같고, 현재 소비와 미래 소비의 상대적 가격에 영향을 미치지 않는다… 이에 따라서 간접세는 소비자들의 노동 소득에 비례해서 모든 소비자에게 징세되는 정량세와 동일하다"(Sandmo, 1985: 272). 샌드모는 노동소득에 대한 세금에 대해서 소득효과 혹은 대체효과(세금이 징수되는 활동에 대해서 더 많이 일을 하거나 더 적게 하는 것)가 있을 수도 있지만 저축율은 어느 정도 동일하다고 시사한다. 스티글리츠도 또한, 모든 경험적 추정으로부터 노동과 자본에 대한 광범위한 조세는 저축에 대해서 부정적 영향을 주기는 하지만 적다고 주장한다(Stiglitz, 2000). 그는 어떤 부정적 영향도 아마 저축을 감소시킬 수도 있다고 결론을 내리지만 그러나 그는 또한 이자소득과 여타 자본소득에 대한 세금을 감소시킴으로써 유인을 더하는 노력을 하면 저축을 감소시키는 영향은 매우 적을 것이라고 주장한다(Stiglitz, 2000: 534).

연구가 개인의 저축에 영향을 미치는 것이 무엇인지에서 개인들의 합인 개인 전체의 저축행태에 영향을 미치는 것이 무엇인지로 이동을 시도할 때 문제가 많다. 이 문제들엔 재정정책, 소비자에게 좋은 공통 가격, 그리고 모든 개인 저축자들이 이용하고 있는 저축 만기에 대한 단일 이자율의 변화에 대한 공통 반응의 가정을 포함하고 있다.

경제학자들은 소비의 현저한 이자 탄력성이 있다는 데, 작지만 "유의미한 부정적 대체효과" 가 있다는데 동의한다. 즉, 이자율은 현재 소비와 역으로 변한다. 더 나아가, 재정정책이 소득세의 한계 세율을 인하는 것을 지지하면 이자율은 인상되고 저축은 감소하며 그리고 현재 소비는 떨어진다(Sandmo, 1985: 280-283).

그러나, 측정의 문제가 있기는 하겠지만, 미국에서 저축율이 GNP의 16%에 머무르고 이것은 1929년 이래로 세율이 낮고 누진적 성질이 매우 적은 조세 레짐을 통해서 그랬다는 사실이 보여주듯이, 그리고 조세 레짐이 부담이 됐다는 사실이 보여주듯이(David & Scadding, 1974; Glennon, 1985), 데니슨의 '법칙'(Denison, 1958)은 꾸준히 유지되는 것으로 보인다. 글렌논은 저축율이 한결 같을 수 있었던 것이 서로 상쇄효과가 있는 아주 많은 요인들에 의해서 가능했다고 한다(Glennon, 1985).

연구들을 요약하면, 경제이론에 따르면 가계소비는 세금 이후 이용가능한 가계 소득, 즉 가처분 가계소득에 의존한다고 예상된다. 가처분 소득의 일부를 저축함으로써 소비를 지연시키는 것은 소득 혹은 소비에 기초한 조세 유형은 물론 징세 수준과도 관련이 있을 수 있다. 또한 소비를 지연시키는 것은 부유한 수준에도 아마 달려있을 것이다. 저축의 한계성향은 그렇게 차이가 나지 않겠지만, 부유한 개인은 가난한 개인보다 더 높은 평균 저축율을 보일 것이다(Musgrave and Musgrave, 1984). 미래 소득에 대한 기대가 아마 저축에 어느 정도 영향을 미칠 것이다(Fisher, 1930; Modigliani & Brumberg, 19547). 어떤 개인이 은퇴하면 소득이 감소할 것으로 기대하면 그는 현재 더 많이 아마 저축을 할 것이다. 그러나, 모든 형태의 소득에 과세가 되면 저축보다 노동에 영향을 더 주고, 저축에 대한 부정적 효과에 의해서 미국에서 상대적으로 적은 저축량이 나타난다.

추상적인 일반 문제보다 저축과 관련된 좀 더 실제적인 재정 문제가 실제로 정책결정자의 관심을 더 끈다. 예를 들어서, 정책결정자는 사회보장(공적연금제도, 연방 노령 유족 장애보험 제도, OASDI)과 같은 공적 퇴직 계획이 사적 저축을 대체할 수 있는지 없는지 묻는다. 만약 정부가 정부 투자 관리자들이 민간 저축자들과 같은 수익률을 올릴 수 있다고 가정해 재정정책으로 저축을 강요하면 이론적으로는 대체가 가능하다. 그러나 펠스타인은 퇴직 나이 또는 개인이 사회보장이 필요해지는 나이에 대해서 정부가 정책을 시행하면 그것이 사적 저축에 영향을 아마 줄 것이라고 주장한다(Feldstein, 1976). 만약 정부 정책이 수정되면 사람들은 정해진 나이에 자격이 주어질지도 모르는 사회보장 급여의 적어도 일부를 인출하기 시작할 수 있고, 그 정책은 개인들을 조기에 은퇴하도록 유도하고 그 개인들이 더 장기간 소득을 가질 수 있도록 그들이 일할 수 있는 기간 동안 더 많이 저축하도록 유도한다. 따라서 정부 정책이 대치효과(replacement effect)를 발생시킨다. 그 대치 혹은 대치효과는 서로 상쇄되며 사회보장이 저축에 대해서 작지만 부정적인 영향을 미치는 결과를 초래한다.

개인 퇴직 계정(IRAs)과 401(k)계획을 통해서 퇴직에 대해 사적 저축을 장려하려는 조세 정책도 어느 정도 영향을 미칠 것이다. 개인 퇴직 계좌의 경우, 개인은 퇴직 시 인출이 있기까지 비과세로 제한된 양의 저축을 축적할 수 있도록 허용된다. 401(k)계획은 고용자에 의해서 설치되는데, 이것은 개인 퇴직 계좌보다 세금 공제 기여 한도가 더 높고, 고용자가 개인 기여분에 대해 동일 금액을 부담하는 것(employer match)이 포함될 수도 있다. 세금 우대 연금 저축 계획과 같이 저축이 일어날 수 있는 것을 아무튼 대치할 것이라고 시사하는 이런 계획에 대한 많은 연구는 저축 장려 계정이 근자에 예외적으로 대량 축적됐지만 사적 예금은 동일 기간에 실제로 감소했다고 결론을 낸다(Bernheim, 1997; Gale, 1997: 327).

사람들이 언제 왜 저축을 하는지에 대해서 가능한 많이 이해하기 위해서 상당히 많은 생각과 연구가 있었다. 번하임은 이런 연구 업적을 삶의 주기 접근방법, 삶의 주기에 대한 변형, 그리고 행태 이론으로 요약했다. 다음에서 이것들에 대해 자세히 살펴보기로 한다.

첫째, 삶의 주기 가설은 저축을 이해하는데 도움이 될 수 있다. 모디글리아니와 브룸버그는 평생에 거쳐 개인의 소득은 변한다고 주장한다(Modigliani and Brumberg, 1954). 이에 더해 평생 동안 개인은 염두해 둔 다른 목적으로 저축을 하고 소비를 한다. 젊을 때 개인은 일반적으로 주택, 교육, 그리고 육아에 상당한 소비 의무를 가지고 있다. 이 개인들이 나이가 들면서 이 의무가 사라지고, 개인이 소득의 정점에 들어서는 시기에 소비가 변하고 동시에 더 많은 저축을 하게 된다. 개인이 또한 정년을 맞이하여 퇴직에 직면하고 일할 가망이 없다는 그리고 소득이 적어질 가능성이 있다는 생각을 하게 된다. 그러므로 소득이 정점인 기간에 저축은 증대될 여지가 있을 뿐만 아니라 증대돼야만 한다. 은퇴 시기에 개인은 정부의 혜택과 저축으로 벌어들이는 수입으로 생계를 유지하며 소비를 증대시킨다.

세 가지 예가 한 사람의 생에 거쳐 소비와 저축의 교환관계에 영향을 미칠 수도 있을 것이다. 첫째, 사람은 소득을 유산으로 남기려는 강한 열망을 아마 가지고 있는지도 모른다. 이 열망은 여러 동기로부터 연유하는데 그 동기들에는 개인 상속인을 향한 이타심 혹은 이기심, 소중히 여기는 가치로서 저축, 재산 규모 극대화, 그리고 한 세대에서 다음 세대로 증여에 대한 가족들 간의 합의가 포함된다(Bernheim, Skinner & Weinberg, 2001; Kotlikoff, 1979, 1988). 저축은 또한 이자율과 관계가 있을 수 있을지도 모른다(Berheim, 1997; Gale, 1997; Boskin, 1978). 생의 주기 의미에서 개인들은 다음 이유에서 저축을 하는지도 모른다. 즉, 개인들은 미래 정부 혜택, 그들이 소유한 보험 계약의 성질, 또는 생의 기대에 대한 예방적 대응에 대해 확실성을 가지고 있지 못하기 때문이다(Enben & Gale, 1996).

제한된 합리성과 자기통제론이 생의 주기 가설과 저축 소비 교환관계설에 대한 개념적 논쟁에 더 일반적으로 뛰어들었다(Berheim, 1997, 2002). 정보가 많지 않거나 정보를 분석할 지적 능력도 없는 경우, 개인은 특히 얼마나 저축할까에 대해서 교시적 도움(heuristic aids)을 추구한다. 교시적 도움에는 학습을 위한 행태 반복, 동료 모방, 세련된 전문가 조언 등이 있다. 번하임은 이런 가능성 각각을 거부했다(Berheim, 2002: 1201). 그는 사람이 한 번 이상 은퇴하는 일은 어렵다고 반박했다. 전문가 조언에 의존한다는 관찰(vicarious observation)은 지식이 없는 30대와 지식이 있는 90대 사이의 차이를 고려할 때 "불완전하거나 또는 적실성이 의심이 간다". 그리고 세련된 조언자가 스스로 주먹구구식보다 더 훌륭한 것을 사용한다고 해도 대부분 사람들은 조언의 질을 평가하는데 어려움이 있다.

자기통제론은 번하임과 몇몇의 강한 호기심을 불러일으켰다(Berheim, 2002: 1202; Thaler & Shefrin, 1981). 만약 사람들이 생애에 걸쳐서 저축자와 소비자로 산다면, 선견지명을 가지고 인내하는 '계획자'와 '단기적이고 인내심이 약한 행동가'로 산다면, 사람들은 이 두 자아 사이에 효율적인 거래를 추구할 것이다. 그 거래는 만족 지연에 관한 것이다. 지연하려는 자발적 의사는 자기 만족을 약속하는 기간이 다가올수록 감소할 것이다(Laibson, 1998). 개인은 인생의 각각 다른 점에서 만족의 각각 다른 상태에 도달하기 때문에 계속해서 자기통제에 대해서 마음속으로 거래를 한다.

사업 기업 저축(business saving)은 전체 저축 현상의 중요한 측면이다. 사업 기업은 자본 투자를 통해서 건물과 기계 같은 물리적 자본(capital stock)을 새로 짓거나 기존 것을 유지해야 한다. 기업은 감가상각, 이익잉여금, 그리고 미지급 배당금으로부터 저축을 함으로써 대규모 물리적 자본 재원을 지원할 수도 있을지 모른다. 사업 소득에 징세를 하면 낮은 임금 형태로 근로자에게, 낮은 자본 취득과 배당금의 형태로 주주에게, 그리고 높은 가격 형태로 소비자에게 전가되기는 하지만, 그 세금은 저축을 직접적으로 위협한다. 기업은 세금을 전가할 수 없을지도 모른다. 사실 경쟁이 매우 심한 산업에서 사업 이득에 대한 세금은 전혀 전가되지 않을지도 모른다. 후자의 경우에 세액에 의해서 이득이 감소하면 기업의 저축이 또한 감소한다(Musgrave & Musgrave: 1989: 305-306).

정부저축은 여러 형태의 잉여로부터 연유한다. 정부 잉여, 저축 형태로서 정부 잉여는 공공 자본 형성을 통해서 민간자본 형성을 위한 총 가용 자원을 증대시킬 수 있고, 현행 소비를 감소시킬 수도 아니면 증대시킬 수도 있다. 여러 대체적 결과는 예측하기 힘들고 분석이 필요하다(Musgrave & Musgrave: 1989: 534-537). 잉여로 부채를 빨리 갚는 것이 또는 천천히 갚는 것이 경제에 도움이 되는지 여부는 답을 못 찾은 미해결 문제이다.

정부 정책결정자와 그들의 행태를 관찰한 현대 학자들은 잉여를 선거구 건설 자원으로 보려고 하는 경향이 있다(Buchanan, 1970: 113-116, 312-317). 많은 사람들이 수요 위주(demand-side) 견해를 지지하며 정부 지출 확대를 통해서 충족되지 않은 사회경제적 욕구 충족을 지지한다. 또 다른 사람들은 잉여를, 조세 왜곡을 완화하고 공공 부문 밖에서 재화와 용역이 제공되도록 유인을 제공하는데 유용한 공급 위주(supply-side) 자원으로 생각한다. 수요 측면에서 보면, 잉여는 이전, 보조금(grant), 지원금(subsidy), 신용, 보험 등을 통해 소비, 고용, 그리고 투자를 진작시킬 수 있다고 본다. 공급 측면세서 보면, 잉여는 세율을 내리고 세금 선납을 환급하는 기회를 준다. 어느 경우든, 정부 잉여는 감소하고 적어도 이론적으로는 개인과 사업 기업 저축은 증가한다.

4 투자

투자는 낮은 비용으로 이용할 수 있는 자본 때문에 일어나고 자본에 대한 기대 수익률을 더 높인다. 투자는 개인, 가계, 기업, 그리고 정부로부터 조성된 저축 공급의 함수이다. 저축에 대해 징세를 하면 개인과 가계에 존재하는 저축과 소비간의 교환을 강요함으로써 이용 가능한 자본의 풀(pool)이 축소될지도 모른다. 세금은 이익잉여금, 미지급 배당금 혹은 감가상각에 대한 덜 우호적인 정책을 통하여 기업 저축을 축소시키는데 그리고 차입 없이 사용할 수 있는 기업의 내부 가용 자본의 풀을 축소시키는데 기여할 수도 아마 있을 것이다. 개인이나 정부로부터 저축 공급이 감소하면 이자율이 상승하고 기업 저축은 감소할지 모른다.

경제가 외부 투자에 대해 닫혀있을 때 스티글리츠에 따르면 저축은 투자와 같다. 만약 저축이 증가하면 투자가 증가한다. 저축이 저축 수익에 대한 세금 때문에 감소하면 투자 역시 감소할 것이다. 그러나 저축 수익에 대한 세금은 정부 수입을 증가시키고 정부 적자를 감소시키거나 혹은 실제로 흑자를 발생시킨다. 정부 저축은 여타 저축에서 하락과 투자에서 하락을 상쇄할 것이다.

만약 임금 혹은 소비 세금이 저축에 대한 세금을 대체한다면 총 저축과 투자는 증가할 수 있을지도 모르겠다. 스티글리츠에 따르면, 임금세와 소비세는 조세정책을 통해서 동등하게 된다(Stiglitz, 2000). 임금세의 경우에 조세정책은 모든 이자, 배당금, 자본에 대한 여타 수익을 제외하고 모든 임금 수입에 세금을 징수할 것을 요구한다. 소비세의 경우에는 정책은 총 개인 소득에서 총 저축을 뺀 금액에 대해 세금을 징수한다. 조세를 통해서 임금이나 소비 어느 하나가 감소하면 이것으로 인해 개인의 예산 선호가 변하지 않는다. 소비와 저축의 상쇄관계에서 소비에 대해 저축 쪽이 더욱 강해지며 그리고 정부의 세수는 증가하며 정부 저축이 조성된다.

경제가 외부 투자에 개방되면 위 이론의 국내 저축 부문을 수정해야 한다. 스티글리츠는 다음과 같이 주장한다. 즉, 해외에서 미국으로 들어오는 투자 자본의 양이 증가하기 때문에,

외국 투자의 공급이 비탄력적이 되고, 일반적으로 발견되는 이자율 수준이나 수익 수준에 영향을 받지 않는다(Stiglitz, 2000: 587). 만약 그렇다면, 외국 투자의 공급은 국내 저축을 감소시키고, 세금을 증가시키고, 혹은 정부 적자를 증대시키는 역할을 한다. 외국 투자, 국내 저축, 세금, 정부 저축 등의 역학관계는 민간 투자가들의 동기에 대한 가정에 따라 상당히 다르다.

저축자에게 유인을 제공하는데 있어서 조세정책의 역할에 대해서 강력한 지지자와 반대자가 있듯이, 경제(the picture)를 왜곡시키는 데 있어서 조세의 역할에 대해서 강력한 지지자와 반대자가 있다(Bernheim, 200: 1182-1195; Berheim, 1997). 사업 투자에 대한 재정정책 영향은, 실증적 연구 분야에서는 모호하기 때문에 규범적 분석 분야에 대해서 뜨거운 논쟁이 있는 연구 분야로 남아있다.

5 포트폴리오 선택

포트폴리오 선택(portfolio choice)에는 투자가들이 자발적으로 감당하려고 할지도 모르는 위험이 상당히 관련돼 있다. 구체적으로 보면, 재정정책은 투자 위험 감수를 장려할 목적으로 또는 약화시킬 목적으로, 양자 모두 일반적으로, 그리고 특정 자산 선택에 투자 위험 감수를 장려 혹은 약화시킬 목적으로 유인을 제공한다. 여기서는 재정정책이 장려하는 일반적인 위험감수/위험회피 균형(risk-taking/risk-aversion balance)을 다룬다. 포테르바에 의해서 보고된 최근이 연구는 재정정책과 가계가 각각 다른 그리고 특정 자산에서 번 수익률에 대한 재정정책의 영향을 보여 준다(Poterba, 2004). 경제학과 심리학의 원리들이 포트폴리오 선택에 대한 기본 교리를 제공해왔다. 경제학 측면에서 보면, 투자가들은 주어진 위험 수준에 대해서 최대 수익을 선호할 것이고 수익은 수익 확률의 함수이다. 심리학이나 행태 경제학의 입장에서 보면, 포트폴리오 선택은 훨씬 더 복잡한 고려 사항에 의존할지도 모른다(Rabin, 1998). 네 개의 주요 요인이 포트폴리오 선택과 위험 감수에 영향을 미친다. 첫째, 개인 투자가와 사업 관리자는 적은 수익에 상대적으로 많은 위험, 많은 위험과 많은 수익, 또는 적은 위험과 많은 수익과 같이 위험과 수익이 어떻게 틀이 지워졌나를 참고해 행동한다(Tversky & Kahneman, 1981). 둘째, 투자자들은 조심스럽게 대표적인 위험 추정치를 선택하고 사용한다. 즉, 그들은 적은 수의 경험을 수 많은 사건에 일반화한다. 셋째, 결과 확률의 초기 추정값은 닻 고정 효과를 가진다. 즉, 초기 추정값은 실제 경험의 통계적 추정치와 상당히 다를지라도 개인에 대해서 추후의 추정값이 떨어질 심리적 범위를 규정할 것이다(Tversky & Kahneman, 1974). 끝으로, 과거 경험한 실패나 성공 또는 대리로 경험한 실패나 성공이 쉽게 떠오를 때 개인과 관리자는 행동을 한다(Tversky & Kahneman, 1974).

경제적 효율성 측면에서 보면 저축과 투자, 즉 총 가용양이 중요한 것보다 포트폴리오가 더 중요하다. 포트폴리오 구성의 중요성을 지지하는 샌드모는 그것을 재정정책이 가지고 있을지도 모를 중요한 효과와 관련을 진다(Sandmo, 1985: 293-294). 그는 다음과 같이 기술한다.

> 포트폴리오 선택에 대한 징세의 체계적인 효과에 관한 대표적인 논의는 위험 감수 행태라는 측면에서 다뤄지고 있다. 자산에서 비롯된 소득에 징세를 하는 것은 기대 수익률을 저하시킴으로써 위험 감수에 대해서 차별을 하는 것이라는 것이 전통적으로 일반적인 견해이다.

고위험과 고수익은 서로 관계가 있기 때문에 저수익은 고위험이 있는 사업(project)을 수행하려는 의향을 감소시킨다.

많은 사람들이 위험감수를 약화시키는데 재정정책의 역할 범위가 있다는데 직감적으로 동의한다. 사업지원금, 조세 혜택, 보험, 보험 보장, 규제 등이 위험 감수를 완화시키려는 노력으로 보인다. 그러나 재정정책에는 위험감수 유인책, 위험 공유 차원이 있다. 샌드모는 도마와 머스그래이브로부터 정부 위험감수 견해를 빌린다(Domar & Musgrave, 1944). 재정정책은 위험과 수익이 서로 상쇄하는 이 위험과 수익 둘을 축소하는데 기여한다. 샌드모는 다음과 같이 지적한다(Sandmo, 1985: 294).

> 완전한 손실 상쇄 조항은 … 정부가 이익을 보는 것과 동일한 몫의 손실을 정부에게 [준다]. 만약 개인들이 세금의 손실 분담 재산에 충분히 많은 가중치를 둔다면 세금 차별의 방향은 빈대 방향으로 길 것이다.

아마 재정정책의 손실 분담 조항은 경제, 과학기술 가운데 승자와 패자를 선택하는 정부 정책결정자의 선택, 그리고 사회 변화를 위한 반 혁신과 변화 조건에 대한 정치적 통제로 보일 것이다.

위험 분담 논쟁에 대한 현대적 변형은 모신과 스티글리츠로부터 왔다(Mossin, 1968; Stiglitz, 1969). 개인이 선호하는 포트폴리오 조합은 위험에 대한 개인 선호에서 온다. 위험에 따라 수익이 직접적으로 차이가 난다면, 동일 세율에서 위험한 자산과 덜 위험한 자산 사이에서 투자가들은 가장 위험한 자산을 선호하게 될 것이다. 만약 위험 자산에 정부 사업보조금이 주어지면 수익은 사업보조금이 없을 때의 수익을 초과할 것이며 수익에 의해서 이 위험 자산을 포트폴리오에 포함시키지 않을 수 없을 것이다.

6 위험 감수

자본의 이용가능성 또한 위험 감수(risk taking)에 영향을 준다. 높은 사업 이익에 의해서 자본의 대체적인 원천이 생긴다. 상대적으로 낮은 세율이 적용되면 이 자본 원천은 차입보다 상대적으로 낮은 이자가 드는 비용으로 이용가능한 자본의 풀(pool)이 된다. 이렇게 낮은 이자가 붙는다면 위험이 큰 투자도 가치가 있게 된다.

사업 이익에 대한 징세는 상쇄관계를 발생시킨다. 기업은 자본 사업(capital projects)에 필요한 자금의 일부 혹은 전부를 차용할지도 모른다. 그렇지 않으면, 기업은 자본 사업에 대해 이익의 일부 혹은 전부로 지불할지도 모른다. 기본적인 상쇄관계에 의해서 기업 관리자는 위험과 수익을 일치시키는 균형을 요청받는다. 기업 자체의 이익으로 자본 사업에 자금 공급을 할 수 있다면 위험 수준과 수익률은 은행 자금 공급과 동일하게 될지도 모른다. 만약 조세 우대책이 은행 자금공급에 보조금을 주는데 도움이 된다면 자본 사업의 수익은 증가할 것이다.

위험 감수 유인책은 훨씬 더 간단한 결정으로 보일 수 있다. 스티글리츠는 그 경우를 보여준다(Stiglitz, 2000: 589-590).

> 한 개인이 수익이 없는 안전 자산과 수익이 있는 위험 자산, 두 자산 사이 결정을 해야만 하는 상황을 상정한다… 그런데 이들 두 자산의 평균 수익은 흑자이다… 이 개인은 보수적이어서 그 재산의 일부는 안전 자산에 나머지는 위험한 자산에 배분한다. 우리는 지금 자본 수익에 세금을 부여하지만 손실에 대한 전액 소득 공제를

허용한다. 안전 자산은 영향을 받지 않는다. 위험 자산은 수익이 반으로 감소되지만 그 손실 또한 반으로 축소된다… 세금은 그에게 전혀 영향을 미치지 않는다.

또, 도마와 머스그래이브가 지적했듯이(Domar & Musgrave, 1944), 정부는 개인들과 위험을 나눠지며 말 없는 조용한 동반자로서 행동한다. 아마도, 스티글리츠가 언급했듯이(Stiglitz, 1969), 위험을 나누는데 있어서, 개인은 틀짜기, 대표적인 위험, 닻내리기, 전형적인 위험의 회상 효과 등에 저항하며, 트버스키와 카네만에 의해서 묘사된 합리적인 개인에 못 미치며(Tversky & Kahneman, 1974; 1981), 그 혹은 그녀의 위험 감수를 더욱 더 자발적으로 증가시키려 한다(Rabin, 2000). 그러나, 재정정책이 투자 지분에 대한 시공채와 같은 어떤 투자 형태에 유리하면 정부 정책결정자들은 위험감수에 대한 그들의 결정을 투자자의 판단으로 대체한다. 만약 세금이 다른 것보다 석유 특허권 혹은 석유 고갈 공제와 같은 투자에 유리하면 정책결정자는 정실인사에 대한 비판에 직면할지도 모른다. 또한 세금이 어떤 투자 형태나 투자 사업에 유리하지 않다고 해도 정책결정자는 그렇게 많은 비열한 계획과 책략가들에 몰입한 것에 대한 비판에 여전히 직면할지도 모른다.

7 혁신과 생산성

(앞에서 기술한) 20세기 마지막 10년에 이뤄진 종량세에 대한 영국 수상 마가렛 대처의 실험 이후 강한 논조의 신문 머리글과 많은 논의가 재정정책 결정에 있어서 그런 정의로운 시대의 종말에 유감을 표했다. 대처수상의 인두세 실험이 시작된 후 선진국의 조세정책이 상당히 '우경화'한 것으로 나타난듯 하다. 부자를 보듬는 것이 재정정책 논쟁에서 지배적인 주제가 되었다. 세율이 떨어졌다. 징세 대상은 소비가 됐다. 비관습적인 재정정책 도구의 수효, 유형, 그리고 양이 증가했다. 기업 복지와 더불어, 조세 부정의와 복지국가의 종언이 사회적 형평의 희생 위에서 정해진 재정정책의 목적으로서 경제적 효율성이 얼마나 영향을 미쳤는지 보여줬다.

최근의 연구들은 이런 견해를 인정한다. 이것들은, 설계자들이 왜곡을 축소하는 한, 차선 그리고 차차선 조세는 작동하지 않고 피해도 적다고 한다. 그런 주장은 소비세에 대해 이뤄졌다. 경제협력개발기구(OECD)(Swank & Sandmo, 2002; Heady & van den Noord, 2001)

와 유럽연합(Joumard, 2001)에 속한 국가를 조사한 결과는 차선이지만 과세표준이 넓고 세율이 낮은 조세를 지향하는 강한 경향을 보여줬다. 이런 국가는 또한 고도 경제성장 국가라 불린다(Lindert, 2004). 그런 국가는 또한 행정비용과 장려 비용(incentive costs)이 적은 국가로 불린다(Bassanini, Scarpetta & Hemmings, 2001). 행정비용 의미에서든 장려비용 의미에서든 '비용'이 논의된다는 것은 정부가 감시하고 있다는 것을 나타내며 정부가 가난한 사람, 연금이 있는 사람들, 혹은 영리 기업의 비용 인지 여부를 조사하고 혹은 규제한다는 의미이다. 사회적 지출은 감소되지 않았고 오히려 더욱 보편적이 됐으며 "인간의 기본적인 보장(보건, 교육, 노동, 소득)을 인간의 특정한 인생 선택과 별개로 만들었고"(Lindert, 2004: 302) 이것들은 정부의 감시를 받게 됐다. 린더트는 이런 경제가 성장하고 혁신하고 더욱 생산적이 됐다고 주장한다. 머스그레이브 부부는 과학기술의 발전, 혁신과 생산성을 뒷받침하는 힘은 일반적으로 정부가 비용을 대는 교육과 훈련에 대한 투자를 필요로 한다고 주장한다(Musgrave & Musgrave, 1989: 311). 공공 산업기반시설에 대한 거대한 투자는, 그 결과 민간 부문의 재고와 물류비가 하강하는, 특히 고속도로 건설 지출의 경우에 생산성에 상당한 긍정적인 효과를 미쳤을 것이다(Shirley & Winston, 2004: Postrel, 2004). 따라서 고성장, 고생산적인 경제는 보편적인 재정정책으로 번창한다는 사실을 믿을 좋은 이유가 존재한다. 이런 정책은 행정가에게는 좀 더 균일하고 비용이 적게 들며 더욱 공평하고 더욱 투명하다(Lindert, 2004: 302). 이런 정책은 공공 부문의 규모를 축소도 시키지 않지만 그렇다고 확대도 시키지 않는다. 그리고 이런 정책은 개인의 선택을 왜곡시키지 않으면서 그 영향의 범위를 확대시킨다.

제3절
요약과 토론

이 장에서는 재정정책의 영향에 대한 문헌 검토를 통해서 의도가 결과를 형성하는지 그 여부를 살펴봤다. 문헌 검토를 통해서 의도와 결과가 서로 긴밀하게 연관돼 있을지도 모를 그 가능성을 살펴봤다. 이 연구에서는 정책 의도가 규범적 타협, 경쟁하는 기관들, 모순적인 정책들, 왜곡된 정책 설계들, 모호하게 이해된 정책 도구들, 조잡한 집행, 그리고 의도하지 않은 영향에 의해서 크게 손상 받을 수 있다는 대안적 견해들을 살펴봤다.

다소 다른 해답이 연구검토를 통해서 나타났다. 무엇보다도 의도의 영향은 물론 과정까지 아우른다. 정부의 경제 기능은 지도자들이 국내 및 국외 개인들, 영업 기업, 정부 등이 수행하는 바에 영향을 미치기 위해 재정정책에서 사용하는 준거 틀이 될 수 있다. 이 준거의 틀은 경제 성장, 생산성, 혹은 혁신을 보장하기 위해 지시를 내리는 하나의 행동일지도 모른다. 그러나 준거의 틀은 또한 정부 행동을 제한하고 정부 밖의 개인들과 조직들의 행동을 활성화시킬지도 모른다. 후자의 준거 틀은 감액, 공제4), 세액공제, 환급 가능한 세액공제5), 환불(rebate) 등이 포함되는 세금 우대를 통해서 배분, 분배, 그리고 안정화 노력을 강화하기 위해서 민간과 비영리 조직 역량 강화를 강조한다. 재정정책은 정부에 대한 직접적인 정부 지출을 통해서 집행될 수도 있으며, 이 정부 직접지출은 정부 부서 운영에 대한 직접 지출, 재화와 용역을 생산하는 비영리 혹은 영리 생산의 산출에 대한 직접 지출, 가격 수준을 유지하기 위해서 농부로부터 곡물과 같은 생산물을 구매하는 데 대한 직접 지출, 혹은 개인들에게 직접적 이전에 대한 혹은 금전의 지불에 대한 직접 지출 등이 포함된다. 재정정책에는 보조금, 융자 보증, 보험, 채무 등이 포함된다. 의도는 의도를 초래하며 수많은 정책 도구와 설계를 더욱 더 정교하게 사용하는 결과를 초래한다.

만약 의도가 결과를 형성한다면, 기능, 정책, 정책 도구의 어떤 조합이 민간 소비, 저축, 그리고 투자에 어떤 영향을 미치는지를 발견하는데 논의가 이를지도 모를 것이다. 그러나 이 책은 통제와 선택이 정책결정자에게 미치는 영향은 제한적이라고 제시한다. 이 한계에는 재정제도와 정책 도구를 형성하는 요인들이 포함되며 또 한계의 범위에는 역사적, 정치적 그리고 사회적 요인이 포함된다. 정책결정자는 재정제도에 참여하는데 이 제도는 크든 작든 과거의 결정, 비용을 부담하려 하고 이익을 얻으려 하는 사람들의 역사적 선호와 주어진 시점에 존재하는 힘의 균형, 제도 자체 내에 발전된 가치 등으로 인해서 일정한 형태를 가진

---

4) [역주] 공제(deductions)는 과세표준을 조정하기 위해서 일정 조건을 충족시키는 경우 소득에서 일정액을 제외하는 것이다. 이에 대해서 세액공제(tax credit)는 과세표준에 세율을 곱한 산출세액에서 일정한 조건늘 중속시키는 성우 세금을 제외하는 것이다.

5) [역주] 세액공제(tax credit)는 크게 세 가지가 있다. 환급불가 세액공제(nonrefundable), 환급가능한 세액공제(refundable) 그리고 부분적 환급가능한 공제(partially refundable)가 있다. 환급가능한 세액공제의 대표적인 예가 근로소득 세액공제(Earned Income Tax Credit)다.

다. 정책결정자는 결코 완벽한 통제를 할 수 없고 제한이 없는 결정을 할 수 없다. 이 연구에 의하면 의도는 자유로운 개인의 선택으로서 결코 나타날 수 없다. 정책결정자는 사용되는 도구나 재정정책, 정책설계, 혹은 정책 도구를 형성할 수 있을지는 몰라도 완벽히 통제할 수는 없다.

이 연구 논평에서 정부의 배분, 분배, 그리고 안정화 기능은 현재의 모습으로 나타났다. 여기서 토론했듯이 분배는 모든 전가(轉嫁)가 나타났을 때, 순 세금 혹은 지출의 정의(正義)의 문제가 됐다. 배분은 공공재와 여타 재를 엄밀하게 구분하는 것을 선호하며, 정부 제공은 제공된 재화와 용역이 수요를 충족하도록 보장하는 단순한 다른 대안적 방법이 됐다. 안정화는 통화정책에 길을 내줌으로써 재정정책에서는 중요치 않은(minor) 기능이 됐다.

이들 기능적 정책이 가지고 있는 듯 보이는 영향은 한 때 생각했던 것보다 상당히 유순하다. 관습적 재정 도구와 비관습적 재정 도구를 통한 조세정책과 그 집행에 의한 특정 영향은 처음 생각한 것보다 왜곡이 적었다. 저축 총량(aggregate saving)은 거의 한 세기동안 변화가 없었다. 그러므로 재정정책은 변화했는데 재정정책은 저축률에 기껏해야 적은 부정적 영향을 미친 듯이 보인다. 어떤 경우든지 개인, 영업 기업, 정부 간 저축은 서로 보충하는 성질을 가지고 있다. 즉 하나가 떨어지면 다른 것 중 하나가 올라간다. 이 연구는 투자정책은 그것이 개방 경제에 존재할 때 적어도 영향이 있다고 제시한다. 외국 투자가 장려책이 국내 투자가에 대한 것보다 더 크다. 끝으로 포트폴리오 선택과 위험감수 행태는 기업가, 투자가, 정부 그리고 납세자가 서로 위험을 나누어질 수 있도록 전반적으로 허용하는 재정정책에 우호적으로 반응한다. 혁신과 생산성은 조세 및 지출의 감소 수준과 관계가 있기보다는 조세 및 지출의 안정적인, 폭넓은, 고정적인 수준과 관계가 있다.

재정정책은 유순한 효과를 가질 수 있다. 장기적으로 재정정책의 극단은 서로 상쇄된다. 상대적으로 큰 정부 예산, 안정적인 재정정책, 그리고 왜곡이 없는 정책의 영향범위는 경제에 긍정적이고 유익한 영향을 미친다. OECD 국가 재정정책의 정치경제는 차이를 시사하는데 이 차이는 대략 동일한 무게가 주어진 효율성, 성장, 그리고 공평 주위로 몰리고 있다.

정책 지도자가 문제를 조준하는 수많은 정책 도구와 정책 설계가 있다. 정책 지도자는 경제활동에 중립으로 남는 것보다는 관여하는 것을 목적으로 한다. 정책 지도자는 자본축적, 욕망과 필요의 충족, 경제적 성과를 향상시킬 수 있는 충분한 세수, 권한, 혹은 영향력을 위한 요청에 반응한다. 그런데 미국에서는 이러한 재정정책에 대한 필요가 정부제도, 정책, 그리고 정책 도구에 대한 전통적인 의심, 회의, 혹은 냉소주의와 혼재돼 있다. 이 주제에 대해서는 제6장에서 길게 논의될 것이다.

미국 헌법에 대한 초기 논쟁은 정부의 필요성과 정부 활동에 대한 깊게 내재된 불신, 이 양자를 나타낸다. 연방주의자 문서 15(Federalist Paper 15)에 제임스 메디슨은 다음과 같이 썼다(Hamilton, Madison, & Jay, 1978: 264).

사람 위에 사람이 다스리는 정부를 구성하는데 있어서 가장 큰 어려움은 여기에 있다. 즉, 당신은 먼저 정부로 하여금 피치자를 통제할 수 있도록 해야 하며 그리고 다음에는 정부가 정부를 통제할 수 있게 해야 한다.

정부의 필요성과 그에 대한 불신, 이 양자의 균형으로 미국 정치를 설명하는 것이 가능할 것이다. 윌다브스키에 따르면, "미국 혁명을 했던 사람들은 영국과 식민지에서의 경험으로부터 자유로운 인민은 그 통치자에게 아주 강한 재정적 제약을 줘야 한다는 결론을 얻었다. 미국 정부 초창기부터 (재정적) 결정은 권력투쟁으로 취급됐다"(Wildavsky & Caiden, 2004: 25). 정부에 대한 주요 통제 가운데 하나가 재정적 통제, 즉 세금을 걷는 권한, 지출을 하는 권한, 융자를 허가하는 권한, 융자를 보증하는 권한, 보증하는 권한, 규정에 대해 자금을 제공하는 권한 등, 이 모든 권한에 대한 통제였다.

연방주의자 시각은 현대로 올수록 더욱더 반향을 일으킨다. 연방주의자 문서는 재정정책에 대한 첫 번째 해석적 차원을 제공한다. 정책은 피치자를 통제할 수 있는 정부의 권한(ability)과 정부를 통제할 수 있는 정부의 책임(responsibility)을 나타낸다.

일부 이론가들이 피치자에 대한 통제를 자유에 반하는 통제로 보는 것은 놀랄만한 일이 아니다. 통제의 수단은 그것이 세금, 관습적인 지출, 규정, 신용 혹은 보험 등을 통한 것이든지, 피치자에 대한 통제가 선의에서 비롯되는 것이든지, 또는 피치자에 대한 통제가 다른 모든 집단에 대항하는 한 집단을 위해서 출현한 것이든 아니든, 이 모든 통제 수단은 개인과 조직의 독립과 이것들의 자립의 필요를 훼손한다. 궁극적으로 권력을 잡은 사람들에게 통제를 위해서 통제할 수 있는 권한을 허용함으로써, 정부의 통제는 권력을 가진 사람들이 대표하는 사람들의 일과 결정에 권력을 잡은 사람들이 적나라하게 간섭하는 것을 의미한다. 그러므로, 일부 정책결정자와 그들의 추종자는 정부 권력을 싫어하기 때문에 재정정책 도구의 사용에 제한을 둘 것을 요구한다. 이러한 제한의 하나가 예산통제이다.

동시에 다른 정부 지도자들은 문제를 해결하기 위해서 전통적인 예산통제를 회피하고 조세지출, 신용, 보험, 융자, 보증 등과 같은 상이한 비관습적인 지출 도구에 의존한다. 그 결과로서 발생한 것은 "사업과 재원(programs and resources)이 눈에 덜 띄고 덜 책임지는 대안적 방법들로 천천히 이전한 것"이다(Heen, 2000: 762). 이 대안적 방법들은 일반적으로 정부 밖에 있는 것들이다. 이들 대안적 방법을 사용하는 사람들은 정부 정책을 때때로 충실히 집행하지만 그러나 대부분의 경우에 정부 부처가 정책을 집행할 때 존재하는 헌법적 제한 혹은 감독 기관 없이 집행한다. 그러나 비관습적인 정책 도구의 사용이 점점 정부 지도자가 그것을 통제할 수 있는 것보다 빠르게 증가하고 있고, 정부를 통제하기 위해서 취할 수 있는 노력보다도 빨리 증가하고 있다고 몇몇 사람들은 말한다.

예산을 통해서 정부를 통제하려는 정부 노력과 비관습적인 방법을 통해서 피치자를 통제하려는 정부 노력 사이의 차이로 인해 많은 다양한 논평이 나왔다. 두 학자의 논평을 들어보자. 첫째, 윌다브스키는 다음과 같이 주장했다(Wildavsky, 1986: 350).

> 정부가 시민의 행태에 영향을 미치려 하면 할수록 정부는 더욱 더 자신의 의도를 관철할 수 없는 듯 보인다. 정부와 시민과의 이 새로운 관계는 많은 장점이 있지만 지출에 대한 통제는 장점이 아니다.

쉬크는 윌다브스키보다 그 문제에 대해서 더 강력한 입장이다(Schick, 1981: 349-350). 그는 예산 외 지출의 증가에서 '통제의 역설(paradox of control)'을 찾아냈다. 즉,

> 예산 외 지출은 정부 내 공공 부문에서 이뤄진 지출이 정부 밖 공공 부문에서 대부분 이뤄진 지출로 공공부문의 전환으로 초래됐다. 이런 변화의 적지 않은 이유가 정부가 경제, 소득 분배, 투자 정책, 재화와 용역의 공급 등에 대한 통제를 강화하려는 노력이었다. 역설은 정부가 민간 부문에 대한 통제를 확대하려고 노력하면서 정부는 공공 부문에 대한 통제의 상당 부분을 포기한다는 사실이다.

그러므로, 개혁은 정부의 책임을 강화하기 위해서 비관습적인 지출을 예산과정의 범위로 편입시키는 시도였다(Schick, 1986).

진보적인 경제학자는 분석을 통해서 정부의 적절한 역할을 찾고 정부 권한을 억제하면서 비관습적인 재정정책 도구를 또 다른 형태의 정부의 사회에 대한 간섭으로 본다. 때문에 조

세지출, 신용, 보험 우대, 규제적 제재, 주정부와 지방정부의 법정 보조사업 등은 동일한 차원에 대한 각각 상이한 가치를 가진다. 이 정책 도구들은 일반적으로 유인이 아니면 제재이다. 기본적으로 유인과 제재 사이에 차이가 없다. 즉, 유인이든 제재이든 이 양자는 개인, 가계, 기업, 여타 정부 기관의 행태에 영향을 행사하려는 수단이다.

따라서 비관습적인 지출은 간섭의 변형이다. 정부 개입을 정책 도구 접근방법의 발전으로 생각해 보자(Vedung, 1998: 22-25; Anderson, 1977).

정책분석의 '도구'학파는 이렇게 묻는다. 우리가 공공문제에 직면할 때 우리는 그것에 대해서 무엇을 할까? 그 대답은 종종 이렇다. 우리는 그것을 개인, 가족, 혹은 가계가 결정하도록 넘긴다. 때때로 우리는 지역사회가 중요도의 문제를 결정해야 한다고 생각한다. 끝으로 몇몇 문제는 '시장'이 정부의 개입 없이 결정을 해야 하는 문제들이다.

정부 개입에 대한 믿음이 있는 곳이라면 정책은 유인책을 만들고, 제재를 구체화하고, 혹은 유인과 제재 사이 어떤 것을 구체화하는 등의 문제가 되는 경향이 있다. 때때로 교육, 도덕적 설득, 쟁점 알리기, 선전, 혹은 여타 설교 비슷한 접근방법 등과 같은 간접적인 방법이 사용된다.

어떤 때에는, 노력에 대한 관습적인 지출과 비관습적인 지출은, 즉 정책 도구들은 여러 목적 가운데 정부 목적을 나타낸다. 정부의 직접적 노력이냐 간접적 노력이냐를 구분하는 것보다 더 중요한 것은 예산이 우선순위를 정하고 배분하고 절약하고 통제하며 더 나아가 당면 문제에 정책 도구를 적합하게 맞출(fit) 수 있다는 것이다. 통제는 정부 개입의 영향을 극대화하면서 어떤 확인 가능한 그리고 소망하는 목적을 달성하기 위한 여러 경쟁하는 수단들 가운데 하나를 선택하는 결정들을 강요함으로서 이뤄진다.

그러나 정부가 개입할 때 개입은 그 중립이 아니고 의도와 결과라는 연계가 존재한다. 의도와 결과는 리바이어던(leviathan)과 진보라는 두 개 은유와 관계가 있을지도 모르겠지만, 이 관계 속에서 의도와 결과에 의해서 경제에 대한 정부의 규모와 역할이 명백해진다. 진보로서 재정정책 도구는 관습적 도구와 비관습적 도구의 모음(collection)으로서 기능을 하며 정부는 이 도구들을 가지고 행태를 유인, 교육, 혹은 제재하며 사회에 개입한다. 통제는 개입을 위한 가장 적절한 도구를 선택하는 하나의 수단이다. 예산과정은 논리 실증주의의 형식을 통해서, 개방적이고 공개적인 형식을 통해서, 그리고 대의 제도의 형식을 통해서 진보적인 결과를 얻는 것을 목표로 한다.

리바이어던으로서, 정부의 더 강한 배급과 통제 논의를 통해서 재정정책에 대한 아주 다른 이해를 할 수 있다. 이 분명하지 않은 견해는 정부의 사회에 대한 규모와 역할을 제한하는 다른 정치경제이론을 지지한다. 사중손실(deadweight losses, 후생손실/초과부담), 균형을 잃은 유인책, 불공평한 처벌, 힘겨운 노력, 난폭한 행동, 재산탕진 등이 리바이어던의 괴물 같은 재정정책을 설명한다. 개혁되지 않은 결정 체인이 이런 편의적인 방법을 통해서 파괴적인 결과를 낳는다.

여하튼 위의 리바이어던과 진보라는 은유는 예산에 대한, 또한 통제에 대한 명백한 권한(mandates)을 부여한다. 예산에 대한 이런 전통적인 견해는 또한 신념의 문제이기도 하다. 예산통제란 보통 사람들이 어느 곳에서 무엇이 수행되고 있는지 알고 있다는 것, 사람들이 어떤 결과로 얼마만큼 수행되고 있는지 알고 있다는 것, 그리고 사람들이 좋은 의도를 가지고 있다는 것, 그리고 좋은 의도가 긍정적인 결과를 초래한다는 것을 의미한다. 예산통제란 또한 정부를 통해서 혹은 정부의 후원을 통해서 정치경제에서, 적어도 매우 거대한 대중적 합의가 요구되는 한에서, 무엇이 수행되어야 하는지를 사람들이 제한해야 하고 지시해야 한다는 것을 의미한다.

예산통제의 문제는 이 책에서 보여줬듯이 또한 연구해야 할 사항이다. 어떤 재정제도가 어떤 구조, 절차, 법, 그리고 조직이 무엇을 해서 어떤 결과를 가져오는가? 여기서 인용되고 기술된 연구들은 제도와 결과를 정의하고 측정하는 많은 방법을 제공했다. 규범, 정책설계, 그리고 정책 도구, 그리고 또 정책 귀착, 지속, 영향을 포함하기 위해 예산운영과 재정정책 결정의 범위를 제도를 넘어 확장하는 것은 의도와 결과를 이해하는데 가치가 있다.

나머지 질문들은 직접적으로 의도를 다룬다. 정책결정자는 어떤 결과를 의도한다. 여기서 검토된 재정정책의 아주 좁은 범위는 의도가 업무, 절약, 사업 기회, 건전한 경제성장, 공평, 그리고 필요와 욕망 이 양자를 충족시켜줄 수 있는 부(富)의 토대가 된다는 것을 보여 준다. 정책결정자가 가질 수 있는 모든 의도 가운데서 왜 이런 의도를 가진 것인가?

또 다른 유사한 맥락에서, "왜 이런 의도?"라는 질문은 상이한 형식을 취한다. 키는 "어떤 기준에서 활동 B 대신에 활동 A에 X달러를 배분하도록 결정이 이뤄져야 하는가?"라는 질문에 답함으로써 예산운영(budgeting)에 관한 정치적 이론을 착근시킨다(Key, 1940: 1138). 그는 그 대답에 가장 유력한 근거로 정치철학을 발견한다. 그는 민주적 과정과 공화주의적 거버넌스에 대한 믿음과 신념에 의지하기 때문에 재원 배분을 자유롭게 선출된 대표들의 명령을 따라 하는 것에 하등의 의심이 없다. 그는 이론에 이르는 규범적 경로에 어려움이 없다. 그러나 이 책은 정부지도자들이 키의 배분 질문을 상당 부문 비정부 기관에 제기하는 것으로 상정했다. 더 나아가 정치 철학은 의도를 드러내는데 거의 도움이 되지 않을지도 모른다. "왜 이런 의도?"라는 질문에 대한 대답은 도덕 철학으로부터 나올지도 모른다. 밀러가 이익과 부담의 정당한 분배라 부른 것의 세 가지 기준들 사이의 차이를 그가 설명한 다음의 사례를 생각해 보자(Miller, 1976: 28). 사례는 집주인이 두 명의 작은 소년을 유리창 청소를 하기 위해서 고용하고 그 일을 하는 것에 대해서 각각 1파운드를 약속한 것이었다. 그 일이 끝난 후 소년 각각은 1파운드에 대한 권리가 있었다고 밀러는 주장한다. 그러나 사람들이 한 소년이 다른 소년보다 일을 더 빨리 매우 잘 했다는 것을 알면, 사람들은 일을 더 잘한 소년은 더 많이 받을 자격이 있고 다른 소년은 1파운드보다 적게 받아야 한다고 인정할 것이다. 그러나 사람들이 한 소년은 용돈이 풍족한 유복한 집 출신이고 다른 소년은 가난에 허덕이는 집 출신인 것을 알면, 한 소년은 1파운드보다 많이 필요하고 부자 소년은 1파운드보다 적게 필요하다는 것을 인정할 것이다.

세 개 도덕적 원칙들 가운데 오로지 한 개만 지지하는 것을 피하기 위해서 또는 정의를 해석하기 위한 단순한 선호 선택에서 독단적으로 보이는 것을 피하기 위해 고용주는 어떤 결정을 해야 할까를 밀러는 묻는다. 밀러는 그러한 해석이 고용주에게 아무리 명백하다고 하더라도, 각각의 해석이 연결된 사회의 관점이라는 측면에서 정당화될 수 있을지도 모른다고 주장한다.

세 개 관점이 사고를 지배한다. 첫째, 이 사례에 대해 일부 독자는 권리라는 관점을 가질 수 있다. 현존하는 질서에 기초한 하나의 견해, 권리는 계약을 지칭한다. 즉, 소년은 계약이 요구하는 바를 얻어야 한다. 좀 더 넓게 보면 정치지도자는 재정정책결정에서 예를 들면 투표, 정부가 약속한 것 얻기, 재산을 소유하고 이전하는 능력, 이동 능력 등과 같은 시민의 권리에 응해야 한다.

둘째, 밀러는 자격(deserts)의 관점을 제시한다. 이 관점은 인간 노력의 어떤 속성에 대해서 보상을 해야 한다는 공리주의에 입각해, 실적을 측정하는데 기초한다. 창문을 닦는 일에 있어서 소년 중의 한 명이 "나는 더 열심히 일했고 나는 더 많은 수고비를 받을 자격이 있다"고 주장할 수 있었고 그리고 그는 고용주에게 계약과는 다른 관점으로 정당화를 할 수도 있었다. 유사한 사례들이 재정정책 설계에 대한 기준으로 경제의 실적과 성과가 경제적 효율성과 동의어가 되는 재정정책 결정에서 발생할지도 모른다.

셋째, 위 소년 사례연구는 '필요'의 관점에서 가장 수준 높은 도덕적 기초를 보여주는 것일지도 모른다. 고용주는 가장 궁핍한 유리 청소자가 보수의 가장 많은 부분을 받을 자격이 있다고 결정할지도 모른다. 필요에 기초한 배분은 부족한 것을 치유할 필요성이나 혹은 생존과 번영의 기본 요건을 제공할 필요성과 관계가 있다. 필요란 도덕적 질서에 따라 정의를 제공하는 긴급성을 지칭한다. 도덕적 질서는 품위와 책임을 요구할지도 모른다. 질서란 그의 조건 그녀의 조건이 어떠하든지 모든 이가 훌륭한 삶을 실현할 수 있기를 요구한다. 가장 궁핍한 사람들은 "나는 나에게 일어난 일에 책임이 없다. 전 지역사회가 책임이 있거나 아니면 최소한 도움을 줘야 한다"고 주장할지도 모른다. 재정정책 결정에서, 부유한 사람에서 가난한 사람으로 또는 국가의 한 지역에서 다른 지역으로 재분배를 하는 것에서 필요 관점이 지배하고 있는 것을 잘 보여 준다.

재정정책 결정이 위 고용주 딜레마가 보여 준 것과 같은 분명한 도덕적 긴요성으로 나타나는 경우는 드물다. 권리와 자격은 강력한 조합을 형성할 수 있다. 소년이 "난 생존하기 위해서 보수를 받아야만 합니다. 게다가 만약 내가 수고비를 받지 못하면 나는 내 스스로 설 수 있도록, 그리고 실적과 자립을 보여줄 수 있도록 허용하는 직업을 가질 훈련을 받을 수 없습니다"라고 말할 수 있었다. 권리는 종종 필요에서 나온다. 지역사회가 모든 이에 대해 보이는 품위에 기초한 도덕적 권리는 모든 사람이 기본적인 음식과 물, 괜찮은 집, 의료에 대한 합리적인 접근, 그리고 온전한 교육을 받고 가질 수 있다는 것을 확실히 하는 데, 이런 권리는 사회경제적 체제 분배의 부족에서 연유하는 것이다. 끝으로, 자격(deserts)와 권리조차도 최후 수단의 보험자로서 지역사회 혹은 정부의 정의(定義)에서 비롯되는 것일지도 모른다. 권리 혹은 자격은 개인이 책임이 없는 재난, 물리적 장애, 성별, 인종과 같은 유전적 혹은 태생적 특성, 또 한편으로 타고난 재능, 유산, 상속, 혹은 태생에 기인한 상대적 불리함과 같이 개인이 책임을 질 수 없는 일에 대해 정부가 보호나 도움을 제공해야 한다는 것과 관련이 있다.

무엇이 재정정책에 대한 시민, 납세자, 그리고 조직과 기관의 지도자의 결론 혹은 반응인가? 효율성 관점에서 정부 지출 사업은 재화들 간에 대한 결정을 변경시킬지도 모른다(Stiglitz, 2000: 254-258). 만약, 어떤 사업이 전체 상품이 아니라 한 상품의 가격에 보조금을 준다면 개인들은 보조금을 받지 않은 상품보다 더 싼 상품(즉 보조 받은 상품)을 확실히 선택할 것이다. 보조금이 선택을 변경시킨다. 보조금은 수입 농산물에 대해서 국내 농산물을 선택하도록 하기 위해서 농부에 대한 농산물 지원 형태로 도입됐을 것이다. 보조금 사업은 결국 국내 농산물 생산을 전환시킨다. 반면에 지출사업은 국고에서 개인에게 소득 이전을 가능하게 해준다. 지출사업은 경쟁 상품의 가격을 변화시키지 않지만 증가된 소득으로 인해 개인은 소비를 변화시키는 반응을 할지도 모른다. 개인은 국내산보다 수입된 프랑스 버터나 이탈리아 파스타를 더 좋아할지도 모른다. 보조금을 받은 가격, 농생산의 변화, 소비자의 증가된 소득은 많은 음식물 공급과 낮은 가격으로 이로운 결과를 가져올지도 모른다. 아니면 지도자들은 정부의 모든 배분 결정을 비효율적인 것으로 볼지도 모른다. 즉, 농산품 생산자든 수입자든 상품의 가격을 인상할 수 있을지 모르나 농산물 생산 증가는 발생하지 않을 수 있으며 이로 인해서 식량 소비자가 농산품 생산자에게 전체 이전 비용을 지불하는 까닭에 어떠한 유익한 효과도 상쇄된다.

배분 결정의 결과 예측을 유익함과 비효율 양자 측면에서 볼 때, 이익의 분배는 재정정책에 대해 생각하는 정책결정자를 가장 괴롭히는 문제일지 모른다. 식량 가격에 대한 보조는 아마 소비자를 목표로 한 것이고 그리고 소득 이전은 스스로 영양학적으로 자신을 지탱할 여력이 없는 사람들을 목표로 한 것일 것이다. 그러나 비관적이고 비효율적인 분배가 나타날지도 모른다. 왜냐하면 농부보다 식량 수입자가 전체 곡물 보조금과 소득 이전비를 착복하기 때문이다(Chapin & William-Derry, 2002; Egan, 2000; Browne et al., 1992).

배분(allocation)과 분배(distribution) 결과는 개인들로 이루어진 광범위한 집단들이 재정정책에 대해서 보이는 반응이다. 배분에서는 효율성이 규범을 지배한다. 정책결정자는 파레토 최적 결과를 갈망하며 우발성 평가, 린달 모형, 여타 선호시현기법을 가지고 혹은 안 가지고 비용편익분석을 이용하길 좋아한다(Lindahl, 1958; Ciriacy-Wantrup, 1947, 1955; Cummings, Brookshire, & Schulze, 1986; Samuelson, 1937). 그러나 린달조차도 공공서비스, 진실을 말하려는 의향, 그리고 진실성과 관련해 정치권력의 공평한 분배의 구성에 대한 동의를 가정했다. 정치권력의 분배와 관련해서 규범적 재정정책은 경제적 권력으로부터 부담과 이익의 배분에 직면한다. 배분 결정은 장기간에 거친 분배 결정과 함께 동시적으로 발생한다. 사실은 정치권력을 결정하지 않는 사람들에 대한 공정한 대우를 위해 권력을 가지고 있는 사람들의 계속 변하는 지지와 "(재정정책)에서 공정이 무엇인지에 대한 관점이 실제 형상"을 결정한다(Lindhal, 1958: 176).

한편, 몇몇 규범적 경제학자는 특정한 재산 질서 하에 경제적 및 정치적 자격(entitlements)이나 권리의 인성이, 아무리 사격이 있는 사람(the entitled)이 관대하고 양보를 한다고 해도 사회재의 효율적인 배분보다 우선한다는 것에 동의하지 않는다(Okun, 1975). 오히려 '전지적 예산계획가'인 정책분석가가 일반 균형 체계에서 예산 정책의 배분과 분배 측면을 동시적으로 결정해야 한다(Musgrave & Musgrave, 1989: 71). 현실은 사회적으로 잘 지내야 할 설득력 있는 필요성을 가지고 이 정책분석가와 마주하고 있고, 현실은 사회재에 대한 선호를 나타낸 정치과정의 공로를 인정하는 것에 유리한 마음의 틀을 만드나, 그것은 어떠한 경제적 그리고 정치적 자격 혹은 권리의 분배가 존재하는지의 맥락에서만 그러하다(Traub, 1999; Miller, 1991; Musgrave & Musgrave, 1989; Kahneman & Tversky, 1979; Goffman, 1974; O'Connor, 1973). 배분과 분배 결정, 의도와 결과는 동시에 일어나나 그것들은 효율성과 정의 사이의 균형이 가지고 올지도 모르는 결과에 대한 이해를 반영해 실제적인 방법으로 일어난다.

분석가들은 의도와 결과는 일반균형으로서 동일한 일치점을 가진다고 제시한다. 기본적 규범만이 준거 틀로서 행동을 안내할 뿐, 정책결정자가 재정정책을 작동하도록 할 수도 있고 또는 해야만 한다고 몇몇이 제안하는 완전한 통제로서 행동을 안내하지 않는다. 어떤 규범의 지배는 옛 규범 조합의 결과가 폭로됨으로써 변경될 수 있다. 변화가 열려 있다는 것은 예산통제에 길을 내주는 것일 수도 있고 그리고 자신들의 복지에 대해 사생활 보호와 통제를 필요로 하는 사람과 정부 기관을 필요와 경계(警戒)의 혼합체로 보는 사람에게는 물론 충족돼야 할 욕구를 가진 사람에게는 위안을 줄 수도 있다.

제5장

지출한도, 장려책, 그리고 성과와 함께하는 관습적 예산운영[1]

제럴드 밀러(Gerald J. Miller),
도니조 로빈스(Donijo Robbins), 금재덕(Jaeduk Keum)

관습적 예산운영에서, 예를 들어 예산결과를 예산통제로 상쇄하듯이, 장려책과 지출한도를 서로 상쇄적으로 사용하는 것은, 재정관이 사용하는 절약 논리에 기초한 하나의 변형이다. 이 문제는 정부 예산운영과 재정에 관심 있는 연구자부터 실무자, 특히 학생 그 누구에게나 흥미를 끌고 있다. 예를 들면, 국제공공관리네트워크(International Public Management Network)는 최근 연도별 저축에 관한 심포지엄을 발간했다(Jones, 2005). 그 심포지엄은 다음의 질문에서 연유했다. "t 시점에 정부 부처가 비용 절감을 달성했다면 t+1 시점에 정부 부처 예산이 어떻게 되는지에 대한 문제에 관한 학술연구(경험적 혹은 정책제안 유형이든)

---

[1] 이 장의 이전 판은 Public Performance and Management Review(2007, 30(4): 469-495)에 실렸고 벨기에 루벤(Leuven, Belgium)에서 2006년 6월 3일 개최된 Performing Public Sector conference와 조지아 애틀랜타(Atlanta, George)에서 2006년 10월 20일 개최된 Association for Budgeting and Financial Management conference에서 발표됐다(판권은 M. E. Sharpe, INC에 소유한다. 허락을 받아 여기 사용한다). 저자들은 다음 분들의 깊은 성찰, 논평과 도움에 감사한다. 즉, 두 분의 이름을 알 수 없는 학술지 평가자들, 학술심포지엄의 편집자들, 네덜란드 트웬티 대학의 요한 더 크루이프(Johan De Kruijf), 그리고 루벤 학술대회에서의 논평자들에게 감사한다.

에 대해 아는가?"(Kelman, 2005: 139). 블로그 대화를 통해 볼 때, 절약의 논리가 그렇게 탄탄한대도 불구하고 그에 관한 연구나 경험이 없는 것으로 나타났다. 발간된 심포지엄 자료에서는 예산사정관들이 절약에 대해 벌점을 주는 것이 일상적이라는 잘 알려진 반논리(counterlogic)가 언급됐다.

절약 장려 문제는 몇 가지 원천에서 연유한다. 정부 예산에 대한 경험에 대해 학생들이 선생에게 말해줬던 아주 오래된 이야기 하나를 반추하면서 바렛과 그린은 다음과 같이 지적한다(Barrett & Greene, 2002: 74). "주정부나 지방정부 부처가 연말에 돈이 남아 있는 경우 지출을 함부로 하려는 낭비벽 정신상태가 나타나는 경향이 있다." 그들은 예산에 편성돼 있지 않은 재화를 구매하고 직원에게 초과근무를 시키는 이야기를 한다. 오랜 경험에 따라 부처는 비용 절감의 예산상 결과를 피할 행태를 취해야 한다.

그러나 예산이론에 의하면 지출낭비벽 사고방식에 대한 장려책이 마련돼야 한다는 것을 알 수 있다. 경험적 연구가 축적된 이래로 일단의 연구자들은 예산담당자에게 "너무 좋은 결과를 피하도록" 경고했다(Wildavsky, 1964: 93). 자금을 지출하지 않으려는 반응에 대한 경고를 정치지도자들이 지지하는 것을 보는 것은 어렵지 않다. 윌다브스키는 예산사정관이 이렇게 말하는 것을 인용했다. "우리가 15분 동안 들었는데, 당신들은 참 업무를 잘했기 때문에 당신들은 더 많은 예산이 필요하지 않은 것은 확실하다"(Wildavsky, 1964; 93). 워렌은 윌다브스키의 견해를 경험적으로 검증한다(Warren, 1975). 쉬크 같은 여타 예산 행태 연구가들도 동의했고 "예산과정에서 관리자들은 자신들의 부처에서 비효율을 제거하려 노력할 때 예산을 상실할지도 모를 불편한 위험에 습관적으로 직면한다"고 지적했다(Schick, 1978: 179).

부처가 업무를 잘 수행한 사실로부터 의사결정자는 부가적 재원의 필요성에 대해서 알 수 없다. 즉, "더 나은 일을 하기 위해서 더 많은 재원이 제공돼야 하는가? 아니면 재원이 목적하는 바가 달성됐고 재원이 더 이상 필요하지 않다는 근거에서 재원을 삭감해야 하는가?… 만약 사업이 잘못 수행되고 있다면 그래서 결과를 보여줄 수 없다면 이것은 그 사업은 종결돼야 하는 것을 의미하는가? 아니면 일을 더 잘하게 더 많은 재원을 제공해야 하는 것을 의미하는 것인가?"(Caiden, 1998: 44).

아마 결점이 성공, 실패, 개선, 정체 등을 나타내는 성과측정을 믿을 수 없거나 혹은 성과측정이 조잡한 것에 있는 것 같다. 재원 배분이라는 광범위한 문제에서, 케이든은 성과라는 것이 "종(種)을 유지하는데, 트라우마 센터 체계를 운영하는데, 혹은 전염병을 점검하고 통제하는데 특정 자금들이 너무 적다, 너무 많다, 혹은 매우 합당하다, 그 여부"를 결정하는데 다소 부적합하다고 주장한다(Caiden, 1998: 44). 정치적 인기와 균형 있는 예산의 필요성이 종종 예산결정을 위한 유일한 이유가 된다.

절약을 장려하려면 지출에 대한 목표치 혹은 한도에 맞추기 위해서 위에서 아래로 하향적 지시를 허용하게 된다. 한 교수가 목적 기준 예산제도를 설명했을 때 한 학생이 이렇게 반응했다.[2] "정치가는 선거에서 표를 얻기 위해 자기 지역구 개발사업(pork barrel)에 자금을 배정하고 있다." 학생들은 절약 장려라는 연성 관점이 실재 예산운영에서 지출 한도 준수라는 경성 관점과 충돌할 수 있다는 것을 깨달았다. 왜 일단의 정책결정자는 저 여타 개혁보다 이 개혁을 선택했을까? 이 연구의 암묵적인 주제는 목적 기준 예산의 재량적 예비비 정책(discretionary reserve policy)보다 유보 저축 정책(retained savings policy)을 선택한 이유를 설명하는 것이다.

현재 진행되고 있는 개혁 노력은 예산 결정과 정부 성과 사이의 연계를 강화함으로써 정부 책임성을 향상시키려는 것이다. 이 연계를 강화해야 한다는 신념은 폭넓은 지지를 받고 있는데, 이 신념은 성과와 예산과의 연계를 인지하고 이해하며, 또 공공 부문의 전문가가 이 연계를 달성하는데 성공할 수 있다는 것을 인지하고 이해하는, 일반 대중이 공공 부문과 공공관리자를 사회의 생산적이고 필요하며 중요한 부분으로 볼 것이라는 생각에 기초한다.

현행 성과에 기초한 개혁은 몇몇 분명한 곳에서 비롯된다. 비평가들은 계속해서 정부에 불평을 한다. "왜 정부는 기업처럼 운영할 수 없는가?" 많은 사람들이 그 질문을 뒷받침하는 개념을 다음과 같이 반박하고 있다. 즉, 정부 업무의 본래 성질에 의해서, 정부 지도자들은 몇 가지 목적들 가운데 단지 한 목적으로서 효율성을 목적으로 한다. 납세자 그리고 정치가와 공공관리자 조차도 그들의 결정이 맞는 것이지 아니면 틀린 것인지, 그리고 그들이 또한

---

2) [역주] 목적 기준 예산제도는 Target Base Budgeting(TBB)을 번역한 것이다. 목적 기준 예산제도는 예산편성을 책임지는 부서(혹은 행정수반)가 부서(부처)별로 예산요구 한도액을 제시하고 부서는 그 한도 내에서 예산을 편성해서 제출하는 제도를 말한다. 물론 부서는 그 예산요구 한도를 준수할 수도 있고 아니할 수도 있다. 그러면 다시 예산부서가 그것을 조정하는 제도이다. target을 목적으로 번역하는 경우, TBB제도 운영에서, 예산요구액 한도는 중앙예산기관에서 제시되지만, 그 한도액 내에서 무슨 목적으로, 어떤 사업을 수행해서 어떤 성과를 낼 것인가는 예산을 집행하는 각 부처에 있다는 맥락을 감안 한 것이란 생각이 든다. 이러한 맥락에서는 부처에 재량권이 부여되고 그 결과에 대해서 부처가 성과 측정을 통해서 책임을 져야하며 한다는 논리이다. 이 장에서 Target은 지출한도 또는 예산한도라는 의미로 쓰인 곳이 많다. TBB에 대해서는 Irene S. Rubin(1991). Budgeting for Our Times: Target Base Budgeting. *Public Budgeting and Finance*. 11(3): 5~14.를 참고하시오. 이 장 제1절 "성과에 기초한 개혁(performance based reforms)을 향한 운동"에서 TBB의 의미가 기술돼 있다.

그들의 업무를 수행하는데 성공하고 있는지 아니면 실패하고 있는지 그 여부를 판단할 최저선(bottom line)을 필요로 한다는 사실이 여전히 남아있다.

우리는 데이비 오스번에 의해 이끌어지던 '정부 재창조' 운동의 '정부의 가격' 운동 세력, 두 운동에 의해 전파된 메시지에 담긴 납세자의 많은 반발에 대한 하나의 주요 대응을 알고 있다. 그는 그가 주도했던 운동이 공무원이 극도로 불편했던 때에 발생했다고 주장한다. 그 때는 공무원들이 인습적으로 생각하고 공무원들이 어떻게 잘 의사소통을 해야 하는지 그리고 그들의 업무가 일반 대중에게 얼마나 조잡하게 기여하는지 알지 못한 것을 알게 되어 공무원들은 좋게 봐서 잠재적 반대에, 아주 최악으로 본다면 초기 혹은 완전히 촉발된 반발에 직면한 때이다(Osborne & Hutchinson, 2004: 41-61).

시민들이 공무원들이 해주기를 원하는 바를 공무원들이 얼마나 잘 하고 있는지 그것을 소통하는 방법을 정부에 있는 누구도 알고 있지 않다고 현재의 문제를 규정한 것은 내부자 견해를 반영한다. 많은 학자들이 관찰했듯이, 시민들은 자주 관심의 문제에서 너무 멀리 떨어져 있고 관리자와 선출된 공직자는 시민과 문제 사이 어딘가에 있다.

조세저항과 시민 불평이 커질 때 대부분의 시민들, 관리자들, 그리고 간부들이 불안해하던 문제가 예산에 표면화 됐다. 시민이 열망하는 방향으로 행동을 취할 수 있게 하는 힘을 가진 예산은 직접 혹은 간접적으로 모든 문제를 반영한다. 따라서 현재 문제에 대한 두 번째 규정이 나타나고 외부자 관점을 반영한다. 즉, 예산을 통해 지도자가 시민의 돈을 사용하는 방법에 신뢰와 믿음을 주입하는가? 예산운영을 통해 책임성의 전문적 표준이 충족되는 것은 물론 정부의 보다 더 큰 의무가 얼마나 잘 달성됐는가?

현행 성과 기준 개혁(performance based reforms)에서는 예산운영에 있어서 재량 배분에 그 어느 때보다 집중적인 주의를 기울이고 있다. 성과 측정과 보고를 통해서, 정부가 잘 한 것에 대한 정보를 공유하는 것이 냉소주의를 축소하는데 크게 도움이 될 수 있다(Berman, 1997). 당사자들이 재원을 배분할 때 이루어진 진전을 측정하는데 뿐만 아니라 여러 목적과 그들 목적을 달성하기 위한 수단 사이의 상쇄관계를 다루는데 폭넓게 그리고 깊이 참여하는 것이 시민, 공공 관리자, 그리고 선출직 공직자 사이에서 좀 더 훌륭한 결정과 위험의 공유가 이루어지는데 도움이 될 것이다. 그러나 대부분은 아니더라도 많은 의사결정자들이 성과와 효율성 절약 정보를 원할 때 그것들을 분석하고 활용하는 것은 고사하고 얻는 것이 어렵다는 것은 놀라운 일이 아니다.

따라서 각각의 개혁이 의사결정자들에게 생산성 증가와 실제적으로 달러(dollar) 절약을 약속한다고 가정하는 것은 합리적이다. 이런 가정 하에 이 연구는 다음의 가장 중요한 연구 질문에 답을 찾고자 한다. 즉, 경험 많은 노련한 공공 관리자가 이러한 개혁 가운데 어떤 것을 이용하고 왜 이용하는가? 이에 답하기 위해서 우리는 연구의 필요성, 성과 개혁, 그리고 연구 모형을 제공함으로써 시작하고자 한다.

제1절
성과에 기초한 개혁을 향한 운동

미국에서 일어난 현행 개혁 노력은 민간 부문에서 일어난 유사한 관심을 반영한다. 예산운영에 관한 민간 부문의 모형은 확실한 투입-산출-결과 형식을 취한다(Lazere, 1998; Churchill, 1984; Hax & Majluf, 1984; Knight, 1981; Trapani, 1982). 유사한 그림이 1993년의 정부 성과 및 결과법(Government Performance and Results Act of 1993)의 운영에서 나타난다(Ridin, 1998). 이러한 성과 계획과 함께, "의회는 계획과 예산과의 직접적인 연차 연계를 정할 것을 … 작정했고(GAO, 1999: 3), 예산상 거래를 인지하고 측정하는 새로운 방법을 통해서 선택과 결정의 장기적 시사점을 정확히 기술할 것을 작정했다(GAO, 2000; GASB, 1999도 볼 것).

개혁은 전미 주 및 지방정부 예산운영에 관한 자문위원회(National Advisory Council on Stae and Local Budgeting)에서 행한 주 및 지방 정부 개혁을 통해 나타났다(NACSLB, 1997). 이 위원회의 마지막 검토에 따르면 예산은 정책 방향을 명확하게 규정할 수 있어야 하고, 받은 세금과 세수를 구체적인 서비스 수준으로 전환할 수 있어야 하며, 서비스 증감의 결과를 보여줄 수 있어야 하고, 이 증감의 결과를 이해당사자들에게 의사전달을 할 수 있어야 하며, 지출에 대한 통제를 용이하게 할 수 있어야 하고, 직원들에게 피드백을 촉진하고 줄 수 있어야 하며, 직원과 조직의 성과를 평가하고 조성할 수 있어야 한다.

여타 다른 개혁 이야기도 영연방과 스칸디나비아 국가들에 대한 쉬크의 연구에서 발견되는 지출통제예산이나 소위 기업가적 예산과 같은 문헌에 나타났다(Schick, 1997).

이러한 민간과 공공 부문 예들이 모델 노릇을 한다. 이 모델들은 우리의 모델에서는 하나의 합성(synthesis)으로 표현되고 만다. 그 모델들이 의미를 가지도록 해석이 될 수 있다면 그것은 생생한 은유인 성과예산제도로 명명된 상이한 개혁의 혼합물이거나 점차적으로 이뤄진 개혁들의 덩어리이다. 미국의 연방, 주정부, 지방정부 등 모든 정부 수준에 이뤄진 개혁의 역사를 고려할 때 우리는 다음과 같이 질문할 수도 있을 것이다. 즉, 이 개혁은 과거 개혁과 얼마나 유사한가?

라키와 데버루는 과거 개혁들을 다섯 가지 다른 방법으로 범주화한다(Larkey & Devereux, 1999: 167). 비용과 편익 혹은 한계적 효용과 같은 경제적 분석, 특히 계획예산제도(PPBS)와 영기준예산제도(ZBB)를 강조하는 예산과정 개혁은 합리화 개혁(rationalizing reforms) 범주에 속한다. 부가적 요인들로 기획, 상대적 가치 비교, 생산성 분석과 관련 있는 기법들이 포함된다. 성과에 기초한 개혁(performance-based reforms)에 포함된 예산균형, 완전성(comprehensiveness), 회계연도독립성(annualarity)과 같은 임시변통 규범은 라키와 데버루가 결정 능률성이라 부른 것, 즉 대개 특정 문제를 해결하는데 적합한 수준에서 부처 간의 분권화, 그리고 부처 간의 경쟁 혹은 협력의 실현가능한 비교와 촉진을 수반한 시간과 노력의 절약에서 연유한다. 정보의 자유와 일몰법(sunshine law)과 같은 민주화 개혁(democratizing reforms)은 개혁을 통해서 더 많은 이해당사자와 시민들에게 참여와 관여의 기회를 주도록 끈질기게 노력한 책임 범위를 더욱 확대하려는 문제에서 온다. 개별 항목 거부권(line item veto)은 권력을 이전시키기 위한 개혁 가운데 하나이다(reforms to shift power). 이 개혁은 능률성 개선이 있을 때 예산에 대한 권력의 폭넓은 분권화, 낮은 우선순위에서 높은 우선순위 사업으로 자금을 재배분하려는 암묵적인 장려책, 그리고 저축의 유보를 포함한다. 끝으로, 성과에 기초한 개혁(performance-based reform)은 산출 통제를 잘 하기 위해서 투입 통제를 강화할 것을 강조한 전통적 개혁의 반전이다. 즉, 성과에 기초한 개혁은 정부를 개혁하기 위한 엄청난 노력을 분명히 시사하고, 그리고 좀 더 합리적, 전문적, 민주적, 권위적이 되고자 그리고 좀 더 정직하고자 엄청난 노력을 분명히 시사한다.

우리는 결과 혹은 성과에 대한 현재의 우려는 혼란이 아니라고 주장한다. 성과는 새로운 어떤 것에 기여한 바 있지만 그것은 과거에 기초해서 이룩된 것이다. 코스란에 따르면, 후기 개혁은 이전 개혁의 일부를 가졌다. 즉, 후기 개혁은 "성과주의 예산제도에서 성과측정을 사업예산제도에서 기능적 범주를 목표에 의한 관리(OMB)에서는 협상을 그리고 영기준예산제도에서는 목표의 우선순위 정하기"를 가져왔다(Cothran, 2001: 158). 코스란은 다음과 같이 말했다. 즉, 후기 혁신은 "더욱 단순하고 능률적이며 서류작업과 분석을 덜 요구하는 것이 일반적이다." 계선 관리자에게 더 많은 재량권을 주는 것과 책임성을 더욱 강조한 것이 후기 개혁에 의해서 이뤄진 새로운 기여라 또한 말할 수 있다. 새로운 예산운영 문화는 관리자의 주도성을 더욱 강조하지만 관료주의적 반응과 관성을 덜 강조한다. 코스란은 중앙집권적 권위는 결과를 위해서 상쇄됐다고 주장한다.

스칸디나비아 정부와 영연방 정부 개혁을 쉬크가 연구해서 얻은 견해(Schick, 2001a)와 폴릿과 부카르트가 연구해서 얻은 더 일반적이고 상대적인 맥락과 관련이 있는 견해는 물론 우리 자신의 견해(Pollitt & Bouckaert, 2000)에 충실히 따라, 코스란은 개혁을 결과를 위해서 그리고 종종 전체 재원을 통제하기 위해 세세한 것을 희생하는 것(trading details)으로 보고한다. 줄여 말하면, 지도자들은 결과를 원하며 지출 총계에 대한 통제를 원한다. 결과에 의해서 지출 수준이 정당화되며 지출 총계에 대한 통제를 통해서 폭넓은 지출 우선순위와 조세 레짐 양자와 관련된 정치를 통제할 수 있다. 지도자는 총계를 통제하기 위해서 업무 방법과 사업 선정과 같은 미시적 관리를 희생할 의향이 있을지도 모른다. 업무 방법 선정과 사업 선정이라는 것은 하급 관리자에게 지도자도 어떻게 달성하는지 잘 모르는 결과에 대해서 책임을 지도록 한다. 결정이란, 총액을 통제하는 것이고 결과를 달성하는 수단을 위임하는 것이다.

제2절
장려책, 증명, 그리고 지출한도 간 상호관계

성과 기준 개혁을 향힌 운동 김도를 통해서 세 개의 주요 예산개혁인 장려 접근방법(incentives approach), 증명 접근방법(certification approach), 그리고 지출 한도 접근방법(spending target approach)이 성과 정보를 사용하거나 무시하는데 지난 20년간 경쟁을 해 왔다는 것을 알 수 있다. 이 세 개혁은 모두 예산 결과를 위한 관리 혹은 지출 통제라고 붙린 대단한 노력과 연계시키려 노력했다. 우리가 이해하려 노력한 모형은 이들 세 접근방법에 기초한 "총액을 위해 세세한 것을 희생하는 계획(scheme)"으로부터 나온다.

총액 통제에 대한 뿌리는 목적 기준 예산제도(TBB)에 있기 때문에, 캘리포니아 버클리에서 1929년 일찍이 도입했을지도 모를 그 예산운영제도 형식이 선례로서 작동한지도 모른다(Buck, 1929; Rubin, 1998: 57-59). 우리는 이것을 지출 한도액 접근방법이라고 부른다. 예를 들어서, 오하이오 신시내티에서는 한도액 접근방법을 통해서, 부처가 새로운 사업으로 제안한 것으로 다음 회계연도 세수 추정치의 10%를 배분하는데 초기에는 입법부에 상당한 역할을 부여한다. 이 접근방법을 통해서 나머지 세수 추정치 90%에 해당하는 기존 사업을 재배분했다(Wenz & Nolan, 1982). 신시내터에서 이루어진 절약으로 인해서 혁신이 일어났다.

절약분 유보나 더 많은 재량권 허용에 기초한 관리지향적 장려 체계는 분권화에 기반한 연속선의 다른 한 끝에 위치한다. 절약분 유보의 경우, 부처는 유보 저축을 일반 자금으로 반납하기보다 부처의 저축으로 가지고 있을 수 있게 허용될 수 있었다. 유보된 저축은 관리진과 직원, 훈련, 과학기술 업그레이드, 혹은 부처가 수행하는 여타 일반적인 업무를 위한 상여금(bonus)으로 사용될 수 있었다.

더 많은 재량권을 허용한다는 것에는 다른 매력이 있다. 클레이는 다음과 같이 주장한다. "절약분 유보 권고에 덧붙여 몇몇은 잘 관리한 부처에 보상을 하기 위해서 제약적인 통제로부터 상당량의 자유(즉, 총액으로 세출예산을 수여하기)를 권고했다. 이들 제안은 절약 여유분 보유 전략보다 정치적으로 실현가능성이 높아 보일 수도 있어서 많은 관심을 받을 만하다"(Klay, 2001: 221-222). 클레이에 따르면 절약은 능률성과 효과성을 가져다 준다.

관건은 중앙 부처 직원에 의해서 하급 기관 관리를 대체할 수 있게 해준 성과의 측정에 있다. 예를 들어서, 애리조나 마리코파 카운티에 의해 설계된 증명 접근방법은 내부회계과(IAD)에게 부처 성과 측정 수집방법, 정확성, 그리고 보고에 대해 현재진행 중인 독립적인 평가를 수행하도록 요청한다. 이 평가가 완료되면 증명 평점을 부여하고 성과측정치가 적정한지, 시의적절한지, 이해하기 쉬운지, 검증이 용이한지 그 여부를 보고한다(Tate, 2003: 6-8). 이 증명 접근방법을 통해서 책임성, 이해당사자들과 좀 더 양질의 의사소통, 그리고 정부에 대한 보다 높은 신뢰를 얻을 수 있다. 예산 요구를 수반하는 성과정보를 읽은 예산결정자들은 그들이 읽은 것에 대한 진실성에 보다 높은 신뢰를 가질 수 있을지도 모르겠다.

아마도 역동성은, 아래와 같은, 성과 수준과 목적에 대한 결정과의 연계이다.

목적 기준 예산제도(TBB) → 성과측정(PM) → 측정에 기초한 보상

이 체계는 전체 세 개를 연결함으로써 연계된다.

> 목적 기준 예산제도(TBB) → 서비스 수준에 기초한 자금 배분 →
> 성과측정(PM)에 의한 측정 → 보상 및 미래 예산한도에 연계

자금배분과 서비스 연계라는 마지막 개념은 많은 생각을 담은 함축성이 있을 수 있는데 그 연계가 관심을 거의 끌지 못해서 사람들이 이 둘 사이를 어떻게 연계해야 하는지 설명이 필요하다.

파이트는 적어도 부분적으로 그러한 역학관계가 존재하는 것을 확인한다(Feit, 2003). 그는 미네소타 주 교통국(MnDOT)이 성과 측정을 채택하고 성과관리(PM)와 자금 배분을 연계 시키려는 시도를 요약한다. 그 교통국은 성과관리를 위한 네 개 주요 기준을 따랐다. 파이트는 그 요건을 아래와 같이 기술했다(Feit, 2003: 39).

1. 목적은 성과를 증진하는 것이란 점을 시작부터 명백히 해야 한다.
2. 모든 최상층 관리자들은 집행을 강조하고 그것을 지속적으로 지지해야 한다.
3. 자금 배분은 서비스 유형별로 서비스 수준과 연계되어야 한다.
4. 보상체계는 객관적인 증거에 기초한 성과 결과와 연계되어야 한다.

미네소타의 경우 화이트에 따르면, "목적은 주 전체에서 재원을 가장 효율적으로 사용하면서 고객의 욕구와 공공 목적이 충족되는지 그 여부를 측정하고 추적하고 그리고 평가하는 것이다"(Feit, 2003: 40). 더 나아가서 미네소타 주 교통국 관리자들은 스스로 다음과 같이 묻는다. "우리는 왜 이것을 하는가?" 그 답은 아래에 명부 형식으로 있다(Feit, 2003: 40).

1. 주요 투자 결정에 기초한 정보를 제공하라.
2. 고객과 이해당사자들이 그들의 결정과 우선순위에 대해서 미네소타 교통국과 의사소통을 할 수 있게 하라.
3. 우리의 성과 측정에 초점을 두어, 가장 중요한 업무에 집중해서 재원, 시간, 에너지, 그리고 창조성에 집중하도록 직원과 이해당사자들을 지도하라.

4. 고객 및 이해당사자들의 기대와 미네소타 교통국 성과 사이의 격차를 확인하고 정의하는데 성과측정을 사용하라.
5. 더 좋은 제품과 서비스를 제공하기 위해서 과정 개선 분야를 표적으로 삼아라.

파이트는 국(局) 관리자들이 측정에 대해 합의를 보기 힘들어 한다고 보고했다. 그래서 국들은 '성과 상황판'을 만든 상담사를 고용했다. 45개 성과 상황판은 빨강, 노랑, 초록으로, 누구든지 이해하기 간단하고 쉬웠다. 그리고 파랑은 '과다 성과'를 나타냈다. 100개의 성과 측정치는 표준 자료표로 대체됐다. 성과 상황판에는 국 관리자들이 변동량 또는 국(局)이 목적을 달성하지 못한 이유를 설명하는 의견 난이 있었다. 성과 상황판 발상은 최고위층 관리자의 지지를 받았다.

그 다음에 예산 관리자는 필요의 수준에 기초해서 서비스에 자금을 배분하려고 노력했다. 필요는 고객이 원하는 것이다. 그래서 미네소타 교통국(MnDOT) 관리자는 "통근자, 운송업자, 선적처리업자, 응급차량운영자, 농부, 개인여행자, 지역사회와 그린생활자 등 주요 고객을 확인하는" 시장 조사를 했다(Feit, 2003: 42). 시장조사에 의해서 고객은 단기적 필요는 물론 장기적 관점을 가지고 있음이 밝혀졌다. 장기적 관점에서 고객은 "도시간 왕래가 많은 루트 개선, 지방정부에 자금 지원, 장기적인 20년 교통계획 수립, 그리고 안전과 관련된 정보 부족"을 소중하게 생각했다. 단기적 문제와 고객 관심사 서비스는 "삽질, 모래뿌리기, 소금뿌리기, 도로 및 교량 유지, 도로 및 교량 건설, 도로 잔해 청소, 표지 게시, 신호등, 안전보호대, 포장도로 위 건널목 등 교통안내 등 유지하기, 도로 및 교통 상황 알리기"이었다(Feit, 2003: 43). 로켓과학 같은 기발한 것이 아니었다. 시장조사를 통해서 필요한 것들의 명부 사이의 우선순위를 정할 수 있어서 활동가들은 집중력을 얻을 수 있었다.

성과 상황판 제도는 서비스 수준에 대한 결정에 영향을 주었다. 서비스 수준은 예산 배분과 연계된다. 사례를 전방으로 혹은 후방으로 보든, 연계 전체는 서비스 수준 → 업무량 수준 → 인력 수준 → 인력(재료, 장비, 서비스, 지원 직원, 관리)과 연관된 지원 수준 → 보상 → 예산 지원이다. 미네소타의 이러한 연계에도 불구하고 하나의 마지막 문제가 페이트의 2003년 논문에 남아있었다. 그것은 객관적인 증거에 입각해서 성과 결과와 보상 체계를 연계하는 것이었다.

우리가 그린 그리고 미네소타 사례가 보여준 개념적 연계를 통해서 우리는 일반 모형을 얻었다. [그림 5-1]에 있는 도표가 결과 체계를 위한 다음 네 개 관리 요소 간 상호관계를 보여준다. (1) 성과 측정, (2) 수집된 자료의 질, (3) 성과 정보의 다양한 이용, (4) 목적(goals)에 대한 중앙집권적 통제와 분권화된 장려책 사이의 균형.

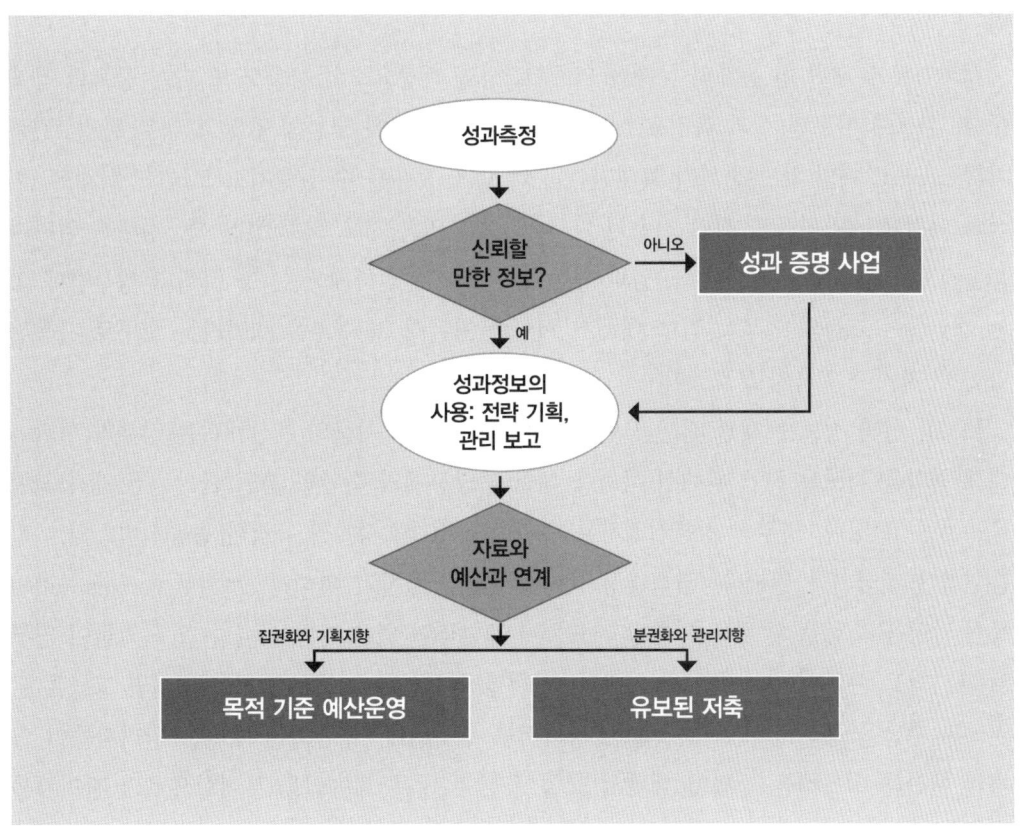

[그림 5-1] 성과 확인, 예산한도, 그리고 절약

성과에 기초한 재원 배분 제도(PBRA)를 운영하려면 성과 측정요소(measures)와 성과지표(indicators)의 식별이 필요하다. 다음 유형의 성과 측정요소가 제시되고 있는 게 일반적이다. 즉, 투입, 업무량, 산출, 결과, 능률성, 효과성 등이 그것이다. 그리고 이런 유형이 측정요소는 주기적 기준으로 수집되는 자료를 지지하는 비연속 지표(discrete indicators)로 전환돼야 한다.

일단 성과 측정요소가 식별되고 이 측정요소에 대한 자료가 수집되면 초점은 질 통제 문제로 이동한다. 성과 정보는 의사결정자가 자료의 질을 신뢰할 경우에 그때에만 가치가 있는 것이라는 것을 이해하는 게 중요하다(Tate, 2003). 사업 관리자는 성과 자료의 질에 대한 통제 책임을 주로 지지만, 그 자료가 조작되고 과장되고 혹은 의도적으로 제거될 수 있는 가능성이 항상 있다. 그래서 수집된 성과자료의 질을 보장해 주는 기제(mechanisms)가 필요하다.

성과자료에 대한 질 통제의 문제에 더해서, 성과 측정요소의 사용도 또 다른 중요한 문제이다. 쉬크에 따르면 성과 측정요소의 사용이 재원 배분에 국한되지 않고 내부 관리, 전략 기획, 그리고 책임 확보에 까지 확대된다면 더 쉽게 적용될 수 있을지도 모른다. 실제로, 이 성과 측정요소는 다음과 같이 사용될 때 더 가치가 있을지도 모르겠다. 즉, 정부가 얼마나 능률적으로 운영됐는지, 정부 사업과 활동이 얼마나 완전하게 됐는지, 그리고 정부안에 있는 개인들이 그들의 업무 결과에 대해서 책임을 지는지 그 여부를 평가하는 도구로 사용된다면 더 가치가 있을지 모르겠다.

끝으로, 성과 정보를 재원 배분과 연계하려고 노력하는 최근의 예산개혁은 정부가 결과에 대해 책임을 지도록 하기 위해서 목적에 대한 중앙통제와 수단의 분권화라는 두 가지 장치를 이용하고 있다. 정부의 정책결정자는 총지출과 정책결정자가 규정한 공공서비스의 우선 순위를 통제하기를 원한다. 정책결정자는 통제에 성공하기 위해서, 부서(departmental)의 목적 달성을 측정할 수 있도록 특정 지표들이 개발되어 있을 뿐만 아니라 그 목적들이 명부로 제시되고 순위가 매겨져 있길 원한다. 정책결정자가 한번 그런 결정을 내리면 그들은 분권화된 수단을 통해서 그런 목적을 달성하기를 추구한다. 분권화된 수단은 관리자들이 그들의 예산을 사용하는 방법에 대해서 그들에게 더 많은 재량권을 부여함으로써 관리자들을 동기부여 하도록 의도된 것이다. 그런 장려책에는 부서들 내 지출 항목들 사이의 우선순위를 정하고 변경하는 것이나 경상 지출을 자본 지출로 예산을 이전하는 것, 연말 잉여금을 나누어 사용하거나 이월하는 것, 생산성 향상으로 절약한 자금을 성과급으로 담당 직원에게 지불하는 것 등이 포함된다. 코트란은 "집권화와 분권화가 함께 갈 수 있다"고 주장한다(Cothran, 2001: 158).

우리의 제일의 연구 문제는 지출한도와 장려책, 이 둘은 절약을 목적으로 하는 것인데, 이 둘 사이의 결정을 기술한 모형에 초점이 주어져 있다. 우리는 또한 성과 측정요소의 역할, 성과 측정요소의 확인, 성과 측정요소의 지출한도 대(vs.) 장려책에 대한 영향 결정을 알기 원한다. 따라서 우리의 질문은 다음과 같았다.

1. 성과 측정요소 증명과 지출한도와 장려책은 어떤 예산체계에도 존재하나?
2. 만일 몇몇 요소들이 나타나면 그것들은 어떻게 관계가 있나?

제3절
연구

연구 질문에 대답을 얻기 위한 연구는 일련의 초점집단(focus groups)과 노련한 공공관리자와 의사결정자와의 구조화된 면접(instrumented interviews)에 의존해서 이뤄진다. 이 연구에서 우리의 주요 초점은 우리 모형을 확실히 확인하고 다음의 중심 연구 질문에 답하는 것이다. 즉, 노련한 공공관리자는 이러한 개혁들 가운데 어느 것을 사용하며 왜 사용하나?

이 질문을 연구하기 위해서 세 단계 과정을 따랐다. 첫째, 뉴저지 주정부로부터 28명의 능숙한 공공관리자를 모았다. 이들은 예산한도, 성과 개혁, 그리고 유보 저축에 대한 내부자의 견해를 제공해 줬다. 둘째, 우리는 워싱턴주 재정관리실(Office of Financial Management)이 유보 저축 사업(retained saving program)에 대해 조사한 질문서(survey)에 대한 부서의 응답을 분석했다.³⁾ 끝으로, 초점집단과 워싱턴주 질문서로부터 우리가 얻은 정보를 이용해서 지방정부 재정관리도구에 대한 질문서, 즉 우리 자신의 질문서를 만들었다. 그 질문서는 목적 기준 예산운영, 유보저축, 성과측정요소, 증명 등에 초점을 둔 24개 질문으로 구성됐다.

질문서는 이메일을 통해서 배포됐고 이때 상호작용 형식을 이용해서 응답자는 간단히 적합한 상자에 체크를 하거나 응답 내용을 기입하도록 했다. 우리는 어느 도시가 시민 주도의 혹은 비교 성과 측정 사업, 지출통제 예산운영 개혁 사업 및 유보저축 사업을 개발했는지 결정함으로써 54개 미국 도시를 모집단으로 했다. 54개 시 가운데 8개 시가 응답했고 파이럿 스터디 집단이 됐다. 이 집단은 연구 질문을 훼손시키고 연구프로젝트가 의미 있는 질문에

---

3) [역주] 여기는 survey를 질문서라고 번역했다. 본래 survey는 모집단으로부터 표본을 추출해서 그 표본에 대해서 자료수집을 해서 얻은 자료를 분석해서 얻은 특성을 모집단에 일반화하는 연구를 말한다. 그러나 여기서는 문맥을 살펴 질문서로 번역했다.

재집중하지 못할 정도로 너무 크거나 너무 작은 것은 아니었다. 질문서 조사에 더해서 우리는 좀 더 깊은 증명을 위해서 두 개의 전화 면담을 실시했다. 응답의 수가 적기는 하지만 초점집단 조사, 주에 대한 질문서 조사, 지방정부 질문서 조사 등 모든 조사단계를 통해 얻은 질적 자료는 탄탄하다.

제4절
연구 발견

연구 질문에 대한 대답은 우리가 조사한 각 지점, 즉 초점집단, 워싱턴 주정부 보고서, 그리고 지방정부 조사에서 나타났다. 발견 사항은 그 순서에 따라 다음과 같다.

1 초점집단

뉴저지 주정부와 지방정부의 28명의 능숙한 관리자들로 구성된 초점집단에 대해서 우리는 그들 조직이 유보 저축 사업을 가지고 있었는지 여부를 물었다. 구체적으로, 우리는 "[귀하의] 조직에, 공식적으로 예비비로 계상된 것부터 지출이 과대 추정됐다는 정보까지 여러 형식으로, 이미 유보저축이 존재했는지" 여부를 물었다. 초점집단의 약 40% 정도가 그들 조직이 유보저축을 추구하고 있었다는 것을 알고 있었다. 그래서 우리는 유보저축이 공식적 혹은 비공식적으로 증명이 필요했는지 물었다. 저축을 유보했던 조직의 거의 3/4이 예산당국의 증명을 요구했다고 말했고 전체 초점집단의 거의 2/3가 증거가 필요했다고 답했다.

어떤 관리자는 "부서는 사업을 어떻게 경제적으로 운영했고 그래서 절약을 하게 되었는지 보여줄 수 있어야 했다"고 말했다. 다른 관리자는 "유보 저축은 실제로는 부서가 발생된 절약으로 계상할 수 있는 능력에 달려 있고 [그리고] 유보 저축은 예산운영이 … 확인되고 분석될 수 있는 지표들을 포함하고 있는 성과목표(performance targets)로 … 구성돼 있기 때문에 발생한다"라고 말했다.

유보 저축에 대해서 개별적으로 나눠 사용할 수 있게 하는 실적 지출(merit pay)의 필요성에 대해서 질문했을 때, 초점집단은 거부 반응을 보였다. 유보 저축 사업을 가지고 있는 집단 가운데 단지 1/8 정도만이 개별적 사용이 저축 획득에 필요하다고 생각했다. 전체 초점집단에서 1/4이 유보 저축을 개별적으로 사용하는 것이 장려책으로 필요하다고 생각했다. 한 관리자는 "정부 보유 저축은 결코 금전적 상여금으로 사용되어서는 안 된다. 행정가들은 그들이 예산을 세운 것을 적절히 발전시키고 지출하는 능력에 기초해서 평가를 받아야 한다"고 말했다.

우리는 높은 성과를 내는 조직이 증명됐든 아니든, 절약(saving)을 조성하는 조직인지 아닌지 그 여부를 물음으로써 절약을 조성하는데 있어 증명된 성과정보의 역할을 증명했다. 초점집단의 28명 구성원 가운데 단지 2명만이 성과로 인해 확실히 절약이 이뤄진다고 생각했다. 사실 초점집단의 1/2은 성과정보가 "실질적으로 증가된 지출의 근거를 제공할 수 있다"고 생각했다. 초점집단의 한 구성원은 "만약 자료가 정확하고 모든 체계가 잘 작동하면 증가된 지출을 허용하는 '안락한' 수준이 있을 수 있을지도 모르겠으나 … 참여자 간에 모든 이의 목적은 동일하다는 개방성과 신뢰 수준이 있어야 한다"고 주장했다.

초점집단에서의 논의는 장려책, 증명, 그리고 지출한도 이 세 개의 개혁이 초래한 위치에 모아졌다. 우리는 어떤 개혁이 총 지출 통제를 달성하기 위한 결정적인 방법으로 재량권을 배분할 수 있었을 지와 개혁이 공공의 신뢰를 재획득하는데 도움이 됐는지 그 여부를 알기를 원했다. 초점집단은 지출한도는 최고 결정자에게 더 많은 통제권을 부여한다고 말했다. 더 나아가, 지출한도는 총 지출을 통제하기 위한 최고의 힘을 가지고 있다. 그러나, 성과 측정요소 증명과 유보 저축 장려책은 정부내 신뢰를 형성하는데 가장 가능성이 높거나 선호되는 것이라고 참여자들은 말했다.

2 워싱턴 주정부 사례

워싱턴 주정부는 정부 불신과 조세저항의 시대(Osborne and Hutchinson, 2004)에 예산운영에 대한 지적인 접근방법(intelligent approach)의 한 전형인데, 이 정부는 우리에게 유보 저축에 관한 증거를 제공한다. 저자들의 예산운영에 대한 개념적 개관에는 네 개 사항이 검토됐다. 첫째는 시, 카운티, 학교, 주 등의 유사한 정부의 세입 수준의 분석이었다. 납세자 분석이 이뤄졌고 예산담당자가 납세자의 저항이 비교분석에서 어느 수준에서 발생하는지 알려고 시도했다. 둘째 사항은 예산 관리자들이 시민들이 어떤 재화와 용역을 어느 정도의 강도로 원하는지 결정하도록 요구했다. 셋째, 서비스 우선순위는 납세자 저항 수준에 따라 자금지원을 받았다. 끝으로 오스번과 허친슨은 "시민이 자발적으로 납부하고 싶은 가격에" 가장 효율적인 서비스를 얻을 수 있는 구매와 계약의 방법을 기술했다(Osburn & Hutchinson, 2004, 13).

우리는 주 재정관리실의 「2005년 절약 장려금 계정 지출 재정 보고서」(Report of Fiscal Year 2005 Savings Incentive Account Expenditures)를 봤다. 이 연구에서 주 정부 절약 사업에 참여한 부서 직원에 대한 조사가 보고됐다. 이 조사 응답들은 워싱턴 주정부에 적용됐던 것과 같은 유보 저축 장려책 발상을 더욱 깊이 이해하기 위한 우리의 연구를 보충한다.

워싱턴 유보 저축 계획은 1997년 시작된 계획으로서, "부서 지출의 능률성을 제고하고 공립학교 지원을 돕기 위한 록크 주지사의 계획(Locke's initiative)"으로 출발했다. 이 계획에는 보장적 지출(entitlement) 혹은 특정 목적으로 지출이 정해진 사항과 관련이 없는 주의 모든 일반 자금(GF-S) 절약금의 반은 부처에 지원된다. 지원해주고 남은 절약분은 교육잉여계정(Education Savings Account)으로 가며 그 중 10%는 우수 교수, 대학원 기금(graduate fellowship trust fund), 대학교수상 기금(college faculty award trust fund)을 위한 고등교육계정으로 이전돼야 한다. 그리고 남은 교육잉여계정 이전금은 일반 학교 건설과 교육 과학 기술을 위해 지출될 수도 있다. 입법부는 이 자금을 다음 연도로 이월할 수 없었다. 이 계획에 따른 7년간 잉여금은 34.4백만 달러였고 2005회계연도까지 부처들이 34.4백만 달러 가운데 21.1백만 달러를 사용했다. 이 계획의 기본 규칙에 의해서, 새로운 서비스를 만들거나 확대하는 것이 아닌, 지속적인 지출의무를 발생시키는 것이 아닌, 부처에서 고객 서비스의 질, 능률성, 그리고 효과성을 증진하기 위한 일회성 활동에 자금이 사용되도록 요청됐다.

워싱턴주 보고서의 발견점에 의하면 장려금 효과가 감지되지 않은 것으로 보인다. 그 보고서에 의하면, "대부분의 부처들은 그 계획이 유용한 관리도구라는 것을 인지는 하고 있었지만 그 계획의 존재가 회계연도 말 지출 형태에 직접적인 영향을 주지 않은 것으로 말했다." (Report of Fiscal Year 2005 Savings Incentive Account Expenditures, 4) 조사된 62개 부처 가운데 48개(77%)가 그 계획은 효과가 없었다고 말했고, 14(23%)개 부처가 효과가 있었다고 답했다(위 보고서, 20-25).

찬성으로 답한 부처 가운데도 주장이 다양했다. 예를 들면, 콜롬비아강 고지위원회

(Columbia River Gorge Commission) 응답자는 다음과 같이 보고했다. "일년 내내 우리는 마음 속으로 절약 장려금을 생각하며 지출을 관리했다. 우리는 천천히 절약금을 '모으려' 했다. 그래서 우리는 그것을 우리 부처 예산에서 지원되지 않는 훈련, 과학기술 개선, 그리고 업무과정 개선에 사용하려고 했다. 그 모은 돈은 비용 절약 방법을 집행한 직원들의 계속된 수고의 결과이다"(위 보고서, 20).

워싱턴주 생태부(DOE)는 다음과 같이 보고했다. "우리 부처의 초점은 예산 절약에 있기 보다는 예산이 지원된 사업의 목적(purpose)이나 목표(objectives)를 수행하는 것에 있었다. 2년간(bienium)의 회계연도 말에, 연방 자금, 전용 자금, 혹은 [계획 자금]을 사용하기 위해서 몇몇 활동에서 우리는 능력을 가지고 있었다. 절약분을 부처가 사용할 수 있다는 가능성으로 인해서 활동이 축소되지도 않았고 절약이 되지도 않았지만, 부처로 지원된다는 절약분보다 연방 혹은 전용 자금을 지출하도록 몇몇 사례에서 우리는 장려금을 받았다(보고서, 21)."

군사부(military department)는 절약(saving)으로 인해서 전략적 계획을 더 강화하는 데 도움이 됐다고 언급했다. 조사에 대한 응답은 다음과 같다, 즉, "절약분으로 일회성 품질 향상 사업을 할 수 있거나 직원에게 장려금을 줄 수 있어서 군사부 같은 작은 부처에겐 대단히 도움이 된다. 사용되지 않은 절약분 계정을 수년에 걸쳐 사용할 수 있는 기회는 전략적 계획의 중요 부분을 추진할 중요한 일회성 경비로 충분한 자금을 확보하도록 기회를 우리에게 준 것이다"(보고서, 23).

비상상황에서는 공개위원회(Public Disclosure Commission)와 같이 작은 부처에는 돈을 쓸 일이 많이 생긴다. 이 위원회는 다음과 같이 보고했다. "매우 제한적인 재정 신축성을 가지고 있기 때문에 절약분을 되돌려 주어 부처가 사용하게 해주는 것은 예상하지 못한 지출을 관리해야 하는 부처의 능력에 매우 중요하다. 절약 장려 계정이 있다는 것은 공개위원회가 무엇을 하는데 쓸 수 있는 돈을 가지고 있다는 것을 의미한다. 예를 들면 위원회는 신중한 과학기술 개발 사업에 지금 지원하고, 망가진 장비를 교체하고, 운영예산에 배정된 보통 수준 금액을 넘어서 성과 관련 직원 훈련에 더 많이 지출하는데 쓸 수 있는 돈을 가지고 있다는 의미이다. … 공개위원회 직원은 절약분을 2006회계연도에 추가적인 과학기술서비스에 사용할 수 있도록 하기 위해서 2005회계연도에 의도적으로 거의 40,000달러를 남겨 놓았다"(보고서, 23-24).

공개위원회가 이렇게 변형된 지출 형태를 보이고 있지만 보고서에 광범위한 변형 지출이 나타나지 않았다. 보고서에는 다음과 같이 나타났다. 즉, "그 사업이 존재하는 9년간 실제

회계연도 일반자금(GF-S) (월별) 지출은 절약 장려 사업에 속할 수 있는 지출 유형을 보여주지 않는다"(보고서, 4).

유보 저축에 대한 워싱턴주의 관행에서 작은 부처의 경우에는 큰 영향이 있다는 것을 알 수 있다. 연구의 발견점은 재정 신축성의 증가를 시사하며 이는 보다 높은 위험 감수와 혁신으로 아마도 이어질 것이다.

3 미국 시예산관에 대한 서베이

끝으로 시재정관, 보통은 예산관에 대한 서베이와 구조화된 면접이 수행됐다. 여덟 개 시 규모는 로스앤젤레스(LA)부터 오레곤주 샌디(Sandy)까지 다양했다. 조사 집단은 미국에서 볼 수 있는 중요한 세 종류의 통치 구조를 대표했다. 〈표 5-1〉은 응답한 시들에 관한 기술이다.

면접을 통해서 우리가 조사한 집단의 어느 시도 단일한 형식 체계로서 세 종류의 모든 예산개혁을 사용한 시는 없음을 우리는 알았다. 이 일련의 면접으로부터, 우리는 모형의 요소가 존재하지만 그러나 우리가 묘사한 무작위적인 방법으로 존재하지 않는다고 결론을 내릴 수 있다. 두 시는 유보 저축과 지출한도액 양자에 의존한다. 아이다호주 보이즈(Boise)와 오레곤주 샌디가 그것들이다. 인정을 받든 아니든, 성과 측정에 대한 공식적 의존은 존재한다. 그러나 그것은 저축 보유와 지출한도가 사용되지 않을 때는 선택 사항이 되는 듯 보인다.

〈표 5-2〉가 묘사하듯이, 거기에는 목적 기준 예산제도(TBB)가 있는데, 자주는 아니지만 성과 측정 요소(PM)가 있다. 누구도 성과 측정요소가 직접적으로 예산배분과 연계된다고 확실히 말할 수 없었다. 만약에 연계가 있다면 목적 기준 예산제도가 왜 처음부터 존재하는지를 약한 연계를 통해서 설명할 수도 있을 것이다. 성과측정요소는 목적 기준 예산운영 과정을 정당화하는 듯 보인다. 예산담당자들은 부서들이 잠재력에 부응하지 못하는 것을 보면서 지출한도를 축소하기 위한 방법으로써 성과측정 요소를 사용할 수도 있다. 부서 책임자들은 더 많은 예산을 주장하기 위해서 성과측정요소를 사용할 수도 있다. 결국, 성과측정요소는 중요하지 않다. 지출한도가 더 많이 이용되었을 것이다. 또한 지출한도가 적용되지 않고 면제되는 경우도 흔하다.

〈표 5-1〉 시들에 대한 기술, 선정된 미국 도시에 대한 유보 저축, 성과측정,
그리고 예산 운영에서 지출한도에 대한 구조적 면접

시 (제도 약자)	정부의 형태	순자산	현행연도 세입	부서의 수	직원 수	인구
택사스주 어스틴 (CITISTAT)	시의회-관리자	38억 달러	20억 달러	26	11,380	672,001
아이다호주 보이즈 (RS)	시장-시의회	8.92억 달러	3억 달러	12	1,515	190,117
캘리포니아주 딕슨 (ECB)	시의회-관리자	1.58억 달러	0.336억 달러	10	92	20,100
일리노이즈주 레이크 포에스트(TBB)	시의회-관리자	2.31억 달러	0.54억 달러	10	214	20,057
캘리포니아주 로스엔젤레스(RS)	강 시장-시의회a	19억 달러	59.5억 달러	39	38,500	3,819,915
캔사스주 살리나 (TBB)	시의회-관리자	1.01억 달러	0.60억 달러	13	502	45,833
오레건주 샌디 (RS)	시의회-관리자	0.208억 달러	0.130억 달러	7	48	5,385
아이오와주 우밴대일 (CDGP)	약 시장-시의회b	0.85억 달러	0.285억 달러	15	250	31,868

a: 시장은 최고관리자로 선출되며 부서장은 시장에게 보고한다. 그리고 시장이 예산을 제안한다.
b: 조례에 의한 관리자
부기: 모든 시는 모든 서비스를 제공하는 정부(full-service government)이다.
CDGP는 citizen-driven government performance(시민주도 정부 성과)이고, CITISTAT은 부처 성과에 대한 전략기획, 결과 측정, 집중적으로 주마다 점검하는 제도를 이용하는 관리체계의 약자이다. ECB는 지출 통제 예산운영(expenditure control budgeting)이다.
RS는 유보 저축(retained savings)이고 TBB는 목적 기준 예산제도(target base budgeting)이다.

〈표 5-2〉 선정된 미국 도시에 대한 유보 저축, 성과측정,
그리고 목적 기준 예산 제도에 대한 구조적 면접 결과

시	유보 저축 사용	성과 측정 요소 사용	목적 기준 예산 재도 사용
택사스주 어스틴	부서와 예산운영 처에 따라 이용 여부가 다르다. 상여금과 일회성 지출에 사용되었다.	항상. 때때로 절약을 평가하는 데 사용됐다. 때때로 측정 요소에 대해 감사를 했다. 예산 배분은 측정요소에 따르는 것으로 보이지 않는다.	전혀 사용하지 않았다.

아이다호주 보이즈	사용한다. 절약분은 나눠진다. 일부는 일반 자금, 시 모든 직원에 대한 상여금으로 돌아가거나 혹은 부서가 절약 부분을 보유하기도 한다. 어떻게 절약 부분을 나누냐 하는 그 방법은 일반 자금의 전반적인 재정 상황에 따라 다르다.	때때로 사용한다. 성과 측정 요소가 절약을 평가하는데 사용되지 않고 감사도 받지 않는다. 성과 측정 요소와 예산 배분과는 연계가 안 되어 있다.	때때로 시의회가 지정된 금액을 따로 떼어놓기도 하지만 그러나 부서는 예산의 한 부분을 예산한도와 연계시키지 않는다. 예산한도는 사업 유형, 세입 탄력성, 그리고 부서 성과에 의해서 정해진다. 예외 항목에는 집단적으로 협상된 예산과 의무지출이 포함된다.
일리노이즈주 레이크 포에스트	사용하지 않는다. 발생한 절약분은 빼앗겨서 예비비나 일반자금으로 보내진다.	사용하지 않는다.	항상 사용한다. 시의회는 금액을 지정하고 부서는 총액의 일부를 받는다. 예산한도는 지난해 예산과 예외 항목에 필요한 금액을 판단해서 정해진다. 예외 항목에는 고정 비용, 보조금으로 지원되는 지출, 의무 지출이 포함된다.
캘리포니아주 로스엔젤레스	사용하지 않는다. 일반기금에서 발생한 절약분은 빼앗겨서 예비비나 제약이 없는 잔액으로 보내진다. 그러나 대부분은 자금이 부족한 부서로 이전된다. 다른 기금에, 특히 자본사업 기금에 당해연도 절약분이 남은 부서는 다음 연도에 그 돈들을 지출하도록 요구할 수 있다.	새 시장이 측정요소에 더욱 초점을 두려는 계획을 세우고 있지만 때때로 사용된다. 측정요소는 현재로는 절약분을 평가하기 위해서 때때로 사용되며 그리고 때때로 감사를 받는다. 예산배분은 성과측정요소에 달려있지 않다. 업무량 측정요소는 인사 목적으로 사용된다.	항상 사용한다. 시의회가 금액을 지정하나 부서는 총예산의 일부분을 받지 못한다. 예산한도는 작년 예산에 의해서 정해지며 보조금과 연계가 되지 않은 모든 금액을 충당하는데 필요한 금액에 대한 판단에 의해서 정해진다. 성과는 또한 하나의 요소이기는 하다, 특히 서비스요금 지원부서에 대해서는 그러하다. 면제 항목에는 집단적으로 협의된 금액, 의무지출, 그리고 예산외 보조금이 포함된다.
캔사스주 살리나	사용하지 않는다. 발생한 절약분은 빼앗겨서 일반 기금으로 보내진다.	사용하지 않는다.	때때로 시의회가 지정된 금액을 따로 떼어놓지만 부서는 예산의 일부와 연계시키지 않는다. 예산한도액은 작년도 예산에 의해서 그리고 의무지출을 제외한 모든 지출을 충당하는데 필요한 금액에 관한 판단에 의해서 정해진다.
오레건주 샌디	사용한다. 모든 절약분은 다음 연도, 일회성 지출로 이전된다.	때때로 사용한다. 시는 결코 성과측정요소에 대한 감사를 요구하지 않지만 그러나 때때로 절약을 평가하는데 측정요소를 사용한다. 예산배분은 성과에 덜 의존하는 듯 보인다.	항상 예산총액 가운데 한도 부분을 사용하지만, 시의회가 정해진 금액을 따로 떼어놓지는 않는다. 예산한도는 작년도 예산에, 그리고 고정 비용, 노조, 보조금, 의무지출, 인플레이션 등과 같은 면제 항목을 충당하는데 필요한 금액에 대한 판단에 의존한다.

아이오와주 우밴대일	안 사용한다. 절약분은 꺼내서 일반 기금으로 이전된다. 부처(agency)가 서비스 축소로 고생하지 않는 한, 전체 금액이 다음연도 특별 구매를 할 수 있도록 해당 부서(department)에 이전될 수도 있다. 합법적인 지출원인행위를 유예해서 절약을 해서는 안 된다.	시는 항상 부서에게 성과측정 요소를 사용하도록 요청한다. 측정요소가 절약을 평가하는데 사용되며 때때로 측정요소에 대한 감사도 받는다. 부서의 성과는 항상 내년도 예산배분과 연계 된다. 증가한(감소한) 성과는 다음연도 예산배분에 자동적으로 증가(감소)를 뜻하는 것은 아니다.	사용하지 않는다.
캘리포니아주 딕슨	시는 예산 및 지출 통제 예산을 일괄 할당으로 요구한다. 회계연도 내에 품목간(예를 들어서, 임금 등) 전용이 허용된다.	사용하지 않는다.	시는 예산한도를 비공식적으로 사용했다. 항상 부서 예산한도는 이전 년도 예산 비율 배분을 기준으로 했다. 그러나 때때로 시의회가 새로운 사업의 예산으로 지정된 금액을 따로 떼놓을 수 있었다.

그러나, 정부의 규모가 증가하는데 따라 목적 기준 예산제도는 덜 적합하다. 예를 들어서, 인건비가 예산의 70%를 차지하고 이것의 대부분이 노조, 외주업자, 보건보호 및 연금비의 일부처럼 공동 협상으로 의무적 지출로 정해지면(mandated), 목적 기준 예산제도를 운영해서 어떤 차이를 만들 여지도 없다. 만약 시들이 목적 기준 예산제도를 사용해도, 비록 우리 연구가 연구 집단이 적은 수로 구성이 되어 있어 이와 관련해 비약을 하지 않도록 주의를 하기는 해야 하지만, 시 정부들은 유보 저축(RS)을 사용할 가능성은 적은 듯이 보인다. 오레곤주 샌디시는 여기에 예외이다. 그들은 목적 기준 예산제도를 사용해서 예산의 비율한도를 정하나, 예산한도 이상의 금액이 징수된 세수에 보일지라도, 혁신 사업을 위한 예산한도 이상의 부가적 금액을 지정하지 않는다. 아마, 예산한도에 대한 이런 식의 관리 때문에 샌디시가 유보 저축(RS)을 사용하는 이유를 알 수 있을 것 같다.

이스틴시는 질약분의 사용에 대한 일반화할 수 있는 관리를 보여준다. 그 시 응답자에 따르면 다음과 같다.

> **연말 잉여(saving)에 무엇이 일어나는지는 부서가 기업 기금으로** [운영되는지 아니면 부서가 일반 기금의 일부인지]**에 달려 있다. 항공, 컨벤션센터, 상수도와 전력, 하수도, 고체 폐기물 서비스 등과 같은 기업 기금에 대한 잉여금은 그들 기금의 기말 잔액으로 편입된다.** [기금 잔액]**은** [그 기업의 제안에 기초해서] **다음 연도에 다시 이용(**移

用)될 수 있다. 이런 기업 기금의 일부는 또한 연도말 상여금으로서 부서 직원에게 잉여의 일부로 분배된다. 때때로 기업 기금에 속한 이전 연도 잉여금으로 서비스 요금 인상의 필요성이 상쇄될 수 있다. 일반 기금에 대해서는 잉여금은 [기금 잔액 정책에 따른다]. 2006회계연도에 모든 시 직원은 [잉여금]의 지원으로 일회성으로 2% 상여금을 받았는데 이것은 일반 기금에 속한 부서 잉여금과 [관계가 없었다].

어스틴시 일반 기금 잉여금 정책은 두 개 조항에서 나온다. 첫째 조항은 다음과 같이 되어있다. 즉, "필요한 금액을 초과하는 적립되지 않는 기금 잔액은 경상예산과 자본예산에 계상된 자본 항목을 지원하는데 보통 사용돼야 한다. 그러나 만약 미래 연도에 추정된 세입이 추정된 지출(requirements)을 지원하기에 충분하지 않다면 적립되지 않는 기금 수지(balance)는 (경기변동에 기인한 부분을 제외한 재정수지인) 구조적 수지를 얻기 위해서 예산으로 편성될 수도 있다." 구조적 수지는 일반 세입 배분 예측치를 통상 넘어서 증가하는 계정을 충당하기 위해서 이전될 수도 있다.

자본적 불균형과 구조적 불균형 필요가 존재하든 아니든 모든 경우를 다루는 채무불이행 조항(default provision)은 영구적 기금 잔액(balance)이다. 어스틴시 정책은 다음과 같다. 즉, "각 회계연도 말에, 그 해에 받은 초과 세입과 연도 말 미지출 세출은 예산안정화 예비비(budget stabilization reserve)로 보관될 것이다. 이 예비비는 자본비용이나 여타 일회성 비용을 지원하기 위해서 세출예산으로 배정(appropriated)될 수 있다. 그러나 이 세출은, 미래 연도에 예산 안정화를 위해서 예산안정화 예비비의 2/3는 남겨 놔야 하기에 보통 이 예비비 총액의 1/3을 초과하지 않을 것이다." 어스틴시 정책은 우리가 면접을 한 시 집단 가운데 두 개의 시만 제외하고 모든 시들이 합의한 것을 반영한다.

제5절
논의와 결론

우리 본래의 연구 질문은 성과측정요소 증명-예산한도-장려 체계가 미국의 주정부와 지방정부에 등장했는지 그 여부, 그리고 등장했든지 혹은 안 했든지, 노련한 공공관리자들이 다양한 목적을 달성하기 위해서 선호했던 체계의 부분은 무엇이었는지에 관해서 알아보는 것이었다. 우리는 그 체계의 일부가 등장했다는 것을 보여줬다. 우리는 예산개혁의 궤적이 서로 수렴한다고 기대했다(Pollitt & Bouckaert, 2000: 64-71). 우리는 수렴이 아니라 선택이었다는 것을 알게 됐다. 다섯 개 시는 이월(저축)이 허용 안 되는 예산한도를 사용했다. 두 개 시는 이월(일괄 예산운영)이 허용되는 예산한도를 사용했다. 한 개 시는 우수 성과측정 요소를 모방해서 사용하면서(알려진 성과) 일괄 예산운영(block budgeting)을 사용했다.[4] 한 개 시는 성과측정요소와 유보 저축을 사용했으나 예산한도는 사용하지 않았다. 한 개 시는 성과측정에 온 노력을 집중하나 예산한도를 이용 안하고 유보 저축도 허용하지 않는다.

그러나 우리는 어떤 사례에서도 개혁 행태에 관해 우리가 본래 읽었던 대로 예산한도(target), 성과측정, 그리고 유보 저축을 연계해주는 체계를 발견하지 못했다. 우리는 예산한도가 돈으로 측정된 성과를 나타내는 지역(locality)을 발견하기를 기대했다. 오히려 우리는 예산체계 분류에 큰 차이가 있는 것을 발견했다. 차이의 한편으로 우리는 다른 방법으로 저축을 목적으로 지향하는 체계들을 발견했다. 차이의 또 다른 한편으로, 예산운영을 촉진하는 듯이 보였던 성과관리체계를 발견했다. 그런 예산체계는 택사스주 어스틴시와 아이오와주 우밴데일시에서 운영됐다.

성과관리체계는 친적극적 정부 규범적 사상으로부터 덕을 봤다. 그러나 우리의 작은 표본에서 상당수 집단은 절약 지향 예산체계를 사용했고, 이는 정부 예산과 재정 규범 가운데 친기업 계열 사상을 보여주는 것이다. 우리는 항목별 예산 한도와 같은 강요된 절약 프로그램으로서 절약을, 또는 기금의 이용과 좁게 잘 정의된 한도(targets)의 이용, 양자에 대한 분권화된 의사결정과 관련된 절약을 발견했다. 그래서 절약은 두 가지 의미를 가진다. 장려의 의미로 보면 절약은 재배분을 위한 동기부여를 의미한다. 부드러운 형식으로 재배분이 우리의 여덟 개 지방 집단과 워싱톤주에서 일어났다. 그러나 이 절약은 재정통제의 완화를 통해서 절약분의 전략적 사용과 행정 재량의 강화를 도모하는 예산과정 개혁이었다. 부처는 핵심 직원을 유지하고 자본적 사업을 재정지원하는데 기금을 사용하기 위해서 전략적 조직 및 관리 보조금으로 조직의 절약 분을 사용한다고 종종 보고했다. 부처가 관리체계에 여유분을

---

4) [역주] 일괄 예산운영(block budgeting)은 block grants처럼 지출 목적은 지정되어 있지 않지만 금액을 정해서 운영하는 것으로 보인다.

만들기 위해서 또는 직원에게 상여금을 주기 위해서 장려금으로 절약분을 사용한다는 증거는 없다. 우리는 성과에 대해 보수를 줘야 한다는 것에 대해 관리자 사이에 실제적인 저항이 있는 것을 발견했다. 한 초점 집단 구성원은 "우리가 일을 하는 것은 상여금을 받으려는 이유에서가 아니다"고 주장했다. 관리자들의 경험으로 볼 때 그들은 성과라는 게 기대에 못 미치지는 않지만 단지 평균적 성취나 업무 성과를 의미하는 것을 알기 때문에 이러한 저항이 일어나는지도 모른다. 성과를 우수, 혁신, 실적, 혹은 기대 이상의 노력을 의미하는 방법으로 정의하는 것이 더 많은 명확성과 통찰력을 가져올지도 모른다. 상식은 반대 관점을 낳고 규범적 이론은 안내가 되지 못한다. 사실, 친적극적 정부론과 친기업론, 이 두 규범적 발상은 충돌한다. 업무성과와 급여를 연계하는 규범적 그리고 기술적(記述的) 이론은 예산운영은 고사하고 인적 자원연구를 안내하기보다 오히려 혼돈을 쉽게 일으킨다.

절약을 세율의 보호자로서 보는 좁은 의미에서, 우리는 하향적 지출 한도(top-down expense targets)가 폭넓게 사용되는 것을 발견했다. 우리는 성과의 증명과 함께 하향적 지출 한도가 사용되는 사례를 하나도 보지 못했다. 우리는 측정가능한 노력과 연계가 안 된 지출한도는 성과 관리에 사용되지 않는데 그 이유가 궁금했다. 사실, 예산 한도의 가장 일반적인 의미는, 의료비 회계와 "산출-구매 예산운영(output-purchase budgeting)"(Serritzlew, 2006)과 유사한 것으로서, 부처가 제공하는 선호하는 수준의 재화와 용역에 대한 비용을 개발하기 위해 어느 정도 노력을 기우리는 성과 계약을 의미한다. 예산은 계약이 되고, 예산운영과 관리 양자에는 성과를 점검하려는 엄청난 노력이 포함되며, 이 양자는 지출한도를 달성하고자 꾸준한 압력을 가한다(Scheps, 2000).

이 연구를 통해서 우리는 공공관리자가 예산운영과 관리의 통합에 대해 다음과 같은 의견을 가지고 있음을 알 수 있었다. 첫째, 우리가 앞에서 세율 보호 모형(tax rate model)이라 불렀던, 이사회 모형은 예산에 대한 보다 강한 역할을 허용할 수 있다. 이 과격한 모형은 이사회에 궁극적 책임을 부여한다. 이사회는, 예산 한도 설정, 이사회 승인 없는 회계연도 내 이전 제약, 성과 감사보다 비용 점검과 감사를 위한 이사회 기구 설치 등, 목적 기준 예산제도에 가까운 재원 통제-세율을 통해서 예산과 관리를 통제하려는 강한 유인을 가지고 있다. 이사회 모형의 변종은, 전략적 기획, 공공서비스전달과 민간서비스전달의 비교를 통한 전략집행에 대한 거래비용분석, 자산 매각, 정부 축소 등과 같은 시장유형 또는 기업 비슷한 기제를 채택한 것이다. 우리의 소규모 파일럿 집단 표본에서 우리는 이 과격한 시장유형모형을 채택했다는 증거를 발견하지 못했다.

둘째, 균형과 견제 체계는 관리결정을 견제하고 균형잡기 위한 예산결정을 허용할 수도 있고 최고관리자는 예산결정체제와 관리체제가 나란히 병립하도록 할 수도 있다. 가장 좋은 예가 관리자와 예산담당자가 이익과 장려금을 놓고 경쟁하는 것이다. 전통적인 계서적 조직에서는 관리부서와 예산부서가 서로 경쟁을 심하게 한다(Golembiewsky, 1964). 이 중앙집권화된 조직은 예산 편성 초기보다 마지막에 최고관리층에서 종합적 통합을 하도록 강요한다. 그리고 이 조직은 작업 연도 내내 행동을 점검하고 수정을 요구하는 상당한 노력을 강요한다. "나는 잘하고 있나 못하고 있나?"와 같은 점검 질문이 문제해결, 그리고 산출과 결과를 연계하는 작업을 대체한다.

셋째, 관리체계에 의해서 예산운영과 자원을 이용하고 배분하는 것과 관련된 인사와 과학기술과 같은 여타 자원 체계가 통합될 수 있을지도 모른다. 성과예산운영의 이 분권화된 책임 센터 모형(decentralized, responsibility center model)에서는 강한 그리고 분권화된 관리를 필요로 하고 조직 정점의 직원의 통합을 산출을 생산하는 책임을 지는 단위에 있는 전문지식을 가진 직원에게 양보하기를 더 선호하는 최고 관리자를 필요로 한다. 각각의 책임 센터 관리자가 요구된 산출을 생산하는데 필요한 조직의 자원 요소와 전문지식에 대한 통제를 한다.

관리와 예산에 대한 책임 센터 모형에서만 우리는 예산에 대한 관리정보의 의미 있는 역할을 발견했다. 즉, 새로운 '예산한도' 혹은 성과계약에는 재정적이기보다는 위기 공유, 관계 형성, 피드백, 점증적 압력, 신뢰, 선의 등과 같은 관리적 요소가 더 많다. 이 모형은 안정적인 자원, 자원이용에 대한 전략적 접근, 예산에서 각자의 몫을 증대시키려 지원하는 유권자와 이사회 지원군을 발견하려는 관리자의 역할 감소 등을 가정한다. 중앙 통제는 전략, 업무계획 중요 단계, 중요 단계에 도달하기 위한 혹은 넘기 위한 계속적인 압력 등에 한한다.

우리는 주 및 지방정부 성과예산운영이 전통적인 견제와 균형 체계와 위에서 기술한 두 번째, 세 번째 관점에 해당하는 책임센터 체계 사이에 있다는 것을 발견했다. 수단의 분권화와 예산 총액에 대한 통제의 집권화가 중요한 방식으로 등장했으나 아직은 소수만이 이용하고 있다. 위임 기능을 수행하는 부처가 '돈을 갖고 튀는' 행태를 보이는 것을 방지하려는 노력에 의해 예산담당실 행태가 규정될 수 있다. 성과관리체계에 대한 투자는 흔한 일이라기보다는 앞선 일이다. 게다가, 성과 예산운영제도를 사용하는 주 및 지방정부는 입법부, 집행부, 그리고 여타 기관 사이에서 예산이 편성되는 가운데서 품목별 예산과 협상의 성격, 이 양자를 포기하지 않는다. 우리가 연구한 초점 집단인 지방정부 사이에는 성과 예산한도에 속하지 않는 면제 품목이 많이 있다. 이 면제 품목들은 아직도 추적 검토되며 협상이 가능하다. 이 품목이 예산 한도 내에 있든 밖에 있든, 이 품목의 의미에서 보면, 지방정부는 그들의 예산운영의 계약적 성격에 의존한다.

우리가 위에서 기술한 전통적 접근방법을 따르는 일상적으로 흔한 예산운영은 절약에 초점을 두고 있고 관리 의사결정에서 경쟁자이기보다 보완자로서의 어떤 위치로 발전했다. 예산한도, 아마도 느슨한 예산한도에 의해서 종종 절약분이나 기금 잔액이 생긴다. 재정정책과 조직의 전략에 의해서 이들 기금 잔액의 사용 방법이 정해진다. 일반 기금은 그 규모가 세율에 따라 정해지기 때문에 가장 엄격한 정밀 조사와 통제를 받는다. 기업 및 자본기금 정책에는 일반 기금에 비해서 관리자에게 더 많은 신축성이 주어진다. 신축성은 엄격한 조사가 적고 세입, 지출, 그리고 관리 사이에 강한 연계가 있어야 가능하다.

어떤 절약 접근방법이 예산운영의 규범을 만족시키는 데 도움이 될까? 우리는 윌다브스키(Wildavsky, 2001: 96-97)와 쉬크(Schick, 1997)가 제시한 규범을 사용한다. 윌다브스키에 따르면, 예산운영에는 기획을 위한 책임성, 통제, 연속성, 경기에 대한 신축성, 그리고 정책평가를 위한 변화가 규범으로 작용한다. 그는 어떤 예산과정도 이런 규범을 동시에 만족시킬 수 없다고 주장했다. 쉬크의 예산운영의 새로운 기능에는 재정규율, 배분적 효율성, 그리고 기술적 효율성이 포함된다(Schick, 1997). 〈표 5-3〉은 책임 센터 유형에 대비해서 전통적 관리-예산 통합을 보여주고 우리가 조사한 지방정부 파일럿 표본으로부터 우리가 발견한 것을 보여준다.

〈표 5-3〉 전통적 관행에서 발견된 예산: 예산에 대한
규범적 기준으로 비교한 이 연구에서 발견된 책임 센터와 관행

목적	전통적	책임센터	연구 발견으로 본 실재
책임성	지출과 활동의 연계	지출을 활동 및 결과와 연계	지출을 활동과 연계
통제	지정된 활동에 대한 세세한 것에 통제	총액과 결과에 대한 통제	세세한 것과 총액에 대한 통제; 결과에 대한 통제는 우리가 기대했던 만큼 많은 관심을 받지 못하다.
경기에 대한 신축성	연도별, 현금 기초	연도별, 현금 기초	연도별, 현금 기초
기획을 위한 연속성	통제 강조; 조세지출과 의무적 보장적 지출을 통한 계속성	기획 강조	기획 강조

결정을 하고 지원하는 역량	점증적 계산	수단의 분권화와 통제의 집권화를 통한 능률성과 효과성 증진	점증적 계산, 신축인 예산과정을 통한 절약의 어느 정도 증대
재정 규율	비효과적인 통제 – 예산 극대화자들	총액에 대한 효과적인 통제	총액에 대한 효과적인 통제
배분적 효율성 (allocative efficiency)	우선순위가 아니라 선호를 반영	우선순위를 반영	우선순위를 반영
운영적 효율성	비용을 절감하려는 자발적 노력이 없음	재량권을 통해서 관리자는 몇 가지 비용 절감 방법을 찾음	대단히 제한적인 재량권; 관리자가 절약해야 할 유인이 없다.

우리의 연구는, 가장 능숙한 공공예산담당자는 공공 자원을 배분하는데 두 종류의 주요 규범적 기준을 가지고 있다는 종합적 결론을 지지한다. 하나의 규범은 지도자는 그들이 발전시키기를 의도하는 사명이나 목적을 달성하려는 관점에서 공공 자원을 배분해야 한다는 것을 지지한다. 우리가 생각하는 이것은 친적극적 정부 관점을 나타낸다. 다른 기준은 이런 자원들이 능률적이고 효과적으로 지출되어야 한다는 것을 지지하는데, 이것은 우리 의견으로는 친기업적 관점이다. 그러나 이러한 기준을 만족시켜야 하는 조직의 해석 책임은 중앙예산관이나 계선 관리자, 이 양자에게 분산되어 있다. 즉, 배분 책임은 예산담당자에게 그리고 자원의 능률적이고 효과적인 이용은 부서 관리자에게 속한다. 전통적 계층제 혹은 분권화된 책임 센터를 관통하는 연계(linkages)가 존재할 런지도 모른다.[5]

---

5) 우리의 발견사항은 파일럿 연구로부터 얻은 것이다. 초점집단에 속한 지방정부는 전통적 그리고 책임 센터 예산운영의 범주에 들어가는 것으로 나타나지만 우리의 연구 모집단인 46개 여타 예산개혁을 한 지방정부는 우리가 보지 못했던 시장 비슷한 기제를 향한 개혁을 나타냈다고 할 수 있다. 우리 연구에서는 전통적 예산운영과 책임센터 예산운영의 거리를 어떻게 특징지어야 할지 제시되지 않고, 모집단에 속하는 여타 46개 지방정부보다 훨씬 적은 초점집단의 8개 지빙정부가 예산운영의 어느 위상에 속하는시노 제시되지 않는다. 우리가 앞으로 예산개혁을 한 수 많은 지방정부를 비교하면 전통적인 책임 센터 차원에 대해 더 자세한 내용이 알려지게 될 것은 물론 미국의 지방정부 수준에서 시장과 비슷한 기제(martket–like mechanism)의 운명을 결정하는데 도움이 될 것이다.
우리의 연구를 제한하는 세 가지 다른 생각이 있다.
첫째, 우리의 연구는 예산 중심, 특히 성과예산 중심이다. 쉬크와 같이(Schick, 2001b: 58), 우리는 예산개혁가는 "예산운영이 관리(管理)를 이끈나는 관점을 가신나고 믿는다. 즉, 만약 예산이 성과를 지향한다면 관리자는 성과를 내도록 그들의 조직을 몰고 갈 것이다." 그러나 이 견해를 축소하면, 개혁은 먼저 예산운영에 초점을 둠으로써 더 많은 지지(leverage)를 얻고 그리고 나서 개혁은 관리에 초점을 둔다는 것이다. 많은 이가 예산운영이 관리를 이끈다는 관점에 이의를 건다. 예를 들면, 성과 측정요소 확인이 예산배분에 앞선다는 우리 모형의 가정은 그 증명이 책임성과 투명성 양자에 기여하는 독립적인 기능을 경시한다는 것이다. 우리는 우리를 일깨워준 익명의 심사자에게 감사한다. 증명은 좋은 생각이고 꼭 필요한 것이기도 하고 예산운영과 함께 여러 목적으로 애리조나주 마리코파 카운티(Maricopa county)에서 사용된다.

둘째, 유보 저축 또는 이월은 미국이나 다른 나라 시민들이 정부가 효율성(efficiency)에 보상하는 방법에 대해 가지고 있는 기본 신념과 충돌한다. 우리 연구의 초점집단에 따르면 정부 효율성은 개인적 혜택보다 집단적 혜택을 주어야 한다는 것을 보여준다. 효율성으로부터 이익을 누가 보아야 하는가에 대한 합의를 위해서 산업화된 국가에 대해 그리고 전 세계에 대해 좀 더 자세히 조사할 가치가 있다.

셋째, 분권화 대 집권화 문제는 관리자와 예산담당자뿐만 아니라 정책설계사에게도 관심사이다. 한 책임센터가 프로그램을 잘 집행할 수 있든지 없든지, 책임 센터가 프로그램 설계에 대한 결정을 이끌지 않고 예산도 프로그램 설계에 대한 결정을 이끌지 않는다. 결과 지향적 노력으로서 사업, 관리, 예산운영과 재정운영(financing)은 서로 의존적인 임시적인 상황들(contingent matters)이다. 왜냐하면 사회경제적 그리고 정치적 환경이 이들 모두의 틀을 짜기 때문이다(Salamon, 2002: 9-37).

방법의 측면에서 볼 때, 앞으로 연구는 특히 여덟 개 시에서 문서와 면접을 통해 주장을 검증하는 보다 깊은 연구가 이뤄져야 할 것이다. 장래에 다른 연구들에 의해서 증명, 예산한계, 장려계획(incentive schemes) 등이 존재하든지 혹은 안 하든지 그 결과에 대한 종합적인 자료가 제시될 수 있을 것이다.

제6장

비관습적인 지출을 위한 예산운영[1]

제럴드 밀러(Gerald J. Miller),
아리나 일리아쉬(Iryna Illiash)

> 예산운영은 인간과 사상과 목적과 … 이들의 상호작용 … 에 관한 모든 것이다. 예산은 정부 활동의 가장 바람직한 규모와 구성에 대한 대안적 견해들 사이의 타협의 결과이다.
>
> −Allen Schick(OECD, 2009: 28)−

정부 운영의 맥락은 지난 20년 동안 극적으로 변화했다. 세계화(globalization)의 전반적이고 강력한 영향과 신공공관리(NPM) 개혁 노력에 힘입어 미국 정부는 의미 있는 중요한 전환을 겪고 있었다. 이것에는 전통적인 연방정부 사업을 주정부, 지방정부, 그리고 민간 부문으로 권한을 이양하는 것, 정부 기능을 민영화하는 것, 그리고 영리 기관 또는 비영리 기

---

[1] 이 장은 Nonconventional Budgets, Gerald J. Miller, In Aman Kahn & W. Bartley Hildreth, eds., *Budget Theory in the Public Sector*, pp. 77-103. Westport,CT: Quorum Books, 2002.을 개작한 것이다. ABC_CLIO, LLC.의 허가를 받아 사용한다.

관에 외주를 주는 것이 포함됐다. 그리고 이런 모든 것은 서비스 전달의 효율성과 소비자의 필요에 대한 대응성을 증대시킨다는 관점과 아주 중요한 것으로 큰 정부 시대에 종지부를 찍는다는 관점에서 이뤄졌다. 하지만 쉬크가 언급했듯이(Schick 2009: 219), 같은 기간 동안 "정부의 규모와 범위는 상당히 안정적이었다.… 국민의 정부들은 근대 국가의 경계를 축소하지도 않았고 확대시키지도 않았다."

이것이 어떻게 가능할 수 있을까? 이 장은 쉬크의 견해에 반대하는 추세를 탐구한다. 점점 연방정부 부처 관리는 그들의 기능을, 정부간 보조금, 조세지출, 융자와 융자보증, 보험, 권한부여(mandates), 규제(regulations) 등(Kettle, 2000; Salamon, 1980)과 같은 간접적인 행정 도구의 정교한 네트워크를 통해서 "서비스 제공자 혹은 재력가"처럼 수행하고 있다(Schick, 2009: 219). 어떻게 정부의 범위가 증대하지 않았을까? 더욱 중요한 것은, 정부 범위의 이러한 점증적 증가는 친적극적 정부 또는 친기업적 정부 일 수도 있으며 미국 선거정치의 우경화를 감안하면 친기업적 정부일 가능성이 높아 보인다. 그러나 문제는 여전히 남는다. 즉, 본래의 개혁연합 사이의 영향력이 어떻게 사라졌나? 영향력의 변화가 재정관의 예산배정 논리(appropriate logics)에 대한 관점-반응적이기보다 절약적 관점, 혹은 어떤 관점에 어떤 영향을 미쳤나?

정책결정 과정에서 이런 간접적 도구들이 정치적으로 매력적인 이유는, 이들이 "정부 규모의 증가 없이도 정부의 범위를 확장할"(Kettle 2000: 493) 수 있도록 해주기 때문이다. 이러한 간접적 도구는 관습적 예산에서 보이지 않기 때문에, 일부 학자들은 이를 '숨겨진 지출'(Ippolito 1984; Bennett & DiLorenzo 1983) 또는 '숨겨진 복지국가'(Howard 1997)로 부른다. 우리는 그것들을 (Schick, 1986; 2007을 따라)[2] 관습적 혹은 직접적 지출의 반대되는 의미로서 비관습적 지출이라고 부른다. 비관습적인 지출에 대해선 책임성이 약하고 (혹은 전혀 없기까지 하는) 상황은, 희소한 공공 자원이 효율성과 형평성이 저급한 대안들에 사용되는 경우에, 정부의 확대만 아니라 정부의 비효율적인 분야까지도 은폐하는데 도움이 된다.

이 장에서 다룰 우리의 과제는 두 가지이다. 그것은 비관습적 지출 통제 문제와 형식이 다른 관습적 지출과 비관습적 지출 간의 상쇄관계(trade-off)를 검토하는 것이다. 우리는 제4장에서 논의된 예산 통제 문제와 예산 담론에서 당파들이 예산 통제를 어떻게 해석하는지 다시 살펴볼 것이다. 그리고 나서 우리는 상쇄 기준을 분석하고, 어떻게 상이한 정책 도구들

---

2) 쉬크의 비관습적 지출에 대한 정의는 조세지출과 직접 혹은 융자 보증만을 포함하는 것이어서 협소하다.

간의 상쇄 과정에 의해서 특정한 정책이 발전하게 되는지를 복지 개혁 사례를 통해서 보여주고자 한다.

간접적 지출에 대한 통제가 부족해짐으로써 새로운 유형의 예산을 요청하는 결과가 초래됐다. 전 세계 여러 국가의 정부들이 별도의 자본예산에 대한 요청은 물론 조세지출예산, 법정 위임예산(mandate budget), 규제예산(regulatory budget), 신용예산(credit budget), 보험예산(insurance budget) 등에 대한 빗발치는 요청을 하고 있다는 것을 우리는 알고 있다. 이러한 요청은 중앙, 지방 정부 등 모든 수준의 정부에서, 그리고, 상이한 많은 국가에서 나타나는데, 아마 미국 연방정부에서 가장 두드러지게 나타나고 있다. 연구자들이 다른 분야에서 '숨겨진 지출'을 발견할 수 있기 때문에 우리는 다른 예산에 대한 요청이 등장할 것이라고 가정한다.

비관습적 지출과 관습적 지출을 위한 부수적인 예산을 모두 포함하는 '슈퍼 예산(superbudget)'(President's Commission on Budget Concepts, 1967; Litan & Nordhaus, 1983) 제안이 얼마간 존재했다.

슈퍼 예산에 의해서 경쟁하는 목적들(purposes and goals) 간에 자원배분을 위해서 어떤 기준을 사용할지 그 기준에 대한 결정이 복잡하게 될 수 있다. 이것은 재정관에게 모호성 문제를 야기할 수 있다. 어느 관점이 우세할까? 대응 논리는 재정관에 의한 전형적인 해석임이 틀림없다. 무엇에 또는 누구에게 대응해야 하느냐 하는 의문이 떠오른다. 과반수의 표를 가진 정치적 거물인가 아니면 정치적 다수자와 소수자 양자를 결합시키는 정치문화인가? 그러면, 어떤 문화적 가치가 예산통제에 적합한가 하는 문제가 생긴다. 이 장에서 우리는 슈퍼 예산의 관념과 슈퍼 예산을 통제하는 데 경쟁하는 문화적 가치를 탐구함으로써 대안적인 대응 논리를 연구하려 한다.

제1절
예산 문제

우리가 어떤 방식으로 측정하든지 성장 분야에서 예산을 요구하는 이유는 우리가 예산을 무엇보다 통제의 수단으로 전통적으로 해석하기 때문일 것이다. 예산을 운영한다는 것은 일부 사람들이 생각하는 분야가 한도를 넘어서 성장할 때 그것을 밝은 낮에 내놓게 해 종종 그 성장을 제한하는 것을 의미한다. 통제는 예산 형성 과정에서 '절약하는' 역할을 수행하는 예산 행위자들이나 예산형성 과정의 예산수호자에게 추가적인 권한을 부여한다는 것을 암시한다(Schick, 1988: 64-67). 통제는 '요구자 역할'을 하는 또는 지출 증대를 주장하는 예산행위자들에 대한 반대를 암시한다.

예산을 운영하나는 것은 또한 가용자원을 최고 최선의 용도에 배분할 수 있다는 것을 의미한다. 1993년의 정부 성과 및 결과법(Government Performance and Results Act)에 의해서 한 번 더 성과 기준 예산운영이란 단어를 사전에 올려놓게 됐고 부처뿐만 아니라 제3 부문(the third parties)을 통한 정부 활동의 성과에 관심을 집중하게 됐고(Heen, 2000) 관습적 지출과 비관습적 지출을 통한 정부 활동의 성과에 관심을 집중하게 됐다. 뿐만 아니라 이러한 틀 안에서, 비관습적인 지출에 대한 감시의 필요성이 시급하게 됐다.

끝으로, 예산을 운영한다는 것은 분배적 정의의 원칙을 따르는 것을 의미할 수 있다. 본질적으로 규범적 계획(normative enterprises)으로서 예산은 이런 원칙을 따르고 예산은 정치체제의 목적에 기여하는 정치적 가치와 규범을 반영한다. 이것은, 미국의 맥락에서, 통제의 수단으로서 예산운영을 보는 두 가지 상이한 관점을 균형잡는 것을 의미한다. 즉, 사회에 대한 비용과 효율에 초점을 둔 정부의 간섭을 폭로한 진보주의자의 노력과 정부 영향을 방지하려는 보주주의자의 노력 사이의 균형을 의미한다.

1 통제에 대한 보수주의자의 해석: 피통치자를 통제하는 대신 통치자를 통제

보수주의자들은 정부 권력의 행사가 확대되는 것을 혐오한다. 그들은 정부가 모든 비관습적인 지출 도구를 통해 피통치자를 통제하려는 행동을 한다고 믿는다.

예산은 정부가 피통치자를 통제하려는 능력을 억제하는 역할을 한다. 즉, 어떤 의미에서 예산은 정부 자체를 통제하는 또 하나의 중요한 책무를 수행한다.

이러한 특별한 관점은 연방주의자 논문 51(Federalist Papers 51)에서 제임스 매디슨이 제시했다. 그는 다음과 같이 기술했다(James Madison, 1978: 264).

> 인간이 인간을 관리해야할 정부를 형성하는 데 있어서 가장 어려운 점은 바로 이

것이다. 즉, 당신은 먼저 정부로 하여금 피통치자를 통제할 수 있도록 해야 하고, 다음에 정부가 정부를 통제할 수 있도록 해야 한다.

예산통제에 대한 이와 같은 해석을 통해서 우리는 권력의 사용을 통제해야 한다는 요청을 알 수 있다.

이것은 예산을 개념화할 첫 번째 해석 차원을 제시한다. 연방주의자의 관점은 현대에도 여전히 큰 반향을 불러일으킨다. 예산을 통해서 예산을 통제하려는 정부의 노력과 비관습적인 수단을 통해서 피치자를 통제하려는 정부의 노력 사이의 차이로 인해 많은 논란이 발생했다. 언뜻 보기에 전통적인 예산통제를 회피하는 수단인 상이한 기술의 사용은 정부가 그것들의 사용을 통제하는 것보다, 누가 말하듯이, 더 빠르게 증가하고 정부를 통제하도록 기능할 수 있도록 만들어진 노력보다 더 빠르게 증가하는 것처럼 보인다. 이러한 관점에서, 두 명의 예산운영 연구자는 언급할 가치가 있다. 첫째, 윌다브스키는 다음과 같이 말했다 (Wildavsky, 2002: 350).

> 정부가 시민 행태에 영향을 주려고 시도할수록 그런 정부의 영향력은 더욱 더 적어지는 것으로 보인다. 정부와 시민 간의 이러한 새로운 관계에는 많은 장점이 있을 수 있지만, 지출에 대한 통제는 그 장점 중의 하나가 아니다.

쉬크는 윌다브스키보다 이 문제에 대해 더 강력한 입장을 취한다(Schick 1981: 349-350). 그는 예산 외 지출(off-budget expenditure)의 확대에서 '통제의 역설'을 간파했다. 즉, 예산 외 지출은 정부의 지출을 "정부 밖에서… 대규모로 이뤄지는 지출"로 바꿨다. 정부는 경제성장을 관리하는 가치 있는 목표에 기여하고 소득 분배의 공정성을 확대할 때, 정부는 민간부문 지출에 대해 긍정적인 또는 부정적인 인센티브를 제공함으로써 정부 통제를 확대했다. 쉬크에 따르면, "역설은 바로 민간 부문에 대한 정부 통제를 확대하려는 노력에 있다."

피통치자에 대한 통제는 자유의 문제를 낳는다. 정부의 통제를 통해서 권력을 가진 자가 그들이 대표하는 시민의 일상과 결정에 시시긴긴 간섭할 수 있다. 그리고 정부의 통제를 통해서 결국 권력자는 통제 그 자체를 위해서 통제를 할 수 있다.

❷ 통제에 대한 진보주의자의 해석: 사회에 대한 간섭

진보주의자들은 정부 권력을 제한하기 위해서 정부의 적합한 역할을 규정하고 분석을 사용하며, 진보주의자는 비관습적인 지출을 그저 사회에 대한 간섭의 또 다른 형태로 본다. 따라서 세금우대조치, 신용과 보험 우대조치, 규제적 제재, 주 및 지방정부 장려금, 주 및 지방정부 법정 위임 사업(mandates) 등은 같은 차원에서 서로 다른 가치를 지닌다. 이러한 정책 도구는 보통 유인하거나 아니면 제재한다. 즉, 유인하든 제재하든 이 두 가지 접근 모두는 정부가 사회에 간섭하는 방법으로 실제로 차이가 없다.

따라서 비관습적인 지출은 간섭의 변형된 한 형태이다. 정부 정책 도구라는 시각에서 정부의 간섭을 생각해 보자(Vedung, 1998: 22-25; Anderson, 1977).

이 학파는 다음과 같이 질문한다. 우리는 언제 공공 문제에 직면하며, 우리는 이에 대해 어떻게 대응해야 하는가? 그 대답은 다음과 같다. 우리는 종종 공공 문제를 개인, 가족, 또는 가정이 결정하도록 맡긴다. 때때로 우리는 지역사회가 중요한 문제를 결정해야 한다고 생각한다. 끝으로, 일부 문제는 정부의 개입 없이 '시장'이 결정해야 하는 문제이다.

우리가 정부의 간섭을 믿을 때, 그것은 장려책을 고안하거나 제재방법을 구체화하거나 혹은 장려와 제재 중간의 어떤 것을 고안하는 문제가 되기 쉽다. 때때로 간접적인 접근방법으로 교육, 도덕적 설득, 어설픈 설교, 선전, 여타 설교 비슷한 방법 등이 사용된다.

희소성이란 요소를 추가하면 예산 통제를 가하는 것이 또한 가능하다. 다시 말하면, 전체적인 간섭은 X보다 많지 않은 비용으로 가능해야 한다. 간섭을 최대화하기 위해서, 주창자는 공정한 그리고 생산적인 사회를 달성하는데 소요되는 간섭의 양에 비용을 제한할 수도 혹은 목표치를 정할 수도 있을 것이다.

❸ 오늘날 통제의 해석: 비관습적 지출에 대한 비용 통제

우리는 지금 비관습적 지출에 대한 보수주의자 견해와 진보주의자 견해 사이 어디에 서 있나? 지금까지 비관습적 지출 분야 혹은 그렇지 않으면 표면적으로 경직성 지출로 보이는 지출 분야 각각은 우리가 현재 알고 있고 사용하고 있는 예산 장치를 통해 어느 정도 통제됐다. 미국 연방정부 경험을 살펴보자. 법률의 여러 군데 있는 예산 규칙 조항은 1990년의 예산집행촉진법(Budget Enforcement Act)과 함께 강력하게 시작됐는데 이 예산 규칙들은 직접 지출, 조세지출, 그리고 보장적 지출을 제한하려 시도했다. 행정 및 입법적 노력은 민영화의 이름으로 직접적 정부 운영, 외주 그리고 보조금 간의 상쇄(trade-offs)에 초점을 뒀다. 신용 개혁을 통해서 이자 보조금의 직접 비용과 융자 불이행의 할인된 미래 비용은 전통적인 예산과정으로 편입됐다. 특히 은행 저축과 관계가 있는 보험 개혁을 통해서 손해, 즉 할인된 미래 지출과 기대 보험료 수입과의 차이인 손해에 대한 입법부의 엄중한 감사와 예산 조치 제안을 이끌어 냈다. 점차적으로 많은 상이한 비관습적인 재정 기법들이 현금 예산에 의해 제한이 걸린 한도 내에서 처리돼야 하는 현금 거래의 성격으로 취급되게 됐다.[3]

여기서 간과된 부분은 법정 위임 사업(mandates)과 규제다. 이에 대한 노력은 여전히 부족하다. 법정사업에 대한 "조항 위반 지적 제기 규칙(point of order rule)"의 요건(Thompson 1997; Litan & Nordhaus 1983), 개인이나 조직에 대한 규제의 재정적 부담을 경감시키기 위한 제안(Thompson 1997: 91), 그리고 법정 위임사업과 규제를 화폐 단위로 환산하는 제안은 이러한 노력의 일부이다.

이들 제안은 비용 요소를 활용해 정부의 비관습적인 예산을 통제할 수 있는 가능성을 제시한다.

비관습적인 지출의 통제 노력은 지금까지 단편적으로 이뤄졌다. 우리는 통제를 위한 정부의 각종 도구 혹은 적어도 이 단계에서 특별한 감독을 지금 주제로 한다. 이것은 우리가 '숨겨진 지출'로 인지한 활동의 각 분야에 대한 상대적으로 정교한 예산이나 기본적인 예산의 형식으로 나타난다. 이러한 결과로, 우리는 조세지출예산, 신용예산, 보험예산, 그리고 규제사업예산(regulatory budgets) 등을 이미 갖추었거나 조만간 갖추게 될 것이다.

---

[3] 미국 주 및 지방정부 수준에서, 현재 정부 회계 기준은 발생주의 회계 기준을 사용한 순총액으로서 모든 재정적 그리고 자본적 자산, 부채, 수입, 지출, 이익 그리고 손해를 보고하도록 규정하고 있다(Governmental Accounting Standard Board, 1999).

제2절
통제 해석하기: 대체가능한 정책 도구의 문제

　진보적인 관점에서는 직접적인 정책 도구와 간접적인 정책 도구를 같은 일을 수행하는 다른 방법으로 본다. 이 관점에서는 정책 도구를 통제하려는 노력이 비용뿐만이 아니라 정책 도구의 대체가능성에도 초점이 맞춰져있다는 것을 알 수 있다.
　따라서 예산통제는 또한 정책 도구가 검토되고 있는 맥락에 맞는지 그 여부를 기초로 한 대안적 정책 도구의 분석과 적합한 정책 도구의 선정의 문제이다. 서레이와 맥다니엘(Surrey & McDaniel, 1985: 3)은 다음과 같이 주장한다.

> 　정부가 활동이나 집단에게 금전적 보조금을 지원하려고 결정할 때, 직접적인 정부 보조금 혹은 지원금, 아마도 시중보다 낮은 이자의 정부 융자, 또는 정부가 보증하는 민간 융자와 같은 여러 방법 중에서 정부는 선택을 할지도 모른다. 아니면 정부는 특별 면제, 공제 혹은 우대 활동이나 집단에 대한 그런 것들을 채택함으로써 다른 적용가능한 조세체계를 이용해서 세금부담을 덜어 줄지도 모른다.
>
> 　세액공제(tax credit)는 정부 보조금과 유사하게 작동을 할 수도 있지만 세액공제는 아마 몇 가지 행정적 이점이 있고 정부 보조금은 배분적 이점이 있다. 그럼에도 불구하고 많은 전문가들은 분석을 통해서 정책 목적에 가장 잘 맞는 정책 도구를 선택하기 위해서 정책 도구의 여러 차원에 대한 상쇄관계에 초점을 둬야 한다고 주장한다. 이런 주장을 고려해, 우리는 기준 문제를 다룬다.

1 상쇄 기준

　상쇄 관계 분석의 필요성은 다음의 의회 증언에서와 같이 입법부와 행정부에서 아마도 정규적으로 등장한다. 의회 증언에서(Salamon & Lund, 1980: 23) 한 의원이 예산국장과 직원에게 다음과 같이 질문했다.

> [어디서] 정부 융자는 효과적인 정책 도구이고 어디서는 … 아닌가요? … 융자보증은? … 우리는 정부가 운영해야 하는 다른 정책 도구와의 관계에서 이것들을 보고 있습니다. … 어떤 연구가 진행되고 있나요?

예산국장과 직원은 다음과 같이 말을 마쳤다. "의장님, 우린 그런 연구에 대해서 아는 것이 없습니다." 정책 도구 접근방법은 매우 실용적이고 또 매우 합리적으로 보이기 때문에 브랜차드 의장의 실망은 이해할 만하다. 비실용적인 것과 상당한 거리가 있는 통합예산(unified budget)은 의사결정자가 느낀 필요를 충족시켜 준다.

정책 논쟁, 예산이론, 그리고 실무에 있어서, 많은 전문가들은 모든 정부 활동을 하나의 유일한 예산에 담아야 한다고 주장한다. 통합예산(unified budgets)이 정부의 간섭을 극대화하기는 하지만 관리하기에, 혹은 정부의 통제를 극소화하는데 어느 정도 믿음을 보여 줬는데, 이 통합예산에 대해서 우리는 그런 예산이 무엇을 포함하는지 물을 수 있을 것이다. 몇몇 전문가들은 슈퍼 예산(superbudget)의 범위를 단순히 관습적 지출과 비관습적 지출로 본다. 다른 전문가들은 법정 위임 사업과 규제를 포함시킨다. 그 외에, 동일한 의미에서, 또 다른 전문가들은 모든 사회적 규제와 그에 따른 강제적 결과를 포함시키려 할 것이다(Schattschneider, 1975: 106).

통합예산을 사용하면 감사, 분석, 그리고 현명한 결정이 용이해진다. 통합예산이 추구하는 훌륭한 목적에 기반해서, 예산편성자들은 여러 대안적 정책 도구들 탐색할 수 있고, 각 도구들의 비용과 편익을 계산할 수 있으며, 그리고 이러한 목적을 달성하기에는 예산편성할 자원이 한정돼 있는 상황에서 적절한 정책 도구를 결정할 수 있다.

2 기준의 문제

예산운영에서 기준이 중요하다는 것에 대해 논쟁할 여지는 거의 없다. 그러나 우리는 상쇄기준에 대해 아직 초보적인 생각만 가지고 있다.

우리는 예산통제체제의 성격이 우리가 직접 지출, 조세우대, 융자, 혹은 규제와 같은 다른 도구들을 선택할지 여부를 결정하는데 영향을 미칠 것이라고 가정한다. 예를 들어서, 지출통제와 관련이 있는 기준은 비용을 엄격하게 규정하고 예산 총계를 엄하게 제한할 것이다. 이런 기준들에 의해서 예산통제자들은 정부 성장과 영향을 최소화하는 사업들을 선택하게 될 것이다(Niskanen, 1988; Koven, 1999: 63-72). 다른 기준은 경제적 효율성일 것이다. 즉, 지출 수준이 일정하다면, 의사결정자는 경제적 자원의 사용을 최소화하는 도구들이나 아니면 경제적 성장을 최대화하는 도구들을 사용하는 사업을 선택할 것이다(Feldstein, 1980). 한편 경제 성장으로 인해 다른 비용과 총액의 측정 방법이 등장할 수 있다. 예를 들어서 일정한 고용 수준을 달성하기 위해서 필요로 하는 지출로서 정의되는, 비용-효과성을 의미하는 기준이 등장할 수도 있다(Harris, 1955). 또 다른 기준은 비용과 편익의 분배 혹은 수익의 분배일 수 있다. 따라서 자원 희소의 한계에서 우선순위 표에 상위에 있는 가치 있는 사업은 사회의 모든 소득 계층들이 동일한 비율 혹은 적합한 편익을 받을 수 있는 사업일 수 있다(Rosen, 1985: 70-97). 가능한 기준은 많지만 요약하면, 예산 기준은 정부와 정부예산의 기본적인 목적으로 작동한다.

여러 근거에서 합의가 있는 경우에, 여러 대안적인 수단을 비교할 수 있는 토대 위에서 때때로 예산 기준을 설정하기가 상대적으로 쉽다. 슈나이더와 잉그램에 따르면(Schneider & Ingram, 1997: 78), 분석가들과 조언자들의 연구들은 상이한 조건에서 여러 예산 및 정책 도구의 적합성을 암묵적으로 보여주려 노력하거나 시사한다.

기준에 대한 합의가 넓게는 사회에 혹은 좁게는 전문가에 대한 존경으로 존재하지 않을 땐, 그 기준은 경쟁하는 세력에게는 다루기 힘든 논란거리가 된다. 패인스타인에 의하면, "기준에 대한 갈등은 종종 효율성 대 형평성에 대한 논쟁으로 정리된다"(Fainstein, 1987: 233).

그런 경우에, 단일 기준에 대한 논쟁은 기관 가치에 뿌리를 둔 경우가 많다. 예를 들자면, 노숙자를 돕기 위해서 자금을 쓰는 우선순위가 높은 지출도구 포트폴리오를 가지고 있는 기관은 노숙자를 통제하는 것이 목적인 기관(아마도 정신보건소나 공공주택처) 혹은 노숙자가 스스로 결정하기를 원하는 기관(주택 개발 융자를 보증하는 기관)과 비교하기는 쉽지 않다(Schon & Rein, 1994: 129-161; March & Olsen, 1989).

리스트는 결정이 내려지는 정치적 그리고 조직적 맥락이 정책 도구의 선택에 영향을 미친다고 주장한다(Rist, 1998: 151). 특히, 정책 문제가 정의되고 다뤄지는 방법, 정책 대상의 개연적인 행태, 다양한 후보 도구의 고유한 집행 비용과 편익은 상쇄 기준(trade-off criteria)의 선택에 영향을 줄 것이다.

모호성(ambiguity) 이론은 목적과 수단의 비연계성과 목적 자체의 모호성(vagueness)에 중점을 둔다. 이 이론에 크게 의존하는 학자들은 조직 생활의 상당 부분이 시간에 따라 참여의 수준이 달라지는 개인은 물론 알려지지 않은 혹은 모순된 목적과 과학기술까지 관련된다고 주장한다. 즉,

> **의도가 행태를 정확하게 통제하지 못한다. 참여는 결정 상황의 성질이나 개인적 선호로 초래되는 안정적인 결과(consequences)가 아니다. 결과(outcomes)는 과정의 직접적인 귀결(consequences)이 아니다. 환경의 반응은 항상 조직적 행동에서 연유하는 것도 아니다. 신념도 항상 경험의 결과(results)가 아니다**(March & Olsen, 1976: 21).

그런 만연한 상황에서, 마치와 올슨에 따르면, 결정에는 어려움이 따른다. 행위자들은 그들이 결정을 할 때까지 그들의 선호를 거의 깨닫지 못할 수 도 있다. 또 와이크는 그것을 이렇게 표현했다. "내가 말한 것을 내가 알 때까지 내가 무엇을 생각하는지 어떻게 알 수 있을까?"(Weick, 1980: 19).

투박하게 정리하면, 여기서 논의된 예산 통제 기준에 대한 대안적 접근방법은 해석이 모호성을 몰아낸다는 것을 지지한다. 즉, 상이하고 구성된 현실(reality)의 수가 많을수록 사람, 조직, 혹은 정부 내에 그리고 사이에 존재하는 모호성은 더욱더 크다. 관리의 실제 문제에 대해서는, 현실적 적용가능성에 모호성이 크면 클수록, 예산 통제 결정을 위한 경제적 기준과 같은 정량화 방안은 점점 줄 가능성이 있다. 의사결정자가 현실에 대한 어느 한 관점에 '느슨하게 연결된' 절차를 사용하더라도 기준이 무엇을 의미하는지, 기준이 관련된 가치에 대해서 합의를 이룰 수 없다(Weick, 1976). 결과적으로, 조직 혹은 정부와 같이 집합적 이해를 가지고 있는 개인들로 이뤄진 집단에서 견해 차이의 혼잡성(compounding)이 크면 클수록, 의미를 형성하는 사건들과 특정 사람들이란 측면에서 무작위성(randomness)의 영향이 그만큼 더 커지고 협동적으로 이해하고 행동하기 위해서 구성원에게 필요한 해석의 양은 그만큼 더 많아진다(Weick, 1979).

현실의 사회적 구성에 초점을 두면서(Berger & Luckmann, 1966; Goffman, 1961, 1974; Schon & Rein, 1994) 연구자들은 또한 의미의 상대성을 강조한다. 이 분야에서는 다음과 같이 주장한다. 즉, 모든 조직은 본질적으로 일시적인 것과 영구적인 것 사이 어디쯤 있는 사회적 집합체이며, 이 조직은 그들이 하려는 바에 의미를 부여하는 일련의 공유된 세계관을

가지고 있다고 주장한다. 이 세계관 혹은 '현실의 해석'은 개인들 간의 상호작용을 통해서 정통성(legitimacy)을 만들고 획득한다. 더 나아가, 해석의 존재를 통해서 모든 조직이나 사람들이 공유하는 객관적인 현실이 존재한다는 관념이 잘못임이 드러난다.

미시적 예산운영과 관련된 맥락 학파(contextual school)는 긴요한 것(imperative), 때때로 정치적 긴요함이고, 때로는 사회적이나 경제적인 긴요함이고 또 때로는 기존 사업이 집행을 통해 발전될 때 그 기존 사업과 부대기면서 얻은 경험인 긴요함이, 예산이 요구하는 경제적 혹은 기술적 긴요함을 볼 수 있는 준거 틀 혹은 맥락을 제공한다(Thurmaier, 1995; Forester, 1984; McCaffery & Baker, 1990). 상쇄기준이 맥락에서 나온다고 가정할 때, 의사결정 맥락은 정책 도구 결정의 바탕이 되는 현실을 구성함으로써 모호성을 해결하는데 도움이 된다. 각 과학 공동체와 그들의 특별한 이해관계자들은 그런 전문가들이 존중을 받는 맥락을 제공한다. 즉, 적합한 기준에 대한 그들의 주장이 지배적이 된다. 힘이 쎈 집단이 문제에 대한 관심을 지시하고 강요하며, 그리고 기준이 등장한다. 공공 문제를 다루기 위한 책임이 주어지면 기관(institutions)이 기준을 통제한다.

한편, 살라몬은 맥락은 문제 주위, 혹은 과학적 이론 분야 및 전문가 주위에 있지 않고 정책 도구 주위에 있다고 주장한다(Salamon, 1989). 즉, 조세 지출에서부터 융자 보증까지의 각각의 도구는 집행부의 부서, 입법부 위원회, 수혜자 등의 각각의 환경에서 발전하였다. 살라몬은 다음과 같이 봤다(Salamon, 1989: 8). "각 도구들은 각자의 고유한 절차, 각자의 조직적 네트워크, 각자의 기술적 요건을 가지고 있다. 즉 각각 자신의 '정치경제'를 가지고 있다."

예산운영의 정치는 정치권력에 기초한 기준에 찬성한다. 파인스타인이 아래와 같이 언급했다(Fainstein, 1987: 233).

> [경제적 효율성과] 형성성 문제가 해결된 성장은 달성하기 어렵다. 왜냐하면 형평성 방법을 선호하는 사람들은 보통 상대적으로 권력이 적기 때문이다. 평가 기준, 집단 권력, 그리고 정치적 결과 사이의 관계가 명백한 곳이 어느 곳에도 없다.

그래서 집단 권력이 모든 것을 말해준다.

맥락은 일련의 특정한 공공문제, 예산도구, 집단권력, 그리고 기관들이 자리 잡고 있는 영역(area)일 수 있겠다. 이 맥락 내에서 예산 통제자들은 이러한 기준들을 시행한다. 즉, 예산 통제자들은 주창자들이 의미 있는 근거에서 그들의 제안을 정당화하는 것으로 생각하고 주창자의 제안이 객관적이고 체계적인 방법으로 정당화된다고 생각한다. 예산과정의 최종 결정이 교활한 흥정이라는 인상을 주는 듯 보일지라도 그 교활한 흥정이 그 흥정을 하는 사람들에게 수락 가능한 범위 내에서 있다는 것을 보증해줄 필요가 있다. 슈나이더와 잉그램은 다음과 같이 지적한다(Schneider & Ingram, 1997: 111).

> 정책 효과성에 대해 신뢰할만한 주장을 유지하지하기 위해서 [공무원들은] 정책 설계의 다양한 측면을 소망한 결과와 연결 짓는 믿을만한 인과적 논리를 가져야 한다.… 공무원은 또한 공정과 정의를 믿는 미국의 일반 공중의 경향을 고려해야 한다. 정부는 누구에게든 그가 받을 만한 자격이 있는 분량 이상으로 제공해서는 안 되며 정부는 불공정과 불의에 기여해서는 안 된다.

제3절
예산운영 해석: 사회적 구성 접근방법

기준 문제에 대한 다른 관점은 공공 정책 분야에서 사회적 구성/해석적 접근방법을 취하는 사람들로부터 온다. 그들에게 상쇄에 영향을 미치는 기준은 특정 도구가 얼마나 경제성장을 촉진하는가 아니면 악화시키는가에만 기반하는 것이 아니고 또 특정 도구가 얼마나 시장실패를 치유하거나 혹은 소득 분배의 균형을 회복시키는가에만 기반하는 것도 아니고 또 국내 발전이라는 주제에 대한 다른 변형들에 기반하는 것도 아니다. 마찬가지로 기준은, 지출도구는 어떤 유권자들이 얻는 것 또는 다른 유권자들은 얻지 못하는 것을 최대화 하는가와 같은, 정치적 변수에만 기반하는 것이 아니다.

사회적 구성/해석석 섭근방법을 취하는 진문가들은 기준이 또한 주로 인간 본성에 기반한다고 주장한다. 이런 견해에서는 인간으로서 우리는 인간에 대한 사회적 구성을 통해 집단을 정부 간섭 대상으로 분류를 한다. 이러한 분류에 따라, 집단은 자격이 있는 혹은 없는 대상으로 분류된다. 또는 보상이 주어지는 혹은 처벌되는 집단으로 분류된다. 우리는 요구와 보존 기능이 충족되는 맥락은, 사람들, 사람들의 문제 혹은 사람들이 일으키는 문제의 사회적 구성으로부터 발전한다고 생각하고 싶어 한다.

맥락으로부터 특정한 도구를 적합하게 만드는 기준이 나온다. 따라서 도구들 사이 상쇄에 관한 연구는 우리들의 사회적 구성과 도구 사이의 이런 일치(fit)에 의해서 영향을 받을 것이다. 다른 말로 하면, 도구의 선택은 비용-효과성, 비용-효율성, 혹은 정치적 지지자(political constituency)에 대한 잠재적 보상에 기반하는 것이 아니라 목표 대상(target population)의 구성(construction)과의 관계에 기반할 것이다.

1 정책 설계와 사회적 구성

사회적 구성 접근방법은 지난 20년에 거쳐 급격히, 특히 슈나이더와 잉그램에 의해서 정책 설계 분야에서 눈에 띄게 적용됐다(Schneider & Ingram, 1990; 1993; 1994; 2005). 그러나 직접적 그리고 간접적 정책 도구를 상쇄하는 기준에 대한 논의에 이 〈사회적 구성 접근방법을 이용한〉 연구를 하려면 어느 정도 조정이 필요할 것이다.

잉그램과 슈나이더에 따르면, "공공 정책은 정부가 사회적 구성을 이용하고, 내장하고, 견고히 하고, 제도화하고, 영속시키고 혹은 변형시키기 위해 활용하는 중요한 도구이다"(Ingram & Schneider, 2005: 5). 사회적 구성에 대한 정부 정책의 역할은 시장 광고, 대중문화, 종교, 역사적 전통 등의 결합한 영향보다 작지만은 "정책의 뛰어난 내구성"으로 인해서 경로가 한번 정해진 집단이나 생각의 사회적 구성의 방향을 변화시키기는 것은 (불가능하지는 않지만) 매우 어렵다(Ingram & Schneider, 2005: 5).

따라서, 정책 설계에서 정책의 혜택을 받을 혹은 정책의 부담을 지을 사람들, 즉 정책 목표 대상이 긍정적 혹은 부정적 관점으로 인식되는가 그 여부의 구분이 매우 중요하다. 무엇이 목표 대상인가? 슈나이더와 잉그램은 이 용어를 다뤄 왔는데, 이들은 그것을 "개인이나 집단의 행동과 안녕(well-being)이 정책에, 여기서는 예산에 영향을 [주고] 또 영향을 받는 개인과 집단으로 정의한다"(Ingram & Schneider, 1993: 334).

그들은 목표 대상의 사회적 구성 관점을 다음과 같이 묘사한다. 목표 대상의 사회적 구성을 통해서 "① 목표 대상을 사회적으로 의미 있는 것으로 구분하는 공유된 특성이 인정되고, ② 특정한 감정 지향적 가치(valence-oriented value), 상징, 그리고 이미지가 그 특성에서 비롯된다." 사회적 구성은 정치, 문화, 사회화, 역사, 대중매체(media), 문학, 종교, 등등에 의해서 창조되어진 특정한 인간 집단에 대한 고정관념(stereotype)이다(Ingram & Schneider, 2005: 335). 다양한 목표 대상의 특성 혹은 사회적 구성은 그것이 나타나는 특정한 조건 하에서, 예를 들면 공공정책을 통해서 보상이 주어지거나 또는 벌이 주어지는 특정한 조건에서, 부정적이 될 수도 있고 혹은 긍정적이 될 수도 있다. 부정적 사회적 구성 혹은 긍정적 사회적 구성을 향한 경향은 "목적 대상의 힘(표, 재산, 행동을 동원하려는 집단의 성향 등으로 이해되는)에 부분적으로 의존하는 것은 물론 다른 사람들이 정책이 특정한 목표(target)를 지향하고 있다는 것을 인정하는지 혹은 인정하지 않는지 그 정도에도 의존한다"(Ingram & Schneider, 2005: 335).

슈나이더와 잉그램은 정책 설계는 이러한 사회적 구성을 따른다고 말한다. "본질적으로 목표지향적이고 규범적인 사업(enterprise)"인 정책설계는 특정 가치, 목적, 이해관계에 기여하도록 사용되는데(Schneider & Ingram, 1997: 3), 이것은 이들 사회적 구성을 따른다. 목표 대상의 문제(혹은 특정 목표 대상과 함께하는 문제)는 국가(주, 지방)의 문제이다. 즉, 목표 대상에게 좋은 것(나쁜 것)은 국가에게 좋은 것(나쁜 것)이다. 목표 대상에게 이익을 주도록 혹은 손해를 주도록 만들어진 해결방법은 설계된 것이다. 그래서 그 정당성은 일반 공중(the public)을 납득시킬 수 있는 데 있다. 그 과정은 다음과 같다.

정부 의사 결정자
▼
정부 행동에 대한 목표대상의 사회적 구성을 나타내고
정책결정자의 결정이 유권자에 미치는 영향을 고려한다(Donovan, 2001).
▼
자격이 되면 보상으로, 자격이 안 되면 처벌로 예산을 삭성한다.
▼
그것을 정부 의사 결정자는 가치라는 측면에서 (사실에 따라 정당화) 합리화한다.

먼저, 정부 의사결정자는 목표 대상을 사회적으로 구성하고 그런 다음에 이들 사회적 구성에 맞는 정책 도구를 설계한다. 끝으로, 정부 의사결정자는 이들 정책 도구를 정해진 문제에 대해서 적합한 것이라고 합리화한다.

이러한 사회적 구성, 예산, 그리고 합리화된 일련의 사건들은 마치의 견해와 일치한다. 마치는 "조직에서 대부분의 정보는 주로 의사결정에 직접적으로 도움을 주기 위해서가 아니라 일관성 있는 역사가 이야기 될 수 있도록 해석의 기초로서 수집되고 기록된다고 말한다. 의미 구조가 정보로부터 그리고 의사결정의 과정으로부터 진화하면서 특정한 결정이 그 의미구조에 꼭 들어 맞는다"(March, 1987: 38).

만약 예산이 우리가 사용하기를 원하는 주요 정책 도구를 포함하고 있다면 우리는 다양하게 구성된 목표 대상을 다루기 적합한 기재를 쉽게 선택할 수 있다. 그래서 우리는 세금을 위한 예산을 가지고 있고, 지출을 위한 예산, 규제를 위한 예산, 보험을 위한 예산, 신용을 위한 예산, 법정 위임 사업(mandates)을 위한 예산을 가지고 있으며 이 모든 것은 목표 대상에 대해서 이미 구성된 맥락을 따른 것이다. 우리는 목표 대상의 적절한 욕구 혹은 위협에, 혹은 부적절한 욕구 혹은 위협에 제일 적합한 정책 도구를 선택한다.

우리는 선택된 도구가 맥락에 적절하게 맞아야 한다고 그리고 맥락은 목표 집단의 사회적 구성으로부터 도출된다고 생각하려 한다. 따라서 정책 도구 간 상쇄에 대한 분석, 즉 어떤 기준이 적용돼야 하는지에 대한 분석은 우리의 사회적 구성과 우리가 규정한 대상 집단을 위한 혹은 대상 집단에 대항해서 우리가 행하기를 원하는 것 사이의 이런 일치(fit)에 의해서 영향을 받아야 한다. 다른 말로 하면, 선정된 도구는 목표 대상의 사회적 구성에 대한 적합성에 기반할 것이며 이 사회적 구성에 대한 적합성을 대신하는 것까지는 아니지만 비용-효과성, 비용 효율성, 혹은 정치적 지지자에 대한 잠재적 보상에 기반할 것이다.

2 적합한 그리고 부적합한 목표 대상

잉그램과 슈나이더는 목표 대상의 사회적 구성에 기초한 정책결정 역학관계가 위험이 없지 않다고 경고한다(Ingram & Schneider, 2005). 정책결정이 일어나면, "정부는 모든 사람을 평등하게 대우하지 않고, 오히려 혜택 받고 잘나가는 대상에 대해서는 많은 혜택을 주는 반면에 정상에서 벗어난 대상에 대해서는 벌을 주는 배분의 형태를 취한다"(Ingram & Schneider, 2005: 17). 결과적으로, 적합한 대상과 부적합한 대상 사이의 차이는 사회적 경제적 그리고 정치적 분열이 영속적으로 고착되도록 확대되고 정당화되고 제도화된다(Ingram & Schneider, 2005: 5). 동시에 '적법성이 항시적 관심사인' 민주국가에서 정책은,

논리적 근거에서, 어떤 중요한 목적(end)에 기여하는 것으로서 정당화되거나 혹은 공정과 정의를 진작시키는 것으로서 정당화된다.

사회적 구성이 의존하는 기본적인 기준과 예산 도구 상쇄에 대한 해석적 접근방법에 의해서 해명될 수도 있는 기본적인 기준, 즉 적절한 대상과 부적절한 대상을 구분하는 기준은 풍부한 역사를 가지고 있는데 특히 욕구, '자격(desert)', 그리고 권리와 관련한 풍부한 역사를 가지고 있다.

밀러는 사람들은 서로 상이한 관계에 처해있고 관련된 관계의 특별한 성질에 좌우되는 정의를 서로에게 요구한다고 주장한다(Miller, 1999). 현실에서 인간관계는 복잡하고 다면적이기는 하지만, 그는 인간관계를 연대주의적 공동체(solidaristic communities), 도구적 결사체(instrumental associations), 시민권(citizenship) 등으로 소수의 기본 모형으로 축소하는 것이 가능하다고 말한다.

연대주의적 공동체에서는, 가족이 가장 전형적인데, 사람들이 공통의 정체성을 공유하며 그들 스스로를 공통의 신념과 문화, 그리고 혈연으로 경계지워진 것으로 본다. 여기에는 기본적인 배분 원칙은 욕구(need)이고, 이것은 사회체제 수준에서는 "어느 누구도 그 아래로 떨어져서는 안 되는 기본선(baseline)"으로서 이해된다(Miller, 1999: 91). 연대주의적 공동체는 모든 전근대사회에서는 마을과 봉건적 공동체의 형식으로 지배적인 결사체 모형이었다.

도구적 결사체에서는, 이것은 자본주의 사회의 전형인데, 사람들이 서로 공리주의 방법으로 관계를 하고 다른 사람과 서로 협업(collaboration)을 통해 개인적 욕구와 목적을 실현하려고 노력한다. 경제적 관계가 인간관계 양식에서는 지배적이다. 기본적인 분배 원칙은 여기선 자격(desert)의 원칙이다.

인간관계의 세 번째 양식에 대해서, 이것은 현대 자유민주주의 국가에 특유한 것인데, 사람들은 공동체와 도구적 결사체를 통해서만 아니라 동료 시민으로서도 서로서로 관계를 한다. 민주주의 사회의 모든 구성원은 시민의 지위를 함께 규정하는 일련의 권리와 책임의 담지자로서 여겨진다(Miller, 1999: 30). 조단은 다음과 같이 주장하면서 이에 동의한다(Jordan, 1998: 13). 즉, 시민권은 '정치공동체의 정회원권'이며 그리고

그것은 공동선에 [기여한] 구성원과 서로 해가 되는 갈등을 [삼가한] 구성원이 서로 협력하는 폐쇄적이고 배타적인 협력체계를 의미한다. [전통적인 공화주의] 이상 … 정치체는 … 적극적인 시민들로 구성되는데 이들은 이들을 공동의 이해와 목적으로

결합시키는 제도 내에서 높은 삶의 질에 대한 책임을 공유한다. 이런 전통에서 정의의 문제가 공유 자원, 상호 이익 그리고 합의된 목적이란 맥락에서만 구성원 사이에 발생한다. 그런 결사체의 배타성은 기여와 집단적 책임의 원칙과 밀접하게 연계돼 있다.

시민 결사체에서 정의의 중요한 원칙은 평등(equality)이다. 즉, 각각의 시민은 정치공동체가 시민 모두에게 제공하는 다양한 서비스에 대한 권리를 포함하여, 동일한 자유와 권리를 향유한다(Miller, 1999: 30). 그러나 조단이 기술하듯이, 권리는 시민이 공동선에 기여하려는 그리고 공동체의 안녕에 대한 책임을 지려는 시민의 자발성에 의해 제한을 받는다.

예산 맥락으로, 예산운영에 대한 브로키(V. O. Key)의 기본적인, 기준 관련 문제로 돌아가면[4], 우리는 지금 슈퍼 예산(superbudget) 배분 결정에 대한 기준은 맥락, 결정이 이뤄지는 인간관계의 지배적인 양식에 좌우될 수 있을 것이라는 것을 논의하고 있다. 즉, 맥락과 관계의 양식이 변하면 배분의 기준도 변한다. 우리가 역사적으로 발전한 사회적 지원의 형태(patterns)와 과거와 현재의 복지정책을 지탱시켜준 기준들(criteria)을 분석할 때, 변화는 특히 명백해진다.

제4절
상쇄 기준, 가난한 사람, 그리고 복지정책

슈나이더와 잉그램은 정책의 변천을 주의 깊게 보라고 우리에게 당부한다(Schneider & Ingram, 1990). 이 변천에 의해서 행태적 가정에 변화가 생긴다. 슈나이더와 잉그램은 또한 관리들이 선호하는 정책 도구들의 변화를 검토하기를 원하고, 그리고 정부에 대한 상이한 역할(roles), 사람에 대한 동기부여(motivations) 그리고 정부 정책 도구가 인간을 어느 만큼 조작하도록 허용해야 하는지에 대한 생각(ideas)을 상정하는 정책 도구의 변화를 검토하기

---

4) 어떤 기준에 의해서 활동 B 대신에 활동 A에 X달러를 배분해야 할까?(Key, 1940: 1138).

를 원한다.

가난한 사람을 대상으로 하는 사회복지정책의 변천은 우리에게 어떤 성찰을 제공하는가? 론 해스킨스가 관찰하듯이, "가난한 사람은 국가적 관심의 영원한 초점이다. 우리는 그들의 소득, 일, 복지의 이용, 아이 돌봄, 성적 행태 그리고 가치관에 대해서 걱정한다." 우리는 그것들을 어떻게 다루나? 종종 이것은 "정부 사업의 성공을 판단하는 중요한 기준이다"(Haskins, 2001: 103). 대체로 정책 처방은 가난한 사람에 대한 우리의 인식에 달려있다. 그리고 여기에 논쟁이 많다. 해스킨스는 그것들 중 몇 가지를 다음과 같이 지적한다(Haskins, 2001). 즉, "가난한 사람은 나쁜 유전자를 가지고 있다. 아니다, 그들은 열악한 환경을 가지고 있다. 가난한 사람은 상승하려는 의지가 없다. 아니다. 그들은 사회의 불행한 희생자이다. 가난한 사람은 지능이 뒤처진다. 아니다. 그들은 교육을 받지 못한 것이다. 가난한 사람에게 괜찮은 서비스가 제공되고 있다. 아니다. 그들은 수입을 얻을 수 있을 만큼 일할 수 있어야 한다. 가난한 사람은 그들이 부양할 수 없는 비합리적인 수의 아이들을 가지고 있다. 아니다, 그들은 그들의 결정이 무관심한 사회에 의해서 제약받기 때문에 미혼아(unmarital birth)를 가진 것이다"(Haskins, 2001: 103).

역사적으로 볼 때, 사회제도가 발전하면서 직접적으로 관련된 빈곤 정책 또한 구체화됐다. 이들 빈곤정책은 봉건제도 시기 수 세기 동안 지배했던 '빈곤법'부터 자본주의, 정치 질서의 문제, 가난에 대한 설명을 짜맞춘 경제성이 있는 관리(管理), 새로운 제도, 이념 등과 함께 등장한 여러 정책들로 변화했다.

단절적 발전(punctuated deevelopment)은 사회 변화와 그리고 사회 제도 및 빈곤정책의 구현(具現)을 나타내는 특징이다. 골딩과 미들톤은 가난에 대한 중심 관념이 "경제 및 사회 발전의 주요 시기에 대중의 의식에 자리를 잡았다"고 주장한다(Gilding & Middleton, 1982: 6). 두 개의 주요 관계가 단절적 발전을 보여준다. 그것은 개인과 시장 사이의 관계와 개인과 국가 사이의 관계, 다른 말로 하면 경제적 통제와 정치적 통제 사이의 관계이다.

개인과 노동시장 사이의 관계에는 두 가지 국면이 있다. 첫 번째 국면은 노동 통제, 작업 규율, 그리고 노동력의 동기부여의 문제들로 이루어진다. 두 번째 국면은 노동력 밖의 사회적 질서의 문제와 관련이 있다. 즉, "노동 규율 넘어 있는 사람들과 특정 형태의 극심한 빈곤의 결과로 발생하는 범죄화, 근로자들의 건전한 질서를 위협하는 사람들 혹은 가난한 소수를 위해서 사회가 제공하는 소득 유지 체제 혹은 최저생활 체계를 착취하는 사람들의 통제가 관련이 있다"(Golding & Middleton, 1882: 7).

개인과 국가 사이에 전개되는 관계 역시 두 국면을 보인다. 첫째는 조건적 시민권으로, 이것은 재산이 없거나 혹은 사회의 자선에 의존하는 사람들의 투표와 같은 정치적 권리를 말한다. 다른 문제는 좀 더 현대적인 느낌을 주는 것으로, 국가가 가난한 사람에게 도움을 주는 것과 국가가 스스로 자립하려는 사람을 도와주는 것 사이의 균형이다.

이러한 문제를 다루기 위한 사회의 첫 번째 시도는 봉건 시대로까지 거슬러 올라간다.

그때는 가난한 사람에 대한 사회적 지원은 욕구에 기초했다. 교회를 통한 구호품 주기, 연대주의적 지역사회의 수도승의 호의, 소득이 정해진 수준 아래로 떨어진 특정 사람에게 혜택을 주는 가난한 사람에 대한 지원 등이 그것이다(Jordan, 1998: 60). 자본주의적 관계가 발전하고 봉건적 경제에서 위기가 증가하면서 연대주의적 지역사회는 점점 분해되고 욕구에 기초한 도움은 공리주의와 결합된 억압적이고 선택적인 태도로 바뀐다(Golding & Middleton, 1982).

보통 공공 복지의 탄생은 영국 봉건체제의 해체와 관련이 있다(Cammisa, 1998: 26). 1349~1357년 노동자 법령이 최초의 복지 입법으로 간주된다. 이 법은 노동 공급 부족과 임금 상승에 대한 대응이라고 했다. 한 견해에 따르면, 이 법에 의해서 "산업화 이전, 재산이 적은 훈련된 노동 계급이 만들어졌다." 그러나 더욱 중요한 것은, 처음으로 "신의 빈자와 악마의 빈자"의 구분, 또는 빈자(the poor)와 극빈자(the paupers), 또는 구제가치가 있는 빈민(the deserving poor)과 구제 가치가 없는 빈민의 구분이 공공정책 결정에 도입됐다는 사실이다(Golding & Middleton, 1982: 8-10).

빈자와 국가와의 관계에 관료제적 조직이 등장했고 예측가능한 결과로 발전했다. 분류가 도입됐고 범주화를 통해서 자발적인 빈자와 필연적인 빈자가 구분됐다. 자발적 빈자는 낙인이 찍히게 됐다. 결국, 낙인은 행동으로 이어졌고 영국과 신민지 아메리카 양쪽에서는 '빈자의 재활'이 복지의 궁극적 목적이 됐다(Cummisa, 1998: 30).

자본주의가 성숙하면서 빈자에 대한 편견도 증가했다. 사회는 게으른 빈자를 교화하기 위해서 필요한 비용에 관심을 가지게 됐다. "실업은 그래서 단지 어쩌다 발생할 수 있는 그런 것이라기보다 부담, 어렵게 얻은 부(富)를 빼앗아가는 배수 통로로 보여졌다(Golding & Middleton, 1982: 13).

1776년 스미스가 『국부론』을 출판한 후, 빈곤은 수요와 공급의 법칙에 모순이 되기 때문에 이상한 조건으로 심한 비난을 받았고, 국가의 간섭은 경제 체제에 해로운 것으로 인정됐지만 빈곤 문제를 해결하기 위해서 필요한 것으로 정당화됐다(Golding & Middleton, 1982:

13; Mencher, 1966: 39). 신체 건강한 사람에 대한 빈곤구제는 불필요하다고 선언됐고, 1834년 구빈법 개정법(The Poor Law Amendment Act)에서 영국정부(English government)는 신체건강한 사람을 구제에서 제외하고 노동시장에 편입되는 것을 목적으로 했다(Mencher, 1966: 40).

구빈법 개정법에 의해서 영국정부 내 빈곤 관리에 대한 권한이 중앙집권화 됐고 보조가 주어질 때 보조와 처벌의 자격에 대한 엄격한 검사가 이뤄졌다. 첫째, 이 법은 가난 구제를 위해서 독립적인 노동자와 비교해서 실업 노동자에게 다소 불리한 자격요건을 부여했다. 이 법은 그러한 조치를 다음과 같은 생각에서 정당화했다. 즉, "독립 노동자의 조건보다 극빈자의 조건에 더 나은 수혜요건을 부여하는 경향이 있는 모든 보조금(penny)은 게으름과 악덕에 대한 포상금이다"란 생각에서 정당화됐다(The Poor Law Report of 1834, 1966: 53). 그래서 이 법에 의해서 신체 건강한 사람에 대한 복지는 일을 하는 사람의 복지보다 항상 나빠야 한다는 원칙이 강화됐다(Winston, 2002: 24). 따라서 게으름보다 노동을 더 바람직한 것으로 규정함으로써, 이 원칙은 가난한 사람이 계속 실업 상태에 남을 것인지 아니면 취업할 것인지를 유인하는 유인책으로 여겨졌다(Mencher, 1966: 40). 둘째, 구빈법 개정법은 구빈원 시험(workhouse test)을 시행했다. 구빈원은 "게으름을 억제하고 노동윤리를 주입하는 주요 제도적 수단으로" 간주됐다(Golding & Middleton, 1982: 12). 구빈법 개정법에서는 취업을 할 수 있는 사람은 누구도 구빈원에 사는 것을 선호하지 않을 것이고 가정됐다.

몇몇 학자에 따르면, 1834년 개정법은, 언론의 도움을 받아, 시민사회의 가치와 신념 체계에 빨리 그리고 쉽게 안착된 도덕 이론의 언어로 성숙한 자본주의의 정치적 편의성을 정당화했다(Golding & Middleton, 1982: 29). 도구적 결사체의 자격 기준 및 공동체에 대한 공리적 견해가 빈곤 정책 분야에 확고한 뿌리를 내렸다.

초기 신민지 시대와 19세기 사이, 가난한 사람에 대한 미국 사회의 태도는 영국 복지 정책에 의해서 영향을 받았다. 공적 부조(public assistance)는 그 당시 지방 수준에서 대부분 독점적으로 이용되고 있었는데 제한적이었고 가난이 경제적 사회적 그리고 정치적 원인보다 개인의 단점으로 발생된다는 견해를 반영했다(Winston, 2002: 24). 가난한 사람은 도덕적으로 잘못됐다는 신념이 매우 강해서 몇몇 마을은 가난한 부모로부터 아이들을 베어 놓고 부모는 마을 경계를 떠나도록 하는 정도까지 자신들의 정의를 보여줬다(Winston, 2002: 24). 이런 견해의 가장 극단적인 표현으로서 사회적 다윈니즘(Darinism)흐름이 1800년대에 잠시 있었다. 부적응(unfitness)의 표시로 빈곤을 보는 흐름에 대해서, 그 주창자들은 빈자를 돕는 것은 그들의 존속이 인간을 약화시킬 수도 있기 때문에 위험하다고 주장했다(Winston, 2002: 24).

도움을 마련하는데 국가가 관여하는 것은 영국(GB)으로부터 차용한 형태, 즉 빈자의 집(poor houses)과 작업장(workhouses)과 같은 기관의 형태를 취하게 됐고 처음에는 규모가 작았다. 이어서 이 기관이 증가했고 발전했으며 좀 더 권한이 있고 전문적인 기관들이 됐다. 1929년까지 25개 국가가 공공 복지 기관을 설치했다(Winston, 2002: 24-25).

미 연방정부가 복지 정책을 만들기 위한 최초의 시도는 남북전쟁 중에 있었다. 이때 미 의회는 전쟁성 관할 하에 난민, 자유민 그리고 버려진 땅 국(Bureau of Refugees, Freedmen, and Abanded Lands)을 설치했다. "미국 최초의 복지 기관으로서" 이 기관(BRFAL)의 목적은 남북전쟁 기간 중과 그 직후에 노예의 자유민으로의 전환을 촉진하는 것이었다(Winston, 2002: 24). 이 기관의 공공 및 민간 복지정책에 장기간 영향이 심대하기도 했지만 이 기관은 국가 하위 정부와 민간 자선기관이 할 수 없었던 또는 하지 못했던 분야인 빈곤을 완화하는 연방 정부 능력을 보여줬다(Winston, 2002: 24). 또한 그것은 빈곤에 대한 새로운 접근방법, 자격에만 전적으로 의존하지 않는 새로운 접근방법의 탄생을 의미했다.

19세기 후반기에 국가의 독점적 복지사업권이 확대됨에 따라, 관계의 제3 유형, 즉 시민권이 사회적 부조에 대한 배분 결정에 영향을 미치기 시작했다. 인간 번영의 보증 증표로서 시민의 권리와 의무, 정치적 평등이 받아들여짐에 따라 인간은 정치적 공동체에서 그들의 역할을 하는데 필요한 자원이 부족할 때 완전히 동등한 시민이 될 수 없다는 인식이 등장했다(Miller, 1999: 31). 이러한 인식으로 인해서 빈곤의 경제적 그리고 사회적 원인이 존재한다는 데 관심이 집중됐고(Winston, 2002: 25), 이것은 복지국가의 초석을 깐 20세기 처음 10년간에 개혁의 노력이 폭발하는 결과를 초래했다. 밀러의 중요한 주장은 시민권 관계양식에서, 평등의 원칙과 함께 정의의 다른 원칙도 근거가 있는 주장이라는 것이다. 정치적 평등은 사회적 평등이 의료보조, 주택, 그리고 소득지원과 같은 시민의 기본적인 욕구의 충족을 통해서 실현되기를 요구한다(Miller, 1999: 31). 그러나 사회적 정의에 관한 권리에 입각한 견해에서는 사회는 욕구 그 자체를 기초로 해서 재화와 용역을 배분하는 것이 아니고, 오히려 사회는 시민들이 권리를 소지할 수 있고 행사할 수 있도록 재화와 용역을 배분한다.

또한 자격의 원칙(principle of desert)이 욕구와 평등보다도 우선하는 원칙일 수도 있다. 권리에 기초한 복지정책 아래서 일지라도, 예를 들면 많은 사람들이 이것을 정의롭지 않다고 본다. 즉, A가 직장을 얻으려 노력했고 지금은 직장을 가졌다. B는 현재 실업 상태인데 충분히 노력을 했더라면 A와 유사한 직장을 가졌을 것이다. 이때 A가 B와 동일한 수입만 받는다면 많은 사람들은 정의롭지 않다고 본다(Miller, 1999: 36).

왜? 구제 가치가 있는 빈민(the deserving poor)과 구제 가치가 없는 빈민을 구분한다는 것은 욕구 혹은 평등에 기초한 배분 요청은 자격에 기초한 배분 요청보다 더 강하지 않다는 것을 의미한다. 그 구분은, 사람들이 정의의 관점에서 그들의 욕구와 권리가 타당한 것으로 인정되기 전에, 자신이 수혜를 받을 만한 자격이 충분히 있다는 것을 스스로 증명해야만 한다는 것을 보여준다(Miller, 1999: 76). 최근 경험에 의하면 지도자들은 그들의 추종자들의 의견을 더욱더 반영하고, 특히 공공서비스를 받는 이의 편에서 시민의 한계와 의무라는 측면에서 시민의 권리와 의무를 표명한다는 것을 알 수 있다(Jordan, 1999: 76).

미국에서, 책임(responsibility)이란 단어는 제한적이고 의무적인 권리로서 정의된다. 책임은 복지에 대한 정책과 예산 담론에서 계속해서 표면화됐고 복지에 의존하는 가족 수를 축소하기 위한 당연한 응분성(deservingness), 자립성, 그리고 필요성을 부각시켰다(Jordan, 1999: 76). 사실, 솔로우는 미국 복지체계의 재정의를 일과 개인적인 책임이라는 두 가지 기준으로 기술했다(Solow, 1998). 그는 미국 복지모형은 두 개의 명시적인 목적에 의해서 지도된다고 말했다. 즉, "첫 번째 목적은 지금 복지에 의존하는 시민들 사이에 자립을 증진시키는 것이고 두 번째 목적은 지금 복지에 대해서 비용을 부담하는 사람들 사이에 이타주의에 대한 욕구를 감소시키는 것이다(Jordan, 1999: vii-ix).

이것에 의해서 과거의 복지개혁과 같이 새로운 복지개혁도 역시 다른 어떤 것보다 자격의 원리에 기초한다는 것을 알 수 있다.

예산 상쇄는 무엇을 수반하나? 예산 상쇄에는 어떤 예산 도구 −직접 지출, 조세 우대, 규제, 신용, 그리고 융자−가 가장 잘 작동할 수 있을 런지에 대한 사회적 판단이 의존할 기준이 요구된다. 사회적 정의에는 욕구(need), 자격(desert), 권리(right), 세 가지 기준이 있다고 할 수 있다. 연구에 의하면 사용된 도구는 맥락과 적절하게 일치해야 하며 맥락은 목표 대상 집단의 사회적 구성으로부터 도출돼야 한다는 것을 알 수 있다. 각각의 맥락에서 목표 대상 집단의 사회적 구성은 사회적 정의의 적합한 기준을 따른다. 그럼으로 정책 도구 사이의 상쇄 분석, 어떤 기준을 사용할지에 대한 선택은 사회적 구성(social construction)과 우리가 욕구, 자격, 혹은 권리의 기준에서 정의했던 목표 대상집단을 위해 혹은 대항해 우리가 하기를 원하는 것과의 이런 일치(fit)에 의해서 영향을 받을 것이다.

그러면 문제는 누가 받을 만한 자격이 있고 누가 받을만한 자격이 없는지에 대한 예산 논의이다. 이렇게 되면 예산은 두 종류의 예산으로 생각될 수 있다. 즉, 하나는 받을 자격이 있는 사람들을 위한 예산이고 다른 하나는 자격이 없는/처벌받을 사람들을 위한 예산이다. 각 경우에, 장려 예산과 제재 예산은, 예산 총액은 제한되고 전략적 사업들에 배분되고 이러한 사업들을 달성하기 위해서 제안된 특정 도구들은 서로 서로에 대해서 상쇄된다. 선택된 도구는 전략적 사업을 달성하는데 있어서 비용-편익, 비용-효과 혹은 귀착에 대한 적합한 방법을 제공하는 도구이다.

❶ 사례연구: 근로소득세공제와 부양자녀가 있는 가정에 대한 보조

보조를 받을 만한 자격이 있는 사람과 없는 사람 사이 정책 도구의 상쇄를 보여 주는 특별히 적합한 사례를 1930년대부터 현재까지 기간에, 더 구체적으로 1960년대 존슨 대통령의 빈곤과의 전쟁과 1996년 소위 복지개혁시대 종언 사이에 미연방 예산정책의 발전에서 볼 수 있다. 이 사례에서 우리는 누가 보조를 받을 수 있었고 누가 보조를 받을 수 없었는지에 대해서 싸웠던 투쟁을 볼 수 있다. 그리고 우리는 직접지출과 조세지출 사이에 상쇄가 등장하는 것을 볼 수 있다(Howard, 1997). 사실, 근로소득세공제 -많은 직접 비용이 드는 조세지출-와 부양자녀가 있는 가정에 대한 보조사업(AFDC)에서 발견된 완전한 직접지출의 증가에서 우리는 이런 상쇄가 포함된 두드러진 특징을 볼 수 있다.

확실히, 이러한 정책 도구의 상쇄에는 경제적 분석을 통해서 중요한 성질을 이해할 수 있는 측면이 있었다(Ventry, 2000). 그러나 한편으로 예산이 편성된 복지정책의 역사적 발전을 읽는 것을 통해서 빈자 개념의 발전과 공중 가운데 보조를 받을 자격이 있는 사람과 자격이 없는 사람을 구분하는 데에 그 발전이 초래한 관계를 이해하는 데 도움이 된다.[5]

보조를 받을 자격이 없는 사람은 물론 그 반대편인 받을 자격이 있는 사람까지를 확정한 중요한 사건이 1996년 복지 개혁의 통과였다. 그 분수령이 되었던 날까지 발전한 몇 가지 사실들을 상기해 보자.

---

5) 빈트리(Ventry, 2000)에 의해서 수행된 많은 연구가 근로소득세공제의 역사적 발전을 조명한 것이고 우리는 힌(Heen, 2000)과 카미사(Cammisa, 1998)에게 공을 돌리듯이 여기서 그에게 공을 돌린다. 그러나 우리는 분석 방향을 보이는 데 있어서 독특한 면이 있다.

1930년대는 시민권 관계 양식이 국가 정책결정 분야에서 동력을 얻었던 시기였다. 대공황(Great Depression)으로 발생한 궁핍은 그 범위가 광대해서 미국 정부에 대해서 결정적인 조치를 요구했다. 윈스톤이 지적했듯이 "대공황 때 빈곤의 순 규모를 볼 때, 가난한 사람은 그들 처지를 자책해야 한다는 개념에 잠시 동안 이의를 제기할 만했다"(Winston, 2002: 27). 간략히 본다고 해도, 가난한 사람은 정당한 정치적 요구를 가진 집단으로 간주됐다. 그러나 그들의 요구가 취급되는 방법은 그들이 속한 사회적 구성에 좌우됐다.

그래서, 1930년대 공황으로 야기된 그리고 일할 능력이 있는 남성 노동자에 주로 영향을 미친 대량 실업의 문제는 수많은 공공 지원 일자리로 구성되는 일련의 고용 안정 조치에 의해서 해결됐다. 여기서 1834년과 마찬가지로 노동 요건이 구제(救濟)의 중요한 전제조건이자 인간 욕구를 시험하고 증거하는 지표가 됐다. 더 나아가, "연방정부가 고용 사업과 노동 시장에 더 일반적으로 직접 관여하는 것은 일시적이고 응급활동으로 취급됐다.… (그것은) 공황이 끝나고 제2차 세계대전이 시작되면서 결국은 사라졌다(Heclo, 2001: 171).

한편, "안정적인 정규직 인력으로 고용되기 원하는" 사람들의 자격은 1935년의 사회보장법(SSA)에 의해서 정해졌다. 가입자도 부담하는 이 분담형 사회보험체계를 통하여 그 법은 노령, 실업, 과부(寡婦), 장애 등으로 인한 미래 소득의 상실에 대해 남성 노동자의 가정에 재정적 안정을 보장했다.[6] 이 특별히 성공한 연방정부의 정책은 미래의 지불능력 상실에 대한 뜨거운 논쟁이 있는 가운데 최근까지도 한 번도 도전받지 않았다. 이것은 복지에 대한 권리가 시민권의 정의에 포함되고 있다는 사실을 진실로 보여준다.

입법부의 세 번째 조치는 실업 상태이지만 공적 부조를 받을 당연한 자격이 되지 않는 것으로 인식되는 가난한 사람을 목표로 했다. 궁핍한 노인과 장님을 포함해서 아이가 있는 홀로된 어머니(single mother)가 그런 범주에 속했다. 가정 내 의무에 대한 전통적인 설명에 따르면, 남자에게는 독점적으로 생계유지 의무가 부여됐고, 홀로된 어머니(보통은 미망인)를 포함한 여자들은 보육, 돌봄, 그리고 가족유지의 기능이 맡겨진 가정의 파수꾼으로 인식됐다. 이런 사실에 의해서 응당한 자격이 없다는 낙인에 대항해 한동안 여자들을 보호하는 데 도움이 됐다. 헤클로에 따르면, 우리가 알고 있는 부양자녀가 있는 가정에 대한 보조사업(AFDC)[7]은 가난한 사람인 자격이 있는 미망인에 현금 수당, 즉, '이미니들의 연금'을

---

6) 장애 급여는 몇 년 뒤에 사회보장에 더해졌다.
7) 초창기에는 그 사업(AFDC)을 부양자녀에 대한 보조사업(ADC)으로 불렀다. 이 제목은 1950에 변경됐다.

주어서 자녀들이 디킨스식으로 냉혹한 노동시장에 던져지거나 혹은 자녀들에게 노동을 시키기(그리고 20세기 초에 유난히 눈에 많이 뛰었던 의무공교육법을 훼손하기)보다 어머니들이 가정에 남아서 자녀들을 돌볼 수 있도록 설계됐다(Heclo, 2001: 171). 이 사업의 중요한 특징은 노동의 세계 및 노동시장 정책으로부터… 복지소득 이전을 사실상 구분한 것이다(Heclo, 2001: 173). 다시 말해서, AFDC사업은 빈곤 가정에 현금 보조를 할 수 있도록 보장적 지출(entitlement)을 정당화해 준 것이다. 일하지 않는 여성에 대한 태도가 변하기 시작할 때, 후기 복지개혁의 초점이 되는 것이 바로 이런 동일한 특성이라는 것은 참으로 역설적이다.

흥미롭게도, 미국 복지국가 창시자로 여겨지는 프랭클린 루즈벨트 대통령은, 1935년 그의 제안 이후 의회 연설 바로 시작 부분에서 혼자된 어머니를 위한 현금수당에 대한 그의 관심을 언급했다.

> 본인 바로 앞에서 증거로 확인된 역사의 교훈은 구제(救濟)에 계속적으로 의존하는 것은 미국의 성격에 근본적으로 파괴적인 정신적 그리고 도덕적 해체를 가져온다는 사실을 결정적으로 보여줍니다. 이런 방식으로 구제를 해주는 것은 인간 정신을 마취시키고 교묘히 파괴하는 일을 관리하는 것입니다. 그것은 건전한 정책의 명령에 반하는 것입니다. 그것은 미국 전통을 위반한 것입니다. 일할 수 있는 신체를 가진 가난한 노동자에게는 일이 주어져야 합니다(Haskins, 2001: 104).

그래서 그의 연설이 시작되기 전에 루즈벨트 대통령은 정부는 "이 구제 사업을 종식시켜야 하고 그렇게 할 것이라고 촉구했다"(Haskins, 2001: 104).

그러나 그런 변화는 60년 동안 일어나지 않고 있었다. 미드가 1930년대 초에 말했듯이(Mead, 2001), AFDC사업은 보장적 지출에 대한 강한 이념(Mead, 2001: 210)뿐만 아니라 그 사업을 통제하는 강력한 의회 조세위원회에 의해서도 보호됐다(Mead, 2001: 211).

시간이 흐름에 따라 응당 자격이 있다는 것(deservingness)에 대한 구성이 아마 변하기도 하고 또 이 변화가 공공정책에 변화를 촉진시킬 수 있다(Ingram & Schneider, 2005: 8). 결국, "사업을 둘러싼 사회가 변하는 동안에 그대로 동일하게 있는 사업은 사실상 변환된 정책으로 볼 수 있다(Heclo, 2001: 173)." 그것이 정확히 AFDC사업에 일어났다.

비노동 여성에 대한 태도 변화에 영향을 미친 사회적 변화 가운데 두 가지가 특별히 심

대한 결과를 초래했다. 하나의 변화는 1960년대까지 미망인 어머니[8]가 점차 이혼한, 버려진, 젊은 미혼의 수많은 어머니들로 교체되는 현상이 AFDC체계에 자리한 것이었다(Heclo, 2001: 173). 이들 가운데 많은 수가 흑인이었다. "불법과 탈영과 연관된 붕괴하는 흑인 가족 구조"에 대한 모이니한(D. P. Moynihan)의 1965년 보고서는 복지를 흑인과 관련된 문제로 보는 견해를 형성하는 데 기여했다(Heclo, 2001: 173).

또 다른 중요한 변화는, 자녀가 있는 여성을 포함해서 수많은 여성을 일터에 참여하도록 촉진한 '여성주의 의식(feminist consciousness)' 출현의 영향으로 소득 보장의 '남성 가장' 모형의 붕괴였다. AFDC에 가입한 어머니와 아동의 수 또한 1945년 701,000명에서 1960년 3백만 명으로 상당히 증가했다. 이와 마찬가지로 월 평균 수당도 77% 증가했다(Winston, 2002: 24). 이러한 통계를 종합해 볼 때, 이런 사회적 변화로 인해 AFDC에 대한 대중의 지지가 침식됐다(Heclo, 2001: 173). 점차적으로, 이와 같이 자유분방하게 치솟는 복지 지출을 억제하기 위해서 어떤 조치가 취해져야 한다는 분위기가 자리를 잡았다.

1960년대 시민권 운동의 성공에 의해서 복지에 대한 인종적 정치가 개막됐다. 헤클로는 이 10년을 "복지정책의 정치적 의미가 인종 문제와 명백히 혼동되는" 분수령이라고 불렀다(Heclo, 2001: 174).

1960년대는 또한 복지 입법의 제2의 '대폭발' 시기였다. 1964년의 경제적 기회법(EOA)은 가난한 사람을 위한 일련의 교육, 고용, 그리고 사회서비스 사업으로 빈곤에 대한 전쟁을 '선언하였고' 뒤이어 노인의료보험(Medicare)과 저소득층 의료보장제도(Medicaid) 법이 발효됐다. 복지국가가 "노동과 개인 책임이라는 측면에서 확대됐다"(Haskins, 2001: 104). 가난한 사람의 '복지 권리'에 대한 요구는, 빈곤과 불평등한 기회의 구조적 원인을 공략하기를 추구하는, 린든 존슨 대통령의 빈곤에 대한 전쟁의 주춧돌이 됐다. 역사에서 두 번째로 빈곤에 대한 토론이 시민권이란 관점에서 편성됐다. 그런데 불행하게도, "그런 사회적 공학은 의도하지 않았던 결과를 가득 초래했다"(Heclo, 2001: 175). 그 중 가장 피해를 많이 준 것은 헤드 스타트(Head Start) 사업[저소득층 아동에 대한 취학지원 사업. 예: 식품구입권, 학교급식 등], 지역사회 행동, 교육 보조금, 모델 시티(Model Cities)사업 [존슨대통령 때 시작한 도시재개발과 더불어 사회서비스 전달, 시민 참여 사업] 등과 같은 많은 사업들을 단순히 가난한 사람에 대한

---

[8] 부양자녀에 대한 보조사업(ADC)에 대한 1939년 개정에서, 노령 보험(Old Age Insurance)으로 보장을 받았던 노동자의 미망인과 아이들이 그 사업으로 이전됐다.

소득 유지 사업으로 묘사하고, 더 나아가 연방복지사업에 대해서 부정적인 인식을 강화시킨 것이었다(Heclo, 2001: 175).

정부 안팎에서, 주로 위스컨신대학교 경제학자 로버트 램프만의 공헌에 힘입어서(Lampman, 1954) 새로운 강조가 출현했는데 이것에 의해서 복지 문제를 소득 빈곤(income poverty)으로 재정의하는데 도움이 됐다. 빈곤을 공식적으로 지정한 소득 수준으로 표현하여 측성하는데 초점을 둠으로써, 사회정책 전문가는 빈곤 격차, 혹은 한 가정의 소득 수준과 명시된 빈곤 수준과의 소득 부족분으로 명명된 것을 메우려고 시도했다(Heclo, 2001: 176).

존슨 대통령의 빈곤에 대한 전쟁 이후 시기를 통해서 가난한 사람에 대해 적용되는 구제를 받을 자격에 대한 정의가 축소됐다. 노동 구제보다 오히려 현금 구제를 존슨 대통령 자신이 싫어했던 것에 어느 정도 뿌리를 두고 있지만, 사회정책은 도덕, 특히 존슨 대통령의 경제자문위원회가 주장한 도덕, 즉 "빈곤에서 벗어나기 위해서" 소득이 부족한 사람들을 소득을 벌 수 있도록 하는 도덕과 연계하게 됐다(Council of Economic Advisosrs, 1964; Ventry, 2000). 그런데 현금 구제를 혐오하는 이런 경향으로 인해서 연간 소득을 보장하는 수많은 사업의 실패가 초래됐고, 특히 연간 소득 보장 사업과 유사한 부의 소득세 제도(negative income tax)의 실패도 초래됐다.

1960년 말경, AFDC사업으로 인한 환멸이 극에 이르렀다. 그러나 이 사업의 생존은 주로 두 가지 사실에 의해 보장됐다. 첫째, 복지가 급성적인 문제가 아니라 만성적인 문제로 인식되었다는 점(Mead, 2001: 209)과 둘째, 좌파와 우파 모두에게 AFDC사업이 정치적 채산성을 갖고 있다는 점이다. 보수적인 우파는 이 사업을 "자유주의 과잉의 표식으로서" 사용했고 반면에 좌파들에게 이 사업은 "가난한 사람에 대한 인종차별과 증오의 혐의에 대한 증거였다"(Heclo, 2001: 177). 헤클로의 입장에 따르면, "AFDC사업은 일부 사람들은 원하지만 그러나 실제로는 아무도 신뢰하지 않는 그런 사업이 되고 있었다"(Heclo, 2001: 177).

그래서 자연스럽게, 1970년에는 AFDC를 통해서 수당을 받은 사람의 수는 1960년 5백십 만 명에서 7백 5십만 명으로 수혜자가 증가했다(U.S. Congress, 1998, Table 7.2). 복지의존성은 가난한 사람을 두 가지 특성으로, 즉 인구 중의 당연히 지원받을 자격이 있는 사람으로서 그리고 의존적인 사람들로서 특성을 나타내는 선전 문구가 됐다. 존슨 대통령 이후, 닉슨 대통령과 패트릭 모이니한(P. Moynihan)의 가정지원계획(FAP)이 복지체제 개혁을 위한 제안으로 잠시 존재했었다. 가정지원계획은 근로자 혹은 부양가족을 위한 최저소득 또는 기초소득으로 제안됐기 때문에 그 계획은 소득 보장으로 생각되지 않았고 오히려 근로장려금을 증액시켜주는 가족 지원금으로 생각됐다. 기본적으로 가정지원계획은 소득에 대한 소득세를 손익분기점인 4,000달러로 내렸다. 그러나 가정지원계획(FAP)은 대체로 실패했다. 왜냐하면 그 계획이 결정적이라고 보이지 않았기 때문이다. 부의 소득세를 통해서 근로를 장려하고 정부가 지원하는 복지에 대한 의존성을 억제한, 지금은 뉴저지대학 졸업 근로장려금(또는 부의 소득세)이라는 유명한 실험(Pechman & Timpane, 1975)을 통해 볼 때 결정적이라 보이지 않았다.

지원 받을 자격이 있는 가난한 사람을 일하는 가난한 사람으로서 정의한 확실한 정의는 당시 상원 재정위원장인 러셀 롱(Russell Long) 상원의원(공화당, 루이지애나)의 노력으로 이뤄졌다. 그 주제에 대한 그의 대단히 유명한 발언은 모이니한에 의해서 다음과 같은 말들로 보고됐다. 즉, 롱 의원은 "일하지 않는 사람들이 하루 종일 사랑이나 하고 사생아를 낳고," 어머니를 '번식용 암말' 그 이상 아무것도 아닌 것으로 대우하는데 방치되는 것을 조장하는 "일하지 않는 사람에 대한 수당 지불"에 반대했다(Ventry, 2000, 각주, 30; Moynihan, 1973: 519-523).

롱 상원의원이 이렇게 행동한 것은 일하는 가난한 사람의 소득을 국세청(IRS)을 통해서 보충하려는 노력이었다. 그의 중요한 성찰은 그가 노동 보너스라고 불렀던 세액공제를 통해서 근로자를 위해 고용자가 납부하는 사회보장세는 물론 근로자가 부담하는 사회보장세도를 상쇄하는 것이었다. 이 세액공제 제도는 일하는 근로자에게만 혜택을 주는 점에서 연간 소득 보장 제도, 부의 소득세 계획, 그리고 당연히 복지 보조금과 달랐다. 이런 정책 차이에 롱 상원의원은 그 당시의 정치적 신조를 반영했다. 즉, 복지는 나태한 생활 방식이고, 가난은 일시적인 불운을 의미한다는 정치적 신조를 반영했다(Moynihan, 1973).

이 모든 것으로부터, 연방 복지체계는 일하는 가난한 사람들은 스스로 힘쓰도록 남겨놓은 채 일하지 않는 비노동자 위주로 돼 있다는 정치적 의식이 태어났다(Heclo, 2001: 179). 이러한 단점을 극복하기 위해서, "노동을 보상으로 대체하기보다는 복지체계 내에서부터 노동을 진작해야 하는"(Mead, 2001: 210) 해결방법이 제시됐다. 1960년대와 1970년대에, 자유주의적 사회과학자들은 이 방법이 노동장려금으로 달성될 수 있을 것으로 믿었다. 이들 사회과학학자들이 열망했던 결과를 얻지 못했을 때 자유주의적 연구자와 보수주의적 연구자 양자의 관심은 복지사업 프로그램으로 옮겨갔다. 20년에 걸친 복지연구에서 그들은 "의무적인 노동 요건은 복지와는 어울리지 않을 것"이라는 입장을 취했다(Mead, 2001: 210).

첫 번째 근로소득 세액공제 제도가 된 것은 다소 복잡한 맥락에서 생겨났다. 1975년 포드

(Ford) 대통령은 전형적인 공화당의 예산 억제방침과 또 한편 침체된 경제를 진작시키겠다는 약속 속에서 1975년 조세삭감법(Tax Reduction Act)이 제정된 것을 지원했다. 이 법에서는 소득이 6,000달러 이하인 납세자는 모든 소득의 첫 번째 4,000달러의 10%에 해당하는 금액을 세액공제로 돌려받을 수 있었다(refundable tax credit). 그러나 근로소득 세액공제는 사람들이 여전히 복지 보조금을 받고 있다면 소득으로 간주됐다. 그럼에도 근로소득 세액공제는 "자격 있는 일하는 가난한 사람"에 대한 관심 고취, 비용이 전혀 안 드는 예산 억제, 경기 진작이라는 세 가지 이유에서 존속됐다. 그러나 경기진작이라는 발상에서 볼 때, 가난한 사람의 일부는 경기 촉진을 도왔고, 또 일부는 돕지 못했다고 믿는 연구자들이 확실히 있었다.

근로소득 세액공제 제도의 명성과 중요성을 확대하기 위한 세 가지 노력이 뒤따랐다. 첫째, 1978년에 의회는 자격을 갖춘 사람들에게 연말에 일시불로 받는 수당(payment) 대신에 선불 수당을 허용했다. 같은 해에 의회는 이 세액공제를 영구 세금 조항으로 확정했다.

둘째, 1986년의 레이건(Reagan) 행정부의 조세개혁법을 통하여 근로소득 세액공제가 확대됐다. 이때 세액공제가 확대된 이유는 다면적이다. 레이건 행정부는 가난한 사람을 세금 명부에서 제외시키길 원했다(Conlan, Wrigthson, & Berlin, 1990). 이에 더해서, 인플레이션이 세액공제의 가치를 훼손했고, 급여세(payroll tax)가 14%로 인상됐고, 이것은 가난한 사람에게 상당한 세 부담이 됐다. 그러나 가장 중요한 것은 레이건 행정부가 조세개혁의 기준으로 분배적 중립성을 요구했다는 것이다. 즉, 어떤 소득 집단도 다른 집단보다 세율 삭감에 의해서 더 많은 혜택을 받을 수 없다는 것이다. 가난한 사람이 일상적인 세율 삭감에 의해서 혜택을 가장 적게 받는다는 점은 분명했다. 따라서 이들이 받는 혜택이 근로 소득 세액공제 제도에서는 증가하는 형태로 나타났다.

근로소득 세액공제의 규모에 대한 세 번째 중요한 조치는 1993년에 이뤄졌다. 1993년에 제정된 옴니버스 예산조정법(Omnibus Budget Reconciliation Act)에 의해서 세액공제의 최대 혜택과 기타 기능이 확대되어 그 명목상 규모가 1990년 69억 달러에서 1994년 196억 달러로 3배가 되었다. 그 무렵 복지 지출이 1980년부터 두 배가 되었지만 근로소득 세액공제의 명목상 규모는 복지보조금사업인 AFDC사업에 대한 연방정부 기여금의 규모를 초과했다. 세액공제 혜택을 받는 가정의 수가 AFDC를 받는 가정의 수보다 수 백만 명 더 많았다.

1980년대에 직접적 정책 도구가 사회복지 정책에서 계속 역할을 했다. 그래서 1988년에 제정된 가정지원법(Family Support Act)은 복지 수급자에게 교육 기회, 직업 훈련, 의료 및 아동 보호서비스 등을 제공함으로써 이들 수급자들이 근로(work)에 참여하도록 유도하는 것을 목적으로 했다. 이 법은 근로 의무를 법률로 명문화 했다. 가장 중요한 것은, 이 법률이 복지정책에 분수령이 되는 전환 신호를 보냈다는 것이다. 즉, "닉슨과 카터 대통령 시절의 복지 개혁 노력과 달리, 이제는 미국의 정책결정자들 사이에 복지 수급자들을 노동인력으로 전환시킬 필요성이 있다는 데 상당한 합의가 있었다"(Heclo, 2001: 179).

그러나 1990년대는 보수적인 정책 지식인들, 급격한 경기후퇴 기간 동안 공화당 주지사의 부활, 대통령과 의회 수준 양자에서의 선거 전략, 이 세 종류의 정치 세력의 상호작용에 의해서 형성되었다. 헥로의 주장에 따르면, "1994년 뜻밖에 공화당이 의회를 장악한 후, 이 세 종류 정치 세력의 [수렴]은 그때까지 효과적인 정치적 옹호자를 기본적으로 가지지 못했던 현상유지적인 정책을 전복시킬 정도로 큰 힘이었다"(Heclo, 2001: 180).

복지 정책에 대한 획기적인 저서인 차알스 무레이의 『기반상실(Losing Ground)』은 목적 대상 집단에 관한 사회적 구성에 대한 보수적 지성인들의 영향을 전형적으로 보여 줬다. 이 책의 주요 논점은 전체 복지 체계가 가난한 사람을 돕는 것은 커녕 오히려 현실에서 가난한 사람들의 고통의 원인이고 따라서 이 체계는 폐지돼야 한다는 것이었다(Heclo, 2001: 182). 무레이의 주장은 큰 울림이 되어 그의 열렬한 반대자까지도 회의에 빠지게 했다.

이 책은 정부 보조를 받을 자격이 없는 사람들로서 가난한 사람의 이미지(image)를 구성하는데 도움이 됐다. "가난에 머물고 일하지 않는 것은 그들의 선택이고" 그리고 "그들은 스스로를 돕기를 거부하기 때문에 그들이 받는 보조금은 일해서 번 수입이 아니다"라는 정서가 널리 퍼졌다(Mead, 2001: 201, 206).

이렇게 하여, 1980년대 말에는 보수적인 지식인 지도자들의 영향 하에서, 복지에 대한 공공의 비판은 행태적 규범과 개인적 책임에, 혹은 전통적으로 노동 지향적 행태를 강제하지 못한 공적 부조와 공적 지원체계의 인지된 남용에 대한 개인책임의 결여에 초점을 뒀다. 그러나 헤클로는 경기침체와 국가 예산 압박에 의해 "보수적인 정책 발상의 발흥이 연방 체계의 여러 다양한 부분에서 구체적인 형태로 나타나지 않는다면" 복지에 대한 공공의 그런 비판은 추상적인 전선(戰線)으로 남을 수 있다고 시사했다(Heclo, 2001: 183). 미드는 1980년대와 1990년대를 "의제(agenda)가 복지 어머니가 일하노록 그리고 의존성을 세약하는 것으로 변한" 보수적인 시기로 규정했다(Mead, 2001: 201). 결과적으로, 공화당원들이 복지정책의 잠재적 설계자로서 전례 없는 신뢰와 정치적 호응을 얻었다(Heclo, 2001: 182). 이들은 혁신적인 보수적 복지 개혁을 미국과의 계약사업(Contract with America)의 핵심축으로 삼았다

(Mead, 2001). "거의 반 백 년 만에 처음으로 공화당이 의회를 장악할 수 있게 해 준"(Heclo, 2001: 191) 그리고 "우파가 근본적인 변화를 하지 못하게 오랜 기간 방해를 해 왔던"(Mead, 2001: 209) 민주당의 영향력을 상쇄한 1994년 선거 결과로, AFDC의 운명은 끝났다. 동시에, 복지 개혁을 대통령 선거 의제의 전면에 놓은 사람이 바로 민주당이라는 것은 매우 놀랄 만한 일이었다. 헤클로는 이에 대해서 "선거 수준에서 이렇게 최고 수준의 논점으로 복지 개혁의 정치가 떠오른 적은 이전에는 없었다"고 언급했다(Heclo, 2001: 185). 한편, 공화당은 진정한 연민은 사람들을 비도덕화에서 구하는데 그리고 복지 의존적인 연방사업의 역기능으로부터 구하는데 있다(Heclo, 2001: 186)고 주장함으로써 "공화당은 자신들을 사회정책에 동정하는 사람들로 개조했다"(Heclo, 2001: 182). 또 다른 한편으로, 레이건과 부시의 술책에 패배함으로써 "새롭게 등장한 엄격함을 위하여 사회 정책 분야에서 전통적으로 민주당이 취해 온 부드러움과 관대함을 포기할 것을 요청하는 새로운 민주당이라는 개념을 힘써서 세움으로써"(Heclo, 2001: 186) "자기 검증에 들어간"(Heclo, 2001: 186) 민주당에게 복지 개혁은 사회 이슈에 대한 민주당의 위상을 재정립하는 수단이 됐다(Mead, 2001: 209). 이 새로운 민주당 입장(platform)은 "우리가 알고 있는 바의 복지를 종식시키겠다"는 대통령 후보 클린턴의 약속에 대해서 대중들의 열렬한 지지 반응을 보인 것을 선거여론조사를 통해 확인함으로써, 일반 대중에게 호소력이 있는 것으로 밝혀졌다(Heclo, 2001: 188).

이렇게 정당 간 강렬한 충돌이 있는 가운데 복지의 새로운 세상은 복지와 맞바꾼 근로 요건과 복지 지원에 대한 기간 제한이란 두 가지 조건에 기초해야 한다는 합의가 이뤄졌다(Heclo, 2001: 191). 선출된 관리들은 그들 결정이 선거에 미치는 영향을 고려한다는 도노반의 정책결정 모델(Donnovan's model)에 따라, "[헤클로가 강조했듯이(Heclo, 2001)] 복지 개혁 입법의 마지막 책략은 재임을 추구하는 민주당 대통령과 지금과 같이 2년 후에도 의회 지배력을 보유하려 투쟁하는 공화당 의회 지도자들 간의 선거에 대한 이해관계의 수렴으로써 가능해졌다"(Heclo, 2001: 193).

개인 책임과 노동 기회 조화법(PRWORA)이 1996년 통과됐는데, 이 법의 통과는 격렬한 지식 공동체간 투쟁과 정당 간 투쟁의 결과였다. 그리고 이것은 정책 핵심에 근로 요건(work requirement)을 규정하는 어느 정파도 예상치 못했던 복지정책으로 귀결됐다(Heclo, 2001: 197). 헤클로가 지적했듯이, "복지를 일하려는 이전 사업(transition-to-work program)으로 만들려는 오래된 수사적 약속이 연방 법률의 법적 언어로 확고히 됐다"(Heclo, 2001: 169). 미드는 개인 책임과 노동 기회 조화법(PRWORA)을 "최초의 진정한 급진적 복지 개혁"이라고 불렀다(Mead, 2001). 처음으로 연방 법률이 구제의 전제조건으로 근로(work)를 요구했고 현금 수당을 지불하는 보장적 지출을 종료시켰다.

개인 책임과 노동 기회 조화법(PRWORA)은 부양자녀가 있는 가정에 대한 보조사업(AFDC)을 가난한 가정에 대한 일시적 지원 보조금 사업인 [근로 연계] 공공 부조금 사업(TANF)으로 대체했고 이 보조금 사업은 수당 수령 자격에 5년의 기간 제한을 부여했다.

이 입법은 광범위한 변화를 가져왔는데 그 가운데 가장 의미심장한 것은 이전의 복지 어머니들이 노동력으로 유입된 것이었다(Haskins, 2001: 105). 역사는 돌고 돌았다. 정책결정에서 자격 기준이 다시 요구와 권리를 넘어 강화됐다. 가난한 사람이 혜택을 받을 자격이 있는지 없는지 그 여부는 일하지 않는 어머니는 혜택을 받을 자격이 없다는 것으로 대체됐다. 해스킨스가 지적했듯이, "우리의 간단한 역사적 개요의 시각에서 볼 때, 1996년 복지 개혁 법률은 복지 혜택의 수령자에게 요구 사항을 부과하는 복지에 대한 전통 방식으로, 즉 루즈벨트(Roosevelt, 1935)가 강조했던 개인적 책임의 유형으로 되돌아가는 것이었다"(Haskins, 2001: 104).

〈표 6-1〉은 복지 지출을 비교하는데, 각 줄에 근로 소득 세액공제(EITC)와 함께, 부양자녀가 있는 가정에 대한 보조사업(AFDC) 지출이 나타나며, 1997년부터 1999년까지는 개인 책임과 노동 기회 조화법(PRWORA)의 지출이 보인다.

〈표 6-1〉 연방 복지와 세액 공제 지출의 비교(1980~1999년)

	AFDC와 PWORA(a)	근로소득 세액공제(EITC)(b)
1980	7.2	2.0
1981	7.8	1.9
1982	7.8	1.8
1983	8.2	1.8
1984	8.6	1.6
1985	8.7	2.1
1986	9.2	2.0
1987	10.0	3.9
1988	10.3	5.9

1989	10.6	6.6
1990	12.0	6.9
1991	13.2	10.6
1992	14.6	12.4
1993	14.8	13.2
1994	15.7	19.6
1995	16.2	22.8
1996	15.1	25.1
1997	12.5	29.7
1998	11.3	30.6
1999	11.3	31.2

주: 1997년부터 1999년까지 PRWORA자료는 (1996년 행정 비용의 4%에 해당하는) IV-A 아동보호 행정을 포함하지 않는다는 점에서 AFDC 하의 자료들과 완전히 일치하지는 않는다.
(a): U.S. Congress, House Committee on Ways and Means(2000), *2000 Green Book*, Washington, D.C.: U.S. Government Printing Office, Appendix A: A-10. Table A-3. 단위는 경상 달러 $10억. 1990년부터 1999년 자료는 U.S. Department of Health and Human Services 자료에 기초해 Congress Research Service가 제공한 것이다.
(b): 1980년부터 1996년까지는 U.S. Congress, House Committee on Ways and Means(1994), *1994 Green Book*(Washington, D.C.: U.S. Government Printing Office: 389, 700), 1990년부터 1999년까지는 U.S. General Accounting Office(2001: 8. Table 2). 모든 숫자는 경상 달러, $10억.

근로소득 세액공제는 급여세를 상쇄할 수단으로 도입됐기 때문에 그것은 일하는 부모들에게만 이용가능한 것이었다(Michalopoulos & Berlin, 2001: 271-272). 세액공제에서 세금을 돌려 받는다는 것은 세금도 부과되지 않는 가난한 사람에게 실제로 돈을 되돌려 준다는 것을 의미한다(Blank et al., 2001: 86). 더구나 이 공제는 소득에 따라 최대 금액까지 증가한다(Michalopoulos & Berlin, 2001: 271-272). 그것은 노동시장에서 제외된 사람들에게 그리고 최저임금을 받는 저소득자에게도 일하려는 유인(work incentives)을 명백히 증가시킨다(Blank et al., 2001: 86-87). "노동에 대한 보상을 강화하고 가난을 축소시키자 라는 관점에서 연방정부는 1990년과 1993년에 근로소득 세액공제(EITC)의 관용성을 상당히 확대했다"(Michalopoulos & Berlin, 2001: 272). 행정 통계에 따르면, 1990년과 1993년 사이 세금공제를 받은 가족의 수가 대략 30%로, 1천 5백 1십만에서 2천만 이상으로 증가했고, 평균 수당도 1,028달러에서 1,541달러로 증가했고, 그리고 EITC에 대한 총지출도 1백 5십 5억 달러에서 3백억 달러로 증가했다(Haskins, 2001: 122). 근로소득 세액공제의 관용적 조치에 의해서 1999년에는 자녀가 2명 이상인 납세자의 소득은 40%까지 증가했고, 최대 세액공제는 1990년의 공제 가능 금액의 거의 3배인 3,816 달러에 이르렀다. 부가적 소득으로 세액공제가 축소되기도 했지만, 일 년에 3만 달러나 근로소득이 있는 가정에는 어느 정도 세액공제를 이용할 수 있었다. 더 나아가서 15개 주가 그 뒤를 따랐고 연방 세액공제 제도에 기초한 근로소득 세액공제 사업을 제공하기 시작했다(Michalopoulos & Berlin, 2001: 272).

그러나 세액공제의 증대는 논쟁의 대상이었다. 반발은 근로소득 세액공제 사업이 그 규모가 너무 크고 그 확장 속도가 너무 빠르다고 생각하는 사람들로부터 왔다(Ventry, 2000). 이 반발의 기본적인 바탕은 속도와 규모만이 아니라 공제의 성격까지였다. 공제가 증가했는데 그것에 의해서 정부의 수입이 감소하기 보다는 지출이 증가했다. 그것은 많은 사람에게 부의 소득세와 비슷했고, 공제 사업으로 인해서 연방정부가 소수를 위해서 다수에게 세금을 거둬들이는 퇴행적인 일을 하게 됐다고 주장하는 이들(the class warriors)의 분노를 일으켰다(Ventry, 2000). 수혜를 받을 자격이 있다는 구분, 노동하는 가난한 사람과 부양가족이 있는 가난한 사람과의 구분이 점점 모호해졌다.

수혜 자격 여부의 구분에 더해서 불응의 문제가 또 다른 문제였다. 많은 사람에게 사기로 보이는 것이 근로소득 세액공제 사업을 괴롭혔다. AFDC와 식대보조사업(food stamp)의 과대 요구와 대조적으로, 근로소득 세액공제 사업은 국세청(IRS)에게는 상당한 수혜자가 규칙을 따르지 않는 것으로 보였다. 국세청은 1995년과 1998년 모든 수령된 세액공제 가운데 과대 요구 금액이 각각 24%와 26%였다고 추정했다(U.S. General Accounting Office, 2001: 10). 이런 일부 반발로 인해서 국세청은 활발한 활동을 하게 됐는데 그것은 최근에 납세자를 공포에 떨게 하는 처사라는 비난을 받게 됐다. 의회는 가난한 사람에 대한 감사를 위해 더 많은 돈을 예산으로 배정했다. 1999년에 전체 세금 신고에 대한 감사는 모든 세금 신고의 2.5%보다 적은 수치로 떨어져 사상 최저치로 떨어졌다. 그러나 세액 공제를 받기로 되어 있는 가난한 사람에 대한 세금 감사는 국세청 모든 감사의 44%로 증가했다(Johnson, 2001). 흥미롭게도, 사기 사건 수에 대한 감사 효과는 오히려 개선됐다. 즉, 감사는 세액공제는 받으면서 일을 하지 않는 사람에게는 위협이 됐고, 법에서 허용하고 있는 데도 (여러 가지 이유에서) 세액공제를 신청하지 않은 일하는 가난한 사람에게는 도움이 됐다.

1990년대 초와 중반에 예산 적자 축소는 중요한 이슈가 됐다. 연방 적자가 1980년에 740억 달러에서 1995년에는 1,640억 달러로 증가했다. 1996년에 예산 통제관들과 보수주의자들은 연방정부의 수혜를 받는 사람들 가운데 자격이 없는 사람을 찾거나 자격을 신중하게 지정하는 강한 입장을 취했다. 자격이 안 되는 사람들을 찾는 사냥이 시작되었고 자격이 안 되는 사람들 가운데 담배세 수혜자(Hatch-Kennedy법은 보험이 안 되는 어린 아이의 건강 수당에 지출하기 위해서 담배세를 43센트 인상하였다)와 복지 수혜자가 있었다(Palazzolo, 1999).

여론은 적자를 축소하려는 매파와 보수주의자들을 지지하면서 노동하지 않는 가난한 사람과 이민자들을 자격이 없는 사람으로 분류하려는 움직임을 보였다. 길렌스(Gilens, 1999)와 위버(Weaver, 2000)는 나양한 여론조사와 설문시를 추적했는데, 이에 따르면, 수혜자가 그 자신의 이익을 위해서 일을 하도록 하는 편이 좋다는 여론이 1985년부터 1996년까지 증대했다. 동시에 일하는 가난한 사람에 대한 근로소득 세액공제 배제에 대한 반대 또한 성장했다. 〈표 6-2〉는 이러한 사건과 해석 모형을 보여준다.

〈표 6-2〉 미국 복지정책에서 예산운영 해석

정부 결정자들	조세와 지출 정책-예산을 책임지는 당국
▼ 정부 조치에 대한 목표 대상집단의 사회적 구성을 반추한다.	최소한 복지와 일하는 가난한 사람을 위한 지렌스(Gilens, 1999)와 위버(Weaver, 2000)
▼ 자격이 있는 사람에게 보상을 그리고 자격이 없는 사람에게는 처벌을 함으로써 예산을 작성한다.	근로소득 세액공제(EITC)와 공공부조법(TANF)의 명확한 역사
▼ 가치 측면에서 정부 결정자들이 합리화(사실에 따라 정당화)한다.	반격과 반격의 둔화: 일하는 가난한 사람을 돕는 것과 관련된 가치의 불완전성이 아닌 법의 불안전성으로의 사기.

직접 지출, 조세지출, 융자, 융자보증, 혹은 보험 가운데 어느 하나를 선택하는 일로 여론이 갈리고 시민들이 시위를 하는 일은 좀처럼 드물다. 그런데 가난한 사람에 대한 사회복지정책에서 변화가 생겼을 때 직접 지출과 조세지출 사이의 상쇄로 인해서 찬반 집단이 활성화되었고 나라가 분열됐다. 예산은 행동과 성과를 유도하고 교육하고 혹은 처벌함으로서 정부가 사회에 개입하는 하나의 수단으로 작용한다. 예산 통제는 이 개입의 성과를 최대화하기 위한 가장 적합한 도구를 선정하는 한 수단이다. 이 이슈가 사사하듯이, 예산운영은 정말로, 누가, 무엇을, 언제, 어떻게 얻는가가 정해지는, 대단히 중요한 정치적 그리고 행정적 전쟁터이다.

슈나이더와 잉그램(Schneider & Ingram)이 옳다고 상정해 보자. 즉, 정책 목적 대상집단(target population)을 기본적으로 도움을 받을 자격이 있다(deserving) 혹은 없다는 것으로 사회적 구성을 하는 것으로써 상쇄할 때 기준을 삼을 수 있다. 또한 재정 도구를 통해서 이전된 예산 증가는 결국 피치자에 대한 정부의 통제는 더욱 강화되고 정부에 대한 통제는 더욱 약화는 되는 결과만 초래한다는 자유주의적 관념을 생각해 보자. 예산 통제는 모순적인 것으로 보인다. 통제가 크면 클수록 우리는 어떤 것에 대해서는 편애를 허용하는 경향을 더욱 강화하며 다른 것에 대해서는 처벌하는 경향을 더욱더 강화한다. 예산 통제가 약하면 약할수록, 다면적 시각, 분권화, 그리고 다양한 그러나 때때로 모순적이고 심지어 반대로 작용하는 접근법을 통해서라도, 피치자의 정부에 대한 통제는 더욱 더 커진다.

정치 지도자들은 종종 사회적 구성이 견고한 선거구의 유권자와 지지자들을 중요하게 생각한다. 이러한 사회적 구성을 바탕으로, 선택된 수단과 맥락이 적합하다는 정당화가 따르게 된다. 그러나 이러한 정치 지도자들은 확고하지 않은 견해를 반영할 수도 있는데, 이런 경우 종종 특정 분야에 정통한 과학적 연구자들이나 예산통제 분야의 전문가들이 설정한 객관적 기준이 정책 수단의 선정에 이용된다.

제5절
우리가 나타나길 갈구하는 맥락, 우리가 만든 맥락, 우리가 사회적으로 구성한 맥락

많은 이들은 예산 분야에서 사업의 목적을 분석의 중요한 부분으로 간주한다. 그러나 실제로 사실과 가치에 대한 널리 받아들여지는 개념을 기반으로 한 해석적 접근방법은 통합예산(comprehensive budget)에서 발생하는 예산 통제 문제에 대한 해결책을 찾는 데 더 용이할 수 있다. 살라몬은 목적이 수단을 결정한다고 주창하면서 그는 "대안적인 수단을 관리하고 그것들 가운데 선택을 하기 위한" 정부재정관리자들이 역량에 있어서 향상을 예견했다(Salamon, 1989: 261-262). 그는 다음과 같이 계속 말했다. "특정한 사업이 수행되는 경우 독특한 결과를 가져올 수도 있도록 하는 특정한 유형의 도구를 포함하고 있다"는 인식이 대단히 중요하다(Salamon, 1989: 261-262). 살라몬은 재정관리자들이 그들의 의사결정을 차선책으로 하려는 자신의 의지를 알아차려야 한다고 주장했다. 관리자들은 목적의 관점에서 도구를 선택하지 않고 "도구 선택은 사업의 목적과 전혀 관계가 없는 요소들에 의해서, 예를 들면 예산 영향을 피하려는 혹은 정부의 정원 한도를 넘지 않으려는 열망과 같은 [사업의 본래 목적과 관련 없는] 요인에 의해서 종종 정해진다." 살라몬은 도구 선택의 최적화에 대해서 좀 더 명확한 관심을 가지면 선택의 효과성과 통제력을 향상시킬 수 있을 것이라고 결론을 내렸다.

이러한 사고방식에 대한 반론을 더 파고 들어 가 본다. 대안적 접근방법은 다음과 같은 질문을 던진다. 즉, 목적이란 무엇이고 그것은 어떻게 정해지나? 만약 문제가 있다면 그 문제를 특정한 방법으로 정의하는 사고방식(실행, 사회적 구성)이 있다. 이러한 정의는 1996년 여기서 기술한 복지정책 개입뿐만 아니라 전부는 아닐지라도 많은 정책을 특징짓는 "받을 만한 자격이 있다/없다"의 사고방식과 근본적으로 다른 것이 아니다.

따라서 문제 정의는 살라몬이 생각한 의미에서 가치의 문제이다(Salamon, 1976). 이러한 가치가 문제를, 즉 구현되고(enacted) 사회적으로 구성된 맥락을 만든다. 이런 가치에 힘입어 사람들은 목적과 수단을 관련시키는 작업을 합리적으로 할 수 있다.

그러면, 우리는 어떻게 가치, 목적, 문제의 설정을 "받을 자격이 있다/없다"의 자격 설정으로 퇴화시키는 것이 아니라 재생시키나? 우리는 어떻게 원시적이고 유해한 방법이 아니라 다른 방법으로 맥락을 설정하나? 샤츠슈나이더 연구가 제시하는 접근방법을 생각해 보자(Schattschneider, 1975). 통합 예산(comprehensive)에서, 높은 희소성을 설정하면 더 많은 갈등과 더 많은 경쟁과 더 많은 논쟁을 발생시킬 것이다. 사실 샤츠슈나이더는 갈등이 심할수록 경쟁이 심할수록, 과정에 참여가 그만큼 커질 것이란 신념을 가지고 있다(Schattschneider, 1975: 126-139).

이 논쟁의 근간은 예산일 것이다. 모든 것을 화폐로 나타내는 예산은 모든 정부 체계의 핵심이 된다.

어떻게 이 논쟁이 교착상태로 끝나지 않고 계속될 수 있을까? 이것은 아마, 일반 공중의 논쟁에서, 일어날 가능성은 있으나 그 가능성은 믿기 어려울 정도의 부정적 결과, 예를 들면 정부 폐쇄, 더 중요한 것으로 완전한 정치적 몰락, 이러한 사태를 발생시킨 정치지도자들의 해임이라는 부정적 결과를 가져올 것이다.

결과는 국민 주권 체제에서 사용된 상식 기준이다. 무슨 문제가 있고(목적) 그 문제를 해결할 무슨 수단이 있는지에 대한 충분한 토론이 있을 때, 결과는 보장된다. 샤츠슈나이더는 토론은 갈등으로부터 나오며 갈등은 경쟁으로부터 나온다고 말한다(Schattschneider, 1975). 갈등은 강제하는(회초리, stick) 정부의 역할과 촉진하는 정부의 역할(당근, carrot) 사이 긴장으로부터 나온다. 갈등은 정부의 간섭과, 피치자의 통제와 정부 그 자체의 통제 사이의 긴장으로부터 나온다. 메디슨에 따르면, 경쟁하는 의사결정 영역(Federalist 51), 경쟁하는 이해관계자들 혹은 파당들은(Federalist 10) 수많은 다양한 견해들을 증가시키는데 기여하고 이 다양한 견해들은 서로 경쟁하고 그래서 모든 이슈에 대해서 어느 한 견해가 지배할 수 없도록 방지한다.

어떻게 우리는 경쟁을 보장하고 또한 교착상태를 방지할 수 있을까? 예산통제 및 일반적인 통제에서 얻은 모든 교훈이 말해주듯이, 제약은 그것을 무력화하려는 노력을 낳는다. 이것이 대부분의 예산관으로부터 지지를 받고 있는 문제임에도 불구하고, 제약의 지혜가 실제로 나타날 수도 있다. 통제를 무력화하는 노력이 혁신에 실제로 기여할 수도 있다. 살라몬에 의해서 지적된 예에서(Salamon, 1989), 새로운 정책과 예산 도구를 통해서 실제로 피치자의 정부 통제를 확대시키지 못했으나 좀 더 많은 공공-민간 파트너십을 촉진했다. 이 파트너십에 의해서 정부의 것과 민간의 것 사이의 구분이 모호해졌고 정부 활동의 민영화를 촉진하는데 피치자의 동의를 얻을 수 있었다. 따라서 통합 예산(comprehensive)의 희소성을 통해서 모든 사람들이 함께 살 수 있는 문제에 대한 해결방법을 찾을 수 있다.

제7장

예산운영 구조와 시민 참여

제럴드 밀러(Gerald J. Miller),
린 에버스(Lyn Evers)

시민들에게 왜 그들이 지금 사는 지역사회를 선택했는지 물었을 때 시민들은 "좋은 학교와 낮은 세금"이라고 답했다. 그리고 직장과 가깝고 대가족과 가깝다는 요인이 추가됐다. 시민들이 정부 예산결정에 참여하지 않는다고 해도 정부 예산결정체제는 이런 결정들을 할 수 있다. 그런데 왜 예산운영을 민주화하는 것에 관심이 있나?

경제가 불안정한 시기에는 정부 예산운영과 재정 결정에서 시민 참여가 더욱 절실히 필요하다. 부동산 가치는 지역사회에서 정부와 개인 모두에게 영향을 준다. 부동산 가치는 경기 침체기에는 정부에 위협이 되고 경기 상승기에는 개인 주택보유자에게 위협이 된다. 2008~2010년 기간과 같은 경기 침체 때에는 조세 항소(tax appeals)와 주택 가격 하락이 정부 예산을 곤란에 처하게 만들 수 있다. 재원이 희소할 때, 예산결정은 주민과 기업가에게 주는 매력, 부동산 가치, 그리고 궁극적으로 장기적 경제적 활력, 이 모든 것은 시민이 관심을 가지고 있는 것인데, 이것을 지역사회가 얼마나 잘 유지하는지에 대한 만만찮은 장기적인 의미를 줄 수도 있도록 내려져야 한다.

시민은 상황이 얼마나 심각한지에 대해서 알아야 할 권리가 있고 그리고 적어도 시민에게 영향을 미치는 예산 분야에 대해서 질문을 하고 투입을 할 수 있는 기회가 시민에게 주어져야 한다. 합리적인 사람은 자신의 가정과 관련된 예산운영의 기초를 이해하며, 현행 경제 상황에서, 왜 정부가 모든 사람에게 모든 것을 재정적으로 계속 제공할 수 없는 존재인지를 1980년대 후반 이래로 그 어느 때보다 더 잘 이해할 것이다.

일부 사람들은 대부분의 선출된 공직자들이 정부가 무엇을 해야 하는지에 대한 이미 이뤄졌어야 할 긴 토론을 두려워한다고 주장한다. 그러나 그렇게 주장하는 사람들도 아마 평범한 시민을 이해하고 있을 것이다. 토론이 지연됨으로써 서비스가 아마 폐지되거나 또는 새로운 요금에 의해서 지원되고, 특히 서비스가 직원 감축으로 조잡하게 전달될 수 있는 그런 특정 서비스가 유지되는 결과를 초래할 것이다. 시민과 토론을 통해서, 시 관리자가 모든 서비스에 직원을 충원할 수 없고 그 서비스들을 조잡한 방법 외에 다른 방법으로 제공할 수 없기 때문에 전체 마을을 화나게 하는 것 보다는 서비스 폐기나 요금 인상으로 몇몇 시민에게 불편을 끼치는 것이 더 나을 것이란 점을 재정 관료에게 알릴 수도 있을 것이다.

정부에 대한 불만은 경기가 좋을 때나 나쁠 때나 정부 예산운영으로부터 부분적으로 나온다. 우리가 1960년대 말 월남전 인플레이션과 부가세 혹은 1970년대 오일 가격 상승을 시작으로 생각한다면, 경제적 변동은 약 40년 동안 지속됐다. 경제적 변동으로 적어도 부분적으로 생긴 불만족은 지난 30년에 걸쳐서 정부 예산운영과 재정 관련 공무원들에게 영향을 미친 우경화의 주요 국면이다. 또한 시민 참여는 재정 관료들이 때때로 모호한 상황을 해석하는데 사용한다고 말하는 민주화 논리이다. 왜 재정 관료들은 그들의 민주화 논리의 시민 참여 형식을 해석을 위한 적합한 기초로 거의 생각하지 않는가가 본장의 토론의 주제이다. 여기서 재정 관료들은 예산편성자들(budgeteers)이다. 왜냐하면 시민 참여[1] 연구가 정부 재정이 시민에게 중심이 되는 조세와 지출 이슈에 초점을 두기 때문이다. 또한 우리가 재정관리와 마찬가지로 예산편성자들을 지칭할 때, 우리는 선출된 관리, 임명된 관리, 정치적 주인(political masters), 기술자 등을 포함한다.

서비스에 대한 만족과 세금을 납부할 의향 사이의 '단절'이 크다는 것은 조사에서 정기적으로 나타났다(예: Glaser & Hildreth, 1999). 대체로 시민들은 그들이 사는 곳에 살도록 결정을 하면서, 세금을 내고 얻는 것을 가지 있어 하면서도 재정 관료들을 닷친다. 예산운영과

---

[1] 이 장은 허가를 받아 "Budgeting Structures and Citizen Participation," *Journal of Public Budgeting Accounting & Financial Management*, 14(2): 205-246, 2002를 수정 게재했다.

관련해서 문제가 무엇인가? 예산편성자들의 평가가 잘못된 것인가? 예산편성자들이 시민들과 중요한 연계를 상실했나?

목적이나 가치에 대해 예산편성자들은 꺼리김 없이 그들의 이상을 표현한다. 시 관리자와 재정 관료는, 그들의 직장에서 일하는 이유를 곰곰이 생각하며, 그들은 "언덕 위의 도시", "아름다운 도시", 혹은 단순히 지역사회를 건설하는 데 기여하기 위해 노력을 기우린다고 말한다.

시민과 연계가 없어진 것에 대해 관리들은 시민의 개입을 열망한다. 시민 참여라는 관념은, 안정적이고 개화된 관리자와 통치 기관의 관점에서 볼 때, 어느 때보다 한정된 재원으로 지역사회의 가장 시급한 욕구(needs)를 정부가 진정으로 대변하고, 확인하며, 우선순위를 정하고, 충족시키는 데 바람직할 뿐만 아니라 필수적임에 틀림없다. 시민들이 의사결정자에게 더 많은 정보를 제공하는데, 복잡한 상황에서 위험을 감수하는데, 그리고 상대적으로 상이한 세계관을 통합하는데 도움을 주기 위해 참여하기 때문에, 참여는 중요한 일들을 다루는데 확실히 도움이 될 것이다.

시민 참여에 대한 긍정적인 관점이 초기에 이용되었다. 1960년대 중반에 린든 B. 존슨 대통령의 빈곤과의 전쟁(War on Povety) 사업들을 위한 "최대 가능한 참여(maximum feasible participation)" 행정 명령으로 그 운동이 시작되었다. 이 시대의 흐름은 친 적극적 정부였다. 그래서 참여는 순수한 좋은 관념으로 여겨졌다.

시민 참여의 역사와 공무원의 가치에 의해서 공무원이 지역사회를 소중히 하고, 상식에 의해서 공무원이 시민을 참여시켰다면 왜 오늘날 시민 참여에 대한 걱정이 있을까? 왜 "시민은 시민 단체와 소원해진 정치 지도자들에게 화를 내고, 지역사회의 문제 해결을 위한 집단적 행동 전망에 대해 미심쩍어하고 … 비관적일까?"(Weeks, 2000: 360).

일반적으로 그 해답은 열망의 이상적인 세계와 정치 및 정부 운영의 실재 세계 사이의 차이에 있을 것이다. 정치의 영역에서 시민들은 정부가 해야 하는 혹은 개입해야 하는 바를 과도하거나 또는 비현실적인 기대를 종종 가지고 있다. 이러한 기대는 예산운영의 도전을 더 어렵게 한다. 정부는 모든 사람에게 모든 것을 해줘야 한다는 '관리원 정서(caretaker mentality)'가 폭넓게 받아들여졌다. 연방 관료가 이를 유도했고 그것은 모든 수준에서 시민들 생각에 스며들었기 때문이다. 정부가 무엇을 하려고 만들어졌는가에 초점을 두고 정부는 민간 부문이 해서는 안 되고 할 수 없는 것만을 해야 한다는 기본 전제로 돌아간다면 시민 참여 때문에 예산 운영이 복잡해지지 않았을 것이다. 그러나 이런 생각으로 만족스럽게 돌아가지 못한 것 같았다. 정부 목적을 재정의하면 가용 재원에 대한 경쟁을 잠재적으로 줄일 수 있다. 그러나 인구의 상당수가 목소리를 내고 정치가와 특별한 이익집단이 종종 조장하는 권리 의식은 미국 정부 관리자들이 우경화되어 있는 동안에는 축소되기 어려울 것이다. 그리고 많은 사람들이 잊고 있는 것은 자금을 조달할 때 그들이 정부라는 것과 자금이 항상 자신과 이웃의 주머니에서 나온다는 것을 그들은 깨달아야 한다고 예산 관료는 특별히 주장한다. 이런 개념은 경기 침체 동안에는 더 효과적으로 시민들에게 아마 주목을 받을 수 있을 것이다. 그러나 개인이 재원(resource)을 잃으면 시민들은 정부는 관리원 역할에서 벗어나서는 안 된다고 더 강하게 주장할지도 모른다.

이 장의 주된 주제는 정치적 영역이 아니라 정부 운영의 실제 세계이다. 시민들은 종종 예산운영의 실제 세계에서 멀리 떨어져 있다. 참여라는 고차원의 이상 때문에 아마도 예산운영의 구조적 복잡성이 과소평가될 수도 있고 그 누구든 예산 이슈와 과정을 이해하기 위해서 필요한 시간과 노력이 중요하지 않은 것으로 기술될 수도 있다.

이 연구를 통해, 특히 뜻 있는 시민들의 이해와 영향을 위해서, 많은 사람들이 끔찍하다고 하는 일년 내내 이뤄지는 과정에서(Leo, 1998: 23), 예산운영이 실제로 어떻게 작동하는지를 밝힐 수 있다. 이 장에서는 언제 어떤 방법으로 참여가 예산운영에 영향을 미칠 수 있는지에 대해 실마리를 주는 기존 연구로부터 증거가 제시된다. 이 장의 첫 부분에서는 문헌연구를 통해서 예산운영의 다섯 가지 국면을 개념화한다. 예산 이슈, 공공, 도구, 관료, 절차 등의 각 국면에는 시민 참여의 문제와 해결 방법이 있다. 또한 시민 참여가 건설적으로 그리고 효과적으로 나타날 수 있는 구조가 강조된다. 두 번째 부분에서는 예산운영과 시민 참여를 연계시키는 거대한 문제를 다루는데 건설적이라고 판명된 개입 설계가 대략적으로 설명된다. 따라서 여기에서 우리는 예산운영에 있어서 참여가 시민의 분노, 냉소주의, 불신, 그리고 비관주의에 영향을 줄 수 있는 지점을 결정할 수 있도록 추구할 것이다. 그리고 예산운영에 있어서 실제 세계 문제(the real world problems)에 대한 해결 방법이 제시될 것이다.

제1절
구조

공공의 참여에 대한 명백하고도 미묘한 문제를 제기하는 복잡한 구조는 구체적으로 무엇인가? 첫째, 예산운영과 관련된 많은 이슈는 어떤 한 연도와 수년에 거쳐 다른 정책 이슈와 정치적 의제와 관련이 있고 이전 결정에 의해 재량이 제한을 받아 새로운 도전을 극복하기 어렵게 만든다. 돈을 추적하면 이전 결정이 어떻게 제한적인 영향을 주는지 그 명확한 그림을 볼 수 있을 것이다. 둘째, 참여하기를 원하는 다양한 공중은 그 유형과 구성이 다양하다. 종종 그들은 의심과 경쟁심을 보인다. 셋째, 시민 참여를 위한 방법이 최근에서야 강력하고 믿음직스럽게 등장했다. 넷째, 예산편성자의 역할과 규범은 단독 재량권을 정당화하는 전문성이나 대표성에 때때로 고정된 듯 하지만 그것들은 폭넓은 참여로 변화하지도 발전하지도 못한다. 그리고 마지막으로, 예산과정에 관련이 있는 사람들은 스스로 그들의 관행(practice)에 깊이 의사결정 방법을 묻어 스스로 결정 이유를 종종 숨긴다. 예산운영 연구를 통해 이들 구조의 각각에 대해서, 시민 참여를 오랫동안 괴롭혀온 문제를 보게 될 것이다. 또한 이들 구조의 각각에 시민 참여에 도움이 되는 국면이 있다.

1 이슈

예산운영에는 여러 다양한 이슈들이 포함되며 그래서 당연히 여러 질문들이 제기된다. 여러 이슈들은 동일하게 시민에게 중요한가? 그리고 시민의 선호가 이 이슈들 전부에 영향을 미칠 수 있나? 중요한 예산 이슈들이란 그 이슈들에 대한 선호를 보여주는 것이 지역사회에 중요한 그런 이슈들이다. 그리고 예산 이슈들에 대한 시민과 관료 사이의 위험 공유가 나타날 수 있는 것이 중요한 예산 이슈들이다.

참여에 대해서 문제를 제기하지만 한편 기회를 제공하는 네 종류의 이슈가 있다. 그것은 경직성 이슈, 예산 문제(budget knot), 기획 이슈, 양도하기 힘든, 협상이 어려운 양도할 수 없는(nonnegotiable) 이슈이다. 첫째, 시민의 즉각적인 통제, 관료의 즉각적인 통제, 전문가의 즉각적인 통제를 넘어서는 이슈가 있다. 예산편성자들은 즉각적인 통제를 넘어서는 이슈를 시민에게 명확하게 설명해야 한다. 이런 이슈들에는 일반적으로 법률, 그리고 특히 조세 및 지출 통제, 예산과정 요건이 포함된다. 예산과정 요건에는 마감일, 특정 서비스, 서비스 수준, 서비스 수혜자, 세원 혹은 징세 가능한 것과 불가능한 것에 대한 명령(mandate)이 포함된다.

둘째, 약간 다른 수준에서 팽팽한 예산 문제 혹은 이슈가 있다. 이것에는 예견할 수 있는 결과와 예견할 수 없는 결과에 관한 결정과 상쇄가 포함된다. 예산 이슈는 가끔 이해와 예측이 틀린 것을 보여준다. 이런 상황을 생각해보자. 한 지역의 시민과 관리가 폭넓은 합의에 의해서 저렴한 가격의 주택(affordable housing)을 제공하기로 결정할 수도 있다. 참여는 진심이고 반응은 즉각적이다. 그러나 저렴한 가격의 주택은 필연적으로 토지를 밀도 높게 사용해야만 한다. 인구 밀도가 높으면 결국 인구 밀도를 낮게 개발한 경우보다는 서비스, 특히 학교에 대한 영향이 상당히 심각하다. 물론, 서비스 수요가 높으면 그만큼 재산세가 더 높게 인상되는 결과를 초래한다.

저렴한 주택을 건설하는 사업이 제방 건설과 배수 개선 사업과 같은 다른 사업을 대체할 수도 있을 것이다. 지방정부의 예산편성자가 저렴한 주택을 마련하는데 대응한 직후 홍수가 발생해서 비상상황이 일어날 수도 있다. 연방 정부와 주 정부 보조가 그 사업을 지원할 수 있는지 알지 못한 채 자본적 지출이 즉각 발생해야 한다. 올해 적자가 커져도 내년 예산은 즉각 증가한다. 홍수가 재산을 파괴하고 다음 연도에 재산세 수입이 감소한다. 지출이 증가하고 수입이 감소하면 예산의 다른 부분이 축소된다. 축소되면 한편으로 일시 해고가 발생하고 그 밖의 다른 사업에서 지연이 실제로 초래될 수도 있다. 일시 해고와 사업 지연으로 비용만 증가할 것이다. 그 이유는 인플레이션과 해고된 전문가 혹은 새로운 전문가를 찾거나 재고용할 필요 때문이다, 이들 전문가들은 해고되었을 때보다 더 높은 봉급을 요구할 것이나.

유사한 일들이 끝나지 않는다. 이 사례에는 지방정부의 예산편성자인 책임 있는 당자자들은 주택건설, 학교에 대한 강한 요구, 그리고 높은 재산세 납부 사이의 상쇄관계를 정확히 묘사하지 못해서, 격심한 반대에 직면할 수도 있고, 패배해서 자리에서 물러날 수도 이미 있을 것이다. 책임 있는 당사자들은 제방 건설과 배수 개선 사업에 대한 결정의 결과를 정확히 묘사하지 못한 것에 대해서 처벌을 받을지도 모른다. 그들은 자연의 변덕을 정확히 묘사하지 못했다고 처벌을 받을지도 모른다.

따라서 우리는 예산편성자들이 참여를 장려하고 대응적이 되기 위해 진정한 노력을 하도록 하고 있다. 많은 예산편성자들은 본능과 경험에 따라 발생하는 일련의 사건들의 일부 또는 전부에 대해 경고할 수 있었고, 아마도 경고할 수 있을 것이다. 몇몇 사건은 합리적으로 잘 조직된 참여 노력일지라도 확률 이상으로 더 잘 묘사할 수는 없을 것이다. 무엇보다 몇몇 공무원은 대응적이기를 피하려 할 수 있다. 다른 공무원들은 공개한 일로 고통을 받아 시민참여를 결코 다시 시도하려고 하지 않을 수도 있다.

물론, 이와 같은 저렴한 주택 공급과 그 결과와 같은 자유재량이 있고 의미 있는 이슈에 대해서는 기획, 위험 공유, 그리고 이해가 필요하다. 누가 시민, 그리고 선출된 공무원, 그리고 전문 관리자의 참여 없이 결정을 할 수 있을 것인가? 문제는 정보를 제공하는 노력이 선의라는 것을 보장할 수 있느냐에 있다.

셋째, 예산 이슈 외에 미래와 관련이 있는 다루기 쉬운 이슈들이 네 개의 부류가 있다. 첫째, 자본예산이 있다. 왜냐하면 대부분 법에 의해서 자본예산은 10년 이상의 기간을 다뤄야 하기 때문이다. 둘째, 개발전략이 있다. 특히 이것은 세금 감면을 받기 때문이다. 셋째, 일반적으로, 정책, 전략 계획, 연차 성과 계획, 가까운 장래의 예산이 있다. 왜냐하면 이 모든 것은 해결할 문제를 결정하고, 시민이 원하는 서비스를 결정하며, 이를 알아내는 방법을 결정하는 데 도움이 되기 때문이다. 끝으로, 시민 참여에 잘 맞는 성과평가가 있다. 성과평가는 시민이 기존의 서비스나 새로운 서비스에 대해 가지고 있는 기대를 다루고, 부처들이 현재 얼마나 업무를 잘 수행하는지, 부처들이 어떻게 업무를 수행해야 하는지, 이들 성과가 어떻게 측정돼야 하는지, 이러한 측정 요소와 성과가 어떻게 평가돼야 하는지 등을 정의하는 데 있어서, 모든 사람과 관련이 있다.

이러한 모든 이슈로 인해서, 문제와 선택을 충분히 생각할 시간을 제공하는 계획과정이 필요해진다. 모든 이슈는 조만간 경상예산에 중대한 영향을 미칠 것이다.

이슈의 마지막 부류는 훨씬 더 많은 우려를 불러일으킨다. 이것들은 양도하기 힘든, 협상이 곤란한 이슈(nonnegotiable issue)이고 그것들은 중요한 문제이다. 이 이슈들에는 형평성이 포함되고 그리고 형평성과 매우 밀접하게 관계가 있고, 중복되기까지 하는 전체로서 지역사회의 이익이 포함된다.

양도하기 힘든, 협상이 곤란한 이슈는 우리가 예산 공무원이 그것들에 책임을 지고 있다고 생각하는 이슈들이다. 예산편성자들은 종종 스스로 그것들을 드러내고자 하지 않으며, 시간에 앞서 그것을 증명하거나 질문을 하려 신경을 쓰는 사람이 없다. 예산편성자들은 그런 이슈들을 협상불가, 심지어 토론 불가로 만듦으로써, 시민들이 관심을 가지기 전에 결정을 위한 의제를 정하는 것으로 보인다.

　이슈를 다루는 이러한 방법 가운데 몇 가지는 매우 기초적이다. 그것들은 예산이 소득 집단 사이에서 상향적 혹은 하향적으로 재분배돼야 하는지 그 여부에 대한 질문들을 포함한다. 예를 들어, 사회적 서비스는 가난한 사람을 지원하기 위해서 하향적 분배를 옹호하며, 경찰 지출은 가난한 사람에 대한 사회적 통제를 위해서 상향적 배분을 옹호한다는 견해에서, 예산삭감이 있을 때 관료들은 사회적 서비스를 삭감해야 되나 아니면 경찰 서비스를 삭감해야 하나?

　또 다른 당면한 양도하기 더욱 힘든, 협상이 곤란한 이슈는 세금 부담이 현재 살아 있는 세대들 사이에 어떻게 배분돼야 할 것인가이다. 예를 들어, 부모와 그 윗세대가 학교 교육을 부담해야 하나 아니면 부모만이 부담해야 하나? 부담은 현재 세대와 태어나지 않은 세대에 거쳐서 배분돼야 하나? 빚을 내서 지출해야 하나? 산업기반시설의 유지보수 지연이 허용돼야 하나?

　이런 양도하기 힘든, 협상이 곤란한 지역사회 차원의 이해가 걸린 이슈는 예산운영에 고질적인 난제이다. 지역사회 차원의 이해가 걸린 것이 무엇인지 설정하기 위해서 더 깊이 살펴보는 것이 가치 있을 수도 있다. 즉, 누가 언제 어디서 관심 사항에 대해서 목소리를 낼 수 있으며, 궁극적으로 그것들을 결정할 수 있나?

　지역사회 차원의 이슈에 대해서 전문가 사이에 상당한 차이가 있다는 것을 우리는 알고 있다. 무엇이 전체 지역사회의 이익, 관료 그리고 시민일까? 누가 이것을 정의해야 할까? 이 이슈에 대한 논쟁을 통해서 선거가 참여를 궁극적으로 그리고 최종적으로 규정할 수 있는지 그 여부에 대한 좀 더 기본적인 질문에 도달할 수 있다. 공무원이 최종 결정자이고 전문지식을 가진 전문가는 봉사해야 하는 사람이기 때문에 전문가는 공무원에게 의무를 지는가? 공무원은 신탁관리자인가 아니면 대표자인가? 만약 공무원이 대표자라면 그 혹은 그녀는 누구를 위해 지역사회 차원의 예산 이슈에 봉사하는가? 이 이슈를 다룸에 있어서 누가 예산운영에서 어떤 역할을 행해야 되는지에 대한 갈등이 심각하다. 시민 참여 주창자들은 참여가 효과적으로 다룰 수 있는 이슈가 무엇인지에 대해서 논의한다. 전반적인 합의는 기획 이슈에 모아진다. 그러나 어떤 이슈가 통제 가능하고 어떤 이슈가 통제 불가능한가에 대한 이해가 예산운영이 발생시키는 냉소주의의 양에 영향을 미치기는 하지만, 참여는 통제 불가능한 이슈에는 영향을 미칠 수 없다. 통제 불가능한 이슈 외에, 상쇄관계를 장기적이고 깊게 살펴보고 많은 시민을 넘어설 수도 있는 광범위한 결과와 요구사항을 예견하는 노력이 요구되는 까다로운 예산 이슈가 있다. 그럼에도 불구하고, 대부분의 개인들은 어떤 위험은 감수할 가치가 있고 어떤 위험은 그렇지 않은지에 대한 명확한 견해를 가지고 있다.

시민 참여를 통해서 가치 있는 성찰을 할 수 있으며, 평가자들이 전혀 생각하지 못할 수도 있는 위험을 공유할 자발성을 얻을 수 있다. 그러나 시민 참여에 대한 진짜 문제가 남아있다. 양도하기 힘든, 협상이 곤란한 이슈는 아직 연구가 되지 않은 분야이고 정부 특히 정치적 대표(representation)와 행정적 위임에 대한 이론과 신념에 대한 초보적 연구와 보다 깊은 연구가 필요하다. 이 이슈는 또한 시민들의 사려 깊은 심의를 요구하며 그러나 이 심의는 보통 주창자 사이에서 고려되고 있는 심의보다 훨씬 진전된 것이어야 한다. 이러한 이슈를 다루려면 시민과 예산편성자들이 *인민의, 인민에 의한, 인민을 위한*이란 단어의 의미와 여러 차원의 과제, 많은 시간 투여, 그리고 지속적인 정신 집중을 이해할 필요가 있다.

2 공중(publics)

시민 참여 문헌들은 예산편성자들이 다뤄야 하는 공중에 대한 딱 들어맞는 그림을 제공하지 않는다. 우리는 공중을 몇 가지로 나눠 본다. 일부 공중으로 자원봉사자 집단, 감시 집단, 뉴스 매체 등의 관심을 끄는 공중(attentive public), 관심을 끌지 못하는 공중(inattentive public), 그리고 접근 가능한 공중(reachable public)으로 나뉜다.

예산편성자들은 관심을 끄는 공중을 가장 자주 다룬다. 즉, 상당한 시간, 예산들은 특정 정파적 의제를 지지하는 집단 혹은 현재 및 잠재적 선출 공무원을 다루는 온갖 노력과 관계가 있다. 이들 집단은 관심을 끌고, 관심을 얻을 충분한 영향력(leverage)을 가지고 있다. 그러나 이들은 광범위한 공중들에게 냉소주의를 퍼트린 원인이 될 수도 있다. 관리들은 패거리 친구들과 이익집단을 달래기 위해서 "술수(smoke and mirrors)를 사용하지만 … 대중을 오도한다"(Berman, 1997: 106).

관심을 끄는 외부 공중이 중요한 만큼 예산운영에는 내부 공중인 사람들이 포함되는데 이들은 일반적으로 공무원이 임명하는 시민위원회에 속한 자원봉사자이다. 이들 공무원의 동기는 무엇이고, 예산편성자들은 이들 동기를 조장하고 통제하기 위해서 무엇을 하나? 베이커는 시정위원회 혹은 자문위원회에 자원봉사자로 봉사하려는 수많은 이유를 조사한다

(Baker, 1994). 그의 연구에 의하면, 대부분의 자원봉사자들은 봉사를 시민의 의무로 여기며, 나머지 자원봉사자들은 참여해야 했기 때문에 봉사한다고 한다. 베이커는 이들의 동기가 도움을 청한 것에 응답하고자 하는 열망과 전문지식을 제공하고자 하는 열망이 종합된 것을 발견했다. 목적의식을 갖고 일하는 자원봉사자들은 문제해결을 위한 열정을 가지고 있었다. 이 사례 각각에서 협력을 잘하는 참여자들이 성공의 가능성이 큰 것으로 보인다. 그럼에도 불구하고 일부 자원봉사자들은 직업, 돈, 혹은 선출직 등으로 미래의 보상을 또한 기대한다고 베이커는 말했다.

베이커의 연구는 또한 다른 잠재적으로 파괴적인 동기를 지적했다. 베이커에 따르면, 일부 자원봉사자들은 그들의 노력을 정치 경력 개발로 봤다. 그는 다음과 같이 기술함으로써 자원봉사에 대한 더 많은 미심쩍은 동기들을 발견했다.

> 자원봉사를 하는 있을 수 있는 이유는 다른 사람들의 행동에 대한 불신 또는 비관주의였다. [베이커 서베이의 응답자]는 그들이 그들의 친구 시민(전문가)보다 일을 잘 할 수 있으며, 혹은 시 정책결정 측면에서 다른 사람을 신뢰하지 않는다고 생각했다(Baker, 1994: 126).

불신으로 가득 찬 자원봉사자들은 참여에 저항할 수 있고, 그들이 불신하는 사람들의 노력을 방해할 수 있으며, 그리고 종국에는 그들 영역에서 작업을 정지시킬 수 있다. 불신에 찬 자원봉사자가 노력을 망치는 위험을 축소하기 위해, 어떤 자원봉사자가 현직자들에 의해 추진되고 있는 의제를 파기할지도 모를 가능성을 최소화하려는 희망에서 임명권을 가진 기관이 잠재적 자원봉사자의 정치 단체 가입 상황을 점검하는 것이 전례가 없는 일이 아니다.

자원봉사하려는 동기가 다양하지만 이들 자원봉사자들을 받아들이고 그들의 기여를 이용하려는 노력 또한 다양하다. 자원봉사자들을 채용하고, 돌보며, 부양하는 가장 설득력 있는 이유의 하나는 비용이다. 자원봉사자는 고용하고 급여를 지불해야 하는 하나의 직위보다 적게 비용이 든다. 자원봉사자에게는 비영리기관과의 공생산 혹은 민간 부문 판매업자와의 외주로 부수되는 복잡한 통제나 감독이 필요하지 않다. 자원봉사자들은 형성하는데 관여했던 정책을 위해 종종 주창자 역할을 하는 교육받은 시민이다.

끝으로, 관심을 끄는 공중 가운데 감시자(watchdog)(Callaha, 1997; Beinart, 1997) 집단과 뉴스 미디어(Swoboda, 1995)가 있다. 후자의 경우에서 작은 지역 신문은, 정부에 대해서 전혀 아는 게 없거나 아는 게 적은, 경험이 없는 기자를 이용하기 때문에 오보로 냉소주의를 증대시킬 수 있다. 논란을 불러 일으켜 신문을 팔 수 있지만, 그것은 지방 관리자가 오해의 소지가 있는 헤드라인으로 어려움을 겪을 수 있는 그런 일이다. 지방정부 관리자는 이런 매체의 직원을 교육시킬 수 있지만, 기자들이 더 큰 지방의 신문이나 매체 회사로 직장을 옮기기 때문에 오직 일시적으로 교육을 할 수 있다. 이런 순환은 또 다시 계속된다. 감시 단체와 뉴스 미디어 양 사례에서 이들 집단은 정부 관료의 도움으로 지식을 얻을 수 있다. 필요한 시간은 이들 집단의 지식의 양과 수준에 따라 직접적으로 다르다. 이들 집단은 매우 다양해서 각 집단은 관심을 끄는 자신만의 양식이 필요하고, 이 관심 끌기는 예산편성자가 가장 능숙히 할 수 있는 기술이다.

관심을 끄는 공중과 대조적으로 관심을 끌지 못하는 공중이 있다. 첫째, 완고한 반정부 집단은 소외자이기도 하고 그렇지 않기도 한데 이들은 예산편성자들에게 별로 영향을 미치지 못한다. 이들 집단은 그들의 입장을 너무 확신하고 있어서 다른 방법으로 그들을 설득하는 데 진전이 이뤄질 수 없다. 한 예산편성자는 우리가 할 수 있는 최선은 중립을 지키고 그들을 비판만 하는 사람들로 보도록 하는 것이라고 언급했다. 둘째, 일시적 거주자 혹은 몸이나 마음으로 일시적 거주자인 거주자가 있다.

여론조사에 의하면 조직화도 되지 않고 관심을 끌지도 못하는 그러나 예산 용어로 접근이 가능한 또 다른 집단이 있는 것이 밝혀졌다. 글레이저와 힐드레스는 전화 면접을 통해서 지방정부가 제공하는 서비스에 대한 만족도와 그 서비스에 대해서 세금을 납부할 의향을 정하기 위해서 개인들에게 질문을 했다(Glaser & Hildreth, 1999). 예산편성자는 확고한 반정부 집단처럼 지방정부 서비스에 대해서 낮은 만족감과 낮은 세금 납부 의향을 나타낸 이들 개인을 아마도 무시할 수 있을 것이라고 이들은 주장했다.

그러나, 글레이저와 힐드레스는 접근 가능한 집단(reachable groups)의 태도를 탐구하기를 계속했다. 이들은 다음의 경우에는 접근 가능한 집단에 속한 개인들 사이에 인상된 세금을 납부하는 데에 대한 강한 지지가 있는 것을 발견했다. ① "내가 낸 세금 달러가 어떻게 사용되는지 내가 알 수 있는 경우," ② "정부가 시민의 가치와 우선순위를 존중하려고 상당한 노력을 하는 경우," ③ "정부가 생산하는 개별 서비스의 비용을 줄이려" 하거나 "정부가 내 돈을 현명하게 사용한다고 내가 확신하는 경우"(Glaser & Hildreth, 1999: 57). 더 많은 세금을 납부하려는 의향에 대한 가장 강한 이유는 정부 지출의 가치와 타당성을 공중에게 납득시키려는 노력이었다.

'공중'에는 여러 상이한 집단들이 포함된다. 각 집단은 참여에 대해서 각각 다른 이유를 가지고 있다. 각 시민의 참여는 실제 행동을 통해서 혹은 자동적으로 예산운영에 영향을 미친다. 시민 참여는 이 단어가 정의되고 사용되는 방법에 따라 달라지기 때문에, 그것은 매우 맥락적 및 결과적 의미를 가질지도 모른다.

3 시민 참여의 방법

시민 참여가 성공하려면 도구를 성공적으로 적용해서 다루기 쉬운 이슈와 접근 가능한 공중을 잘 다룰 수 있어야 한다. 시민을 참여시키기 위한 도구는 무엇이 있는가? 어떤 상황에서 어떤 도구가 작동을 할까? 우리는 수많은 도구가 있지만, 작동하는 도구들은 시민들이 자신들의 관심사를 다룰 수 있도록 허용하는 방법으로 예산을 드러내 보여주는 도구들이라는 것을 알고 있다.

연구들이 설명하는 도구의 수가 많기 때문에 두 가지 기술적 연구 결과는 언급할 가치가 있다. 덴하르트 외는 지방정부 전략적 기획 맥락에서 많은 시민 참여 전략을 고찰했다(Denhardt et al., 2000). 이들의 연구와 이 연구가 반영하는 경험은 어떤 변화 사업이 어떤 조건에서 잘 작동할 수 있는지에 관해 하나의 길잡이가 된다. 또한 국제 시/카운티 관리회(International City/County Management Association)는 「돈에 대해서 시민과 말하기」(*Talking with Citizens about Money*)라 불리는 흥미로운 사실을 보여 주는 관리정보서비스 보고서(Management Information Service Report)를 출판했다(Jimno, 1997).

그러나 분석적 연구 문헌은 더 많은 것을 보여 줄 수 있다. 가장 중요한 연구 결과는 버만에 의한 것인데, 그의 경험적 연구는 "언제 어떤 것이 작동하는가"를 직접적으로 다뤘다(Berman, 1997). 그의 전제는 다음과 같을 때 냉소주의가 나타난다는 것이다(Berman, 1997: 107).

① 지방정부가 그 권력을 시민들에게 대항해서 사용하고 있거나 아니면 시민을 돕기 위해서 사용하지 않는다고 믿을 때, ② 시민들이 지방정부의 존재를 느끼지 못하거나 시민이 오해받고 있거나 무시되고 있다고 느낄 때, ③ 시민들이 지방정부 서비스와 정책이 비효과적이라고 알게 될 때.

버만은 냉소주의를 줄이기 위해 사용되는 구체적인 전략이라는 측면에서 냉소주의의 낮은 수준을 설명하려 시도했다. 첫째, 정부 활동의 이해를 고취하는 교육 전략이 있고, 이 활동은 각각 시민의 목적과 목표를 달성하도록 돕는다. 둘째, 전략들은 공공 의사결정에 시민의 반응투입(feedback)을 포함시키며, 청문회, 시민 서베이, 위원회, 초점 집단 등이 포함된다. 세 번째 전략들은 "훌륭한 성과와 그 성과에 대한 효과적인 소통을 통해서 정부 능력과 효과성에 대한 평판을 높이도록" 하는 것이다(Berman, 1997: 106).

세 번째 전략은 결과를 얻기 위해서 정부에서 일하고 있는 사람에게 무언가를 실제로 묻는 것인데 이것은 다른 연구에서 빠뜨린 것이다.

연구의 발견 사항은 간단하다. 많은 전략이 작동을 한다. 냉소주의 인구가 적은 상태와 관련해서 볼 때, 인구 5만이 넘는 304개 시에서 버만의 조사에 응답한 사람들, 시 관리자들, 그리고 최고 행정관리자들의 눈에는 많은 전략들이 잘 작동한다. 몇 개의 구체적인 방법은 버만이 기술하듯이 특히 강력하다(Berman, 1997: 109). "그 방법들은 정부가 하는 일과 서비스 성과 수준에 대한 알림 우편, 정부가 이해관계를 조정한 방법을 설명하기 위한 우편 사용, 시민 위원회와 유권자 투표의 이용, 미디어 캠페인 등이다."

버만은 가장 성공적인 전략은 냉소주의 수준에 달려 있다고 말한다. 첫째, 그는 다음과 같이 보고했다. 즉, "냉소주의 수준이 낮은 시의 응답자들은 공청회의 이용, 시 의회 회의 방송에 대한 일반 공중의 접근, 몇몇 시민 자문위원회, 연차 보고서, 가끔 행해지는 시민 태도 서베이 등을 중요한 냉소주의 저감 장치로 알고 있다"(Berman, 1997: 108). 더 나아가, 응답자들이 낮은 냉소주의 혹은 높은 신뢰를 보고한 시들은 더욱 적극적이다. 이들 시는 훨씬 덜 산발적인 노력을 하고 좀 더 지속적인 운동을 벌인다. 이들 시들은 "십여 개의 시민 과제집단과 초점집단과 함께… 시민의 궁금증과 불편사항에 즉각적으로 반응하는 전략으로… (태도에 더해서) 시민의 선호를 확인하는 서베이… 동네 활동가와의 정규적인 회합… 소식지(newsletters)와 정부가 무엇을 하고 정부가 시민의 욕구에 어떻게 부응하는지에 대한 (일관성 있고 지속적인 설명) 등을 한다(Berman, 1997: 109-110).

버만은 도구와 기법을 통해서 대단히 명백한 방법으로 시민 참여를 연구해 새로운 발견을 한다, 그러나 버만의 연구는 누가 예산을 어떤 방법으로 결정하는지는 다루지 않는다.

오툴과 마샬에 의한 연구는 '어떤 방법'이라는 질문에 대해 몇 가지 성찰을 준다. 이들의 재정관료에 대한 서베이는 예산운영 기재 그 자체와 여타 시민 참여 방법의 사용에 대해서 깊이 파고 들었다. 그들은 투입 중심으로 의사결정을 하는 투박한 품목별 예산제도를 넘어서 산출과 결과를 포함하는 예산제도를 이용하는 지방정부는 더 많은 시민 참여 도구를 가지고 있다는 사실을 발견했다. 이런 지방정부들은 "지방정부의 투입 기제의 하나로 시민 자문집단/자문위원회를 가지고 있을 가능성이 더욱 크고… 이해관계가 있는 집단들 앞에서 설명회(presentations)와 예산개요 및 다른 설명 자료, 양자를 사용하려는 경향이 상당히 강하고… 예산과정에 자문집단/자문위원회를 포함시키려는 경향이 상당히 크다"(O'Toole & Marshall, 1988: 52-53).

성과에 대한 필요성을 강조하는 것 그리고 무엇을 잘해야 할지에 대해, 성과에 대해서 시민이 반응투입(feedback)을 하도록 할 필요성을 강조하는 것은 논의가 필요 없을 정도이다. 버만, 오툴과 마샬은 예산운영에서 성과를 권장하는 노력을 하고 이 성과를 소통하려는 작업을 하려면 품목별 예산보다 더 나은 제도가 필요하다고 함께 제시한다. 예산이 더 높은 수준이고 더 공개적인 형식을 취할 때 시민들은 성과를 이해하고 성과에 대한 인식을 명확히 할 수 있고 무엇을 잘 수행해야 할지에 대해 결정을 하는데 도움을 줄 수 있다.

4 예산편성자 그들 자신

주의를 끄는 공중과 접근 가능한 공중의 정의는 물론 어떤 시민 참여가 영향을 미칠 수 있는지에 대한 이슈와 시민 참여의 유용한 방법을 살펴봤고 이제 내부의 예산편성자들, 즉 정치가, 관리자, 기술자 등을 살펴보고 공중 안에서 그리고 공중과 함께 운영되는 예산운영에 대한 예산편성자들의 견해와 태도를 살펴본다.

예산의 균형을 잡는 것은 어렵다. 높은 정부 권한, 단체 교섭 협정, 조세 및 지출 제한, 세금 인상에 대한 강력한 반대 압력 등의 예산 제약 하에서 시민 참여에 의한 요구는 종종 예산을 균형 삽는 일을 좀 더 복잡하게 만들기 일쑤이고 국고 통제관에게 직접적인 압력을 준다. 예산편성자들이 매우 신중하게 계획된 시민 관련 개입을 제외하고 모든 시민 관련 개입을 거부하는 것은 이해가 된다.

예산편성자들은 시민들로 하여금 참여하도록 권장하는데 별로 유인을 가지고 있지 않다. 많은 주에서 지방정부들은 주 감독관이 제시한 유인책에 반응을 보여야 한다. 이들 주 감독관은 지방정부 예산이 주의 법률을 준수하는지 확인하기 위해 지방정부 예산의 모든 면을 자세히 검사한다. 이 감독관은 지방 관리들에게 주 법을 준수해야 한다고 조언해야 하는 사람이다. 그런데 그 주 법은 지방정부 관리들이 시민에게 할 수 있는 대응을 제한한다.

단체협상은 또한 시민 참여를 직접적으로 방해한다. 모든 시민들이 단체 협상에 참여하려 하지 않을 것이다. 더구나 단체협상의 결과에 의해서 그리고 협상이 교착상태에 빠졌을 때 종종 요구되는 중재에 의해 다른 가능한 사업과 서비스가 대체된다.

그러나 주 감독과 단체 협상은 변화에 저항하고 혹은 새로운 생각에 저항하는데 편리한 희생양이 될 수 있고 종종 되기도 한다. 사람들이 "주 정부 혹은 연방 정부가 우리에게 그것을 못하게 한다" 혹은 더 나쁘게, 불법이 아닌 때에 "그것은 불법이다"라는 말을 들을 때, 시민의 냉소주의는 더 커진다. 이런 상황은 설명이 돼야 한다. 설명이 주어지지 않으면, 시민들이 오해를 느끼고, 위험을 느끼고 다시는 기여하지 않으려 할 것이다. 조만간 이것은 숙명론의 감정을 낳을 수 있다.

통제관 저지에 대한 또 다른 비난 원인으로 지목받고 있는 것은 예산편성자가 배우고 실천한 전문 규범이다. 이들 규범은 저지의 원천으로 비난을 받지만, 연구가 보여주듯이, 매우 희미하기는 하지만 실제로 지지의 원천이 될 수 있다.

제니퍼 알렉산더는 미 중서부의 주 정부와 지방정부 비선출직 예산운영 관리자의 재량적 행동에 초점을 뒀다(Jennifer Alexander, 1999). 그녀는 과학기술의 "반윤리적 정신(a-ethical ethos)"과 특정 이익집단과 선출직 관료 모두가 경쟁의 보이지 않는 손이 적합하고 최선의 행동이 승리하도록 보장한다고 믿는 협상 정신(bargaining ethos)을 대조시킨 시나리오에 대한 이들 비선출직 관리자의 반응을 비교했다. 예산편성자들의 이 두 규범은 민주적(시민 참여) 정신과 대조될 수도 있다. 그녀는 18명의 지방 예산운영 관리자와 예산분석가를 면담했다. 알렉산더에 따르면, "면접 대상자들에게 윤리 규정에 대한 간단한 서술이 주어졌고… (협상, 과학기술, 민주적) 이 가운데 어느 것이 귀하의 업무에 적합한지 질문을 받았다"(Jennifer Alexander, 1999: 557). 면접 대상자(예산편성자, 예산운영 관료와 분석가)는 시민의 요구에, 종종 효율성에 해가 되는 것에 혹은 관리의 재선 이해에 반응적이었다고 보고했다. 놀라운 것은, 그녀는 면담을 통해서 "과학기술 정신(ethos), 민주적 정신 그리고 두 정신이 함께 작용하는 경우의… 몇몇 예를 알게 됐다. 관리들 중 누구도 협상 정신의 효용 극대화 규범에 부합되는 예를 제시하지 못했다"(Jennifer Alexander, 1999: 560).

여러 연구 결과들이 상이한 방법으로 시민 참여에 대한 지지를 제공한다. 밀러에 의해서 연구된 뉴저지 초점집단 연구는 지방정부재정관(CFOs)은 추상적으로 시민 참여에 가치를 두지만 또한 선출직 관리가 충족시키는 대표(representation) 기능에도 가치를 둔다는 것을 제시한다(제3장). 대표가 지배적인 규범이라는 결정적인 지지는 없었지만, 지방정부재정관(CFOs)의 토론에 의하면 그들은 선출직 관리가 시민 참여로 초래되는 위험을 나누지 않으면 그 시민 참여에 대한 위험을 지려고 하지 않는다는 결론에 도달했다. 입법부 의원은 위임하려고 하지만, 지방정부재정관(CFOs)은 의원의 인민의 대표자로서의 역할을 상정할 때 재정관이 직면하는 갈등에 대한 위험을 부담하고 싶어 하지 않는다. 해결 방법이 있는가? 지방정부재정관(CFOs)은 시민 참여의 공식적인 주도자(initiators)가 될 필요는 없다고 말한다. 일단 선출직 관리가 시민 참여에 대해서 현실적으로 잘 대처할 뿐만 아니라 성실한 것이 납득이 되면 재정관은 기꺼이 (시민 참여를 주도)할 것으로 보인다.

지방정부재정관(CFOs)이 얼마나 비공식으로 시민 참여를 허용하고 싶어 하는지는 또 다른 문제이다. 알렉산더가 수행한 중서부 주 정부와 지방정부 관리와의 면접 연구는 예산편성자가 규범을 통해서 사람들이 믿는 것보다 더 많이 예산편성자가 시민 참여에 관여하는 행동을 하는 것을 보여준다. 그녀의 면접에 따르면 예산편성자는 시민의 관심에 대응적이고 종종 관심 사항을 예견한다고 보고된다. 응답자들은 대표자들에 충성하는 규범을 준수하는 것을 결코 언급하지 않았다.

위의 두 연구를 통해서 시민의 불신이 예산편성자의 가치에 의해서 오도되고 촉진됐는지 그 여부에 대한 초기의 의문에 대한 대답이 가능하다. 좀 더 많은 시민 참여를 위한 운동에서 지도자로서 지방정부재정관(CFOs)은 안정적이지 않다. 재정관이 이미 주장했던 상당히 많은 요소에 시민 참여를 포함시키면 그들은 서로 압박을 받는다. 그들의 첫 반응은 아마 선출직 관리에게 미루기 일 것이다. 두 번째 반응은 방어와 공격일 것이다. 왜냐하면, 지방정부재정관(CFOs)들은 결정에 대한 책임을, 즉 낮은 세금과 확대된 서비스를 균형 잡는 재정관의 능력을 위협하는 것으로서 예견되는 결정의 결과에 책임을 상당히 져야하기 때문이다.

지방정부재정관(CFOs)은 그들의 최상의 목적을 자신들의 재량권을 확대하기 위해 의원들의 존중을 얻는 것으로 본다. 이 재량권은 재정관들이 구성한 예산의 대부분이 법이 되고 의원들에 의해서 단지 지엽적으로 수정되도록 확대될 수 있다. 지방정부재정관(CFOs)은, 알렉산더가 제시하듯이, 시민이 말하지 않아도 알아서 미리 처리하고 혹은 시민에 반응하면서 행동힐 때 딘지 그때만 인징김을 느낀다.

제2절
예산과정의 작동 방법

이슈, 공중, 참여 방법, 공무원(officials) 외에 예산운영의 과정 그 자체가 있다.

공무원들이 사용하는 명시적 그리고 암묵적 가정에서 우리는 많은 예산운영의 신비와 효과적인 시민 참여의 주요 문제를 발견한다.

한 극단적인 예가 멜트스너에 의해서 발견됐다(Meltsner, 1971). 그는 캘리포니아 오클랜드시(City of Oakland)의 세수 결정자가 공중을 피하는데 전념하고 있다고 기술했다. 세수 결정자들은 반대를 불러일으킬 만큼 높게 세금을 인상하지 않음으로써 예상 가능한 책략을 사용했다. 세수결정자들은 또한 세금 납부의 진정한 규모를 공중에게 숨기기 위해 간접세에 의존했다. 오클랜드 의사결정자들이 세금을 인상했을 때, 그들은, 내부인들이었고 다른 문제에서 호의적 관심을 받았던 사람들과 같은, '친구들'과 세금 인상을 협상했다.

오툴과 마샬은 예산에 대해서 더 낙관적인 견해를 가지고 있었다(O'Toole & Marshalll, 1988). 그들의 연구는 예산이 정보를 많이 포함하고 있으면 있을수록, 정부는 여타 시민 참여방법을 사용할 가능성이 그만큼 더 크다는 것을 시사했다. 이들 여타 방법에는 자문 집단과 자문위원회, 이해관계자 집단 앞에서의 설명회, 의사전달 매체에 대한 특별 분석 등이 포함된다.

버만의 연구는 이들의 발견점을 보충한다(Berman, 1997). 그는 시 관리자와 최고행정관에게 작동하는 것으로 보이는 정부에 대한 냉소주의를 축소시키는 방법이 예산 참여의 필요를 강화시키는 방법으로 운영하는 것이라는 사실을 발견했다. 참여에 의해서 유용한 정보가 예산운영에 공급된다.

그러나 참여하려면 지식이 필요하다. 복잡한 예산에 대해서 아는 것은 어렵고 또 시간이 많이 소용된다. 또한 재량이 실제로 얼마나 있는지, 예산에 설정된 명시적(explicit) 그리고 암시적(implicit) 가정을 알 수 있고 사용할 줄 알아야 예산에 대해서 아는 것이다.

첫째, 재량은 혹은 재량이 실제로 얼마나 있는지는 의사소통하기 어려운 현상이 됐다. 우리는 지방정부마다 재량의 범위에 편차가 있는 것을 확신하지만 재량의 양이 상대적으로 작다. 지방정부는 정부들 사이 계층제에서 밑바닥에 있다. 이와 같이, 많은 비용과 세수에 대한 결정들은 지방의 통제를 벗어난다. 예를 들면, 봉급 지급과 같은 기본적인 것은 아직도 일반적으로 지방 문제이지만, 뉴저지주에서 연금 비용은 주 연금 체제에 의해 완전히 통제된다. 봉급은 뉴저지주에서는 구속력이 있는 중재에 의해서 지원되는 단체협상의 대상이 자주 되고 이것은 상대적으로 낮은 계급의 경찰관과 소방서 직원이 지방정부에서 가장 많이 받는 피고용인이 되는 현상을 초래한다. 정부 보험 사업으로부터 빠져 나오려고 혈안이 된 상업적 보험업자들이 요구하는 보험료가 혼란을 일으키듯이 인플레이션과 과학기술 변화는 혼란을 야기한다. 수도·전기 같은 공익사업들도 또한 조직의 통제를 많이 벗어난다. 이들 비용들 전체는 뉴저지주 법률이 지정한 지출 한계(통치기구의 공식 조치나 지방도시 물가 지수에 의한 3.5% 이하의 인상)를 가진 예산의 맨 위를 차지한다. 그리고 최근 시행된 2% 추가세 한계는 제한적인 예외는 있겠지만 지방정부 예산운영에 방해가 된다. 세입 추계는 균형예산을 강요하기 때문에, 일반적으로 아마 전년도 징수액보다 더 크지 않을 것이다. 보시다시피, 우리가 생각할 수 있는 것보다 변화에 대한 신축성, 즉 재량이 많지 않을 수도 있다. 재량이 없으면 예산편성자들은 시민 참여를 경계한다. 시민 참여 그 성질에 의해서, 시민 참여는 변화에 대한 기대를 한껏 부풀린다. 아주 작은 변화도 어쩌면 가능하지 않다는 사실을 깨달음으로써 종종 좌절과 냉소주의가 따라온다.

  배우고 깊이 생각해야 할 두 번째 분야는 예산운영의 길잡이가 되는 명시적인 가정에 있다. 명시적인 가정은 의사결정을 지시하는 예산정책에서 정말 쉽게 자주 발견될지도 모른다. 이런 예산정책들은 변할 수 있지만 그러나 그것들을 아는 것이 예산결정을 이해하는데 그리고 다른 사실이 선택되지 않고 이 사실이 선택된 확률을 이해하는데 도움이 된다. 사실 예산편성자들은 매년 하나의 예산으로 종합하는 복잡한 과업으로부터 자질구레한 잡동산이를 치우기 위해서 명시적 가정을 채택한다. 바버가 언급했듯이, "[예산정책을] 결정하기 위해서 예산과정에서 초기에 시간을 의식적으로 투여함으로써, 이 문제들이 특정한 예산 항목들에 대한 수많은 회의의 의제로부터 제외되고 이것은 [예산편성자들이] 검토하는 모든 부처의 동일한 결정을 계속해서 재검토하는 데서 발생하는 불만의 원천을 제거한다.… 구체적이고 명확하게 정의된 주제에 대한 여러 요소들을 종합적으로 고려하는 그러한 결정(cross-cutting decisions)은 [일반적인 목적 혹은 행정이론에 대한 모호한 토론보다 투명성을 위한 그리고 예산이 자주 직면하는 외부로 드러나는 복잡한 방법에 대해 투명성과] 개선을 위한 훨씬 더 나은 가능성을 제공한다"(Barber, 1966: 44-45).

  예산에 있는 암시적 가정을 공개하도록 하는 것은 매우 힘들다. 그럼에도 불구하고 암시적 가정은 존재하고 예산결정에 지대한 영향을 미친다. 하나의 주요 가정은 과거 행동 경로에 이의를 제기하는 결정에 있다. 이것은 점증주의의 문제이거나 혹은 기본 예산을 재검토하지 않고 세입의 점증적 증가로 감당할 수 있는 예산의 점증적 증가만을 다루는 문제이다. 점증적 예산과 점증적 예산이 존재하는 이유는 기록이 잘 정리돼 있다. 노력의 절약, 갈등의 완화, 모두가 관심을 가지는 지역사회에 대한 안정적인 영향 등이 그것이다. 그렇지만 점증주의는 유용성을 제공하는 만큼 냉소주의를 촉발시킬 수도 있다. 사업예산(program budget)은 점증적 예산과 대조를 이루면서도 그만큼 어려움을 겪고 있다. 사업예산은 특정 정책 목적에 투자하는데 소요되는 기간에 걸쳐, 특히 지도자의 변경으로 지속되기 힘들다. 사업예산은 여러 해 동안 행동경로를 따라간 후 지도자들이 직면하는 매몰비용으로 나타나는 자체 관성 형식을 낳는다. 지도자들은 고사하고 개인들도 실패를 받아들이고 모든 것을 포기하려 하지 않는다. 또 다른 주요 가정에는 지출에 대한 제안이 가용 세수를 초과하는데 대해서 무엇이 상쇄돼야 하는지의 문제가 포함된다. 루빈은 예산편성자들이 "먼저 각 범주의 상대적 중요성을 정하고 그 배정된 중요성에 비례해서 달러 수준이 부여되기도 하고 또는 예산편성자들은 독립적으로 계속되는 각각의 부문에서 제안들을 축적하고 각 부문 사이의 균형이 수락 가능할 때까지 나중에 그 결정을 재조정하기도 할 것이라고 기술했다"(Rubin, 1997: 5). 사용된 접근방법을 아는 것에는 우선순위를 아는 것이 포함될지도 모르겠다. 대부분의 지방정부에서, 경찰 업무는 우선순위가 높아서 경찰 문제는 다른 어떤 것과도 상쇄되지 않을 것이다. 한 분야의 경찰 지출이 다른 분야의 경찰 지출에 대해서만 상쇄가 이뤄질 수 있을 것이다.

더 큰 문제 사이의 상쇄에 대한 결정은 예산에 암시적일 수도 있다. 몇몇 의사결정자들은 자본예산과 경상예산(operating budget) 간의 상쇄를 허용할 것이다. 만약 제안할 경상예산에 여유가 없다면 의사결정자는 그것을 자본예산에 둬서 차입을 통해 그것에 자금을 공급할지도 모른다. 너무나 익숙한 경우로, 유지보수 지연에 의지하는 것이 암시적 가정이 될 수도 있을 것이다. 즉, 경상예산에서 삭감은 산업기반시설 유지비에서 우선 이뤄지며, 이 삭감으로 인해 수선과 교체에 대한 장래 요구를 자본예산에 강요하게 된다.

예산의 암시적 가정에는 결정의 순서와 지출과 세금 사이의 상쇄가 포함될지도 모른다. 다시 루빈은 다음과 같이 기술한다.

> 결정의 순서가 중요하다.… 나는 먼저 얼마나 돈을 가질 수 있는지를 정할 수 있고 지출에 대한 절대적 한계를 정할 수 있거나 아니면 나는 무엇을 가져야 하나, 나

는 무엇을 가지기를 희구(希求)하나, 나는 비상시에 대비해 무엇을 준비해야 하나를 정할 수 있고, 나아가서 이 모든 지출 혹은 지출의 일부를 충당할 수 있는 충분한 돈을 발견하려 노력할 수 있다. 특히 사고나 건강상의 비상사태과 같은 비상시에는 사람들은 먼저 돈을 지출하고 싶고 나중에 그 돈을 어디서 가져올까 걱정을 한다. 정부 예산운영도 먼저 세입에 집중하고 후에 세출에 집중할 수도 있고 아니면 먼저 세출에 집중하고 후에 수입에 집중할 수도 있다. 개인이나 가정처럼, 홍수나 태풍이나 전쟁과 같은 비상사태 동안에는 정부도 먼저 지출을 하고 후에 그 돈을 어디서 동원할까 걱정을 한다(Rubin, 1997: 5).

명시적 가정은 아니지만, 세금에는 불문율로 신성불가침한 것, 즉 세율의 안정적인 인상이라는 내장된 가정(built-in-assumption)이 있다. 만약 그렇다면 지출은 어떤 특정한 세율에서 성과를 최대화하도록 증가할 수 있다.

예산결정은 대부분 곧 다가올 연도에 딱 적용할 수 없다. 왜냐하면 많은 결정들이 알 수 없는 미래까지 관련되는 약속이나 의무를 나타내기 때문이다. 자본 사업이나 새로운 서비스는 그러한 사업과 서비스를 완료시키고 그것들을 본래의 목적대로 잘 작동하도록 유지시킨다는 충분한 약속(commitment)을 암시한다. 직원을 고용한다는 것은 훈련받고 일을 잘하는 사람을 보려는 충분한 약속이나 의무를 암시한다. 그러나 암시적으로, 예산운영에는 많은 다년도 약속이 숨겨져 있다. 이러한 약속이 얼마나 장기간일 수 있을까? 일 년? 오 년? 이십 년?

약속을 계산하는 방법은 이런 다년도 약속 관념과 관련된다. 회계체제에 의해서 계산의 공식적 방법이 정해지지만, 예산편성자들은 간단한 방법으로 그들 약속의 장기 달러 가치를 고려하기도 하고 안 하기도 한다. 연금과 퇴직 건강관리 약속은 잘 알려져 있다. 그러나 예산은 세출이 어떻게 미래 세입에 방해가 되는지 종종 보여주지 않는다.

또 다른 종류의 암시적 가정이 있다. 이것은 공무원이 아주 극단적으로 제멋대로인 지적 과정을 관리가능하게 만드는 데 사용하는 단순화 기재라 볼 수 있다. 바버의 연구는 여섯 종류의 주요 단순화 장치를 지적하는데(Barber, 1966) 이 모든 장치는 예산과정에서 암시적 가정이 된다. 첫째, 경직성 경비의 문제가 있다. 만약 법에 의해서 요구되는 지출과 같은 것이 경직성 경비로 보인다면 그리고 경직성 경비로 인정된다면 그것에는 피상적인 주의만 주어진다. 다른 방법으로 설명하면, 마음의 변화가 있어서 한 항목을 재검토하는 것은 바람직하지 않다는, "그대로 두라"(Barber, 1966: 37-38)는 합의가 형성될 수도 있다. 둘째, 필요한 것보다 시간이 적은 공무원은 큰 항목과 매년 큰 퍼센트로 증가하는 항목에 에너지와 관심을 집중시킨다. 중요하다는 관념과 A부처와 B부처를 비교하기보다 작년과 올해를 비교하는, 비교의 기준은 큰 항목과 증가폭이 큰 증가에 암암리에 있다. 셋째, 공무원은 그들의 결정을 그들의 업무생활에서 경험한 유사한 결정과 은연중에 관련시킨다. 공무원들이 기업 세계 출신일 때 그들은 친숙한 활동들에 대한 예산과 비용에 정통한 경향이 있다. 그러나 공무원이 편안함을 느끼지 못하는 것은 예산을 뒷받침하고 예산에 의해서 대부분 통제되는, 구체성이 적고 정책과 관련성이 크고 사후에 발생하는 문제들이다. 예를 들면, 여가 사업을 통해서 아동의 건강과 복지와 같은 특정 결과를 달성하는 대체적인 방법은 무엇인가? 그런 분석적 과정에 정통하지 못한 경우에, 공무원은 운동장을 울타리 치는데 비용이 얼마여야 하나와 같은, 더욱 구체적인 결정을 선택한다. 넷째, "지금 여기"에서 제기되는 구체적인 이슈를 다루는데 시간과 여유가 부족하면 관심과 초점이 은연중 제한된다. 일을 즉각 처리해야 한다는 즉시성으로 인해서 장기적인 그림, 여러 행동 경로의 결과, 그리고 역사의 교훈이 경시되기 쉽다. 다섯째, 암시적 가정은 비용과 수입의 추정과 같은 일에 따른 불확실성을 다루는 방법을 지배한다. 바버는 다음과 같이 관찰한다(Barber, 1966: 42). 즉, "언제든지, (예산 담당관)은 ① 과거에 자신이 확신했던 결정에 대해서는 재고하지 않으려 하고, ② 결정에 대한 강한 확신감이 없더라도 결정이 시험적으로 이뤄지고 나쁜 결과가 … 후에 수정될 수 있을 때에는 새로운 결정을 하려 한다." 끝으로, 특히 예산을 균형 잡는 일에 있어서, 달러와 센트가 나타내는 중요한 현실의 분석보다 달러와 센트가 현실이라는 생각, 그리고 산수가 더 중요하고 시간을 쓸 가치가 있다는 생각은 예산 토의(deliberation)에서 암시적이다. 예를 들면, "한 부처의 요구액을 특정 금액만큼 삭감하는 결정은 다른 부처에 대해서도 동일한 금액만큼 삭감하는 결정의 선례가 될지도 모른다. 나무가 사방으로 쓰러지면 숲은 보이지 않는다"(Barber, 1966: 43).[2]

전체적으로 볼 때, 에너지를 아끼고 관심을 평이하게 조정해야 하기 때문에 공무원은 특정 가정들을 당연한 것으로 다룰 수밖에 없다. 관찰 가능한 것과 거리가 있지만, 연구실에서 연구하는 연구자와 일정 기간에 걸쳐 실제로 말해진 것에 대한 내용분석을 제외하고, 이러한 가정(假定)은 예산 토의 집단이 일하는 방법에서는 암시적이 된다. 그런 가정을 이용하는

---

2) [역주] "나무가 사방으로 쓰러지면 숲은 보이지 않는다"는 세부적인 일에 집중하다가 전체를 못 볼 수 있다는 뜻으로, 한 부처의 요구액을 삭감하면 다른 부처들의 요구액도 삭감해야 할 사태가 발생할 수 있다는 뜻이다.

사람들조차 그 가정의 존재를 인정하지 않을지도 모른다. 이는 시민의 예산과 예산 토의 과정에 대한 이해를 확실히 방해한다. 정말 열의가 있는 사람들 제외하고, 예산에서의 명시적 가정과 암시적 가정 때문에 예산 이해가 어렵고 시민 참여가 거의 불가능하다. 따라서 시민 참여가 설계되거나 혹은 개입 기회가 주어지거나 혹은 이와 관련한 훈련 회의가 개최된다면 관련 시민들이 분석을 할 수 있고 예산 표면만이 아니라 예산 이면까지 이해할 수 있도록 무장시킬 뿐만 아니라 교육을 시켜야 한다.

제3절
무엇이 시민 참여에 도움이 되나?

예산운영의 구조가 매우 복잡하고 서로 긴밀하게 관련이 있다는 것을 읽은 후에, 사람들은 예산운영에 시민이 참여하는 데 도움이 되는 것은 무엇인지 질문할지도 모른다. 연구 문헌과 연구들에 의하면 상이한 여러 가능성이 제시돼 있다. 첫째, 이슈가 다양해서 이슈별로 시민 참여 혹은 예산운영을 통해 통제될 수 있는 정도가 다를 수도 있다. 다루기 쉬운 수많은 이슈들은, 특히 장기 계획이 미래에 영향을 미치게 되는 다루기 쉬운 이슈들은 시민 참여로부터 이득을 볼 수 있다.

둘째, '공중'이란 설익은 개념이다. 예산운영에는 많은 공중이 있다. 공중 가운데 하나인, 접근 가능한 공중(reachable public)은 돈이 어떻게 지출되는지 알 수 있을 때, 정부가 시민의 가치와 우선순위를 고려할 때, 그리고 예산편성자가 생산된 서비스 비용을 줄이려고 진정으로 노력할 때, 접근 가능한 공중은 서비스와 세금 간 상쇄를 이해하려는 강한 의향이 있다고 연구는 시사한다. 이러한 공중은 참여를 위한 적합한 도구와 기술이 있으면 영향을 미치는 힘이 된다.

셋째, 이러한 도구와 기술을 가지고 세계 곳곳에 있는 집단들은, 증거에 의할 때 냉소주의를 감소시키고 공중을 교육할 것이라고 암시하는, 많은 개입을 고안했다. 시민이 성과 목표와 측정 방법을 함께 설계하는 것이 가장 유망한 접근 방법일지도 모른다.

넷째, 예산과정에서 내부 참여자의 규범은 관습적으로 생각되는 것보다 실제로는 덜 경직적이고 더 융통성이 있을지도 모른다. 재정관은 놀랍게도 일반적으로 믿어지는 것보다 시민 참여에 더 개방적이다.

끝으로, 공무원이 종종 알지도 못하는 사이에 가지고 있는 예산 가정(假定)이 공중의 이해와 참여에 가장 큰 장애가 쉽게 될 수 있다. 암시적 가정은 실제 예산결정을 숨기려는 의식적인 노력일 수 있거나 혹은 암시적 가정은 집단 의사결정에서 상대적으로 잘 눈에 띄지는 않지만 일반직이고 그래서 예산과정에서 힘든 과업들을 다루기 쉽고 부드럽게 만드는데 필수적일 수도 있다. 이런 암시적 가정을 발견하고 검토하며 재가공하는 것은 아마도 시민 참여에 가장 어려운 일이지만 그러나 가장 가치 있는 일일 수도 있다.

제4절
예산운영을 위한 참여 설계

다루기 쉬운 이슈, 세심한 그리고 중요한 접근 가능한 공중, 다소 의욕적인 내부자들 그리고 확실하지 않지만 그러나 알 수 있는 예산과정을 고려할 때, 개입을 위한 어떤 더 큰 설계가 작동을 할 수 있을까? 여기에 우리는 예산운영 논쟁에 있어서 시민 참여에 관한 세 개의 주요 미해결 이슈를 재검토한다. 즉, ① 협상 불가 이슈 혹은 지역사회 전체로서 이해가 걸려있는 협상 불가 이슈, ② 예산 이슈의 복잡성과 이 복잡성을 해결하기 위한 전문지식의 필요성과 관련된 논쟁, ③ 시민 참여 경험이 없는 사람들은 알 수도 없는 암시적 가정의 존재를 재검토한다. 시민 참여가 필요할 때 어떤 도구의 조합이 광범위한 참여를 제공해 줄 수 있을까? 또한, 어떤 동일한 도구의 조합에 의해서, 권력이 분산된 과정으로 인해서 깊은 지식과 완전한 자격을 갖춘 참여자가 된 몇몇 사람들의 심도 깊은 참여가 가능할 것인가?

1 종종 협상 불가한 전체로서 지역사회의 이익 문제

앞서 우리가 기술했듯이, 몇몇 이슈, 특히 형평성과 관련된 이슈에 대해서는, 선출된 대표자들만이 적법한 의사결정자라고 주장한다. 몇몇 선출직 공무원은 대표 기능을 공화정체의 핵심으로 보고, 특히 예산을 통해서 소득 사다리를 올라가며 혹은 내려가며 재분배돼야 하는지 여부에 대한 결정을 위해서, 그리고 예산을 통해서 현 세대와 미래 세대에 재정 책임과 지역사회의 세습재산이 어떻게 배분돼야 하는지에 대한 결정을 위해서, 선출직 공무원은 대표 기능을 공화정체의 핵심으로 본다. 그들은, 박식한 시민들을 효과성의 측정 방법을 판단하고 성과를 평가할 뿐만 아니라 이슈와 해결 방법을 확인하는 적법한 역할을 가진 것으로 실제로 보지 않을 수도 있다. 그런 경우, 선출직 공무원들은 전체 지역사회를 위해 결정의 위험을 부담하는 유권자를 대표하는 공무원(representative officials)으로서 성과 평가, 이슈 확인 등의 일을 그들의 합법적 의무로 본다. 그들은 그들의 합법적인 역할을 큰 목소리로 거침없이 말하는 집단의 소리를 경청하는 것 혹은 시민 참여로 인한 위험을 공유하는 것보다 더 중요한 것으로 본다.

이 분야에서, 우리는 지역사회 비전 설계를, 이것은 시민의 폭넓은 참여를 필요로 하기 때문에, 이러한 종류의 이슈에 대한 지역사회의 감각을 공무원에게 전달하는 결과가 되기 때문에, 특히 적합한 것으로 본다. 지역사회 비전은 전략적 기획과정에 대한 전국 시민연맹(national civic league)의 설명으로부터 유래한다. 엡스타인 등은 이 폭넓고 포괄적인 과정을 다음과 같이 설명한다.

> **지역사회 비전을 정하는 데는 지역사회의 정치적, 사회적, 그리고 경제적 환경의 주요 발전을 검토하고 바람직한 미래에 대한 시민들의 기대를 여론 조사하는 것이 필요하다. 초점 집단과 대규모 공중 집회를 통해서 지역사회가 미래에 얻기를 원하는 방향에 집중할 가치 있는 시민의 투입을 얻을 수 있다. 지역사회의 지도자들은 시민의 소리를 듣고 무엇이 중요하고 지역사회의 바람직한 미래가 어떠해야 하는지를 표명한다. 이것은 지역사회 비전을 달성하기 위한 전략의 일부분으로서, 공공서비스에 대한 기대와 관련해서 수많은 이해관계자들과 수많은 이슈들을 포함한다**
> (Epstein et al., 2000: 11).

엡스타인 등은 지역사회가 만든 비전은 더 넓은 지역사회 조건과 열망으로 확대될 수 있다고 부언한다.

지역사회 비전을 세우는 데, 문제는 그것이 보여주는 의견과 판단 사이의 차이이다. 얀케로비치는 그 차이에 집중하고 판단할 수 있는 방법을 제시한다(Yankelovich, 1991). 그는 의견을 아마도 많은 모순을 포함하고 있을지 모를, 몇몇 그러나 적지 않은 정보들로 표현되는 가치 판단으로 정의한다. 가장 좋은 예는 "나는 이 정부가 세금은 적게 걷고 우리 시민에게 많이 주기를 원한다"는 의견이다. 정보는 제멋대로 될 수 있어서, 어떤 원천은 근거가 확실한 것으로, 어떤 원천은 근거가 없는 것으로 보는 기우러진 틀로 수집된다. 분명히 사람이 실제 서 있는 위치에 대한 질문들이 아직 있고, 그 질문들에 의해 개인은 처음에는 그 위치를 지지하다가 후에는 동일한 위치를 반대하면서 초점 이슈 사이에서 우왕좌왕하게 되는 경향이 있다.

한편, 판단은 의견에 있는 가치 갈등을 해결하는 방법이다. 해결 방법의 일부는 정보가 있어 가능하다. 그러나 해결 방법의 많은 부분은 갈등하는 가치와 싸우는 가운데 나타나며, 종국적으로 그 사람이 실제로 서 있는 위치를 결정함으로써 나타난다. 가치 갈등을 해결하는 이 과정이 얀케로비치 설계의 핵심이다.

얀케로비치는 의식 환기, 가치 갈등을 통한 작업, 끝으로 해결 방안, 세 단계 설계를 제안한다. 그는 의식 환기는 미국에서 미디어에 푹 빠진 지역사회에서는 아주 쉬운 과정이라고 생각한다. 대충 말하면, 사건들이 일어나거나 아니면 사건들은 모든 종류의 미디어에 의해 공개된다. 이 단계에서, 개인들은 사건을 개인들의 의견을 반영한 이슈로 만들기 시작한다. 의견에는 어떤 일이 발생했다 혹은 어떤 일이 발생하지 않았다는 등 타당성의 기초가 어느 정도 있으며, 의견에는 "그 사건은 나에게 문제가 된다"와 같이 의견 자체에도 적용할 수 있는 적용력이 있다. 다행히 얀케로비치는 여러 차례 우리의 의식은 환기될 수 있으며 동시에 우리는 특정한 해석과 행동의 선택을 확실한 것으로 받아들이고 믿는다고 말한다. 다음 단계가 지체 없이 이슈들을 해결하기 위해 설정된다. 여타 덜 행복한 여건에서 그는 "사람들은 행동을 위한 어떤 가능성이 있는지 혹은 그들에게 불충분하고 부적합한 선택이 주어지고 있는지 이해하지 못하거나, 혹은 … 그들은 여러 선택의 결과가 무엇일지 이해하지 못하며, 이슈를 이해할 기회를 가지기 전에 이슈로부터 그들의 관심이 벗어날 수 있다는 것을 이해하지 못하며, 혹은 그들에게 이슈에 관한 모순되는 정보가 주어지고 있거나, 혹은 … 그들은 행동을 제안하는 사람들이 불성실하게 행동하고 있다고 믿기도 한다"(Yankelovich, 1991: 84-85).

후자의 경우에, 판단에 이르는 길은 더 어려워진다. 판단은 사건을 통해 작업을 함으로써 일어나고 행동할 필요에 직면함으로써 일어난다. 예를 들어, 현재 사람들은 학교에서 유래하는 여러 사회 문제를 보지만, 즉 사건들이 의식을 환기시키고 있지만 아직까지 어떤 사람의 해석으로부터도 단일한, 용이한, 믿을 만한 해결 방법을 제시받지 못한다. 사람들은 "학교가 모든 것을 다 하기를 원한다. 즉, 학교가 기초를 가르치고 젊은이에게 직업을 준비시켜 주고, 젊은이가 훌륭한 시민이 될 수 있도록 돕고, 그들에게 도덕적 가치를 가르치고, 그들에게 예술을 소개하고, 그들을 훌륭한 운전자로 만들고, 그들이 컴퓨터를 사용할 수 있도록 가르치고, 그들이 스포츠를 즐길 수 있게 하며, 그리고 그들이 감정적 어려움에 대처할 수 있도록 도와주는 일을 학교가 하기를 원한다"(Yankelovich, 1991: 167). 동시에, 사회가 학교를 부정적으로 보는 다른 해석에 의해 시민들은 학교가 시민들로부터 너무 많은 세금을 걷는다고 반대하도록 요구받는다. 이런 작업 과정(working-through process)은 개인들이 가치 갈등에 직면하는 과정이며, 가치 갈등을 해결하는 다양한 대안적 방법의 결과들을 보여 주며, 그리고 끝으로 가장 깊게 느껴지는 가치의 편을 드는 과정이다.

개인들이 사건, 해석, 그리고 가치 갈등을 통해서 작업을 하기 때문에 그 또는 그녀는 인지적, 정서적 그리고 도덕적 입장을 정해야 한다. 인지적으로, 사람들은 모호한 생각을 확실히 하고 비일관적인 것과 조화를 이루고 한때 상호의존성이 있었던 관계들을 보기 시작한다. 정서적으로 사람들은 그들 자신의 양면적인 감정에 직면하고 현실과 편안하게 지내며 그리고 기분이 나쁘고 지루해서 일을 미루는 게으름을 극복한다. 끝으로, 도덕적 해결 방법은 자기 자신 그리고 자신의 필요 및 욕망에 앞서서, "올바른 일을 하라"고 사람들에게 요구한다. 일단 한번 개인들이 이러한 이슈들을 해결하면 판단이 이뤄진다.

현실 세계에서, 지역사회가 "비전을 세우기(visioning)" 위해서 얀케로비치의 설계를 어떻게 사용할 수 있을까? 하나의 주요 이슈의 맥락에서 얀케로비치는 하나의 적용 방법을 제시한다. 그 이슈는 판단이 없는 듯이 보이는 이슈이다. 즉, 새로운 사건들이 제안된 이슈 혹은 지지된 이슈를 다루는 방법에 일관성이 없이 일어났을 때 소란이 일어났다. 그 적용에서 지도자들은 먼저 전문가이고 박식한 개별 시민들에게 네 개의 '미래'를 제안하는 자문을 했다. 그 미래의 하나하나는 서로 별개이고 일관성도 없었다. 우리의 학교 예에서, 결정들은 검소한 것이고, 기본적인 미래를 가르쳐줄 수 있으며, 검소한 결정 위에 세워진 몇몇의 더 비싼 변형들을 가르쳐 줄 수도 있다. 그리고 이 변형들의 각각은 직업 교육, 시민 교육, 도덕 교육이라는 가가 상이한 방향으로 간다.

그 미래들은 비전문가도 이해할 수 있을 정도로 아주 단순했지만, 의미가 없을 정도로 적합성이 없을 정도로 그렇게 단순하지는 않았다. 공중의 단면인 개인들의 집단이 모여서 먼저 미래를 평가했다. 표면적으로는 각 개인은 그 또는 그녀의 의견과 일치하는 듯이 보이는 미래가 하나 이상일 때는 두 번 투표할 수 있었다. 그러면 그 개인들은 네 개 미래의 각각 두드러진 특징과 "비용과 위험 그리고 그것들과 관련된 상쇄 관계"를 알게 됐다(Yankelovich, 1991: 153). 개인들은 한 토론에 참가했는데 "탁월한 선생으로 명성을 가진 교수가 그 토론의 사회를 봤다.… 그 교수는 심도 깊은 훈련을 받았으나" 그 주제에 전문가는 아니었다. 토론 후에, 토론의 주요 초점이 됐던 각 미래에 대한 찬반 양론, 논증과 반론을 고려할 것을 지시받은 후에, 개인들은 다시 투표를 했고, 미래들 가운데 첫째, 둘째, 셋째, 넷째 선택을 했다. 그 집단이 합의에 도달하지 못했지만, 사전 검사에서 사후 검사까지의 변화는 상당한 활동량을 보여줬다. 그리고 "개인들은 모순된 미래를 인정하기를 점점 꺼려했고 미래들 사이에서 현실적으로 선택을 하고 싶어 했다"(Yankelovich, 1991: 155). 중요한 가치가 표면으로 나왔다. 즉, 개인들은 내적 모순이 없는 입장을 논증할 수 있는 가능성이 더 높았다.

요약하면, 얀케로비치 설계에서는 한 방법을 약속했는데, 그 방법을 통해 개인들은 먼저 몇 개의 명확한 선택들을 알 수 있고, 그리고 선택들의 가치를 알 수 있고, 끝으로 명확한 선택에 이들 가치를 적용할 줄 알 수 있다. 그 방법에 의해서 힘센 사람에서 힘이 적은 사람 또는 전문지식이 적은 사람에게로 일방적 의사소통 방법이 허용되지 않고 적용되지도 않는다. 이 방법은 "드러나든 감추어져 있든 모든 형식의 지배가 제거되어진"(Yankelovich, 1991: 216) 진정한 의사소통을 상정한다. 그는 다음과 같이 말한다. 즉, 이 연구 결과의 진정성에 의해 다음 사건으로 쉽게 변할 가능성이 높은 거짓 합의보다 훨씬 더 훌륭한 지침이나 판단의 증거가 제공된다.

2 지식의 부족과 전문지식의 문제

우리가 다루는 두 번째 문제는 선출직 공무원과 특히 전문 예산편성자들만이 전문적으로 잘 알고 있는 복잡하고 얼기설기 얽힌 예산 문제를 어떤 시민이든 잘 이해하고 현명한 조언을 할 수 없다는 주장이다. 이것에 대해 우리는 누구든 배울 수 있다고 말한다.

많은 지방정부가 관심 있는 시민들이 공무원과 관리자들이 가지고 있는 재량권에 대한 일상적이고 명시적 제한을 접할 수 있도록 작은 세미나를 시행하고 있다. 이 작은 세미나를 통해 배수구 건설부터 거리 만들기까지, 그리고 재정, 환경, 주택, 그리고 공공안전에 대한 국가 통제까지 모든 것에 대한 정보가 제공된다. 작은 세미나 접근 방법은 예방적 태도를 반영하는 것이지만, 이는 또한 부정확한 정보를 가지고 참여를 고취하려고 애쓰는 정부 밖에 있는 사람들에 대한 반응이다.

시민대학 모형이 적어도 두 곳, 즉 애리조나 글렌데일(Glendale)과 플로리다 코코아 비치(Cocoa Beach)에 또한 등장했다. 코코아 비치 경우에, 시민 아카데미는 참가한 시민들에게 효과성과 능률성 정보를 소통하기를 강조하는 듯하다(Miller, 2000). 이 아카데미는 12주 동안 계속된다. 포함된 한 부서가 재무 부서이다. 외견상 보기에 관리자와 정부 직원이 모든 학급을 가르친다. 글렌데일 모형은 1996년부터 운영됐으며, 이 모형은 정부 과정을 멀리 거리를 떼어놓고 본다. 지역 대학에서 온 교수들이 수업을 담당한다. 정보에는 시나리오 만들기(scenario building)가 포함된다. 즉, "만약 시민들이 새로운 사업을 원하거나 어떤 사업이 수행되기를 원치 않을 때, 시민들은 달러와 의사결정 과정을 다루는 방법을 배울 수 있다. 예를 들어, 그들은 새로운 거리를 만드는 것이 얼마나 복잡하고 돈이 많이 드는지 알게 된다"(Lemov, 1997: 69).

이 두 접근 방법이 보여주는 차이는 매우 다른 철학과 이해 및 참여의 가능성을 반영한다. 코코아 비치 내부자 대안은 정부 내부자들이 무엇을 하고, 우리가 상정하기에, 왜 하는지 설명하듯이 정부 내부자 사이에 배려를 제공할 수 있는 역량을 가지고 있다. 그러나 그 접근 방법은 시민들을 학생으로서, 정보와 정보 자료에 짜 맞춘 가정의 수동적 수용자로서 보는 내재된 편견을 가지고 있다. 이 접근 방법은 시민에게 다가가기를 보여주고 관리자가 어떻게 일하는지 그 방법에 대한 다른 견해를 수용하려는 노력을 보여주지만, 이 접근 방법은 관리자가 전문가로서 세상을 본다는 관점을 변화시킬 수는 아마도 없을 것이다.

글렌데일 접근방법은 좀 더 심도 깊고 객관성이 있을 수 있으나, 즉각적인 영향보다는 학습에 초점을 두고 있다. 우리는 지역 교수가 예산과정의 내부자인지 그 여부를 의심한다. 제공된 정보는 높은 수준의 일반성과 객관성이 있을 수 있다. 이 접근 방법은 필요한 시각, 특히 의사결정을 한정하는 국가 감독 규칙과 법률을 제공한다. 그러나 관리자와 의사결정자는 친숙한 관계가 아니다. 시민과 행정관 사이 형성된 관계는 글렌데일 접근 방법의 목적의 일부가 아니다. 아마도 그것은 나중에 나올 것이다.

선출직 공무원과 관리자들이 시민 대학과 같은 그런 구조를 두려워하는 것은 경쟁과 시민 참여의 정당성에 대한 그들의 견해와 관계가 있다. 많은 선출직 공무원들은 시민 대학을 정치적 경쟁자를 양성하는 온상이라고 본다. 예산관리자는 재정 통제와 "훌륭한 재정관리"를 설명해야 하는 필요성에 개탄할 수도 있다. 왜냐하면 재정 통제 및 관리는 정치에서 우경화가 아주 암시적으로 나타나는 부분이기 때문이다. 그 또는 그녀는 재정관리자가 이해하는 데 수년이 소요되고 자격증이 필요한 회계체제와 예산과정을 시민들은 그것들을 얼른 그리고 완전히 이해할 것으로 기대할지도 모른다는 사실에 아마도 분개할 수 있다.

그러므로 시민 대학 발상은 공무원과 관리자가 시민을 보는 관점에 대한 의문을 제기한다. 그 관점은 광고와 관련이 있을 수도 있다. 이 관점은 실제로는 시민의 이해를 전제로 한 것일 수 있다. 그러나 이 관점은 상호작용, 참여, 그리고 여타 합리성의 수용을 촉진할 수도 있다.

3 예산운영에서의 암시적 가정 문제

대안적인 합리성이 존재한다는 사실, 문제를 해결하는 최선의 방법이 존재하지 않는다는 사실로 인해 선출된 사람들과 전문가로 위촉된 사람들은 위협을 받는다. 상이한 세계관, 규범, 그리고 결정은 종종 하나의 집단으로 발전하기도 하는 공무원과 전문가가 결정을 내리는 것에 혼란을 자주 주는 데 이런 것들은 예산운영에 있어서 암시적인 것이다. 규범과 결정은 매우 어렵고 많은 시간을 잡아먹는 예산 승인 과정(budget adoption process)을 단순화하기 위해서 발전돼 왔을지도 모른다. 아니면 우연히 공무원과 전문가는 공중을 회피하는 것을 필요한 것으로 보게 될지도 모르고 "그들이 논쟁적인 이슈에 '틀리게' 투표하면 화난 유권자들이 그들을 자리에서 쫓아내려고 몰려올 것"(Vogelsang-Coombs, 1997: 492)과 같은 공통의 환상을 가지고 있었을지도 모른다. 보겔상-쿰즈는 공무원과 전문가의 공중 회피 관점은 의사결정자들 사이에 '집단 사고'가 만연한 탓으로 돌린다. 간단히 말하면, 수월한 지적 능력과 도덕성을 소지하고 있다고 믿는 일단의 집단들은 외부인을 아는 것이 없다는 고정관념을 가지고 있고, 그들 사이의 반대 의견을 억누르고, 그들 집단은 의견이 일치하는 것으로 잘못 인식하고, 부정적 정보 및 인식을 억누르고, 궁극적으로 그들 스스로를 비참한 실패 상황에 빠트린다(Vogelsang-Coombs, 1997: 492; Janis, 1972: 198).

회피 행동과 집단 사고 경향에도 불구하고 더 중요한, 아마도 문제의 근본 원인은 아마도 실제로, 몇몇 예산 기간에 걸쳐 아무도 그것을 깨닫지 못한 채 내부자들 사이에 오랫동안 발전돼 온 필요한 예산행동이라는 공통적인 견해일지 모른다. 이 공통적 견해에는 적어도 이전에 기술했던 암시적 가정이 아마 포함될 것이다. 즉, 상쇄를 다루는 방법, 결정의 순서, 세율의 불가침성, 특정 세율에서 성과의 극대화 규범 등이 포함될 것이다. 그래서, 시민 교육은 단순히 시민에게 문제를 어떻게 다뤄야 한다고 말하는 것 이상이고 의심할 여지없이 합리적인 것으로 존재하는 암시적 가정을 받아들이는 것 이상이다. 필요한 것은 그런 가정을 재검토하는 것이다.

공무원들이 시민 대학 발상을 밀고 나가기로 결정한다고 가정하자. 그들은 먼저 내부 강사와 외부 강사의 장점과 단점을 균형 있게 다뤄야 한다. 그들은 단순히 정보만 제공하는 것을 넘어서 시나리오 형성이 실제로 의사결정에 영향을 줄 수 있다는 유인을 가지고 몇몇 시나리오 형성을 가능하게 하는 결정을 해야 한다. 시나리오 형성은 어떻게 이루어지나?

이런 설계를 고려해보자. 참여를 통해서 참여자 모두가 제안된 행동 계획을 뒷받침하는 가정들을 재검토할 수 있도록 그 가정들이 공개돼야 한다. 또한 참여를 통해서 새롭고 더욱 적합한 가정이 제시되어 이것에 따라 기획 과정이 진행될 수 있도록 한다.

이렇게 함으로써, 많은 공무원들은 시민들이 이슈를 확인하고 선택지(option)를 탐색하며, 각 선택지에 대한 시나리오를 구현해 보고, 특히 가정을 검토해 기존의 암시적 가정을 표면화하며, 위험과 결과를 검토하고 한 선택지와 다른 선택지 사이의 상쇄 관계를, 혹은 기존 선택지와의 상쇄 관계를 검토하는 등의 시민 활동이 유용하다는 것을 알게 된다.

선택지의 검토를 통해 여러 다양한 수단, 과학기술, 혹은 사업(programs)에 이르기보다는 목적의 구현, 목적의 이행에 이르게 된다. 브랜드와 루빈은 그 잠재력을 인지하고 "이 정도의 명확성을 가지고 선택지를 제시하며 비용을 산정하는 데는 많은 수고와 창의성이 요구되지만 그러나 그것은 의사결정을 촉진한다"고 주장한다(Bland & Rubin, 1997: 50).

개방적 참여는 그것을 통해 목표를 공개할 수 있지만, 그러나 또한 개방적 참여는 목표를 숨기기 위한 개방적 전략으로 종종 사용될 수도 있다. 그것들은 물을 위해서 우물과 지상 저장탱크 사이에서 선택을 하는 시의 한 예와 관계가 있다(Bland & Rubin, 1997: 50).

> 시민은 그 사업을 재정 지원하는데 사용되는 보조금이 오직 우물만을 요구한다는 점에 주목했고, 그리고 저장탑이 그 비용의 네 배를 들여 건설돼야 하는 이유에 대해 의문을 가졌다. 한 지원이 화를 내며 그것은 기술적인 문제였고 따라서 직원의 관할 사항이라고 대답을 했다. 즉, 직원이 기술적 근거에 대한 이슈를 처리했다. 그러나 물저장탑 대(對) 우물로 틀 지워진 논쟁은 시민에게 제시돼야 할 주요 정책 이슈를 덮어버렸다. 즉, 물 제공 서비스가 이 마을 한 편에 새로운 사업(business)을 유

치하기 위해서 확대돼야 하는지 여부에 대한 이슈를 덮어 버렸다.

참여를 통해 결과를 얻기 위해서는 암시적 가정이 다뤄져야 한다. 메이슨과 미트로프는 가정, 선택지, 그리고 목적을 검토하기 위해 그 과정은 행동의 현재 경로와 그것으로부터 도출되는 정보를 조사하기 시작해야 한다고 주장한다(Mason & Mitroff, 1981: 129-131). 그들은 관련자들에게 "어떤 세계관에서 이것이 따라야 하는 최적의 계획인가?"라고 질문을 한다. 그 결말은 "그 계획을 뒷받침하고 있는 개연성이 높고 믿을 수 있는 일련의 가정들"이다. 이때 가정들은 이 계획이 조직의 목적을 달성하는 데 최선이라고 논리적으로 결론을 내릴 수 있도록 자료를 해석하는 데 기여한다"(Mason & Mitroff, 1981: 129). 그러나 가장 중요한 단계는 기존 가정을 검증하고 새로운 가정을 표면화하기 위해서 "개연성이 크고 믿을 만한 다른 대안, 즉 대항 계획(counter plan)"을 확인하는 것이다. 대항 계획은 또 다른 세계관인데, 이 세계관 속에서 현재의 행동 경로와 같은 동일한 자료를 사용하면서 집단은 동일한 목적에 도달한다. 메이슨과 미트로프는 '구조화된 토론'을 주창한다(Mason & Mitroff, 1981: 130). "이 토론에서 각 편은 계획과 대항 계획 양자가 기초하고 있는 동일한 조직의 보관 자료를 전체적으로 해석해야만 한다." 메이슨과 미트로프는 연구자들이 새로운 그리고 확장된 세계관을 형성하고, 세계관을 지지하는 계획을 형성하는 그런 방법으로 계획과 대항 계획을 통합할 수 있을 것으로 예측한다.

메이슨과 미트로프 설계는 암시적 가정을 표면화하는 데 도움이 된다. 예산운영에서 이러한 가정은 이미 복잡하고 시간을 많이 잡아 먹는 〈시민〉 참여 과정의 어려움을 완화시켜 준다. 만약 의심할 여지가 없는 가정만 있도록 허용된다면, 암시적 가정은 예산결정에 대한 시민 참여와 영향을 위한 진정한 노력에 방해가 될 것이다. 암시적 가정은 시민의 공헌보다 의제를 우선시하며, 그리고 당연히 소외와 혐오로 이어진다.

제5절
토론과 요약

이 장에서 우리의 목적은 예산운영에서 시민 참여의 현실적 문제에 대한 해결방법을 찾고 제안하기 위해 기존 연구를 이용하는 것이었다. 우리는 한 번에 두 수준에 대해 작업을 했다.

한 수준에서, 우리는 구조에 의해서 예산운영이 외부인과 거리를 두게 되는지 여부, 그리고 그렇다면 왜 그런지를 결정하려 노력했다. 우리는 아주 특별하고 어쩌다 보이는 진정한 참여 사례를 제외하고 공무원들이 저항하는 높은 열망과 분명한 이유를 발견했다. 우리는 예산편성자들과 대화를 통해 대부분의 공무원이 지역사회 형성의 가치와 그 지역사회에 대한 소속감을 믿는다는 결론에 도달했다. 그들은 교육을 통해 시민들이 영향을 행사하는 것을 도울 수 있다고 믿는다. 그러나 대부분의 공무원은 공화주의적 이상에 따라 지역사회 차원의 결정은 공무원들에게 위임된다는 사실이 여전히 명시돼야 한다고 믿는다. 게다가 대부분의 공무원은 참여를 갈등을 증대시키는 길로 본다. 예산 참여를 통해 성취에 대한 기대가 부풀려지는 데, 일부 성취는 달성될 수 없는 것이다. 참여 그 자체가 공무원의 관리 기술과 정책 결정에 대한 거부로 종종 취급되고, 좀처럼 수그러들지 않는 방어벽을 만들기도 한다. 대부분의 공무원은 세입의 부족으로 인해 시민의 예산 참여 활동을 실현시키려는 수고가 좌절되며, 시간 압박을 시민 참여의 적이라고 본다.

다른 수준에서, 우리는 어떤 구조적 문제가 예산운영에서 방해가 되며, 그것들은 제거될 수 있는지 여부 그리고 어떻게 제거될 수 있는지 방법을 질문함으로써 참여라는 단어의 가장 큰 의미에서 작동하는 바를 알길 원했다. 공무원들은 시민 참여가 시민이 아는 바의 함수라고 주장했다. 시민이 아는 바는 시민들이 물어서 알고자 하는 질문의 함수이다. 시민이 물어서 알고자 하는 바는 예산 그 자체에 접근할 수 있는지 여부에 달려 있다.

우리는 예산의 접근 가능성은, 너무 자주 급여, 수용비, 공과금과 같은 투입으로 틀 지우고, 달성할 목적으로 좀처럼 틀 지우지 않는 것처럼, 예산이 이슈를 틀 지우는 방법과 관계있다는 것을 발견했다. 예산은 시민들이 목적과 방법을 분석할 수 있는 그러한 방법으로 목적을 보여주기보다 고의로 목적을 은폐한다.

예산의 접근 가능성은 공무원이 시민을 참여시키려 공들인 시간의 양과 종종 연계된다. 접근성을 마련하기 위해 공들인 의지는 정부의 형태 및 당파성과 상관관계가 자주 있다.

끝으로, 접근 가능성은 공무원이 형평성 이슈와 전체 지역사회에 영향을 미치는 이슈에 대해서 가지고 있는 신념에 달려 있다. 이 이슈와 관련된 것은 누가 그것들을 결정할 권리를 가졌나 하는 문제이다. 즉, 그들 자신을 특정 이익에 대항하면서 전체 지역사회의 이익을 위해 활동하는 것으로 상상하는 대표들이 가졌나, *아니면* 시민으로 참여하고 다른 특수 이익세력과 경쟁하는 특수 이익세력들이 가졌나?

이 장에서 논의된 문헌과 연구를 통해서 예산구조와 시민 참여에 대한 몇몇 오해가 나타났다. 첫째, 이슈는 광범위하고 포괄적인 심의에 대한 민감도가 다양하다. 둘째, '공중'은 부정확한 개념이다. 셋째, 도구와 기술 가운데, 성과 목적과 측정요소와 같은 '사후적' 통제를 확실하게 사용하는 것(codesigning)이 시민과 예산운영 공무원이 가장 효과적이라고 하는 참여에 대한 접근 방법인일 지도 모른다. 넷째, 내부 참여자의 규범은 그것에 대한 논의와 발전을 통해서 시민 참여에 개방성을 드러냈으며, 그 개방성은 일반적으로 알려진 것보다 더 큰 것이었다. 끝으로, 종종 은연중 공무원이 간직한 예산 가정은 공공의 이해와 효과적인 참여에 가장 큰 장애가 쉽게 될 수 있었다.

질문들을 어떻게 틀 지울 가에 대한 논쟁은 지금 이 순간 성과로 귀착했다. 예산과 예산 공무원의 태도는 우리가 매년 동일한 세율로 가장 훌륭한 성과를 추구해야 한다는 개념에 점점 더 집중됐다. 만약 이것이 사실이라면, 예산편성자들은 시민들로 하여금 더 좋은 성과를 정의하도록 그리고 성과 측정 방법을 안내하도록 할 필요가 있다. 예산편성자들은 일을 충분히 잘하기 위해서 중요한 것이 무엇인가에 관한 질문에 답할 필요가 있다. 성과란 상당히 모호한 개념이기 때문에 시민은 참여함으로써 도울 수 있다. 예산 공무원의 규범과 태도에 의해 참여는 가능해진다. 장려금이 참여하는 시민과 예산결정의 위험을 나눠지는 공무원에게 주어져야 한다.

제8장

세수 레짐 변화와 조세저항

Government Budgeting and Financial Management in Practice:
Logics to Make Sense of Ambiguity

무엇이 조세저항(tax revolt)이고 무엇이 조세저항의 조건이 될 수 있는지 이해하기 전에 대부분의 사람들은 높은 세금을 비난한다. 그러나 캐나다의 높은 지방세 수준에도 불구하고 캐나다에는 조세저항이 없다. 높은 세금은, 우리가 미국에서 높은 세금 탓이라고 돌리는, 저항 유발 효과가 없다.

조세저항에 대한 캐나다 주와 미국 주를 비교하면 재정관이 사용하는 두 개의 대조적인 논리가 나타난다. 캐나다 재정관은 대리인 논리(agency logic)를 사용하고 친 적극적 정부와 대규모 정부 간 보조금으로 의회의 주인들에 대응한다. 미국 재정관은 민주화 논리(democratizing logic) 정도는 참아 넘길 수도 있을 것이다. 민주화 논리는 국민투표에 부쳐지는 세금 한도에 의해 이룩된 것인데, 미국 재정관은 이 세금한도를 조장하기 위해서 아무 것도 하지 않았다.

이 장에서는 '조세저항'의 원인을 조사한 연구 프로젝트에 대해 보고한다. 이 연구를 뒷받침하고 있는 일반적인 가정은 다음과 같다. 즉, "정부의 가격(price)이 너무 인상되면 시민들은 정부에게 알린다.… 시민들은 기존 재직자를 몰아내고 반조세 후보를 선출한다. 그리고/

혹은 시민들은 반조세 계획을 받아들인다"(Osborne & Hutchinson, 2004: 42). 미국 조세저항은 대중의 불만 과정으로서, 대처하려는 노력으로서, 새로운 조세 레짐과 정부 의사결정 엘리트의 창출로서 종종 전개된다.

그러나 부담이 되는 세금만이 저항을 촉발하나? 이 연구는 그 연계를 검증한다. 미국 주 가운데 2/3에서 발생한 조세저항에 대한 연구에서 조세저항이 전염, 모방 혹은 단지 기준 경쟁(yardstick competition)으로 인해 발생한다고 한다. 아직까지 조세저항과 높은 세금 부담과의 직접적인 연계를 연구를 통해 밝히지 못했다. 사례 연구와 일화적 연구를 통해 여러 요인이 존재해야 한다는 결론에 도달한다. 즉, 높은 세금 부담은 친 조세저항(pro-tax-revolt) 지지자들이 지지를 모으기 위해서 사용하는 서사의 일부가 된다.

높은 세금 부담이라는 발상으로 인해서 미국 주와 캐나다 주를 비교하고 싶은 생각이 들었다. 세 부담은 캐나다 주에서 더 높은데 조세저항은 발생하지 않았다. 왜 정부의 가격이 미국 주에서는 저항을 일으킬 정도로 충분히 높은데, 캐나다 주에서는 조세저항을 일으킬 정도로 충분히 높지 않은가? 정부의 가격이 조세저항에서 무슨 역할을 하는 것일까?

이 연구에서는 가장 중요한 조세저항 예측 요인으로서 미국과 캐나다의 국가 하위 단위 정부에서의 성과예산 모형을 검증했다. 이 성과예산 모형은 다음과 같은 네 개의 유사 지표 범주의 자료를 포함한다. 즉, 정부의 명시적 가격, 정부의 암시적 가격(implicit price), 정부 결정의 개방성 정도, 그리고 재정 통제에 내재돼 있는 정부 성과 장려책이 그것이다. 성과예산이 있으면 납세자의 현행 재정정책 수용을 예측할 수 있을 것이다. 그리고 성과예산이 없으면 조세저항을 예측할 수 있을 것이다.

이 장에서는 먼저 4개 지표에 대한 분석적 근거를 논함으로써 연구 프로젝트의 일반적 배경을 제시한다. 그리고 본 장에서 연구 질문에 어떻게 답이 주어지는지를 설명한다. 마지막으로, 우리는 연구 프로젝트의 발견 사항을 기술하고 그 의미를 해석한다.

제1절
분석적 근거와 일반적 배경

정부 지도자들은 세수와 지출을 시민의 선호와 연계하는 재정 결정을 한다. 재정 의사결정을 연방정부가 하도록 이양함으로써, 조세 및 지출 정책을 지도자들이 대표하는 국민의 선호를 만족시킬 수 있도록 하려는 노력이 복잡해진다. 이 연구에서는 세수와 지출을 연계하고 시민의 기대에 부응하려는 노력에 관한 미연방정부(federal states)에서 나온 비교 정보를 제공하는 접근방법을 기술한다. 이 연구 프로젝트는 "세수 과정은 세출 과정과 논리적으로 그리고 실용적으로 별개인 다른 기획 질문(planning questions)"(Mikesell, 1978: 512)이란 주장을 행정가들이 극복하려 애쓴 노력에 집중한다. 연구 프로젝트는 "정부의 가격이 너무 높게 올라갈 때 시민들은 정부에 알린다"(Osborne & Hutchinson, 2004: 42)는 통속적인 가정을 의심함으로써 세수 과정과 세출 과정의 분리에 접근한다. 허치슨이 의사결정을 틀 지운 것처럼(Hutchinson, 1970), 시민의 메시지는 이탈(exit) 혹은 항의(voice)의 형태를 취할 것이다. 인상되는 정부 가격에 대한 반응이 어떤 조건 아래서는 충성(loyalty)일 수도 있다. 이 연구 프로젝트에서는 왜 어떤 재정 결정은 혼란을 일으키고, 시민의 신뢰를 저하시키며, 선호를 분명히 하여 투표하도록 납세자를 동원하고, 선출직 공무원을 소환하며, 혹은 재정 한계에 대해 청원을 하는지, 이들 질문에 답을 하고자 한다. 왜 여타 재정 결정은 이해할 수 있는 방법으로, 즉 시민의 신뢰, 존경 혹은 무관심을 유지하는 방법으로 징세와 지출을 결합하는지?

1 조세저항은 무엇인가?

조세저항에 의해서 조세 인상, 지출 인상, 혹은 이 둘 모두를 제한하는 재정정책 결정에 대한 법률적 혹은 헌법적 통제가 제도화된다. 저항은 현상유지적 조세 레짐에 변화를 꾀하는 국민투표와 입법 조치를 이끈 시민 주도로 미국 주에서 자주 발생한다. 다음 〈표 8-1〉은 미국의 제한(制限)들에 관한 가장 적나라한 그림과 이 연구에서 종속변수인 조세저항에 대한 가장 좁은 작업 정의(working definition)를 보여 준다.

〈표 8-1〉 조세와 세출 제한 특성

1. 시민에 의해 주도된다.
2. 국민투표를 통한 투표로 승인된다.
3. 법적 지위가 법률보다 헌법적 이다.
4. 광의로 정의된 세출과 세입에 적용한다.
5. 정부 지출 증가를 인플레이션과 인구 증가를 합한 것으로 제한한다.
6. 주정부, 시정부, 그리고 다른 지방정부의 세출과 세입을 포함한다.
7. 잉여가 규정된 한계를 초과하면 세금 환급을 의무화한다.
8. 정부의 세출과 세입 징수 범위는 총체적(comprehensive)이다.

출처: Clemens, I. et al., *Tax and Expenditure Limitations*, The Frasen Institute, Vancouver, CA, 2003: 17-20에서 발췌.

여론은 높은 세금 부담이 저항을 낳는다는 사실을 지지한다. 개인 소득이 상대적으로 높은 비율을 차지하는 미국 주, 캐나다 주, 그리고 지방정부 자체 원천 수입이 조세저항이란 의미에서 높은 세 부담이다. 조세 레짐의 재정환상은 높은 조세 상황을 복잡하게 만들고 여론을 중화시킬 수도 있다. 특히 정부 간 이전 혹은 균등화가 존재할 때 그러하다.

여론은 또한 조세저항이 엘리트가 여론과 일반인의 행동을 조작한 것이라기보다는 대중운동이라는 것을 지지한다. 그리고 아직, 시민 주도의, 직접 민주주의 반조세 운동(antitax movement)의 성격과 문화적 기초에 대해 알려지거나 이해된 것이 거의 없다. 연방주의자 체제에 대한 비교 연구를 통해 높은 조세와 조세저항이 얼마나 긴밀하게 관계가 있는지를 보여 줄 수 있을 것이다.

❷ 조세저항의 일반적인 예측 요인

이 연구는 『정부의 가격』 책에서 저자 오스번과 허치슨(Osborne & Hutchinson, 2004)이 기술한 논의로부터 단서를 얻는다. 이 단서가 지지하는 모형으로 돌아가기 전에 이 장에서는 조세저항 예측 요인을 발견하기 위해 수행됐던 연구들에 대한 비판적 검토를 제시한다. 세 종류의 설명이 정부의 가격이 예측한 바, 즉 합리적 무지와 재정 환상, 재정정책 변화와 정치, 조세저항 특성을 이해하는데 도움이 된다. 이 설명들은 템플(Temple, 1996), 암과 스키드모어(Alm & Skidmor, 1999), 그리고 컬러 외(Curler et al., 1999) 등이 연구해서 발견한 것들과 대체로 견줄 만하다.

1) 재정 명료성과 재정 환상

합리적 무지라는 다운즈의 이론(Downs, 1959-1960)이 유권자가 정부 가격을 알려고 하고, 유권자가 정부 가격을 통제하기 위해서 해야 하는 바를 하려고 한다는 오스번과 허친슨의 생각에 해답이 된다. 다운즈는 유권자들 사이의 무지로 인해서 유권자들이 완전한 정보를 가지고 있다면 정부 의사결정자들이 정했을 예산보다 더 적은 예산을 정하게 된다고 답을 한다.

알려고 하면 돈이 들고 시간을 투자해야 한다는 점에서 무지한 것이 합리적이다. 납세자가 완전한 지식을 가지고 있는 사항들이 아마도 많을 것이다. 그러나 납세자들이 일부만 지엽적으로 알고 있는 사항도 많다. 즉, 유권자들은 예산에 들어 있는 실제 항목, 혹은 잠재적 항목 각각에 부여된 편익과 비용을 모두 모르지만 항목 모두를 아마 알 수 있을 것이다. 그리고 유권자가 아무 것도 모르는 사항들도 있다. 즉, 유권자는 예산의 항목과 그것들에 대한 편익과 비용 양자를 모를 수도 있을 것이다.

합리적으로 무지한 유권자와 함께 예산 결정자가 있다. 예산의 가능한 지출을 보면서, 지배하고 있는 정치가는 "[그 세출에 투표하는 것]이 자금 지원으로 표를 잃기보다 더 많은 표를 얻을 수 있는지 그 여부를 결정하려 노력한다"고 다운즈는 주장한다(Downs, 1959-1960: 542). 정치가와 입법부는 부가적 지출과 조세 그리고 순 이익이 없을 때까지 이익과 손해의 상쇄 관계를 검토한다. 그 점에서 그들은 예산을 결정한다. 결론은 다음의 관계이다. 즉, 이익이 멀리 있을수록 지지가 적고, 세금이 직접적일수록 지지가 적다. 이들 편익과 비용이 무엇인가? 시간이 지나 한 참 후 발생하는 편익(remote benefit)은, 먼 나라에 대한 경제 원조, 상수도 정화, 식품의약 규제, 항공로 안전 통제, 운송 및 공공요금 규제와 같은, 예방적 조치일 것이다. 또한 이러한 사업이 시작될 때 그 편익을 아는 사람은 거의 없다.

다운즈는 직접 비용은 어느 정도 알려져 있고 누구든지 한 마디는 말할 수 있을 정도로 친숙하기 때문에 직접적이라고 말한다. 예를 들면, 다운즈는 매년 4월 15일 우리는 세금을 납부해야 한다고 말한다. 모든 지불 수표는 세금이 없었다면 우리가 받았을 금액을 보여준다. 우리는 세금에 대해서 논의할 능력을 가지고 있지만 우리에게 직접적으로 영향을 미치지 않는 예산에 제안된 지출의 어느 부분에 대해서는 논의할 능력이 없다. 그 결과, 지출에 대한 공공의 지지가 상당히 적고, 세금에 대한 공공의 반대가 상당히 많다.

다운즈와 대조적으로, 뷰캐넌은 정치 지도자들이 세금은 낮고 공공 지출 편익은 높다고 생각하도록 국민을 오도하고 있는지 그 여부를 묻는다(Buchanan, 1977). 정치 지도자들은 일련의 재정환상 하에서 운영하는 것이 아닐까? 뷰캐넌은 질문을 한다. 그는 정부가 1870년에서 1970년까지 실질 달러로 4,200% 성장했던 세계에 재정환상이 정말 존재한다고 설명한다. 정부는 경제의 50%를 요구한다고 뷰캐넌은 지적한다.

뷰캐넌은 무엇으로 그것을 설명할 수 있는지 묻는다. 그는 일단의 친 정치적 지도자 설명과 네 가지의 반 징치직 지도자(antipolitical leader) 논거를 제시한다. 인구 증가, 수요의 소득탄력성, 공공 부문 생산성 쇠퇴, 도시화와 교통 혼잡, 그리고 정부 대응성 등이 정부 규모의 성장을 대부분 설명하지만 모두는 설명하지 못한다.

뷰캐넌은 그 나머지는 다음의 조합으로 설명될 수 있다고 말한다.

1. 판매세의 단편적인 성질, 소득세의 유보, 주택 담보 대출상환에 숨겨진 재산세, 보조금의 횡재적 성질 등을 통해서 우리가 실제로 납부하는 것보다 적게 납부한다는 환상
2. 정치가들은 그들에게 책임을 지우는 충분한 방법을 가지고 있지 않다. 즉, 그들은 세금을 멀게 하고 지출 편익을 직접적으로 하기를 원하는 경향이 있다.
3. 관료들은 다수의 다른 유권자들과 다르게 투표한다.
4. 지출은 정치 지도자들이 정부를 조직하는 창의적인 방법 때문에 지출이 증가한다. 예를 들면 통합 학군은 독점이 되고 통합 학군이 더 커지면 행정가는 더 높은 급여로 보상을 받는다.

다운즈 대(vs.) 뷰캐넌 논쟁은 조세 수준과 지출이 멀리 있어 잘 인식되지 않는지, 직접적이어서 잘 인식되는지 그런 의미에 머무르고 있다. 이 문제는 재정 운영을 더 잘 이해함으로써, 그리고 합리적 무지가 합리적 이해가 되도록 돕고 동기부여함으로써 해결될 수도 있을 것이다.

2) 재정정책 변화와 정치: 세대 변화 설명

정부 가격이 예측하는 바에 대한 두 번째 설명은 조세 개혁과 변화 문헌에 있다. 이들 설명은 조세의 급작스런 변화는 그 자체로 결과를 낳는다는 사실을 시사한다. 버크만(Berkman, 1993)을 먼저 검토해보자. 조세 변화 주 뿌리 모형(state roots model)은 [그림 8-1]에 있다.

1. 정체된 경제성장으로 주와 지방들 사이에 승자와 패자가 남겨진다.	
2. 승자 주와 지방의 정치지도자들은 그들의 경제력을 무엇 때문이라고 생각하는가? 지방 노동 비용, 이용 가능한 토지, 교통시설, 잘 훈련된 노동력, 낮은 세금.	
3. 정치 지도자들은 경제력 혹은 경쟁력을 형성하기 위해서 어떤 정책변동을 할 수 있나? 세금이 더 낮다는 것은 민간 기업이 더 많은 이윤을 본다는 것이고 일부 가계가 더 높은 소득을 얻는다는 것을 의미하고, 그리고 세금이 낮은 지역은 더 매력적이 된다.	

| 경제 성장 | → | 시간이 지남에 따른 인구 이전(shift)으로 주 입법부와 연방의회에서 투표권이 더 커지게 된다. | → | 주 입법부 및 연방의회에서 정치권력을 행사함으로써 지도자들이 지방 의원으로서 이루었던 변동을 모방한 조세 정책의 이전(shift)이 초래된다. |

출처: Berkman, M. G.(1993), *The State Roots of National Politics*, University of Pittsburgh Press, Pittsburgh, P. A.에서 발췌

[그림 8-1] 버크만의 주 뿌리 모형(세대 계승 모형)

주 뿌리 모형에서는 지방 수준에서의 변화를 전국 수준에서의 변화로 바꾼다. 미래의 전국 지도자들이 그들의 경력 초기 단계에서 어떤 경제적 또는 정치적 문제를 겪었든지 간에, 많은 지도자들은 새로운 조세 정책으로 조치를 취했다. 이들 조세 정책들은 경제 발전과 세금우대조치 혹은 세금 삭감을 관련시켰을 수도 있다. 이들 정책으로 인해서 조세저항에 주도권이 또한 주어졌는지도 모른다. 초기 경력이 무엇을 가르쳤는지 간에 정치 지도자들은 그 경력에서 교훈을 얻는다. 시간이 지남에 따라 생긴 경제적 권력과 인구 이동(shifts)으로 그 혹은 그녀의 지역구나 주가 주 입법부 혹은 연방 의회에서 더 많은 혹은 더 적은 투표권을 가지게 되는데, 이 경제력과 인구 이전의 도움을 받아서 그 혹은 그녀는 동일한 접근방법을 주 및 전국 수준의 다른 문제에도 적용한다.

3) 재정정책 변화와 정치: 점진주의와 비점증주의 변화

이 조세 변화 모형의 두 번째 국면은 또한 경력 보호 주제로부터 연유한다. 멜스너는 오클랜드 연구(Pressman & Wildavsky, 1973)와 점증적 세수 인상 관행(practices)을 기술한 연구 모두에서 점증주의자의 전통(Wildavsky, 1961; Lindblom, 1959; Witte, 1985)을 따른다.

멜스너의 자료는 캘리포니아 오클랜드에서 수행한 연구에서 왔다. 그는 오클랜드에서 다음을 발견했다.

1. 조세는 결코 (공공 부문에 적용된 기업 행태의 합리 모형에서의) 최대화되지도 않고 그리고 최대한으로 삭감되지도 않는다.
2. 세금은 다음과 같은 관점에서 정해지고 추정된다.
   a. 도시들이 세금(한계)을 정했을 때 다른 도시가 정했던 것처럼 따라서 반응한다.
   b. 가장 중요하고 관심을 끄는 납세자와의 협상에 기초해서 계산을 한다.
   c. 매년 단지 조금씩(marginally) 세금을 변동시킴으로써 세금 수준에 대한 합의를 유지한다.
   d. 하나의 세금 증가에 대중의 초점이 집중되는 것을 피한다. 즉, 광범위한 세원에 대해 세율 증가를 소폭(small increments)으로 한다.
   e. 예산에 소규모 잉여를 조성하기 위해서, 즉, 소폭의 세입 증가를 정당화하고 삭감에 대비하기 위해서, 세입은 과소추정하고 세출은 과대추정한다.

시간이 지남에 따라 조금씩 변하는 한계적 변화에 의해 가능한 움직임의 범위가 제약되며 이것에 의해서 조세 체계는 규범적으로 받아들일 수 있는 체계와 유사하지 않은 체제로 전환된다. 그러나 한계적 변화에 의해 정부의 가격은 가려진다. 정부의 가격은 대재앙이 발생할 때만 명확히 드러난다. 이때에는 대재앙으로 세금이 인상되고 조심스럽게 조성된 재정환상이 파괴된다. 즉, 변화가 없다는 재정환상 혹은 한계적 조세 변화보다 더 많은 금액을 주는 대가로 조용히 친구들에게 특혜를 준 재정환상이 파괴된다.

4) 재정정책 변화와 정치: 주기적 변화

세 번째 설명은 한 저널리스트의 생각인, 그리고 전통적인 생각인 주기적 변화이다. 필립스의 생각은 조세 주기 모형(cyclical model of taxation)이다(Philips, 1990). 그는 시계추가 움직이는 것처럼 조세체계에도 변화가 일어난다고 말한다. 그는 정치 지도자들은 조세 정책을 장기적인 유권자 이익을 향하도록 방향을 정하며 단지 부수적으로 공공선을 향하거나 혹은 규범적 이상을 달성하도록 지향한다고 설명한다. 오히려 모든 조세정책들은 부를 재분배하고 그리고 모든 정당과 정치적 자리를 차지한 사람들은 마음속으로는 재분배가 일어나기를 원한다.

필립스의 조세정책 변화의 역사에 의하면, 부자에 대한 정책들은 미국에서, 특히 연방정부 수준에서, 주기적인 특성이 있음을 보여 준다. 소득 사다리에 따라 조세 부담이 배분되는 데 주기가 있다. 역사를 통해 보면 조세 부담을 배분하는데 내려가고 올라가고 다시 내려가는 배분의 주기를 따르는 주기가 있다.

필립스는 다음과 같이 주장한다. 즉, 주기는 세 번 발생했고 그 결과는 항상 큰 부의 격차(가장 큰 부자가 가장 가난한 사람보다 훨씬 더 부자가 되었다)와 이 격차를 축소하려는 반발이었다. 레이건 및 부시(Reagan-George W. Bush) 시대 조세정책 결정은 이 시대의 세 번째 정책 결정이었다고 그는 말한다. 이 주기에서 소득 사다리 위에서 아래로 조세 부담을 재분배하는 것을 필립스는 특별히 재미있는 역설(paradox)이라 주장한다. 즉, 조세체계가 공정하면 할수록 더 인기가 없고 그리고 공정하지 않을수록 더 인기가 있다. 부와 낮은 세금에 대한 높은 열망으로 인해서 부자가 아주 언짢게 납부하는 세금의 삭감 이외의 조치도 이뤄진다. 즉, 정부의 가격이 높으면, 친 부자 조세정책 결정자가 다음 선거에서 당선되고 전통적으로 "좀 더 공정한" 조세체계를 지지하는 사람은 낙선된다는 사실이 예측될지도 모른다.

3 구체적 분석 단위로서 조세저항과 연구

이 장에서는 재정 변동에 대한 연구에서 분석의 구체적인 단위로서 조세저항이 정의된다. 이 지점에서 이 연구는 조세저항은 세대 변화, 점증적 변화, 비점증적 변화, 혹은 주기적 변화라는 맥락에서 하나의 사건으로 발생할 수도 있다고 가정한다. 이 연구는 먼저 조세저항을 사회적 정치적 운동이라기보다는 하나의 사건으로서 제시한 연구 문헌에 초점을 둔다. 그리고 연구의 초점은 조세저항을 경험한 주(州)들에 집중한 연구를 비판적으로 검토하는 것으로 이동한다.

1) 조세저항의 구체적 예측 요인: 사건 문헌

많은 문헌에서 조세저항을 설명했을 수도 있다는 변수들을 보고하고 있다. 시겔먼 외는 다음과 같이 물었다(Sigelman et al., 1983). "왜 몇몇 주들은 다른 주들은 그러하지 않은데, 정부 과세와 또는(and/or) 지출에 많은 제약을 두는가?" 이 비판적 검토를 통해, 이 연구의 중요한 부문이 검토되고, 이들 연구가 변수들의 선정과 검증을 정당화하는 데 사용된다. 예측 요인에 관한 문헌들로부터 얻은 가장 주목할 만한 발견은 모든 주(州)들과 조세저항들에서 조세저항을 상대적으로 예측하기 어렵다는 것이다. 이 상대적 예측 불가능성(relative unpredicability)은 대부분의 연구는 아니지만 많은 연구가 개인 수준 변수를 사용한 예측에 기초한 사실에 있을지도 모른다. 이들 연구자들은 개인이 가지고 있는 의견으로부터 그리고 개인적인 사회경제적 상태의 측면에서 예측을 일반화하려고 노력했다(Lowery & Sigelman, 1981).

나아가, 대부분의 연구는 아니지만 많은 연구에서 헌법 개정이나 법규에 대해서 주 전체의 투표가 실시됐을 때 지방 재산세 혹은 여타 제약이 다뤄졌다. 특정 주에서 행해진 사례 연구의 대부분은 아니지만 많은 사례 연구에서 1978년 투표된 캘리포니아의 제안 13(California's Proposition 13)이 다뤄졌다. 제안 13에 대한 두 가지 반응은 저명한 재정정책 권위자인 리차드 머스그레이브와 제임스 뷰캐넌으로부터 나왔다. 이들의 반응은 특정 주를 대상으로 사례연구한 연구를 대표한다. 머스그레이브는 주민투표를 초래한 캘리포니아 상황이 독특하다고 언급했다(Musgrave, 1979: 697). 즉, "유별난 주택 붐이 유별나게 능률적인 평가 절차와 결합해 평가 가치의 급상승을 초래했다. 평가 가치의 천 분의 일을 세금으로 내는 방식(mill rate)은 전혀 변하지 않은 채 재산세만 급격히 증가했다." 상승한 세금은 주 예산 흑자와 결합했고, 이로 인해 처음에는 소득세를 축소하기로 약속을 했는데 그러나 "감면 방법에 대한 정치적 언쟁"에 빠져 조치가 지연됐다. 참다 못해, 캘리포니아 유권자는 제안 13의 재산세 감면을 승인했다.

머스그레이브는 주 및 지방 조세체계가 공공 부문의 지나친 확대를 향한 내재적인 편의(inherent bais)가 있지 않나 질문을 했고 "의사결정 과정을 왜곡하고 이에 따라 합리적인 행동을 배제하는 우리의 재정 제도의 여러 면을 제거하거나 수정할 것"을 주장했다(Musgrave, 1979: 702). 그는 정부의 명시적 가격을 다루기 위한 조치를 주장했다. 따라서 머스그레이브의 주장은 오스번과 허친슨의 성과 예산 모형(Osborne and Hutchinson performance budget model)이 시작되는 출발점으로 읽힐 수도 있다.

뷰캐넌은 또한 제안 13에 대해서 언급했다. 그는 정부의 암시적 가격 문제와 재정환상을 직접 다뤘다. 그는 다음과 같이 주장했다(Buchanan, 1979: 692-693).

만약 공공 지출 사업의 편익이 지리적, 기능적 혹은 다른 식으로 규정되는 명확한 시민집단으로 또는 명확한 사업(예: 교육, 보건, 고속도로)**으로 집중되고 잘 확인되지**

만 비용은 널리 분산되고 불분명하다면, 우리는 그런 사업들이 비용에 대한 충분한 관심 없이 많은 상황에서 수행될 것으로 예측할 수 있다. 반대로, 만약 공공 지출의 비용(조세)이 (명확한 집단이나 사업)에 집중되고 잘 규정이 되지만 그 편익은 널리 분산되고 불분명하다면, 우리는 많은 상황에서 정부 재정 결과가 편익을 충분히 고려하지 않은 잘못을 반영할 것이라고 예측할 수 있다.

조세저항을 방지하기 위해서 사용하는 뷰캐넌의 규칙은 지방정부 세와 주(州) 세는 지방과 주 지출을 각각, 배타적으로 지원해야 한다는 것을 암시했다. 그는 그들의 예산에 대해서 다음과 같이 말했다. "보편적인 세금은 보편적인 편익을 주는 사업을 재정지원하기 위해서 징수돼야 한다"(Buchanan, 1979: 695). 그렇지 않으면 재정환상이 커지고 지도자들은 납세자의 세금이 납세자에게 직접적인 편익을 주지 않는다고 납세자를 쉽게 납득시킬 수 있거나 편익을 누릴 자격이 없는 사람들에게 납세자의 세금을 재분배할 수 있다. 뷰캐넌은 조세저항의 싹은, 다운즈의 직접세-간접 편익 개념보다 더 엄밀한 개념인, 보편적 조세-보편적 편익 원칙에 있다고 시사한다.

2) 조세저항의 구체적 예측 요인: 주 중심 변수들

연구의 진원적 물음(focal question)은 지역적 과세와 지출(조세와 지출 제한(TELs))보다는 주 차원의 투표 또는 주에 대한 입법부 결정이다. 이것들은 특히 정치적 경제적 노력이 선도한 것이며 콜로라도 유권자가 1992년에 납세자의 권리장전(TABOR)을 승인한 이후의 것이다.

제한 예측에 대한 주 중심의 초기 연구는 시겔먼 외로부터 시작됐다(Sigelman et al., 1983). 그들은 조세저항을 예측하기 위한 여덟 개 변수들의 영향력을 검증했다. 그들의 변수는 〈표 8-2〉에 보인다. 그들은 판별분석(discriminant analysis)을 사용해서, 주의 75%가 정확히 분류되는 것을 발견했다.

〈표 8-2〉 1983년 조세저항의 주 중심 예측 변수들

예측 변수	정의
저항	재산세를 거의 50% 삭감하는 캘리포니아 제13 제안과 유사한 규모로 주(州) 세 혹은 지방세를 삭감하도록 강제하는 급진적인 조세 삭감 제안; 총 주 소득과 같은 주 재정력 외적 측정요소들과 연계된 지출 및 조세에 대한 한도를 부여하는 광범위한 제한(더미 변수)
조세 수준	1977년 주 개인 소득 총계에서 주세 및 지방세가 차지하는 %; 1973~1977년 1인당 주세 및 지방세 % 변화
조세 분배	1977년 주 개인 소득세 총액에서 재산세가 차지하는 %; 1973~1977년 1인당 재산세의 % 변화
비용—편익	1977년 전체 주 지출에서 복지 지출이 차지하는 %
정치적 이념	1972년 맥거번(McGovern)이 얻은 대통령 선거 투표수 %
정치 참여	1976년 대통령 선거에서 자격 있는 유권자의 %
정치 문화	도덕주의, 개인주의적, 전통주의적, 1912년 진보당이 얻은 대통령 투표의 %(Elazar, 1972, 개별적인 더미 변수들)
혁신의 확산	지역주의 (1970년 샤칸스키의 지역에 대한 더미 변수들, 즉, 북동, 남, 북중앙 그리고 평원지역(몬타나, 와이오밍, 코로라도 등).
게임의 규칙	주도권(더미 변수)

출처: Sigelman, et al.,(1983: 30-51)에서 발췌.

조세 제한의 가능한 결정 요인들에 대한 간접적인 설명은 조세 혁신 문헌, 특히 베리와 베리(Berry & Berry, 1992)의 문헌에서 나온다. 이 연구는 20세기 동안의 조세 채택을 설명하려 노력하는데, 그것은 채택이든 제한이든, 조세 혁신을 간단히 설명하는 데 유용하다. 일단의 채택 변수와 관계가 있는 요인들에 대한 프로핏 분석(probit analysis)을 사용해서(채택은 1, 그 외의 것은 0), 그들은 고속도로 사용이 증가했을 때 주는 가스세를 채택한 것을 발견했다. 소득세 채택에 대해서 그들은 주지사 선거로부터의 시간 거리, 열악한 재정 건전성, 이웃 주들의 조세 채택 등이 주에 의한 채택의 변이의 대부분을 설명한다는 것을 발견했다. 그들은 유권자들이 기억력이 좋지 않는 한 정치가가 벌을 받을 가능성이 적어지기 때문에, 선거가 멀리 있으면 조세 인상을 허용한다고 기술했다(Berry & Berry, 1992: 737). 또한, 주의 경제적 곤란으로 인해서 유권자는 경제 수축을 막으려는 또는 성장을 촉진하려는 노력을 허용하기 위해서 조세 인상에 찬성하게 된다. 끝으로, 조세 인상을 한 이웃 주들은 주 정치가들이 그들의 조치를 모방하도록 엄호한다. 베리와 베리의 변수들은 조세 제한을 이해하는데 도움이 될 것인가? 아마도 선거까지의 시간적 가까움, 양호한 재정건전성, 그리고 이웃 주들의 조세 제한 채택 변수들은 TELs(조세와 세출 제한)의 채택을 예측하는데 아마도 도움이

될 것이다.

암과 스키드모어는 1978~1990년 기간 동안 주 전체 투표의 실패와 성공을 연구했다(Alm & Skidmore, 1999). 그들은 "구체적인 TELs의 특성은 물론 주(州)의 경제적, 재정적, 정치적, 인구학적 여러 변수들이 TELs의 통과와 (관계가) 있다"고 주장했다(Alm & Skidmore, 1999: 490). 그들은 투표 문제를 지지하도록 중위수 유권자를 설득하기 위해서 어떤 조건이 존재할 수도 있을까에 초점을 뒀다. 투표의 성공과 실패를 종속변수로 하고, 그들은 계량 분석을 했는데 이 분석은 여러 임계 수준에 대한 구체화(specification of multiple thresholds)에 의존했다. 즉, 첫 번째 임계 수준 조건들은 TELs 문제를 투표에 부치기 위해서 존재해야 하고, 두 번째 임계 수준 조건들은 다수 유권자의 지지를 얻기 위해서 존재해야 하며, 몇몇 혹은 모든 임계 수준 조건과 선거 성공이 존재했던 최대 확률의 추정치를 얻기 위해서 존재해야 한다. 암과 스키드모어가 이용한 독립변수들, 즉 임계 수준은 〈표 8-3〉에서 볼 수 있다.

〈표 8-3〉 조세와 세출 제한 주민투표 성공의 주 중심 예측 변수들(1999)

```
5년 동안의 실질 주 소득의 백분비(%) 변화(소득)
5년 동안의 연방정부가 준 정부간 이전비 백분비(%) 변화(연방정부 이전비)
3년 동안의 연방 조세 반환에서 개별 조세 반환이 차지하는 비율의 백분비(%) 변화(공제가능성)
5년 동안의 인구의 백분비(%) 변화(인구)
5년 동안의 실질 재산세의 백분비(%) 변화(재산세 수입)
5년 동안의 실질 총 조세수입의 백분비(%) 변화(총조세수입)
5년 동안의 주정부와 지방정부 수입 합계에서 지방정부 수입이 차지하는 비율의 백분비(%) 변화(지방정부 수입 부담)
5년 동안의 실질 복지지출의 백분비(%) 변화(복지지출)
5년 동안의 65세 이상 인구의 백분비(%) 변화(노인)
5년 동안 5세에서 17세 사이 인구의 백분비(%) 변화(젊은이)
주정부가 공화당에 의해서 통제된다면 더미 변수 1이고, 그 외의 경우는 0이다(공화당 통제)
주정부가 민주당에 의해서 통제된다면 더미 변수 1이고, 그 외의 경우는 0이다(민주당 통제)
조세와 세출 제한이 이미 적용되고 있으면 더비 변수는 1이고 그 외의 경우는 0이다(TEL기 적용)
```

출처: Alm & Skimore(1999: 481-510)에서 발췌.

암과 스키드모어는 주 정부 수입과 지방정부 수입 합계의 비율로서 재산세 수입과 지방정부 수입의 증가가 TELs 투표 문제 성공 확률의 통계적으로 유의미한 추정 변수(estimators)라는 것을 발견했다. 급격한 인구 증가, 납세자가 연방세에서 공제할 수 있었던 비연방세 납부 금액의 증가, 연방 이전비 증가, 이전에 TEL을 실시한 경험, 그리고 정부의 가격인 총조세수입 등이 투표 실패 확률에 대한 통계적으로 유의미한 추정 변수로 등장했다.

3) 조세저항의 구체적 예측 요인: 서베이 연구

대부분의 최근 연구물들에서 의견 서베이 연구(opinion survey research)가 이용된다 (Mullins & Wallin, 2004: 10-15). 대개 자주 나타난 변수들은 다음과 같은 것이다. 즉, 세금에 대한 일반적인 불쾌감과 특정 유형의 지출에 대한 전반적인 불만과 반대는 물론, 더 작은 정부 규모, 더 낮은 세금, 더 훌륭한 정부 효율성, 세금 부담의 축소 혹은 전가를 통한 (이기심 충족시키기)에 대한 유권자의 선호이다.

4 개인 수준과 집합 수준의 조세저항 예측 변수를 연계한 연구

조세 레짐 변화 혹은 개혁을 이해하려면 여러 수준의 설명이 필요하다. 개인 수준의 의견과 위치 변수에는 보충적, 집합적(aggregate), 그리고 맥락적 설명이 있어야 한다(Teske et al., 1993). 그래서 두 수준은 의견, 지위, 여건을 도출하는 제도와 절차에 대한 편의 설명 (bias explanation) -결정과 무결정(예, Bachrach & Baratz, 1962, 1975)-을 동원할 때 연계돼야 한다.

개인 수준과 집합 수준을 연계한 것은 다양한 가설로서 나타난다. 첫 번째 이른바 맥락적 가설은 조세저항이 시간과 장소에 고유한 사건과 상호작용의 결과로서 발생한다고 설명한다(Levy, 1979). 두 번째 상징적 사회적 운동 가설은, 이것은 납세자가 오랜 기간 가지고 있던 의견으로부터 도출된 것인데, 이 가설은 선거일이 멀리 남은 정부가 징수한 세금은 너무 높거나 혹은 오용된다고 한다. 세금 제한은 세금에 대해 불만을 느끼는 많은 사람들에게 일어날 수도 있지만 그러나 지도자가 없는 한 납세자들은 감정과 행동을 표현하기 위해 결집하지 않는다. 만약 지도자가 나타난다면 "거의 문자 그대로 하룻밤 사이에"(Lowery & Sigelman, 1981: 972) 결집이 나타날 수 있다. 그 정서가 주요 인물의 상징적 지도력을 통해 확대돼 투표로 귀결된다. 세 번째 가설은 1986년 조세개혁법에 관한 문헌에서 나온다 (Conlon et al, 1990). 여기서 개혁을 하기 위한 "관념적인/기업가적인" 접근방법이 나온다. 콘론 외가 언급하듯이(Conlon et al., 1990: 252-253) 조세 전문가는 개혁을 원했고 빌 브래

들리 상원의원과 잭 켐프 하원의원 같은 정책 기업가들은 그것을 촉진했다. 미디어는 강력히 그것을 장려했다. 굿 거버먼트(good government) 집단이 지지를 했다. 연방의회의 힘 있는 의원들은 법안을 통과시키기 위한 조세 개혁을 그들의 개인적 최고의 정치적 이익과 그리고 위원회의 최고의 정치적 이익으로 봤다. 기업가들은 전문가의 생각들을 기업가들이 이미 외치고 돌아다닌 멋진 개념과 연결시켰다. 개혁이 미디어 추종자들을 끌어드리는 데 능숙한 사람들에 의해서 선택되어서, 입법 절차의 미로로 제안들을 밀어 넣을 수 있는 지도자들에 의해서 개혁은 마침내 관심을 끌게 됐다.

밀러 외는 모든 주의 조세 제한을 조사했다(집합적 수준)(Miller et al., 2006). 시겔먼과 그의 동료들처럼 그들은 정부의 가격이 "왜 … 몇몇 주는 정부 징세와 / 혹은 지출에 상당한 제한을 두는 반면에 다른 주들은 두지 않는가"를 설명하는 데 도움이 되는지 여부를 물었다. 그들은 다음의 여섯 개 가설을 검증했다.

1. 소득에 대한 세금의 비율이 높을수록, 주는 TELs(조세와 지출 제한)를 채택할 가능성이 더욱 높을 것이다.
2. 주 경제성장이 빠를수록, 주는 TELs를 채택할 가능성이 더욱 낮을 것이다.
3. TELs를 채택한 인접한 주의 수가 많으면 많을수록, 주는 TELs를 채택할 가능성이 더욱 높을 것이다(확산 이론).
4. 1980년 이전에 TELs를 마련한 주는 후에 더 강력한 TELs를 채택한 주일 가능성이 더 클 것이다.
5. 선거 경쟁력이 높을수록, 주는 TELs를 채택할 가능성이 적을 것이다.
6. 주가 이념적으로 더 보수적일수록, 그 주는 TELs를 채택할 가능성이 많을 것이다.

시겔먼 외(Sigelman et al., 1983)와는 대조적으로 밀러 외는 조세 분배(재산세 그 자체), '복지'에 대한 지출의 비율로서 비용-편익 또는 참여에 대해서 검증하지 않았다. 그들은 인접한 주들을 검토함에 있어서, 주도한 주들이 조세저항에 역할한 정도인 경기 규칙 변수(rule of the game variable)의 기여를 연구했다.

독립변수로는 소득에 대한 세금 비율, 실질 주 총생산(GSP) 성장률, 시차 GSP 성장률(1년이 지체된), 연구 이전에 TELs를 채택한 인접 주의 수, 1980년 이전에 채택된 TELs의 수, 선거구 수준의 선거 경쟁력, 이념 등이 포함됐다.

밀러 외는 일반화된 랜덤 이펙트 로지스틱 모형(generalized rendom effect logistic model)을 원용했고 이때 (알래스카, 하와이, 그리고 루이지애나를 제외한) 47개 주 각각에서 22년간 자료로 구성된 통합된 시계열-횡단면 자료(pooled time series cross-sectional data)가 사용됐다.

그들이 분석에서 사용한 종속변수는, 주가 TEL을 채택한 연(年)에는 1, 나머지 연도에는 0인, 이항 응답(binary response)이었다. 50개 중 31주가 그들이 분석한 기간 동안 어떤 형식이든지 조세와 세출 제한 제도를 채택했다.

그들은 TEL의 존재와 관계된 조건으로서 정부의 가격에 대한 지지를 발견하지 못했다. 사실, 부분적이라도 지지를 받는 유일한 가설은 경제 성장이 빠른 주 가설, 즉 주 경제 성장이 빠르면 빠를수록 TEL의 존재 가능성이 적다는 것이다.

밀러 외는 TEL을 도입한 주들의 정부의 가격을 연구해 그것을 TEL을 도입하지 않은 주들의 정부의 가격과 비교했다(Miller et al., 2006). TEL을 도입한 주들과 TEL을 도입하지 않은 주들 사이에서 최대한 가능한 차이를 얻기 위해서 그들은 유권자들이 의원에게 임기 제한을 부여한 주를 TEL을 도입한 주들에 포함시켰다(사건 발생 주).

사건 발생 주 혹은 조세저항 주와 사건이 발생하지 않는 주(nonevent states)를 비교한 결과가 다음 〈표 8-4〉에 있다. 〈표 8-4〉는 의원에 대한 임기 제한이나 TEL(조세와 지출 제한)을 위한 대부분의 조치가 일어난 연도만 보여준다. 일관성 있는 차이가 보이지 않는다. 사건 발생 주들이 1998년 양자 정부의 가격 측정치로 볼 때, 사건이 발생하지 않는 주와 모든 주 평균을 초과했다. 사건이 발생한 주가 단지 1/4년을 초과했다.

끝으로, 그들은 사건이 발생한 주(임기 제한이 있는 주와 TEL 채택 주)의 지리적 분포를 고찰했다. 멀린스와 왈린은 주민투표권을 가진 주는 물론 주도권을 가진 주도 서부 미국에 불균형하게 위치한다고 보고한다(Mullins & Wallin, 2004: 10). 이 사실은 서부 주들이 제한을 불균형하게 채택하고 있다는 -〈표 8-5〉에서 보여준- 발견을 설명한다.

다음 〈표 8-5〉는 정치가 모종의 역할을 한다는 것을 보여준다. 제한을 채택하고 있는 주를 2000년 대통령 선거에서 민주당과 공화당에 투표한 주와 비교하면, 평균으로 볼 때, 공화당 투표 주들이 민주당 투표 주들보다 제한 채택에 더 수용적이었다.

요약하면, 밀러 외는 주 총생산 시차 성장(lagged GSP growth)이 제한 입법의 가능성을 낮추는 요인임을 설명하는데 도움이 된다는 사실을 발견했다. 제한이 주도권, 주민투표, 헌법개정, 법률 등을 통해 생기는지 여부인, 그 관계는 통계적으로 유의미했다.

오스번과 허친슨이 제기한 정부의 가격과 조세저항과의 관계에 대한 대답은 명확하다. 그들이 주장한 바를 지지할 명확한 증거는 없다. 밀러 외는 제한을 채택한 주들 사이에서 비교 대상 주들(peer)의 정부 가격보다 더 높은 경우가 발생하는 경우 상대적으로 적고, 그리고 비교 대상 주들의 정부 가격 변화율보다 더 높은 경우가 발생하는 경우가 상대적으로 적은 데서 정부 가격과 조세저항과의 관계에 반하는 증거를 발견했다.

지역과 정치 연구의 결과는 어느 정도 명목적 타당성이 있다. 서부 주들, 그다음에는 남부 주들인데, 이들 주는 중서부와 동부 주들에 비해 불균형적으로 제한 제도를 채택했다. 2000년 대통령 선거에서 공화당에 투표한 주들은 민주당에 투표한 주들보다 제한 제도를 채택할 가능성이 더 높았다.

〈표 8-4〉 의원 임기 제한 또는 조세/지출 제한 연도에 의한 정부의 가격과 그 변화율, 미국,

사건 발생 연도	1978	1979	1980	1985	1990	1991	1992	1993	1994	1995	1996	1998	1999	2000
사건 발생 주a	8	4	3	2	2	1	16	2	3	1	5	1	1	2
모든 주 (이상) 또는 이하인 정부의 가격														
사건 발생 주a	0.000	0.000	0.008	0.000	0.009	0.013	0.004	(0.003)	0.004	0.004	0.012	(0.005)	0.006	0.006
비사건 발생 주	(0.001)	0.000	0.001	0.002	0.001	0.001	0.002	0.000	(0.001)	0.001	0.002	0.004	0.000	0.002
이전 5년 동안의 정부 가격 변화율(%)														
사건 발생 주a	7.8	5.4	5.8	4.4	3.6	5.6	3.7	3.7	3.9	0.2	2.7	2.9	0.6	0.9
비사건 발생 주	5.4	5.4	7.9	6.7	4.0	4.1	3.9	3.39	3.1	2.6	2.1	1.2	0.8	1.1
모든 주	6.1	6.4	8.0	6.3	3.7	4.0	3.8	3.8	2.7	2.7	2.1	1.8	0.7	1.1

출처: 사건 발생 주, 사건이 발생하지 않은 주, 그리고 주별로, National Conference of Stae Legislatures, State Tax and Expenditure Limits- 2005, www.ncsl.org/programs/fiscla/tels2005.htm; National Conference of State Legislatures, Tax and Expenditure Limits: The Latest, February 2006, www.ncsl.org/programs/fiscal/tels2006.htm 에서 발췌.

부기: 정부의 가격에 대해서, 분자는 다음에서 원용했다. 즉, U.S. Bureau of Census, The 2010 Statistical Abstract, State and Local Government- Revenue, by State and State and Local AGovernment- Expenditure and Debt, by State, 2010, http://www.census.gov/compendia/statab/crts/state_local_govt_finance_employment.html. 분모는 다음에서 원용했다. 즉, U.S. BUreu of Econmic Analysis, State Personal Income by State, 2009, http://bea.gov/regional/index.htm#state.

a: 의원 임기 제한 또는 조세/지출 제한 채택한 주

〈표 8-5〉 임기 제한 채택 주와 조세/지출 제한 채택 주의 지역과 정치

	주	임기 제한과 조세/지출 제한 채택 현황	임기 제한과 조세/지출 제한 채택 주의 지역에서 %
지역			
서부	18	24	42.1
남부	13	15	26.3
중서부	8	9	15.8
동부	11	9	15.8
소계	50	57	100.0
2000년 대통령 선거			
민주당	20	17	85.0
공화당	30	40	133.3

출처: 임기 제한과 조세/지출 제한 채택 현황에 대해서, National Conference of Stae Legislatures, State Tax and Expenditure Limits– 2005, www.ncsl.org/programs/fiscal/tels2005.htm; National Conference of State Legislatures, Tax and Expenditure Limits: The Latest, February 2006, www.ncsl.org/programs/fiscal/tels2006.htm 에서 발췌. U.S. Bureau of Census, *The 2010 Statistical Abstract*, Table 388. Electoral Vote Cast for President by Major Political Party– States, 2010, http://www.census.gov/compendia/statab/cats/elections.html.

5 조세저항 예측 변수에 대한 요약과 논의

이 연구에서는 정부의 가격이 유권자와 납세자에게 눈에 띄는 수준 이상으로 상승할 때 그 가격이 반조세저항을 불러일으킬 수도 있다는 오스번과 허친슨(Osborne & Hutchinson)의 주장을 간접적으로 그리고 직접적으로 검토했다. 우리는 그 가격이 유권자 또는 입법부가 부여한 조세와 지출 제한과는 간접적으로 관계가 없다는 것을 발견했다. 우리는 동일한 교훈을 조세와 지출 제한(TELs) 그리고 의원 임기 제한을 채택하고 있는 사건이 일어난 주에도 적용할 수 있다고 믿는다.

만약 오스번과 허친슨의 주장에 대해 지혜와 성찰이 있다면, 정부의 가격과 유권자/납세자 사이의 관계는 어떠할 수 있을까? 대답을 찾기 위해서, 우리가 사용한 주 중심적이고 집합적인 사회경제적 정보보다는 조세에 반대하는 투표에 대한 여론을 설명하는 조세저항 문헌을 검토해 보자.

한 연구가 눈에 들어온다. 로우리와 시겔먼은 서로 경쟁하는 가설들이 충돌하는 연구설계의 고전적인 예를 제공한다(Lowery & Sigelman, 1981). 그렇게 함으로써, 그들은 정부의 가격이 예측하는 바에 대한 개인 수준의 설명을 제시하려고 노력한다.

로우리와 시겔먼은 여덟 개 가설로 시작한다. 우리는 그것을 다음과 같이 요약한다.

1. 특정 집단은 이기심 때문 (인구 통계적 특성을 배려하는 것)에 반대한다. 즉, "개인의 정부 조세와 지출에 대한 수요는" 인종, 소득 혹은 주택소유와 같은 "이기심의 함수로 보인다."
2. 정부가 너무 크고 조세가 너무 높다는 일반적인 견해가 있다. 즉, 다운즈의 합리적으로 무지한 납세자에 반대되는 것으로, 뷰캐넌의 '리바이어던(leviathan)'이 있다.
3. 정부는 지금 너무 많은 돈을 낭비하고 있다는 상대적인 견해가 있다. 즉, 조세가 우리가 받는 편익에 비해 너무 높다.
4. 일부 사람들은 그들이 부담해야 하는 공정한 세금 몫보다 더 많이 부담하고 있다고, 즉 소득 계층 간 반목을 느낀다.
5. 경기 축소 혹은 개인 급료에서 경제 성장이 느껴지지 않으면 사람들은 마음이 약해지고 전투적이 된다.
6. 세금에 대한 이념적 반대가 있다. 즉, 일부 사람들은 정부의 범위가 너무 크다고 보며 그들은 버크만(Berkman)에 공감하며 세를 얻고 있다.
7. "나 같은 사람은 정부가 하는 일에 대해서 아무 말도 하지 못하고" 혹은 "때때로 정치와 정부는 너무 복잡해서 나 같은 사람은 무엇이 진행되고 있는지를 전혀 이해할 수 없다"와 같이, 연구자들은 서베이와 면접에서 나타난 사람들이 광범위하게 느끼는 정부에 대한 신뢰 상실을 보고한다.
8. "일반적으로 정부에 대해서, 특별히 정부 재정에 대해서 전반적으로 잘 모르는 사람들은 제안 13과 같은 유형의 조세 제한을 선호한다"에서와 같이 순박한 사람들에 대한 동원이 일어난다.

연구자들은 1978년 미국 전국 선거 연구(American National Election Study)의 여론 서베이 자료를 사용했다. 그들은 여덟 개 변수 가운데 신뢰 상실이 조세 제한에 지지 투표를 한 것에 대한 가장 좋은 단일 설명 변수인 것을 발견했다. 유권자는 "나 같은 사람은 정부가 하는 일에 대해서 아무 말도 하지 못한다"와 같은 그런 문장을 믿는다고 연구자들은 보고했고,

유권자는 운명론을 피하는 것이 필요하다고 느끼며 대신 조세 제한에 투표로서 분노를 표출하는 것이 필요하다고 느낀다. 두 번째로 좋은 설명 변수는 서베이 응답자가 징수한 세금을 많이 낭비하는 정부 지도자와 관련시킨 "정부는 리바이어던이다"라는 관념이다. 끝으로, 로우리와 시겔먼은 이념적 보수주의자들은 세금에 반대한다는 것을 발견했다. 그러나 전반적으로 이들 변수들은 사람들이 조세저항을 일으키는 이유에 대해서 많이 말해주지 않았다.

위 연구는 세 가지 방법으로 요약할 수 있을 것이다. 첫째, 각각의 조세저항은 그 지체 맥락의 산물이다. 각각의 경우에 저항을 촉발하는 그 무엇이 발생했다. 집합 수준에서 조세저항은 우리가 다음의 두 요약 문장을 받아들이지 않는 한 우연한 일치이다. 둘째, 징세는 해묵은 정치 이슈이다. 모든 사람들이 세금 내기를 매우 싫어한다(그래서 다운즈는 옳고 뷰캐넌은 그르다). 셋째, 징세는 잠재적 정치적 이슈이고 대부분 유권자에게 중요성이란 측면에서 두 번째 수준 이슈 혹은 적어도 세 번째 수준 또는 네 번째 수준 이슈이다. 이슈 혹은 카리스마 있는 지도자 그리고 강력한 조직적 노력에 의해서 잠재적인 것이 명확히 드러나게 되면 그렇게 된다. 카리스마 있는 지도자는 성냥불을 켜서 들불을 일으킨다.

만약 징세가 상징적 이슈라면 그것은 잠시 동안 존속할 것이다. 정치지도자들에 의해 스스로 부여된 제한이 짧은 기간 존속한 저항에 해당할까? 로우리와 시겔먼은 불타고 있는 뜨거운 난로 위를 처음 만지고 있는 어린아이의 미소를 이용하고, 그 어린이가, 혹은 어른으로서라도 불타고 있는 뜨거운 난로를 다시 만지는지 여부를 묻는다. 어린이, 혹은 어른 일지라도 만지면 뜨거운 것을 피할 수 있나? 정치지도자는 의식적으로 세금 인상을 피하나?

기본적으로, 정부의 가격은, 유권자 혹은 납세자가 그들의 준거틀이 무엇이든 간에 그들이 선호하는 것 이상으로 상승할 수도 있고 상승하지 않을 수도 있다. 세금이 높고 지출 낭비가 심한 이슈는 그것이 후에 발생하든 즉각 발생하든 그것은 현존하는 것이지만, 그러나 전문가 보고서나 혹은 정책 기업가(policy entrepreneur)가 유권자/납세자와 블로거, 저널리스트, 홍보에 능한 이익집단과 같이 여론을 자극하고 이끌 수 있는 사람들 양자를 환기시킬 때까지 잠재적이다. 그 이슈는 중요성과 반향을 얻을 것이고 강력한 지도자들은 입법 과정이나 선거 과정을 통해서 그 이슈를 잘 이끌어 나가는 목자 노릇을 할 것이다. 반조세 이슈와 그런 모든 이슈는 피셸(Fischel)이 부분적으로 보여준 것과 같이 상징적 이슈일 것이다. 그러나 그 역동성이 한 때 생각했던 것보다 더 밀접하게 로우리와 시겔먼 모형을 따르는데(Lowery & Sigelman, 1981), 이 모형은 1986년 조세 개혁법에서 콘론 외가 발견한 것이다(Conlon et al., 1990).

우리는 어떻게 알려고 하는 것인가? 우리 모형에 따라 수행될 미래 연구는 우리가 사용했던 변수들과 설계에 다섯 가지 개선 가능성을 포함하고 있다. 즉, 첫째, 가격과 조세/지출 제한(TELs)에 상대적인 가격의 변화율과의 관계에서 시간지체(lag)가 있는 실험을 더 하면 조세 문제의 인식에서부터 조치가 취해지는 선거까지 시간 이슈를 해결할 수도 있다. 둘째, 인플레이션은 높은 정부의 가격에 대한 조치와 아주 밀접한 관계가 있는 가격 혹은 가격의 변화율에 관한 변수 정의의 일부일 수도 있다. 인플레이션을 고려하면 우리는 고정 달러에 더해서 모든 가격 측정치에 대해서 명목 달러를 비교할 수 있을 것이다. 셋째, 대통령 선거와 반조세/임기제한과 같은 정치적 조치에 대한 유권자의 의도 간의 유사성은 특히 1970년대 중반과 현재 사이 기간에는 말이 되고 앞으로 더 연구함으로써 통찰력을 얻을 수 있을 것이다. 넷째, 정치와 관련해서, 이념과 문화는 연구에서 탐구되는 정치적 맥락에서는 타당한 측정변수일 수 있지만 이들 개념이 가치를 가지려면 재정 연구에서 작동할 수 있도록 더욱 좋은 측정변수가 존재해야 하고 또는 발견돼야 할 것이다. 마지막으로, 인접 동료 주 효과 가설(peer effect hypothese)은 자신의 선호를 명확히 표현하는 투표인 '이탈' 대안(exit alternative)이 정부의 가격에 대한 공무원의 결정에 미치는 영향 정도에 대한 관심이 특히 필요하다. 제도를 채택한 인접한 동료 주와 경쟁 주를 확인할 수 있고, 그리고 평균 측정치로부터 적합한 편차를 집단 간 비교에 적용할 수 있으면 더 많은 통찰을 얻을 수 있을 것이다.

제2절
성과예산 지수와 조세저항

1990년대 중반 미국 납세자 권리장전 운동(Taxpayer Bill of Right movement)은 이러한 종류의 마지막 조세저항 이야기였다. 오스번과 허친슨은 그들의 책 『정부의 가격(The Price of Government)』에서 "정부의 가격이 너무 높다"라는 전제의 중요성을 이론적으로 주장했다(Osburne & Hutchinson, 2004). 오스번이 쓴 『정부혁신론(Inventing Government)』의 주제가 1990년대 중요한 정부 관리 개혁을 옹호하도록 지도자들을 독려하고 도와줬는데, 이 책에서 얻은 그의 명성을 고려하면서, 이 연구는 『정부의 가격』에서 그가 한 주장을 충분히 검증하고자 한다. 우리는 무엇보다도 먼저 가격, 즉 특정 지역(locality)이 직접 징수한 세금, 수수료, 요금 등을 모두 합한 것을 지역의 총 경제 자원으로 나눈 것(오스번과 허친슨의 정의)이 실제로 조세저항을 예측하는지 여부를 묻는다.

이 연구에서는 더 나아가 정부의 가격과 조세저항 연계를 검증한다. 이 연구에서는 조세저항은 다음 같은 주들에서 발생할 것이라고 가정한다.

- 조세 부담이 가장 높은 주
- 재정환상이 가장 큰 주
- 시민 참여가 가장 낮은 주
- 공공 거버넌스가 사업 성과와 결과를 장려하기보다 불법적 행동을 방지하기 위해서 재정 통제를 강조하는 주

긍정적 형식으로 이들 가설은 성과예산에도 동일하게 적용된다. 이 연구에서는 재정정책 변동의 맥락에서 성과예산은 조세저항의 발생 가능성을 낮출 것이라는 사실을 논증한다.

조세저항 예측에 대한 연구를 비판적으로 검토함으로써, 이 연구보고서의 다음 절에서는 재정환상, 불충분한 시민 참여, 그리고 정부간 경쟁을 촉진시키는 기준 경쟁 미비(little yardstick competition)의 혼합 효과가 조세저항의 싹을 키우는 온상이 되는지 그 여부를 묻기 위한 연구를 조직한다. 조세저항을 예측하기 위한 성과예산 모형의 역량에 대한 오스번과 허친슨의 주장을 검증하는 것이 이 연구의 과제이다.

1 정부의 명시적 가격

연구설계에서 첫 번째 독립변수는 정부의 가격 가설에서 직접 나온다. 즉, 정부의 가격은 각 개인의 납세자가 감당하는 실제 세금 부담이다. 정부 가격의 측정치는 여기서 처음에는 시간에 대해 정적인 변수로서 지역의 총 개인 소득에 대한 정부의 일반적인 자체 원천 총수입의 비율(the ratio of general own source revenues of a government to the total personal income of the locality)로 보인다. 그런데 가격이나 조세부담은 동적인 측정치로 시간에 따라 변하는 것으로 보인다.

그래서 만약 캐나다 주(provinces)에서의 세금이 미국 주(states)에서의 세금보다 낮다면, 캐나다에서 조세저항이 없다는 사실에서, 높은 세금 부담으로 조세저항이 예측된다는 주장에 대한 명목적 타당성을 얻을 수 있다.

만약 캐나다 주에서의 세금이 미국 주에서의 세금보다 높거나 또는 크게 차이가 안 난다면, 미국에서는 세금 저항이 있는데 왜 캐나다에서는 세금 저항이 없는가? 왜 세금을 제한하려는 노력이 없을까? 캐나다 주에서 세금 저항이 없었던 이유를 설명하기 위해서, 이 연구 프로젝트에서는 명백한 조건에 대해서 다른 질문을 한다. 조세 자율성이 양국에서 동일한가(OECD, 1999: Rodden, 2004)? 정부 책임이 동일한가?(Citizens Budget Commission New York, 2000)? 이러한 질문은 암묵적으로 가치 논쟁은 물론 정부 규모 논쟁에 기초한 것이다. 이 연구 프로젝트는 다음 절에서 이 질문들을 더 발전시킬 것이다.

2 암시적 정부의 가격

납세자가 실제로 납부하는 세금 가격이 조세저항에 기여할 수도 있는 반면에, 조세 레짐을 가리는 장막인 재정환상은 정부의 암시적 가격(implicit price)을 덮어 가린다. 암시적 가격이 존재하고 그것은, 납부된 조세와 시민이 받은 편익 사이의 간접적인 연계, 그리고 징세 결정과 지출 결정 사이의 중요한 연계를 고려할 때, 책임 있는 시민에 의해서 쉽게 무시되는 정부 비용과 그 조달 재원 사이의 복잡한 연계를 설명해 준다.

재정환상은 조세저항을 불러일으키는데 무슨 역할을 하나? 재정환상이 크면 클수록 징세와 지출 사이 연계가 덜 명확하고, 조세저항이 일어날 가능성이 더 적다고 성과예산 모형에서는 말한다. 그러나 사건이 일어나 환상을 폭로할 때 재정환상은 조세저항의 위험을 증대시킨다. 예를 들어서, 예산이 경제에 따라 수축되지 않은 주에서 적자-흑자 문제가 나타난다(Hill et al., 2006). 재정환상의 여러 형태가 존재하고 그 대부분은 미국의 조세저항이 발생하는 맥락을 형성하는데 도움이 된다. 따라서 조세와 편익 간 연계와 균형이 명확할수록 조세저항이 발생할 가능성은 적다.

재정환상이 강력하고 직접적인 일련의 조세저항 예측 변수들을 제공할 수 있을 것이다. 시민들 사이의 합리적인 무지와 재정환상은 정부의 가격에 대한 하나의 해석이 된다. 그 가격이 너무 높은 것으로 해석되면 그 해석은 암시적 가격이 된다.

징세와 지출의 즉각성에 대한 인지와 관련된 재정환상에 더해서, 다른 관행이 암시적 정부의 가격에 대한 '혼란' 기초('confusion' basis)의 일부를 형성한다. 이들 관행에는 지출에 자금을 대기 위해서 경상 수입을 이용하고 지출에 대해서 목적세를 이용하기보다 부채를 이용하는 것이 포함된다. 환상을 불러일으키거나 혼란스러운 관행에는 또한 세금 우대 조치, 혹은 조세 지출, 융자 및 융자 보증, 보험, 정부 기업(government corporations and authorities), 규제와 빕징 위임 사업(mandates), 급여보다는 편익을 통한 직원 보상 등을 통한 비 관습적 지출이 포함된다. 특정 정부의 가격에 대한 시민의 해석은 그 출처가 다양한데 그 가능한 출처의 전체 명단은, 근거가 확실하든 아니든, 인지와 연계되어 있음을 나타내고 이러한 관행에 대한 이해에 의존한다. 즉, 계량적 분석과 질적 분석 양자를 통해서 얻을 수 있는 이러한 관행에 대한 이해 변수(replica)에 의존한다.

❸ 정부 의사결정의 개방성

시민 참여는 무슨 역할을 하나? 시민 참여는 다양한 형태를 취한다. 이 연구에서는 활동적인 시민 참여를 이탈-항의-충성 모형의 항의 변형으로 정의한다. 시민과 항의에 대한 일부 정의는 각각 다른 정치문화에서 직접적으로 관찰한 것에서 비롯된다. 다음 [그림 8-2]에 요약된 애덤스(Adams, 2007)와 네비트(Nevitte, 1996)에 의해서 관찰된 것을 살펴보자.

네비트의 스킴(scheme)에서 청원에 서명하기는 조세저항에 있어서 시민이 주도하는 직접 민주주의 형태에 가장 가깝다. 애덤스 경우에서, 항의는 캘리포니아 제안 13 이래로 조세저항에 대한 설명에서 발견되는 많은 참여 형태를 묘사하는 나머지 여덟 가지 범주와 함께 한 범주를 실제적으로 형성한다(Lo, 1990). 투표는 애덤스와 네비트 양자 모두의 견해에서 이상하게 누락된다. 옛 엘리트를 새 엘리트로 교체하는 투표하기와 특정한 헌법 변경에 대한 국민투표에 투표하기는 오스번과 허친슨(Osburne & Hutchinson, 2004) 그리고 크리멘스 외(Clements et al., 2004)에 의해 사용된 조세저항 정의를 형성한다. 이 연구 보고서에서는 투표하기를 고려한다.

시민 참여는 그것을 허용하려는 공무원의 의지에 달려 있다. 시민 참여는 공무원이 민주주의를 믿는지 아니면 대의정부, 즉 공화주의를 믿는지에 따라 직접적으로 달라진다. 마찬가지로, 시민은 대의정부보다는 민주주의를 더 강하게 믿을 때 참여하려 할 것이다. 문제는

```
┌─────────────────────────────────────────────────────────────────┐
│                   애덤스에 의한 전통적 참여(Adams, 2007)              │
│                                                                 │
│   1. 서면과 언변으로 공무원 접촉하기                                    │
│   2. 다른 시민들 조직하기                                             │
│   3. 공개 회의에 참석하기/말하기                                       │
│   4. 조직/위원회에 가입하기                                           │
│   5. 지역사회 회합에 참석하기/조직하기                                  │
│   6. 네트워크                                                       │
│   7. 청원하기                                                       │
│   8. 항의하기                                                       │
├─────────────────────────────────────────────────────────────────┤
│     네비트(Nevitte, 1996)와 달톤(Dalton, 1988)에 의한 공공의 잠재적 항의에서 비관습적 참여     │
│                                                                 │
│   1. 투표(예. 조세 제한 주민투표)                                       │
│   2. 청원에 서명하기                                                 │
│   3. 참가 거부하기                                                   │
│   4. 불법 시위에 참가하기                                             │
│   5. 공인되지 않은 파업에 참여하기                                      │
│   6. 건물 점령하기                                                   │
└─────────────────────────────────────────────────────────────────┘
```

출처: Adams, B. E.(2007: 135); Nevitte, N.(1996: 78); Dalaton, R. J.(1988: 65)

[그림 8-2] 재정정책 변화에서 시민 참여의 조건 모형

공공정책 변화에, 특히 재정정책 변화에 영향을 미치는 정당한 방법에 대한 정치적 신념에 있다. 정치제도와의 경험과 그 제도들이, 예를 들면 의회 다수주의와 삼권분립 체제가 정착되는 속도는 정당성과 관계가 있다. 정치문화도 재정정책 변화에 대한 시민 참여에 영향을 준다. 재정정책 변화는, 개인적 행동, 개인행동의 사회적 운동으로의 동원, 그리고 미국에서 조세저항과 연관이 있는, 개인주의적 정치문화 정도에 따라서 다를 것이다. 계층제적 정치 문화는 시민 공간을 개인이 아닌, 의사결정자를 움직이는 데 개인보다 더 많은 정당성을 가지고 있는 집단으로 정의한다. 계층제적 문화는 재정정책결정에서 시민이 공공 지도자에게 존경을 표하는 것과 연관이 있나? 만약 미국과 캐나다의 정치문화가 다르다면 그 차이가 미국에서만 조세저항에 의존하는 현상을 설명하는 데 도움을 줄 수 있다.

4 재정 통제에 내재된 장려책

장려책은 정치 지도자와 공공 관리자로 하여금 정부 성과, 사업의 가치, 유권자와 납세자에 대한 서비스 등에 대한 정보를 공개하도록 동기부여하기 위해 존재할 수도 있고 없을 수도 있다. 성과와 결과 정보를 공개하는 장려책은 사전적 통제라 불리는 잘 알려진 회계, 감시, 품목별 예산 통제를 넘어 사후적 통제라 불리는 중요한 재정 통제로, 종종 보완적인 강한 통제로서 등장하고 있다. 조세저항 가능성에 대한 사후적 재정 통제에 반대되는 것으로서 사전적 재정 통제의 효과는 무엇인가?

사후적 통제에 의해 활동과 행동이 촉진되고 사후적 통제는 상당히 투명하고 지도자들과 위험을 공유하는데 시민을 참여시킬 수 있다고 가정하면, 사후적 통제의 존재와 그 성과에 의해 조세저항의 가능성이 낮아질 것이라는 것을 시사 받을 수 있을 것이다. 한편, 사전적 통제는 공무원이 잘못 행동할 가능성이 있다는 데 대한 강한 신념을 암시한다. 사전적 규칙이 예방적 조치로 작동한다면, 그것은 대다수의 공무원에게 위험을 직면하기보다 아무 것도 하지 말라는 신호로 보일지 모른다. 이러한 기초적인 본능 위에서, 공무원은 천천히 행동하는 사려 깊은 행동이 현명하다는 것을 아마도 알게 될 것이고, 그리고 이것은 규칙을 모르는 대중에게 관의 조치를 설명하거나 알릴 필요가 없는 시민 참여로 당연히 이어진다.

사후적 통제는 조직의 경제 이론이라 불리는 일단의 연구에서 비롯한다. 톰슨과 존스(Thompson & Jones, 1986)는 이 이론을 코스(Coase, 1937)까지 거슬러 올라간다. 이들은 재정관의 목적은 "공금으로 최고의 상품과 용역 묶음을 구매하는 것"이라고 주장한다(Thompson & Jones, 1986: 548). 이 목적 하에서 이들은 통제 체제 설계는 개인이나 조직에 적용될 수 있으며, 조직 구성원이 행동하기 전이나 행동한 후에, 즉 사전 통제와 사후 통제를 할 수 있다. 사전 통제는 조직 구성원이 목적에 반해서 행동하는 것을 금하는 통제이다. 사전 통제는 언제 어느 곳에서나 발견되는 전형적인 '내적 통제'에 대응하는 것으로, 예를 들면, 재정 담당자 간 직무의 분리, 행동 재량의 제한, 결정을 위한 여러 검토와 승인 단계 등이다. 사전 통제는 또한 번문욕례(繁文縟禮, red tape)라고도 불린다. 사후 통제에서는 특정한 결과를 달성하기 위한 행동을 하도록 장려책을 강구한다. 즉, 사후 통제는 행동 주체로 하여금 그들의 행동에 책임을 지도록 하기 위해서 그리고 결과에 따르는 보상과 처벌을 직면하도록 하기 위해서 존재한다. 전형적인 사후 통제에는 조직 목적과 성과 수당이 포함되며, 재정 분야에서는, 사후 통제가 여기 검증된 성과 예산 모형에 중심에 있다(Miller et al.,

2001).

　이 연구에서는 사전 통제보다 사후 통제가 사용되기를 기대하며, 시민 이익에 봉사함으로써 저항을 방지할 수 있는 범위 내에서 시민의 이익에 봉사하도록 장려책이 마련될 것이다. 따라서 이 연구에서는 사후 통제가 없으면 저항의 가능성이 더 커지는지 여부를 연구한다. 비교할 때, 어떤 연방 주가 사후 통제를 이용하는가? 이들 연방 주가 사후 통제를 사용해서 어떤 결과를 초래하나? 어떤 정책 정당화가 나타나나?

　그러므로, 이 연구에서는 지방 수준에서 사전 통제를 대체하기 위해서 사후 통제가 유행하는 것과 성과 틀(framework)을 사용하는 것을 연구한다. 이 연구에서는 캐나다 주들이 어떤 사후 통제를 사용하는지에 관한 증거를 찾는다. 그리고 사후 통제의 사용과 이상적 수준이 얼마나 떨어져 있는지에 관한 분석이 이루어질 것이다. 분석의 결론을 통해서 이러한 재정 통제 유형이 재정 체제 변화와 조세저항의 가능성에 기여한 바를 평가할 수 있을 것이다.

제3절
연구 문제의 요약

　성과 예산운영 제도가 있다는 것으로 현행 재정정책(줄여서 재정 레짐)을 납세자들이 수용할 것이라는 것을 예측할 수 있을 것이다. 달리 말하면, 성과 예산운영 제도가 없으면 조세저항을 예언할 수 있을 것이다. 그러므로 "왜 캐나다에는 조세저항이 없나?"라는 연구 질문에 의해 중요한 예측 요인으로 미국과 캐나다의 국가 하위 수준인 주 및 지방정부에서 성과예산 모형을 검증하는데 이른다. 성과예산 모형에는 다음과 같은 4개의 색인 비슷한 자료 범주(index-like categories of data)가 포함된다. 즉, 정부의 명시적 가격, 정부의 암시적 가격, 정부 의사결정의 개방성, 그리고 재정 통제에 내재된 장려책이 그것이다.

제4절
연구 질문에 대해 대답하기

왜 어떤 사건이 발생하지 않는지를 증명하기 위한 연구 설계를 고안하는 것은 이 연구 프로젝트에서 도전이었다. 설득력이 낮은 간접적인 증거가 직접적인 증거를 지배했다. 조세와 지출 제한을 제정하기 위한 입법부와 연방의회 절차를 비교하는 것이 정치 구조에 대한 연구의 대부분을 설명했다. 전미 주 입법부 협의회(U.S. NCSL)에서는 주 조세와 지출 제한에 대한 자료를 제공했다. 캐나다 연방정부 재무부, OECD, IMF, 미국 인구 조사국 등으로부터 얻은 자료의 통계 분석은 물론 현행 연구에 대한 비판적 검토 및 논의에 의할 때, 정부의 명시적 그리고 암시적 가격 연구는 지지된다. 의사결정의 폐쇄적 혹은 개방적 체제에 관한 연구는 1980-2000년 기간에 거쳐 시민이 당국에 대해 느끼는 존경에 대한 여론조사 자료, 즉 세계 가치관 조사(World Value Survey)에 의존했다. 이들 자료에는 캐나다와 미국에서 시민 저항의 가능성을 예측하는데 도움이 되는 상당히 많은 질문들이 포함됐다. 의사결정을 공유하려는 공공 지도자들에 관한 추론 자료는 예산 투명성과 공공 예산 자문에 관한 기존 서베이로부터 나왔다. 사전 그리고 사후 재정 통제에 대한 정보는 사전 그리고 사후 통제 사이에 존재하는 균형에 대한 전문가의 판단은 물론 예산 관행에 대한 기존의 지방 및 주 서베이로부터 나왔다.

제5절
발견 사항

발견 사항은 다음의 일곱 부문으로 나눌 수 있다. 즉, 조세저항 정의, 조세와 지출 제한의 구체화, 저항과 제한에 대한 미국 주 및 캐나다 주의 경험, 명시적 정부의 가격, 암시적 정부의 가격, 정부 의사결정의 개방성, 재정 통제 체제 성과 장려책 등이 그것이다.

1. 이 연구에서는 프래이저 연구소(Fraser Institute)의 클레멘스 외가 사용한 조세저항의 정의를 포함시켰다(Clemens et al., 2003). 조세저항에 대해 클레멘스 연구 집단은 기존의 조세 레짐에 변화를 일으키기 위한 입법적 조치와 주민투표를 이끈 시민 주도 행동(citizen initiative)으로 설명했다. 시민 주도 행동은 청원서에 명기돼 있는 조세 및 지출 제한의 문제에 관한 주민투표에 대해 유권자의 일정 비율이 서명한 청원서를 필요로 한다. 즉, 청원 과정은 법률이나 헌법 조항에 명기돼 있는 절차를 따라야 한다. 주민투표는 또한 입법부에 의한 조치를 필요로 할지도 모른다. 아니면 주민투표는 법률이나 헌법 개정에 대해서 하듯이, 청원-주민투표 문제에 대해서 과반수 혹은 절대 과반수로 문제를 법제화할 수 있다고 주장할 수도 있다. 많은 주의 제한 제도가 청원이나 주민투표 없이 존재하기 때문에 조세저항의 정의는 예를 들면, 강한 시민 주도 대(vs.) 강한 입법부 주도와 같이, 지표처럼 구분되는 특성(index-like variation)으로 다소 한정되었다. 이 연구는 1976년과 2005년 사이에 발생한 사건들에 초점을 뒀다.

가장 중요한 발견으로 캐나다 주(州)에서 정치구조, 구체적으로 시민 주도 과정, 주민투표, 그리고 헌법 개정 과정이 다뤄진 것이다. 주민투표는 캐나다 주 법에 명시돼 있다. 오로지 한 개 주, 브리티시 콜롬비아만 주민 주도 활동을 허용한다. 헌법 개정을 하기 때문에 주의 재정 제한 지지자들의 주요 목적은 브리티시 콜롬비아와 상당히 다르다. 클레멘스 외는 "캐나다 헌법 체계는 미국의 그것과 상당히 다르다"고 주장한다(Clemens et al., 2003: 5). 주의 조세 및 지출 제한을 설정하려면, 주와 연방 입법부의 동의가 필요할 것이다. 즉, 주민투표를 통해 주에서 주민의 지지를 확인한 후 1982년의 캐나다 헌법 개정에 대한 연방의 동의가 더 필요했듯이 양측의 '동의', 즉 두 단계 개정(bilateral amendment)이 필요할 것이다.

2. 제한 조치의 정의 또한 클레멘스 외로부터 왔다. 최적 제한의 정의에서 중요한 부분은 "청원(시민 주도라 불리는 입법 과정)을 통한 시민에 의해 주도된 제한과 주민투표를 통한 유권자의 승인을 통한" 제한이다(Clemens et al., 2003: 6). 그들은 최적 제한에 대해서 다음과 같이 말했다. 즉, 최적 제한은 법률적 지위보다는 헌법적 지위를 가지며, 광의로 정의된 세출과 세입에 적용되며, 정부 지출 증가를 인플레이션에 인구증가를 합한 것으로 한정하고, 주 정부, 시 정부, 그리고 여타 지방 정부의 지출과 수입을 포함하며, 잉여가 정해진 한계를 초과할 때에는 의무적인 조세 환불이 요청되며, 모든 정부의 세출과 수입 징수를 범위로 한다. 제한의 유형은 주마다 다르다. 정의에는 예를 들면, 강한 제한 대(對) 제한 없음과 같이,

지수와 같은 차이가 나타난다. 연구된 제한 기간은 조세저항과 동일했다.

3. 제한에 대한 캐나다 주와 미국 주의 경험은 각기 달랐다. 조세저항의 느슨한 정의를 적용한다면 조세저항은 캐나다에서 발생했다. 맥키넌(MacKinnon, 2003)과 부스와 브래드퍼드(Boothe & Bradford, 2000)는 이른바 조세저항이라는 것을 서스캐처원(Saskatchewan), 앨버디, 그리고 브리티시 콜롬비아에서 발견했다. 연구자들이 제한 측정과 통계 분석을, 분석가가 조세저항 혹은 제한 조치 존재라고 생각하는 것에 1 값을, 그 외에는 0 값을 부여하는, 더미(dummy)인 종속 변수에 기초할 때 정의는 매우 중요하다. 맥키넌(MacKinnon, 2003: 134)에 의해서 조세저항이라고 불린 그런 조세저항은 서스캐처원에 한정될지 모르겠으나 폭넓은 재정 책임 운동은 1990년대 앨버타, 서스캐처원, 매니토바와 같은 캐나다 대평원 주들에 뿌리를 두고 있다(Clemens et al., 2003: 9-12). 캐나다의 재정 책임 운동과 미국 균형 예산 운동은 놀랄 만큼 유사하다고 재정정책 연구 분야의 주요 연구자들이 말한다(Smith, 2007).

캐나다 주들의 다른 사건들이 조세 제한 운동을 시사한다. 납세자 보호와 균형 예산 법(Taxpayer Protect and Balanced Budget Act)으로 명명된 재정 제한이 1999년 11월 23일 온타리오 입법부를 통과했고, 이에 따라 주에서 증세를 위해 주민투표가 필요하게 됐다. 그러나 다음 선출된 수상이 후보로서는 그 법률을 확인했지만 그의 첫 예산에서 그 법률을 폐기했고 사법적 결정은 그의 철회를 지지했다(*Canadian Taxpayers Federation v. Sorbara*, 2004). 또한 앨버터 어드밴티지(Alberta Adventage)라는 형식으로 조세와 지출 제한 제도가 있다(Bergman, 2004). 캐나다 역사에서 풀뿌리 저항이 사회적 신용 운동으로 나타났고 이것은 코-오퍼러티브 코먼웰스 페더레이션(Co-operative Commonwealth Federation) 운동과 권력과 명성을 놓고 경쟁했다. 두 운동은 모두 초기에는 사회적·경제적 개혁, 주의 수월성을 통해서 정치적으로 보수적인 사회 신용 운동, 그리고 주와 연방의 간섭 양자를 통한 진보적인 협동조합 영연방 운동을 추구하기 위해서 국민 경제 분야에서 더 큰 정부 역할을 주창했다(Mallory, 1976: 16-163). 이런 운동들은 주 수준의 선거에서 대단한 영향을 미쳤고 주 운동으로 발전했다.

〈표 8-6〉 최적 조세와 지출 제한 특성과 시행 주의 수(1978~2006)

특성, 주의 수
1. 시민에 의해 주도된다. (5)
2. 주민투표를 통해 유권자가 승인한다. (17)
3. 법률적 지위보다 헌법적 지위를 가진다. (19)
4. 광의로 정의된 세출과 세입에 적용한다. (2)
5. 정부 지출의 증가를 인플레이션과 인구 증가를 합한 것으로 제한한다. (5)
6. 주, 시 정부, 기타 지방 정부 지출과 수입을 포함한다. (2)
7. 잉여가 정해진 한도를 초과할 때 의무적으로 조세 환불을 해야 한다. (2)
8. 정부 지출과 수입 징수의 포괄 범위가 총체적이다. (2)

출처: Clemens et al.,(2003: 17-20), National Conference of State Legislatures, State Tax and Expenditure Limits-2005, www.ncsl.org/programs/fiscal/tels2005.htm; National Confernece of State Legislatures, Tax and Expenditure Limits: The Latest, February 2006, www.ncsl.org/programs/fiscal/tels2006.htm.

미국 주들에 대해서는, 광범위한 조세저항에 대한 일반인의 생각이 무엇이든 간에 〈표 8-6〉에서 보여 주는 자료는 매우 온건한 성취를 보여준다. 클레멘스 연구 집단은 지정한 기준을 적용한 후(Clemens et al., 2003) 단지 31개 주에서 36개 조치라는 소수의 제한 제도가 남는다.

주 주민투표에 의해 헌법 개정이 이뤄졌지만 시민 주도와 주민투표로 이뤄진 것이 매우 적었다. 헌법적 제한은 적용 범위가 매우 좁았다. 적용을 넓게 했을 때, 미국 조세와 지출 제한 노력은, 최적 조세 제한 표준에 의해서, 한 개 주, 콜로라도 주에서만 성공했다. 거기서 그 운동은 클레멘스 연구 집단의 최적 제한을 납세자의 권리장전으로 제정하는 데 성공했다. 캘리포니아 제한제도는 콜로라도의 제도와 매우 유사하지만 그러나 캘리포니아는 잉여가 규정된 한도를 초과할 때 의무적인 조세 환불을 요구하지 않는다.

4. 캐나다 주 정부의 명시적 가격은 미국 주 정부 가격보다 1/3 이상 높다. 비교 측정치는 1989년부터 2004년까지 기간 동안의 국가 하위 단위 자체 수입원의 합계를 개인 소득으로 나눈 중위수이다.

그러나 연방, 주, 그리고 지방 수준에서의 세금과 지출의 비율로 정의된 정부 책임은 미국 주보다 캐나다 주에서 더 무겁게 나타난다. 캐나다 주 정부는 미국 주 정부의 조세 책임보다 거의 두 배였고, 지출 책임은 두 배가 넘었다.

<표 8-7> 미국과 캐나다, 국가 하위 단위 정부 납세자의 조세 부담(1989~2004)

	1989	1990	1991	1992	1993	1994	1995	1996	1997	1998	1999	2000	2001	2002	2003	2004
미국 국가 하위 단위 정부 중위수																
TSR/PI	0.212	0.212	0.218	0.223	0.227	0.232	0.231	0.232	0.238	0.239	0.240	0.239				0.248
변화																16.7%
TSROS/PI	0.180	0.183	0.184	0.187	0.190	0.189	0.188	0.189	0.199	0.199	0.200	0.195				0.202
변화																12.2%
캐나다 국가 하위 단위 정부 중위수																
TSR/PI	0.337	0.335	0.345	0.347	0.346	0.350	0.355	0.361	0.351	0.344	0.359	0.352	0.364	0.354	0.351	0.356
변화																5.5%
TSROS/PI	0.244	0.249	0.251	0.244	0.248	0.262	0.276	0.276	0.274	0.261	0.259	0.264	0.270	0.260	0.256	0.260
변화																6.3%

출처: 정부의 가격에 대해서 분자는 다음에서 왔다. U.S. Bureau of Census, The 2010 Statistical Abstract, State and Local Governments-Revenue, by State and State and Local Governments- Expenditures and Debt, by State, 2010, http://www.census.gov/compendia/statab/cats/state_local_gov_finances_employment.htm. 분모는 다음에서 왔다.
U.S. Bureau of Economic Analysis, State Personal Income by State, 2009, http://bea.gov/regional/index.htm#state. Statistics Canada, consolidated federal, provincial, territorial, and local government revenue and expenditures, for fiscal tear ending March 31, annual.
* TSR/PI: 국가 하위 단위 수입 총계를 개인 소득으로 나눈 값.
  TSROS/PI: 국가 하위 단위 자체 수입 합계를 개인 소득으로 나눈 값.
  변화: 1989~2004년 변화

5. 정부의 암시적 가격에 대한 연구를 통해 가장 강력한 발견을 얻었다. 44개 국가에 대한 로든의 비교 연구(Rodden, 2002, 2003)(IMF)와 규모가 더 작은 25개 국가 패널 연구에서 정부 간 이전 규모는 다양하다. 이를 통해 더 큰 정부의 규모, 정부의 명시적 가격과 암시적 가격 사이의 차이를 그의 방법으로 측정한 값, 그리고 재정환상이란 불리는 조건을 예측할 수 있다는 것을 발견했다. 그러나 로덴은 미국 주와 캐나다 주의 높은 자율성은 전반적으로 더 작은 정부 규모와 관계가 있으며, 그 높은 자율성은 정부의 명시적 가격과 암시적 가격의 더 작은 차이와 관계가 있으며, 그리고 그것은 재정환상의 영향을 따른다는 것을 발견했다.

캐나다 주와 미국의 주 양자는 높은 재정 자율성 범주에 속했다. 만약 캐나다의 주 정부 규모가 미국의 그것보다 크다면 정부 간 이전은 가장 명확하게 관련된 추세라고 로든은 시사한다(Rodden, 2002, 2003). 미국 주 연구에서만, 마샬의 두 연구(Marshall, 1989, 1991)와 가랜드의 연구(Garand, 1988)가 정부 간 수입이 1인당 지출과 그 변화율에 미친 영향을 검토했다. 가랜드의 연구에서 그 영향은 긍정적이고 통계적으로 설득력이 있었지만 마샬의 연구에서는 긍정적이었으나 통계적으로 유의미하지 않았다. 가랜드의 연구에서는 미국 주 인구에서 주 직원이 차지하는 비율이 설득력이 높고 정부 간 보조금 효과를 초래한다는 것이 발견됐다(보조금의 높은 비율은 더 높은 상대적으로 영속적인 정부 고용을 초래할 것이다). 딕슨과 유(Dickson & Yu, 2000), 페트리 외(Petry et al., 2000)는 캐나다 주들 간에 차이가 나는 정부규모를 정부 간 이전 탓으로 돌렸다. 캐나다 납세자 재정환상은 법인세 및 여타 간접세 그리고 정부 차입(Dickson & Yu, 2000) 혹은 공무원의 투표력과 선거 주기(Petry et al., 2000)와 함께 증가할지도 모른다.

보센쿨의 분석에서는, 정부 간 이전 사업이 없는 미국과 비교할 때, 정부 간 이전인 캐나다의 균등화(equalization)가 경제적 혼란(economic dislocation)을 최소화하는 데 미치는 영향이 인지됐다(Boessenkool, 2005). 보센쿨은 또한 균등화 사업에서 주는 주보다 받는 주에서 세율이 더 높은, 때로는 아주 더 높은 것을 관찰했다. 보센쿨 분석에서 받는 주들은 브리티시 콜럼비아, 서스캐처원, 매니토바, 퀘벡, 뉴브런즈윅, 노바스코샤, 뉴펀들랜드와 래브

〈표 8-8〉 캐나다와 미국 정부의 조세와 지출 책임(2005년)

		캐나다	미국
조세 책임			
	연방	41.8	57.6
	주(Provincial)	45.8	23.4
	지방	12.5	19.0
	합계	100.0	100.0
지출 책임			
	연방	31.8	51.1
	주(Provincial)	47.5	22.0
	지방	20.7	26.9
	합계	100.0	100.0

출처: Treff, K and Perry, D. B.(2007: B: 3): U.S. Bureau of Cemsus. The 2010 Statistical Abstract, State and Local Governmeny –Revenue, by State and State and Local Government– Expenditures and Debt, by State, 2010. http:??www.census.gove/compendia/sttab_local_govt_finances_employment.html: U.S. Office of Management and Budget, Budget of the U.S. Historical Tables, Table 1.1– Summary of Receipts, Outlays, and Surpluses or Surpluses or Deficits: 2010, 1789–2015.

라도, 그리고 프린스 에드워드 아일랜드였다. 주는 주들은 앨버타와 온타리오였다(브리티시 콜럼비아는 그가 연구를 발간한 이래 주는 주가 됐다). 그는 (받는 주와 주는 주의) 차이를 균등화 공식에 내재된 조세를 증대시키려는 장려책으로 돌렸다.

끈끈이 효과(flypaper effect)라 불리는 이 장려책은 정부의 암시적 가격을 인상시킨다. 결과적으로, 재정환상 이론가는 다음과 같이 말한다. 즉, 끈끈이 효과에 의해, 유권자가 세금 가격과 지출을 정확하게 인지했더라면 보게 된 것보다, 유권자는 지출 사업을 재정지원하기 위해서 그리고 지출의 더 높은 수준을 지원하기 위해 필요한 세금 가격을 더 적게 보게 된다고 말한다. 쿨롬브는 캐나다 주에서 균등화는 인지에 왜곡 효과가 있을 수도 있고 없을 수도 있다고 말한다(Coulombe, 1999). 그는 균등화를 통해 경제적 혼란을 감소시킬 수 있다고 주장한다. 그래서 미국의 주들이 균등화 없이 경제적 혼란을 겪고 있는 반면에, 대부분의 캐나다 주들은 균등화와 함께 높은 암시적 가격을 가진다. 경제적 혼란은 경제 변화와 함께 일어난다. 즉, 몇몇 지역에는 새로운 고임금 일자리가 생기지만 여타 지역에서는 그런 일자리가 사라진다. 일자리를 상실한 지역은 소득 감소와 실업 증가에 직면한다. 일자리를 상실한 지역의 정부 예산은 감소하는 과세 표준에 기반해서 운영돼야 한다. 인적 물적 자본에 대한 과소 투자가 초래된다. 산업기반시설은 물론 교육과 보건 관리에 대한 정부 투자 감소는 일자리가 사라지는 지역에서의 과소 투자를 잘 설명해준다. 경제 변화와 경제 혼란으로 인해 종종 일자리가 사라지는 지역에서 일자리가 생기는 지역으로 이주가 촉진된다. 그래서 캐나다 보다 미국에서 주 간(州間) 이동성이 더 높다.

인과 연쇄는 좀 더 정교화 돼야 한다. 균등화는 아마 경제 변동을 감소시키고 이동성과도 관계가 있을 것이다. 그러나 균등화로 인해서 기준 경쟁(yardstick competition)의 가능성은 낮아질 수도 있다. 납세자들은 정보를 더 적게 가질 수도 있고, 표를 쫓는 정치인들은 편익을 모으는데 그리고 세금 납부를 납세자에게 잘 안 보이도록 하는데 전략적으로 관심을 집중할지도 모른다. 한편, 균등화는 유권자들이 가지고 있는 정보를 향상시키도록 의도했던 것처럼 작동할 수 있다. 균등화는 "캐나다 주 정부가 합당한 비슷한 징세 수준에서 합당한 비슷한 서비스 수준을 제공하기 위해 충분한 수입을 얻을 수 있도록 보장할 수 있게" 작동될 수 있다(Canadian Constitution of 1982). 결과적으로 유권자들은 더 쉽게 다른 이질적인 관할권들을 비교할 수 있다. 균등화는 세율이 너무 낮은 지역의 세율을 인상시키기 위한 장려책을 조성하는데 유익하거나 또는 자원이 궁핍한 지역에서 살고 일하는 충격을 최소화하는데, 즉 살 곳을 선택하는 데 따른 위험을 축소하는데 유익하다.

정부의 암시적 가격에 관한 연구에서는 조세저항의 두 가지 원인을 지적하다. 첫째, 미국 주에서는, 경제 변화와 혼란은 움직일 수 없는 기업과 가구들로 하여금 반조세 운동을 지지하도록 촉진한다. 둘째, 균등화를 통해서 경제 변화가 혼란을 감소시키기는 하지만 그 경제 변화가 움직일 수 없는 기업과 가구들로 하여금 보조금을 받는 캐나다 주에서의 제한 노력을 통해 조세 가격 변화를 추구하지 못하게 한다. 알버타, 온타리오, 그리고 브리티시 콜럼비아에서, 캐나다의 균형화 사업에서 이전금을 제공하는 주(donor provinces), 기업, 가구는 미국에서와 같이 경제적 변화를 직면한다. 대부분은 아마도 경제 변화와 혼란 싸움에서 승리한 것과 관련해서 높은 조세 부담의 위기를 느낄 것이다. 캐나다의 균형화 사업에서 이전금을 제공하는 주인 알버타, 온타리오, 그리고 브리티시 콜럼비아에서, 우리는 미국에서와 같은 시민이 주도하든 아니하든, 재정 레짐 변화 형식으로 경제 혼란에 대한 정치적 반응을 관찰할 수 있는 실험실을 발견한다. 유권자와 납세자가 참여하고 심지어 저항하려는 자발성과 결합된 이러한 정치적 반응과, 그리고 참여와 성과 관리에 대한 지도자의 개방성은 재정 레짐 변화가 취한 경로를, 관습적 과정이든 비관습적 과정을 통해서 예측하는 데 도움이 된다. 다음 절, 연구의 발견 사항에 대한 토론에서는 참여와 성과 관리 차원이 탐구된다.

6. 조세저항의 개연성에 대한 시민 참여의 효과를 보여주기 위해서 캐나다 주와 미국 주를 비교하면 미약한 증거가 있다. 시민의 참여를 허용하거나 장려하려는 지도자의 자발성에 대한 증거에 기초할 때, 비교 연구에 의하면, 캐나다의 주가 미국의 주보다 시민의 참여를 촉진할 가능성이 더 큰 것으로 보인다.

시민 참여를 촉진하려는 지도자의 자발성에 대한 증거는 캐나다와 미국 양국에서 시행된 예산 투명성과 예산 자문 서베이에서 얻은 추론을 통해 확보된 것이다. 공공 자문을 위한 캐나다 주 웹 서베이는 라인언-로이드 외가 제공한 자료를 최신의 것으로 보여준다(Ryan-Lloyd et al., 2005, 〈표 8-9〉 참조).

캐나다의 모든 주와 연방정부는 알버타를 제외하고는 이런 저런 공개청문회를 개최한다. 알버타와 브리티시 콜럼비아는 웹기반 가구 서베이에만 의존한다. 동일한 예외가 있지만, 캐나다의 모든 주와 연방정부는 서면 제출을 허용하며, 아마도 권장한다. 온라인 혹은 웹 기반 서베이는 양자택일, 완화된 양자택일, 그리고 개방형 질문에 답을 제출하는데 관심이 있는 사람들이 모이는 웹 페이지라는 특성을 가지는 까닭에 모집단에서 무작위로 표본추출하려는 노력이 없다. 따라서 지도자의 자발성의 많은 부분은 관심 있는 사람들이 보낸 정보를

〈표 8-9〉 캐나다 사전예산 공공 자문(2004~2005), 주와 연방정부

관할지역	의회 위원회	정부 조직	공개청문회/ 지역사회 라운드테이블	현장 방문	서면 제출	온라인 서베이	가구 서베이
브리티쉬 콜럼비아	재정과 정부서비스 상임위원회		X	X	X	X	
브리티쉬 콜럼비아		재무부				X	X
알버타		재무부				X	X
마니토바		재무성	X		X	X	
온타리오	재정과 경제 상임위원회		X		X		
온타리오		재무부	X		X	X	
퀘벡		재무부	X		X		
노바 스코티아		재무성	X		X		
뉴 브룬스윅		재무성	X		X	X	
프린스 에드워드 아일랜드		주재무부 (Treasury)	X		X		
뉴화운드랜드와 랩레이도		재무성	X		X		
하원	재정 상임위원회		X		X		

출처: Ryan-Lloyd, K., Schofield, J., & Fershau, J., *Canadian Parliamentary Review*, 28(3), 44, 2005에서 발췌.

받는 수동적 자발성이라 부를 수 있을 것이며, 정보를 찾는데 체계적이거나 적극적이지 않을 것이다. 브리티시 콜럼비아만이 현장 방문과 가구 서베이를 추가한다. 알버타는 가구 서베이를 사용한다. 이 두 주는 정보를 얻으려는데 적극적인 입장을 가진 것으로 보이고 참여를 허용하려는 지도자의 자발성이 더 많은 것으로 보인다.

미국 주에 대한 참여 증거는 포스버그의 주 예산 투명성 연구에서 얻은 것이다(Forsberg, 2004). 그녀는 자료를 요약해서 다음과 같이 말한다. "여섯 개 주는 공중의 투입을 위한 규정을 두지 않고 있다. 나머지 주는 다양한 시기에 종종 예산위원장의 재량으로 공중의 투입을 허용하고 있다." 따라서 미국의 주들은 캐나다의 주들보다 훨씬 더 비체계적인 접근을 하

고 있다. 미국 주의 경우, 입법부 지도자들은 공중의 투입을 허용하는 데 상당한 재량을 가지고 있다. 미국 주 의사결정자는 캐나다 주 의사결정자보다 참여를 장려하는 데 더 수동적이다. 미국 주들은 몇몇 참여자들을 다른 참여자보다 우대하기 위해서 혹은 적어도 참여를 허용하기 위해서 상당한 권한을 준다. 포스버그는 미국 예산 지도자들은 참여를 권유하는 데 변덕스럽거나 기회주의적으로 -여기서 변덕스럽다와 기회주의적이란 특성은 당파성이 높다는 것을 시사한다- 행동할 가능성이 더 높다고 주장한다. 미국 주로부터만 얻은 증거에 의할 때, 시민 참여를 허용하려는 지도자의 자발성에서 시민 참여의 정의가 전략적이고 편협하다는 것을 알 수 있다.

미국 주 예산 투명성 자료의 나머지에서 주 예산 절차가 번거롭고 복잡하고 불투명하다는 것을 보여준다. 실제로 엉성한 예산 과정이 자주 발생하는 것을 생각해보라. 즉, 일 년 단위 예산, 수입 예측을 담당하는 책임 있는 행정관, 집행부가 기안한 단일 세출법안, 입법부에서 예산 통과에 요구되는 단순 과반수, 엄청난 집행부 거부권 등을 생각해보라. 이런 특성에 의해서 집행부 예산, 1800년대 후반 이래로 미국 주들이 계속해온 개혁의 초점, 많은 사람들이 '좋은 정부'의 핵심이라고 생각한 사고가 규정된다. 집행부 예산이 길잡이로서 기능을 한

〈표 8-10〉 캐나다 주와 미국 주 선거 투표율(1997~2006)

(단위: %)

	1997	2000	2003a	2004	2006
캐나다 주					
중위수	65.6	62.6	68.0	61.2	63.9
평균	66.2	63.0	65.5	60.6	64.7
미국 주b					
중위수				63.6	43.0
평균				62.5	43.0

출처: Federal Elections Canada, http://www.elections.ca/scripts/OVR2006/25/data_donnees/tableau04.csv(accessed August 18, 2007); Provincial: Blake, D., in Provinces, ed. Christopher Dunn, 2nd ed., Bradview Press, Peterbororough, ON, 2006, p. 128; U.S. Election Project, http://elections.gmu.edu/voter_turnout.htm.
a: 캐나다 주 선거는 알버타(2004)와 브리티시 콜럼비아(2005)를 제외하고 2003년에 시행됐다. 다른 칸(column)은 연방 선거 투표율 %이다. %는 투표 자격이 있는 주민에 기초해 추정된 것이다.
b: 미국 주 선거는 2004년, 2006년 연방 의원 선거와 함께 시행됐다. 2004년에는 대통령 선거도 있었다. 이 표에서 사용된 투표 자격 있는 주민은 투표할 자격이 있는 시민이다. 투표 연령 주민에는 비시민, 중범죄인(주법에 따른), 정신적 무능력자 등과 같은 투표할 자격이 없는 사람도 포함돼 있다. 군에 있는 사람이나 해외에 있는 시민은 포함이 안 돼 있다.

다면, 캘리포니아, 조지아, 뉴저지, 그리고 웨스트 버지니아, 네 개 주에만 부분적이지만 투명성이 있다. 이들 주에서 예산 투명성 기준에 의한 시민 참여를 촉진하려는 지도자의 자발성은 약해 보인다.

시민이 참여할 자발성이 있는지 그 여부에 대한 근본적인 질문에 대해서는 많은 증거가 있다. 투표 증거에 의하면 캐나다 주에서 시민의 자발성이 높다는 것을 알 수 있다. 〈표 8-10〉을 참조하라.

세계 가치관 서베이(World Value Survey)에서 나타난 차이가 작아서 어떤 결정적인 대답을 찾기는 어렵다. 그러나 (〈표 8-11〉에 나타난) 서베이에서 나타난 추세를 자세히 살펴보면 캐나다 사람이 항의를 덜 좋아하고 미국 사람은 더 좋아하는 것으로 보인다. '항의 가능성'에서 캐나다와 미국 사이에 차이가 있는지에 대해서는 더 검토해 봐야 한다.

아마도 그 차이는 정치문화에서 비롯된다. 시민 참여 문제(puzzle)에 대한 나름의 대답을 권위에 대한 존경(deference)을 비교 연구한 것에서 부분적으로 얻을 수 있다(Lipset, 1990; Nevitte, 1996). 권위에 대한 존경은 이탈-항의-충성 삼각형에 독특한 위치를 차지하고 있다(Hirschman, 1970). 이탈은 이주를 암시하는 반면에, 권위에 대한 존경은 항의나 시위를 주저하는 것을 의미하는 것이다. 이 경우에 존경은 충성에 대응한다. 그러나 존경이라는 것이 재정정책 변화 제안을 지지하기 위한 비정통적인 방법을 못마땅해 한다는 것을 의미할 수도 있다. 이 연구에서는 캐나다에서의 높은 존경은 저항에 대해 캐나다 사람들의 낮은 관용을 의미할 수 있다고 추정한다.

립셋의 분석에 의하면, 그는 캐나다 사람이 미국 사람보다 훨씬 더 권위에 순종적(deferential)이라고 결론을 내린다. 그는 반사실적 용어로 그 차이를 다음과 같이 기술한다. 즉, 미국이 영국으로부터 독립을 못했다면 어떻게 됐을까? 영국의 북미가 계속 됐더라면 어떻게 됐을까? 그는 다음과 같이 미국을 설명한다(Lipset, 1990: 227).

> 미국 국민은 혁명의 아이들보다 지금은 더 좌파가 됐을 것이고, 더 국가주의자가, 상당히 더 사회민주주의자가 됐을 것이고, 능력주의 용어보다 재분배 용어로 평등을 인식하는 성향이 더 강했을 것이다. 미국 국민은 제3 정당을 조장하고 영국식 의회 체제 하에서 통치를 받았을 것이다. 미국 국민은 덜 개인주의적이었을 것이고 권위에 대해 좀 더 순종적이었을 것이다.

<표 8-11> 투표와 관련된 정치 행동의 계층 정도

정치적 행동		정치적 행동을 취하는 확률					
		캐나다 1982	캐나다 1990	캐나다 2000	미국 1982	미국 1990	미국 1999
매우 약함	투표-선거 통계에 대한 합의된 추정치a	~58%			~49%		
↓	청원서에 서명b	62.2	76.8	73.3	63.4	71.7	81.1
	거부에 참가b	15.0	22.3	20.5	15.8	19.30	25.7
	불법 시위 참여b	13.5	20.8	19.5	12.7	15.5	21.4
	비공인 파업 참가b	4.7	7.0	7.0	3.2	4.8	6.0
매우 강함	건물 점령b	2.5	3	3.1	1.5	1.5	4.1

출처: Nevitte(1996: 78), Dalton(1988: 65).
a: 차이가 미국 주와 캐나다 주에, 미국 연방의원 선거, 대통령 선거, 캐나다 주 선거 사이에, 선거가 있는 해, 없는 해에 있다.
합의된 추정치는 투표할 자격이 있거나 또는 투표 등록을 한 사람보다 투표하기에 충분할 정도로 나이든 사람의 백분비로 조정치부터 투표자 수까지이다. 출처는 Elections Canada, http://www.elections.ca/comtent.asp?section=pas&document=turnout&lang=e&textonly=false;Martinez, U.S. Election Project(Dr. Michael P. McDonald), 2000, http://elections.gmu.edu/voter_turnout.htm.
b: 세계 가치관 서베이(The World Value Survey)에서는 다음과 묻는다. 즉, "나는 사람들이 취할 수 있는 정치적 행동의 몇몇 상이한 형식을 다 읽으려 하고 그리고 나는, 각각에 대해서 당신이 이런 일들을 실제 한 적이 있는지, 당신은 그것을 할 수도 있는지, 또는 어떤 상황 하에서도 그것을 절대로 아니 할 것인지를 당신이 나에게 말해줬으면 한다." 정치적 행동에는 투표를 제외하고 표에 있는 위의 모든 것을 포함된다.

립셋의 인용구절에서 1982년, 1990년, 그리고 1999~2000년 캐나다와 미국 표본에 대한 세계 가치관 서베이에서 얻은 자료로 검증할 명제가 제시된다. <표 8-12>에는 립셋이 발견한 것이 캐나다와 미국에서 실시한 세계 가치관 서베이 마지막 회와 나란히 보인다.

<표 8-12> 립셋에 의한 세계 가치관 서베이 차이,
캐나다와 미국 정치 문화에서 권위에 대한 존경 지표a

	립셋 차원과 세계 가치관 서베이 질문 (질문한 연도)	립세 대답 추정	립셋 답과 일치 (질문이 나타났던 마지막 해에)		다년도 질문-수렴 아니면 발산 경향	립셋에 더 동의하는 국가
			캐나다 %	미국 %		
1	**상당히 좌파** - 좌-우 정치적 척도에서 견해 표시— 좌파 %(1982, 1999, 2000)	좌편향	21.1	17.7	발산	캐나다

2	상당히 국가주의자 - 기업의 개인 소유권보다 정부 우선(1990, 2000) - 정부에 대한 신뢰(2000)	정부 예	20.4 42.3	17.4 37.8	수렴	캐나다 캐나다
3	능력주의 용어가 아닌 재분배 용어로 평등을 본다. - 소득은 좀 더 균등해져야 한다(1990, 2000) - 국가는 그들만을 돌보는 몇몇 큰 이해관계자들보다 인민 모두를 위해 운영되는가?(2000)	더욱 평등 해야 모두	33.1 48.0	29.8 36.7	수렴	캐나다 캐나다
4	영국식 의회 정부 - 영국 의회 또는 미국 의회에 대한 신뢰	예	41.1	38.1	발산	캐나다
5	제3 정당을 더욱 조장한다. - [기존b]정당에 대한 신뢰가 없다	없다	76.9	77.4		미국c
6	낮은 개인주의 - 건강한 경제는 개인적 자유를 보다 많이 요구하는가?(1990) - 정부보다 개인들이 자신들에게 더많은 책임을 져야 한다?	아니다. 아니다.	36.6 38.2	34.7 30.6	 수렴	캐나다 캐나다
7	권위에 대한 더 높은 존경 - 견제받지 않는 강한 지도력이 필요하다(2000) - 정부 밖의 전문가를 존중한다(2000) - 정부 내 전문가를 존중한다- 공무원에 대한 신뢰(1982, 1990, 2000) - 국가 기관에 있는 사람들을 신뢰한다(2000) - 정부는 공중에게 상당히 많이 공개되어야 한다(1990) - 정치에 전혀 관심이 없다(1982, 1990, 2000) - 민주적 체제는 가버넌스에 어느 정도 혹은 대단히 나쁘다(2000)	예 아니오 예 예 아니오 전혀 관심 없다 나쁘다	23.2 55.8 50.1 65.3 3.0 22.0 11.6	29.5 56.1 54.9 67.1 7.1 11.1 10.9	수렴 분산	미국 미국 미국 미국 미국 캐나다 캐나다

출처: Lipset(1990), European Value Study Group and World Value Survey Association, European and World Value Surveys Eour-Wave Integrated Data File, 1981-2004, v. 20060423, 2006, 2010.
a: 립셋의 분석에 의하면, 그는 미국인보다 캐나다인이 훨씬 더 권위에 대해 더 순종적이라고 결론을 내린다. 그는 반사실적 용어로 그 차이를 다음과 같이 기술한다. 즉, 미국이 영국으로부터 독립을 못했다면 어떻게 됐을까? 영국의 북미가 계속 됐더라면 어떻게 됐을까? 그는 다음과 같이 미국 국민을 설명한다(Lipset, 1990: 227). 미국 국민은 혁명의 아이들보다 더 지금은 더 ① 좌파가 되었을 것이고, ② 더 국가주의자가, 상당히 더 사회민주주의자가 됐을 것이고, ③ 능력주의 용어보다 재분배 용어로 평등을 인식하는 성향이 더 강하였을 것이다. 미국 국민은 ④ 영국식 의회 체제 하에서 통치 받았을 것이고 그것은 ⑤ 제3 당을 조장했을 것이다. 미국 국민은 ⑥ 덜 개인주의적이 었을 것이고, ⑦ 권위에 대해서 ㅈㅁ 더 순종적이었을 것이다.
b: 여기서 기존 정당을 신뢰한다는 것은 기존 정당들이 좋은 정부에 필요하고 충분하다는 의미로 해석된다.
"신뢰가 없다"는 제3 정당을 조장한다는 것을 시사한다.

명제는 세계 가치관 서베이의 캐나다 응답자들이 다음과 같다는 것을 지지한다.

1. 정치에 대해서 좀 더 좌파 쪽이다.
2. 좀 더 국가주의자이다.
3. 능력주의 용어보다 재분배주의자 용어로 평등을 본다.

4. 의회(혹은 입법부)를 신뢰한다.
5. 제3 정당을 조장한다.
6. 개인주의적 성향이 다소 낮다.
7. 권위에 좀 더 순응적이다.

캐나다 사람과 미국 사람 간 가치관 차이가 크게 나타난 차원은 없다. 그러나 권위에 대한 존경 정도에 대한 다섯 가지 차원에 대해서, 이전 〈표 8-12〉에서는 미국 응답자들이 캐나다 응답자보다 권위에 대한 존경에 대한 립셋의 정의에 더 찬성하는 것을 보여준다.

따라서 반사실적 질문에 대한 립셋의 대답에 의해서 1990년대 후반에 캐나다와 미국의 제도, 지도자, 시민 사이의 상대적인 차이가 묘사될 수 있을지도 모른다. 립셋이 사용한 "권위에 대해 더 순종적이다(deferential)" 그리고 "정부의 힘을 일반적으로 덜 억제한다"라는 문구에서 시민 참여는 조세저항의 훌륭한 예측 변수가 아니라는 것을 시사 받을 수 있다.

조세저항 예측을 위한 성과 관리 접근방법의 시민 참여 측면에는 많은 신호가 있다. 참여 연구는 캐나다 사람들은 참여를 더 하고 지도자들로부터 참여하라는 격려를 더 많이 받고 항의 가능성이 더 적고, 결과적으로 조세저항 참여를 아마 꺼려할 것이란 것을 보여준다. 미국의 참여 자료는 조세저항에 대해 약하지만 긍정적인 추론을 제공한다. 즉, 정규 선거에 낮은 투표, 항의 의향의 증가, 참여 권유에 대한 지도자의 변덕과 기회주의, 그리고 취약한 예산 투명성을 제공한다.

7. 사전 그리고 사후 재정 통제에 대한 발견 사항은 대단히 미약하다. 캐나다 주와 미국 주. 양 주들은 결과를 위한 성과관리 노력(때때로 효과성과 생산성 자료라 부르는)을 보고했다. 브리티시 콜롬비아, 알버타, 온타리오, 퀘벡 그리고 노바스코샤 노력이 다음 〈표 8-13〉이 보여 주듯이 캐나다 주들 중에서 가장 강력하다. 이 다섯 개 주는 여러 가지 방법으로 기획과 예산 결정을 연계한다.

다음 〈표 8-14〉는 이 성과 정보에 대한 목적과 이용자(audience)의 깊이와 폭을 보여준다. 서베이와 표는 이들 정보가 의사결정에 어떤 영향을 미쳤는지에 대해서는 말해주지 않는다.

50개 미국 주 가운데 47개 주가 법률과 행정 명령에 기초해(Melkers & Willoughby, 1998) 성과 관리와 예산 노력을 보고하는 등 흥미를 보이고 있지만, 미국 주의 노력은 캐나다 주

〈표 8-13〉 사업 계획과 예산 연계에 대한 서베이 응답, 캐나다 주들(2000)

서베이 질문: 부/성 사업 계획은 귀하의 관할 예산과정과 연계되어있습니까?						
		브리티쉬 콜롬비아 (BC)	알버타 (AB)	온타리오 (ON)	퀘벡 (QB)	노바 스코티아 (NS)
만약 예 라면, 어떤 체계나 방법?		예산 지침에 의해서 부(部)들은 재무위원회*에 부의 목표/주요 사업 분야와 연계된 성과 측정 방법과 목표를 제출하도록 요구받는다.	사업 기획과 예산운영이 동시에 편성, 심의, 승인된다. 정부의 예산, 정부의 계획, 그리고 개별 사업들이 모두 동시에 입법부에 상정된다.	사업 기획 과정을 통해서 부들은 미래 활동 및 지출을 핵심 사업 목표, 사업 기획의 일부로 보고되는 각 핵심 사업에 대한 측정 방법들과 연결하도록 요구받는다.	예산서류를 통해서 사업 계획을 충족시키기 위해 필요한 활동에 따른 지출을 식별한다.	사업 계획을 통해서 사업 분야에서 필요로 하는 재원은 물론 목표/우선순위의 개요가 그려진다.
개발중		서스캐처원, MB				
아니요		MB, NB, PEI				

출처: Office of the Provincial Auditor, Province of Manitoba, 2000.
약자: 마니토바(MB), 뉴브룬스윅(NB), 프린스 에드워드 아일랜드(PEI).
* Treasury Board를 재무위원회로 번역한 것이다. 그것은 내각 위원회 중 하나이다.

노력을 넘어서지 못하며 동일하다. (〈표 8-15〉에서 보여준) 번스와 리의 분석은 분석이 효과성 혹은 생산성 자료를 이용해서 가진 영향을 보여준다.

그러나, 미국 주에서 사후 재정 통제와 조세 및 지출 제한(TEL) 지지를 무효화 하려는 노력과 연계하려는 증거는 없다. 오히려, 성과 자료는 능률적인 운영과 그들이 얻은 결과를 통해서 정부 운영을 공중이 검토할 수 있도록 공개하는 데 간접적인 영향을 미쳤을 것이다. 능률성과 결과가 정부 재정 제한 제도를 설치하기 위한 추진을 멈추도록 사람들을 확신시킬 수 있는지 여부는 시간이 지남에 따라 명백해질 것이다.

〈표 8-14〉 성과 정보의 사용에 대한 서베이 응답, 캐나다 주(2000)

서베이 질문: 성과에 대한 정보는 어떤 범위까지 사용되나?					
사용 정도	사용 안함	어느 정도 사용	많이 사용	항상 사용	모르겠다.
부/성이 의사결정을 내리는 분야					

1. 재원의 재배분		BC, AB, ON, NS		PEI	NB
2. 정책 개발		BC, AB, ON	NS	PEI	NB
3. 사업 설계/재설계		BC, AB, ON,	NS	PEI	NB
내각이 의사결정을 내릴 때	NS	BC, ON, NB	PEI		BC
재무위원회 장관들이 의사결정을 내릴 때	NS	BC, AB, ON, NB	PEI		
집권 정부 이외의 선출된 대표로부터 반응투입을 추구할 때	AB, ON, NS, PEI	BC			NB
시민으로부터 반응투입을 추할 때	NS	BC(몇몇 부), AB			ON, NB, PEI
고객이 의사결정할 때	ON, NS				BC, AB, NB, PEI

출처: Office of the Provincial Auditor, Province of Manitoba, 2000.
약자: 알바타(AB), 브리티시 콜롬비아(BC), 마니토바(MB), 뉴브룬스윅(NB), 프린스 에드워드 아이랜드(PEI), 노바스코샤(NS), 온타리오(ON),

제6절
논의와 결과의 해석

이 연구 프로젝트에서 발견한 사항은 캐나다에서 조세저항이 없었던 것을 네 가지 방법으로 설명하는 데 도움이 된다. 첫째, 미국의 조세저항을 자세히 검토해 보면, 즉 조세와 지출 제한 노력을 살펴보면 여론이 그리는 그림과 다른 그림이 그려진다. 많은 것들이 주민투표를 통해서 제도화 됐지만 시민 주도는 거의 없었다. 풀뿌리의 노력으로 조세저항을 정의하는 것은 그 지지자들 자신보다는 제한의 목적을 지지하는 사람들에 초점을 맞춘 것이다. 대부분 주의 제한 초점인 재산세의 범위를 제한하는 노력에서, 이 세금은 초등 및 중등 교육을 지원하기 위해서 사용되는 일반적인 지방세이기도 하고 혹은 하나의 세금이기도 한데, 이 세금을 제한하는 노력에서, '풀뿌리'는 '시민 주도'보다는 '지방'에 더 대응한다. 단지 두 개의

〈표 8-15〉 의사결정 시 사업분석의 사용, 주(1970~2000)

사용 유형	사용 %						
	1970	1975	1980	1985	1990	1995	2000
효과성 분석에 기초한 집행부 예산 결정							
상당한 정도	15	20	11	21	26	18	31
어느 정도	23	59	70	64	64	53	50
합계	38	79	81	85	90	72	81
생산성 분석에 기초한 집행부 예산 결정							
상당한 정도	19	27	21	29	45	30	41
어느 정도	32	54	64	67	55	54	44
합계	51	81	85	96	100	84	85
효과성 분석에 기초한 입법부 결정							
상당한 정도	25	20	12	12	9	11	16
어느 정도	19	48	66	73	74	72	63
합계	44	68	78	85	83	83	79
생산성 분석에 기초한 입법부 결정							
상당한 정도	19	20	10	15	13	10	16
어느 정도	25	32	56	76	81	69	66
합계	44	52	66	91	94	79	82

출처: Burns, R.C., & Lee, R.D.(2004)

제한 제도만이 주 재정정책 레짐 변화를 기본적으로 다룬다. 주 조세저항 자료는 지방의 반 조세 노력을 이해하는데 도움이 된다. 주 조세저항은 지방 교육 체계를 재정 지원하려는 가난한 주의 의원의 책임에 의해서 제기되고, 생소하지만 시민 청원보다는 의원들에 의해 주도된, 지방 정부 조세 가격을 목표로 한, 반 재산세(anti-property tax) 노력이기 때문에 그러하다.

둘째, 캐나다의 균등화 사업과 연방-주 이전 사업은 경제적 혼란에 대처하도록 주의 노력을 보조한다. 미국 주와 마찬가지로 캐나다 주는 높은 재정 자율성을 가진다. 그러나 미국 주와 달리 캐나다 주에는 인적 자본 투자를 위한, 특히 미국에서와 같이 지방 정부가 제공하는 교육을 위한, 주 지원에 대한 경제적 혼란을 중화하는데 도움이 되는 연방 이전 제도가 있다.

셋째, 조세저항 예측에 대한 성과 관리 접근방법의 시민 참여 측면에는 많은 신호가 있다. 참여 연구는 캐나다 사람들이 더 참여하고, 지도자로부터 참여하라는 격려를 더 받으며, 항의를 할 가능성이 더 적으며, 그리고 결과적으로 아마 조세저항에 참여하기를 꺼릴 것임을 보여준다. 미국 주에서 참여 자료는 조세저항에 대해서 미약하지만 긍정적인 추론을 제공한다. 즉, 정규 선거에서 낮은 투표, 항의에 대한 의향 증가, 참여 권유에 대한 지도자의 변덕과 기회주의, 그리고 취약한 예산 투명성을 제공한다.

끝으로, 사업과 부처 성과 정보를 예산 결정 및 유권자 및 납세자와 결합하려는 캐나다 주의 노력은 미국 주에서의 유사한 노력보다 앞선다. 그러나 캐나다 주와 미국 주 모두는, 조세에 대한 잠재적 반발을, 납부한 세금으로 받는 가치에 대한 증거를 제공하는 성과 정보와 균형을 잡는 것과 같은 목적을 향한, 사후 재정 통제를 목표로 하지 않았다.

균형화, 시민 참여, 그리고 성과 관리 증거에 의하면 캐나다 주의 지도자들이 경제적 변화와 혼란이 정부 예산에 미친 영향을 다루기 위해서 더 많은 방법을 사용했고 더 많은 노력을 했다는 것을 알 수 있다. 그럼에도 여전히 많은 질문들이 남아 있다.

제7절
후기

조세저항에 대한 성과 예산운영과 재정정책 접근방법 외에, 다른 수많은 가설들이 재정 레짐 변화에 대한 접근방법에서 캐나다와 미국의 차이를 설명하기 위해서 나타났다.

1. 시민들은 미국에서 주 조세저항과 관련이 많은가? 기업 이익 집단들이 미국 주에서 반조세, 조세, 그리고 지출 제한 운동을 더 앞서서 이끄나?

단지 세 개의 시민 주도에 의해서만 1978년부터 2006년까지 31개 주에서 조세 및 지출 제한이 그리고 36개 주에서 제한을 두게 됐다. 시민들은, 시민 주도로 시작됐든 주 입법부의 조치로 시작됐든, 주민투표를 통해서 17개 제한을 승인했다. 입법부 활동에 대한 시민의 참여 활동이 모든 제한 노력에 확실히 있었고 특히 재산세 제한을 다루는 제한 노력에 있었다. 그러나 1996년 주 전체 투표에 부쳐진 반조세 조치에 대한 다니엘 스미스의 연구에서는 "그런 조치가 포퓰리즘적 시책이라는 판단에 대해 의심했다. [거의 모두가] 몇몇 부자, 기존 경제적 기득권 그리고 주 밖의 미국 비영리단체로부터 재정적 지원을 받았다. 1996년 시민 주도 운동을 지원했던 조직들은 대부분 풀뿌리 운영이 아니었다"(Smith, 2004: 100). 반조세 조치가 미국에서는 시민 집단으로 그리고 캐나다에서는 반조세 조치를 위한 지원기구로 정의될 수 있는 집단 이외의 다른 집단에 의해 지원이 이뤄졌다는데 대한 많은 연구들에서는, 반조세 노력이 대중적 시민에 기반한 저항으로 성장할 것이란 통속적인 믿음에 대해서 의심을 했다.

2. 조세저항은 환경운동 및 여성권리운동과 유사한 사회운동(social movement)의 한 형태인가? 사회운동 연구를 통해서는 조세저항이 미국 주에서 발생하고 캐나다 주에서는 발생하지 않은 것을 어떻게 설명할 수 있는가?

환경의 지속가능성과 여성의 권리를 지지하는 사회운동이 미국에서의 반조세 노력을 어느 정도 닮은 데가 있다고 할 수도 있지만 다니엘 스미스는 반조세 운동은 사회운동이 아니라고 주장한다(Smith, 2004). 미국에서 일어난 최근의 제한 노력은 이러한 주장을 지지한다. 그러나 그레츠와 샤피로는 미국 연방 세 삭감은 국민운동의 결과라고 주장한다(Graetz & Shapiro, 2005). 미국 주의 제한 노력과 연방 세금 삭감 운동에서 아마도 서사(narratives)가 중복되고 유사한 정치적 기회가 이용되거나 또는 구성원과 지도자들이 서로 연계될 수도 있을 것이다. 연구 문제로서 사회운동 이슈는 특히 미국과 캐나다 비교 시각에서 연구할 만한 가치가 있다.

3. 조세저항은 미국에서는 잘 발전된 우경화, 오른쪽으로 기운 정치 지도자에 의해 그러나 캐나다에서는 이제 막 시작된 오른쪽으로 기운 정치 지도자에 의해 고무된 점증하는 여론의 결과인가?

미국에서 진행되고 있는 우편향과 동일한 방향과 동일한 정도로 진행되고 있는 캐나다에서의 우경화는 대부분의 모든 캐나다 정치 연구자들이 특성으로 기술하려 노력했던 현상이다. 일부 연구자들이 이런 견해를 주장하는 근거는 호로위츠가 붉은 토리(Red Tory)라는 용어를 개발했듯이(Horowitz, 1966) 캐나다에서의 우파가 붉은 토리(Red Tories)로서의 위치로부터 이동한 변화에 있다.[1] 붉은 토리라는 발상은 오타와(Ottawa) 주에 우선 적용되지만 진 크레트는 좌-우 차원으로 정당을 캐나다 주별로 비교하는 예비 연구를 수행했다(Crete, 2007). 크레트는 우경화 발상이라는 캐나다 주 버전(version)에 대해서 의문을 제기한다. 이 의문의 대부분은 정치 문화에 기초한 것일 수 있는 데, 재정정책 문제에 적용된 더글라스와 윌다브스키의 그리드/집단 문화 측정방법(Douglas & Wildavsky, 1983)을 이용한 사례 연구가 캐나다 각 주와 미국의 비교 집단 주에서 추출된 임의의 표본으로 연구할 때 타당한 정치문화에 기초한 것일 수 있다.

4. 알버타 주와 온타리오 주의 조건은 특정한 주의 조세저항 예측 조건과 유사한데, 왜 알버타 주민과 온타리오 주민은 다른가? 알버타 주민은 조세저항 주인 콜로라도 납세자와 더 비슷한가? 아니면 자원 수입(resource revenues)이 상당한 조세저항이 없는 텍사스 주 납세자와 비슷한가? 온타리오 주민은 조세저항 주인 미시간 시민과 더 비슷한가 아니면 조세저항이 없는 주인 뉴욕 시민과 비슷한가? 특정 캐나다 주를 넘어서, 짝을 이룬 주들을 분석하면 무엇을 얻을 수 있을까? 보이척과 밴니나튼은 국경을 초월한 정책 수렴을 설명하려는 노력을 했는데 이것을 따라 캐나다 주와 미국 주를 짝지어 연구하는 것은 분석적 의미가 있을까?

보이척과 반나이너트의 노력에 의하면(Boychuk & Vannijnatten, 2004), 균등화 이전비를 부담한 캐나다 주는 경제 변동이 발생했을 때 스스로를 부양하기 위해서 부담하기를 그만두었는데, 알버타와 온타리오 주에 있는 조건이 나타날 수도 있을 것이다. 알버타와 온타리오 주의 조건은 정치문화, 기업, 재산에 기반한 이익집단 구조, 정당을 통한 특정 이익에 대한 의회의 대응성, 항의에 대한 유권자의 관심 등의 조건은 이 연구 사업의 뒷부분에 포함돼야 할 것이다. 캐나다 주 집단과 미국 주 집단을 짝을 지어 비교연구하는 것은 의미가 있을

---

[1] [역주] Red Tory라는 용어는 1960년대 중반에 유행을 했다. 이는 Gad Horowitz가 1965년 한 논문에서 자유기업을 중시하는 Blue Tory와 비교하기 위해서 처음 사용했는데, 이는 캐나다 보수주의가 미국의 그것과 다르다는 것을 설명하기 위한 것이었다고 한다. 즉, 캐나다에서 보수주의를 Blue Tory와 Red Tory로 구분한다면, Blue는 자유기업을 Red는 사회주의를 강조하는 특징이 있다고 할 수 있다. 그러나 모두 보수주의이다. thecanadianencyclopeadia.ca/ en/ article/ red-tory(검색일 20230401).

것이다.

5. 건강관리 지출이 미국 주와 캐나다 주 조세 부담에서 차이가 나는 근원인가? 보건관리는 캐나다 납세자들 사이에 납부한 세금으로 얻은 가치라는 의미를 제공하는가? 보건관리 서비스 제공에 대한 감정의 차이가 미국과 캐나다 주 사이의 반조세 감정 차이를 설명해 주는가?

건강관리 지출과 조세 가격을 향한 잠재적 그리고 외재적 여론에 의하면 캐나다에서는 납부한 세금만큼 받은 가치가 보이나 미국에서는 그 반대가 보인다. 그러나 서베이 면접 혹은 서면 설문서에서 편의(bais) 위험이 매우 높다. 그런 연구에서는 보건관리 서비스 전달 전문가와 여론 측정 전문가를 필요로 한다.

6. 끝으로, 특히 재정 레짐 변화에 대해서 영국식 의회체제가 권력분립체제보다 더 반응적인가?

1980년대 브리티시 콜럼비아 감사관이었고 캐나다 행정연구원 전임 회장인 연방 관리자 브라이언 마손과의 대담에서 그는 다음과 같이 견해를 나타냈다. 즉, "미국에서는 서로의 의견 대립(gridlock)으로 [조세] 이슈가 납세자에게 제기되지만, 우리 체제에서는 미국과 달리 서로의 의견 대립으로 조세 이슈가 납세자에게 제기되지 않는다. 여기서 (일반적으로 의회/입법부에서 다수를 점하고 있는) 집행부가 만성적인 적자를 해결할 명백한 책임을 가지고 있다." 많은 연구자들, 특히 비교 정치 분야 연구자들도 유사한 관찰을 한다. 이러한 질문에서는 불평등한 주정부와 이른바 거부권을 가진 행위자의 힘을 분석하는 것이 필요하다. 그러나 미국 재정 연구자들은 미국의 주 반조세 운동은 종종 대응하려는 의지가 없는 입법부에 의해 정해진 주-지방 재정 불균형에 대한 반발이라고 알고 있다. 캘리포니아 제안 13이 법률이 된 직후, 머스그레이브는 1979년에 이점을 논증했다(Musgrave, 1979: 698). 만약 정황적 증거에 의해서 정부 구조가 주 세금과 지출 제한 노력에 기여한다는 시사를 받는다면 연구자들은 어떤 다른 증거를 발견해야 할까?

제9장

부채 관리 네트워크

제럴드 밀러(Gerald J. Miller),
요나단 저스티스(Jonathan B. Justice)

왜 지방정부의 채무 조달, 특히 채권 판매를 연구하는가? 지방자치단체에 자금을 대출해 주는 관련 기관들의 네트워크가 수행하는 역할은 도시 거버넌스, 책임성, 효율성 및 효과성에 중요한 영향을 미친다. 지방채 조달의 정치와 행정은 재정운영 연구자들이 그 남용 가능성을 지적하는 것이 정당하다고 느낄 만큼 충분한 관심거리이자 중요성이 있다. 투자은행의 정치적 캠페인 기부금과 연관된 부패 외에 의미 있는 불법 이용 논쟁이 종종 등장한다. 제9장 분석의 토대는 불법 이용이 어디로든 갈 수 있다는 관점이다. 신용시장 전문가들은 정부 재정관료들의 금융에 대한 지식 부족을 이용할 수 있다. 정부 재정관료들은 또한 정치인의 재선을 위해서든, 특정 집단이나 지역 이해관계자의 이익을 위해서든, 도시나 국가 전체의 안녕을 위해서든 채권을 상환할 수익원이 있는 한 거의 모든 금융 기관의 능력을 이용할 수 있다. 이 장의 목적은 신용시장과 정부 참여자들의 관계에 대한 이해를 통해 지방채 조달(municipal bond financing)을 검토하고 불법이용 논쟁을 조명하는 데 있다.

만약 재정관리자 자신이 신용 시장에서 자금을 빌리는 기술의 유일한 중재자라면, 우리는 그들이 자신들에게 보고된 가격에 기초해 경제 논리를 따르는 전략을 구축할 것으로 기대할 것이다. 그러나 자금을 빌리는 조직 내 재정관료들만 전략 선택을 하도록 하는 것은 금융 과정을 지나치게 단순화하는 것이다. 채권 발행자들은 채권 판매를 위해 모인 팀에서 다른 사람들과 금융 전략을 수립하고 추구한다. 다른 팀원들은 일반적으로 채권이 판매될 정치적 환경 및 시장 환경에 대한 각자의 목표와 해석을 가지고 있다. 현실의 다양한 목표와 구성은 모두 차입 전략을 정의하는 판단과 선택에 어느 정도 기여한다. 따라서 부채 발행 전략이 어떻게 형성되는지 이해하기 위해서는 발행자뿐만 아니라 판매와 관련된 팀에 초점을 맞춰야 한다. 특히 중요한 것은 결정에 영향을 미치는 경로 해석이다.

스브라지아(Sbragia, 1983)의 입장을 생각해 보자. 그녀는 투자 커뮤니티, 전문 금융 커뮤니티, 지역 정책 결정 사이에 중요한 연결고리가 존재한다는 것을 파악했다. 이러한 연계는 시정부 의사결정에 관한 연구문헌을 고려할 때, 그렇지 않은 경우보다 정부 주도성은 훨씬 적게 그리고 상호의존성은 훨씬 크게 작동한다는 점을 시사한다. 우리가 정책 결정을 이해하려면 이러한 연결과 의사 결정 과정 및 결과에 미치는 영향에 대해 훨씬 더 많이 알아야 한다고 스브라지아는 주장했다.

파가노(Pagano, 1982), 파가노와 무어(Pagano & Moore, 1985)의 연구는 공공투자 결정이 민간기업의 경제적 결정에 중요한 영향을 미친다고 주장하는 일련의 추론을 지지하고 있다. 몇몇 기업들은 상대적으로 직접적인 영향을 미치며 수혜자이다. 예를 들면, 채권 발행으로 자금을 조달하는 공공 투자 프로젝트의 결과로 비용이 하락하고 시장이 개선되는 기업뿐만 아니라 채권 구매자의 신디케이트의 인수자들이 그러하다. 이들 결정들이, 즉 본질적으로 모든 경제 개발 결정이, 민간 투자를 장려하는 경우, 상당한 경제적 및 정치적 발전이 이뤄지고, 결과적으로 거버넌스의 조건과 기대치를 크게 변화시킬 수 있다.

이 장에서는, 거버넌스 결과에 대한 입증된 시사점들과 함께, 부채 전략이 어떻게 수립되는지 이해하기 위한 접근법을 설명한다. 개념적 틀은 두 가지 광범위한 요소를 가지고 있다. 그것은 재정관리자가 항상 불확실하고 종종 모호한 정치 및 시장 환경의 현실을 해석할 수 있는 지식을 갖추어야 할 필요성과 하나의 정치 경제체계로 작동하는 조직 간 네트워크 모델(interorganizational network model)이다. 재정관리자는 채무 전문가 네트워크로부터 지원을 온 자문 및 인수자 팀의 도움을 받아 현실을 해석하고, 이러한 해석은 대안 전략의 적절성에 대한 그들의 판단을 이끌어준다. 몇몇 조건 하에서 팀원들의 안정성이나 상호 간 경험이 네트워크 성공의 주요 요인이 된다. 그 경험은 결국 네트워크 내에서 이뤄지는 다양한 교섭들에 달려 있다. 이 교섭들은 결국 네트워크 구성원과 외부 세계 사이의 더 큰 상호작용

패턴을 반영한다.

  이 개념 틀은 경제화 논리에 대한 대안적인 관점, 그리고 더 큰 의미에서 합리적인 의사결정에 대한 대안을 제공하며, 채권 거래는 발행자 측의 주인-대리인 관계와 엄격한 수단-목표 합리성의 적용보다는 동료 조직들 사이에서 이뤄지는 협의임을 시사한다.

  이 장에는 의사결정 과정에 대한 이러한 이해를 위한 세 가지 경험적 적용이 포함된다. 첫째, 우리는 이 분석 틀이 인수자들에 대한 협의를 통한 부채 판매와 이에 대한 경쟁적인 부채 판매의 의미에 관한 선행 연구를 어떻게 설명하는지 보여주고자 한다. 둘째, 대학원생으로 이뤄진 목표지향적인 팀을 활용한 시뮬레이션을 통해 팀 안정성과 다른 속성들의 팀 성과에 대한 시사점을 이해하는 데 있어 이 분석 틀의 유용성을 확인하고자 한다. 마지막으로 우리는 뉴욕 메트로폴리탄 교통국(MTA)의 재정관리자들과 그들의 부채 네트워크의 여러 다른 구성원이 130억 달러의 미상환 채권의 차환전략을 강구하기 위해 매우 모호한 환경을 어떻게 해석했는지 이해하기 위해 이 분석 틀을 사용하고자 한다.

  우리는 먼저 채권 발행 과정과 참여자(players), 발행인이 다른 참여자(players)의 조언과 협조를 받아서 내려야 하는 결정의 종류, 과정에 대한 해석적 요구 사항을 기술하는 것으로 시작한다. 다음으로 우리는 지방채의 경쟁적 판매와 협의 판매 사이의 선택에 관한 선행연구를 요약한다. 그런 다음 우리는 부채 네트워크의 정치경제적 이해와 의사결정 형성에서 팀 구성 및 안정성의 역할과 관련된 개념적 분석 틀의 요소를 설명한다. 이후 시뮬레이션 테스트와 뉴욕 메트로폴리탄 교통국(MTA) 사례 연구 보고서와 몇 가지 논평이 이어진다.

제1절
채권 판매 과정과 참여자

  채권을 발행할 때 발행자는 불확실성과 정보의 빈곤 속에서 전략적 선택을 해야 한다. 이 불확실성과 정보의 빈곤은 미래를 확실하게 알 수 없는 본질적인 무능력은 물론 현재 경제 상황의 복잡성과도 연관된 것이다. 이러한 상황은 마치 시장경제학자들이 시장의 불안정성과 판매자들의 불완전한 지식을 설명하기 위해 사용하는 거미줄과 비슷하다(Heilbroner &

Thurow, 1984: 126-127). 즉, 끊임없이 유동적인 시장은 의사결정자의 통찰력 부족을 보완할 만큼 충분한 확실성(패턴화된 이미지에 적합한 정보)을 제공하지 않는다. 의사결정자는 종종 과거의 오류를 혼돈시키는, 과거의 현실이라는 관점에서 혹은 복잡한 과정이나 시스템의 비밀이나 뉘앙스를 알고 있을 가능성이 높은 인사들에 의존해서 문제들을 끊임없이 결정한다.

부채 결정은 비용을 최소화하는 발행자와 이익을 추구하는 시장 참가자들의 경쟁적 이해관계에서 발생하는 주인-대리인 문제(principal-agent issues)로 인해 더욱 복잡해진다. 재정운영 전략을 고안하는 발행자들은 또한 비용 최소화라는 전문적인 규범과 미래의 납세자와 요금 납부자에게 비용을 전가하는 정치적, 경제적 압력 간 갈등과 같은 규범적 모호성에 대처해야 한다.

1 과정

부채 발행 과정에는 네 가지 단계가 있다.

첫 번째 단계는 판매 시점은 시장의 선택에 달려 있다. 어떤 투자자가 그 증권을 살 것인가? 세법, 경기순환, 개인과 기관의 습관적인 구매 관행은 다양한 방식으로 결합된다. 그들은 의원들, 이자율, 소비자 등이 합리적으로 예측 가능한 방식으로 움직일 것이라는 확률에 기초해 선택을 한다.

두 번째 단계는 선택된 시장의 선호와 발행자의 역량이라는 두 가지 문제에 대응할 수 있도록 부채 발행 문제를 구조화하는 것이다. 시장의 선택은 정확성에 중요한 가치를 부여하지만, 부채를 관리할 수 있는 발행자의 능력은 구조에서 이뤄지기에 한계가 있다.

그 구조는 세 번째 단계인 발행자와 발행자의 공시와 시장을 직접 연결한다. 정보공개를 위한 주요 문서, 공식 입장문(OS), 그리고 평가기관에 대한 설명회 등 어떤 사실이 공개될 것인가? 그리고 더 중요한 것으로 이러한 사실에 대해 어떤 해석이 제시될 것인가?

마지막 네 번째 단계는 판매이며, 이때 모든 당사자가 발행 가격을 결정한다. 판매는 발행 구조와 제공된 수량에 대한 수요 수준에 대해 팀이 내린 가정을 확인해준다. 판매를 다른 방식으로 볼 때, 그것은 판매가 거미줄의 어느 부분에 떨어졌는지에 대한 확인 정보가 된다. 수요와 공급에 대한 추측이 내부적으로 나선형이 됐다면, 즉 추측이 구체화되고 특정 방향으로 좁혀졌다면, 우리는 그 팀이 '학습했다'고 말할 수 있다.

❷ 참여자들

이제 지방정부 증권 판매에 관련된 팀을 고려해 보자. 상당히 많은 전문가 집단이 보증채무와 무보증채무의 두 가지 유형 중 하나에 관여하게 된다. 보증채무는 비록 명목상 채무 서비스는 일반적이고 제한 없는 수입에서 나오지만 정부 단위의 완전한 과세권한에 의해 뒷받침된다. 무보증채무는 일반적으로 상하수도 요금수입과 같은 세입원천의 상환능력에 기초한다.

보증채무 판매는 주 헌법과 법률에 의해 더욱 엄격하게 규제되고 있다. 결과적으로, 이 증권들은 그 구조화에 있어서 자문가들 간 차이가 거의 요구되지 않는 동질적인 상품과 같은 도구가 되었다. 다만 차이가 있다면 그것은 신용평가기관이 해석하는 발행자의 신용도와 증권이 판매되는 사업 주기의 시점에 있다.

❸ 해석

무보증채권 판매는 자문가들이 자신의 창의적인 재능을 실제로 사용할 수도 있는 장소이다. 수익 흐름은 예측을 위한 이력이나 근거가 부족할 수 있기 때문에, '시장'은 수익 능력을 확보하기 위해 자문가에게 의존해야 한다. 법률적 해석이 필요할 수도 있다. 또한 시장 자체를 분석하여 최초 및 2차 시장 모두에서 해당 증권의 잠재적 구매자를 결정해야 한다. 무보증채권 판매를 위해서 다음과 같은 세 개의 기초 핵심 자문 그룹으로 팀을 구성한다. 즉, 발행인을 위해 시장을 해석하는 그룹, 인수자/투자자를 위해 법을 해석하는 그룹, 인수자/투자자를 위해 발행인을 해석하는 그룹이 그것이다.

재정자문가는 일반적으로 발행사의 시상을 해석하는 노력을 한다. 재정자분가는 시장이 얼마나 폭넓게 판매에 참여할지, 또는 시장의 어떤 부분이 사적 협의 장소(negotiated private placement)를 위해 필요한지를 결정한다. 시장의 결정은 직접적으로 증권의 구조화로 연결돼 근본적으로 다양한 형태들에 영향을 준다(Hildreth, 1986; Moak, 1982; Lamb & Rappaport, 1980 참고). 경쟁적인 채권 판매에서, 재정자문가는 발행인이 부채 발행 구조를 설계하고, 채권을 구입하고 재판매하기 위해 경쟁할 신용 평가 기관과 인수자에게 정보를 공개할 서류를 준비하며, 실질적인 판매를 진행하고 기획하는 것을 지원한다. 협의를 통한 채권 매각에서 투자자들에게 재판매를 위해 발행자로부터 최초로 증권을 구입한 인수자는 발행자에게 팀의 재정자문가 역할을 넘겨받아 그 역할을 공식적이고 법적인 역할에서 비공식적인 역할로 변경하면서 재정관리에 대해 조언을 한다. 최소한 시 증권 규칙 제정 위원회(Municipal Securities Rulemaking Board) 규정에 따르면, 인수자는 재정자문가와 인수자 모두의 역할을 공식적으로 수행할 수 없다.

채권 상담역은 준거법(applicable law)의 관점에서 증권의 구조를 해석하려는 노력을 주도한다. 대부분 채권 자문가를 투자자의 대표로 간주하여 채권 발행자가 채권을 인가하거나 발행하는 데 사용되는 절차의 기술적 결함을 변론함으로써 의무를 불이행하지 않도록 보장한다. 반면, 피터슨(Petersen, 1988: 4)은 "시장과 [공시를 위한] 거래를 준비하는 데 있어서 채권 자문가의 추가적인 역할은 광범위하고, 유연하며, 전문적인 논의의 대상"이라고 보았다. 구조가 복잡하여 요구되는 경우, 채권 자문가는, 발행자를 포함한 다른 당사자를 돕는 자문가뿐만 아니라 협의 판매에서 인수자를 돕는 자문가에 의해 도움을 받을 수도 있다.

마지막으로, 감사인 또는 공인회계사(CPA)는 투자자를 위해, 증권의 구조 측면에서, 발행자의 재무 상태를 분석한다. 예를 들어, 공인회계사는 재무보고서를 통해 설명된 것으로 발행자의 재무상태를 분석해 준다. 만일 증권의 기초가 되는 수익 흐름을 예측해야 하는 경우, CPA는 발행자의 원리금 상환 능력에 대한 흐름의 기여도를 확인하기 위해 만들어진 가정과 계산도 검증할 수 있다. CPA와 협력해 컨설팅 엔지니어, 경영 전문가 및 다른 전문가는 발행자의 재무 상태 또는 자금 조달 중인 프로젝트의 분석에 참여할 수 있다.

4 공개

해석의 세 가지 별도 영역은 주로 공식 제표(official statement)인 문서 작성을 통해 공개된다. 공식 제표는 발행자가 팀 구성원을 대신해 만든 모든 해석에 대한 공식적인 인증과 "제공 가격과 관련된 정보에 대한 직접적인 설명"이다(Petersen, 1988: 5).

그러나 공모, 발행자 및 시장과 관련된 의미의 궁극적인 중재자는 여전히 평가기관으로 남는다. 기관들은 증권의 구조, 그것에 첨부된 법적 해석, 관련된 경제적·관리적 정보뿐만 아니라 발행자의 재무 상태를 고려함으로써 본질적으로 발행자가 예정대로 원리금을 상환할 가능성을 결정한다.

요약하면, 증권의 구조와 공시, 발행자의 법적 지위와 상환능력은 시장에 위험과 보상에 관한 필수 데이터를 제공한다. 이러한 데이터를 사용하면, 이론적으로 지방정부 증권 시장은 경쟁 용도들 사이에 부족한 자본을 할당하고 특정 수준의 상환능력을 갖춘 구조에 적절한 가격(발행자에 대한 이자 지급 및 투자자에 대한 채권 가격 및 수익률)을 할당함으로써 효율성을 달성하게 된다.

제2절
부채 관리 네트워크와 관련한 사건과 기존 지식

채권 판매와 관련된 이러한 활동의 개요에서는 발행자가 효율적인 시장에 참여하려는 시도에 관련된 재량의 범위를 의도적으로 강조했다. 그러한 재량은 발행자가 겪어야, 다시 말해서 채권 판매팀이 추측해야 하는 커다란 불확실성을 고려하기 위해 존재해야 한다. 발행자를 둘러싸야 하는 팀의 유형은 종종 판매를 혼란스럽게 하는 거대한 불확실성을 극복하는 열쇠이며, 그리고 우리는 팀을 이루는 데 필수 불가결한 요소를 결정하는 데 있어 이론에 의존한다.

부채 관리의 중요성과 복잡성이 증가함에 따라, 정부는 재정 고문, 인수자(인수 및 비공식 자문 역량 모두에서)와 같은 부채 중개 기관에 대한 의존도가 증가했다. 투자자들에게 부채를 발행하고 판매하는 과정에서, 명목적으로 부채 관리 네트워크를 이끄는 의존적인 공공 관리자들은 중개자들이 내리는 결정에 의문을 제기한다. 이러한 이슈들이 판매 전략의 방법에 대한 연구에서 어떻게 제기되는지 생각해 보자.

1 펜실베이니아주 협의 채권거래 논쟁

펜실베이니아주 지방정부의 독특한 채권매매 관행에 대한 연구에서 채무관리 문제가 대두됐다(Forbes & Peterson, 1979). 오늘날 펜실베이니아주 법은 직간접적으로 경쟁 입찰 판매보다 인수자에게 협의를 통한 판매인 협의 일반보증 지방채 판매를 선호한다. 포브스와 피터슨(Forbes & Peterson)은 대부분의 정부가 그들이 빌린 돈에 대해 과도한 이자 비용을 지불했는지를 확인하려고 노력했다.

당시 일반화되어 있던 방법에 따라, 포브스와 피터슨의 연구는 그러한 경우에 해당한다는 점을 보여주고 있다. 그들은 지방정부의 채권 순이자 비용(net interest cost: NIC) 금리가 지역내 다른 주에서 시급되는 금리보나 26만분률(basis points: bp) 혹은 0.29% 더 높다는 것을 발견했다. 그들은 또한 "펜실베니아에서 협의 일반보증 채권은 경쟁적으로 판매된 동일한 크기 범위의 펜실베니아 일반보증 채권보다 25bp 높은 순이자 비용(NIC)에서 판매된다"는 것을 발견했다(Forbes & Peterson, 1979: 24).

은행가들이 투자자들에게 증권을 팔기 위해 수행한 작업에 대한 채권 발행의 보상과 같은 인수자 스프레드에 대한 그들의 분석은 뉴욕 지방정부들 사이에서 흔히 볼 수 있는 금액보다 더 많은 금액을 보여주었다. 주별 법률, 정책, 절차 등의 차이는 이자 비용 또는 인수자 스프레드에 대한 통계적 영향이 거의 없다 할 것이다.[1]

이후의 연구에 의해서 이 연구의 대담한 주장은 약간 수정된다. 블랜드는 그의 연구에 의해서 경험이 정부가 인수자들과 추구하는 협의에 도움이 된다는 것을 시사했기 때문에(Bland, 1985) 그는 포브스와 피터슨이 자신들의 사례를 과장했다는 것을 보여주는 데 성공했다. 몇몇 경우에, 협의 경험은 그 경험이 적은 정부가 지불하는 것과 비교할 때 상당한 이자비용 절감으로 이어진다. 경험과 관련해서 비용의 차이가 있기 때문에 뉴저지와 오하이오의 지방방부가 경쟁 입찰 채권 판매에 대한 비용을 감당할 수 있는 것이다.

구체적으로 블랜드의 분석은 협의 매각 발행자의 경험이 증가할수록 이자율이 하락한다는 것을 제안한다. 즉, "순이자비용(NIC)의 모든 다른 결정요인이 일정하게 유지될 때, 이전에 4회 정도 판매 경험이 있는 협의 발행자는 과거 10년 동안 경험이 없는 발행자보다 24bp 낮은 이자율을 획득할 것이다"(Bland, 1985: 236). 경험이 풍부한 협의가들이 경쟁 입찰 발행과 비교될 때 그 차이는 유지된다. 매각 협의 경험이 있는 발행자는 높은 수요를 가진 경쟁 매각 발행과 통계적으로 유사한 이자 비용을 가진다. 블랜드는 시장 경험이 있는 한 발행자의 관리팀은 인수 신디케이트의 대표들과 유사한 능력을 가지며, 발행자가 일곱 개 이상

---

[1] [역주] 인수자 스프레드란 예를 들면, 새로운 주식을 발행할 때 그 주식을 구입하는 회사가 지불하는 가격과 회사가 일반 대중에게 판매하는 가격의 차이를 말한다.

의 경쟁 입찰을 받을 수 있다면 그때 받을 수 있는 비슷한 금리로 협의를 할 수 있다고 생각한다.

마지막으로, 블랜드는 경험이 없는 협의 발행자들은 세 개 이하의 입찰을 받는 발행자들과 거의 동일한 이자 비용을 발생시킨다는 것을 발견했다. 즉, 채권 발행을 위한 시장을 형성하는데, 즉 매우 많은 입찰자에게 채권 발행들을 매력적으로 보이게 하는데 경험이 부족할 뿐만 아니라 협의를 통해 한 명의 인수자를 상대하는데 경험이 부족해서도 불이익이 발생한다.

여러 경쟁적 연구들에서 협의 매각의 유리한 점과 불리한 점이 제안되고 있다. 후르츠 외(Fruits et al., 2008: 16)는 1990년 이후 15.5년에 걸친 미국의 모든 지방자치단체의 새로운 채권 발행에 대한 연구에서 "협의 발행 과정에 비해 경쟁 발행이 일반적인 이점은 없다"는 것을 발견했다. 로빈슨과 시몬슨(Robbins & Simonsen, 2008: 1)은 2004~2005년 1년 동안 미주리 채권 발행자들 사이에서 "협의 매각을 위해 동일한 인수자를 지속적으로 활용하는 것이 발행자들에게 훨씬 더 높은 이자 비용을 결정하는 중요한 요인"임을 발견했다.

즉, 펜실베이니아 논쟁은 보증채무에 대한 지방채 시장 내의 영구적인 네트워크가 경쟁 입찰 발행에 비해 과도한 이자비용을 발생시킨다는 것을 보여준다. 그러나 부채 발행을 무보증 및 예산 외 기업 부채와 같이 필수 상품의 성질을 줄이고 공예품의 성질을 높이는 방법으로 처리할 때, 협의 발행에 의존하는 팀은 시간이 지날수록 비용 감소를 학습한 듯 보인다.

이 명백한 갈등은 이 시점에서 조금은 너무 단순하지만 오히려 적나라하게 나타난다. 펜실베이니아 사례는 안정적인 루틴과 안정적인 자문가 제도의 사용과 관련된다. 팀은 수많은 채권 매각 또는 재정적 문제를 해결하기 위해 함께 일하는 조직(네트워크 형성)에서 유래한다. 발행자들은 팀과 네트워크의 상대적 영속성이 과거로부터 배울 수 있는 능력이나 특별한 정보 접근에 유용하다고 말한다. 그러나 다른 사람들은 상대적으로 오래된 팀과 네트워크가 정부에 대한 자기 잇속만 차리는 조인의 원천이 된다고 수장하고 있다. 문제가 이렇게 간단한가?

2 관리 연구 문헌

특히 조직 간 네트워크와 관련된 문헌의 증거에 따르면, 한편으로는 편협하다는 또는 다른 한편으로는 배우려는 서로 상반된 갈등적인 경향이 나타난다. 네트워크란 "특정 관계에 의해 연결된 모든 단위의 총합"을 의미한다(Jay, 1964: 138; Aldrich, 1979; Tichy, Tushman & Fombrun, 1979). 네트워크는 주어진 조직군을 묶는 모든 관계를 발견함으로써 구축된다(Aldrich & Whetten, 1981). 안정성(stability)은 네트워크의 여러 부분에 광범위하고 중복된 관계를 가진 연결 핀 조직(linking-pin organizations)의 작업을 통해 진화한다. 연계(links)는 기능적으로 조직 간 소통 채널, 네트워크 구성원 간 자원 통로, 심지어 모집단의 다른 조직이 모방하는 모델로 간주될 수 있다. 따라서, 회계법인(accounting firm)은 보고기준에 관한 정보를 신용평가기관으로부터 채권발행자에게 전달할 수 있고, 회계법인은 고객들에게 이전의 채권 판매의 결과로 회사의 구성원들이 존경하는 재정자문가에게 고객을 연결하며, 또는 회계법인 스스로 많은 서비스 중 하나 이상을 통해, 시 재정국에 많은 서비스를 제공하게 된다.

한 네트워크 내의 모든 조직은 직간접적으로 연결되며, 안정성은 이러한 연계의 지속성에 달려 있다. 알드리히와 웨튼은 다음과 같이 가정한다.

> 네트워크의 안정성에 대한 궁극적인 예측치는 다른 연계가 실패했을 때 하나의 연계가 실패할 확률이다. 이 예측치는 결국 어떤 하나의 연계 실패와 두 개의 네트워크 특성, 즉 두 조직 간 연결의 중복과 연결의 다중성에 관한 확률의 함수이다 (Aldrich & Whetten, 1981: 391).

네트워크의 안정성은 멤버십의 영구성과 구성원들이 네트워크 내외부의 다른 구성원들과 연결된 가외성(redundancy)을 모두 의미한다. 그러한 가외성 가설(redundancy hypotheses)은 공공 관리에 관한 문헌에서 확인된다. 란다우(Landau, 1969)는 가외성이 성과를 보장하는 경향이 있다고 주장하였다. 골렘뷰스키(Golembiewski, 1964)는 중복(duplication)이 공생적 상호관계에서 강력한 하위단위의 거부권 행사를 방지하는데 효과가 있다고 주장했다.

3 행동에 관한 연구 문헌

몇몇 문헌은 부채 관리 네트워크에 일반화할 수 있을지 모를 추가적 증거를 제공한다.

팀의 특성을 보완함으로써, 동일한 구성원들이 서로서로 지속적으로 근무할 때 증대되는, 일부는 편협함을 완화해야 하는 문제로 또 다른 이들은 편협함을 제거해야 하는 문제로 지적하는, 재정팀의 응집력 악화를 대체할 수 있다(Shaw & Shaw, 1967; Sukurai, 1975; Murnighan and Conlon, 1991).

이러한 보완해야 할 특성 중 하나는 이질성이다. 호프만(Hoffman, 1966)은 이질적인 배경을 가진 집단 구성원들은 그들이 가져오는 더 큰 정보의 다양성으로 인해 어느 정도 더욱 효과적으로 협력하는 경향이 있음을 보여줬다. 집단 구성원의 자격이 영구적이 되면 구성원의 관점이 동질적으로 되는 경향이 있기 때문에(Shrif, 1935; Festinger, 1950), 다양성은 그러한 경향에 대항할 수 있다.

그러나 다양성으로 인해 이직이 일어날 수도 있다. 트루는 집단이 재편됨에 따라 이직은 단기적인 성과 감소로 이어진다고 제시하고 있다(Trow, 1960).

재정팀에 응집력이 너무 높거나 혹은 너무 낮은 경우에 그것을 보완하는 두 번째 집단 특성은 지위의 평등 또는 흔히 말하는 매우 안정된 지위이다. 연구결과, 구성원들의 지위(누가 리더인가?)가 상대적으로 안정적이거나, 비용분담이나 잉여분담의 방식이 정착되어 있어서(Moulin, 1988), 구성원들이 지위투쟁을 피할 수 있을 때 집단의 생산성이 더 높은 것으로 나타났다.

마지막으로, 안정성의 주요 결과는 위험을 감수하려는 의지와 적응력이 커진다는 것이다. 풍부하게 결합된 네트워크는 시행착오와 혁신의 확산을 위한 더 큰 기회를 제공한다(Aldrich, 1979: 282; Terreberry, 1968).

4 실제 실천에서 얻은 지식

재정자문가, 회계법인, 법률사무소로 구성된 소규모 지방정부 재정 네트워크라는 단순한 상황을 가정해 보자(Miller, 1991; Lemov, 1990). 세 개의 기관은 다음과 같은 방식으로 확실하게 결합되어 있다.

- 로펌은 다른 두 기관에 대한 기업 고문 역할을 한다.
- 회계법인은 다른 두 기관의 거래를 감사하며, 또한 감사인이 채용되어 수시로 재정자문

회사의 주인으로 참여했다.
- 세 기관은 다른 모든 가능한 참가자들과 함께 지방정부 증권의 신규 발행 시장에서 활동하고 있으며, 그들은 발행자를 위한 채권 판매를 위해 팀으로 함께 활동하고 있다.

발행자는 지방자치단체 채무와 관련된 세법의 변경, 신용평가기관의 정보에 대한 구체적인 요구, 시장의 특정 부분에 어필하도록 설계된 새로운 채무 구조에 대한 지식의 수혜자가 된다. 풍부하게 결합된 네트워크에 의해서 궁극적으로 발행자가 복잡하고 변화하는 환경에 적응할 수 있는 능력을 갖게 된다.

이제 좀 더 복잡한 예를 들어보자. 채권 자문 역할을 하는 로펌 중 기업들은 원칙적으로 다양한 창의적 자본 조달 구조를 고려하여 법을 해석하는 접근 방식을 달리하는 경향이 있으며, 어떤 기업들은 관대하고 다른 기업들은 엄격하다고 가정하자. 또한 회계 회사 집단에서 다양한 창의적 자본금융 구조에 대한 원리금 지급을 발생시킬 수 있는 수익 흐름을 예측하도록 요청받은 경우, 일부 회사는 자유주의적이고, 다른 회사는 엄격할 것이라고 가정하자. 마지막으로, 재정자문가 집단 사이에서 부채 구조의 적용 가능성과 시장성에 대한 견해 간 동일한 종류의 변수가 존재한다고 가정하자.

예를 들어, 경쟁입찰을 통해 회사들의 조합을 무작위로 선택하면 특정한 행동 과정을 취하도록 조언하는 팀이 산출될 것이며, 각 자문가가 가지고 있는 지식은 물론 서로의 해석과 이슈에 대한 시장에 대한 기대가 중요한 역할을 할 것이다. 그 결과 고유한 방식으로 구성된 증권이 평가되고 판매되는 거래가 발생할 것이다.

이제 발행자에 의한 두 번째 무작위 기업 선택과 두 번째 판매를 가정해 보자. 두 번째 팀은 첫 번째 증권에 대해 어떤 지식을 가지고 있는가? 두 번째 팀이 첫 번째 팀이 했던 잘못된 해석에 의존하지 못하게 하는 것이 무엇인가? 두 번째 판매가 "시장을 놓치는 것(missing the market)"을 막는 것은 무엇인가?

어떤 요소들이 학습을 장려할 수 있는지 생각해보자. 우리는 팀 구성원들 간 연계 수가 안정성으로 이어지고, 안정성은 결국 고립성(insularity)이나 학습(learning) 및 적응(adaptation)으로 이어지기를 기대한다. 기대 접근법(expectations approach)은 채권 팀 맥락에서 밀접하게 연결된 조직을 이해하는 데 도움이 된다. 즉, 채권단의 각 구성원들은 다른 사람들의 행동에 대한 기대에 의해 자신에게 할당된 업무를 수행해야 한다. 재정자문가는 자문가가 시장의 선택을 가장 논리적으로 따를 구조에 대한 변호사의 긍정적인 법적 해석을 기대할 수 없는 한 시장을 선택할 수 없다. 마찬가지로 자문가는 공인회계사가 다양한 발행자 역량을 시장이 제시하는 구조를 지원하는 방식으로 해석할 것이라는 기대 없이 시장을 선택할 수 없다. 결국, 다른 구성원들이 무엇을 할지 모르는 상태에서 그 팀의 어떤 구성원이 내린 결정도 진공 상태에서 내려질 수 없다. 그렇지 않으면, 구성원이 내린 결정은, 시장 선택이 구조를 강요하지만, 새로운 시장과 새로운 구조 및 이전 구조와 결합된 해석으로 이어지는 공개로 인해 시장 선택이 혼란스러워지는 끝없는 반복, 다시 말해 루프를 형성하여, 이 새로운 시장과 구조를 혼란스럽게 한다.

소집단 연구 문헌들이 시사하듯이, 기대의 문제에 대한 하나의 해결책은 조직화되는 개인들에게 있는 단기적인 혼란을 감수하며 사는 것이다. 또 다른 해법은 풍부하게 연결된 조직 네트워크에 있을 수도 있다. 풍부한 연계로 인해 다양한 상황에서 발생할 수 있는 행동에 대해 알 수 있게 된다. 지극히 일반적인 수준의 가정은 관련 조직들이 공동으로 참여하는 많은 활동을 통해 공유되거나 적어도 널리 알려진다. 풍부한 연계는 또한 매우 다양한 조건에서 기대치를 검증할 수 있는 여러 경로를 제공한다. 예를 들어, 채권 상담역(bond counsel)이 제출할 법적 해석은 앞서 설명한 것처럼 채권 상담역이 전통적으로 기업 상담역(corporate counsel)의 자격으로 발표한 법적 해석에 기반할 것으로 기대된다.

풍부한 연계가 행동에 대한 공유된 기대로 이어진다면, 이러한 연계는 고립성이나 학습에 기여한다. 지방정부 재정에서 특정 유형의 팀에 대한 주장을 고려해보자. 경쟁 판매보다는 협의를 통한 판매는 팀의 잠재적 구성원 간 기존의 풍부한 연계를 활용하고 안정성을 확보할 수 있다.

협의 판매(negotiated sales)는 발행자가 시장의 관점에서 다양한 사람들뿐만 아니라 시장을 잘 알고 있는 구성원들을 정확하게 선택하도록 요구한다. 협의 판매는(특히 판매가 비공개로 진행될 때) 시장을 선택할 수 있는 기회를 제공하며, 선택된 발행 구조(issue structure)의 유형에서 길을 열어주거나 혁신(일상적인 기술이 아닌 공예 삭업)의 필요성을 창출한다. 협의 판매는 또한 관련된 작업에 믿어지지 않을 정도의 목적 중복(overlap)과 활동 중복(duplication)을 제공한다.

그러한 풍부한 연계와 협의 판매에 의해 제공되는 기회는 학습을 요구한다. 스티글러는 구매자와 판매자가 시장에서의 경험으로부터 정보를 축적하고, 이를 통해 연속적인 거래에서 보다 유리한 조건을 얻을 수 있다는 점을 지적했다(Stigler, 1961). 좀 더 구체적으로 블랜드는 복수의 협의 판매를 이용하는 발행자들이 일정 시점까지 연속 판매를 통해 더 유리한 조건을 받았다는 것을 발견했다(Bland, 1985). 그는 "이전 채권시장 경험이 있는 지방자치단체는 가장 좋은 조건의 경쟁 판매와 유사한 금리를 협의할 수 있는 관리팀을 구성할 수 있다"고 결론지었다(Bland, 1985: 236).

5 풍부한 연계와 상대적인 부

네트워크 내에서 지위, 특히 부에 의해 만들어진 지위에 의해서 영향력의 경제가 가능해진다. 우리는, 경우에 따라서는 부의 차이가 영향력을 강화하나 혹은 약화시킨다고 기대한다. 부는 이익을 창출하고, 부가 부족하면 정보 지원에 의존하게 된다. 그러한 의존성은 창의성을 감소시켜 네트워크 구성원들과 더 큰 환경 간 연계를 더 풍부하게 만들기보다는 좀 더 열악하게 만들 것이다.

6 풍부한 연계와 인센티브

기회가 있을 뿐만 아니라 자신의 신분(status)이 변할 수 있다는 꿈이 있으면 창의성을 고양시키는데 기여하는 인센티브 시스템을 만들 수 있다. 가난한 사람들은, 네트워크에 소중한 정보를 얻기 위해 자신의 정보 혹은 에너지를 이용해서, 자신의 독특한 지위(position)에 도움이 되는 기회를 찾는다. 부자들은 네트워크 내 모든 사람들에게 이익이 되더라도 부를 증가시키기 위한 기회를 이용한다. 하지만, 부자들은 기회가 어떻게 전개되는지 예견한다. 그들은 사건의 이미지에 영향을 미치고, 중요한 기술을 흡수하고 그들 자신의 시야를 넓히고 지위 변화를 촉진한다.

7 요약

네트워크의 안정성 또는 불안정성은 부와 구성원 간 연계의 수 그리고 구성원들을 위해 네트워크가 제공하는 인센티브와 상호작용한다. 여기에는 다양한 견해가 있다. 어떤 시각의 문헌들은 안정성이 클수록 학습의 기회가 증가하고, 학습량이 증가하고 혁신과 적응의 기회가 더욱 증가한다는 것을 주장한다. 다른 시각의 문헌들로부터, 우리는 안정성이 클수록 네트워크 구성원들이 그들의 세계관을 강요하려고 할 가능성이 더 높다는 것을 추론한다. 이 관점은 타당할 수도 있고 타당하지 않을 수도 있으며, 위험과 오류가 발생할 가능성이 더 높아진다고 본다.

효율적인 시장이 경쟁 용도에 부족한 자본을 할당하고 특정 상황 능력 수준의 구조에 적절한 가격(발행자에 대한 이자 지급과 투자자에 대한 채권 가격 및 수익률)을 할당하는 시장이라면, 어떤 조건에서 네트워크 안정성이나 불안정성이 시장 효율성을 이끌어내는가? 답은 네트워크 불안정성 모델에 반대해 네트워크 안정성 모델을 검증하는 데 있다.

제3절
안정적인 팀과 불안정한 팀을 시뮬레이션하기

채권 판매 팀원들 간 혹은 전체로서 시장의 안정성이 비용을 최소화하거나 가치를 극대화하는 것과 관련이 있는가? 부와 그 부를 증가시키는 인센티브는 이러한 요인들에 어떤 영향을 미치는가? 우리는 상대적으로 얻을 것이 많은 야심적인 연구 주제가 포함된 실험에서 안정성과 부를 탐색한다. 이 연구에서는 세 가지 기본 명제를 제시한다.

명제 1: 집단이 안정적일수록 학습 속도가 빠르다. 즉, 개인들이 좀 더 자주 협력할수록, 그들은 새로운 사건을 처리하고 행동하는 메커니즘뿐만 아니라 사건에 대한 공통된 관점을 더 빨리 도출한다. 공통적인 견해를 통해서 그들은 패턴화된 불확실성을 볼 수 있으며 이 위에서 그들은 행동을 해서 수익을 볼 수도 있다.

명제 2: 집단 구성원 간 자원의 초기 동등성이 클수록 학습효과가 증가한다. 즉, 구성원 간의 자원 기반 지위 차이가 적을수록, 이러한 차이가 빨리 해결되고, 집단은 더 빨리 조직화되고, 집단 구성원의 공동 이익을 위해 정보를 더 빨리 처리하고 행동할 수 있다.

명제 3: 개인의 기여를 보상과 연결시키려는 (기여에 비례하는 보상을 제공하려는) **집단의 의지가 클수록 학습효과가 증가한다.** 위험과 보상을 연결시키는 것은 정보를 처리하도록 조직화할 수 있는, 즉 정보 처리를 학습하는 인센티브를 제공한다.

시뮬레이션에서는 안정적인 팀과 불안정한 팀, 다양한 부 수준, 그리고 다양한 보상 방법과 관련해 성과의 차이를 강조했나. 이 실험에서는 또한 불확실성 하에서 단일 목표를 달성하기 위한 경쟁을 시뮬레이션했다.

우리는 안정-불안정 팀 아이디어를 게임으로 시뮬레이션했다. 우리의 연구 설계는 무작위성에도 불구하고 학습과 공존하는 문헌으로부터 수집된 요인들을 고립시키는 것을 목표로 한다. 기본적으로, 우리는 반복 측정 연구 설계를 채택했다. 이 작업에서는 피실험자들이 예산의 안정성과 관련된 그리고 예산 흑자를 낼 수도 있고 혹은 적자를 낼 수도 있는 시간 경과에 따른 수익 변화 예측과 관련된 경쟁 과제에 참여하도록 요구됐다.

피실험자들은 팀에서 경쟁적인 다단계 과업을 수행했고, 성공할 경우 보상을 받았다. 일부 대상자들은 일련의 단계를 통해 영구적으로 팀에 합류했다. 다른 실험자들은 시리즈의 각 단계마다 한 팀에서 다른 팀으로 이동했다. 피실험자들은 각 단계의 경쟁에서 승리한 상금의 정확한 액수를 미리 알지 못한다. 그들은 전체 상금의 평균과 범위를 들었고 전체 규모가 정규분포(normal distribution)와 비슷하다고 들었다. 어떤 집단은 다른 집단보다 더 많은 자원을 가지고 있었고, 어떤 집단의 구성원은 해당 집단의 구성원보다 더 많은 자원을 가지고 있다. 집단은 그들이 선택한 어떤 방식으로든 그들이 얻은 보상을 나눠줄 수 있었고, 일부 집단은 다른 집단이 똑같은 보상을 받는 동안 위험 감수에 대한 보상을 받았다.

이 연구는 안정적인 집단이 학습이 아닌 고립성을 낳는다는 것을 확인했다. 집단의 구성원 수가 불안정할수록 상금의 평균, 범위 및 정상분포를 활용하는 방법에 대한 학습이 더 빨라진다. 불안정한 팀들은 안정적인 팀들보다 적은 승리로 시작했지만, 안정적인 집단의 승리는 시간이 지나도 증가하지 않은 반면, 불안정한 집단의 승리는 증가했다.

참가자와 집단 간 상이한 부의 수준이 학습에 미칠 수 있는 영향을 측정하기 위해, 우리는 부의 불평등이 있는 집단을 안정적인 측면에서 제거했다. 불안정한 집단 간에는 그러한 초기 할당이 없었다. 성과 차이는 통계적으로 유의하지 않았지만 불안정한 집단이 다시 안정적인 집단을 능가했다.

마지막으로, 우리는 위험 감수를 활성화하지 않은 보상 구조를 제거했다. 이번에도 불안정한 그룹이 안정적인 집단보다 더 나은 성과를 보였다.

여기의 소규모 집단들과 그들의 결과들에서 안정적인 팀과 불안정한 팀들의 메커니즘에 대한 통찰력을 제공받을 수 있다. 불안정한 팀은 안정적인 집단보다 불확실한 문제해결 상황에서 단일 목표를 달성하는 방법을 더 빨리 배운다. 왜 그럴까? 네 개 집단들의 설명을 고려해 보자.

관리에 관한 연구 문헌을 읽으면 우리는 네트워크 구성원 간 강한 연계가 학습과 적응성을 산출할 수 있는 특성인 안정성으로 이어진다는 것을 알 수 있다. 그러나 이 연구 프로젝트의 추론은 사실 그 반대라는 것을 의미한다. 우리가 관찰한 안정적인 집단에서는 거의 학습이 이뤄지지 않았다. 불확실성이 거의 없을 때 네트워크 구성원들이 자신의 편안한 삶만 추구한다는 일반화는 유지될 수 있다. 그리고 그것은 이 글의 앞부분에 설명된 것과 같이 많은 사례에서 확인된다.

행태에 관한 연구 문헌에서, 우리는 다양성이 불안정, 단기적인 성과 감소를 가져오지만 장기적인 효과성을 수반한다는 것을 알 수 있다. 우리는 이 연구에서 이러한 아이디어에 대해 확인을 했다. 특히 펜실베이니아 지방정부 사례에 대한 일반화는 경쟁 입찰 판매(및 조언)가 가장 불확실한 상황을 제외한 모든 상황에서 협의 판매만큼 효과적일 수 있다는 것이다.

실천에 관한 문헌에서, 우리는 풍부하게 결합된 네트워크 구성원(안정적인 팀)이 덜 풍부하게 연계된 구성원보다 불확실한 상황의 이미지를 형성하는 것이 더 쉽다는 것을 발견할 수 있다고 가정했다. 그 이미지가 지지될 수 있는지에 대한 질문은 열려 있다. 그러나 진짜 문제는 만일 그것이 틀렸다는 것이 입증된다면 안정적인 팀들이 그들의 빠르게 형성된 이미지를 신속하게 바꿀 수 있는가 여부이다. 이 연구의 증거는 그렇지 않다는 점을 시사한다. 사실, 불안정한 팀들은 더 빨리 적응할 수 있다. 적응력의 인력(gravity)은 앞에서 설명한 거미줄에서 명확하게 나타난다. 즉, 적응성은, 과거의 현실이 유일한 현실인 상황인, 거미줄이 폭발하는 것을 방지하는데 이것은 오류 억제에 기여한다.

부채 발행 경험에서, 우리는 팀원들 간 상호 예측 가능한 기대(predictable expectations)가 사회적 현실을 이해하는 데 있어 협의 노력(negotiation effort)을 감소시킨다는 것을 알 수 있다. 우리의 연구에서 이것이 안정적인 팀의 초기 오류가 낮다는 증거에서 보듯이 충분히 그럴 수 있다는 점을 보여준다. 그러나 불안정한 팀들의 오류율이 빠르게 증가한 후 안정적인 팀들의 오류율을 능가함에 따라 더 낮은 오류율은 단기적으로만 존재했다. 우리는 불안정한 팀에 내재된 다양성이, 상호 예측 가능한 기대가 거의 없다고 하는, 유용한 악마의 호소의 원인이 될 수 있다는 것을 일반화한다.

마지막으로, 집단 구성원의 초기 자산과 집단의 인센티브 체계가 수행하는 역할이 약간 명확해졌다. 우리의 연구 결과가 통계적 유의성을 가지지 못했기 때문에 신중한 일반화가 필요하다. 우리는 보상과 인센티브가 중요하다고 본다. 보상은 학습 가능성을 높이기는 하지만 의존성과 우월적 지위를 감소시킬 수 있다. 위험에 비례하는 인센티브는 학습을 장려하는 것으로 보인다. 추가 연구에 의해서 이 변수들 간 상호작용에 내해 밝혀질 것이다.

요약하면, 이 연구는 경쟁 대(vs.) 협의 채권 판매팀 논쟁에 대해 어떤 교육훈련(disciplining) 전략을 제시하고 있는가? 우리의 연구는 부채 관리 네트워크 구성원 간 경쟁에 관한 것이다. 일련의 채권 판매에 대한 경쟁 입찰로 인해 불안정한 채권 판매팀이 나타날 가능성이 높아진다. 불안정한 팀들은 우리의 시뮬레이션에서 불확실한 상황에서 위험과 기회를 감지하기 때문에, 우리는 경쟁 입찰이 팀 구성을 변화시키고 부채 관리 네트워크의 가장 낮은 공통분모 목표를 완화하여, 그래서 발행자의 가장 낮은 이자 비용 목표가 우세할 것으로 기대할 수 있다. 명확하게, 이는 대다수 주와 지방정부 채권 판매에 해당되는 것으로 보인다.

제4절
부채 네트워크와 실천에서 규범적 모호성

대부분의 정통 정부 예산 및 재정 이론에서는 주인(principals)이 목적과 수단에 대해 완벽하고 완전하게 지식을 가지고 있는 것으로 설명한다. 주인(채권발행자)는 대리인(인수자, 재무 자문가, 채권 상담역)을 실행 수단으로 고용한다. 행동 이론이나 거래 이론에서는 주인과 대리인 사이에 정보 비대칭이 존재하는 경우가 많고, 이로 인해서 이들의 관계가 제한된 합리성, 계산된 위험 감수, 기회주의, 지대추구 등의 문제가 된다. 환경 불확실성(예: 채권 시장에 관한 것)이 규범적 모호성(예: 주요 프로젝트나 목표의 상대적 우선순위, 또는 여러 지역 또는 여러 세대에 걸쳐 프로젝트의 비용을 배분하는 방법)에 의해 섞이는 상황에서, 부채 조달 팀(debt financing teams)과 그들이 파생시키는 더 큰 부채 네트워크는 계층적 주인-대리인(principal-agent) 관계보다는 동등한 사람들 간 협의처럼 보일 수 있다. 우리는 미국 최대의 대중교통 서비스이자 뉴욕 메트로폴리탄 지역의 많은 교량과 터널 운영업체인 뉴욕 메트로폴리탄 교통국(MTA)의 최근 부채 상환 노력을 조사했다(Miller & Justice, 2011).

130억 달러 규모의 재조정 핵심은 기존 부채 발행을 단순화된 일련의 채권 계약으로 통합하고 연간 부채 상환 비용을 낮추기 위해 부채 상환 기간을 연장하는 것이었다. MTA의 기존 부채에 대한 원금 상환을 연장하는 것은 부채 상환 기간을 자산의 내용연수(assets' useful life)와 일치시키는 것을 요구하는 관례를 준수하는 것처럼 보였지만 총부채 서비스 비용을 최소화하기 위한 명령과는 일치하지 않았다. 1999년에 처음 공식화되고 2002년에 최종적으로 실행된 리파이낸싱 제안(refinancing proposal)은 음의 순현재가치(negative net present value)를 가지고 있어 비용 최소화가 주요 고려 사항이라면 채택되지 않았을 것이다.[2]

이러한 기술적 고려를 넘어 이번 제안은 리파이낸싱 계획을 개발하고 추진하는 베어스턴스(Bear Stearns) 투자은행의 역할에 주목했다. MTA의 부채 네트워크의 오랜 회원인 베어스턴스 투자은행은 처음에는 MTA의 비공식 고문으로 활동했고, 나중에는 리파이낸싱을 실행한 복수의 채권 발행의 주요 인수자 중 한 명으로 활동했다. 이 제안에 대한 당시 일반 대중 신문들은 이를 "월스트리트(Wall Street)가 공공정책을 자신의 이익에 맞게 형성할 수 있는 놀라운 사례"라고 설명했다(Pérez-Pena & Kennedy, 2000).

그러나 동시에 MTA의 재무 관리자들이 MTA가 원하는 자본 지출 계획에 자금을 조달하는 데 필요한 자금을 조달할 수 있는 다른 선택권이 거의 없다는 것이 당시와 과거 모두 명확했다. 당시 MTA는 일련의 5개년 자본 개선 계획을 통해 상당히 지연된 유지보수의 결과를 시정하기 위해 대대적인 노력을 기울이고 있었다. 이 기관이 175억 달러의 2000~2004년 자본 프로그램에 자금을 조달하기 위한 전략을 마련하면서, 연방, 주 및 시 재정 지원이 이전의 5개년 계획보다 훨씬 더 적은 부분을 충당할 것이 분명해졌다. 동시에, 경상 재원을 통해 자본 지출을 조달하거나 추가 부채를 상환하는 MTA의 능력은 통행료 및 요금 인상과 추가 세수 창출에 반대하는 정치나 시장 현실에 의해 제약됐다. 이번 새조정은 기존 부채에 대한 총이자 지급액이 크게 증가하더라도 연간 부채상환비용(debt service expenditures) 증가 없이 20억 달러의 추가 부채 조달이 가능하도록 설계됐다.

비록 이용할 수 있는 세부 정보가 많지 않았고, MTA 관계자들과 자문가들이 공개적인 발

---

[2] [역주] refinancing은 빚을 갚기 위해서 또 빚을 얻는 일을 말한다. 조달한 자금을 상환하기 위해서 다시 자금을 조달하는 것을 말한다.

언에서 조심스러워했지만, 재조정 계획이 베어스턴스 투자은행에 의해 구상되고 구체화됐다는 것에는 의심의 여지가 없는 것으로 보인다. 2000년 4월 16일, 베어스턴스 투자은행의 로버트 포란(Robert Foran)이, 비공식적인 자문자 자격으로 행동했지만 분명히 매우 많은 시간과 노력을 투자해, MTA를 대신해 승인을 받기 위해서 올버니(Albany) 주 공무원들에게 자금 조달 계획을 제출한 것은 의심의 여지가 없다. 비공식적인 자문가로서, 이 투자은행이 MTA의 재징 자문가로서 공식적인 자격으로 행동했다면 입찰이나 협의에서 제외됐을 것이지만, 이 투자은행은 비공식적 자문 자격으로서, 제안된 120억 달러의 채권 발행 인수에 있어서 많은 수익을 얻을 수 있는 상당한 역할을 할 수 있는 입찰이나 협의에서 제외되지 않았을 것이다. 이번 거래가 성사될 경우 부채 발행 재조정에 대한 인수 수수료는 발행금액의 약 0.6%로 총 1억 달러에 달할 것으로 예상됐다.

그래서 누가 주인(principal)이고 누가 대리인(agent)인가? 은행가들은 자신들을 돕고 있었는가 아니면 MTA를 돕고 있었는가? 해석은 매우 다양했다. "한 민간 회사가 30년 동안 미래의 교통 체계에 영향을 미칠 수십억 달러의 거래를 성사시키고, 은행가 사람들이 이를 구상하고, 제안하고, 구체화하기 위해 이 모든 작업을 수행하고, 주 의회에 직접 로비를 했다는 사실이 그리고 이들은 이 일로 수천만 달러를 벌 수 있는 사람들이라는 사실에 나는 안절부절 했다"고 뉴욕시 공익연구집단에서 벌린 지하철 개선 스트라판저스 캠페인(Straphangers Campaign)의 재판연구관 변호사이자 그 자본지출 계획에 대한 열렬한 비판자인 진 루소노프(Gene Russianoff)는 말했다. "은행가 사람들은 본질적으로 이해가 상충하고 있다"(Pérez-Pena & Kennedy, 2000: B6). 다시 말해서, 여타 연구자들은 이러한 종류의 비공식적 자문이 사실 공공기관이 재정 전문가로부터, 비용이 많이 드는 기술적 자문을 무료 혜택을 얻을 수 있는 유용한 방법이라고 암시했다.

베어스턴스 투자은행은 이 리파이낸싱 이전에 적어도 몇 차례 정도는 뉴욕의 채권 발행 당국(bond-issuing authorities)에 자문을 구한 후 사업을 했다. 1997년 그 기업은 롱아일랜드 전력청(Long Island Power Authority)의 롱아일랜드 전기가스 회사(Long Island Lighting Company: LILCO) 자산 인수를 위한 인수 입찰을 위해 공식적인 재무 자문 역할을 사임했다. 베어스턴스 투자은행은 결국 그 거래의 수석 인수자가 되었는데, 그 거래는 70억 달러로 당시까지 가장 큰 지방자치단체 발행이었다(Pérez-Peña & Kennedy, 2000). 1998년, 그 회사는 MTA가 아직 콜(call: 사다)이 불가능하고 이미 연방법에 의해 허용된 한 차례의 사전환급(advance refunding)을 적용받은 미상환 채무(outstanding debt)에 대해 저금리 환경을 이용할 수 있도록 하는 '스왑(swaption)' 구조를 만들 것에 대해 MTA에게 조언했다.[3] 이에 대한 대가로 베어스턴스 투자은행는 경쟁입찰 과정에서 2위를 차지했을 때, 낙찰자와 연결해 이용가능한 옵션의 절반을 구매할 수 있도록 했다(Kruger, 1998; Sherman, 1998).

특히 적어도 한 소식통에 따르면 로버트 포란(Robert Foran)은 오랜 협력 관계를 통해 MTA의 신뢰를 얻었다고 한다. 우리의 소식통은 부채 네트워크 가설에 따라, 장기적인 고객-중개인 관계와 제도적 지식이 지방 재정이라는 작은 세계에서 중요하다고 주장했다. MTA는 다른 발행자들과 마찬가지로 부채 네트워크 내 금융 회사로부터 지속적으로 '무료(free)' 자문을 받는다. 그리고 이 특정 제안의 유일한 특이한 측면은 제안이 이뤄진 방식인데, 이는 제안의 세부 사항에 대해서 가장 전문성과 지식을 가진 사람들이 제공한 계획에 대한 설명을 얻고자 하는 욕구를 단순하게 반영했을 수 있다. 관계가 개인적 신뢰, 상호성 및 목표 달성에 대한 상호 기대를 수반하는 경우처럼, 이 사례는 공공 재정의 기존 주인-대리인 모델의 틀 내에서 쉽게 분석될 수 없을 것이다.

물론 이러한 상황의 아이러니는 일반적으로 독립적인 공공기관 장치, 특히 자본 프로그램에 자금을 지원하는 MTA의 재정 전략이 주로 유권자와 요금 납부자의 모호한 요구를 충족시키기 위한 노력을 나타내는 것으로 보인다는 것이다. 요금상자(fare box)와 선출된 대표(및 대표들이 지정한 임명)를 통해 시민들은 MTA가 과거의 과소 투자를 해결하고 미래의 인프라 위기를 예방할 만큼 충분한 투자를 할 것을 요구했다. 그러나 시민들은 또한 요금이나 세금 수입을 늘리지 않고 MTA에게 그렇게 할 것을 요구했다. 이러한 부담 증가를 꺼려 하는 시민의 요구 때문에, 대리인은 민주국가에서 공공조직의 충성을 합법적으로 명령하는 것으로 더 널리 인정되는 유권자들보다 금융시장에 더 책임을 지는 결과를 초래했는지도 모르겠다.

상당히 중요한 정치적 활동 이후, MTA는 2001년 주의 자본 프로그램 심사위원회(Capital Program Review Board)로부터 필요한 승인을 얻었고 2002년에 재조정을 실행했다. 이번 재조정에는 한 해 동안 총 18개 발행에서 135억 달러의 환급채권(refunding bonds)을 발행하는 내용이 포함됐다. 관련 법률 및 금리의 유리한 변화로 인해 재조정은 당초 예상보다 많은 30억 달러의 추가 신규 자금 차입이 가능해졌다. 그러나 교통당국의 2002년 재무보고서에 따르면, 그것은 시간이 지나면서 43억 달러의 추가 부채 상환 의무(debt service obligations)

---

3) [역주] 사전 환급(advance refunding)은 기존에 발행된 채권을 새로운 채권 발행으로 교체하여 만기를 연장하거나 이자율을 낮추는 행위이다. 기존 채권의 만기가 남아 있는 경우에도 미리 상환할 수 있다.

를 발생시켰으며, 마이너스 순 현재 가치(negative net present value)는 5,700만 달러였다. 베어스턴스 투자은행은 전체 환급 발행액의 약 31%인 42억 5,000만 달러에 달하는 4건의 환급 발행을 인수하는 데 관리자 혹은 공동 관리자로 참여했다. 보다 최근에는 어쨌든 요금 인상이 이루어졌고(Metropolitan Transport Authority, 2003a, 2003b), 2010년에 MTA는 미상환 부채(outstanding debt)와 관련된 상당한 고정 비용으로 인해 발생한 재정적 부담에 대응하여 상당한 서비스 감소를 발표했다.

정통적 연구자들은 MTA 지도자들이 한 일에 대해 거의 논란이 없는 것으로 봤다. 좋은 아이디어는 어디에서 왔든 좋은 아이디어이며, MTA의 접근방법은 "이 매우 비싼 인재를 무료로 이용할 수 있는 가장 좋은 방법"이라고 했다(Pérez-Pena & Kennedy, 2000: B6). 그러나 언론, 대중교통 이용자 단체, 재정 감시 단체들의 초기 반응은 매우 부정적이었다. 재조정 계획에 대한 비판자들은 재조정의 장기적인 재정적 영향과 MTA가 공개적이고 경쟁적인 해결책 모색 없이 이해관계에 있는 민간 당사자(private party)의 이기적인 제안을 채택한 것에 대해 반대했다.

부채 관리의 목적과 수단에서 모호성(ambiguity)을 발견했지만 재정 의사 결정자들은 문제를 합리적 방식으로 해석했다. 이들은 부채관리에서 비용을 최소화하기 위해 발행자들의 통상적인 선호를 위반하는 대가를 치르더라도, 기존 부채에 대한 상환기간을 늘리는 채무조정(debt restructuring)이 최선의 재원조달 방법이라고 해석했다.

재정 의사결정자로서 MTA 관리자들은 비록 외부 전문가들이 조언을 해 줌으로써 이익을 얻겠지만, 자본 프로그램에 자금을 조달하기 위한 부채 재조정에서는 외부 전문가들에게 맡겼다. 자본 자금(capital funds)에 대한 자본 프로그램의 긴급한 요구, 주와 지방 정부와 선출직 공무원에 의한 재정 지원과 재정 현실에 대한 명백한 부정(否定), 그리고 고객과 납세자들의 부담을 지지 않으려는 불가능한 요구 등은 채무 시장에 대한 불확실성이 해결해야 할 많은 문제들 중 하나가 되는 상황을 만들었다. 채권 사업을 하는 친구들이 제공한 재조정 해결 방법에 의해서 MTA는 본질적으로 양립할 수 없는 정치적·경제적 문제를 어떻게 조화시킬 것인지에 대해 해결하기 어려운 모호한 문제가 아니라 재조정을 실행하는 방법과 같이 해결 가능한 기술적 문제로 그 문제를 재정의할 수 있었다.

재정 관료들은 참신한 방식으로 해석을 전달했다. 부채 재조정의 경우 항상 현명한 시장(ever-wise market)이라는 신화가 지배적이었다. 자금 조달에 대한 전문 지식, 즉 지혜는 공공 개선사업을 위해 자신의 돈을 기꺼이 위험에 빠뜨리려는 금융가 자신이 아닌 어디에서 나올 수 있을까? 좁은 의미에서, 단기적으로 대중교통 이용자와 납세자들의 비용을 증가시키는 것이 아니라, 차입을 선택하는 것이 비교적 쉬운 선택이었다. 왜냐하면 차입은 대중교통 이용자들이 부담하는 부담의 변화 속도를 늦추고, 모든 대중교통 이용자들은 개선 사업들의 내용연수 동안 개선 사업에 대한 부담을 지게 되며, 일반 납세자들은 전혀 새로운 부담을 지지 않을 것이기 때문이다. 사실, 이 해석은 이후 처음 이 계획을 가장 비판적으로 다룬 「뉴욕 데일리 뉴스」(New York Daily News)의 사설에 채택됐다. 재정 감시단만 이 일에 찬성하지 않았다.

마지막으로, 해석이 시행되는 방법은 정책 도구와 그 적용에 대한 교과서적 관점과 반대되는 것이었다. MTA 경영자들은 부채 재조정을 통해 자본투자자금조달계획(capital investment financing plan)을 실행해 기존 부채에 대한 상환기간을 연장하고 순현재가치 절감(net present value savings) 효과를 얻지 못했다. 부채 재조정은 일반적으로 그러한 채무 관리 계획에 동기를 부여한다고 일반적으로 알려진 최적화 가정을 위반하는 것으로 보인다. 반면에, 재조정은 부담을 대체로 대중교통 이용자들에게 한정하고 시간이 지날수록 모든 이용자들에게 부담을 확산시킴으로써 공정하게 개선사업 비용을 부담하게 했을 수도 있다.

해석모형은 재정 관료들 사이에서 발생할 수 있는 과정에 대한 설명으로 의미를 가지고 있다. 사례 연구 접근법은 이 모형이 타당성을 가지고 있음을 시사한다. 나머지 질문들은 반직관적 의미를 중심으로 전개된다. 즉, 우리는 이러한 발견으로부터 재무 관료들이 많은 사람들이 그들의 결정을 지배할 것으로 기대하는 절약 논리(economizing logic)를 일상적으로 무시한다는 것을 추론할 수 있는가? 이것이 함축하는 바는 어떤 단순한 논리의 탁월함이 아닌 재정 관료들이 행동 방침을 결정하는 맥락에 대해 갖는 복잡한 인식이라고 우리는 주장한다.

먼저 우리가 시작한 이론에 대한 암묵적 검증을 고려해 보자. 이 공공 전문직의 중심에 무슨 경영을 위한 실천적 지침이 있나? 공공 재정관리, 이처럼 행정에서 가장 기업과 같은 분야인 공공 재징관리 실천의 핵심에 합리석 행위자가 있는가? 어떤 규범이 이 합리적인 행위자를 인도하는가? 실천에 관한 연구결과로부터 우리는 많은 합리성이 존재한다는 결론을 내릴 수 있다. 우리가 조사했던 상황에, 합리적인 행위자가 존재한다. 이 행위자는 연구자들이 이러한 연구 결과를 통해 일반화할 수 있는 효용에 관한 여러 의미에서 기대 효용(expected utility)을 최적화하는 행위자이다. 그러나 합리적 행위자의 정설적 의미 그리고 주인−대리인 관계에서 주인이라는 정설적 의미에서 볼 때, 우리는 재정관리자가 상당히 다르게 행동한다는 것을 발견했다.

제10장

경매 경쟁과 경제발전을 위한 세제 혜택[1]

도니조 로빈스(Donijo Robbins),
제랄드 밀러(Gerald J. Miller)

전통적으로, 주와 지방의 정책결정자들은 일반적인 경제침체를 극복하거나 특정한 지역이나 빈곤한 또는 황폐한 지역을 재개발하기 위한 방법으로서 기업을 유치하기 위해 세금감면, 세금공제 및 기타 재정 인센티브 패키지를 제공했다. 인센티브는 정책결정자들이 모집한 기업들의 요구에 대응했다. 재정 관료들은 인센티브를 설계하고 구성했으며, 무엇을 할지 결정할 때 대리인 논리를 적용했다. 이 장에서는 매우 친기업적인 맥락에서 대리인 논리를 탐구한다. 여기에서 제시된 연구에서는 대리인으로서 재정관료들의 산출과 결과에 대해 부정적으로 바라본다.

지난 20여 년 동안 인센티브의 사용을 촉진하는 재개발에 대한 관심은 전략적인 경제적

---

[1] 이 장의 일부는 2006년에 발간된 *Journal of Public Budgeting, Accounting and Financial Management* (18권 3호, 307~350쪽)에 게재됐다. 이 자료의 사용을 허락해 준 편집자분들께 감사드린다. 또한 교육적인 질문을 하시고 예리한 제안을 해주신 익명의 세 분의 심사자, 실험에 참여하신 175명의 열정적인 공공행정 전문가, 그리고 저자를 조직하고 동기를 부여하는 방법을 알고 계셨던 저널 심포지엄 편집자들에게도 감사드린다. 이 논문은 2000년 10월 캔자스시티에서 열린 예산 및 재정관리협회 회의와 2003년 5월 중서부 정치학 협회 회의에서 발표된 것이다.

이점을 얻으려는 노력으로 바뀌었다. 기업들에게 세금 및 비과세 인센티브의 제공이 확대됐다. 지역 간 경쟁은 더욱 치열해졌다. 주와 지방정부 지도자들은 민간기업들이 다른 경쟁 주나 지방정부에서 제공하는 인센티브 패키지를 중요시하며 경매를 할 때 대응해야 한다. 경쟁은 '군비 경쟁'을 야기했다.

경쟁 결과에 대한 추정은 합의보다 논쟁을 더 많이 불러일으켰다. 일부는 정부가 다른 정부보다 높은 가격을 제시해 그 사업을 '따내'면 장기적으로 해당 사업의 가치보다 더 많은 공공 자금을 투입하게 되어 순손실을 초래할 것이라고 주장한다. 그러나 다른 이들은 순수익이 가능하다고 주장한다. 문헌은 "이익을 볼 때도 있고 손해를 볼 때도 있다"로 요약될 수 있다. 고위험성과 결론이 일치하지 않는 연구들을 볼 때 우리는 공무원들이 왜 유치와 유지 도구로 인센티브에 의존하게 되는지 묻게 된다. 낙찰은 한 가지 이상의 의미를 가질 수 있으므로 공무원들은 경제 분석에만 의존하는 것을 주저한다.

이 장의 목적은 입찰 전쟁에 참여하는 공무원들의 동기와 투자 패턴을 실증적으로 살펴보는 것이다. 다양한 조건과 인센티브를 가진 모의 경매를 이용하여 실험한다. 우리의 목표는 정부가 기업에 대한 경쟁입찰을 통해 순재정적 수익을 창출할 수 있는지 여부를 판단하는데 있다. 이 접근법은, 시간의 흐름에 따른 경매 과정을 추적하여 전체 수익률을 결정한다. 이 장에서는 먼저 경제발전(economic development)의 거시적 수준과 미시적 수준 목표를 검토한다. 다음으로 실험을 소개하고 어떻게 작동했는지 설명한다. 그리고 자료와 결과가 제시된다. 마지막으로 정책결정자들이 추구하는 거시적 수준과 미시적 수준의 경제발전 목표라는 측면에서 연구 결과를 논의한다.

제1절
인센티브의 거시적 목표

정부 및 경제발전의 거시적 모형의 기초가 되는 이론은 공공 의사결정자의 행동에 대한 많은 지식을 산출한다. 그 이론에 의하면 결정자들이 공공 재정 인센티브를 이용해 민간 경제발전을 장려하고 성장을 촉진할 것이라고 예견할 수 있다(Blakley & Bradshaw, 2002;

Brace, 1993; Keynes, 1936; Polanyi, 1957; Peterson, 1981; Mollenkopf, 1983; Eisinger, 1988). 새로운 산업을 유치하면 일자리가 늘어난다. 기초적인 경제이론에 의하면 노동에 대한 수요의 증가가 더 높은 임금을 산출하며, 더 높은 임금은 재화와 서비스에 대한 더 높은 수요로 변환됨을 알 수 있다. 사업 수익은 잠재적으로 증가한다.

일부 연구에 의해서 이론은 확인된다. 지방자치단체는 실업을 감소시키고, 새로운 자본 투자를 유치하며, 더 큰 과세 기반을 구축하기 위해 인센티브에 의존한다(Blakley, 1989. Burnier, 1992; Trogen, 1999). 지도자들은 경제적 필요, 성장 기대, 제도적 합의 또는 지역의 경쟁력 있는 경제적 지위를 향상하려는 동기 때문에 인센티브로 대응한다(Feeock, 1999). 인센티브를 제공하는 도시는 경제를 더 빠르게 성장시키고, 그렇지 않은 도시보다 더 잘 살게 된다(Clarke and Gaile, 1992). 바티크는 인센티브가 사업체와 산업의 입지에 어느 정도 영향을 미친다는 증거를 발견했다(Bartik: 1991).

또한, 연구들은 인센티브가 수익을 가져온다고 주장한다. 수익은 새로운 기술을 활용하는 시장과 지역을 개발하거나(Eisinger, 1988), 민간 부문이 가장 경쟁력이 있는 지역(Rosentraub & Przybylski, 1996)에서 투자가 이뤄질 때, 수익이 나타난다. 훼이옥크는 경제적 어려움 중에 인센티브를 제공하는 것이 효율적인 결과를 도출한다고 말한다(Feiock, 1999). 다른 이들은 고용은 거의 무관하지만, 경제개발 정책이 주 1인당 소득 증가(Trogen, 1999) 및 전반적인 투자 이익(Kebede & Ngandu, 1999)과 긍정적인 상관관계가 있는 것으로 본다(Feiock, 1991). 또 다른 이들은 유치에 승리한 관할권에서의 성장과 유치 경쟁을 했지만 패배한 관할권에서 성장과 비교할 때 이점을 발견했다(Greenstone & Moretti, 2003).

다른 사람들은 이와 반대의 주장을 한다. 이러한 입찰 전쟁은 산업유치에 거의 영향을 미치지 않는다고 그들은 말한다. 전 미국 관리예산처(OMB) 국장인 데이비드 스탁만(David Stockman)은 더 큰 국가적 및 세계적 경제 및 인구통계적 요인이 지방정부가 제공하는 인센티브를 무력화한다고 주장한다(Greider, 1981). 공공의 노력은 무관할 뿐만 아니라 낭비이다(Peters & Fisher, 2004). 블루스톤 외는 시간이 지나도 인센티브와 관련된 비용은 회수되지 않으며, 납세자는 손실을 본다고 말한다(Bluestone et al., 1981).

제한된 효용 관점은 지지를 받고 있다. 인센티브는 최종 입지 결정에서 "승부를 가르는 외적 요인(swing factors)" 또는 "동점 차단기(tie breakers)"로만 작용하며(Watson, 1995), 기존 지역 사업체의 유지 및 확장을 장려하는 데만 작용한다(Kale, 1984). 그러나 일부 사람들은 인센티브가 사업체 및 산업의 입지에 전혀 영향을 미치지 않는다고 믿는다(Bluestone,

Harrison, & Baker, 1981; Wasmer, 1990, Anderson & Wasmer, 2000; Watson, 1995).

실증연구와 관련된 어려움은 공공 자금을 민간투자로 교환함으로써 지역의 순이익을 측정, 결정 및 예측하는 데 있다. 만일 전통적으로 인센티브가 빈곤지역을 대상으로 의도한 것이라면, 이러한 인센티브가 이 지역의 경제적 지위를 향상시킨다는 믿음은 타당해 보인다. 일단 인센티브의 전통적인 목표가 변화하고 모든 정부가 '군비경쟁(arms race)'에 참여하게 되면, 특히 가난한 지역의 경제적 지위를 향상시키기 위한 노력은 분석할 가치가 있다.

제2절
인센티브의 미시적 목표

거시경제학은 여러 시장을 분석하고, 각 시장이 다른 시장의 변화에 어떻게 반응하는지를 분석한다. 미시경제 모델은 다른 분석을 제공한다. 이 모델은 개인이 기업의 이사회 구성원이든 임원이든 정부의 임원이든 행정가이든, 심지어 선출된 공무원이든 상관없이 개인 수준의 의사결정을 살펴본다. 경제발전 인센티브에 대한 거시적 관점의 연구는 결론이 각각인 혼합된 결과를 도출하고 있기 때문에, 미시적 수준의 연구는 어떤 거시적 차원의 발견에 어떠한 가중치를 제공해야 하는지에 대한 통찰력을 제공할 수 있다.

미시경제학의 기본 원칙은 경쟁기업은 한계비용이 한계수익과 일치하는 곳에서 운영된다는 것이다. 지방자치단체의 경우에도 동일하게 적용된다. 직접서비스와 보조금을 모두 포함한 공공서비스 제공의 한계비용은 신규, 확장 또는 유지 사업에서 창출되는 조세수입과 동일해야 한다(Black & Hoyt, 1989). 정부는 한계비용이 한계편익을 초과할 때 세제 혜택(tax incentives)을 제공해서는 안 된다. 한편 공공서비스의 한계비용이 신규 사업 또는 확장사업체에서 발생한 조세수입보다 작거나 사업체가 다른 곳으로 이전할 때의 상실된 순 잠재적 수익(net potential lost revenue)보다 작다면 세제 혜택은 한계비용이 한계수익과 일치하는 지점까지만 실현가능하다.

어려움은 이러한 비용과 편익을 측정하는 데 있다. 자료파일이 지방에 존재하지 않는 경우가 많다. 실제로 공공자금이 얼마나 제공될 수 있나 하는 양여금은 종종 세금 감면(tax concessions)을 요청하는 사업체가 제공하는 대항적 추정치에 따라 달라질 수 있다.

재정학과 미시경제학은 시장 구조를 설명한다. 규범적 재정학은 합리적이고 최적화를 추구하는 관료에 의해서 최적의 사회복지 결정이 이뤄질 수 있다고 가정한다. 그러나 관료가 완벽한 정보를 가지고 있지 않으면 관료의 그러한 동기를 볼 수 없을 것이다. 그리고 세제 특혜가 도움이 되고 그것을 이용해서 관료가 일을 잘 할 수 있다는 증거가 분명하지 않은데도 관료가 세제 특혜를 지지하고 제공하는 이유도 설명하지 못한다.

합리적 행위자의 행동에 대해 가지고 있는 경제학자들의 견해 역시 명확한 방향성을 제공하지 않는다. 하일브로너는 경제학과 합리적 행위자의 "적절한 정의에 대한 논란의 지대한 역사"를 지적한다(Heilbroner, 1988: 14). 그는 광의의 정의와 협의의 정의를 모두 설명하고 있다. 그는 일부 사람들이 경제학을 광의의 정의인 최적의 의사결정(optimal decision making)의 처방이어야 한다고 믿고 있다는 것을 인정한다. 경제적 결정은 합리적인 행위자가 다음과 같이 할 수 있을 때 작동한다. 즉, 행동 경로가 이용가능하고, 잘 정의될 수 있고, 대안적 행동에 명백한 비용과 편익을 부여할 수 있고, 이뤄진 결정에 대해 실질적 통제를 할 수 있고, 비슷한 혹은 유사한 상황에서 결정 경험이 있고, 그리고 행위자가 "자신이 결과에 대해서 한 일의 효과를 이해할 수 있는" 단순한 방식으로 일련의 대안적 행동들과 연결된 잘 정의된 목표를 가지고 있을 때 작동한다(Taylor, 1996: 225-226).

하일브로너는 경제학과 합리적 행위자에 대한 협의의 정의를 지지한다. 그가 보기에, "경제학은 … 사회가 필요한 활동을 정리하고 조정하는 과정이다"(Heilbroner, 1988: 14). 그는 단기적인 고려가 장기적인 것보다 중요하며, 이러한 제한된 결정은 소모된 자본의 소비와 보충에 관한 것이라고 말한다(Heilbroner, 1988: 15). 합리적인 행위자는 실질적인 부분을 조정하는 기술(시장과 가격 시스템을 통한 조정)뿐 아니라 실질적인 부분(제조업, 소매업, 농업) 측면에서 경제를 사회와 분리할 수 있다. 하일브로너는 문제에 대한 경제적이고 합리적인 행위자 접근 방식이 효율성과 형평성 규범을 따를 때만 작동할 수 있다고, 즉 사회에 필요한 것을 제공하는 데 성공할 수 있다고 주장한다. 따라서 합리적 행위자에 의하면, 효율적이고 공평하게 사회를 단기적으로 지탱할 수 있다.

공공선택론 아이디어와 연구에 의해서도 관료의 행동에 대한 예측을 이끌어낼 수 있다. 그것들은 광의의 합리적인 행동 관점을 지지한다. 뷰캐넌에 따르면, "'경제적으로' 행동하는 행위자는 '적음보다는 많음(more rather than less)'을 선택하며, 많고 적음은 독립적으로 식별되고 정의되는 재화의 단위로 측정된다"(Buchanan, 1972: 17). 그러므로 공공선택이론에 의하면 행위자가 더 적은 것보다는 더 많은 것을 획득(또는 끌어 모으도록)하기 위해서 선택할 수 있도록 여러 재화를 식별하고 정의할 수 있어야 한다.

관료들이 민간 기업과 경쟁하기 위해 무엇을 할지 결정할 때, 관리들이 합리적인 행위자인가 그 여부에 대해 논쟁이 벌어진다. 비록 일부 연구에서 세금감면과 여러 인센티브가 효과적이지 않다고 말하지만, 관료들이 그것을 이해하지 못할 수도 있다. 관료들은 다른 사람들의 경험을 인지하지 못하거나(Wolman, 1988; Mollenkopf, 1983), 혹은 그것들을 불신한다(Wolman, 1988; Burnier, 1992). 오하이오주의 정책결정자들은 연구들을 실제 세계에 적용할 수 없기 때문에 연구들을 불신한다고 말한다. 오히려 "실무 경험에 의해서 기업들이 위치 선정 및 확장을 위한 조건으로 인센티브를 통상적으로 요청하기 때문에 인센티브가 중요하다는 것을 알 수 있다고 한다"(Brurnier, 1992: 22). 즉각적으로 발생하는 이익과 시간이 많이 지난 후에 발생하는 비용, 또는 손실을 가져오는 지출에 대해서는 잘 알 수 없기도 하고 또한 잘 알 수 없는 것이 합리적으로 보이기도 한다(Downs, 1960; Stigler, 1961). 정보 출처가 다양하며, 그 모든 정보 출처가 특정 이해관계에 대해 편향성을 가질 수도 있다. 일부 정보 출처만 공무원이 우선적으로 봉사하는 이해관계를 공유하는 사람들에게서 나올 수도 있을 것이다(Noto, 1991: 254).

'현실 세계'와 중요한 실제 경험은 '지대추구(rent seeking)'에 해당할 수도 있다. 코프만은 지대추구는 "정부가 연간 [세금] 감면 예산(annual [tax] abatement budget)을 확정해서", 세금 감면이 기업들이 경쟁하는 희소한 자원이 될 때 발생한다고 주장한다(Coffman, 1993: 595). 공무원이 재량권을 더 많이 가지고 있을수록, 공무원이 사회복지 증가에 대한 최적의 행동 경로를 제시하는 믿을 수 있는 통계 자료(hard date)에 덜 얽매여 있을수록, 기업들이 공무원에게 로비를 할 유인은 그만큼 더 커진다. 지대추구 공무원은 개인적으로는 이득을 얻을 수 있지만, 행정 및 규정 준수 비용과 차선의 공공정책에 따른 초과 경제적 비용(excess economic costs) 이상의 추가적인 사회복지 손실을 낳는다(Musgrave & Musgrave, 1989: 277-296; Harberger, 1974: 35; Tullock, 1967).

개발 장려금의 경제보다는 개발 장려금의 정치가 의사결정을 지배할 수도 있다. 지역사회는 정치 지도자의 첫 번째 관심사가 될 수 있으며, 주요 산업을 잃는 것은 큰 위험을 수반한다. 노토는 주요 고용주가 이사를 가면 "시민들의 주요 노동 소득원에 손실이 발생하고, 주요 자산인 그들의 주택 가치 하락이 복합적으로 작용한다"고 지적한다(Noto, 1991: 252). 생존 차원에서는 정치적 행동이 의미가 있지만, 다른 차원에서의 행동, 예를 들면, 사회적 차원에서의 행동도 더 큰 의미가 있다. 지속적인 사회적 유대의 네트워크로 정의되는 지역사회에 의해서 호혜성과 공정성이라는 비경제적 규범이 발전될 수 있으며, 테일러는 "지역사회의 네트워크에서의 상호작용은 비강제적이고, 믿을만하고 존중할 만하고, 상대적으로 평등주의적이며, 또 협력에 기여한다"는 점을 연구했다(Taylor, 1996: 232). 지도자라면, 경기가 좋은 시절에도, 지역사회의 보존과 개선에 기여하는 민간 기업에 대한 보조금을 지급하여 테일러가 말하는 공동체의 존재에 대한 위험을 줄일 수도 있을 것이다.

정말로 극심한 곤경에 처한 경우, 지역사회는 기업에게 연명 시간을 연장하기 위한 입찰을 위해 보조금을 제공함으로써 이익을 얻을 수 있다. 노토는 이 인센티브의 사용을 호스피스 케어와 동일시하고 있다(Noto, 1991). 합리적인 지도자는 지역사회가 천천히 사라지는 고통을 완화하기 위해 인센티브를 사용한다.

마지막으로, 인센티브의 정치에 따르면, 지도자는 직접적으로 그리고 직업적으로 오류의 결과에 직면하게 한다(Noto, 1991: 254). 만약 지도자가 인센티브를 제공하지 않고, 기업이 다른 곳으로 이전하거나, 재배치 제안을 거절한다면, 지도자는 불리한 상황에서 반대에 직면하게 되고, 점점 패배가 부각될 것이다. 지도자가 양보해서 인센티브를 준다면, 지도자는 낭비, 사기, 남용을 조장한다는 이유로 반대와 패배에 직면하게 된다. 인센티브 제공을 거부하는 것은 지도자에게 더 큰 즉각적인 손실 위험을 안겨줄 수 있다(Noto, 1991: 254; Wolkoff, 1983).

경제가 아닌 상징성을 이유로 공무원들은 기업과 산업에 인센티브를 제공할 동기를 가질 수도 있다(Wolkoff, 1992; Kennyon, 1997). 자본은 이동성이 있다. 예를 들면, 사업체들은 짐을 싸서 더 효율적인 곳으로 이동할 수 있다. 월만과 스피츨리는 민간 기업들이 지역사회를 볼모로 잡고 있다고 주장한다(Wolman & Spitzley, 1996). 공무원들, 특히 선출된 공무원들은 일자리를 유지하기 위해 특정 조치를 취해야 할 수도 있다.

"지방 공무원들은 유명한 기업체를 유치하거나 유지할 기회를 놓치는 것을 꺼려할 수 있는데, 기회 상실로 인해 제기되는 정치적 책임이 기업을 자신의 지역에 위치하도록 설득하기 위해 '너무 많이 지불'하는 비용보다 더 큰 피해를 가져온다고 생각한다"(Kennyon, 1997: 21). 정치적 압력으로 인해 지방 공무원들은 인센티브를 제공하게 된다.

인센티브에 대한 의존은 때때로 "원숭이가 보고, 원숭이가 하는 행동," 즉 있으면 좋다는 기회주의에서 꼭 필요하다는 필요성으로 빠르게 변하는 "마치 원숭이들이 서로 행동을 모방하는 것"과 같은 모방 행동의 결과이다. 하나의 정부가 그렇게 하면, 다른 정부들이 따라가기에(Saiz, 2001), 가격 전쟁이 발생하거나, 공공 부문의 경우 입찰 전쟁이 일어난다 (Wolman, 1988; Burnier, 1992; Clarke & Gaile, 1992; Feiock, 1999). 지방정부들은 기업을 생존시키고 다른 기업과 경쟁할 수 있도록 돕기 위해서 공공자금을 제공하거나 또는 다른 지역과의 경쟁에서 스스로를 방어하기 위해 공공 자금을 제공한다(Grady, 1987).

정부들은 또한 인센티브를 신호로 사용한다(Wolman, 1988). 인센티브는 지역사회가 친기업적임을 보여준다. 즉, 중요한 유권자들은 정치 지도자가 경제 성장을 촉진해야 하고, 지도자가 기업을 지역사회로 유치할 수 있는 중요한 수단을 가지고 있다고 믿는다. 만약 지도자가 성장의 신호를 보낼 수 없거나 그럴 의지가 없다면, 지도자는 성장을 지지하는 의욕이 넘치는 유권자들로 대체될 수 있을 것이다(Molotch, 1976). 지도자들은 신호가 결과를 가져온다는 것을 증명하기 위해 "가시적인 성과 기록"을 보여줘야 한다(Burnier, 1992: 22). 지도자가 필요로 하는 기록으로서 지역사회에 새로운 기업이 진입하거나 기업이 잔류한다는 발표는 인센티브가 주는 보상이다. 이 보상은 이들 정부가 산업을 유지하고, 유치하기 위해 적극적으로, 심지어 공격적으로, 무언가를 하고 있다는 것을 유권자들에게 보여주는 기제이다(Rubin, 1988).

경제발전이론에서는 한 지역의 지도자들이 "독자적으로 식별하고 규정한" 재화들을 "적지 않은 양을" 선택하거나 생산하는 데 있어서 '경제적으로(economically)' 행동할 것이라는 다양한 사례들이 지적되고 있다. 행동은 때때로 복지를 향상시키는데 합리적일 뿐만 아니라(Wolkoff, 1992), 행동은 대부분의 경우 전략적인 의미에서도 합리적이다(Anderson & Wassmer, 1995: 742). 사회적 의미에서, 상징 조작과 신호 전달을 포함한 행동에 의해서 지도자는 목적이나 수단에 대한 합의가 존재하지 않는 모호한 현상에 대처할 수 있게 된다(Feldman & March, 1981; Thompson & Tuden, 1959; Thompson, 1967).

제3절
연구 문제

정치에 기반한 실제적 경험, 상징주의, 모방, 신호 전달 등은 경제발전에 대한 공공의 관여를 둘러싼 미시적 수준의 의사결정 과정을 안내하는 것으로 보인다. 이 모든 가능한 미시적 기반들은 공무원들이 보조금 결정을 내리는 요인을 예측하는 데 도움이 된다. 가장 강력한 예측 변수는 거시수준의 경제발전 인센티브 연구 결과를 판단하는 데 유용한 기준이 될 수 있다. 이 연구에서 우리는 효율적인 경영실무의 기반이 되는 전통적인 복지 경제 원리들보다 더 중요한 미시적 수준의 목표가 무엇인지 질문하고자 한다.

지방정부 간 경쟁처럼 인센티브 수여 게임에서 정치 분석과 경제 분석은 자주 경쟁한다. 지역 간의 경쟁은 지역이 사업을 위해 서로 경쟁하는 경매와 유사하다(Anderson & Wassmer, 2000; Black & Hoyt, 1989; Siegel, 1997). 기업은 장·단기적인 경제 전망에 대한 정보를 가지고 있다. 정부 지도자들은 기업이 가진 그런 유사한 지식을 얻는 데 어려움을 겪을 수 있다. 지식 비대칭(knowledge asymmetry)은 입찰의 기초가 된다. 그러나 정부 지도자들은 직접이고 순수한 경제적 복지 개선에 대한 경쟁으로 경쟁을 구성할 수도 있고, 혹은 공동체의 보존과 같은 다른 방식으로 경매 성공을 정의할 수도 있다. 경매 성공의 정의에 대해 지역마다 차이가 있는 경우 경매는 그림과 같이 취향에 따라 그 가치가 다르게 해석될 수 있는 민간재(private good)의 판매에 해당할 수 있다. 반면, 경매에는 광물권과 같이 불확실성과 확률의 조건 하에서 그 가치가 정의될 수 있는 공유재(common good)의 가치에 대한 지식만 다른 지역이 포함될 수 있다. 지방정부들은 입찰에서 공격적인 방식으로 혹은 위험을 회피하는 방식으로 행동할 수 있다. 그러나, 여러 정부들은 기업을 인수하거나 유지하는 데에 인센티브를 제공한다. 기업은 수익을 극대화할 수 있는 제안을 받아들인다. 경매 형태에는 다른 것과 구별되는 특징을 가지고 있으며, 이러한 특징은 경제발전을 위한 지역 경쟁에서 발견되는 놀라운 행동과 관련될 수 있다. 지역 경쟁과 경매가 서로 유사하기 때문에 우리는 경매를 조사대상으로 상정한다. 우리는 경제 발전을 사적재 또는 공유재로 그 특징을 기술할 때, 우리는 경매를 가정할 수 있고, 낙찰의 정의를 탐구할 수 있다. 우리는 행동에 대한 특정 경쟁적 설명을 통제할 수 있다. 끝에 가서는, 우리는 정부와 기업 간의 상호 작용의 다른 형태를 탐구하기 위해 경매 가정(auction assumption)을 완화할 수 있다. 따라서 경매 이론과 실험적 연구는, 합리적인 행위자 행동이 경제 발전과 관련 한 모든 당사자에게서 발견되는 원인인지에 대한 질문에 답하는 데 유용한 도구가 될 수 있다.

1 경매

경제 개발 인센티브의 정치와 경제는, 준거 틀(the frame of reference)을 성공의 정의에 대한 합의가 부족한 경쟁적인 게임(competitive game)에서의 의사결정으로 바꾸면, 좀 더 명확해질 수 있다. 경제 발전 지도자들과 전문가들이 시간이 지남에 따라 경쟁 전략을 추구함에 있어 실제로 이루고자 하는 바가 무엇인지를 이해하는 것은 중요하다. 경쟁적 게임의 구조와 과정 자체를 살펴보는 것은 통찰력을 제공할 수 있다. 이러한 이해와 통찰은 사회 복지 개선 접근법보다 경제 발전 보조금 결정에 대한 더 확고한 미시적 차원의 시각을 제공할 수 있다(Anderson & Wasmer, 1995: 742).

미시적 관점에서는 대부분의 공직자들이 내릴 수 있는 가장 당혹스러운 결정 중 하나인 거부(unwillingness), 무능력(inability), 불이익(disadvantage)을 설명해야 한다. 일부 사람들은 정책 결정자들이 정보를 얻기를 꺼려하기 때문에 "어떤 경제 개발 정책이 어떤 수익을 얻을지 모르고 무작정 투자를 한다"고 주장한다(Trogen, 1999: 256). 다른 이들은 동일한 정책결정자들이 "경제의 구조적 변화를 정확히 예측할 수 있는 능력이 없다"고 본다(Wolkoff, 1990: 335). 단점은 기업과 지방정부 간 정보 비대칭성(information asymmetry)에 있으며, 그 취약성은 지방정부 지도자들의 의사결정에 근본적인 영향을 미치게 된다(Wolkoff, 1992). 비록 몇몇 연구는 투자 수익률을 예측하기 어렵다는 견해를 뒷받침하고 있지만, 많은 정부 의사 결정자들은 여전히 승리에 필요한 군대나 무기 없이 경제 개발 전쟁에 참여하고 있다.

논리적 근거와는 상관없이, 정부 지도자들은, 최고 입찰자가 경제 자산, 기업과, 그리고 시간이 지나면 나타나는 사회·경제적 활동을 쟁취하거나 구입하는 경쟁에, 참여한다. 이러한 경쟁은 경매와 유사하다. 따라서 경매 역학 및 결과를 검토하는 것은 경제 개발 경쟁의 역동성 및 결과를 이해하는 데 도움이 될 것이다.

밀그롬과 웨버는 입찰이 마감되고 "최고 입찰자가 물건을 지목하고 자신이 입찰한 금액을 지불하는 최고가격 경매(first-price auction)를 사용하는" 경쟁 입찰 과정을 분석했다(Milgrom & Webber, 1982: 1090). 다른 이들도 동일하거나 유사한 결정 과정을 조사했고 유사한 결론에 도달했다(Capen, Clapp, & Campbell, 1971; Thaler, 1988; Wilson, 1977; Bazerman & Samuelson, 1983; Harrison & March, 1984; Kagel & Levin, 1986; McAffee & McMillan, 1987; Lind & Plott, 1991). 한 토지에 대한 광물권 경매 과정을 분석하면서, 밀그롬과 웨버는 다음과 같이 주장했다(Milgrom & Webber, 1982: 1093-1094).

권리의 가치는 알려지지 않은 회수 가능한 광석의 양, 품질, 회수 용이성, 그리고 가공 광물에 부여될 가격에 따라 결정된다. 다양한 입찰자들에게 이러한 광물권의 가치는 동등한 것으로 간주될 수 있지만, 그러나 입찰자들은 공통 가치(common value)에 대한 추정치를 다르게 할 수 있다. 결과적으로 모든 입찰자들이 추정을 왜곡 없이 했더라도 낙찰자는 자신이 경매에서 획득한 권리의 가치를 (평균적으로) 과대평가했다는 것을 알게 될 것이다.

실제로, 합리적으로 행동하려는 의도가 광물권 경매에서 합리적인 결과를 보장하지는 않는다. 많은 경매와 마찬가지로 평균 입찰가는 경매 대상의 가치보다 낮고, 두 번째로 높은 입찰가는 실제 대상물의 가치에 가장 근접하며, 낙찰가는 대상물의 가치를 초과할 것이다.

광물권 경매 경험이 무엇을 가르쳐 주는지 알고 있는 합리적 행위자는 어떻게 이익을 얻을 수 있을까? 탈러는 상당히 명백한 변칙이 무엇인지를 다음과 같이 설명한다. 즉, "당신이 입찰가를 최적으로 줄여 대응한다면, (광물권(mineral rights)) 리스에 너무 많은 비용을 지불하는 것을 피할 수 있지만, 당신은 경매에서 낙찰을 받을 수 없을 것이다. 사실 당신은 전혀 입찰하지 않기로 결정할 수도 있다. … (이 경우) … 당신은 사업을 바꾸기를 원해(야) 한다"(Thaler, 1988: 200). 경매 현상은 합리적 행위자들이 추구하는 합리적 결정의 모든 속성을 가지고 있는 것처럼 보인다. 그러나 경매는 최적의 결과에 미치지 못하는 결과로 끝난다.

이런 현상을 승자의 저주라고 한다. 밀그롬과 웨버의 연구는 비록 민간 부문에서 사용되지만, 경매인/판매인이 최고가 입찰자(highest bidder)가 제시한 것과 동일한 가격에 물건을 판매하는 표준적인 봉인입찰 경매의 과정은 공공 부문이 경험하는 입찰 전쟁에도 적용된다. 즉, 가장 많은 세수를 사용하는 지방정부, 즉 시, 카운티, 주 정부의 의사결정자가 보조금을 추구하는 산업을 쟁취하거나 얻는다.

떠도는 증거를 보면 승자의 저주 현상에 대해 조금 더 잘 알 수 있다. 예를 들어, 유나이티드 항공(United Airlines)은 켄터키주와 인디애나주를 정비시설의 잠재적 입지로 고려했다. 두 주는 모두 보조금과 인센티브를 제공함으로써 그 산업에 입찰하기로 결정했고, 두 주는 서로 경쟁했다. 켄터키주가 인디애나주에 양보하면서 경쟁은 종료됐다. 켄터키주는 더 이상 경쟁할 수 없다고 주장했다. 인디애나주는 최종적으로 현금, 토지, 세금 감면 등으로 3

억 4,100만 달러를 제시했다(Watson, 1995).

1억 2,500만 달러를 대가로 받고 1988년 도요타는 켄터키주로 이전했다. 1976년 펜실베이니아주는 폴크스바겐에 7,500만 달러를 투자했다. 켄터키주의 루이빌은 1987년 미주리주 캔자스시티와 장로교회(미국, Presbyterian Church)를 두고 맞붙었다(Black & Hoyt, 1989). 루이빌은 6백만 달러 이상과 창고를 교회에 제공했다. 크라이슬러와 미쓰비시의 합작회사인 다이아몬드스타는 일리노이주로부터 2억 9,600만 달러의 세금 감면과 1,000만 달러 상당의 토지를 제공받았다.

1993년 앨라배마주는 3억 달러 규모의 다임러-메르세데스(현 Daimler AG or DAG) 스포츠 유틸리티차량(SUV) 조립공장 투자를 유치하기 위해 2억 5,300만 달러의 인센티브와 세금 감면을 제공했다(Gardner, Montjoy & Watson, 2001). 브라운 외는 많은 주 정부와 지방정부의 조세 및 지출 혜택 약속을 기준으로 볼 때, 실제 인센티브 패키지가 2억 5,300만 달러에서 5억 달러에 이를 것으로 추정했다(Brown et al., 2000: 5). 7년 후, 앨라배마주는 직원 1,500명의 4억 달러 규모인 혼다(Honda) 공장에 1억 5,800만 달러를 투자했다. 같은 해 앨라배마주는 추가로 2,000명을 고용하는데 1억 1,900만 달러의 개선 패키지 및 DAG 확장에 대한 대가로 6억 달러를 승인했다(Anonymous, 1999b; Starner, 2001). 1년 후, 앨라배마주는 몽고메리(Montgomery)에 10억 달러 및 2,000명 고용 규모의 자동차 조립공장을 건설하도록 현대자동차를 설득하기 위해 1억 1,800만 달러 규모의 인센티브 패키지를 제안했다(Cason, Hendrick & Dugan, 2002).

경쟁 입찰 접근 방식을 사용하여 이러한 사례와 이와 유사한 다른 사례를 분석하면 투자 패턴과 경제 발전 동기에 대한 새로운 시각을 얻을 수 있다. 이를 밝히기 위해, 우리가 설계한 시뮬레이션에서는 공공 경제개발 투자에 경쟁입찰 이론을 적용한다. 이 실험의 목적은 공공 부문의 인센티브 제공 사업에 의해서 직간접적으로 영향을 받는 사람들 – 공공예산론과 공공재징관리론 과징을 모두 수강하는 대학원생인 전문가들 – 을 현실을 시뮬레이션하는 경매에 참여시키기 위한 것이다. 서로 경쟁하게 되면, 실험 참가자들은, 그들이 하듯이 정부 지도자들에게 투자하도록 동기를 부여하는 것이 무엇인지 밝히고 설명하는 데 도움을 줄 수 있다.

2 연구 질문

경제 개발 경쟁에 관한 정부 지도자의 결정을 설명하기 위한 방식이 느슨하게 연관돼 있지만 최소 열 개는 된다. 우리는 이것들을 경쟁적 설명으로 아래와 같이 제시하고자 한다.

1. 한계 편익의 순이익(Black & Hoyt, 1989; Rubin, 1988; Feiock, 1999)
2. 무지(Wolman, 1988; Mollenkopf, 1983; Burnier, 1992; Downs, 1960; Noto, 1991)
3. 지대추구(Coffman, 1993)
4. 공동체에 대한 취향(Noto, 1991; Taylor, 1996)
5. 정치적 오류의 통제(Noto, 1991; Wolkoff, 1983)
6. 상징주의(Wolkoff, 1992, Kennyon, 1997)
7. 모방(Wolman, 1988, Saiz, 2001)
8. 신호(Wolman, 1988; Molotch, 1976)
9. 지도자의 "가시적인 성과 기록"을 통한 재정환상(Burnier, 1992) 또는 장기보다 단기 순편익에 대한 우선순위(Baum, 1987)
10. 자본에서 노동으로의 조세 부담의 의도적 재분배(Baum, 1987)

다른 설명들을 검토하면서 일부 설명을 통제하려면 실험실 실험이 필요하다. 경매 가정은 실험에 도움을 준다. 실험은 연구 결과를 일반화하는데 제한이 있지만, 통제, 비용, 시간, 일반화 등 이들 간의 상충관계(trade-off)를 볼 때 실험의 장점도 있다. 우리는 다음 연구 발견사항 절 다음에 토론 절에서 이러한 상충관계에 대해 더 자세히 설명할 것이다.

제4절
실험

우리는 실험실 실험 연구 방법을 선택하고자 한다. 왜냐하면 실험실 실험이 지도자 행동에 대한 열 가지 설명 중 가장 타당성이 있는 설명을 결정하는 데 높은 가치를 주기 때문이다. 실험의 목적은 공공 경쟁 입찰 이론을 경제 개발 노력에 적용하기 위한 것이다. 실험 적용은 10년 이상에 걸쳐 여러 번 진행된, 일련의 시뮬레이션된 1차 가격, 그리고 봉인된 입찰 경매 게임을 통해 이뤄졌다. 〈표 10-1〉은 실험의 많은 특징, 진행된 기본 게임의 변형들(variations), 각 게임의 경매 횟수를 보여준다.

확장된 게임은 교실 내 연습이었다. 참가자들은 공공예산론, 공공재정관리론 과정의 대학원생 또는 두 과목을 연구하는 과정의 대학원생들이었다. 대학원생들은 미국 동부와 중서부 대학들을 다녔다. 학생들은 도시 의사결정 팀을 구성하기 위해 집단화됐으며, 한 경우(게임 13)에서는 학생들이 기업과 도시 모두를 위한 팀을 구성하도록 집단화됐다. 도시 팀은 기업 입찰에서 서로 경쟁했을 뿐만 아니라 시간이 지남에 따라 기업이 나타내는 장기적인 경제적

〈표 10-1〉 경매 실험 1차 변이에서 각 그룹 및 각 라운드 수익, 낙찰가, 순수익평균(표준편차)

	경기 라운드 수	지방정부 수	승리의 정의	평균 라운드 수익	평균 낙찰가	평균 순수익
게임 1	12	6	정의되지 않음	4.67(1.39)	4.43(0.50)	0.98(2.19)
게임 2	10	8	정의되지 않음	4.20(1.21)	5.86(1.90)	0.10(3.89)
게임 3	20	10	정의되지 않음	4.10(1.23)	5.16(0.47)	−0.29(1.84)
게임 4	12	7	정의되지 않음	4.71(2.43)	5.56(1.52)	−0.85(1.45)
게임 5	20	6	정의되지 않음	4.40(1.43)	5.48(0.26)	−1.08(1.43)
게임 6	20	4	정의되지 않음	4.40(1.43)	5.69(0.52)	−0.73(2.48)
게임 7	20	3	정의되지 않음	5.00(1.17)	5.01(0.90)	−0.01(1.25)
게임 8	20	4	정의되지 않음	4.45(1.50)	4.05(0.46)	0.40(1.53)
게임 9	20	5	정의되지 않음	4.50(1.50)	5.20(0.64)	−0.70(1.55)
게임 10	20	5	정의되지 않음	4.30(1.53)	5.58(0.55)	−0.16(2.99)
게임 11	20	5	정의되지 않음	4.50(1.36)	5.05(0.50)	−0.30(1.80)
게임 12	16	4	정의되지 않음	4.59(1.27)	4.81(0.63)	−0.22(1.02)
게임 13a, 2차 변이, 경매	3	3	가장 많은 기업 획득	〈표 10-4〉 참조		
게임 13b, 3차 변이, 경매	3	3	가장 많은 돈 획득	〈표 10-4〉 참조		

이익 또는 손실(수익)에서도 서로 경쟁했다.

입찰과 수익은 수백만 달러를 나타냈다. 참가자들에게 주어진 물건(돌 또는 칩)은 각 지역이 게임을 시작하데 사용되는 자산이고 각 게임별 라운드에서 낙찰자가 받은 수익을 나타낸다. 예를 들어, 많은 게임에서 물건들은 연마된 돌이었고, 각각 수십만 달러에 해당했다. 그 물건들은 재원의 부족을 상징했지만, 한 그룹이 파산하면 게임의 관리자는 은행과 기꺼이 대출자의 역할을 맡았고, 입찰을 위해 더 많은 자금을 제공하고 실험을 계속했다. 은행 대출은 210개의 경매 중 13개 게임에서 단 한 번 발생했다. 대출자에게는 이자가 부과되지 않았으며, 대출자는 게임의 순결과(net result)를 보고하기 전에 대출을 상환했다.

참가자들은 기꺼이 책임감 있는 한 집단의 구성원으로 경쟁했다. 서면 지침은 참가자들에게 마치 그들이 지역을 대표하는 공무원인 것처럼 행동하라고 하였다. 공무원들은 집단으로 입찰 금액을 결정하도록 했다. 개별 참가자는 각 지역의 입찰에 어떤 방식으로든 기여했으며 각 개인은 자신의 총 이익 또는 손실에 대한 책임과 집단 결과에 대한 공동 책임을 지기로 했다. 따라서 각 지역은 각 경매에서 하나의 입찰을 했고, 12~20개의 경매가 하나의 게임을 구성했다. 집단의 구성원은 게임에 따라 1명에서 5명까지 다양했다.

우리는 기존 산업의 유지와 신산업 유치로 게임을 구분하지 않았는데, 그 까닭은 어느 경우든지 우리가 연구하고자 하는 전략과 행동을 보여줄 것이라고 우리가 가정했기 때문이다. 우리는 실제적인 대도시권 경쟁, 즉, 중심 도시에 위치한 산업이 경매를 요청하고 중심 도시로 하여금 그 산업 유지를 위한 입찰을 하도록 하는 반면에, 주변 도시는 중심 도시의 산업을 유치하려고 입찰하는 경쟁을 가정했다(Anderson & Wassmer, 2000).

시뮬레이션 디렉터들은 게임을 구성했다. 그들은 각 개인이 받는 금액을 결정하고 각 개인을 집단에 할당했으며, 이를 통해 게임 시작 시 집단이 보유한 자산의 총액을 설정했다. 집단의 자산은 경제 개발을 위해 할당된 예산이며, 그것은 경쟁자들이 달러로 입찰하고 해당 지역이 기업을 모집하기 위해 제시해야 하는 인센티브 패키지의 가치에 대한 추정치를 선언할 수 있는 수단이라고 참가자들에게 전달됐다. 전반적인 지역의 부유(富裕) 정도는 이질적이었다. 일부 집단은 가난하고, 일부는 부유하고, 나머지 집단은 양극단 사이에 배치됐다.

기업 획득에 대한 경제적 수익을 나타내기 위해 시뮬레이션 된 달러 금액인 수익(payoffs)은 13개의 게임 동안 라운드별로 차이가 있었다. 미래의 경제 동향에 대한 불완전한 지식을 시뮬레이션 하고 싶었기 때문에, 우리는 각 집단에 수익의 정확한 가치에 대한 일반적인 정보만 제공했다. 대신에, 각 집단들에게 가능성의 범위가 전달되었고 그리고 각 집단들에게 이러한 가능성이 무작위(random) 순서로 나타나도록 예정돼 있다는 것이 전달됐다. 기업들과 산업들은 경기 순환적으로 또는 경기 순환과 반대방향으로 확대되는데, 무작위성은 이들 기업들과 산업들의 성장과 쇠퇴의 경기 순환 분포를 나타낸다. 가장 낮은 금액과 가장 높은 금액 사이의 수익 분포를 사용하지만 출현 일정을 사용하지 않은 채 정규 분포(normal distribution)를 모방하려고 시도했다. 수익의 정규 분포에는, 메르세데스 벤츠(Mercedes-Benz) 또는 새턴(Saturn) 조립 공장과 같은 최고 회사(trophy company)의 수익인, 큰 수익이 거의 포함되지 않는 것으로 생각할 수 있다. 실제 지역 경쟁에서 소수만 있었던 것처럼 게임에도 소수뿐이었다. 인센티브 패키지 대상으로 고려되는 대부분의 회사들은 규모가 작고 메르세데스-벤츠나 새턴만큼 많은 인력을 고용하지 않는다.

각 지역(각 경쟁 집단의 구성원)은 가용 자산을 고려해 투자 전략을 논의했다. 그런 다음 집단의 각 구성원은 입찰에서 자신이 기꺼이 위험을 감수(투자)할 금액을 명시하고, 각 집단의 구성원은 각 라운드에서 무엇인가를 기여해야 했다. 지역(경쟁 집단)은 서로 대화할 수 없었다. 즉, 파트너십이나 동맹, 또는 기타 형태의 담합은 없었다. 각 지역은 경매인의 역할을 하는 시뮬레이션 디렉터에게 손으로 쓴 봉인된 입찰가를 제출했다. 모든 입찰가가 접수되면 경매인은 가장 높은 입찰을 한 지역에 포상금을 주었다. 낙찰은 채택된 기업이 선택한 인센티브 패키지를 의미하며, 포상은 낙찰 받은 지역이 얻을 수 있는 장기적인 경제 또는 사회 복지 개선을 의미한다.

낙찰 받은 지역은 세 가지 결과 중 하나를 경험할 수 있었다. 각 결과는, 순익, 순손실 또는 0/손익분기점과 같은, 수익과 입찰가 간 차이에 따라 달라졌다. 낙찰된(최고) 입찰가가 4백만 달러라면, 입찰은 특정 도시가 2백만~7백만 달러 사이의 특정 수익을 위해 4백만 달러의 자산을 기꺼이 양보(또는 투자)한다는 것을 의미한다. 수익액이 7백만 달러라면, 그 도시는 3백만 달러(4백만~7백만 달러)의 순익을 실현했다. 수익액이 2백만 달러라면, 그 도시는 2백만 달러(2백만~4백만 달러)의 순 손실을 경험했다. 수익액이 400만 달러면, 그 도시는 투자에 대해서도 손익분기점을 달성했다. 수익 체계는 달랐지만, 최고 입찰가를 제시한 도시가 신업을 유치했다.

13개의 게임 각각에서 여러 라운드 또는 경매에 대해 입찰이 반복됐다. 여러 차례의 라운드에서 다양한 산업에 대해 지속적인 경쟁을 벌이는 도시들이 나타났다. 13개의 게임들은 길이에 차이가 있었다. 한 게임에는 10번의 라운드 또는 경매가 있었고, 두 게임에는 12

번의 경매가 있었고, 한 게임에는 16번의 경매가, 그리고 9개 게임에는 20번의 경매가 있었다. 게임의 라운드 또는 경매의 횟수는 이론적·행정적인 이유로 달랐다. 즉, 집단의 발전과 경험으로 인해, 짧은 게임과 대조적으로 긴 게임에서는 학습이 이뤄질 수도 있다(Shaw & Shaw, 1962; Sakurai, 1975; Murnighan & Conlon, 1991). 한 집단이 지고 있다는 증거가 나타날 수 있다(Mullainathan & Thaler, 2000; Roese & Olson, 1995; Staw, 1976; Staw & Ross, 1978). 또한 학생들이 열심히 참여하면 형식적인 참여 이상의 결과를 초래할 수도 있다.

게임이 끝나면 각 집단은 자신의 자산, 획득한 산업 수 또는 승리한 경매 수, 전체 최종 위치를 계산했다. 다시 말하지만, 각 지역은 손익분기점에 도달하거나 순이익 또는 순손실을 볼 수 있다. 더욱이 각 지역은 많은 산업을 얻거나 일부 산업을 얻거나 전혀 얻지 못할 수도 있다. 예를 들어, 어떤 도시가 1천 5백만 달러의 자산으로 게임을 시작했고 게임이 끝날 때 1천 7백만 달러가 있었다면 이 특정 도시의 순이익은 2백만 달러이다. 그러나 심지어 파산한 도시들은 경매에서 낙찰 받은 산업의 수에 따라 (손익에) 차이가 있을 수도 있다.

이 게임은 경제 모델을 대표하기에 단순한 모델과 가장 단순한 모델을 모두 나타냈다. 게임과 모델에서는 특정한 요소들이 통제됐다. 예를 들어 제3자 협상도 없었고, 민간-공공 혹은 공공-공공 협력도 없었다. 경매인이 입찰 수집가 역할을 하고 입찰과 보상의 중립적인 아나운서 역할을 했기 때문에 기업의 역할은 보상 구조를 통하지 않고는 작동하지 않았다. 게다가 우리는 세금 감면이 즉각적으로 이뤄진다고 가정했지만 때로는, 아마도 종종 세금 감면(tax concessions) 및 기타 감면이 수년에 걸쳐 지급된다는 점을 이해하고 있다. 마지막으로, 게임 중 선거가 실시되지 않았고 누구도 자리에서 해고될 수 없었다는 점에서 전통적인 정치의 역할은 측정되지 않았다.

이 연구를 위해 우리는 세 가지 방법으로 시뮬레이션을 다양화했다. 첫 번째 변형(variation)에서 학생/도시 집단에 주어진 과제는 입찰에서 승리하는 것(winning)이었지만 입찰 승리에 대한 명확한 정의는 없었다. 때때로 참가자들은 입찰 승리를 가장 많은 산업을 유치하는 것으로 정의했을 수 있다. 때로는 경쟁자들이 입찰 승리를 게임의 마지막에 가장 많은 자금을 획득한 것으로 해석했을 수도 있다. 입찰 승리에 대한 정의에 해석의 여지를 남겨 둠으로써 우리는 산업이나 자금 중 무엇을 극대화해야 하는지에 대한 다양한 인식에 대해 다양한 전략을 결정할 수 있다.

밀그롬과 웨버에 따르면, 어떤 지역은 경매에서 승리할 수 있지만 사업의 잠재적 투자 수익을 과대평가함으로써 승자의 저주에 빠질 수 있다(Milgrom & Weber, 1982). 이 이론이 공공 부문에 적용되는지 확인하기 위해, 게임의 두 번째 변형은 게임에서 승리하는 것에 대한 정의를 좀 더 명확하게 가장 많은 산업을 획득하는 것으로 변경하였다.

세 번째 변형에서는 시뮬레이션의 승자는 수익으로 가장 많은 돈을 획득하는 지역이라고 지방정부들에게 고지되었다. 우리는 두 번째와 세 번째 변형에서 결과가 크게 다를 것으로 예상했다. 만약 지방정부의 임무가 가장 많은 기업을 유치하는 것이라면 지방정부는 그 투자에 대한 위험을 감수해야 할 것이기 때문이다.

이 실험실 실험 작업을 통해, 우리는 정부 지도자들이 경제 발전을 위해 공적 자금을 사용할 때, 정부 지도자들에게 어떤 미시적 수준의 목표가 더 중요한지 질문하였다. 게임의 다양한 변형을 사용함으로써 우리는 몇 개의 서로 경쟁하는 설명(rival explanations)을 제시하고, 분석하고, 제거할 수 있었다.

통제를 통해 우리가 무시한 설명과 우리의 주요 초점이 된 설명을 아래에 나열함으로써, 우리는 정부 지도자의 행동에 대해 서로 경쟁하는 설명을 부연하고자 한다.

통제를 통해 무시된 항목들:
3. 지대추구(Coffman, 1993)
4. 공동체에 대한 취향(Noto, 1991; Taylor, 1996)
5. 정치적 오류의 통제(Noto, 1991; Wolkoff, 1983)
6. 상징주의(Wolkoff, 1992, Kennyon, 1997)
8. 신호(Wolman, 1988; Molotch, 1976)
9. 지도자의 "가시적인 성과 기록"을 통한 재정환상(Burnier, 1992) 또는 장기보다 단기 순편익에 우선순위 두기(Baum, 1987)
10. 자본에서 노동으로의 조세 부담의 의도적 재분배(Baum, 1987)

주요 설명은 다음과 같다.
1. 한계 이익에 대한 순이익(Black & Hoyt, 1989; Rubin, 1988; Feiock, 1999)
2. 무지(Wolman, 1988; Mollenkopf, 1983; Burnier, 1992; Downs, 1960; Noto, 1991)
7. 모방(Wolman, 1988)

초점이 되는 주요 설명은 의사결정자로서 합리적 행위자에게 무엇보다도 우선 집중되었다. 우리는 실험 지역이 결국 이익에서 순이익을 얻을 것으로 예상했고, 그 결과를 통해 그들이 합리적 행위자로서 행동했음을 제시할 수 있었다. 만약 순이익이 실현되지 않았다면 보조금 경매행위는 합리적 행위자 행동이 아닌 다른 방식으로 정당화되어야 한다. 첫 번째 대안적 설명은 경매와 승자의 저주라는 개념에 있다. 만일 순이익이 발견되지 않으면 입찰 낙찰자가 보상 가치를 과대평가했다고 주장할 수 있다. 만일 경매에서 손해만 보았다면(scapegoat), 1차 가격, 봉인된 입찰가 경매로 인해 매 라운드 또는 매 경매에 대해 학습을 하지 못하기 때문에, 우리는 연구 발견 사항을 무지로서 설명할 수 있다. 정보 비대칭성은 게임에서 판매자나 기업에 유리하다. 경쟁업체가 공통적으로 갖고 있는 가치 차원을 기준으로 입찰을 하는지 여부를, 즉 입찰자들이 화폐 가치 또는 기업 수를 최대화함으로써 승리할 수 있다고 생각하는지 여부를 알 수 있는 방법이 없기에 판매된 것이 사적재냐 공유재냐 하는 문제는 해결되지 않은 채로 남아 있다. 입찰자들은 위험 중립적(risk-neutral)이거나 위험 회피적(risk-averse)이기보다 공격적이지 않을 가능성이 더 높다. 보상의 가치를 과대평가한 입찰 승자가 라운드마다, 게임마다 다르다면, 우리는 발견을 모방(mimicry)으로 설명할 수 있다.

제5절
데이터와 발견 사항

이 연구를 위해 우리는 경쟁 입찰 시뮬레이션에서 크게 세 가지 변형에 대한 결과를 제시한다. 첫 번째 변형은 가난한 도시들과 부유한 도시들에게 여러 기간에 걸쳐 단일 기업을 놓고 경쟁해야 하는 과제를 부여했다. 두 번째 변형은 동등하게 부유한 도시들에게 경쟁의 목적은 가장 많은 기업을 유치하기 위한 것으로 여러 기업(3개 도시가 단일 기업을 놓고 경쟁한 다음 2개의 기업, 마지막으로 3개의 기업)을 놓고 경쟁하는 과제를 부여했다. 세 번째 변형에서 우리는, 경쟁의 목적, 즉 낙찰 받은 회사로 인해서 가장 많은 돈을 얻기 위한 노력으로 세 지역이 한 개의 기업을 놓고 서로 경쟁한 다음 두 개의 기업을 놓고, 그리고 마지막으로 세 기업을 놓고 경쟁하도록 요청하였다.

각 변형과 그 결과가 차례로 논의된다.

1 첫 번째 변형: 한 기업에 대한 과도한 연속적인 경쟁, 입찰 승리는 정의되지 않음

첫 번째 변형에서는 1게임이 10라운드, 2게임이 12라운드, 1게임이 16라운드, 그리고 나머지 8게임이 20라운드로 구성된 12개의 게임이 진행됐다. 단순화를 위해 이 장의 나머지 부분에서는 각 게임의 학생 집단을 지역으로, 개별 게임을 경기라고 지칭한다. 12개의 경쟁은 가장 작은 것은 3개, 가장 큰 것은 10개 경쟁 등의 서로 다른 수의 경쟁 지역이 있었다(〈표 10-1 참조〉). 이 12개의 경쟁 중 4개는 동일한 양의 자산으로 시작하는 지역이고, 나머지 8개의 경쟁은 다양한 자산을 가진다. 즉, 우리는 가난한 지역, 중간 지역, 부유한 지역 등 다양한 경제적 지위를 나타내는 출발점을 설정했다. 시작 자산 금액이 650만 달러에서 1,000만 달러 사이인 지역은 빈곤 지역, 자산이 1,050만 달러에서 1,750만 달러 사이인 지역은 중간 소득 지역, 1,800만 달러에서 2,700만 달러 사이의 자산이 있는 지역은 부유한 지역을 나타낸다. 67개의 지역 주민 중 17개(25.4%)는 빈곤 지역, 32개(47.8%)는 중간 소득 지역, 18개(26.9%)는 부유한 지역이다.

이전 〈표 10-1〉은 각 집단의 평균 수익, 평균 입찰가 및 평균 순이익을 나타낸다. 12개의 게임 중 3개(25%)는 전체 평균 순이익을 가지고, 나머지 9개(75%)는 1만 달러(7경기)에서 108만 달러(5경기) 범위의 평균 순손실을 가진다.

다음으로 개별 지역을 분석했다. 67개의 지역 주민(학생 집단) 중 41개(61.2%)는 순손실을 경험했고, 16개(23.9%)는 플러스 수익을 실현했으며, 10개(14.9%)는 손익분기점을 달성했다. 다음 〈표 10-2〉에는 평균 시작 금액, 평균 입찰가, 평균 종료 자산 금액, 평균 승리 횟수 및 비율, 총 투자, 투자 수익률(순손실, 순이익 또는 변화 없음)별로 집단화된 산업별 비용이 제시돼 있다.

시작 금액, 입찰 및 종료 금액이라는 변수들에 대한 세 가시 투자 수익 간의 차이를 확인하기 위해 분산분석(ANOVA)이 사용됐다. 분석결과, 변수, 시작 금액(variable start amount)에 따른 투자수익 간 유의한 차이가 없는 것으로 나타났다. 분산분석에 의하면 변수, 입찰금액과 변수, 최종금액 모두에서 순이익과 순손실 간 유의한 평균 차이를 보여줬다. 즉, 순이익을 실현한 지역과 돈을 잃은 지역의 평균 입찰가 간 67만 달러의 상당히 유의미한 차이가 있었다(F=12.722, p-값=0.000). 순 손실을 경험한 지역은 평균 입찰가가 424만 달러인 반면, 순이익을 실현한 지역은 358만 달러를 입찰했다. 67만 달러라는 이 중요한 차이는 최종 금액과 순수익 간에 더 큰 차이, 즉 730만 달러의 차이를 만들어 냈다(F=14.38, p-값=0.000). 순이익이 발생한 지역은 1,698만 달러로 경기를 마감한 반면, 마이너스 수익을 낸 지역은 968만 달러를 기록했다.

평균 차이 검증에서는 수익과 라운드(또는 산업) 승리, 수익과 라운드 승리 비율, 수익과 총 투자, 사업별 수익과 비용 사이에 큰 차이가 없는 것으로 나타났다. 특정 산업에 대한 입찰가는 수익과 유의미한 차이가 있었으나 총투자액(지역별 투자된 평균 총액)과 산업별 비용(총 투자액을 낙찰된 산업 수로 나눈 값)은 수익이라는 변수와 유의한 차이가 없었다.

또한, 변수, 시작 금액과 변수, 입찰가 간 유의미한 연관성은 없었다(r=0.199, p-값=0.107). 즉, 다양한 시작 또는 소득 수준은 한 지역이 기꺼이 허용하려는 금액과는 관련이 없었다.

〈표 10-2〉 경매 실험 첫 번째 변형 12개 게임에서
전체 순수익별로 구성된 집단의 평균(표준편차)

[변수 · 수익]	순이익 (Net Gain)	순 손실 (Net Loss)	손익분기점 (Break Even)	F 또는 t[a] (p-value)
시작 금액 (Start amount)	15,563 (4,546)	13,274 (4,378)	13,250 (4,392)	1,639 (0.202)
입찰가 (Bid)	3,575 (0.407)	4,242 (0.487)	3,972 (0.341)	12,722 (0.000)*
종료 금액 (End amount)	16,984 (4,991)	9,683 (4,642)	13,250 (4,392)	14,377 (0.000)*
승리한 라운드(산업) Rounds (industry) won	3,625 (2,729)	3,366 (2,447)	0	0,348 (0.365)
승리한 라운드(산업) 비율 Percent rounds(industry) won	0,208 (0.136)	0,190 (0.125)	0	0,472 (0.319)
총투자 (Total investment)	16,766 (12,525)	17,043 (13,633)	0	−0,071 (0.944)
산업별 비용 (Cost per industry)	4,690 (1,047)	5,149 (0.859)	0	−0,9934 (0.325)
n	16	41	10	

참고: *는 알파 0.05 수준에서의 유의성을 나타냄
a: 분산분석(ANOVA)은 시작금액, 입찰금액, 종료금액에 대해 실시했음. 평균 차이 t-검정은 승리한 라운드, 승리 라운드 비율, 총 투자 및 산업별 비용에 대해 수행되었음. ANOVA는 입찰 금액과 최종 금액 변수에 대해 순이익과 순손실 사이에 상당한 차이가 있음을 보여줬음. 기타 차이점은 유의성이 없었음.

방정식에 소득을 추가하면, 투자 수익이 마이너스인 41개 지역 중 22개는 중간 소득, 11개는 낮은 소득, 8개는 상위 소득을 나타냈다. 또한 순이익을 낸 지역의 절반은 부유한 지역이었고, 손익분기점에 도달한 지역의 절반은 중간 소득 지역이었다. 〈표 10-3〉은 이러한 결과를 나타내고 있다. 전반적으로 우리는 투자 수익과 소득 수준이 독립적이라는 것을 발견했다(Chi-square=5.806, p-값=0.214 및 df=4, p-값=0.214). 즉, 투자 금액과 소득 수준 사이에는 아무런 관계가 없었다.

상관관계를 이용하여 낙찰된 입찰가(winning bid)와 다음 라운드 입찰가 간에 관계가 있는지 여부(다음 입찰가=f(낙찰가), 투자에 대한 즉각적인 수익(immediate return)과 다음 라운드 입찰가 간 관계(다음 입찰가=f(수익))를 확인했다. 낙찰된 입찰가와 다음 입찰가는 유의한 상관관계가 있어(r=0.336, p-값=0.000), 이는 후속 입찰가가 더 높을 것임을 의미한

〈표 10-3〉 경매 실험[a] 첫 번째 변형 12게임에서 순익, 순손실 또는 손익분기점별로 구성된 소득 수준 집단의 개수와 %

	순익 (Net Gain)	손익분기점 (Break Even)	순손실 (Net Loss)	전체 (Total)
가난한(poor)	3	3	11	17
순이익 대비 비율(% of Net Gain)	18.75%	30.00%	26.83%	
가난한 비율(% of Poor)	17.65%	17.65%	64.71%	
전체 대비 비율(% of All)	4.48%	4.48%	16.42%	
중간(Middle)	5	5	22	32
순이익 대비 비율(% of Net Gain)	31.25%	50.00%	53.66%	
중간소득 대비 비율(% of Middle Income)	15.63%	15.63%	68.75%	
전체 대비 비율(% of All)	7.46%	7.46%	32.84%	
부유한(Wealthy)	8	2	8	18
순이익 대비 비율(% of Net Gain)	50.00%	20.00%	19.51%	
부유한 비율(% of Wealthy)	44.44%	11.11 %	44.44%	
전체 대비 비율(% of All)	11.94%	2.99%	11.94%	
합계	16	10	41	67

a: 카이제곱은 5.806, p-값은 0.214, df=4

다. 또한 다음 입찰가는 투자수익과 유의미한 상관관계가 있는 것으로 나타났다(r=-0.265; p-value=0.000). 이는 낙찰된 입찰가가 긍정적인 수익을 낸 경우 다음 입찰가는 이전 입찰가보다 적은 금액이 될 것임을 나타낸다. 반면에 마이너스 수익, 즉, 순손실이 발생한 경우 다음 입찰가는 더 높아질 것이다. 1달러의 순수익 또는 보상이 있는 경우 다음 입찰가는 약 230,000달러만큼 감소한다. 1달러의 손실이 발생한 경우 다음 입찰가는 약 230,000달러가 증가할 것으로 예상된다.

전체적으로 총 210개의 경쟁이 진행됐다. 각 경쟁의 낙찰을 분석한 결과, 115개(54.8%) 경쟁들은 순손실을 기록했고, 78개(37.1%) 경쟁은 이익을 얻었으며, 나머지 17개(8.1%) 경쟁은 손익분기점이었다. 210개 대회 전체의 총 수익은 9억 4,100만 달러였으며, 모든 입찰가의 합계는 거의 10억 달러(9억 9,925만 달러)에 달했다. 산업을 위한 210번의 경쟁 입찰 이후 전체 투자에서 5,825만 달러의 손실이 발생했다.

❷ 두 번째 변형: 한 경쟁에서 가장 많은 기업 유치

지역이 인센티브를 사용하는 상징적 목적 혹은 신호 목적을 테스트하기 위한 경쟁을 다양화하기 위해 참가자들에게 한 기업에 대한 봉인 입찰가 경쟁에 참가하도록 요청했다. 우리는 참가자들에게 시뮬레이션의 승자는 가장 많은 기업을 유치한 지역이라고 안내했다.

먼저, 세 곳의 경쟁 지역이 하나의 기업을 유치하기 위해 가능한 수익의 범위를 알고 있는 봉인 입찰가를 제출했다. 입찰을 받은 기업은 세 개의 입찰 중 가장 좋은 두 개를 선택했다(기업은 가장 가치 있는 입찰을 선택할 필요가 없었다). 경쟁에서 살아남은 두 지역은 경쟁자가 처음에 무엇을 입찰했는지 알지 못한 채 다시 입찰했다. 두 번째 입찰을 받은 기업은 기업이 생각하는 최선의 입찰을 선택했다.

경쟁은 세 지역이 동일한 2단계 입찰 과정에서 두 기업을 두고 경쟁하는 두 번째 단계로 진입했다. 결국, 경쟁은 동일한 2단계 입찰 과정에서 세 지역이 3개의 기업을 두고 경쟁하는 세 번째 단계에 진입했다. 두 번째와 세 번째 단계는 지역이 기업을 유치하기 위해 경쟁하는 것처럼 기업도 지역을 확보하기 위해 경쟁한다는 아이디어를 검증하려고 시도했다.

이 모든 입찰 라운드에서 경쟁자들이나 기업들은 수익을 알지 못했다. 사실, 수익은 무작위 분포(random number distribution)로 나타났고, 500만~1,100만 달러까지 다양했다. 이

전에 언급한 바와 같이, 무작위 분포는 그들이 위치한 지역 경제에 대한 정확한 기업 기여도, 특히 지방 정부 재정에 대한 정확한 기업 기여도를 예측할 수 없음을 시뮬레이션 했다.

두 번째 변형으로부터 얻은 연구의 발견 사항은 다음 〈표 10-4〉에서 알 수 있다. 기업이 지방정부 재정이나 경제에 보탬이 되는 금액보다는 새로운 기업의 수에 대한 입찰의 의미를 검증해볼 때, 우리는 일반적으로 더 많은 기업을 유치할수록 더 많은 돈을 잃는다는 사실을 발견했다. 첫 번째 승자는 4개 기업을 유치했고 1,200만 달러의 손실을 입었다. 두 번째 승자는 두 개의 기업을 유치했고, 500만 달러의 손실을 입었다.

❸ 세 번째 변형: 한 경쟁에서 가장 많은 돈을 획득

세 번째 변형에서는 두 번째 변형에서와 마찬가지로 세 지역이 1개 기업, 2개 기업, 그리고 3개의 기업을 두고 경쟁했다. 우리는 시뮬레이션의 승자는 경쟁의 결과로 가장 많은 돈을 획득한 지역이라고 지역들에게 안내했다.

암묵적으로, 기업들은 지방정부를 두고 경쟁했다. 시뮬레이션을 위한 방향으로, 우리는 기업들에게 입찰 경쟁에서 이기지 못하면 자산의 25% 손실이 발생한다고 안내했다. 이 지시를 통해 우리는 이전 또는 유지 경쟁으로 대표되는 혁신 또는 확장이 필수적이라는 아이디어를 시뮬레이션 했다.

두 번째와 세 번째 변형에서 발견된 결과는 다음 〈표 10-5〉와 같다. 기업 수가 아닌 자금 경쟁에서 총 이익이 총 손실액을 초과하고, 확실한 승자가 존재하며, 세 가지의 뚜렷한 전략이 나타난다. 첫째, 총 입찰액에서 총 보상액을 뺀 금액은 500만 달러였다.

진체적으로 세 도시가 이득을 얻었다. 둘째, 정부 2(G2)가 700만 달러를 얻었다. 셋째, G2는 정규분포를 가정해 500만 달러에서 1,100만 달러까지 범위의 응찰액의 평균 예상 수익을 계산하여 이득을 얻었다고 그들은 말했다. 정부 3(G3)은 시뮬레이션을 시작할 때의 자산 수준으로 동결함으로써 손실을 회피했으며, 이는 "모험이 없으면, 손실도 없다"는 공동의 위험회피 전략(risk averse strategy)을 반영한다. 세 번째 변형의 3년 모두 2단계 입찰 경쟁에서 1차 입찰가는 항상 2차 입찰가을 초과했다. 입찰가는 입찰이 계속됨에 따라 떨어졌다. 반면 돈보다 더 많은 기업을 유치하기 위해 입찰할 때, 게임의 두 번째 변형에서는 보통 2단계 과정의 두 번째 입찰액이 첫 번째 입찰액을 초과했다. 입찰가가 증가했다.

⟨표 10-4⟩ 경매 실험, 변형 2, 가장 많은 기업을 낙찰, 낙찰 비교

		B1			B2			B3			정부입찰 결과					
											기업 수			수백만달러		
		입찰1	입찰2	수익	입찰1	입찰2	보상	입찰1	입찰2	수익	G1	G2	G3	G1	G2	G3
1년차	G1	9														
	G2	10	6													
	G3	8	10.5	10									1			-0.5
2년차	G1	10	10		10											
	G2	10	12	9	10	10						1			-3	
	G3	8			8	10	11						1			1
3년차	G1	11	10		11	9		11	11							
	G2	10			10	10	8	10				1			-2	
	G3	10	12	5	10			10	12	7			2			-12
	총 수익										0	2	4	0	-5	-11.5

참고: 두 번째 기업(B2)에 대한 입찰의 두 번째 해에는, 시뮬레이션 규칙에 따라 기업이 두 가지 입찰을 선택할 수 있도록 허용됐다. 기업은 다른 입찰자보다 낮은 입찰을 선택했다(G3 입찰자가 800만 달러로 선택한 것에 주목할 것). 기업은 G3 입찰자의 선택으로 더 큰 두 번째 입찰이 가능해졌다고 설명했는데, 기업이 2개의 1,000만 달러 입찰을 선택했다면 그렇게 되었을 것이다라고 생각했다.

⟨표 10-5⟩ 경매 실험, 변형 3, 가장 많은 돈을 획득, 획득한 금액 비교

		B1			B2			B3			기업 낙찰			수백만 달러 획득		
		입찰1	입찰2	수익	입찰1	입찰2	수익	입찰1	입찰2	수익	G1	G2	G3	G1	G2	G3
4년차	G1	12	5													
	G2	10	8	10								1			2	
	G3	6														
5년차	G1	12	5		12	9	7				1			-2		
	G2	10	7	8	9	8						1			1	
	G3	0			0											

6년차	G1	7	6		7	6		7	6					
	G2	10	7	11	8	7	8	8	7	6		3		4
	G3	0			0			0						
	기업 수										1	5	0	
	수백만 달러											−2	7	0

    요약하자면, 우리는 우리가 시작했던 서로 대립되는 경쟁적 설명의 맥락에서 연구의 발견사항을 제시한다. 우리는 첫째, 전체 기간의 약 55% 동안 승자에게 순손실을 가져온 승리에 대한 가장 개방적인 정의를 가진 경매 변형을 발견했다. 승자가 순익을 얻은 라운드의 횟수는 전체 기간 중 1/3보다 더 많았다. 두 번째 변형의 "가장 많은 기업을 낙찰 받는 것"이라는 목표는 승자에 대한 일관된 손실로 이어졌다. 세 번째 변형의 "가장 많은 돈을 획득하는 것"이라는 목표는 승자에 대한 일관된 이득으로 이어졌다. 따라서, 지역은 경쟁이 끝날 때 순이익을 얻지 못할 것이며, 하일브로너가 사용하는 좁은 의미의 합리적인 행위자가 될 수 없다(Heilbroner, 1988).

    이익이 실현되지 않았기 때문에, 보조금(subsidy grant)은 1차 가격의 봉인된 입찰가 경매에서 확인된 승자의 저주의 함수로 볼 수 있다. 그러나 변형 2와 3에서 게임을 다른 형태로 변경했을 때, 두 번째 변형에서는 순 손실이 계속되고 세 번째 변형에서는 순 이익이 발생하는 것을 발견했다. 따라서 경매 기법이 중요할 수 있다. 무지(無知)를 통해서 지역의 입찰 결정을 설명할 수 있다. 그러나 1차 가격, 봉인 입찰(첫 번째) 변형과 관련된 개방적인 정의와 두 번째 변형과 관련된 "가장 많은 기업을 낙찰 받는 것"이라는 목표 정의는 경매 기술과 강력한 방식으로 결합해 승자의 저주를 가져온다. 무지(無知)가 순손실에 대한 유일한 설명은 아니다. 모방을 통해서도 부분적으로 설명될 수 있다. 왜냐하면, 우리는 수익의 가치를 과대평가한 승자가, 첫 12게임과 13번째 게임의 첫 3개의 라운드에서 라운드마다 다르다는 것을 발견했기 때문이다. 13번째 게임의 두 번째 3개의 라운드에서, "가장 많은 돈을 획득하는 것"이란 목표 정의와 목표 극대화를 촉진하는 경매 형식이 동등하게 강력히 결합하면서, 승리 전략이 나타났다. 이 연구 발견 사항에서 목표 정의(goal definition)와 경매 형식이 상호 작용한다는 것을 알 수 있다. 12개의 게임을 아우르는 첫 번째 변형에서 목표 정의는 실험에서 사용된 통제를 통해 기각된 여섯 개의 목표 중 어느 하나일 수 있다.

제6절
논의

시뮬레이션 게임을 이용해 공공 부문 경제 발전 투자에 경쟁 입찰 이론을 적용함으로써 우리는 평균적으로 1차 가격, 봉인 입찰, 기업 경쟁 입찰에 참여하는 지역이 새로운 산업과 너무 많은 양보로부터 수익을 과대평가하는 승자의 저주에 희생된다는 것을 발견했다. 실제로 게임의 첫 번째 변형에 대한 증거에 따르면 경쟁의 55%, 지역의 61%, 게임의 75%에서 손실이 발생했다. 전체적으로는 5,825만 달러의 손실을 입은 마이너스 합 게임(negative-sum game)이었다. 두 번째 변형에서도 비슷한 결과가 보인다. 게임 승리의 정의가 가장 많은 기업에서 가장 많은 돈으로 바뀌었을 때만 플러스 수익(positive retuen)이 실현됐다.

첫 번째 변형에서 우리는 가난한 지역사회와 부유한 지역사회가 똑같이 경쟁적이어서 소득 수준과 지역 입찰 사이에 차이가 없음을 발견했다. 이는 루빈과 루빈의 견해와 약간 차이가 있다(Rubin & Rubin, 1987).[2] 그들은 빈곤한 시민과 높은 실업률을 가진 가난한 도시가 더 많은 돈을 경비가 많이 드는 경제 발전 인센티브에 투자하는 도시라고 믿고 있다. 전체 부의 백분율로서 이것은 사실일지 모르지만, 우리의 연구에서는 다양한 소득 수준과 지역사회들이 양보할 용의가 있는 세금 및 비과세 혜택의 양에 차이가 없는 것으로 나타났다.

앤더슨과 왓스머(Anderson and Wassmer)의 연구 결과도 유사한 점이 있다. 이들은 "지역사회가 스스로의 능력에 맡겨질 때, '높은 실업률과 재정적으로 어려운(fiscally blighted)' 특성에 부합하지 않는 지역에서 지역 경제 개발 인센티브가 점점 더 많이 제공된다"라고 제안하고 있다(Anderson & Wassmer, 2000: 174). 즉, 소득 수준과 제공된 인센티브간의 차이가 있어야 하며, 가난한 지역사회는 기준에 적합하기 때문에 더 많은 투자를 해야 한다. 우리의 데이터는 그렇지 않음을 시사한다. 빈곤한 지역에 대한 원래의 주장은 더 이상 사실이 아니다.

지방정부가 수익을 과대평가하고 투자 수익이 마이너스인 경우 이 손실 때문에 후속 입찰가는 더 높아졌다. 그렇게 합리적이지 않고 추가적인 정당화(손실을 만회하기 위해, 다음에는 더 많은 돈을 지출해야 함)가 수용 가능해졌다(Staw, 1976; Staw and Ross, 1978). 정부는 도박

---
2) [역주] 루빈과 루빈은 Irene S. Rubin과 Herbert J. Rubin으로 이들은 부부 교수이다.

중독자와 같아서 손실을 더 빨리 만회하기 위해 더 많은 돈을 도박에 투자한다. 승자의 저주에 희생된 지역은 더 기꺼이 자신의 자산을 위험에 빠뜨리곤 한다. 이는 게임의 처음 두 가지 변형에서 잘 드러난다.

아마도 지방정부들은 다른 지역으로부터 기업을 유치해야 한다고 믿고 있을 것이다. 선거가 임박했을 때, 특히 실제 자금(dollar)의 승패가 훨씬 나중에야 알려질 때, 경제 발전 인센티브가 주어지는 것을 보는 것은 어렵지 않다. 다른 지역사회와도 항상 비교가 될 수 있다. 만약 그 지역사회가 경제 발전을 잘 수행하고 있다면, 초점 지역 사회는 동일한 전략을 따라야 한다. 다른 지역사회가 경제 발전 계획이 없어도 잘 되고 있다면, 그 지역 공무원들은 생존을 위해 인센티브에 의존할 수밖에 없다고 생각할 수 있다.

지역사회는 생존을 위한 노력으로 기업을 유치하는데 필요 이상의 입찰가로 입찰 절차를 시작할 수도 있다. 이 행동은 아마도 '우승컵(trophy)'을 획득한 결과일 수 있으며, 장기적인 수익이 순손실이더라도 이는 승리로 간주된다. 한 도시가 주요 산업을 유치할 수 있다면, 더 많은 산업이 뒤따를 것이다. 아마도 이것이, 일부 정부가, 다음에는 더 많은 양보를 하면 과거의 손실을 만회할 수 있을지 모른다고 하는, 위험을 감수하는 이유이다.

예를 들면, 1993년 앨라배마주는 주 정부의 우승 상징인 메르세데스-벤츠(현 Daimler AG)라는 하나의 산업을 유치하기 위해 2억 5,300만 달러를 양허했다. 앨라배마주 공무원들은 이 한 산업이 존재함으로서 철강회사, 추가적인 자동차 제조업체들, 공급업체들을 포함한 추가 산업들을 유치할 수 있을 것이라고 믿었다. 두 가지 관련 결과가 도출됐다. 첫째, 이러한 인센티브 계획은 주지사에게 역효과를 낳았다. 앨라배마주는 공립학교 공무원들이, 보통 교육에 배정됐지만 협상을 통해 보조금으로 회사의 건설 비용을 충당하기로 약속한 법인세 전용을 거부했기 때문에 메르세데스-벤츠에 4,300만 달러를 기한 내에 전달하지 못했다. 공무원들은 인센티브 지급액을 충당하기 위해 주 정부의 연금 기금으로 눈을 돌렸다. 이 책략으로 인해 짐 폴섬(Jim Folsom) 주지사는 그 자리를 잃었다(Gardner, Montjoy & Watson, 2001).

둘째, 앨라배마주에 추가적인 자동차 조립 및 관련 산업들을 유치하려는 희망은 거의 10년 후인 2000년에서 2003년 사이에 결실을 봤다. 주 정부는 1,500개의 일자리를 갖춘 4억 4,000만 달러 규모의 혼다 자동차 생산시설을 공급하는 대가로 1억 5,800만 달러를 제공했다. 또 다른 1억 1,900만 달러는 2,000개의 일자리와 6억 달러 규모의 메르세데스-벤츠 확장을 위해 다임러 AG에 투입됐으며(Starner, 2001), 인센티브는 2001년에서 2003년 사이에 세 개의 소규모 자동차 관련 기업을 유치하는 데 도움이 됐다. 마지막으로 주 정부 공무원들은 2,000개의 일자리를 가진 10억 달러 규모의 자동차 조립공장을 건설하기 위해 현대와 1억 1,800만 달러 규모의 인센티브 패키지를 협상했다. 앨라배마주는 9,000개가 조금 넘는 일자리에 대해 거의 75억 달러를 양보했다. 한 분석에서는 앨라배마의 노력을 단기적인 경제·재정적 이익보다는 장기적인 이익과 "긍정적인 사회 및 경제적인 이미지"에 더 집중하고, 주들 사이에서 "빨간 머리의 의붓 아이(red-headed stepchild)"보다는 "세계적 수준(world-class)"인 경제적 스타로 묘사했다(Brown, Hudspeth, & Odom, 2000: 160).

앨라배마 동부 중앙의 지역 신문인 「더 데일리 홈(The Daily Home)」에 따르면, 앨라배마는 "우리가 자동차 산업에 사업을 시작하고 있음을 전 세계에 알리고 있다"(Anonymous, 1999a). 그러나 앨라배마 대학 비즈니스 및 경제 연구(Business and Economic Research) 센터의 임시 책임자인 사무엘 애디(Samuel Addy)는 만약 추가적으로 혼다(Honda) 공급업체가 이 지역에 위치한다면 앨라배마는 20년 안에 손익분기점에 도달할 것이라고 믿었다(Anonymous, 1999a). 이것은 경제분석이 아니라 정치가 결과에 영향을 미치는, 만일 그렇다면 그때 그렇게 된다는 조건(if-then)을 기술한 것에 지나지 않는다.

추세가 확립되고 모방행위가 이어지면, 지방정부들은 어떤 회사에 대한 최초 입찰액을 궁극적으로 긍정적인 수익을 가져다 줄 수 있는 가치로 줄이기 어렵다는 것을 알게 된다. 앤더슨과 와스머(Anderson and Wasmer, 2000)는 이러한 모방행동(유사한 인센티브의 사용)이 시간이 지남에 따라 인센티브의 한계적 영향력을 희석시킨다고 제시한다. 그러한 행동은 실험의 첫 변형에서 67개 지역 중 16개 지역만이 순익을 경험한 이유를 말해 준다. 밀그롬은 사려 깊지 못한 의사결정이 초래한 결과를 반영한다(Milgrom, 1989: 6). 그의 주장은 다음과 같다.

> 그는 이론과 실험에서 배울 수 있는 가장 중요한 교훈은 입찰에서의 수익이 비용과 정보의 이점에서 비롯되며, 어설픈 입찰(naive bidding) 전략은 이러한 이점을 낭비할 수 있다는 것이다. 그리고 몇몇 이점을 가지고 있지 않은 입찰자들은 많은 이익을 얻을 가능성이 거의 없지만 아주 사소한 부주의로 큰 손실을 입을 수 있다는 것이다.

경험이 부족한, 경제발전 위험을 감수하는 사람들은 조심해야 한다!

경제발전 경쟁은 위험이 높은(high-risk) 경쟁이다. 실험을 통해 일부 전략들이 어떻게 위험을 다소간 낮출 수 있는지 밝혀졌다. 지방정부 의사결정자들이 인센티브를 이용해서 체결한 계약을 신중하게 분석하기로 선택할 때, 이러한 전략들이 나타난다(Hofer, 1994; Blakely & Bradshaw, 2002: 103-153, 281-340). 이러한 전략들은 세간의 이목을 끄는 연금투자(high-profile pension investment) 포트폴리오에서 따르는 전략들과 일치한다(Coronado, Engen, & Knight, 2003; Peterson, 2004). 특히, 지도자가 기업의 이동성, 특정 지역에서 유권자의 상대적으로 약한 이동성, 안정적인 지역사회에 대한 대다수 유권자의 욕구 등에 직면할 때, 지도자들은, 예를 들면 위험을 관리하고 이해하는데 있어서 이탈, 불만, 충성을 분석할 수 있는 방법을 마음대로 사용할 수 있다(Noto, 1991, pp.253-254; Hirschman, 1970, pp.120-126; Schneider, Teske & Mintrom, 1995; Schneider, 1989; Bingham & Mier, 1997; Baum, 1987; Wolkoff, 1983). 지도자들은 기업들이 계약사항을 준수하지 않을 경우 양보를 다시 가져올 수 있는 수단들도 가지고 있다. 마지막으로, 지도자들은 자신들이 사용하는 기업 중심 접근방식(corporate-centered approach)을 바꿀 수 있는 능력을 가지고 있다. 그들은 세계화 영향을 인정할 수 있지만, 정부 개입이 목표를 지향하고 명확하고 책임감이 있을 때 정부 개입의 유의미한 힘도 인정할 수 있다(Robinson, 1989).

이 연구가 확대하고자 하는 시도를 이해한다면 기업 입찰의 경매와 유사한 속성도 포괄돼야 한다. 관할 간 경쟁이 반드시 1차 가격의 봉인된 입찰 상황이어야 하는 경우는 거의 없다. 실험의 변형 2와 3은 경쟁을 1단계가 아닌 2단계로 구조화해 입찰자가 실제로 첫 번째 단계보다 두 번째 단계에서 위험을 더 낮출 수 있음을 보여준다. 경매 연구 문헌을 검토해보면 다른 경쟁상황이 나타날 수도 있을 것이다. 기업의 경우, 밀그롬과 웨버(Milgrom & Weber, 1982)는 실험의 첫 번째 12개 변형에서 사용된 경매, 즉 기업 입찰의 전형적인 유형이라고 믿는 1차 가격 봉인 입찰 방법이 수익을 극대화할 가능성이 가장 낮은 방법 중 하나라는 것을 보여줬다(Chari & Weber, 1996: 829). 수익율 극대화할 가능성이 가장 높은 방법은 가격 상승(ascending-price), 공개 호가(open-outcry) 또는 영국식 경매(English auction)이다(Milgrom & Weber, 1982: 1095). 정부 영역에서는 책임성과 함께 공개 호가의 단순성이 장점이다. 가장 중요한 장점은 공개 호가 방법이 다른 경쟁자가 가지고 있는 단일 또는 다중 가치 추정치를 보여줄 뿐만 아니라 다른 경쟁자들이 추구하는 전략을 보여주는 정보가 승자의 저주 가능성을 줄여준다는 것이다.

이 연구에서는 실험 설계를 사용했기 때문에 많은 이들이 일반화할 수 없다고 생각하는 통찰이 제공됐다. 어떤 사람들은 실험실에서의 효율적인 연구가 연구 결과의 일반화 가능성에 반한다고 말한다(Bozeman & Scott, 1992: 305-306). 그러나 필드 스터디를 이용해서 행해진 연구도 같은 문제를 가지고 있으며, 실험을 선호하는 고전적인 주장이 그러하듯이 거의 모든 연구가 일반화 가능성에 대해 의문을 제기한다(Berkowitz & Donnerstein, 1982: 247-249; Cook & Campbell, 1979: 70-73; Kruglandski, 1975: 104-105; Campbell & Stanley, 1963). 켐벨과 스텐리는 다음과 같이 설명했다(Campbell & Stanley, 1963: 17).

> 흄의 자명함은 [다음을 인식해야 한다.] … 일반화는 결코 논리적으로 완전히 정당화되지 않는다. 내적 타당성 문제는 확률 통계 논리의 한계 내에서 해결 가능한 반면, 외적 타당성 문제는 깔끔하고 결정적인 방식으로 논리적으로 해결될 수 없다.

연구를 추구하는 사람들의 유일한 희망은 인과성에 대한 이해를 높이는 것이며, 인과성 —혹은 내적 타당성—은 실험연구를 하는 가장 강력한 논거이다(Anderson, Lindsay & Bushman, 1999: 3-5; Bozeman & Scott, 1992: 306; Smith, 1989: 154). 더욱이 경제 발전의 거시 수준에서의 주요 발견은 의사결정자들에게 사실처럼 들리지 않는다(Noto, 1991). 또한 많은 이에게 빈약하고 직접이며 경험적인 연구의 발견사항들이 상충적이다. 현재의 미시수준 연구결과는 타당성 문제가 있으며, 앤더슨과 바스머의 디트로이트 대도시 지역 연구에서는 이러한 어려움, 필요한 테스트, 유의사항, 우려사항 등이 노정되고 있다(Anderson & Wassmer, 2000: 9-13, 124-128). 우리가 실험실에서 수행한 미시수준 연구는 개별의 역학(individual dynamics)을 보여주는 데 이것은 거시수준 결과의 구체적이고 대조적인 부분과 연계된다. 무엇보다도 우리는 실험에서 입찰자의 행동이 승자의 저주를 만들어내는 조건을 밝혔다고 본다. 블랙과 호이트와는 대조적으로, 우리의 실험에서는 입찰자에 대한 좀 더 현실적인 가정을 할 수 있었다(Black & Hoyt, 1989). 이러한 조건과 가정 하에서의 결과는 부분 최적의 경제발전(suboptimal economic development)에 해당했다. 그래서 우리는 승자의 저주를 조장하는 요인이 어디에 있든, 그 요인들에 의해서 공공 정책 결정이 예측 가능하지만 의도하지 않은 경제적 결과를 초래할 수 있다고 주장한다.

우리의 연구에서는 정부가 경제복지 향상 이외에 무언가를 얻기 위해 알려지지 않은 민간투자 수익에 대해 공공자금을 기꺼이 허용하는 것으로 나타났다. 승자의 저주를 피하기 위한 밀그롬의 권고(Milgrom, 1989: 2004)는 곧바로 지도자들이 "언제, 얼마나 [인센티브]를 수여해야 하는지에 대해" 더 나은 결정을 내릴 수 있도록 "수여 민감도와 지역사회의 편익 흐름을 체계적으로 검사해야 한다"는 월코프의 권고로 이어진다(Wolkoff, 1985: 306). 체계적인 검사의 방법이 얼마 전부터 활용되고 있다(Willis, 1985; Blair & Kumar, 1997; Persky, Felsonstein, & Wiewel, 1997).

인센티브는 효과가 무시할 정도라는 연구 문헌의 내용에 관계없이, 공무원들은 자신의 지역이 기업들의 최적화 전략의 희생양이 되도록 내버려 둘 수 있다. 아마도 인센티브를 둘러싼 상징과 신호는 물론 모방은, 커지는 정부의 관여에 따라 발생하는데, 이 상징, 신호, 모방을 통해서 공무원이 내리는 결정을 설명하는 경우가 많다. 한 학생은 "돈을 벌려면 돈을 써야 한다"는 말로 게임, 그리고 아마도 경제 발전의 현실 세계를 요약했다. 그 학생의 견해는 뉴스에서 지지를 얻었다. 사우스캐롤라이나주의 관리들이 미쉐린(Michelin)에 대해 조지아주의 다른 관리들보다 더 높은 가격을 제시했을 때, 조지아 상공회의소 정무 담당 부사장(vice president of governmental affairs for Georgia Chamber of Commerce)인 스테판 로프틴(Stephen Loftin)은 주 의회 의원들의 최우선 과제는 "우리는 모든 것을 포기할 필요가 없지만, 우리는 경쟁하기 위해 뭔가를 해야 한다고 주장하면서 주정부 인센티브를 강화해야 한다"고 말했다(Anonymous, 1999b). 결국, "뭔가를 해야 한다"는 정치에 의해서 경제 분석을 거부하는 결정의 합리화가 초래될 수도 있다.

연구 의제, 특히 실험연구 의제에는 중요한 특징이 있다. 첫째, 공무원들의 지대추구 행위와 "뭔가를 해야 한다"는 정치는 실험실 연구를 통해 잘 연구될 수 있다. 자기 잇속만 챙기는 경제발전의 정치에서 중요한 역동성을 보여줄 수 있는 경매 방식의 변형을 우리는 알 수 있다. 둘째, 지역 간 상이한 경쟁적 입장을 나타내는 경매 유형들 간의 변형을 통해서 우리는 의사결정자들에게 좀 더 날카롭고 현실적인 조언을 할 수 있고 거시적 수준의 결과를 예측하는 데 도움이 되는 조건 분류를 할 수 있다. 셋째, 비록 중견 전문직 학생이기는 하지만, 학생들을 대상으로 한 실험은 경제 발전 관계 공무원들을 대상으로 한 실험으로 대체할 수도 있을 것이다. 예산담당 공무원을 대상으로 한 바버의 실험에서 볼 수 있듯이(Barber, 1966), 실험연구의 발견사항에 대한 액면 타당성(face validity)이 증가할 것이다.

제7절
요약

지방공무원들은 경제발전을 촉진하기 위해 세제와 비과세 혜택 패키지에 의존한다. 이러한 의존성은 거시적 수준과 미시적 수준의 목표를 달성하기 위해 필요하다고 여겨진다. 여기에 보고된 연구에서는, 재정적 인센티브 패키지를 사용하는 경제발전 담당관의 미시적 수준 또는 개별 목표가 조사된다. 우리는, 실험실의 피험자 집단에게 그들의 총재산(total wealth)을 나타내는 일정 금액의 돈을 줌으로써 공무원들이 세제 인센티브를 사용하게 되는 이유를 조사했다. 여기에서 우리는 정부들이 자신의 관할구역에 입주하려는 기업들의 경매에 반응할 때 다양한 정부들의 동기와 투자 패턴을 실험을 이용해 분석했다. 이때 정부는 행정학과 학생 집단으로 정의됐다.

일반적으로 초점이 맞지 않는 인센티브 조건, 즉 모호성 하에서 우리는 대다수의 (정부를 대표하는) 실험 대상이 잠재적 수익을 과대평가하고 너무 고가로 입찰을 해서 순손실을 실현하는 승자의 저주의 희생양이 됨을 발견했다. 우리는 입찰자들의 상호작용을 통해 형성된 낙찰의 대상은 정량적으로 계산된 수입이나 일자리의 양이 아니라 기업체의 숫자라고 추측한다. 입찰자들은 우승컵을 원했고, 그 숫자가 클수록 성공은 더 컸다. 실험 대상 우승자들의 반응을 검토한 결과, 경제 발전 분야의 사람들은 자신의 노력을 기업이나 산업의 수로 묘사하며, 특히 경쟁자들과 신중하고 위험한 경쟁에서 이러한 승리를 강조했다. 어떤 의미에서 승리가 발전의 진정한 의미가 된다.

우리는 시뮬레이션 조건을 다양하게 했다. 한 변형에서 우리는 자금의 분배가 정규 분포와 유사하고 분배가 경기 순환과 유사하며, 시뮬레이션 후 수입이 승자를 결정하도록 인센티브 시스템을 구성했다. 그 변형에서 우리는 대상자들 간 계산 전략을 찾았다. 계산 전략에는 경매로 인한 수입 금액과 빈도를 기록하는 것이 포함됐다. 최고 기록을 남긴 대상자들은 대개 가장 부유한 대상자로 끝났다.

어떤 대가를 치르더라도 승리하는 전략(win-at-any-cost strategy)을 구축하는 것에는 다른 전략과 대비되는 흥미로운 점이 있다. 이 전략은 비전통적이지만 합리적인 전략이다. 어느 정도 성공적이었던 우리가 발견한 잘 알려진 전략들을 생각해보자. 첫째, 신호 전략이 있었다. 시뮬레이션 참가자는 높은 입찰가로 시작하고 그 이후의 라운드들에서는 낮은 입찰가로 최소 비용 또는 효율성 중심의 전략을 구성한다. 이 전략은 시스템 게임에서 전통적으로 합리적인 전략이다. 둘째, 계산 전략이 있었다. 입찰자들은 경기 순환(economic cycle)을 모델링하고, 경기 순환에 따른 편익의 분포를 예측하여 적절하게 입찰했다. 이 전략은 가장 일관된 승자로 이어지는 합리적 전략이다. 마지막으로 상징적 전략이 등장했다. 입찰자들은 사업 수입과 관계없이 가장 많은 기업체를 낙찰 받기를 원한다. 이 전략은 위험감수/파산 전략(go-for-broke/go-broke strategy)으로, 가장 많은 수의 기업을 획득한다는 좁은 의미에서 가장 일반적인 승자이지만 투자 회수에 있어 가장 광범위한 손실의 원인이었다. 상징적 전략은 상징적인 행동이 필요한 상황에서 투자 환수금을 계산하기 어려울 것이 예상되는 상황에 의해 정의되는 합리적 전략일 수도 있다.

참가자들에 의하면, 실험에서 사용된 모든 전략들에는 어떤 이유가 있었다. 왜 다중 현실(multiple realities)이 존재했을까? 아마도, 이들 참가자들에게 주와 지방정부의 경제 발전은 많은 상이한 전략들을 통해서 해결할 수 있는 문제일 것이다. 경매 문헌에서도 린드와 플롯은 다음과 같이 언급한다(Lind & Plott, 1991: 344). 즉, "추후의 연구의 어려움은 위험을 회피하려는 공유가치 경매(common-value auction) 행동에 대한 이론의 부족에서 비롯된다.… 연구자들이 '부분 합리적' 행동 모델(models of 'subrational' behavior)을 추정해 해결책을 얻을 수 있는 그런 해결책은 아직 나오지 않았다."

지방 공공정책, 의사결정, 경제발전 등에 다른 문제가 있다. 그래서 공무원들에게 상당한 여지가 있을지 모르겠다는 너무나도 강렬하게 자리 잡은 그러나 신념이라는 맥락에 대해서 알려진 게 없다. "뭐 좀 해봐(Do something)"라는 말이 "그런 식으로 하지마(Don't do it that way)"보다 더 큰 울림(resonance)을 줄 수 있다. 주와 지방정부의 경제발전을 바라보는 다른 시각에서 우리의 참가자들은 세금 감면이든, 보조금이든, 기업을 위한 지출이든 간에 인센티브가 부족하지 않다고 인식했을 수도 있다. 기업 인수 거래에서 진행/정지 상쇄관계(go/no-go trade-off) 또는 수단과 기업 간 상쇄관계(trade-off)를 강제할 필요성에 대한 인식이 없었을 수 있다.

경제발전사업 모집에 있어서 합리적 행위자 문제에는 해석의 여지가 있다. 문제는 우리가 실험에서 관찰한 현상보다는 자신이 합리적 행위에 대해 어떤 정의를 선택하느냐에 더 달려 있을 수도 있다. 하일브로너(Heilbroner, 1988)와 테일러(Taylor, 1996)의 정의로 충분하다면, 우리의 실험에서는 합리적인 행동이 압도적으로 많지 않음을 보여준다. 입찰 승리의 목표 정의가 확정되지 않았을 때, 행위자들은 승리를 단지 전 기간의 3분의 1인 "단기적 공급(provisioning)에 대한 잘 정의된 결정"으로 정의한다. 경제적 행위에 대한 뷰캐넌의 정의(Buchanan, 1972)는 우리의 실험 대상들과 훨씬 더 밀접하게 들어맞는다. 합리적으로 행동하는 우리 게임 참가자들은 덜 일관적이기보다는 더 일관적으로 선택을 했으며, 그 정도는 참가자들이 독립적으로 식별하고 정의한 단위로 측정됐다(Buchanan, 1972: 17)고 우리는 추론했다. 재정환상(fiscal illusion)과 자본에서 노동으로 이전되는 지역의 조세 부담(locality tax burden)을 금지할 때, 그 정의를 선택하는 것은 지방정부 지도자 혼자 할 수 있는 것이 아니다(Baum, 1987). 자신의 판단을 사용해 선견지명이 있고, 총명하며, 전문가이자, 현명한 지도자로 통치하도록 선출되지 않는 한, 선출된 의사결정자는 유권자들이 기대하고 위임하는 대로 행동한다. 재정관은 대리인 체인에서 더 멀리 떨어진 곳에서도 이러한 기대를 또한 따른다. 경제 발전의 기대 이론이 요구하는 사례별 분석(case-by-case analysis)은 철학적 측면을 제외한 모든 측면에서 일반화에 어려움이 있지만, 이러한 사례별 분석이 아마도 연구가 취해야 할 적합한 방향일 것이다.

제11장

요약

Government Budgeting and Financial Management in Practice:
Logics to Make Sense of Ambiguity

정부 예산운영, 재정, 그리고 재무 관리 실천가들은 중요한 지위 특징을 가지고 있다. 그들은 주제에 관계없이 조직 의사결정에 상당한 영향력을 가지고 있다. 왜냐하면 그들은 조직이 사용할 수 있는 자원이 무엇인지 알고 있기 때문이다. 그들은 또한 전문지식으로 인해서 정당성을 가진다. 즉, 이들 중 일부는 어떤 쟁점을 결정할 법률적 권한을 가지고 있다. 그들이 그들의 실천을 규정하는 방법은, 정부 재정이라는 세계가 어떻게 작동하는지 이해하려는 연구자에게는 특별한 중요성을 가진다. 이 마지막 장에서는 이 책에서 실천에 대한 재정관의 견해를 설명하기 위해서 수행한 연구를 요약하고 논의하고자 한다.

우리 초점 집단 연구 작업에 참여한 주 및 지방 최고재정관(CFO)에 따르면 재정관리는 세 가지 목적에 기여한다고 한다. 이것에는 다음이 포함된다.

1. 경제적 효율성과 재정 통제
2. 선출된 이사회, 선출직 및 지명직 시장, 그리고 최고행정관에 대한 충성
3. 더 나은 민주주의와 참여

경제적 효율성과 재정 통제는 개혁 시대 연맹의 기업 구성원과 관련이 있다. 왜냐하면 그들의 주장이 '절약' 혹은 기업이 정부에 내는 세금의 제한에 기초했기 때문이다. 효율성과 통제를 달성하기 위해서 최고재정관은 다음에 동의한다. 즉, 최고재정관(CFO)은 "시민이 원하는 것을 시민에게 제공하기 위해서 필요한 만큼 납세자로부터 최소의 도움을 받아 가능한 모든 것을 한다"는 합의된 우선순위를 달성하기 위해서 대부분의 시간동안 도구적으로 행동해야 한다.

CFO는 가장 빈번히 충성 목적을 지지했다. 그들은 그들이 응답해야 할 사람들, 우리가 CFO의 '정치적 주인'이라고 칭하는 사람들에 의해서 설정된 목적에 기여하고 지지해야 한다고 주장한다. CFO들은 그들의 업무는 정치적 주인들에게 조언하고 선택지를 제공하는 것, 즉 정치적 주인에게 그들이 원하는 것을 얻는 데 필요한 것을 제공하는 것이라고 지적한다. 우리는 충성 목적을 '대응성(responsiveness)'이라 부른다.

끝으로 행정학에서 강하게 지지를 하는 주장임에도 불구하고 CFO들은 시민 참여 혹은 우리가 '민주화'로 이름을 붙인 것에 대해서 상당한 우려를 가지고 있었다. CFO에 따르면, 행정학 이론에서는 '시민'을 너무 좁게 규정했다. 이들은 참여에는 납세자이든, 봉급을 받은 피고용자이든, 부채 시장의 다양한 분파 혹은 구매 체계의 판매자이든 관계없이, 조직의 중요한 이해당사자들이 포함돼야 한다고 주장한다.

우리는 재정관리 실천의 세 가지 목적에 의해서 참여자들이 세상이 어떻게 작동하는지 현실주의와 실용주의에 관해 가지고 있는 일련의 관점에 도달할 수 있다는 것을 논증했다. 우리는 또 그들의 세계관을 통해서 그들은 그들이 직면한 문제를 그들이 문제를 해결하는데 사용했던 논리들과 연계시킬 수 있다는 것을 논증했다. 문제와 일련의 논리를 연계시키는 기재가 이른바 해석이다. 예를 들면, CFO는 조직성과를 증대시키고자 하는 욕구에 대한 합의가 내포된 문제의 정의에 대한 합의를 인지할 수도 있을 것이다. CFO가 기여하는 경제적 효율성과 재정 통제 목적을 통해서 CFO는 그들이 직면하고 있는 한계에서, 아마도 더 유능한 직원과 과학기술 업그레이드가 가져오는 성과에 대한 영향을 연구함으로써, 최적의 해결방법을 찾을 수 있다. 절약을 할 수 있다. 목적-수단에 관한 의견차이가 있다면 CFO의 해석을 통해서 CFO는 그들의 정치적 주인과 이해당사자들에게 결정을 부탁할 수 있다. 여기서 CFO는 대응성을, 그리고 정치적 주인과 이해당사자들은 전문적인 이해당사자의 참여를 의미한다.

이 책의 응용 장들에서는 재정관리자들이 대응성에 상당히 의존한다는 것을 설명했다. 대응성으로 많은 관습적 예산운영, 비관습적 지출을 위한 예산운영, 그리고 기업을 위한 세금 우대 경매가 설명됐다.

대조적으로, 신용 시장 전문가들이 참여했을 때 우리는 부채 관리에서 이해당사자의 참여를 발견했다. 그럴 때, 참여에 의해서 부채 네트워크의 발전이 이뤄졌다. 부채 네트워크에 의해서 신용 시장 전문가가 정치적 주인을 대신하게 됐고 재정관리자가 대응했던 집단이 됐다.

우리는 또한 정치적 주인에 대한 존경, 정치적 주인의 게으름, 시민 참여에 의존하지 않음 등은 조세 및 지출 제한 계획과 주민투표를 위한 조건을 형성할지도 모른다는 것을 발견했다. 캐나다 주 연구에서는 조세 저항의 주요 원천을 부분적으로 확인했다.

제1절
거대한 논쟁

이 책에서는 실천은 모호한 정부 예산운영, 재정, 재무관리 이슈에 관한 해석이라고 주장했다. 우리는 실천가들이 사용한다고 말한 일련의 논리를 통해서 해석이 어떻게 작동하는지 설명했다.

우리가 제안한 단순한 해석 과정에서는 재정관에게 신용과 정당성이 있다고 생각한다. 발생한 모호한 사건으로 인해서 조직에 대한 해석의 순환이, 즉 사건의 이해가 이뤄진다. 날 사실(brute fact)과 제도적 사실은 도움이 되지만 그러나 상당한 모호성이 여전히 남는다. 왜냐하면 목적과 수단에 대한 합의가 없기 때문이다.

모호성 때문에 재정관리자들은 그들이 정의한대로, 그들 자신의 준거 틀을 통해서, 현실주의를 통해서 해석을 한다. 재정관은 모호한 현상을 거르기 위해서 일련의 논리를 이용한다. 이 논리가 절약이고 선출된 엘리트에 대응하기 이며 또는 합당한 이해당사자들을 의사결정과정에 포함시킴으로써 자발적으로 혹은 비자발적으로 이슈를 민주화하는 것이다. 특정한 논리를 사용함으로써 재정관은 계산, 교섭, 또는 학습을 통해서 모호성을 다룰 수 있는 그런 방법으로 모호한 현상을 해석할 수 있다.

1 실천가들은 현실을 어떻게 다루나

현실주의(realism)는 진리 주장의 타당성과 신뢰성, 이것들을 지지하는 증거, 그리고 이 양자에 대한 근거에 대한 합의를 습관적으로 언급한다. 실천가들은 현실을 어떻게 "다루나(do)"? 마치(March, 1994)와 모욱(Mouck, 2004)에 따르면, 실천가들은 제도적 현실의 일부를 정의한다. 그 나머지는 실천가들에게 제도에 대한 규칙과 기대로, 어떤 상황에서 재무관리자가 해야 할 적합한 것으로 정의된다. 실천가가 정의한 현실 내에서, 혹은 사이먼(Simon, 1947)이 그것을 표현한 이들 *제한(bounds)*내에서 재무관리자는 적합한 방법, 즉 논리를 사용하여 문제를 해결한다. 방법과 문제 양자가 재무관리자들이 인지한 맥락에 의해서 지정된다(dictated). 재무관리자들이 이런 방법을 따를 때 이들은 실용적인 문제 해결자로 불려져야 할 것이다.

여기서 연구자들은 실천가들이 적합한 논리를 정의하고 선택하는 방법, 다른 말로 실천가들이 실용적이 되는 방법을 연구했다. 절약하기(economizing), 반응하기(responding), 민주화하기(democratizing) 논리에 대해서 톰슨과 투덴의 연구는 그 역동성을 이해하는 데 도움이 된다(Thompson & Tuden, 1959). 목적과 수단 양자에 대해 합의가 존재할 때 실천가는 절약하기 논리(경제 논리)를 따른다. 수단에 대해서는 합의가 있지만 목적에는 합의가 없는 경우에는 실천가들은 타협을 사용할 수 있는 정치적 주인에 반응하고, 즉 맡길 것이 요구된다. 세 번째 경우, 목적에 대해서는 합의가 있지만 원인과 결과에 대해 불확실성이, 결과적으로 이런 목적을 달성하기 위한 수단에 대한 합의가 없다. 이런 경우, 실천하려면 어떤 실천가가 전문가, 경험, 관찰력, 상식 등을 사용하는지에 대한 연구가 필요하다. 실천가들은 학습을 유발시키고 판단을 제공하는 원천에 반응한다.

모호성은 목적에 대한 그리고 원인과 결과에 대한 불확실성, 모든 경우는 아니지만 몇몇 경우에 목적과 수단 양자에 대한 의견 불일치에 주어진 이름이다. 실천가들은 반응하기 논리를 사용한다. 즉 실천가들은 그들의 정치적 주인의 노력에 맡긴다. 정치적 주인은 타협 혹은 합의를 이루기 위해서 목적과 수단 양자를, 또는 목적과 수단 중 어느 하나를 해석하고 재정의한다. 반응하기 논리와 병행해 혹은 그것 대신에, 우리는 정치적 동요 상태가 발생할 때 실천가들은 민주화 논리를 따라야 한다고 주장한다.

❷ 담론, 논리, 그리고 정치적 현실

대부분의 공공 재정관리자는 정부의 효율성을 증진시키는 것이 그들의 업무라고 이론적으로 논쟁의 여지는 있지만 생각을 한다. 무엇을 위한 효율성이냐고 질문을 한다면(Waldo, 1948: 201-203) 실용적 공공 관리자들은 문제해결을 말한다. 해결해야 할 문제가 주어지면, 실천가들은 스스로 효율적인 해결방법을 찾는 것으로 간주한다. 실천가에게 정치적 주인은 문제를 정의하고 그리고 정치는 문제에 대한 상이한 정의(定義)들을 조정하는 일이다.

예를 들어서, 비용과 편익의 공정한 배분이 이뤄지는 경제 성장이 연합 규약(the Articles of Confederation) 이래로 미국 정부 예산운영과 재정관리에 대한 담론을 지배하고 있다.[1] 여기서 파생된 문제에는 주간 통상, 사업에 대한 정부 장려, 어느 정도의 노예제도, 시장 규제, 가격 안정, 완전 고용, 최적 징세 및 개혁 등이 포함되었다. 이런 핵심적 논쟁은 밀물이 모든 배를 들어 올리듯이 시급한 문제이다. 왈도가 경제성장이 무엇을 위한 것인지 질문할 수도 있지만, 대개는 공정하게 배분이 이루어지는 경제 성장이 그 자체로 목적이 됐다.

만약 정부 예산운영과 재정관리의 목적 혹은 궁극적 문제에 대해 합의가 있다면, 경제적 효율성, 즉 절약하기가 실용적인 공공 재정관리자들이 사용하는 지배적인 논리가 될 것이다. 만약 파생된 하위 목적, 예를 들어서 조세 개혁에 대해서 합의가 존재하지 않는다면, 실천적인 재정관리자들은 그들의 정치적 주인이 결정한 것에 반응하여, 즉 정치적 주인의 결정에 맡길 수 있을 것이다. 만약 정치적 주인이 당황해서 망설인다면 시민주도와 주민투표를 포함한 시민 참여 혹은 직접민주주의의 여타 형태가 이용돼 목적과 수단에 대한 정의(定義)를 촉진할 수 있을 것이다.

미국 정치의 우경화로 목적과 수단 양자에 대한 갈등이 발생했고 우리가 정부 예산운영, 재정, 그리고 재무관리에서의 모호성이라 부르는 조건이 조성됐다. 목적과 수단에 대한 합의가 존재하지 않는다. 공정하게 배분된 경제 성장을 달성하려는 의지에서 나오는 직립한 하위목표는 말할 것 없고 해방과 자유(liberty and freedom)의 의미에 대해서 합의가 존재하지 않는다. 공정한 배분이 어떤 목적의 일부인지 여부에 대해서 합의가 존재하지 않는다. 정부가 어떤 목직을 달성하기 위해서 수단을 선택하거나 혹은 마련하는데 역할을 해야 하는지

---

1) [역주] the Articles of Confederation은 미국 헌법이 1789년 제정되기 전, 1777년 13개 주가 합의한 헌장으로서 각 주 의회의 승인을 받아 1781년에 시행됐다.

여부에 대해서 갈등은 격화됐다. 당연히, 이 책을 어떻게 적용하든 절약하기 논리를 따르려는 실천가의 노력을 예증하지 못한다. 대신에 이 책을 적용하면 정치적 주인들이나 네트워크를 지배하는 시장 전문가들에게 반응하려는 노력을 예증할 수 있다. 비관습적 지출에 대한 예산운영에 관한 장에서는 다음의 결과를 볼 수 있었다. 정부의 피치자에 대한 재정적 통제는 우경화와 함께 증가했으며 정부의 재정적 자기통제는 감소했다.

제2절
실천과 논리를 설명하는 응용연구들

이 책의 재정정책을 위한 의사결정, 관습적 지출과 비관습적 지출을 위한 예산, 시민 참여와 조세저항, 부채관리와 세금우대 경매 등의 장에서 세 가지 논리를 제시했다.

전문가로서 재정관은 정치경제학자가 제공한 상당한 양의 정보에 의존한다. 재정관의 소명에 충실하여 재정관들은 재정정책이 목표 집단(target populations)에 미치는 영향에 대한 관심을 나타낸다. 재정정책 영향에 관한 장(章)에서, 일반적으로, 정치적 혹은 정부 예산운영, 재정관리 담론에서 목적과 수단 양자에 대한 합의가 없다는 것을 논증했다. 의견의 불일치는 정부 조치를 인식하는데 그것을 은유적으로 진보(Progress)로 혹은 리바이어던(Leviathan)으로 보는데 집중된다. 그 장에서는 또한, 목적에 대해서는 합의가 있으나 수단에 대해서는 합의가 없을 때, 절약자로 활동하는 전문가인 재정 실천가가 정치적 주인이 사용할 수 있는 것들을 알고, 그리고 정치적 주인에게 조언할 수도 있는 것들이 목록으로 작성됐다.

조세 우대 경매 장에서는 모호성을 취급하는 실험 대상들이 세금과 다른 개발 장려금의 투자에 대한 대가가 무엇일까에 대한 확실성이 없이 기업유치를 위한 여러 방법이 보고됐다. 여러 개의 현실이 있다. 이들 실험 참여자에게 주와 지방의 경제개발은 많은 각각의 다른 전략으로 해결할 수 있는, 많은 말의 뜻을 가진 정의를 가진 문제였다. 주 혹은 지방의 경제개발을 다른 방법으로 봄으로써, 우리는 기업 모집 장려금에는, 그 장려금이 세금 감면, 보조금, 혹은 기업을 위한 정부 지출이든지 관계없이, 부족함이 없다는 견해를 우리의 참여자들이 제공한 반응투입(feedback)에서 알았다. 우리는 기업 인수 거래 상의 상쇄 혹은 수단과 기업 간의 상쇄를 검토해야 한다는 필요성을 인식하지 못했다. 어떤 기업은 그 기업 경매에서 낙찰을 받기 위해 필요한 장려금의 가치가 없다는 인식도 없었다.

우리 실험은 여러 합리적인 행동을 보여줬다. 승리의 목적에 대한 정의가 열려있을 때 우리 게임 참가자들은 합리적으로 행동했는데, 참가자들은 일관성이 없기보다는 오히려 일관성 있게 선택을 했고 우리는 많고 적고는 그들이 확인하고 정의한 단위로 측정됐다고 추론한다.

지방 공공정책, 의사결정, 그리고 경제개발에는 다른 문제가 있다. 재정관이 그들 자신의 현실을 구성하는데 상당한 여유를 가지고 있을지도 모른다는 사실은, 무엇으로 기업의 이전을 유도할 수 있을 것인가에 대한 많고 강한 그러나 서로 다른 신념이 있는 맥락에서는, 거의 알려져 있지 않다. "어떤 것을 하자!"는 "그것을 이런 방식으로 하지 말자!" 좀 더 공감을 얻을 수도 있다.

정의(定義)의 선택, 재정환상 방지, 노동에서 자본으로 지방 조세부담의 이전 등은 재무관 혼자서 내릴 수 있는 결정이 아니다. 선견지명이 있고 현명하고 전문가이고 그의 혹은 그녀의 판단을 사용하는 분별력 있는 지도자가 그 자리에 임용되지 않는 한 재정관은 선출된 의사결정자에 반응한다. 선출된 의사결정자는 유권자가 기대하고 위임한대로 행동한다. 만약 유권자가 명령하는 유일하게 인지되는 공통분모인 "어떤 것을 하라!"를 남겨둔 채, 유권자가 제시하는 기대가 갈등을 하면 재무관은 선출된 상관의 현실 구성에 반응하고, 절약하기 논리를 따를 수 있는 기회가 있다면 현실이 허용하는 한계 내에서 합리적으로 행동한다.

관습적인 예산운영 연구에는 혁신적 관리 실천에 선두를 차지하는 시들의 노련한 재정관리자들이 포함됐다. 연구 질문은 그들이 전반적으로 혹은 부분적으로 확인-예산한도-장려체계(Certification-Target-Incentive system)를 전통적인 예산 체계보다 선호하는지 여부를 물었다. 우리 연구는 C-T-I 체계의 단지 일부가 보였다는 것을 발견했다. 작은 표본 파일럿 연구에서 5개 시가 예산한도(targets)를 사용했는데, 한 회계연도에서 다음 회계연도로 이월이 허용되는 하위 일반 자금 수준에는 적용되지 않았다. 2개 시에서는 이월과 함께 예산한도가 있었다. 1개 시에서는 벤치마킹된 성과 측정이 사용됐다. 1개 시에는 성과측정과 이월은 사용됐으나 예산한도가 사용되지 않았다. 또 1개 도시는 성과측정에 온 노력을 집중했으나 예산한도를 사용하지 않았고 이월도 허용되지 않았다.

그러나 어떤 경우에서도 우리가 기대했던 체계를 발견하지 못했다. 그 체계는 총지출을 제한하면서 목표를, 결과 달성을 향한 발전의 지표로서, 성과 측정과, 이월과, 장려금 제공과 심지어 더 높은 성과를 달성하기 위한 여유 공간의 확보와 연계한 것이었다. 그러나 오히려 우리가 발견한 것은 예산체계 분류에서 커다란 격차였다. 격차의 한쪽에서는 우리는 각각의 상이한 방법으로 잉여를 목적으로 하는 예산체계를 발견했다. 격차의 다른 한쪽에서는 우리는 예산체계와 관계가 있는 다양한 방법으로 구성된 성과관리체계를 발견했다.

표본의 상당히 많은 부분은 저축(savings) 지향 예산체계를 사용했고 이것은 정부 예산과 재정 규범에 오랜 기간 영향을 준 친 기업적 사고(思考)를 시사했다. 그러나 성과관리체계는 친 적극적 정부 규범적 사상의 오래된 전통으로부터 이득을 봤다. 우리는 저축을 항목 별로 명세화된 예산 한도를 통해서 강요된 저축 사업으로 봤다. 이와 대조적으로, 우리는 목적(targets)과 총액으로 예산편성된 자금에 기여하는 저축 사업도 발견했다. 그래서 저축에는 두 가지 의미가 있었다. 즉, 저축은 사업관리자와 재정관리자 양자의 정치지도자에 대한 높은 대응성과 낮은 대응성, 두 가지 의미가 있었다.

세율 보호라는 좁은 의미에서 저축을 보면, 우리는 상의하달적(top-down) 지출 한도의 폭넓은 사용을 발견했다. 우리는 어떤 사례에서도 성과 확인 제도와 함께 사용된 상의하달적(하향식) 지출한도를 발견하지 못했다. 우리는 왜 측정 노력과 지출한도가 연결되지 않는 제도가 성과 관리에 사용되지 않는지 그 이유를 알고 싶었다. 예산 한도에 관한 가장 공통적인 의미는 사실, 부처들이 제공해야 하는 상품과 서비스의 선호 수준을 위한 비용(원가 cost)을 감당할 수 있을 정도로 어떤 노력을 할 수 있는 성과를 위한 계약을 말하며, 보건관리 원가 회계 혹은 "산출-구매 예산(output-purchase budgeting)"(Serritzlew, 2006)과 닮은 점이 있다. 예산은 계약이 되며, 예산운영과 관리에는 성과를 점검하려는 그리고 지출한도 유지를 향한 점진적인 압력을 가하려는 상당한 노력이 포함돼 있다(Scheps, 2000).

저축에 대한 통찰 외에, 혁신 선봉대 가운데 관습적 예산운영에 관한 장에서는 공공관리자가 예산운영과 관리를 통합하는 것에 대해 가지고 있는 의견을 보여준다.

첫째, 이른바 이사회 모형인 대응 논리(responding logic)가 예산에 대해 강력한 역할을 할지도 모른다. 이 모형에서는 이사회에 궁극적 책임을 묻는다. 이사회는 자원통제, 즉 세율을 통해서, 목적 기준 예산운영(target base budgeting)과 비슷한 제도를 통한 예산과 관리를 통제할 강한 유인을 가지고 있다. 즉, 이 제도에서는 예산 한도를 정하고, 이사회 승인 없이 회계연도 내 전용을 금하며, 비용을 점검하고 감사하는 이사회 기구를 설치한다. 이사회 모형의 변형으로 시장 유형 혹은 영리 기업 비슷한 기제를 채택한 것이 있다. 즉, 이 변형은 전략기획, 공공과 민간 서비스 전달을 비교하는 거래 비용 분석, 자산 매각, 정부 축소 등을 채택한다. 우리의 소규모 파일럿 표본에서 우리는 급진적인 시장 모형의 채택에 관한 증거를 발견하지 못했다.

둘째, 견제와 균형 체계를 통해서 예산 결정이 관리 결정을 견제하고 균형을 잡을 지도 모른다. 최고 관리자와 정치지도자에게는 두 개의 체제가 나란히 주어진다. 가장 좋은 예가 사업관리자와 재정관리자가 서로 경쟁하는 이해관계와 유인을 가진 경우이다. 전통적인 계층제 조직에서는 그런 경쟁이 강화된다. 중앙집권화된 조직에 의해서 예산 수립 초기보다는 수립 마지막에 최고 관리자 수준에서 종합적 통합이 강제된다. 재정관리자는 한편으로 최고 관리자와 이사회 구성원이 목표에 합의한 경쟁 맥락에 직면한다. 그러나 또 다른 한편으로는 재정관리자가 최고 관리자와 이사회 구성원이 목적과 수단에 대한 합의가 없는 상황에 직면하면, 모두가 어떤 다른 방법으로 모호성을 해소할지도 모른다.

셋째, 관리체제는 예산운영과, 자원을 이용하고 배분하는 데 관여하는 인력체계와 과학기술 체계와 같은 다른 자원 체계를 통합할지도 모른다. 성과예산운영의 중앙집권화된 책임 중심 모형(responsibility center model)에서는 분권화된 관리(管理)에 대해 강한 헌신을 요구한다. 조직의 지도자는 어떤 산출을 생산할 책임을 가지고 있는 단위 직원의 전문 지식보다 권위에 의존하기를 더 선호한다. 각 책임 중심 관리자는 필요한 산출을 생산하는데 필요한 자원과 전문지식에 대해 통제를 한다. 이 경우, 재정관리자는 대응 논리(responding logic)를 따르고, 책임 중심 관리자의 대리인(agent)으로 행동한다.

재정관리자들이 직접 지출, 조세지출, 융자, 신용보증, 보험, 명령(mandate), 규제 등과 같은 비관습적인 지출 도구를 선택할 때, 이들에게 기준이 필요한데, 관리들이 다른 도구에 대해서 한 도구를 선택할 때, 비관습적 예산운영 장(章)에서는 그 예를 설명하고 여러 대안을 탐구한다. 도구 간의 상쇄에서 기준은 재정관이 사용하는 논리와 상당한 유사성이 있다.

우대를 받을 자격이 있는 혹은 자격이 없는 대상으로서 목표 집단(target population)에 대한 사회적 구성은 상쇄 관계에서 기본적인 기준을 선택하는데 영향을 미칠 것이다. 그것은 민감하게 반응하는 재정관 주위에서 구성되는 현실의 특성을 부여한다.

정치지도자는 선거구민의 신념, 선호, 그리고 편의를 대표하기를 기대 받는다. 지도자는 때때로 기업인이라는 사회적 구성을 반영한다. 사회적 구성은 어떤 도구를 사용할까를 보여주고 맥락에 그 도구가 적합한지에 대한 논거를 제공한다. 그러나 이들 지도자들은 또한 기업이 아닌 관점도 반영할지 모르는데, 이 경우에는 특정 분야의 박식한 과학적 연구자들 혹은 예산 통제 분야의 전문가들에 의해서 붙여진 객관적 기준에 의해서 정책 도구가 선택될 수 있다.

비관습적 지출 예산운영에 관한 장에서는 직접적 지출과 조세 지출 사이의 상쇄를 설명했다. 이 상쇄는 가난한 사람들에 대한 복지정책의 변화가 1990년대 초에 발생해서 파당을 격화시켰고 나라를 분열시켰다. 이전 지불과 환급 가능한 세액 공제 사이의 상쇄에 대한 기준은 미국에서 가난한 사람에 대한 사회적 구성에 기초하였다. 최종적 선택은, 즉 환급 가능한 세액 공제는 일하는 빈곤층 부모에게 유리했다. 이전 지불은 법률에 의해서 가난하다고 규정된 누구에게든지 지출이 될 수 있는 반면에, 환급 가능한 세액 공제는 일하는 사람들에게만 제공되었다. 사회복지 정책에서의 변화가 법으로 채택된 직후, 환급 가능한 세액 공제를 위한 예산이 빈곤층에 대한 이전 지급에 직접 지출한 금액과 거의 동일하게 됐다. 예산운영에 관한 시민 참여 장에서 제시된 연구에서는 참여를 확대하려는 노력에서 발견되는 복잡성이 설명됐다. 외부인에게 폐쇄적인 예산운영에 대해서, 우리는 관리들은 특별한 참여 혹은 예외적인 진정한 참여의 경우를 제외하고 모든 경우에 저항하는 이유를 발견했다. 재정관과의 대화에서 대부분이 지역 사회 형성의 가치와 그 지역사회에 대한 소속감을 믿는다는 사실을 알 수 있었다. 그들은 시민들이 참여할 때, 시민들이 영향력을 갖게 하는 데 교육이 도움이 될 것이라고 믿는다. 그러나 대부분의 관리들은 공화주의자 이상이 실천(practice)을 지도해야 한다고 믿는다. 지역사회 수준의 결정은 시민들이 선출한 대표들에게 위탁돼 있다.

더 나아가서, 대부분의 관리들은 참여를 갈등을 증대시키는 길로 간주한다. 예산 참여로 인해 성취에 대한 기대가 높아지는데 그 기대의 일부는 달성할 수 없다. 참여 그 자체가 종종 공무원의 관리와 정책 결정을 거부하는 것으로 비치며 대부분이 원치 않는 방어심리를 유발시킨다.

예산에 대한 접근성은 달성할 목표로서가 아니라 봉급, 수용비, 공공요금 등과 같은 투입으로서만 이슈를 너무 자주 틀 지우는 방법과 관계가 있다. 예산은 시민들이 목표를 분석할 수 있도록 목표를 제시하는 것보다는 목표를 의식적으로 자주 숨긴다. 그러나 예산이 성과라는 측면에서 문제를 틀 지우면 관리의 태도는 연중 동일 세율에 대한 최선의 성과를 추구하려는 요청에 자주 집중된다. 목표를 공개함으로써 관리들은 더 좋은 성과를 정의하는데 그리고 그 측정방법을 안내하는데 시민을 초대할 수 있다.

재정관리자는 또한 좋은 성과를 충분히 내는 데 중요한 것이 무엇인지에 대한 질문에 답을 해야 한다. 성과는 정말 모호한 개념이기 때문에 시민은 참여함으로써 도울 수 있고 관리는 참여한 시민과 이에 관한 결정의 위험을 공유할 수 있는 유인이 있다.

끝으로, 예산에 대한 접근성은 관리가 형평 이슈와 "전체 지역사회의 이익"에 대한 이슈에 대해 가지고 있는 신념에 달려있다. 이 이슈와 관련된 것이 이런 이슈를 결정할 수 있는 권한이 누구에게 있나 하는 문제이다. 공동의 이익을 위하고 특정 이익에 반대하여 행동하는 것으로 스스로를 상상하는 대표인가? 아니면 시민으로 가장해 참여하고 서로 경쟁을 하면서, 특정 이익을 위해서 행동하고 있는 것으로 스스로를 상상하는 대표인가?

예산운영에 대한 참여 확대 노력과 병행해서, 조세 저항에 의해서 재정관들은 주민투표에 의해서 요구되는 변화하는 정책에 반응하지 않으면 안 된다. 조세 저항은 직접 민주주의에서 볼 수 있는 "투표함 예산운영"이다. 미국의 많은 조세 저항은, 캐나다에서는 주 세율이 높은데도 불구하고, 캐나다의 조세 저항이 있다고 해도 매우 적어 대조를 이룬다.

조세 저항 장에서 발견한 사항은 캐나다에서 조세 저항이 없는 것과 미국에서 조세 저항이 있는 것을 네 가지 방법으로 설명하는 데 도움이 된다. 첫째, 미국의 조세와 지출 제한 노력, 즉, 조세 저항을 좀 더 자세히 살펴봄으로써 여론이 제공할 수도 있을 것과는 다른 그림을 그릴 수 있었다. 우리들이 기대했던 것보다 시민 주도(initiatives)는 적었다(Smith, 2004). 대부분 주 제한 제도의 초점인 재산세 범위를 제한하려는 노력에서 '일반 대중'은 '주도한 시민'보다는 '지역(local)'에 더 대응했다.

둘째, 캐나다의 재정 균등화 사업과 연방의 주에 대한 보조금 제도는 경제 혼란에 맞서는 주 노력에 보조금을 지급한다. 미국 주와 마찬가지로 캐나다의 주에는 높은 재정 자율성이 있다. 미국 주와 달리 캐나다 주에는 연방 이전 제도가 있어서 경제적 혼란이 주가 자금을 지원하는 서비스에 미치는 영향을 중화시키는데 도움을 준다.

셋째, 시민 참여가 많으면 조세 저항에 대해 중화시키는 영향을 줄지도 모른다. 캐나다 사람들은 참여를 더 하고, 지도자로부터 참여하라고 더 많은 격려를 받고, "항의의 가능성"이 적고 그리고 결과적으로 조세 저항 참여에 아마도 반대할 것이다. 미국 주의 참여 자료는, 정기 선거에 낮은 투표, 저항에 대한 욕구 증가, 참여를 권유하는데 지도자들의 변덕스러움과 기회수의, 약한 예산 투명성 등 조세 저항에 대한 약하지만 그러나 긍정적인 추론을 보여준다.

끝으로, 납세자가 받을 수 있는 서비스의 가치를 납세자에게 전달해 주는 것이 저항을 막을 수 있다. 캐나다 주 관리들은 예산 결정에 그리고 유권자와 납세자에게 보고할 때 사업과 부처 성과 정보를 포함시키려 노력하는데 이것은 미국 주에서의 그와 유사한 노력을 능가한다. 그러나 캐나다 주나 미국 주나 모두 납부한 세금으로부터 받는 가치에 관한 증거를 가지고 세금에 대한 잠재적 현재적 의견을 균형 잡으려는 결과 지향적 재정 통제를 사용하지 않고 있다.

균등화, 시민 참여, 성과관리 등에 관한 증거로 볼 때 캐나다 주의 지도자들이 조세저항으로부터 생긴 혹은 조세저항을 일으킨 경제적 변화 및 혼란으로 야기된 정부 예산 영향을 다루려는 더 많은 수단을 가지고 있고 더 많은 노력을 했다는 것을 알 수 있다.

부채 관리 네트워크에 관한 장에서는 뉴욕 대도시 교통청(MTA) 의사결정자들은 정치적 주인보다는 외부 전문가에게 결정을 맡겼다. 이들 외부 전문가는 MTA를 지원하기 위한 자금을 마련하기 위해 부채를 재구성하는 조언으로 이득을 얻을 수 있었다.

연구의 발견 사항에서는 참여가 대응성으로 발전할 수 있음을 보여준다. MTA 재무관은 신용 시장에서 돈을 꾸기 위해서 명목상의 대리인, 투자 은행가, 변호사 등 다양한 사람들과 관계를 형성했다. 이들 관계는 MTA의 자본 계획을 재정지원하는 방법을 찾는 동안 변했다. 처음에는 참여를 확대하려는 노력으로 보였던 것이 MTA 관리들과 투자 은행가들 사이의 주인-대리인 관계가 역전되었다. 이런 일이 발생하자 MTA는 명목상 대리인이 지지하는 목적의 정의에 대응했다.

실천에 대한 발견 사항으로부터, 우리는 많은 합리성이 존재한다는 결론을 냈다. 부채 네트워크의 구성원들 각각은 사람들이 합리적으로 행동한다는 현실을 가지고 있다. 모호성으로 인해서 팀 구성원은 현실을 또한 구성해야 했는데, 이 현실은 MTA 사례에서 우리가 발견한 것이지만 MTA 관리들의 제도적 현실과는 상당히 다른 것이었다.

제3절
어떤 논리가 언제 사용되는가?

우리가 선정한 사례에서는 절약 논리, 마치에 따르면 결과의 논리(March, 1994: 2-3)를 사용하는 경우가 거의 없었다. 마찬가지로 재정관들은 좀 더 광범위한 이해당사자 집단 유형의 시민 참여를 초대하면서까지 이슈를 민주화하는 일은 매우 드물었다. 가장 중요한 논리는 대응성(responsiveness)이었다. 대응성의 특성은 최고재정관이 그들의 정치적 주인에게 하는 "정치적 주인이 원하는 것을 얻기 위해서 그들이 필요한 것"이란 진술에 있다. 합의가 목적이나 수단 혹은 그 양자 모두에 없는 사례에서, 재정관은 결정을 네트워크에 맡겨 그 구성원이 함께 합의를 이룰 수 있도록 하는 것은 물론, 결정을 재정관이 응답을 해야 하는 선출된 혹은 임명된 관리에게 위임함으로써 대응한다.

대응성에 관한 또 다른 이슈는 구성된 현실 안에서 해석을 형성하는데 도움이 되도록 논리와 함께 작동하는 기본 가치에 관한 문제이다. 이런 가치는 슈퍼 예산(superbudgets), 비관습적 예산 통제, 그리고 배분 기준에 대한 논의의 맥락에서 나왔다. 선출된 엘리트에 대응할 때 사용된 기준은 엘리트가 대표하는 공중이 선호하는 기준과 일치할지도 모르지만, 그 사용된 기준에 의해서 정책이 목표로 하는 집단에 극도로 피해를 주는 정책에 이를지도 모른다. 재정관은 무엇을 할 수 있을까? 초점 집단에서 재정관은 청지기(stewardship)와 관련된 생각을 보였다. 재정관은 그들의 궁극적 목적은, 시민이 원하는 바를 시민에게 제공하는데 필요한 만큼 납세자로부터 도움을 거의 받지 않고 "모든 것을 가능하게 하는 것"에 있다고 말했다. "어느(which) 시민이냐"가 재무관리자들에게 물어야 할 중요한 질문이다.

선출직 엘리트가 우물쭈물 지체하거나 목적이나 수단 결정 혹은 양자 결정에 능력이 없거나 결정 의지가 없는 경우가 조세 저항에 관한 장에서 나왔고 특히 1978년 6월 6일 제안 13에 대한 주민투표에 직면해서 캘리포니아 주 입법부의 지체에서 두드러졌다. 우물쭈물 지체로 인해 유권자 저항이 가능할 수도 있는 공백이 조성되고, 한편으로 이것으로 인해 더 큰 모호성이 발생한다.

제4절
연구자들 사이에서 이 연구의 위치

해석을 연구하는 것은 논란이 많은 연구방법론이다. 해석적 접근방법은 두 종류의 서로 경쟁을 하는 연구 전통 중 하나이거나 혹은 그 두 종류의 종합이다. 톰슨은 기술전문가의 길

(technocratic route)을 따르는 연구자들과 구성주의자인 다른 연구자들이 있다고 우리에게 말한다(Thompson, 2008). 일부 기술전문가들은 궁극적으로 하나의 단일 패턴을 형성할 거라고 그들이 가정한 패턴을 현상 가운데 찾는다. 다른 기술전문가들은 제1 원칙으로부터 연역에 의해 현상이 제1 원리에 의해서 가정된 단일 패턴을 형성하는지 그 여부를 검증한다. 이 두 기술전문가적 접근방법은, 사회과학자들이 합리적인 행태를 논증할 수 있는 사고에 대해서 폐쇄체제, 즉 현상 사이의 단일 패턴을 상정한다. 이 폐쇄체제는 기술전문가에 의한 모든 연구에 잠재하지만 그것은 수학자들, 일부 경제학자들, 정치적으로 이념적인 운동 구성원들, 종교적 근본주의자들 등이 문제를 보는 방법과 상당히 공통적인 연관이 있다.

구성주의자들은 여러 논리와 여러 합리성을 인정한다. 이것들은 모두 "도구적 합리성"이다(Thompson, 2008: 6). 더군다나, 구성주의자들은 논리의 발전을 사회적 합의 형성의 문제로 본다. 예를 들어서, 일부 구성주의자들은 경쟁 관계 체제, 예를 들어서 제로섬 체제, 갈등, 더 나아가 편협한 체제를 서구 민주주의 및 자본주의 사회에서 있을 수 있고 있는 체제로 본다. 또 다른 일부 구성주의자들은 협력적 관계의 체제, 논제로섬(nonzero-sumness) 체제를 서구 사회의 발전에 기초적 체제로 본다. 이 책에서 우리는 다중 합리성이 충돌하는 이유와 그것이 정부 예산운영, 재정, 그리고 재무관리에 어떠한 결과를 초래하는지를 다룬 연구를 제시했다.

기술전문가적 관찰 기법을 포함한 구성주의자적 길을 따르는 이 책에서는 재정관리 사고(思考)를 관통하는 새로운 길이 탐구됐다. 이 새로운 길은 다중 합리성의 존재를 받아들이는 동기부여 요인으로 모호성에 집중하는데 이 다중합리성 전부는 조직에 속한 사람들이 사회적으로 구성한 것이다.

모호성과 사회적 구성에서는 정부 예산운영, 재정, 그리고 재정관리가 작동하는 방법에 대한 좀 더 정통적인 이야기에 의해 지지된 조직적 합의에 대해서 질문을 한다. 합의는 상정된 것(assumption)이기보다는 언제, 왜, 그렇고, 또 그렇지 않은지 등, 연구의 대상이 된다. 목적과 수단이 일치하는 합리적 행동은 탐구의 초점이 된다. 지금까지, 연구는 관리자든 누구든 그들이 행동할 때까지는 그들이 무엇을 의도했는지 알 수 없을 거라는 논의에 도달했다(Weick, 1980: 19). 돌이켜 보면, 우리는 사고 과정에 질서를 강요할 수 있지만, 예를 들어서 행동과 결정을 합리화할 수 있지만, 그런 선견지명은 희소 자원이다.

하나의 교훈이 관습적이고 제한적 합리성에서 다중 합리성이 존재한다는 가정(supposition)으로 강조점이 옮겨지면서 생긴다. 정부 예산운영, 재정, 그리고 재정관리에 대한 연구 질문은 모호한 상황에서 무엇이 일어나는지 묻는다. 모호성은 목적에 대한 의견 불일치와, 목적을 달성하기 위한 수단에 대한 의견 불일치나 불확실성의 결과이다. 이러한 조건에서 생활을 연구하려면 공공 재정관리이론과 실천에서 단일 합리성 혹은 가치보다 다중 선호 혹은 가치를 무시하기보다는 도입하고 싶은 생각이 들 것이다.

모호성에 따르면 재정관리에 관해 생각하는 대안적 사고방식에 이를 수 있다. 이 방법에 따르면 누구든지 의식적인, 선경지명이 있는 의도된 행동이라는 전제(premise) 없이 그리고 개인의 '최선의 이익'이나 개인들의 집합이라는 가정(presumption)없이 공공재정 결정을 기술할 수 있다. 오히려 보통의 여건에서 개인이 내리는 결정은 상대적으로 되는대로 무작위적이고 예측하기 어렵다. 이런 되는대로 무작위적이고 예측하기 힘든 결정에 어떤 의미를 주는 것은 사후적 합리화이거나, 제도적인 현실을 통한 개인 전제에 대한 선매(preemption)이거나, 혹은 실천가가 의사결정에 사용하는 논리이다.

이 책에서는 맥락을 중요시했다. 증거가 기술전문가적(技術專門家的) 경향이 있는 연구자에게 그러했을 수 있듯이 여기서도 중요했다. 이 책에서 고유한 것은 구성주의자 발상을 사용한 것인데, 그것은 기술전문가들이 사용한 것과 유사한 목적보다는 논쟁에 덜 사용된다. 구성주의는 실천가가 모호성과 불확실성, 목적과 수단을 이해하는 논리를 발견하는데 도움을 준다. 이 책의 각 장에서 우리는 문제가 경제적 절약을 추구하는 경제학이나 정치학 논리와 실천가들이 확인한 대리인 논리(agency logic)에 부쳐졌는지 아니면 목적과 수단이 좀 더 크고 보다 광범위하게 대표되는 집단에 의해 선택돼야 하는지를 물었다.

제5절
개혁의 역사와 정치적 우경화

정부 예산운영, 재징, 그리고 재정관리에 관한 연구는 독특한 맥락에 더 많은 관심을 가지고 제일 원칙들로부터 추론하는데 덜 관심을 가지며 이렇게 해서, 현실감을 발전시키고 단일 합리성에 의존하는 것에서 벗어날 수 있다. 이러한 맥락의 하나가 미국 정치의 우경화이다.

우경화가 사회적 구성을 변화시켰는지 여부에 대한 그리고 우경화가 재무관들에게 영향을 어떻게 주었는지에 대한 질문에 대해 우리는 대응성이 승리했다고 본다. 우경화와 함께 재무관들은 시장 기업에 의해 관리되는 작은 정부에 있는 정치적 주인에게 더욱 더 반응했을 것이다.

투쟁이 능동적 정부의 방향 혹은 적극적 정부의 방향으로 다시 이전할 것인지 그 여부는 연구 문제이다. 통찰력 있는 연구자에 따르면, 우경화에 의해서 정부 규모가 변하지 않았다. 그러나 우경화 동안 정부의 범위는 비관습적 지출과 같이 점차적으로 확대됐다. 예산을 통한 정부의 정부 통제에 의해서 확대가 지체되기는 했다. 정부 범위의 확대가 능동주의자 혹은 친 적극적 정부로 보이는 것은 피상적인 듯하다. 그러나 정부 통제의 문제는 친 기업적 이해당사자들이 정부를 이용해 먹었을 가능성만큼이나 똑같은 가능성이 있다. 개혁 시대 연합이 지금도 존재하는지 여부는 여전히 유효한 질문이다. 원래의 개혁 시대 연합의 구성원이 지금도 지배하고 있는지에 대한 질문은 중요성이 있다. 우경화에 의해서 정부가 시장에 의해서 관리되게 되었는지 그 여부는 토론을 할 만한 적합한 질문이다.

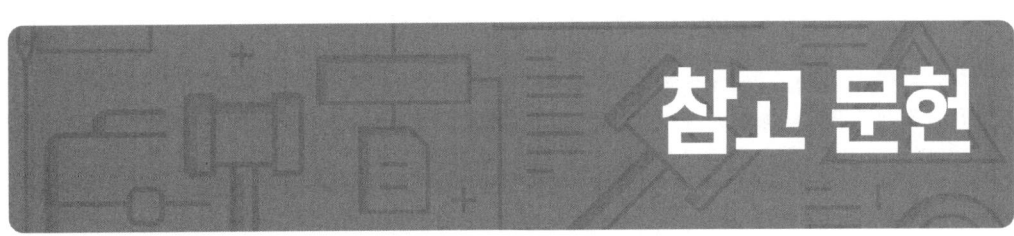

Government Budgeting and Financial Management in Practice:
Logics to Make Sense of Ambiguity

Aaron, H. J. (1975). *Who Pays the Property Tax?*. Washington, DC: Brookings.
Aaron, H. J. & Boskin, M. J. (1980). *The Economics of Taxation*. Washington, DC: Brookings.
Aaron, H. J. & Pechman, J. A. (1981). *How Taxes Affect Economic Behavior*. Washington, DC: Brookings.
Adams, Brian E. (2007). *Citizen Lobbyists*. Philadelphia: Temple University Press.
Adrian, Charles R. (1987). *A History of American City Government: The Emergence of the Metropolis, 1920-1945*. New York: Lanham.
Advisory Commission on Intergovernmental Relations (ACIR). (1977). *Improving Federal Grants Management: The Intergovernmental Grant System: An Assessment and Proposed Policies*. Washington, DC: U.S. Government Printing Office.
Advisory Commission on Intergovernmental Relations. (1961). *Investment of idle cash balances by state and local government*. Washington, DC: U.S. Government Printing Office.
Aldrich, Howard, E. (1979). *Organizations and Environments*. Englewood Cliffs, NJ: Prentice-Hall.
Aldrich, Howard, E. & David A. Whetten (1981). Organization-sets, action-sets, and net works: Making the most of simplicity. In *Handbook of Organizational Design*. ed. Paul, C. Nystrom & William, H. Starbuck, 385-408. Vol. 1. New York: Oxford University Press.
Alexander, Jennifer (1999). A new ethics of the budgetary process. *Administration and Society*, 34(4): 542-565.
Alm, James & Mark, Skidmore (1999). Why do tax and expenditure limitations pass in state elections? *Public Finance Review*, 27(5): 481-510.
Altig, D., Auerbach, A. J., Kotlikoff, L. J., Smetters, K. A., & Walliser, J. (2001). Simulating fundamental tax reform in the United States. *American Economic Review*, 91(3): 574-595.

Anderson, J. E. & Wassmer, R. W. (1995). The decision to 'bid for business': Municipal behavior in granting property tax abatements. *Regional Science and Urban Economics*, 25(6): 739-757.

Anderson, C. A., Lindsay., & Bushman, B. J. (1999). Research in the psychological laboratory: Truth or triviality? *Current Directions in Psychological Science*, 8(1): 3-9.

Anderson, C. W. (1977). *Statecraft: An Introduction to Political Choice and Judgement*. New York: John Wiley & Sons.

Anderson, J. E. & Wassmer, R. W. (2000). *Bidding for Business: The Efficacy of Local Economic Development Incentives in a Metropolitan Area*. Kalamazoo, MI: W.E. Upjohn Institute for Employment Research.

Anonymous (1999a). *Alabama's $158 million for Honda: Initial embrace marks dramatic shift from 1993's Mercedes tiff*. The Site Selection Online Insider. www.conway.com/ ssinsider/incentiive/ti9906.htm (accessed January 8, 2002).

Anonymous (1999b). *Incentive package makes the difference in Michelin's pick of South Carolina over Georgia*. The Site Selection Online Insider. http://www.conway.com/ ssinsider/incentive/ti9910.htm (accessed August 1, 2004).

Anthony, R. N. & Young, D. W. (2003). *Management Control in Nonprofit Organizations*. 7th ed. Boston: McGraw-Hill Irwin.

Anthony, Robert, N. (1965). *Planning and Control Systems*. Cambridge, MA: Harvard University Press.

Ascher, William (1978). *Forecasting: An Appraisal for Policy-Makers and Planners*. Baltimore: Johns Hopkins University Press.

Astley, W. Graham (1985). Administrative science as socially constructed truth. *Administrative Science Quarterly*, 30: 497-513.

Atkinson, A. B. (1983). *Social Justice and Public Policy*. Cambridge, MA: MIT Press.

Auerbach, A. J. (1996). Dynamic revenue estimation. *Journal of Economic Perspectives*, 10(1): 141-157.

Auerbach, A. J. (2002a). Is there a role for discretionary fiscal policy? In *Rethinking Stabilization Policy*. ed. Federal Reserve Bank of Kansas City, 109-150. Kansas City, MO: Federal Reserve Bank.

Auerbach, A. J. (2002b). The Bush tax cut and national saving. *National Tax Journal*, 55(3): 387-407.

Auerbach, A. J. (2003). *Fiscal Policy, Past and present*. Working Paper 10023. Cambridge, MA: National Bureau of Economic Research. Retrieved October 18, 2003, from www.nber.org/papers/w10023.

Auerbach, A. J. & Kotlikoff, L. J. (1987). *Dynamic Fiscal Policy*. Cambridge: Cambridge University Press.

Auerbach, A. J. & Rosen, H. S. (1980). *Will the Real Excess Burden Please stand up? (Or, Seven Measures in Search of a Concept)*. National Bureau of Economic Research Working Paper w0495. Retrieved January 19, 2004, from http://www.nber.org/papers/w0495.

Auerbach, A. J., Kotlikoff, L. J., & Leibfritz, W. (1999). *Generational Accounting Around the World*. Chicago: University of Chicago Press.

Auerbach, Alan J. (2004). *How Much Equity Does the Government Hold?* Working Paper W10291. Cambridge, MA: National Bureau of Economic Research. Retrieved May 30, 2004 from http://www.nber.org/papers/w10291.

Bachrach, Peter & Morton, S. Baratz (1962). Two faces of power. *American Political Science Review*, 56(4): 947-952.

Bachrach, Peter & Morton, S. Baratz (1975). Power and its two faces revisited. *American Political Science Review*, 69(3): 900-904.

Baker, J. R. (1994). Government in the twilight zone: Motivations of volunteers to small city boards and commissions. *State and Local Government Review*, 26(2): 119-128.

Ballard, C. L. & Fullerton, D. (1992). Distortionary taxes and the provision of public goods. *Journal of Economic*

Perspectives, 6: 117–131.
Barber, J. D. (1966). *Power in Committees: An Experiment in the Governmental Process*. Chicago: Rand McNally.
Barnard, Chester, I. (1938). *The Functions of the Executive*. Cambridge, MA: Harvard University Press.
Barrett, K. & Greene, R. (2002). You can't bank on it. *Governing,* 15(12): 74.
Barry, J. S. (2002, January). *Fiscal Forecasting: A Perilous Task*. Special Report 108. Retrieved January 5, 2004, from http://taxfoundation.org/sr108.pdf.
Bartik, T. J. (1991). *Who Benefits from State and Local Economic Development Policies?* Kalamazoo, MI: W. E. Upjohn Institute for Employment Research.
Bassanini, A., Scarpetta, S., & Hemmings, P. (2001). *Economic Growth: The Role of Policies and Institutions. Panel Data Evidence from OECD Countries*. Economics Department Working Paper 283. Paris: Organization for Economic Cooperation and Development. Retrieved November 12, 2003, from http://www.oecd.org/dataoecd/29/29/1891403.pdf
Baum, D. N. (1987). The economic effects of state and local business incentives. *Land Economics,* 63(4): 348–360.
Bazerman, M. H. & Samuelson, W. F. (1983). I won the auction but don't want the prize. *Journal of Conflict Resolution,* 27(4): 618–634.
Beer, Stafford (1959). *Cybernetics and Management*. New York: John Wiley & Sons.
Beinart, P. (1997). The pride of the cities. *The New Republic,* 216(26): 16–24.
Bell, D. (1974). The public household—on fiscal sociology and the liberal society. *Public Interest,* 37: 29–68.
Bennett, James T. & Thomas, J. DiLorenzo (1983). *Underground Government: The Off-Budget Public Sector*. Washington, DC: Cato Institute.
Bentham, J. (2000). An introduction to the principles of morals and legislation. Retrieved January 21, 2004, from http://www.ecn.bris.ac.uk/het/bentham/morals.pdf.
Berger, Peter, L. & Thomas, Luckmann (1966). *The Social Construction of Reality: A Treatise in the Sociology of Knowledge*. New York: Doubleday.
Bergman, Brian (2004). Ralph Klein. *Maclean's,* February 16, www.thecanadianencyclopedia.com (accessed July 9, 2007).
Berkman, M. G. (1993). *The State Roots of National Politics*. Pittsburgh, PA: University of Pittsburgh Press.
Berkowitz, L. & Donnerstein, E. (1982). External validity is more than skin deep: Some answers to criticisms of laboratory experiments. *American Psychologist,* 37(3): 245–257.
Berman, E. (1997). Dealing with cynical citizens. *Public Administration Review,* 57(2): 105–112.
Bernheim, B. D. (1997). Rethinking savings incentives. In *Fiscal Policy: Lessons from Economic Research,* ed. A. J. Auerbach, 259–311. Cambridge, MA: MIT Press.
Bernheim, B. D. (2002). Taxation and saving. In *Handbook of Public Economics,* ed. A. J. Auerbach & M. Feldstein, 1173–1249. New York: Elsevier Science.
Bernheim, B. D., Skinner, J., & Weinberg, S. (2001). What accounts for the variation in retirement wealth among U.S. households? *American Economic Review,* 91(4): 832–857.
Berry, F. S. & W. D. Berry (1992). Tax innovation in the states. *American Journal of Political Science,* 36(3): 715–742.
Bhagwati, J. N. & Ramaswami, V. K. (1963). Domestic distortions, tariffs and the theory of optimal subsidy. *Journal of Political Economy,* 71(1): 44–50.
Bingham, R. D. & Mier, R. (1997). *Dilemmas of Urban Economic Development*. Thousand Oaks, CA: Sage.
Black, D. A. & Hoyt, W. H. (1989). Bidding for firms. *American Economic Review,* 79(5): 1249–1256.
Blair, J. P. & Kumar, R. (1997). Is economic development a zero-sum game? In *Dilemmas of Urban Economic*

Development, ed. R. D. Bingham & R. Mier, 1–20. Thousand Oaks, CA: Sage.
Blake, Donald, E. (2006). Electoral democracy in the provinces and territories. In *Provinces*, ed. Christopher Dunn, 115–144. 2nd ed. Peterborough, ON: Broadview Press.
Blakely, E. J. (1989). *Planning Local Economic Development: Theory and Practice*. Newbury, CA: Sage.
Blakely, E. J. & Bradshaw, T. K. (2002). *Planning Local Economic Development*. 3rd ed. Thousand Oaks, CA: Sage.
Bland, R. L. & Rubin, I. S. (1997). *Budgeting: A Guide for Local Governments*. Washington. DC: International City/County Management Association.
Bland, Robert, L. (1985). The interest cost savings from experience in the municipal bond market. *Public Administration Review*, 45: 233–237.
Blinder, A. S. (2002). Commentary: Should the European Central Bank and the Federal Reserve be concerned about fiscal policy? In *Rethinking Stabilization Policy*. ed. Federal Reserve Bank of Kansas City, 391–403. Kansas City, MO: Federal Reserve Bank.
Blinder, A. S. & Solow, R. M. (1974). Analytical foundations of fiscal policy. In *The Economics of Public Finance*. ed. A. S. Blinder., R. M. Solow., G. F. Break., P. O. Steiner., & D. Netzer, 3–115. Washington, DC: Brookings.
Bluestone, B., Harrison, B., & Baker, L. (1981). *Corporate Flight: The Causes and Consequences of Economic Dislocation*. Washington, DC: Progressive Alliance Books.
Blum, W. J. & Kalven, H. Jr. (1953). *The Uneasy Case for Progressive Taxation*. Chicago: University of Chicago Press.
Boessenkool, Kenneth, J. (2005). Letter to Renee St.-Jacques, Expert Panel on the Equalization and Territorial Formula Financing. May 26.
Bolles, Albert, S. (1869). *The Financial History of the United States*. 3 vols. New York: D. Appleton & Company.
Boothe, Paul & Reid, Bradford (2001). *Deficit Reduction in the Far West: The Great Experiment*. Edmonton: University of Alberta Press.
Borcherding, Thomas, E., ed. (1977). *Budgets and Bureaucrats: The Sources of Government Growth*. Durham, NC: Duke University Press.
Boskin, M. J. (1978). Taxation, saving and the rate of interest. *Journal of Political Economy*, 86(2): S3–S27.
Boskin, M. J. (1988). What do we know about consumption and saving, and what are the implications for fiscal policy? *AEA Papers and Proceedings*, 78(2): 401–407.
Bowman, A. O'M. (1988). Competition for economic development among southeastern cities. *Urban Affairs Quarterly*, 23: 511–527.
Boychuk, Gerard, W. & Deborah, L. VanNijnatten (2004). Economic integration and cross-border policy convergence. *Horizons*, 7(1): 55–60.
Bozeman, B. (1987). *All Organizations Are Public: Bridging Public and Private Organizational Theories*. San Francisco: Jossey-Bass.
Bozeman, B. & Scott, P. (1992). Laboratory experiments in public policy and management. *Journal of Public Administration Research and Theory*, 2(3): 293–313.
Brace, P. (1993). *State Government and Economic Performance*. Baltimore: Johns Hopkins University Press.
Bradford, D. F. (2000). *Taxation, Wealth, and Saving*. Cambridge, MA: MIT Press.
Break, G. F. (1974). The incidence and economic effects of taxation. In *The Economics of Public Finance*. ed. A. S. Blinder., R. M. Solow., G. F. Break., P. O. Steiner., & D. Netzer, 119–237. Washington, DC: Brookings.
Brown, R. B., Hudspeth, C. D., & Stone, K. L. (2000). *Social Impacts of Large Scale Economic Development Projects in the Rural South: A Longitudinal Re-Study of Vance, Alabama and the Impacts of Mercedes Benz*. Contractor Paper 00-09. htttp://www.rural. org/publications/ reports.html (accessed March 2,

2003).

Brown, R. B., Hudspeth, C. D., & Odom, J. S. (2000). *Economic development agendas and the rhetoric of local community action: Locating Mercedes Benz. in Vance, Alabama.* In Small Town and Rural Economic Development, ed. P. V. Schaeffer & S. Loveridge, 155–161. Westport, CT: Praeger.

Browne, W. P., Skees, J. R., Swanson, L. E., Thompson, P. B., & Unnevehr, L. J. (1992). *Sacred Cows and Hot Potatoes: Agrarian Myths in Agricultural Policy.* Boulder, CO: Westview.

Bruce, N. (2001). *Public Finance and the American Economy.* Boston: Addison Wesley.

Brunsson, N. (1989). *The Organization of Hypocrisy.* Chicester, UK: John Wiley.

Buchanan, J. M. (1970). *The Public Finances.* Homewood, IL: Richard D. Irwin, Inc.

Buchanan, J. M. (1972). *Towards analysis of closed behavioral systems.* In Theory of Public Choice, ed. J. M. Buchanan & R. D. Tollison, 11–23. Ann Arbor: University of Michigan Press.

Buchanan, James, M. (1977). Why does government grow? In *Budgets and Bureaucrats: The Sources of Government Growth*, ed. Thomas E. Borcherding, 3–18. Raleigh, NC: Duke University Press.

Buchanan, James, M. (1979). The potential for taxpayer revolt in American democracy. *Social Science Quarterly*, 59(4): 691–696.

Buchanan, James, M. (1987). *Public Finance in Democratic Process: Fiscal Institutions and Individual choice.* Chapel Hill: University of North Carolina Press.

Buchanan, J. M. & Tullock, G. (1962). *The Calculus of Consent: Logical Foundations of Constitutional Democracy.* Ann Arbor: University of Michigan Press.

Buck, A. E. (1929). *Public Budgeting.* New York: Harper.

Burchell, Stuart., Colin, Clubb., Anthony, Hopwood., John, Hughes., & Janine, Nahapiet (1980). The roles of accounting in organizations and society. *Accounting, Organizations and Society*, 5(1): 5–27.

Burchell, Stuart, et al., (1980). The roles of accounting in organizations and society. *Accounting, Organizations and Society*, 5: 14.

Bureau of Economic Analysis. (1985). *An Introduction to National Economic Accounting. Springfield*, VA: National Technical Information Service, U.S. Department of Commerce. Retrieved April 24, 2004, from http://www.bea.gov/bea/ARTICLES/NATIONAL/NIPA/Methpap/methpap1.pdf.

Burnier, D. (1992). Becoming competitive: How policymakers view incentive-based development policy. *Economic Development Quarterly*, 6(1): 14–24.

Burns, Robert, C. & Robert, D. Lee. (2004). The ups and downs of state budget process reform. *Public Budgeting & Finance*, 24(3): 1–19.

Butler, D., Adonis, A., & Travers, T. (1994). *Failure in British Government: The Politics of the Poll Tax.* Oxford: Oxford University Press.

Caiden, N. (1998). Public service professionalism for performance measurement and evaluation. *Public Budgeting and Finance*, 18(2): 35–52.

Callahan, D. (1997). Big apple bites liberalism. *The Nation*, 265(9): 16–20.

Cammisa, Anne, Marie (1998). *From Rhetoric to Reform? Welfare Policy in American Politics.* Boulder, CO: Westview.

Campbell, D. T. & Stanley, J. C. (1963). *Experimental and Quasi-Experimental Designs for Research.* Chicago: Rand-McNally.

Canadian Taxpayers Federation v. Sorbara. (2004). Court File 04-CV-269781 CM1. Toronto: Ontario Superior Court of Justice.

Capen, E. C., Clapp, R. V., & Campbell, W. M. (1971). Competitive bidding in high-risk situations. *Journal of Petroleum Technology*. 23: 641–653.

Caplan, Edwin, H. (1966). Behavioral assumptions of management accounting. *The Accounting Review,* 61: 496–509.

Carroll, C. D. (2001). *A Theory of the Consumption Function, with and without Liquidity Constraints.* Expanded version, Working Paper 8387. Cambridge, MA: National Bureau of Economic Research. Retrieved September 22, 2003, from http://www.nber.org/papers/w8387.

Cason, M., Hendrick, D., & Dugan, K. (2002). *City gets $1B plant.* Montgomery Advertiser, April 2. www.montgomeryadvertiser.com/1news/business/040202_plant. html (accessed April 2, 2002).

Chapin, L. K. & Williams–Derry, C. (2002). *Green Acre$: How Taxpayers Are Subsidizing the Demise of the Family Farm.* Washington, DC: Environmental Working Group. Retrieved December 20, 2002, from http://www.ewg.org/reports/greenacres/exec.html.

Chapman, Jeffrey, I. (1996). The challenge of entrepreneurship: An Orange County case study. *Municipal Finance Journal,* 17(2): 16 – 32.

Chapman, S. J. (1913). The utility of income and progressive taxation. *Economic Journal,* 23(89): 25 – 35.

Chari, V. V. & Weber, R. J. (1996). How the U. S. Treasury should auction its debt. In *Handbook of Debt Management,* ed. G. J. Miller, 825–834. New York: Dekker.

Churchill, N. C. (1984). Budget choice: Planning vs. control. *Harvard Business Review,* 62(4): 150 – 164.

Churchman, C. West (1968). *The Systems Approach.* New York: Dell.

Ciriacy–Wantrup, S. V. (1947). Capital returns from soil conservation practices. *Journal of Farm Economics,* 29(4): 1181 – 1196.

Ciriacy–Wantrup, S. V. (1955). Benefit–cost analysis and public resource development. *Journal of Farm Economics,* 37(4): 676 – 680.

Citizens Budget Commission New York (2000). *An Affordable Debt Policy for New York State and New York City.* October 18. http://www.cbcny.org/debt1018.pdf (accessed July 31, 2007).

Clark, J. B. (1899). *The Distribution of Wealth: A Theory of Wages, Interest, and Profits.* New York: The Macmillan Company.

Clarke, S. E. & Gaile, G. L. (1992). The next wave: Postfederal local economic develop ment strategies. *Economic Development Quarterly,* 6(2): 187–198.

Clemens, Jason., Todd, Fox., Amela, Karabegovic., Sylvia, LeRoy., & Niels, Veldhuis (2003). *Tax and Expenditure Limitations.* Vancouver, CA: The Fraser Institute.

Clingermayer, J. C. & Feiock, R. C. (1990). The adoption of economic development poli cies by large cities: A test of economic, interest group, and institutional explanations. *Policy Studies Journal,* 18(4): 539–552.

Coase, R. H. (1937). The nature of the firm. *Economica New Series,* 4(16): 386 – 405.

Coffman, R. B. (1993). Tax abatements and rent–seeking. *Urban Studies,* 30(3): 593–598.

Cohen, Michael, D., & James, G. March (1986). *Leadership and Ambiguity: The American College President.* 2nd ed. Cambridge, MA: Harvard Business School Press.

Cohen, Michael, D., James, G. March., & Johan, P. Olsen (1972). A garbage can model of organizational choice. *Administrative Science Quarterly,* 17: 1–25.

Comptroller General of the United States. (1985). *Managing the Cost of Government: Building an Effective Financial Management Structure.* Vol. 2, Conceptual framework (GAO/AFMC–85–35–A). Washington, DC: U.S. General Accounting Office.

Conlan, Timothy, J., Margaret, T. Wrightson., & David, R..Beam (1990). *Taxing Choices: The Politics of Tax Reform.* Washington, DC: CQ Press.

Conlon, T. J., D. R. Beam., & M. T. Wrightson (1995). Policy models and political change. In *The New Politics of Public Policy.* ed. M. K. Landy & M. Levin, 121 – 141. Baltimore: Johns Hopkins University Press.

Cook, T. D. & Campbell, D. T. (1979). *Quasi-Experimentation*. Chicago: Rand-McNally.
Corlett, W. J. & Hague, D. C. (1953-1954). Complementarity and the excess burden of taxation. *Review of Economic Studies*, 21(1): 21-30.
Coronado, J., Engen, E., & Knight, B. (2003). Public pension funds and private capital markets: The investment practices and performance of state and local pension funds. *National Tax Journal*, 56(3): 579-594.
Cothran, D. A. (2001). Entrepreneurial budgeting: An emerging reform? In *Performance Based Budgeting*. ed. G. J. Miller., W. B. Hildreth., & J. Rabin, 147-167. Boulder, CO: Westview.
Coulombe, Serge (1999). Economic growth and provincial disparity. Ottawa: Renouf Publishing.
Council of Economic Advisors (1964). *Economic Report of the President*. Washington, DC: Government Printing Office.
Cox, J. C. & Isaac, R. M. (1984). In search of the winner's curse. *Economic Inquiry*. 22: 579-592.
Crandall, Robert, W. (1978). Federal government initiatives to reduce the price level. In *Curing Chronic Inflation*. ed. Arthur, M. Okun & George, L. Perry, 165-204. Washington, DC: Brookings.
Crecine, John, P. (1969). *Government Problem Solving*. Chicago: Rand McNally.
Crete, Jean (2007). Y-a-t-il un lien entre le discourse due gouvernement du Quebec et son activite legislative? Colloque annuel de la Societe quebecoise de science politique, Universite Laval Quebec. May 24.
Cummings, R. G., Brookshire, D. S., & Schulze, W. D. (1986). *Valuing Environmental Goods: An Assessment of the Contingent Valuation Method*. Totowa, NJ: Rowman & Allanheld.
Cutler, D. M., D. W. Elmendorf., & R. Zeckhauser (1999). Restraining the leviathan: Property tax limitation in Massachusetts. *Journal of Public Economics*, 71(3): 313-334.
Cyert, Richard, M. & James, G. March (1963). *A Behavioral Theory of the Firm*. Englewood Cliffs, NJ: Prentice-Hall.
Czarniawska, Barbara & Pasquale, Gagliardi (2003). *Narratives We Organize By Philadelphia*: John Benjamins.
Dalton, Russell J. (1988). *Citizen Politics in Western Democracies*. Chatham, NJ: Chatham House.
David, P. A. & Scadding, J. L. (1974). Private savings: Ultrarationality, aggregation and "Denison's law." *Journal of Political Economy*, 82: 225-249.
Davidson, R. & Duclos, J. Y. (1997). Statistical inference for the measurement of the incidence of taxes and transfers. *Econometrica*, 65(6): 1453-1465.
Davis, Gerald, F. (2009). *Managed by the Markets*. New York: Oxford University Press.
DeLong, J. B. (1997). America's only peacetime inflation: The 1970s. In *Reducing Inflation: Motivation and Strategy*. ed. C. Romer & D. Romer, 247-276. Chicago: University of Chicago Press and National Bureau of Economic Research.
Denhardt, R. B., Denhardt, K. G., & Glaser, M. A. (2000). Citizen-driven strategic planning in local government: The case of Orange County, Florida. In *Handbook of Strategic Management*. ed. Jack, Rabin., Gerald, J. Miller., & W. Bartley, Hildreth, 709-720. 2nd ed. New York: Marcel Dekker.
Denison, Dwight, V. (2002). How conservative are municipal investment practices in large U.S. cities? *Municipal Finance Journal*, 23(1): 35-51.
Denison, E. F. (1958). A note on private saving. *Review of Economics and Statistics*, 40: 261-267.
Dewey, Davis, Rich (1930). *The Financial History of the United States*. 12th ed. New York: Longmans, Green, & Co.
Dickson, Vaughan & Weiqiu, Yu (2000). Revenue structures, the perceived price of government output, and public expenditures. *Public Finance Review*, 28(1): 48-65.
Diewert, W. E., Lawrence, D. A., & Thompson, F. (1998). *Handbook of Public Finance*. New York: Dekker.
Dobson, R. B. (1970). *The Peasant's Revolt of 1381*. New York: St. Martin's Press.
Domar, E. D. & Musgrave, R. A. (1944). Proportional income taxation and risk-taking. *Quarterly Journal of Economics*, 58(3): 388-422.

Donovan, Mark, C. (2001). *Taking Aim: Target Populations and the War on AIDS and Drugs*. Washington, DC: Georgetown University Press.
Douglas, Mary & Aaron, Wildavsky (1983). *Risk and Culture*. Berkeley: University of California Press.
Downs, A. (1960). Why the government budget is too small in a democracy. *World Politics*, 12(4): 541–563.
Downs, Anthony (1959–1960). Why the government budget is too small in a democracy. *World Politics*, 12: 541–563.
Dunsire, Andrew & Christopher, Hood (2010). *Cutback Management in Public Bureaucracies*. Cambridge: Cambridge University Press.
Eckstein, O. (1973). *Public Finance*. 3rd ed. Englewood Cliffs, NJ: Prentice-Hall.
Edwards, J. David (2001). Managerial influences in public administration. Unpublished paper. available online at http://www.utc.edu/~mpa/managerialism.htm (accessed June 30, 2001).
Egan, T. (2000). Failing farmers learn to profit from federal aid. *New York Times*, December 24, p. 1.
Eisinger, P. K. (1988). *The Rise of the Entrepreneurial State*. Madison: University of Wisconsin Press.
Elkin, Stephen, L. (1987). *City and Regime in the American Republic*. Chicago: University of Chicago Press.
Engen, E. M. & Gale, W. G. (1996). Taxation and saving: The role of uncertainty. Washington, DC: Board of Governors of the Federal Reserve System.
Epstein, P., Wray, L., Marshall, M., & Grifel, S. (2002). Engaging citizens in achieving results that matter: A model for effective 21st century governance. In *Meeting the Challenges of Performance Oriented Government*. ed. K. Newcomer., E. T. Jennings Jr., C. Broom., & A. Lomax, 125–160. Washington, DC: American Society for Public Administration, Center for Accountability and Performance.
Epstein, Paul (1984). The value of measuring and improving performance. In *New Directions in Public Administration*. ed. Barry Bozeman & Jeffrey Straussman, 265–269. Moneterey, CA: Brooks/Cole.
European Values Study Group & World Values Survey Association (2010). European and World Values Surveys four-wave integrated data file, 1981–2004, v.20060423, 2006. Surveys designed and executed by the European Values Study Group and World Values Survey Association. File producers: ASEP/JDS, Madrid, Spain, and Tilburg University, Tilburg, The Netherlands. File distributors: ASEP/JDS and GESIS, Cologne, Germany.
Executive summary (of Volume II of the Study Committee on Policy Management Assistance report, Strengthening public management in the intergovernmental system) (1975). *Public Administration Review*, special issue: 700–705.
Fainstein, Susan, S. (1987). The politics of criteria: Planning for the redevelopment of Times Square. In *Confronting Values in Policy Analysis: The Politics of Criteria*, 232–247. Newbury Park, CA: Sage.
Federal Reserve Bank of Kansas City (2002). *Rethinking Stabilization Policy*. Kansas City, MO: Federal Reserve Bank.
Federal Reserve Bank of St. Louis (2004). Budget deficits and interest rates. *Monetary Trends*. March, p. 1.
Feiock, R. C. (1991). The effects of economic development policy on local economic growth. *American Journal of Political Science*, 35(3): 643–655.
Feiock, R. C. (1999). Development policy competition and positive sum growth: Incentive competition and its alternatives. *International Journal of Economic Development*, 1(3): 238–255.
Feit, D. (2003). Measuring performance in the public sector. *Journal of Cost Management*. (March/April): 39–45.
Feldman, M. S. & March, J. G. (1981). Information in organizations as signal and symbol. *Administrative Science Quarterly*, 26(2): 171–186.
Feldstein, M. (1974a). Incidence of a capital income tax in a growing economy with variable savings rates. *Review of Economic Studies*, 41(4): 505–513.

Feldstein, M. (1974b). Tax incidence in a growing economy with variable factor supply. *Quarterly Journal of Economics*, 88(4): 551–573.

Feldstein, M. (1976). Social security and saving: The extended life cycle theory. *American Economic Review*, 66(Papers and Proceedings): 77–86.

Feldstein, M. (2002). Commentary. In *Rethinking Stabilization Policy*, ed. Federal Reserve Bank of Kansas City, 151–162. Kansas City, MO: Federal Reserve Bank.

Feldstein, M. & Feenberg, D. (1995). *The Taxation of Two Earner Families*. National Bureau of Economic Research Working Paper W5155. Washington, DC: National Bureau of Economic Research. Retrieved February 10, 2004, from http://papers.nber.org/papers/w5155.

Feldstein, Martin (1980). A contribution to the theory of tax expenditures: The case of charitable giving. In *The Economics of Taxation*, 99–122. Washington, DC: Brookings Institution.

Ferguson, Thomas & Joel, Rogers (1986). *Right Turn*. New York: Hill & Wang.

Festinger, Leon (1950). Informal social communication. *Psychological Review*, 57: 271–292.

Finkelstein, N. D. (2000). *Transparency in Public Policy*. Houndsmills, Basingstoke, Hampshire, UK: MacMillan.

Fisher, I. (1930). *The Theory of Interest*. London: MacMillan.

Forbes, Ronald, W. & John, E. Petersen (1979). *Local Government General Obligation Bond Sales in Pennsylvania: The Cost Implications of Negotiation vs Competitive Bidding*. Washington, DC: Government Finance Research Center, Municipal Finance Officers Association.

Forester, John (1984). Bounded rationality and the politics of muddling through. *Public Administration Review*, 44(1): 23–31.

Forrester, John, P. & Guy, B. Adams (1997). Budgetary reform through organizational learning: Toward an organizational theory of budgeting. *Administration and Society*, 28(4): 466–488.

Forsberg, Mary, E. (2004). *Let the Sunshine in*. Trenton: New Jersey Policy Perspective. http://www.njpp.org/rpt_transparent.html (accessed August 14, 2007).

Fox, Kenneth (1977). *Better City Government: Innovation in American Urban Politics, 1850–1937*. Philadelphia: Temple University Press.

Friedman, M. (1948). A monetary and fiscal framework for economic stability. *American Economic Review*, 38(3): 245–264.

Friedman, Milton (1953). The methodology of positive economics. In *Essays in Positive Economics*, ed. Milton Friedman, 3–43. Chicago: University of Chicago Press.

Friedman, Milton (1957). *A Theory of the Consumption Function*. Princeton, NJ: Princeton University Press.

Fruits, Eric., James, Booth., Randall, Pozdena., & Richard, Smith (2008). A comprehensive evaluation of the comparative cost of negotiated and competitive methods of municipal bond issuance. *Municipal Finance Journal*, 28(4): 15–41.

Fullerton, D. & Rogers, D. L. (1993). *Who Bears the Lifetime Tax Burden?* Washington, DC: Brookings.

Gaffney, M. M. (1971). The property tax is a progressive tax. In *Proceedings of the Sixty-Fourth Annual Conference on Taxation Sponsored by the National Tax Association*, 408–426. Retrieved May 8, 2004, from http://www.schalkenbach.org/library/progressivet.pdf.

Galambos, E. C. & Schreiber, A. F. (1978). *Making Sense Out of Dollars: Economic Analysis for Local Government*. Washington, DC: National League of Cities.

Gale, W. G. (1997). Comment. In *Fiscal Policy: Lessons from Economic Research*, ed. A. J. Auerbach, 313–330. Cambridge, MA: MIT Press.

Garand, James C. (1988). Explaining government growth in the states. *American Political Science Review*, 82(3): 837–849.

Gardner, Jr., E. I., Montjoy, R. S., & Watson, D. J. (2001). Moving into global competition: A case study of Alabama's recruitment of Mercedes-Benz. *Policy Studies Review*, 18(1): 80–93.

General Accounting Office (GAO). (1999, July). *Performance Budgeting: Initial Agency Experiences Provide a Foundation to Assess Future Directions*. GAOIT-AIMDGGD-99-216. Washington, DC: General Accounting Office.

General Accounting Office (GAO). (2000, February). *Accrual Budgeting: Experiences of Other Nations and Implications for the United States*. GAOIAIMD-00-57. Washington, DC: General Accounting Office.

Gentry, W. M. (1999). Optimal taxation. In *The Encyclopedia of Taxation and Tax Policy*, ed. J. J. Cordes, R. D. Ebel & J. G. Gravelle. Washington, DC: Urban Institute Press. Retrieved November 13, 2003, from http://www.taxpolicycenter.org/research/Topic.cfm?PubID=100539.

Gilens, Martin (1999). *Why Americans Hate Welfare: Race, Media, and the Politics of Antipoverty Policy*. Chicago: University of Chicago Press.

Glaser, M. A. & Hildreth, W. B. (1999). Service delivery satisfaction and willingness to pay taxes: Citizen recognition of local government performance. *Public Productivity and Management Review*, 23(1): 48–67.

Glennon, D. (1985). An examination of the stability of the gross private saving rate. *Quarterly Journal of Business and Economics*, 24(4): 44–54.

Goetz, C. J. (1977). Fiscal illusion in state and local finance. In *Budgets and Bureaucrats: The Sources of Government Growth*, ed. T. E. Borcherding, 176–187. Durham, NC: Duke University Press.

Goffman, Erving (1961). *Asylums*. Garden City, NY: Doubleday.

Goffman, Erving (1974). *Frame Analysis: An Essay on the Organization of Experience*. New York: Harper & Row.

Golding, Peter & Sue, Middleton (1982). *Images of Welfare: Press and Public Attitudes to Poverty*. Oxford: Martin Robertson.

Goldscheid, R. (1958). A sociological approach to problems of public finance (E. Henderson, trans.). In *Classics in the Theory of Public Finance*, ed. R. A. Musgrave & A. T. Peacock, 202–213. New York: MacMillan.

Golembiewski, Robert, T. (1964). Accountancy as a function of organization theory. *The Accounting Review*, 39: 333–341.

Golembiewski, Robert, T. (1977). *Public Administration as a Developing Discipline: Part 1. Perspectives on Past and Present*. New York: Dekker.

Golembiewski, Robert, T. (1989). *Men, Management, and Morality: Toward a New Organizational Ethic*. Transaction ed. Piscataway, NJ: Transaction Books.

Golembiewski, Robert, T. (1999). Shortfalls of public administration as empirical science. *Public Administration Quarterly*, 23(1): 3–17.

Golembiewski, Robert, T. & Gerald, J. Miller (1981). Small groups in political science. In *Handbook of Political Behavior*, ed. Samuel Long, 1–71. Vol. 2. New York: Plenum.

Goolsbee, A. (2000). What happens when you tax the rich? Evidence from executive compensation. *Journal of Political Economy*, 108(2): 352–378.

Goulder, L. H. & Williams, R. C. III. (1999). *The Usual Excess-Burden Approximation Usually Doesn't Come Close*. National Bureau of Economic Research Working Paper W7034. Cambridge, MA: National Bureau of Economic Research. Retrieved January 19, 2004, from http://www.nber.org/papers/w7034.

Government Accounting Standards Board. (1999). GASB Statement No. 34: Basic Financial Statements—and Management's Discussion and Analysis—for State and Local Governments. Norwalk, C.T.: Government Accounting Standards Board.

Grady, D. O. (1987). State economic development incentives: Why do states compete? *State and Local Government Review*, 19(2): 86–94.

Graetz, Michael, J. & Ian, Shapiro (2005). *Death by a Thousand Cuts*. Princeton, NJ: Princeton University Press.
Grafstein, Robert (1988). A realist foundation for essentially contested political concepts. *Western Political Quarterly*, 41(1): 9–28.
Greenstone, M. & Moretti, E. (2003). *Bidding for Industrial Plants: Does Winning a 'Million Dollar Plant' Increase Welfare?* Working Paper 9844. Cambridge, MA: National Bureau of Economic Research.
Greenwald, B. C. & Stiglitz, J. E. (1986). Externalities in economies with imperfect information and incomplete markets. *Quarterly Journal of Economics*, 101: 229–264.
Greider, William (1981). *The Education of David Stockman and Other Americans*. New York: Dutton Publishers.
Greider, William (1987). *Secrets of the Temple: How the Federal Reserve Runs the Country*. New York: Simon and Schuster.
Griefer, N. (2002). Pension investment policies: The state of the art. *Government Finance Review*, 18(1): 36–40.
Gross, Bertram, M. (1969). The new systems budgeting. *Public Administration Review*, 29: 113–137.
Grossman, David, A. & Frederick, O'R. Hayes (1981). Moving toward integrated fiscal management. *Public Budgeting and Finance*, 1(2): 41–46.
Groves, Sanford., Maureen, Godsey., & Martha, Shulman (1981). Financial indicators. *Public Budgeting and Finance*, 1(2): 5–19.
Gulick, Luther & L. Urwick (1937). *Papers on the Science of Administration*. New York: Institute of Public Administration.
Hacker, Jacob, S. & Paul, Pierson (2007). Tax politics and the struggle over activist government. In *The Transformation of American Politics*, ed. Paul, Pierson & Theda, Skocpol, 256–280. Princeton, NJ: Princeton University Press.
Hacker, Jacob, S. & Paul, Pierson (2010). *Winner-Take-All Politics*. New York: Simon & Schuster.
Hamilton, A., Madison, J., & Jay, J. (1978). *The Federalist or, the New Constitution*. New York: Dutton, Everyman's Library.
Hammond, Bray (1970). *Sovereignty and an Empty Purse: Banks and Politics in the Civil War*. Princeton, NJ: Princeton University Press.
Hammond, Thomas, H. (1986). Agenda control, organizational structure, and bureaucratic politics. *American Journal of Political Science*, 30(2): 379–420.
Harberger, A. (1974). *Taxation and Welfare*. Boston: Little Brown.
Harriman, Linda & Jeffrey, D. Straussman (1983). Do judges determine budget decisions? Federal court decisions in prison reform and state spending for corrections. *Public Administration Review*, 43: 343–351.
Harris, Seymour (1955). *John Maynard Keynes: Economist and Policy Maker*. New York: Charles Scribner's.
Harrison, J. R. & March, J. G. (1984). Decision making and postdecision surprises. *Administrative Science Quarterly*, 29(1): 26–42.
Haskins, Ron (2001). Effects of welfare reform on family income and poverty. In *The New World of Welfare*, 103–136. Washington, DC: Brookings Institution Press.
Hassett, K. A. & Hubbard, R. G. (2002). Tax policy and business investment. In *Handbook of Public Economics*, ed. A. J. Auerbach & M. Feldstein, 1293–1343. Vol. 3. New York: Elsevier Science.
Hatry, H. (1999). *Performance Measurement: Getting Results*. Washington, DC: Urban Institute.
Hausman, J. A. (1981). Exact consumer's surplus and deadweight loss. *American Economic Review*, 71(4): 662–676.
Hax, A. C. & Majluf, N. S. (1984). The corporate strategic planning process. *Interfaces*, 14(1): 47–60.
Hayek, Friedrich (1944). *The Road to Serfdom*. Chicago: University of Chicago Press.
Hayter, R. (1997). *The Dynamics of Industrial Location*. New York: Wiley.
Heady, C. & van den, Noord, P. (2001). *Tax and the Economy: A Comparative Assessment of OECD Countries*.

OECD Tax Policy Studies 6. Paris: Organization for Economic Cooperation and Development.

Heclo, Hugh (2001). The politics of welfare reform. In *The New World of Welfare*, 169–200. Washington, DC: Brookings Institution Press.

Heen, Mary, L. (2000). Reinventing tax expenditure reform: Improving program oversight under the Government Performance and Results Act. *Wake Forest Law Review*, 35(4): 751–826.

Heilbroner, R. L. (1988). *Behind the Veil of Economics: Essays in the Worldly Philosophy*. New York: W. W. Norton.

Heilbroner, Robert, L. & Lester, C. Thurow (1984). *Understanding Microeconomics*. 6th ed. Englewood Cliffs, NJ: Prentice-Hall.

Hershey, Robert, D. Jr. (1989). New market is seen for "pollution rights." *New York Times*, national edition, June 14, pp. 29, 32.

Hicks, John, R. (1940). The valuation of the social income. *Economica*, 7: 105–124.

Hildreth, W. B. & Miller, G. J. (2002). Debt and the local economy: Problems in benchmarking local government debt afford ability. *Public Budgeting and Finance*, 22(4): 99–113.

Hildreth, W. Bartley (1986). Strategies of municipal debt issuers. Paper presented at the National Conference of the American Society for Public Administration, Anaheim, CA.

Hildreth, W. Bartley (1998). Should there be an accreditation program for finance and budget offices? *Public Budgeting & Finance*, 18(2): 18–27.

Hill, Edward., Matthew, Sattler., Jacob, Duritsky., Kevin, O'Brien., & Claudette, Robey (2006). *A Review of Tax Expenditure Limitations and Their Impact on State and Local Government in Ohio*. Cleveland, OH: Center for Public Management, Levin College of Urban Affairs, Cleveland State University.

Hirschman, Albert, O. (1970). *Exit, Voice and Loyalty*. Cambridge, MA: Harvard University Press.

Hitch, Charles, J. (1960). On the choice of objectives in systems studies. Santa Monica, CA: RAND Corporation. Quoted in Wildavsky, Aaron. (1966). The political economy of efficiency: Cost benefit analysis, systems analysis, and program budgeting. *Public Administration Review*, 26: 292–310.

Hobson, J. A. (1919). *Taxation in the New State*. London: Methuen.

Hofer, K. (1994). Property tax abatement. In Case Studies in *Public Budgeting and Financial Management*, ed. A. Kahn & W. B. Hildreth, 541–558. Dubuque, IA: Kendall/Hunt.

Hoff, K. (1994). The second theorem of the second best. *Journal of Public Economics*, 54(2): 223–242.

Hoff, K. & Lyon, A. (1995). Non-leaky buckets: Optimal redistributive taxation and agency costs. *Journal of Public Economics*, 58(3): 365–390.

Hoffman, Richard, L. (1966). Group problem solving. In *Advances in Experimental Social Psychology*, ed. Leonard Berkowitz, 99–132. Vol. 2. New York: Academic Press.

Holcombe, R. (1998). The foundations of normative public finance. In *Handbook of Public Finance*, ed. F. Thompson & M. Green, 1–42. New York: Dekker.

Horowitz, G. (1966). Conservatism, liberalism and socialism in Canada. *Canadian Journal of Political Science*, 32(2): 143–171.

Howard, Christopher (1997). *The Hidden Welfare State: Tax Expenditures and Social Policy in the United States*. Princeton, NJ: Princeton University Press.

Hyde, Albert, C. (1978). A review of the theory of budget reform. In *Government Budgeting*, ed. Albert, C. Hyde & Jay, M. Shafritz, 71–77. Oak Park, IL: Moore Publishing Co.

Ingram, Helen, M. & Anne, L. Schneider (2005). Introduction: Public policy and the social construction of deservingness. In *Deserving and Entitled: Social Constructions and Public Policy*, 1–33. Albany: State University of New York Press.

Institute on Taxation and Economic Policy. (2004). *Tax Principles: Building Blocks of a Sound Tax System*. Policy Brief 9. Retrieved May 5, 2004, from http://www.itepnet.org/pb9princ.pdf.

Ippolito, Dennis, S. (1984). *Hidden Spending: The Politics of Federal Credit Programs*. Chapel Hill: University of North Carolina Press.

Janis, I. L. (1972). *Victims of Groupthink: A Psychological Study of Foreign Policy Decisions and Fiascoes*. Boston: Houghton–Mifflin.

Jay, Edward, J. (1964). The concepts of 'field' and 'network' in anthropological research. *Man*, 64: 137–139.

Jinno, K. (1997). *Talking with Citizens about Money*. Washington, DC: International City/County Management Association.

Johnson, Richard, A., Fremont, E. Kast., & James, E. Rosenzweig (1963). *Organization and Management: A Systems and Contingency Approach*. New York: McGraw–Hill.

Johnston, David, Cay (2001). Rate of all I.R.S. audits falls: Poor face particular scrutiny. *New York Times*, February 16, pp. A1, C11.

Jones, Bryan, D., Tracy, Sulkin., & Heather, A. Larsen (2003). Policy punctuations in American political institutions. *American Political Science Review*, 97(1): 151–169.

Jones, L. R. (2005). Outyear budgetary consequences of agency cost savings: International Public Management Network Symposium. *International Public Management Review*, 6(1): 139–168. http://www.ipmr.net (link live October 29, 2006).

Jordan, Bill (1998). *The New Politics of Welfare*. Thousand Oaks, CA: Sage Publications.

Jordan, Meagan, M. (2003). Punctuations and agendas: A new look at local government budget expenditures. *Journal of Policy Analysis and Management*, 22(3): 345–360.

Joumard, I. (2001). *Tax Systems in European Union Countries*. Economics Department Working Paper 301. Paris: Organization for Economic Cooperation and Development. Retrieved November 12, 2003, from http://www.olis.oecd.org/olis/2001doc.nsf/linkto/eco-wkp(2001)27.

Kagel, J. H. & Levin, D. (1986). The winner's curse and public information in common value auctions. *American Economic Review*, 76(5): 894–920.

Kahneman, D. & Tversky, A. (1979). Prospect theory: An analysis of decisions under risk. *Econometrica*, 47(2): 263–292.

Kaldor, N. (1939). Welfare propositions of economics and interpersonal comparisons of utility. *The Economic Journal*, 49(195): 549–552.

Kale, S. R. (1984). US industrial development incentives and manufacturing growth during the 1970s. *Growth and Change*, 15(1): 26–34.

Kamlet, Mark, S., David, C. Mowery., & Tsai–Tsu, Su (1987). Whom do you trust? An analysis of executive and congressional economic forecasts. *Journal of Policy Analysis and Management*, 6(3): 365–384.

Kant, Immanuel (1992). *Perpetual Peace: A Philosophical Essay*, trans. M. Campbell Smith. Bristol, England: Thoemmes Press.

Kaufman, Herbert (1956). Emerging conflicts in the doctrines of public administration. *American Political Science Review*, 50(4): 1057–1073.

Kebede, E. & Ngandu, M. S. (1999). The economic impact of the Mercedes Benz investment on the state of Alabama. *Journal of Agricultural and Applied Economics*, 31(2): 371–382.

Keifer, D. W. (1984). Distributional tax progressivity indexes. *National Tax Journal*, 37(4): 497–513.

Kelman, S. (2005). The dialogue. *International Public Management Review*, 6(1): 139. http://www.ipmr.net (link live October 29, 2006).

Kenyon, D. A. (1997). Theories of interjurisdictional competition. *New England Economic Review*, March/April,

pp. 13-28.
Kettl, Donald, F. (1986). *Leadership at the Fed*. New Haven, CT: Yale University Press.
Kettl, Donald, F. (2000). The transformation of governance: Globalization, devolution, and the role of government. *Public Administration Review*, 60(6): 488-497.
Key, V. O. (1940). The lack of a budgetary theory. *American Political Science Review*, 34(6): 1137-1140.
Keynes, J. M. (1936). *The General Theory of Employment, Interest and Money*. London: Macmillan.
Keynes, J. M. (1964). *The General Theory of Employment, Interest, and Money*. New York: Harcourt, Brace Jovanovich.
King, C. S., Feltey, K. M., & Susel, B. (1998). The question of participation: Toward authentic public participation in public administration. *Public Administration Review*, 58(4): 317-326.
Kingdon, John, W. (1984). *Agendas, Alternatives, and Public Policies*. Boston: Little, Brown.
Kioko, Sharon., Justin, Marlowe., David, S. T. Matkin., Michael, Moody., Daniel, L. Smith., & Zhirong, J. Zhao (2011). Why public financial management matters. *Journal of Public Administration Research and Theory*, 21(1): i113-i124.
Klay, E. (2001). Management through budgetary incentives. In *Performance Based Budgeting*, ed. G. J. Miller, W. B. Hildreth & J. Rabin, 215-227. Boulder, CO: Westview.
Klay, William, Earle (1983). Revenue forecasting: An administrative perspective. In *Handbook of Public Budgeting and Financial Management*, ed. Jack, Rabin & Thomas, D. Lynch, 287-316. New York: Marcel Dekker.
Klay, William, Earle (1985). The organizational dimension of budgetary forecasting: Suggestions from revenue forecasting in the states. *International Journal of Public Administration*, 7(3): 241-265.
Klay, William, Earle & Joseph, A. Vonasek (2008). Consensus forecasting for budgeting in theory and practice. In *Government Budget Forecasting*, ed. Jinping Sun & Thomas D. Lynch, 379-392. Boca Raton, FL: Taylor & Francis.
Knight, H. C. (1981). Budgeting: A contrast of preaching and practice. *Cost and Management*, 55(6): 42-46.
Kotlikoff, L. J. (1979). Testing the theory of social security and life cycle accumulation. *American Economic Review*, 69(3): 396-410.
Kotlikoff, L. J. (1988). Intergenerational transfers and savings. *Journal of Economic Perspectives*, 2(2): 41-58.
Kotlikoff, L. J. (1992). *Generational Accounting: Knowing Who Pays, and When, for What We Spend*. New York: Free Press.
Koven, Steven, G. (1999). *Public Budgeting in the United States: The Cultural and Ideological Setting*. Washington, DC: Georgetown University Press.
Kruger, D. (1998). Salomon is big winner of MTA swaption. *The Bond Buyer*, August 13, p. 32.
Kruglandski, A. (1975). The human subject in the psychology experiment. In *Advances in Experimental Social Psychology*, ed. L. Berkowitz, 101-147. Vol. 8. New York: Academic Press.
Krugman, P. (2003). Off the wagon. *New York Times*, January 17, p. A27.
Krzyzaniak, M. (1972). The differential incidence of taxes on profits and on factor incomes. *Finanzarchiv*, 30(3): 464-488.
Kuhn, Thomas, S. (1970). *The Structure of Scientific Revolutions*. 2nd ed. Chicago: University of Chicago Press.
Laibson, D. I. (1998). Life-cycle consumption and hyperbolic discount functions. *European Economic Review*, 42(3-5): 861-871.
Lamb, Robert & Stephen, P. Rappaport (1980). *Municipal Bonds: The Comprehensive Review of Tax-Exempt Securities and Public Finance*. New York: McGraw-Hill.
Lampman, Robert, J. (1954). Recent changes in income inequality reconsidered. *American Economic Review*, 44(3): 251-268.

Landau, Martin (1969). Redundancy, rationality, and the problem of duplication and over lap. *Public Administration Review*, 29: 346–358.

Larkey, P. D. & Devereux, E. A. (1999). Good budgetary decision processes. In *Public Management Reform and Innovation: Research, Theory, and Application*, ed. H. G. Frederickson & J. M. Johnston, 166–188. Tuscaloosa: University of Alabama Press.

Laubach, T. (2003). *New Evidence on the Interest Rate Effects of Budget Deficits and Debt*. Finance and Economics Discussion Series Paper 2003-12. Washington, DC: Board of Governors of the Federal Reserve System.

Lazere, C. (1998). All together now: Why you must link budgeting and forecasting to planning and performance. *CFO*, 14(2): 28–36.

Lehan, Edward, Anthony (1991). Organization of the finance function. In *Local Government Finance: Concepts and Practices*, ed. John, E. Petersen & Dennis, R. Strachota, 29–43. Chicago: Government Finance Officers Association.

Lemov, Penelope (1990). For municipal bonds, it's not a plain vanilla world anymore. *Governing*, June, PP. 52–58.

Lemov, Penelope (1997, September). Educating the elusive taxpayer. *Governing*, pp. 68–69.

Leo, J. P. & Roth, R. A. (1998). Budgeting for success. *The Bottom Line*, pp. 23–25.

Levine, Charles, H. (1980). *Managing Fiscal Stress*. Chatham, NJ: Chatham House.

Levy, F. (1979). On understanding Proposition 13. *Public Interest*, 56: 66–89.

Lewis, V. B. (2001). Toward a theory of budgeting. In *Performance-Based Budgeting*, ed. G. J. Miller, W. B. Hildreth & J. Rabin, 19–38. Boulder, CO: Westview.

Lexington (2000). The age of fiscal socialism. *The Economist*, April 13. http://www.economist.com/node/302225?story_id=E1_PDNNNV

Light, P. C. (1999). *The True Size of Government*. Washington, DC: Brookings.

Light, P. C. (2003). *Fact Sheet on the New True Size of Government*. Washington, DC: Brookings. Retrieved April 29, 2004, from http://www.brook.edu/gs/cps/light20030905.htm.

Lind, B. & Plott, C. R. (1991). The winner's curse: Experiments with buyers and with sellers. *American Economic Review*, 81(1): 335–346.

Lindahl, E. (1958). Just taxation—A positive solution. In *Classics in the Theory of Public Finance*, ed. R. A. Musgrave & A. T. Peacock, 168–176. New York: MacMillan.

Lindblom, Charles, E. (1959). The science of "muddling through." *Public Administration Review*, 19(1): 79–88.

Lindblom, Charles, E. (1965). *The Intelligence of Democracy*. New York: Free Press.

Lindert, Peter, H. (2004). *Growing Public: Social Spending and Economic Growth Since the Eighteenth Century*. Cambridge: Cambridge University Press.

Linowes, David, F. (1988). *Privatization: Toward More Effective Government*. Urbana: University of Illinois Press.

Lipset, Seymour, Martin (1990). *Continental Divide*. New York: Routledge.

Lipsey, R. G. & Lancaster, K. (1956–1957). The general theory of second best. *Review of Economic Studies*, 24(1):11–32.

Litan, Robert, E. & William, D. Nordhaus (1983). *Reforming Federal Regulation*. New Haven, CT: Yale University Press.

Little, I. M. D. (1951). Direct versus indirect taxes. *The Economic Journal*, 61(243): 577–584.

Lizza, R. (2003). The nation. Reform? Republicans reconsider. *New York Times*, January 12, sect. 4:4.

Lo, Clarence, Y. H. (1990). *Small Property versus Big Government: Social Origins of the Property Tax Revolt, Expanded and Updated Edition*. Berkeley: University of California Press. http://ark.cdlib.org/ark:/13030/ft196nb00f/ (accessed July 31, 2007).

Lowery, David & Lee, Sigelman (1981). Understanding the tax revolt: Eight explanations. *American Political*

Science Review, 75: 963-974.
Lyden, Fremont, J. & Ernest, G. Miller (1978). Introduction. In *Public Budgeting*, ed. Fremont, J. Lyden & Ernest, G. Miller. Chicago: Rand McNally.
MacDonald, T. J. (1988). A history of urban fiscal politics in America, 1830-1930: What was supposed to be versus what was and the difference it makes. *International Journal of Public Administration*, 11: 679-712.
MacKinnon, Janice (2003). *Minding the Public Purse: The Fiscal Crisis, Political Trade-Offs, and Canada's Future*. Montreal: McGill-Queen's University Press.
MacLachlan, F. C. (1999). The Ricardo-Malthus debate on underconsumption: A case study in economic conversation. *History of Political Economy*, 31(3): 563-574. Retrieved April 25, 2004, from http://muse.jhu.edu/journals/history_of_political_economy/v031/31.3.maclachlan.html.
Madison, James (1978). The Federalist, No. 51, New York Packet, February 8, 1788. In *The Federalist or, the New Constitution*, 262-267. New York: Dutton.
Mallory, J. R. (1976). *Social Credit and the Federal Power in Canada*. Toronto: University of Toronto Press.
Malthus, T. R. (1964). *Principles of Political Economy, Considered with a View to Their Practical Application*. 2nd ed. New York: A. M. Kelly.
March, James, G. (1987). Ambiguity and accounting: The elusive link between information and decision making. In *Accounting and culture*, ed. Barry, E. Cushing, 31-49. New York: American Accounting Association.
March, James, G. (1994). *A Primer on Decision Making: How Decisions Happen*. New York: Free Press.
March, James, G. & Guje, Sevon. (1984). Gossip, information and decision making. In Advances in *Information Processing in Organizations*, ed. L. S. Sproull & J. P. Crecine, 95-107. Vol. 1. Greenwich, CT: JAI Press.
March, James, G. & Herbert, A. Simon (1958). *Organizations*. New York: Wiley.
March, James, G., and Johan, P. Olsen (1976). *Ambiguity and Choice in Organizations*. Bergen, Norway: Universitetsforlaget.
March, James, G. & Johan, P. Olsen (1986). Garbage can models of decision making in organizations. In *Ambiguity and Command: Organizational Perspectives on Military Decision Making*, ed. James, G. March & Roger, Weissinger-Baylon, 11-35. Marshfield, MA: Pitman.
March, James, G. & Johan, P. Olsen (1989). *Rediscovering Institutions: The Organizational Basis of Politics*. New York: Basic Books.
March, James, G. & Roger, Weissinger-Baylon (1986). *Ambiguity and Command: Organizational Perspectives on Military Decision Making*. Marshfield, MA: Pitman.
Marshall, A. (1890). *Principles of Economics*. London: The Macmillan Company.
Marshall, Louise (1989). Fiscal illusion in public finance. Ph. D. Dissertation, University of Maryland.
Marshall, Louise (1991). New evidence on fiscal illusion. American *Economic Review*, 81(5): 1336-1344.
Marson, Brian (2007). Personal conversation.
Martin, Rex (2002). Right answers: Dworkin's jurisprudence. In *Is There a Single Right Interpretation?* ed. Michael Krausz, 251-263. University Park: Pennsylvania State University Press.
Martinez-Vazquez, J. (2001, August). *The Impact of Budgets on the Poor: Tax and Benefit Incidence*. Working Paper 01-10. International Studies Program, Andrew Young School of Policy Studies, Georgia State University. Retrieved October 4, 2003, from http://isp-aysps.gsu.edu/papers/ispwp0110.html.
Martinez-Vazquez, Jorge (2001). *The Impact of Budgets on the Poor: Tax and Benefit Incidence*. Working Paper 01-10. Atlanta, GA: Andrew Young School of Policy Studies, Georgia State University.
Mason, Richard, O. & Mitroff, Ian I. (1981). *Challenging Strategic Planning Assumptions*. New York: John Wiley & Sons.
Mattson, Kyle., Merl, Hackbart., & James, Ramsey (1990). State and corporate cash management: A

comparison. *Public Budgeting and Finance*, 10(4): 18 – 27.
McAfee, R. P. & McMillan, J. (1987). Auctions and bidding. *Journal of Economic Literature*, 25(2): 699–738.
McCaffery, Jerry (1981). The impact of resource scarcity on urban public finance: A special issue. *Public Administration Review*, 41: 105–202.
McCaffery, Jerry, L. & L. R. Jones (2001). *Budgeting and Financial Management in the Federal Government*. Greenwich, CT: Information Age Publishing.
McCaffery, Jerry & Keith, G. Baker (1990). Optimizing choice in resource decisions: Staying within the boundary of the comprehensive–rational method. *Public Administration Quarterly*, 14: 142 – 172.
McCamy, J. (1947). Analysis of the process of decision making. *Public Administration Review*, 7: 41 – 48.
McCue, Clifford, P. (2000). The risk–return paradox in local government investing. *Public Budgeting and Finance*, 20(3): 80 – 101.
McIntyre, R., Denk, R., Francis, N., Gardner, M., Gomaa, W., Hsu, F., & Simms, R. (2002). *Who Pays? A Distributional Analysis of the Tax Systems in all 50 States*. 2nd ed. Washington, DC: Institute on Taxation and Economic Policy.
McKisack, M. (1959). *The Fourteenth Century*, 1307 – 1399. Oxford: Clarendon Press.
McSwain, Cynthia J. (1987). A structuralist perspective on organizational ethos. *Dialogue*, 9(4): 35–58.
Mead, Lawrence, M. (2001). The politics of conservative welfare reform. In *The New World of Welfare*, 201 – 222. Washington, DC: Brookings Institution Press.
Meade, J. E. (1955). *Trade and Welfare*. London: Oxford University Press.
Meier, Kenneth (1982). Political economy and cost–benefit analysis: Problems of bias. In *Political Economy of Public Policy*, ed. Alan, stone & Edward, J. Harpham, 143–162. Beverly Hills, CA: Sage Publications.
Melkers, Julia & Katherine, Willoughby (1998). The state of the states: Performance–based budgeting requirements in 47 out of 50. *Public Administration Review*, 58(1): 66 – 73.
Meltsner, Arnold, J. (1971). *The Politics of City Revenue*. Berkeley: University of California Press.
Mencher, Samuel (1966). Introduction to the Poor Law Reports of 1834 and 1909. In *Social Welfare in Transition*, 37 – 44. Pittsburgh: University of Pittsburgh Press.
Merton, Robert, K. (1936). The unanticipated consequences of purposive social action. *American Sociological Review*, 1: 894 – 904.
Merton, Robert, K. (1957). Bureaucratic structure and personality. In *Social Theory and Social Structure*, ed. Robert, K. Merton, 195 – 206. 2nd ed. Glencoe, IL: Free Press.
Metropolitan Transportation Authority. (2003a). 2002 annual report. Retrieved November 4, 2005, from http://mta.nyc.ny.us/mta/investor/pdf/2002annualreport_complete.pdf.
Metropolitan Transportation Authority. (2003b). 2003 progress report to investors. Retrieved November 5, 2005, from http://mta.nyc.ny.us/mta/Investor/pdf/Invest_report_03.pdf.
Meyers, Roy, T. (1994). *Strategic Budgeting*. Ann Arbor: University of Michigan Press.
Michalopoulos, Charles & Gordon, Berlin (2001). Financial work incentives for low–wage workers. In *The New World of Welfare*, 270 – 290. Washington, DC: Brookings Institution Press.
Mieszkowski, Peter (1969). Tax incidence theory: The effects of taxes on the distribution of income. *Journal of Economic Literature*, 7: 1103 1124.
Mikesell, John, L. (1978). Government decisions in budgeting and taxing. *Public Administration Review*, 38(6): 511 – 513.
Milgram, Stanley (1964). *Obedience to Authority: An Experimental View*. New York: Harper & Row.
Milgrom, P. (2004). *Putting Auction Theory to Work*. Cambridge: Cambridge University Press.
Milgrom, P. R. (1989). Auctions and bidding: A primer. *Journal of Economic Perspectives*, 3(3): 3–22.

Milgrom, P. R. & Weber, R. J. (1982). A theory of auctions and competitive bidding. *Econometrica*, 50(5): 1089–1122.
Mill, J. (1992). *Elements of Political Economy*. London: Routledge Theommes.
Mill, J. S. (1899). *Principles of Political Economy*. Rev. ed., 2 vols. New York: Colonial Press.
Miller, David (1976). *Social Justice*. Oxford: Clarendon Press.
Miller, David (1999). *Principles of Social Justice*. Cambridge, MA: Harvard University Press.
Miller, G. J. (1991). *Government Financial Management Theory*. New York: Dekker.
Miller, G. J. & Illiaish, I. (2001). Interpreting budgets and budgeting interpretations. Paper delivered at the American Society for Public Administration Conference, Newark, NJ, March 13, 2001.
Miller, G. J. & Robbins, D. (2004). Benefit cost analysis. In *Public Productivity Handbook*, ed. M. Holzer & S. H. Lee, 405–430. 2nd ed. New York: Dekker.
Miller, Gerald, J. (1991). *Government Financial Management Theory*. New York: Dekker.
Miller, Gerald, J. (1998). Accreditation of budget and finance offices in New Jersey. Paper presented at the annual meeting of the Association for Public Budgeting and Financial Management, Washington, DC.
Miller, Gerald, J. (2005). Government fiscal policy impacts. In *Handbook of Public Sector Economics*, Donijo, Robbins, ed., 425–521. Boca Raton, FL: Taylor & Francis.
Miller, Gerald, J. & James, Svara (2009). *Navigating the Fiscal Crisis: Tested Strategies for Local Leaders*. Phoenix, AZ: Alliance for Innovation and International City Management Association.
Miller, Gerald, J. & Jonathan, B. Justice (2011). Debt Management Networks and the Proverbs of Financial Management: Principles and Interests in the New York Metropolitan Transportation Authority Debt Restructuring. *Municipal Finance Journal*, 31(4): 19–40.
Miller, Gerald, J. & Lyn, Evers (2002). Budget structures and citizen participation. *Journal of Public Budgeting, Accounting and Financial Management*, 14(2): 205–246.
Miller, Gerald, J., Jack, Rabin., & W. Bartley, Hildreth (1987). Strategy, values, and productivity. *Public Productivity Review*, 11: 81–96.
Miller, Gerald, J., W. Bartley, Hildreth., & Jack, Rabin (2001). *Performance-Based Budgeting*. Boulder, CO: Westview.
Miller, Gerald, J., Weiwei, Lin., & Hua, Xu (2006). What can the 'price of government' predict? *State Tax Notes*, January 9, pp. 37–49.
Miller, Girard (1987). The investment of public funds: A research agenda. *Public Budgeting and Finance*, 7: 47–56.
Miller, J. (2000, March). Citizen's academy builds relationships. *PA Times*, 23(3): 1, 15.
Milward, H. Brinton & Keith, G. Provan (2000). Governing the hollow state. *Journal of Public Administration Research and Theory*, 10(2): 359–380.
Moak, L. L. (1982). *Municipal Bonds: Planning, Sale and Administration*. Chicago: Government Finance Officers Association.
Modigliani, F. & Brumberg, R. (1954). Utility analysis and the consumption function: An interpretation of cross-section data. In *Post Keynesian Economics*, ed. K. K. Kurihara, 388–436. New Brunswick, NJ: Rutgers University Press.
Mollenkopf, J. H. (1983). *The Contested City*. Princeton, NJ: Princeton University Press.
Molotch, H. (1976). The city as growth machine: Toward a political economy of place. *American Journal of Sociology*, 82(2): 309–332.
Morstein, Marx, Fritz (1957). *The Administrative State*. Chicago: University of Chicago Press.
Mosher, Frederick, C. (1984). *A Tale of Two Agencies: A Comparative Analysis of the General Accounting Office and the Office of Management and Budget*. Baton Rouge: Louisiana State University Press.
Mossin, J. (1968). Taxation and risk-taking: An expected utility approach. *Economica*, 35(137): 74–82.

Mouck, Tom (2004). Institutional reality, financial reporting and the rules of the game. *Accounting, Organizations, and Society*, 29, 5–6, 525–541.

Moulin, Hervé (1988). *Axioms of Cooperative Decision Making*. Cambridge: Cambridge University Press.

Moynihan, Daniel, Patrick (1973). *The Politics of a Guaranteed Income: The Nixon Administration and the Family Assistance Plan*. New York: Random House.

Mullainathan, S. & Thaler, R. H. (2000). *Behavioral Economics*. Working Paper 7948. Cambridge, MA: National Bureau of Economic Research.

Mullins, D. R. (2003). Popular processes and the transformation of state and local government finance. In *State and Local Finance under Pressure*, ed. D. L. Sjoquist, 95–162. Northampton, MA: Elgar.

Mullins, D. R. & B. A. Wallin (2004). Tax and expenditure limitations. *Public Budgeting & Finance*, 24(4): 2–15.

Murnighan, J. K. & Conlon, D. E. (1991). The dynamics of intense work groups. *Administrative Science Quarterly*, 36(2): 165–186.

Murnighan, J. Keith & Donald, E. Conlon (1991). The dynamics of intense work groups: A study of British string quartets. *Administrative Science Quarterly*, 36: 165–186.

Murray, Charles, A. (1984). *Losing Ground: American Social Policy, 1950–1980*. New York: Basic Books.

Musgrave, Richard. A. (1953a). General equilibrium aspects of incidence theory. *American Economic Review*, 43(2, Papers and Proceedings): 504–517.

Musgrave, Richard. A. (1953b). On incidence. *Journal of Political Economy*, 61(4): 306–323.

Musgrave, Richard A. (1979). The tax revolt. *Social Science Quarterly*, 59(4): 697–703.

Musgrave, Richard. A. (1985). A brief history of fiscal doctrine. In *Handbook of Public Economics*, ed. A. J. Auerbach & M. Feldstein, 1–59. Vol. 1. New York: Elsevier North-Holland.

Musgrave, R. A. & Musgrave, P. B. (1984). *Public Finance in Theory and Practice*. New York: McGraw Hill.

Musgrave, R. A. & Musgrave, P. B. (1989). *Public Finance in Theory and Practice*. 5th ed. New York: McGraw-Hill.

Musgrave, R. A. & Thin, T. (1948). Income tax progression, 1929–48. *Journal of Political Economy*, 56(6): 498–514.

Musso, J. A. (1998). Fiscal federalism as a framework for government reform. In *Handbook of Public Finance*, ed. F. Thompson & M. Green, 347–396. New York: Dekker.

Myers, Margaret, G. (1970). *A Financial History of the United States*. New York: Columbia University Press.

Nash, Gary, B. (1979). *The Urban Crucible: Social Change, Political Consciousness, and the Origins of the American Revolution*. Cambridge, MA: Harvard University Press.

National Advisory Council on State and Local Budgeting. (1997). *A Framework for Improved State and Local Government Budgeting and Recommended Budget Practices*. Chicago: Government Finance Officers Association.

National Conference of State Legislatures. (2005). State tax and expenditure limits—2005. www.ncsl.org/programs/fiscal/tels2005.htm (accessed September 23, 2005).

National Conference of State Legislatures. (2006). Tax and expenditure limits: The latest. www.ncsl.org/programs/fiscal/tels2006.htm (accessed July 18, 2007).

National Election Studies (U.S.). (1998). *American National Election Studies, 1948–1997*. Ann Arbor, MI: Interuniversity Consortium for Political and Social Research.

Neville, Neil (1996). *The Decline of Deference*. Toronto: Broadview Press.

Ng, Y. K. (1983). *Welfare Economics*. London: MacMillan.

Niskanen, William. (1988). *Reaganomics: An Insider's Account of the Policies and the People*. New York: Oxford University Press.

Noto, N. A. (1991). Trying to understand the economic development official's dilemma. In *Competition among States and Local Governments*, ed. D. A. Kenyon & J. Kincaid, 251–258. Washington, DC: Urban Institute

Press.
Novick, David (1968). The origin and history of program budgeting. *California Management Review*, 11(1): 7–12.
O'Connor, J. (1973). *The Fiscal Crisis of the State*. New York: St. Martin's Press.
O'Toole, D. E. & Marshall, J. (1988). Citizen participation through budgeting. *The Bureaucrat*, 17(2): 51–55.
OECD (Organization for Economic Cooperation and Development). (1999). Taxing powers of state and local government. OECD Tax Policy Studies 01. Paris: OECD Publishing.
Office of the Provincial Auditor, Province of Manitoba. (2000). Inter-jurisdictional comparison on trends and leading practices in business planning and performance measurement. Winnipeg: Office of the Provincial Auditor. http://www.oag.mb.ca/reports/STUDYTRANDLPR_DEC00.pdf (accessed August 16, 2007).
Okun, A. M. (1975). *Equality and Efficiency: The Big Tradeoff*. Washington, DC: Brookings.
Olsen, Johan, P. (1970). Local budgeting: Decision-making or a ritual act? *Scandinavian Political Studies*, 5: 85–118.
Olsen, Johan, P. (2003). Citizens, public administration and the search for theoretical foundations. Paper presented at 17th Annual John Gaus Lecture, American Political Science Association, Philadelphia, PA. Excerpted in *APSA Public Administration Section's Electronic Newsletter*, 2(2): 1–4. Available at http://www.h-net.org/~pubadmin/ (accessed October 7, 2003).
Oman, C. (1906). *The Great Revolt of 1381*. Oxford: Clarendon Press.
Organization for Economic Cooperation and Development (OECD). (2009). *Evolutions in Budgetary Practice: Allen Schick and the OECD Senior Budget Officials*. Paris, France: OECD Publishing.
Organization for Economic Cooperation and Development (OECD). (2009). *Revenue Statistics*, 1965–2008. Paris: OECD. Retrieved December 13, 2010, from http://dx.doi.org/10.1787/724430327878.
Orosz, Janet, Foley (2001). The truth is out there: Is postmodern budgeting the real deal? In *Evolving Theories of Public Budgeting*, ed. John Bartle, 125–156. New York: JAI.
Osborne, D. & Hutchinson, P. (2004). *The Price of Government*. New York: Basic Books.
Osborne, David, E. & Peter, Hutchinson (2004). *The Price of Government*. New York: Basic Books.
Padgett, John, F. (1980). Managing garbage can hierarchies. *Administrative Science Quarterly*, 25: 583–604.
Pagano, Michael, A. (1982). The urban public sector as lagging or leading sector in economic development. *Urban Interest*, 4: 131–140.
Pagano, Michael, A. & Richard, J. T. Moore (1985). *Cities and Fiscal Choices: A New Model of Urban Public Investment*. Durham, NC: Duke University Press.
Palazzolo, Daniel, J. (1999). *Done Deal*. Chappaqua: Seven Bridges Press.
Pareto, V. (1906). *Manual of Political Economy*. 1971 trans. of 1927 ed. New York: Augustus M. Kelley.
Parsons, Talcott (1960). *Structure and Process in Modern Societies*. Glencoe, IL: The Free Press of Glencoe.
Participatory Budget Project. (2010). www.participatorybudgeting.org (accessed December 7, 2010).
Pechman, J. A. (1985). *Who Paid the Taxes, 1966–1985?* Washington, DC: Brookings.
Pechman, Joseph, A. & P. Michael, Timpane, eds. (1975). *Work Incentives and Income Guarantees: The New Jersey Negative Income Tax Experiment*. Washington, DC: Brookings Institution.
Pérez-Peña, R. & Kennedy, R. (2000). Private promoter for transit debt. *The New York Times*, May 1, PP. A1, B6.
Persky, J., Felsenstein, D., & Wiewel, W. (1997). How do we know that 'but for the incentives' the development would not have occurred? In *Dilemmas of Urban Economic Development*, ed. R. D. Bingham & R. Mier, 28–45. Thousand Oaks, CA: Sage.
Peters, A. & Fisher, P. (2004). Commentary: The failures of economic development incentives. *Journal of the American Planning Association*, 70(1): 27–37.
Petersen, John, E. (1988). *Information Flows in the Municipal Securities Market: A Preliminary Analysis*.

Washington, DC: Government Finance Research Center, Government Finance Officers Association.

Peterson, J. E. (2004). Public employee pension funds. In *Management Policies in Local Government Finance*, ed. J. R. Aronson & E. Schwartz, 501–532. Washington, DC: International City/County Management Association.

Peterson, P. (1981). *City Limits*. Chicago: University of Chicago Press.

Petry, Francois., Louis, Imbeau., Jean, Crete., & Michel, Clavet. (2000). Explaining the evolution of government size in the Canadian provinces. *Public Finance Review*, 28(1): 26–47.

Pfeffer, Jeffrey. (1981). *Power in Organizations*. Marshfield, MA: Pitman.

Phillips, Kevin. (1990). *The Politics of Rich and Poor*. New York: Random House.

Pierce, Lawrence, D. (1971). *The Politics of Fiscal Policy Formation*. Pacific Palisades, CA: Goodyear.

Pigou, A. C. (1928). *The Study of Public Finance*. London: MacMillan.

Plott, Charles, R. (1976). Axiomatic social choice theory: An overview and interpretation. *American Journal of Political Science*, 22(3): 511–596.

Polanyi, K. (1957). The Great Transformation. Boston: Beacon.

Pollitt, C. & Bouckaert, G. (2000). *Public Management Reform*. New York: Oxford University Press.

Postrel, V. (2004). Economic scene: High spending is meant to be a public investment in the nation's infrastructure that pays off for everyone. Does it? *New York Times*, May 20, p. C2.

Poterba, J. M. (2002). Taxation, risk-taking, and household portfolio behavior. In *Handbook of Public Economics*, ed. A. J. Auerbach & M. Feldstein, 1109–1171. Vol. 3. New York: Elsevier Science.

Poterba, J. M. (2004). Taxation and household portfolio behavior. *NBER Reporter*, Spring, pp. 18–20. Retrieved May 29, 2004, from http://www.nber.org/reporter/spring04/poterba.html.

President's Commission on Budget Concepts. (1967). *Report and Staff Papers and Other Materials Reviewed by the President's Commission*. Washington, DC: Government Printing Office.

President's Committee on Administrative Management. (1937). Report. Washington, DC: U.S. Government Printing Office.

Pressman, Jeffrey, L. & Aaron, Wildavsky. (1973). *Implementation: How Great Expectations in Washington are Dashed in Oakland; or, Why It's Amazing that Federal Programs Work at All, This Being a Saga of the Economic Development Administration as Told by Two Sympathetic Observers Who Seek to Build Morals on a Foundation of Ruined Hopes*. Berkeley: University of California Press.

Pyhrr, Peter, A. (1977). The zero-base approach to government budgeting. *Public Administration Review*, 37: 1–8.

Rabin, J., Miller, G. J., & Hildreth, W. B. (2000). Introduction. In *Handbook of Strategic Management*, ed. J. Rabin, G. J. Miller & W. B. Hildreth, i–x. 2nd ed. New York: Dekker.

Rabin, Jack. (1975). State and local PPBS. In *Public Budgeting and Finance*, ed. Robert, T. Golembiewski & Jack, Rabin, 489–503. 2nd ed. Itasca, IL: F.E. Peacock Publishers.

Rabin, M. (1998). Psychology and economics. *Journal of Economic Literature*, 36(1): 11–46.

Rabin, M. (2000). Diminishing marginal utility of wealth cannot explain risk aversion. In *Choices, Values, and Frames*, ed. D. Kahneman & A. Tversky, 202–208. Cambridge: Cambridge University Press.

Radin, D. A. (1998). The Government Performance and Results Act (GPRA): Hydra-headed monster or flexible management tool? *Public Administration Review*, 58(4): 307–315.

Rawls, J. (1971). *A Theory of Justice*. Cambridge, MA: Harvard University Press.

Rawls, J. (1999). *A Theory of Justice*. Rev. ed. Cambridge, MA: Harvard University Press.

Reich, Charles. (1964). The new property. *Yale Law Journal*, April, pp. 120–155.

Reich, Charles. (1965). Individual rights and social wdlfare: The emerging legal issues. *Yale Law Journal*, June,

pp. 1-55.
Reich, Charles. (1966). The law of the planned society. *Yale Law Journal*, July, pp. 1255-1280.
Ricardo, D. (1951). *Works and Correspondence: Notes on Malthus's Principles of Political Economy*, ed. Pierro Sraffa with collaboration of M. H. Dobb. Vol. 2. Cambridge: Cambridge University Press and Royal Economic Society.
Rist, Ray, C. (1998). Choosing the right policy instrument at the right time: The contextual challenges of selection and implementation. In *Carrots, Sticks and Sermons: Policy Instruments and Their Evaluation*, 149-163. New Brunswick, NJ: Transaction Books.
Robbins, Mark & Bill Simonsen (2008). Persistent underwriter use and the cost of bor rowing. *Municipal Finance Journal*, 28(4): 1-13.
Robbins, Mark & Bill Simonsen (2008). Persistent underwriter use and the cost of borrowing. *Municipal Finance Journal*, 28(4): 1-13.
Roberts, Paul Craig (1984). *The Supply Side Revolution*. Cambridge, MA: Harvard University Press.
Robinson, C. J. (1989). Municipal approaches to economic development. *Journal of the American Planning Association*, 55(3): 283-295.
Rodden, Jonathan (2002). The dilemma of fiscal federalism: Grants and fiscal performance around the world. *American Journal of Political Science*, 46(3): 670-687.
Rodden, Jonathan (2003). Reviving leviathan: Fiscal federalism and the growth of government. *International Organization*, 57(4): 695-729.
Rodden, Jonathan (2004). Comparative federalism and decentralization. *Comparative Politics*, 37(4): 481-500.
Roe, Emery (1994). *Narrative Policy Analysis*. Durham, NC: Duke University Press.
Roese, N. J. & Olson, J. M. (1995). *What Might Have Been: The Social Psychology of Counterfactual Thinking*. Mahwah, NJ: Erlbaum.
Romer, C. D. & Romer, D. H. (2002). The evolution of economic understanding and postwar stabilization policy. In *Rethinking Stabilization Policy*, ed. Federal Reserve Bank of Kansas City, 11-78. Kansas City, MO: Federal Reserve Bank.
Rosen, Harvey S. (1985). *Public Finance*. Homewood, IL: Irwin.
Rosentraub, M. S. & Przybylski, M. (1996). Competitive advantage, economic develop ment, and the effective use of local public dollars. *Economic Development Quarterly*, 10(4): 315-330.
Rubin, H. J. (1988). Shoot anything that flies; claim anything that falls; conversations with economic development practitioners. *Economic Development Quarterly*, 2(3): 236-251.
Rubin, Irwin (1998). *Class, Tax & Power*. Chatham, NJ: Chatham House.
Rubin, Irene S. (1985). *Shrinking the Federal Government: The Effect of Cutbacks on Five Federal Agencies*. New York: Longman.
Rubin, Irene S. (1997). *The Politics of Public Budgeting: Getting and Spending, Borrowing and Balancing*. 3rd ed. Chatham, NJ: Chatham House.
Rubin, I. S. & Rubin, H. J. (1987). Economic development incentives: The poor (cities) pay more. *Urban Affairs Quarterly*, 23(1): 37-62.
Rubin, Irene, S. (1988). *New Directions in Budget Theory*. Albany: State University of New York Press.
Rubin, Irene, S. (1998). *Class, tax, and power*. Chatham, NJ: Chatham House.
Ryan-Lloyd, Kate., Josie, Schofield., & Jonathan, Fershau. (2005). Pre-budget consultations in British Columbia. *Canadian Parliamentary Review*, 28(3): 43-48.
Saaty, Thomas, L. (1980). *The Analytic Hierarchy Process: Planning, Priority Setting, Resource Allocation*. New York: McGraw Hill.

Saiz, M. (2001). Politics and economic development. *Policy Studies Journal*, 29(2): 203–214.
Sakurai, M. M. (1975). Small group cohesiveness and detrimental conformity. *Sociometry*, 38(3): 340–357.
Salamon, L. M. (2002). The new governance and the tools of public action: An introduction. In *The Tools of Government*, ed. L. M. Salamon, 1–47. New York: Oxford University Press.
Salamon, L. M., ed. (2002). *The Tools of Government*. Oxford: Oxford University Press.
Salamon, Lester, M. & Michael, S. Lund. (1989). The tools approach: Basic analytics. In *Beyond Privatization: The Tools of Government Action*, 23–49. Washington, DC: Urban Institute Press.
Samuelson, P. A. (1937). A note on measurement of utility. *Review of Economic Studies*, 4(2): 155–161.
Sandmo, A. (1985). The effects of taxation on savings and risk taking. In *Handbook of Public Economics*, ed. A. J. Auerbach & M. Feldstein, 265–311. Vol. 1. New York: Elsevier Science.
Sargent, T. J. (1999). *The Conquest of American Inflation*. Princeton, NJ: Princeton University Press.
Sargent, T. J. (2002). Commentary: The evolution of economic understanding and postwar stabilization policy. In *Rethinking Stabilization Policy*, ed. Federal Reserve Bank of Kansas City, 79–94. Kansas City, MO: Federal Reserve Bank.
Savas, E. S. (1982). *Privatizing the Public Sector: How to Shrink Government*. Chatham, NJ: Chatham House Publishers.
Say, J. B. (1855). *A Treatise on Political Economy*, trans. C. R. Prinsep. Philadelphia: Lippincott, Grambo & Co. Retrieved April 25, 2004, from http://www.econlib.org/library/Say/sayTO.html.
Sbragia, A. M. (1983). Politics, local government, and the municipal bond market. In A. M. Sbragia (Ed.), *The municipal money chase: The politics of local government finance* (pp.67–111). Boulder, CO: Westview Press.
Schattschneider, E. E. (1975). *The Semisovereign People*. Hinsdale, IL: Dryden Press.
Scheps, P. B. (2000). Linking performance measures to resource allocation. *Government Finance Review*, 16(3): 11–15.
Schick, A. (1978). The road from ZBB. *Public Administration Review*, 38(2): 177–180.
Schick, A. (1981). Off-budget expenditure: An economic and political framework. Paper prepared for the Organization for Economic Cooperation and Development, Paris. Quoted in A. Wildavsky (1986), *Budgeting: A Comparative Theory of Budgetary Processes*, 349–350. 2nd rev. ed. New Brunswick, NJ: Transaction Books.
Schick, A. (1986). Controlling nonconventional expenditure: Tax expenditures and loans. *Public Budgeting and Finance*, 6(1): 3–20.
Schick, A. (1990). Budgeting for results: Recent developments in five industrialized countries. *Public Administration Review*, 50(1): 26–34.
Schick, A. (1997). *Modern Budgeting*. Paris: Organization for Economic Cooperation and Development.
Schick, A. (2001a). Budgeting for results: Recent developments in five industrialized countries. In *Performance Based Budgeting*, ed. G. J. Miller., W. B. Hildreth., & J. Rabin, 129–146. Boulder, CO: Westview.
Schick, A. (2001b). Getting performance measures to measure up. In *Quicker, Better, Cheaper? Managing Performance in American Government*, ed. D. Forsythe, 39–60. Albany: State University of New York Press.
Schick, Allen, and the OECD Senior Budget Officials. (2009). *Evolutions in Budgetary Practice*. Paris: OECD.
Schick, Allen (1966). The road to PPB: The stages of budget reform. *Public Administration Review*, 26: 243–258.
Schick, Allen (1973). A death in the bureaucracy: The demise of federal PPB. *Public Administration Review*, 33: 146–156.
Schick, Allen (1986). Controlling nonconventional expenditure: Tax expenditures and loans. *Public Budgeting*

and Finance, 6(1): 3–20.
Schick, Allen (1986). Macrobudgetary adaptations to fiscal stress in industrialized democracies. *Public Administration Review*, 46(2): 124–134.
Schick, Allen (1988). An inquiry into the possibility of a budgetary theory. In *New Directions in Budget Theory*, ed. Irene Rubin, 59–69. Albany: State University of New York Press.
Schick, Allen (2007). Off-budget expenditure: An economic and political framework. *OECD Journal on Budgeting*, 7(3): 1–32.
Schiesl, Martin J. (1977). *The Politics of Efficiency: Municipal Administration and Reform in America, 1800–1920.* Berkeley: University of California Press.
Schlesinger, Arthur. (1986). *The cycles of History.* New York: Houghton Mifflin.
Schneider, Anne, L. & Helen, M. Ingram, eds. (2005). *Deserving and Entitled: Social Constructions and Public Policy.* Albany: State University of New York Press.
Schneider, Anne, Larson & Helen, Ingram (1997). *Policy Design for Democracy.* Lawrence: University of Kansas Press.
Schneider, Anne, Larson & Helen, Ingram. (1990). The behavioral assumptions of policy tools. *Journal of Politics*, 52: 511–529.
Schneider, Anne, Larson & Helen, Ingram. (1993). Social construction of target populations: Implications for politics and policy. *American Political Science Review*, 87: 334–347.
Schneider, Anne, Larson & Helen, Ingram. (1994). Social constructions and policy design: Implications for public administration. *Research in Public Administration*, 3: 137–173.
Schneider, M. (1989). *The Competitive City.* Pittsburgh, PA: University of Pittsburgh Press.
Schneider, M. & Teske, P. with Mintrom, M. (1995). *Public Entrepreneurs.* Princeton, NJ: Princeton University Press.
Schon, Donald, A. & Martin, Rein. (1994). *Frame Reflection: Toward the Resolution of Intractable Policy Controversies.* New York: Basic Books.
Schumpeter, Joseph, A. (1942). *Capitalism, Socialism, and Democracy.* New York: Harper and Bros.
Schumpeter, Joseph, A. (1954). The crisis of the tax state, trans. W. F. Stolper & R. A. Musgrave. *International Economic Papers*, 4: 5–38.
Scott, W. Richard. (2001). *Institutions and Organizations.* 2nd ed. Thousand Oaks, CA: Sage.
Searle, John, R. (1995). *The Construction of Social Reality.* New York: Free Press.
Seligman, E. R. A. (1908). Progressive taxation in theory and practice. *American Economic Association Quarterly*, 9(4): 1–334.
Selznick, Philip. (1957). *Leadership in Administration.* Evanston, IL: Row, Peterson.
Serritzlew, Søren. (2006). Linking budgets to activity: A test of the effect of output-purchase budgeting. *Public Budgeting and Finance*, 26(2):101–120.
Shaw, M. E. & Shaw, L. M. (1962). Some effects of sociometric grouping upon learning in a second grade classroom. *Journal of Social Psychology*, 57: 453–458.
Sherif, Muzafer. (1935). A study of some social factors in perception. *Archives of Psychology*, 23, monograph 187.
Sherman, L. (1998). N. Y. MTA board to consider entering into the world of swaptions to save on debt. *The Bond Buyer*, June 29, p. 38.
Shirley, Chad & Winston, C. (2004). Firm inventory behavior and the returns from highway infrastructure investments. *Journal of Urban Economics*, 55(2): 398–415.
Shoup, C. (1969). *Public Finance.* Chicago: Aldine.
Siegel, B. (1997). Fiscal incentives and the economic development game. LBJ *Journal of Public Affairs.* http://uts.cc.utexas.edu/~journal/1997/siegel.(accessed May 19, 2001).

Sigelman, Lee., David, Lowery., & Roland, Smith (1983). The tax revolt: A comparative state analysis. *Western Political Quarterly*, 36(1): 30–51.

Silverman, David (1971). *The Theory of Organizations*. New York: Basic Books.

Simon, Herbert, A. (1962). The architecture of complexity. *Proceedings of the American Philosophical Society*, 102(6): 467–482.

Simon, Herbert, A. (1947). *Administrative Behavior*. New York: Free Press.

Simon, Herbert, A. (1976). *Administrative Behavior*. 3rd ed. New York: Free Press.

Slemrod, J. (1997). Deconstructing the income tax. *American Economic Review*, 87(2, Papers and Proceedings): 151–155.

Smithies, Arthur (1955). *The Budgetary Process in the United States*. New York: Committee for Economic Development, McGraw-Hill Book Co.

Smith, A. (1776). *An Inquiry into the Nature and Causes of the Wealth of Nations*. London: Ward, Lock & Co., Ltd.

Smith, Adam. (1991). *The Wealth of Nations*. New York: Knopf/Random House/Everyman's Library.

Smith, Dan. (2007). Personal conversation.

Smith, Daniel, A. (2004). Peeling away the populist rhetoric. *Public Budgeting & Finance*, 24(4): 88–110.

Smith, V. L. (1989). Theory, experiment and economics. *Journal of Economic Perspectives*, 3(1): 151–169.

Solow, Robert, M. (1998). *Work and Welfare*. Princeton, NJ: Princeton University Press.

Starner, R. (2001). Test track: Automobile expansions affirm Alabama's economic development strategy. Site Selection. www.siteselection.com/features/2001/may/al/ (accessed September 4, 2004).

State of Washington, Office of Financial Management, Budget Division. (2005). *Report of fiscal year 2005 savings incentive account expenditures*. RCW 43.79.460. Olympia: State of Washington, Office of Financial Management, Budget Division.

Staw, B. M. (1976). Knee-deep in the big muddy: A study of escalating commitment to a chosen course of action. *Organizational Behavior and Human Performance*, 16(1): 27–44.

Staw, B. M. & Ross, J. (1978). Commitment to a policy decision. *Administrative Science Quarterly*, 23(1): 40–64.

Steuart, J. D. (1767). *An Inquiry into the Principle of Political Economy*. Retrieved January 4, 200, from http://socserv2.socsci.mcmaster.ca/~econ/ugcm/3ll3/steuart/prin.html.

Stevenson, R. W. (2002). Group may estimate effects of tax cuts. *New York Times*, September 17, p. A26.

Stigler, George J. (1961). The economics of information. *Journal of Political Economy*, 69(3): 213–225.

Stiglitz, J. E. (1969). The effects of income, wealth and capital gains taxation on risk-taking. *Quarterly Journal of Economics*, 83(2): 262–283.

Stiglitz, J. E. (2000). *Economics of the Public Sector*. 3rd ed. New York: W. W. Norton.

Stockman, David, A. (1986). *The Triumph of Politics: Why the Reagan Revolution Failed*. New York: Harper & Row.

Suits, D. B. (1977). Measurement of tax progressivity. *American Economic Review*, 67(4): 747–752.

Sukurai, Melvin, M. (1975). Small group cohesiveness and detrimental conformity. *Sociometry*, 38: 234–242.

Sun, Jinping & Thomas, D. Lynch (2008). *Government Budget Forecasting*. Boca Raton, FL: Taylor & Francis.

Surrey, Stanley, S. & Paul, R. McDaniel. (1985). *Tax Expenditures*. Cambridge, MA: Harvard University Press.

Swank, D. & Steinmo, S. (2002). The new political economy of taxation in advanced capitalist democracies. *American Journal of Political Science*, 46(3): 642–655.

Swoboda, D. P. (1995). Accuracy and accountability in reporting local government budget activities: Evidence from the newsroom and from newsmakers. *Public Budgeting & Finance*, 15(3): 74–90.

Tate, R. L. (2003). Performance measure certification in Maricopa County. *Government Finance Review*, February, pp. 6–9.

Taylor, C. L., ed. (1983). *Why Governments Grow: Measuring Public Sector Size*. Beverly Hills, CA: Sage.

Taylor, M. (1996). When rationality fails. In *The Rational Choice Controversy*, ed. J. Friedman, 223–234. New Haven, CT: Yale University Press.

Taylor, Paul, W. (1961). *Normative Discourse*. Westport, CT: Greenwood Press.

Temple, J. A. (1996). Community composition and voter support for tax limitations: Evidence from home-rule elections. *Southern Economic Journal*, 62(4): 1002–1016.

Terreberry, Shirley. (1968). The evolution of organization environments. *Administrative Science Quarterly*, 12: 590–613.

Teske, P., M. Schneider., M. Mintrom., & S. Best (1993). Establishing the micro foundations of a macro theory. *American Political Science Review*, 87(3): 702–713.

Thaler, R. H. (1988). Anomalies: The winner's curse. *Journal of Economic Perspectives*, 2(1): 191–202.

Thaler, R. H. & Shefrin, H. M. (1981). An economic theory of self-control. *Journal of Political Economy*, 89(2): 392–406.

The Poor Law Report of 1834. (1966). In *Social Welfare in Transition*. Pittsburgh, PA: University of Pittsburgh Press.

Thompson, D. (1967). *Organizations in Action*. New York: McGraw-Hill.

Thompson, Fred. (1997). Toward a regulatory budget. *Public Budgeting and Finance*, 17(1): 89–98.

Thompson, Fred. (2008). The three faces of public management. *International Public Management Review*, 9(1): 1–16.

Thompson, Fred & L. R. Jones (1986). Controllership in the public sector. *Journal of Policy Analysis and Management*, 5(3): 547–571.

Thompson, James D. (1967). *Organizations in Action*. New York: McGraw-Hill.

Thompson, James D. & Arthur, Tuden (1959). Strategies, structures and processes of organizational decision. In *Comparative Studies in Administration*, ed. J. D. Thompson., P. B. Hammond., R. W. Hawkes., B. H. Junker., & A. Tuden, 195–216. Pittsburgh, PA: University of Pittsburgh Press.

Thurmaier, Kurt (1995). Decisive decision making in the executive budget process: Analyzing the political and economic propensities of central budget bureau analysts. *Public Administration Review*, 55(5): 448–460.

Thurmaier, Kurt & Katherine, G. Willoughby (2001). *Policy and Politics in State Budgeting*. Armonk, NY: M. E. Sharpe.

Thurow, L. C. (1971). The income distribution as a pure public good. *Quarterly Journal of Economics*, 85(2): 327–336.

Tichy, Noel, M., Michael, L. Tushman & Charles, Fombrun (1979). Social network analysis for organizations. *Academy of Management Review*, 4: 507–519.

Tin, J. (2000). Life-cycle hypothesis, propensities to save, and demand for financial assets. *Journal of Economics and Finance*, 24(2): 110–121.

Trapani, C. S. (1982). Six critical areas in the budgeting process. *Management Accounting*, 64(5): 52–56.

Traub, S. (1999). *Framing Effects in Taxation: An Empirical Study Using the German Income Tax Schedule*. New York: Physica-Verlag.

Treff, Karin & David B. Perry (2007). *Finances of the Nation*. Toronto: Canadian Tax Foundation.

Trogen, P. (1999). Which economic development policies work: Determinants of state per capita income. *International Journal of Economic Development*, 1(3): 256–279.

Trow, Donald, B. (1960). Membership succession and team performance. *Human Relations*, 13: 259–269.

Tullock, G. (1967). The welfare costs of tariffs, monopolies and theft. *Western Economic Journal*, 5(3): 224–232.

Tversky, Amos & Daniel, Kahneman (1974). Judgment under uncertainty: Heuristics and biases. *Science*,

185(4157): 1124–1131.
Tversky, Amos & Daniel, Kahneman (1981). The framing of decisions and the psychology of choice. *Science*, 211(4481): 453–458.
Tversky, Amos & Daniel, Kahneman (2000). Rational choice and the framing of decisions. In *Choices, Values, and Frames*, ed. Daniel, Kahneman & Amos, Tversky, 209–223. Cambridge: Cambridge University Press.
U.S. General Accounting Office. (2001). Information on payroll taxes and earned income tax credit noncompliance: Statement of Michael Brostek before the Committee on Finance, U. S. Senate (GAO–01–487T). Washington, DC: GAO.
U.S. Bureau of Economic Analysis. (2009). Gross domestic product by state. http://bea.gov/regional/index.htm#gsp.
U.S. Census Bureau. (2010). The 2010 Statistical Abstract. Washington, DC: Superintendent of Documents. http://www.census.gov/compendia/statab/cats/elections.html.
U.S. Congress, House Committee on Ways and Means. (1998). *The 1998 Green Book: Background Material and Data on Programs within the Jurisdiction of the Committee on Ways and Means*. Washington, DC: Government Printing Office.
U.S. Senate Committee Investigating Executive Agencies, 75th Congress, 1st session. (1937). Senate report 1275. Washington, DC.
USEPA (Environmental Protection Agency). (2010). Cap and trade. www.epa.gov/capandtrade (accessed December 7, 2010).
Van Horne, James, C. (1986). *Financial Management and Policy*. Englewood Cliffs, NJ: Prentice-Hall.
Vedung, E. (1998). Policy instruments: Typologies and theories. In *Carrots, Sticks and Sermons: Policy Instruments and Their Evaluation*, ed. M.-L. Bemelmans-Videc., R. C. Rist., & E. Vedung, 21–58. New Brunswick, NJ: Transaction Publishers.
Ventry, Dennis J. (2000). The collision of tax and welfare politics: The political history of the earned income tax credit, 1969–1999. *National Tax Journal*, December, 983–1026.
Ventry, Dennis J. (2002). Equity versus efficiency and the U.S. tax system in historical perspective. In *Tax Justice*, ed. J. J. Thorndike & D. J. Ventry, 25–70. Washington, DC: Urban Institute Press.
Vogelsang-Coombs, V. (1997). Governance education: Helping city councils learn. *Public Administration Review*, 57(6): 490–500.
Von Bertalanffy, Ludwig (1968). *General System Theory*. New York: George Braziller.
Waldo, Dwight. (1948). *The Administrative State: A Study of the Political Theory of American Public Administration*. New York: The Ronald Press.
Walker, Wallace, Earl. (1986). *Changing Organizational Culture: Strategy, Structure, and Professionalism in the U.S. General Accounting Office*. Knoxville, TN: University of Tennessee Press.
Warren, R. S. (1975). Bureaucratic performance and budgetary reward. *Public Choice*, 24(5): 1–57.
Wassmer, R. W.(1990). Local fiscal variables and intra-metropolitan firm location: Regression evidence from the United States and research suggestions. *Environment and Planning C: Government and Policy*, 8: 283–296.
Wassmer, R. W. (1990). Local fiscal variables and intra metropolitan firm location: Regression evidence from the United States and research suggestions. *Environment and Planning C: Government and Policy*, 8: 283–296.
Watson, D. J. (1995). *The New Civil War: Government Competition for Economic Development*. Westport, CT: Praeger Publishers.

Weaver, R. Kent (2000). *Ending Welfare as We Know It*. Washington, DC: Brookings.

Weeks, E. C. (2000). The practice of deliberative democracy: Results from four large-scale trials. *Public Administration Review*, 60(4): 360-372.

Weick, Karl, E. (1976). Educational organizations as loosely-coupled systems. *Administrative Science Quarterly*, 21: 1-19.

Weick, Karl, E. (1979). Cognitive processes in organizations. In *Research in Organizational Behavior*, ed. B. M. Staw, 41-74. Vol. 1. Greenwich, CT: JAL Press.

Weick, Karl. (1980). The management of eloquence. *Executive*, 6: 18-21.

Wenz, T. W. & Nolan, A. P. (1982). Budgeting for the future: Target base budgeting. *Public Budgeting and Finance*, 2: 88-91.

White, Orion, F., Jr., & Cynthia, J. McSwain. (1983). Transformational theory and organizational analysis. In *Beyond Method: Strategies for Social Research*, ed. Gareth Morgan (pp. 292-305). Newbury Park, CA: Sage.

Wicksteed, P. H. (1910). *The Common Sense of Political Economy, Including a Study of the Human Basis of Economic Law*. London: Macmillan.

Wildavsky, Aaron (1961). The political implications of budgetary reform. *Public Administration Review*, 21(1): 183-190.

Wildavsky, Aaron (1964). *The Politics of the Budgetary Process*. Boston: Little, Brown.

Wildavsky, Aaron. (1966). The Political economy of efficiency: Cost-benefit analysis, systems analysis, and program budgeting. *Public Administration Review*, 26: 292-310.

Wildavsky, Aaron (1986). *Budgeting: A Comparative Theory of the Budgetary Process*. 2nd rev. ed. New Brunswick, NJ: Transaction.

Wildavsky, Aaron (2001). A budget for all seasons? Why the traditional budget lasts. *Public Administration Review*, 38(6): 501-509. In G. J. Miller., W. B. Hildreth., & J. Rabin, eds. *Performance Based Budgeting*, 95-112. Boulder, CO: Westview.

Wildavsky, Aaron. (2001). The budget as a new social contract. In *Budgeting and Governing: Aaron Wildavsky*, ed. Brendon Swedlow, 259-275. Piscataway, NJ: Transaction.

Wildavsky, Aaron. (2002). *Budgeting: A Comparative Theory of Budgetary Processes*. 4th ed. New Brunswick, NJ: Transaction Books.

Wildavsky, A. & Caiden, N. (2004). *The New Politics of the Budgetary Process*. 5th ed. New York: Pearson Longman.

Wildavsky, Aaron & Arthur, Hammond (1965). Comprehensive versus incremental budgeting in the Department of Agriculture. *Administrative Science Quarterly*, 10(3): 321-346.

Willis, K. G. (1985). Estimating the benefits of job creation from local investment subsidies. *Urban Studies*, 22(2): 163-177.

Wilson, R. (1977). A bidding model of perfect competition. *Review of Economic Studies*, 44(3): 511-518.

Winston, Pamela. (2002). *Welfare Policymaking in the States: The Devil in Devolution*. Washington, DC: Georgetown University Press.

Witte, J. F. (1985). *The Politics and Development of the Federal Income Tax*. Madison: University of Wisconsin Press.

Wolf, Jr., Charles (1988). *Markets or Governments: Choosing between Imperfect Alternatives*. Cambridge, MA: MIT Press.

Wolkoff, M. J.(1983). The nature of property tax abatement awards. *Journal of the American Planning Association*, 49(1): 77-84.

Wolkoff, M. J. (1985). Chasing a dream: The use of tax abatements to spur urban economic development. *Urban Studies*, 22(4): 305–315.
Wolkoff, M. J. (1990). New directions in the analysis of economic development policy. *Economic Development Quarterly*, 4(4): 334–344.
Wolkoff, M. J. (1992). Is economic development decision making rational? *Urban Affairs Quarterly*, 27(3): 340–355.
Wolman, H. (1988). Local economic development policy: What explains the divergence between policy analysis and political behavior. *Journal of Urban Affairs*, 10: 153.
Wolman, H. & Spitzley, D. (1996). The politics of local economic development. *Economic Development Quarterly*, 10(2): 115–150.
Wright, George & Peter, Ayton (1987). *Judgmental forecasting*. Chichester, England: Wiley.
Yankelovich, D. (1991). *Coming to Public Judgment*. Syracuse, NY: Syracuse University Press.
Yitzhaki, S. & Slemrod, J. (1991). Welfare dominance: An application to commodity taxation. *American Economic Review*, 81(3): 480–496.
Younger, S. D., Sahn, D. E., Haggblade, S., & Dorosh, P. A. (1999). Tax incidence in Madagascar: An analysis using household data. *World Bank Review*, 13(2): 303–331.
Zucker, Lynne G. (1991). Institutionalization and cultural persistence. In *The New Institutionalism in Organizational Analysis*, ed. Walter, W. Powell & Paul, J. DiMaggio, 83-1–83-7. Chicago: University of Chicago Press.

찾아보기

Government Budgeting and Financial Management in Practice:
Logics to Make Sense of Ambiguity

〈ㄱ〉

가격 책정	115
가외성 가설	316
감축 관리	43
개방성	38, 44, 45
개혁 논의	36
거시경제학	333
검증(verification)	26
검토 체제(PNRS)	84, 85, 94
경매	339
경제발전이론	337
계층제	44
계획예산제도(PPBS)	53, 164
고수요 관할구역	102
공개위원회(Public Disclosure Commission)	175
공급 중시 경제학	42, 56
공유된 주관성	73
공유재	43
공중(publics)	234, 247
과세표준	104, 110
관료제 연구	89
관리원 정서	228
관습적 예산운영	159
구빈법	207
구조화된 면접	171
국가의 정통성	61
군사부(military department)	175
귀착 모형	126
규범적 계획	190
균등한 희생	106
그림자 경제	113
근로소득 세액공제	216, 220
기관적 편의	90
기대 접근법	318

끈끈이 효과	292

〈ㄴ〉
날 사실(brute facts)	73, 76
냉소주의	238
네트워크의 안정성	316, 320
누진세	106, 111
능률성	37, 44

〈ㄷ〉
단절적 발전	205
대리인	92
대안	29, 30
대응성(responsiveness)	45
더 많은 재량권	166
도구적 결사체	203
동점 차단기	332
두 번째 변형	352

〈ㄹ〉
렌즈	65
리바이어던(leviathan)	97

〈ㅁ〉
맥락	198
명시적 가정	245
모호성	26, 28, 29, 93, 367
모호성 이론	29, 197
무작위성	197
미국 관리예산처(OMB)	82
미시경제학	333
민간재	42, 59
민영화	59, 60
민영화 운동	42

〈ㅂ〉
반윤리적 정신	240
반조세 정책	57
배분정책	100, 114
보수주의자	190
보이지 않는 손	64
복지정책	204
부채 관리 네트워크	313
부채 발행 과정	310
분석 철학	72
분석적 운동	40
붉은 토리(Red Tory)	305
브라운로우위원회 (Brownlow Committee)	39, 55, 63
브루킹스연구소	50
비례적 희생	106

〈ㅅ〉
사업 고지	84
사업 기업 저축	142
사이버네틱스	83, 85
사회적 구성 접근방법	199, 200
사회적 구성이론	30
사후적 통제	284
상쇄(trade-off)	134, 136
생산성	147
생존 필요	108
서사(narratives)	79
성과 측정요소	169
성과에 기초한 개혁	164
성과예산 지수	279
세 번째 변형	353
세입예측	86
세입체계	102
소득 유지	99
소득세	98
소비세	98, 101
속이 빈 국가	60
손해 혐오자	81

수입세	100
수직적 형평성	105
수평적 형평성	105
순차적 주의	87, 89
슈퍼 예산	189
승부를 가르는 외적 요인	332
승수 효과	118
시민 운동	37
시민 참여	226, 237
시민권	203
실천(practice)	25
실천가	69

〈ㅇ〉

안정화	117
여가	133
역량강화 운동(Capacity Building)	41
역진적 조세	110
연대주의적 공동체	203
영기준예산제도(ZBB)	53, 164
예산 문제	189
예산 상쇄	209
예산 제한 주민투표	58
예산과정	242
예산의 작성	27
예산이론	48, 160
예산편성자	239
예산회계법	39
예측 관행	88
예측불가능성(unpredicability)	27
우경화	62
원인-결과(cause-effect) 관계	86
웰빙(well-being)	106
위대한 통합 원리	38
위험 감수	146
유동성	66
유용성	66

이슈	230
인간의 권리	124
인센티브	331
임의성(任意性)	30

〈ㅈ〉

자격의 원칙	208
자기동태 실험	74
자기통제론	142
작은 정부 운동	57
장려책	283
재정 명령	61
재정개혁의 역사	35
재정관리자	79
재정정책	96
재정정책 도구들	100
재정환상	364
저축	138
절약	44, 161
절충(trade-offs)	116
정보체계	82, 93
정부 성과 및 결과법	190
정부 운동	39
정액세	125, 134, 135, 137
정책 도구	194
정책 설계	200
제도적 사실	73, 76
제한된 합리성	31, 141
조세 제한	270
조세 주기 모형	266
조세저항	162, 259, 261
조세체계	101, 125
조직	32
주인-대리인 문제	310
준거 틀	339
준거법	312
중립성	112

중립적인 정액세	123	포트폴리오 선택	144
지대추구	335, 342	프래이저 연구소	287
지방정부재정관(CFOs)	241		
지방채 조달	307	〈ㅎ〉	
지출	114, 117	하향적 예산운영	59
직접 민주주의	58	합리모형	29
진보주의자	38, 192	합리적 행위자	75
집행부 예산운영	59	합의모형	29
참여	68	합의적 예측 기관	94
		해석	65, 72, 92
〈ㅊ〉		해석적 모형	92
채권	309	혁신	147
책무성(responsibility)	45	현금 투자	80
책임성	39, 45, 47	현실주의(realism)	57, 368
첫 번째 변형	349	협의 노력	323
청산소(clearinghouses)	82, 84	협의 판매	319
청지기	68, 71, 75, 92	형평성	44
체감적 조세	110	혼잡성	197
초점집단	172	확인(validation)	26
최고재정관	68, 69, 70	환불체계(chargeback system)	27
최대 가능한 참여	228	효율성	67, 71, 92, 134
최대한 실행할 수 있는 참여	58	희생이론	106
최적화 논리	66	희소성	192
〈ㅋ〉			
케인즈 혁명	118	AFDC	219, 212
		CFO	366
〈ㅌ〉		CPA	312
통합 예산	40, 224	MTA	325, 326, 327, 328, 329, 376
투자	143	OECD	99
투쟁	49	PRWORA	219
투표함 예산운영	58	TANF	219
		TEL	274
〈ㅍ〉			
판매세	101		
편의(bias)	86, 88		
평등	204		

저자 소개

저자 소개

Gerald J. Miller

미국 앨라배마 Aurban University에서 경제학 학사, 행정학 석사를 받았고, 1979년 조지아대학에서 정치학 박사 학위를 받았다. University of Kansas 정치학과 교수를 시작으로 Rutgers 대학을 거쳐 Arizona State University, School of Public Affairs에서 교수를 했으며, 2017년에 그 대학에서 은퇴했다. 『Government Financial Management Theory』(1991), 『Handbook of Research Methods Public Administration』등 수많은 저서(공저)와 논문을 썼으며, 미국행정학회로부터 1995년 Laverne Burchfield Award를, 2011에는 Aaron Wildavsky Award를 수상했다.

역자 소개

신무섭(申武燮)

연세대학교에서 수학을 전공했으며 서울대학교 행정대학원에서 석사, 박사를 취득했다. 전북대학교 행정학과 교수로 재직하다 2012년 정년퇴임을 하고 전북대학교 명예교수로 있다. 『재무행정학』을 1989년에 출간했고, 그 후 여러 차례 개정판을 발간했다. 주요 논문으로는 「형식적인 서류작업으로서 계획」(2012), 「전북지역 행정학자와 연구경향」(2020) 등이 있고, 역서로는 『미국예산정치론』(Irene S. Rubin, The Politics of Public Budgeting)(2001), 『정부 재무관리 이론』(Gerald J. Miller, Government Financial Management Theory)(2011)이 있다.

주상현(朱相炫)

전북대학교에서 학사, 석사, 박사(박사학위논문: 지방정부간 정책갈등에 관한 연구)를 취득했다. 현재 전북대학교 행정학과 교수로 재직하고 있으며, Florida State University에서 교환교수(2016)로 연구 기회를 가진 바 있다. 『문화와 국민행복』(2019), 『재무행정학』(2019), 『행정학 강의』(2023) 등의 공저가 있으며, 「한국행정학 연구경향의 실증적 분석」(2002), 「지방자치단체 인구소멸 실태와 정책방안」(2021), 「지방소멸 대응정책 중요도 분석과 정책적 함의」(2023) 등이 있다. 2024년 한국연구재단 사회과학연구지원(SSK) 글로벌 아젠다연구 사업에 선정돼 연구책임자로 "저출생 위기 극복을 위한 건강한 사회구조 구축과 지역사회 역할" 연구를 2027년 8월까지 수행할 예정이다. 학문적 관심분야는 재무행정, 지방재정, 지역정책 등이다.